JN431505

일러스트레이터 따라하기

구민사

일러스트레이터(Illustrator) 따라하기

| 초판 인쇄 | 2020년 11월 2일
| 초판 발행 | 2020년 11월 10일

| 저 자 | 박대진
| 발 행 인 | 조규백
| 발 행 처 | 도서출판 구민사
(07293) 서울특별시 영등포구 문래북로 116, 604호(문래동3가 46, 트리플렉스)
| 전 화 | (02) 701-7421
| 팩 스 | (02) 3273-9642
| 홈페이지 | www.kuhminsa.co.kr
| 신고번호 | 제 2012-000055호 (1980년 2월 4일)
| I S B N | 979-11-5813-878-3(13560)
| 정 가 | 24,000원

이 책은 구민사가 저작권자와 계약하여 발행했습니다.
본사의 서면 허락 없이는 어떠한 형태나 수단으로도 이 책의 내용을 이용할 수 없음을 알려드립니다.

머리말
Preface

우리는 지금 디지털 시대에 노출되어 있고 더 나아가 학문 융합 시대에 살고 있습니다. 인문학, 공학, 예술 분야가 서로 공존하고 학문의 경계를 넘나들며 허물어지고 있습니다. 디지털 시대에 살면서 누구나 쉽게 콘텐츠를 접합니다. 일러스트레이터 프로그램은 작가, 인쇄, 디자이너, 웹 디자이너, 그래픽 전문가 등 디자인 전용 소프트웨어입니다.

본 교재에서는 단품 실습 등 프로젝트 실습 제작 위주로 구성 하였습니다. 누구나 따라하기 쉽게 구성하였으며 실제 제작한 샘플과 일러스트레이터 파일을 제공하여 쉽게 일러스트레이터 프로그램에 접근할 수 있습니다.
90년대까지만 해도 디자인 관련 전문가들만 프로그램을 사용하여 콘텐츠를 제작하였으나 요즘은 사용하기 쉬운 소프트웨어가 많이 공급되어 일반 사용자들도 콘텐츠를 쉽게 제작할 수 있습니다.

일러스트레이터의 장점은 포토샵, 인디자인, 프리미어 등 어도비 소프트웨어와 호환성이 뛰어나고 다이나믹한 효과를 제작할 수 있으며 단독 소프트웨어만으로도 포스터 인쇄물 리플릿 작업이 가능합니다. 또한 전공과 상관없이 초보자도 쉽게 콘텐츠를 제작할 수 있습니다.

일러스트레이터는 전세계적으로 널리 사용되고 있으며 우리나라에서도 많은 사용자를 확보하고 있는 백터 소프트웨어입니다. 어도비사 제품으로 어도비사의 많은 프로그램과 호환성이 뛰어나 예전보다 더 확장성이 뛰어납니다.

책 구성은 90년 후반부터 학생들과 어도비사 소프트웨어를 접하면서 초보자도 쉽게 일러스트레이터 소프트웨어에 접근할 있게 기능 위주로 구성하였으며 또한 학생들은 개인 포트폴리오 제작이 무엇보다 중요하므로 일러스트레이터의 기본을 이해하고 실제 과제 실습 제작 위주로 구성되었습니다.
이 책을 사용하여 누구나 일러스트레이터 소프트웨어에 쉽게 접근하여 콘텐츠 제작에 활용할 수 있으면 합니다.

이 책을 내는 데 애써주신 조규백 대표님과 전무님, 직원 분들에게도 감사의 말씀을 전합니다.

박대진

Chapter 01 일러스트레이터(Illustrator)의 기본구성

❶ 일러스트레이터[Illustrator]의 화면구성 . 11
❷ 선택 도구 개요 . 14
❸ 드로잉 도구 . 15
❹ 문자 도구 개요 . 16
❺ 페인팅 도구 개요 . 17
❻ 모양 변경 도구 개요 . 18
❼ 심볼화 도구 개요 . 19
❽ 그래프 도구 개요 . 20
❾ 이동 및 확대/축소 도구 개요 . 21
❿ 패널[Panel] 개요 . 22
⓫ 환경설정 기본 . 24

Chapter 02 도구[Tool]

❶ 선택 도구 활용 . 33
❷ 드로잉 도구 활용 . 42
❸ 페인팅 도구 활용 . 70
❹ 모양 변경 도구 활용 . 76

목 차

Contents

Chapter 03 개체 선택

❶ 색상 변경 . 96

❷ 개체 그룹 . 99

❸ 오브젝트[Object] 이동 . 110

❹ 오브젝트 복사 . 119

Chapter 04 색상

❶ 면색, 선색 변경 . 128

❷ 그라디언트[Gradient] . 131

❸ 디자인 색상 규칙 . 138

Chapter 05 그리기

❶ 드로잉[Drawing] 도구 . 142

❷ 둥근모서리 별 만들기 . 150

❸ 지그재그[ZigZag] 그리기 . 153

Chapter 06 패널[Panel]

❶ Color 패널 . 158

❷ Gradient 패널 . 168

❸ Align 패널 . 182

❹ Pathfinder 패널 . 195

❺ Stroke 패널 . 201

Chapter 07 실무적용 실습

❶ 카메라 그리기 . 214

❷ [Join] 명령 및 [Scissors Tool] 활용방법 . 218

❸ 그라디언트[Gradient] . 226

❹ 비트맵 이미지 백터화 . 231

❺ 패스파인더 빼기[Pathfinder Minus Front] . 235

❻ 3D 이미지 만들기 . 239

❼ 색상 팔레트 저장 . 243

❽ 나무 그리기 . 246

❾ 의자 만들기 . 253

❿ 가로등 만들기 . 259

목 차

Contents

⑪ 편지봉투 만들기 . 267
⑫ 개체 분할 . 272
⑬ 클리핑 마스크[Clipping Mask] . 275
⑭ 막대바 만들기 . 278
⑮ 캐릭터 만들기 . 288
⑯ 모양패턴 만들기 . 296
⑰ 입체 그래프 만들기 . 304
⑱ 막대 그래프 만들기 . 310
⑲ 오렌지 만들기 . 316
⑳ 우산 만들기 . 328
㉑ 물방울 만들기 . 341
㉒ 꽃 만들기 . 343
㉓ 하트 만들기 . 351
㉔ 태극 문양 만들기 . 358
㉕ 톱니바퀴 만들기 . 369
㉖ 입체 글자 만들기 . 381
㉗ 텍스트[Text] 아웃라인 . 388
㉘ 텍스트[Text] 테두리 . 391
㉙ 오브젝트[Object] 채색 작업하기 . 395
㉚ 텍스트[Text] 입력하기 . 403
㉛ [JPEG][PNG]저장하기 . 410
㉜ 인쇄물 만들기 . 416

일러스트레이터(Illustrator) 따라하기

01 일러스트레이터[Illustrator]의 화면구성

02 선택 도구 개요

03 드로잉 도구 개요

08 그래프 도구 개요

09 이동 및 확대/축소 도구 개요

10 패널[Panel] 개요

11 환경설정 기본

Chapter 1.

일러스트레이터(Illustrator)의 기본구성

04 문자 도구 개요
05 페인팅 도구 개요
06 모양 변경 도구 개요
07 심볼화 도구 개요

CHAPTER

1 일러스트레이터(Illustrator)의 기본구성

일러스트레이터[Illustrator]는 그래픽 분야에서 널리 사용되는 프로그램으로서 화면구성은 메뉴바[Menu Bar], 옵션 바[Option Bar], 툴 패널[Tool Panel], 작업창[Work Window], 아트보드[작업영역] 패널, 상태표시줄로 구성되어 있습니다.

일러스트레이터[Illustrator]는 백터 드로잉 프로그램입니다. 포토샵은 이미지 편집 프로그램이라고 볼 수 있는 것에 비해 일러스트레이터[Illustrator]는 편집이 아닌 드로잉[Drawing] 프로그램 분야로서 그래픽 분야 등에 사용되며 최근에는 일반인들도 많이 사용하고 있습니다. Adobe사의 그래픽 프로그램 중 하나로 벡터 드로잉[Drawing] 프로그램입니다.

01 일러스트레이터[Illustrator]의 화면구성

화면 구성은 반 시계방향으로 메뉴바[Menu Bar] 옵션바[Option Bar] 툴 패널[Tool Panel] 아트보드[패널][Panel] 순으로 배치합니다.

[Windows] - [Workspace] - [Reset Essentials]를 실행하여 화면 구성을 기본창으로 할 수 있으며 여러 형태로 창들이 구성되었을 때 이 명령을 실행하여 처음 구성형태로 되돌릴 수 있습니다.

일러스트레이터[Illustrator]의 화면구성입니다.

탭[Tab]키를 활용해 작업 화면을 크게 할 수 있고 토글[Toggle] 기능을 가지고 있습니다.

▌일러스트레이터 인터페이스 단축키▐

- 화면 확대 : [Ctrl] + [+]
- 화면 축소 : [Ctrl] + [−]
- 화면 채우기 : [Ctrl] + [0]
- 화면 이동 : [Space Bar] + [마우스 클릭 이동]
- 화면 모드 변환 [F] 표준 화면 → 메뉴 화면 → 전체 화면

창의 세부 기능

➤ 메뉴 바[Menu Bar]

상단에 명령을 실행하는 메뉴가 있고 모든 기능이 표시되는 곳으로 메뉴에 마우스를 클릭하면 하위 메뉴가 나타납니다.

➤ 옵션 바[Option Bar]

도구 상자의 도구를 선택하면 옵션내용이 나타나고 선택한 도구에 대한 세부 사항을 설정하며 선택한 도구에 따라 형태가 다르게 나타납니다.

➤ 툴 패널[Tool Panel]

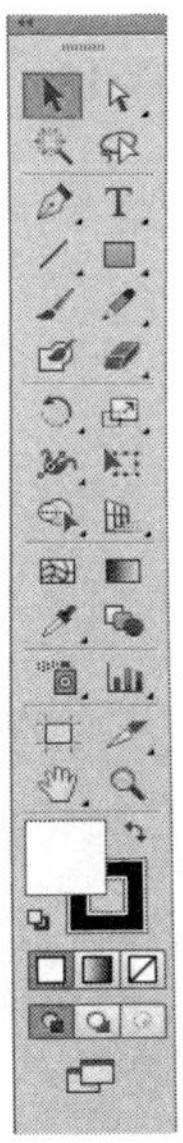

필통 같은 개념으로 일러스트레이터를 시작하면 화면 왼쪽에 [도구] 패널이 나타납니다. [도구] 패널의 일부 도구에는 상황에 맞는 옵션 막대에 나타나는 [옵션]이 있습니다.

일부 도구를 확장하여 그 아래에 숨겨진 도구를 표시할 수 있습니다. 도구 아이콘의 오른쪽 아래에 있는 작은 삼각형은 숨어 있는 도구가 있음을 나타냅니다. 포인터 아래에 나타나는 도구 설명에 도구의 이름이 표시됩니다.

툴 패널 영역은 ① 선택 도구, ② 드로잉 도구, ④ 페인팅 도구, ⑤ 페인팅 도구, ⑥ 모양 변경 도구, ⑦ 심볼화 도구, ⑧ 그래프 도구, ⑨ 이동 및 확대/축소도구로 구분됩니다.

02 선택 도구 개요

[Illustrator]에서는 다음과 같은 선택 도구를 제공하며 단축키를 사용하기 위해서는 키보드가 **영문 소문자** 상태에서 적용됩니다. [Caps Lock]키가 꺼져있어야 합니다.

❶ [Selection Tool] [선택 도구] [V] 를 사용하여 전체 개체를 선택합니다.

❷ [Direct Selection Tool] [직접 선택 도구] [A] 를 사용하여 개체 내의 점이나 패스 선분을 선택합니다. 실제 작업에서는 특정 부분만 선택해서 수정할 경우에 많이 사용함으로 [수정툴]이라고도 합니다.

❸ [Group Selection Tool] [그룹 선택 도구] 를 사용하여 그룹 내의 개체와 그룹을 선택합니다.

❹ [Magic Wand Tool] [자동 선택 도구] [Y] 를 사용하여 특성이 비슷한 개체를 선택합니다.

❺ [Lasso Tool] [올가미 도구] [Q] 를 사용하여 개체 내의 점이나 패스 선분을 선택합니다.

❻ [Artboard Tool] [대지] [Shift + O] 도구는 인쇄하거나 내보낼 별도의 대지를 만듭니다.

03 드로잉 도구

[Illustrator]는 다음과 같은 드로잉 도구를 제공합니다.

❶ [Pen Tool][펜 도구] [P] 는 직선과 곡선을 그려 개체를 만듭니다.

❷ [Add Anchor Point Tool] [고정점 추가 도구] [+] 는 패스에 고정점을 추가합니다.

❸ [Delete Anchor Point Tool] [고정점 삭제 도구] [-] 는 패스에서 고정점을 삭제합니다.

❹ [convert Add Anchor Point Tool] [고정점 변환 도구] [Shift + C] 는 둥근점을 모퉁이점으로, 또는 그 반대로 변경합니다.

❺ [Line Segment Tool] [선분 도구] [\] 는 개별 직선 선분을 그립니다.

❻ [Arc Tool] [곡선 도구] 는 오목 또는 볼록 곡선 선분을 개별적으로 그립니다.

❼ [Spiral Tool] [나선형 도구] 는 시계 방향 또는 시계 반대 방향으로 나선형을 그립니다.

❽ [Rectangular Grid Tool] [사각형 격자 도구] 는 사각형 격자를 그립니다.

❾ [Polar Grid Tool] [원형 격자 도구] 는 원형 차트 격자를 그립니다.

❿ [Rectangle Tool] [사각형 도구] [M] 는 정사각형과 직사각형을 그립니다.

⓫ [Rounded Rectangle Tool] [둥근 사각형 도구] 는 모퉁이가 둥근 정사각형과 직사각형을 그립니다.

⓬ [Ellipse Tool] [타원 도구] [L] 는 원과 타원을 그립니다.

⓭ [Polygon Tool] [다각형 도구] 는 여러 면으로 이루어진 보통의 도형을 그립니다.

⓮ [Star Tool] [별모양 도구] 는 별 모양을 그립니다.

⓯ [Flare Tool] [플레어 도구] 는 렌즈 섬광 또는 태양 섬광 효과를 만듭니다.

⓰ [Pencil Tool] [연필 도구] [N] 는 자유 형태의 선을 그리고 편집합니다.

⓱ [Smooth Tool] [매끄럽게 도구] 는 베지어 패스를 매끄럽게 만듭니다.

⓲ [Path Eraser Tool] [패스 지우개 도구] 는 개체에서 패스와 고정점을 지웁니다.

⓳ [Perspective Grid Tool] [원근 격자] [Shift + P] 를 사용하면 원근 있는 아트웍을 만들고 렌더링할 수 있습니다.

⓴ [Perspective Selection Tool] [원근 선택 도구] [Shift + V] 를 사용하면 개체, 텍스트 및 심볼을 원근으로 가져오고, 원근의 개체를 이동하며, 수직 개체를 현재 방향으로 이동시킬 수 있습니다.

04 문자 도구 개요

[Illustrator]는 다음과 같은 문자 도구를 제공합니다.

❶ [Type Tool] [문자 도구] [T] 는 개별 문자나 문자 컨테이너를 만들어 사용자가 문자를 입력하거나 편집할 수 있도록 합니다.

❷ [Area Type Tool] [영역 문자 도구] 는 닫힌 패스를 문자 컨테이너로 변경하여 그 안에 문자를 입력하고 편집할 수 있도록 합니다.

❸ [Type on a Path Tool] [패스 상의 문자 도구] 를 사용하면 패스를 문자 패스로 변경하여 그 위에 문자를 입력하고 편집할 수 있습니다.

❹ [Vertical Type Tool] [세로 문자 도구] 는 세로 문자 및 세로 문자 컨테이너를 만들어 세로 문자를 입력하고 편집할 수 있도록 합니다.

❺ [Vertical Area Type Tool] [세로 영역 문자 도구] 는 닫힌 패스를 세로 문자 컨테이너로 변경하여 그 안에 문자를 입력하고 편집할 수 있도록 합니다.

❻ [Vertical Type on a Path Tool] [패스 상의 세로 문자 도구] 를 사용하면 패스를 세로 문자 패스로 변경하여 그 위에 문자를 입력하고 편집할 수 있습니다.

05 페인팅 도구 개요

[Illustrator]는 다음과 같은 페인팅 도구를 제공합니다.

❶ [Paintbrush Tool] [페인트 브러시 도구] [B] 는 패스에 아트, 패턴 및 강모 브러시 획은 물론 자유 형태의 획이나 붓글씨 형태의 획을 그립니다.

❷ [Mesh Tool] [망 도구] [U] 는 망과 망 둘러싸기를 만들고 편집합니다.

❸ [Gradient Tool] [그라디언트 도구] [G] 는 시작점과 끝점, 그리고 개체 내의 그라디언트 각도를 조정하거나 개체에 그라디언트를 적용합니다.

❹ [Eyedroper Tool] [스포이드 도구] [I] 는 효과를 포함하여 개체의 색상, 유형 및 모양 특성을 샘플링하고 적용합니다.

❺ [Live Paint Bucket] [라이브 페인트 통 도구] [K] 는 현재의 페인트 특성을 이용해 [라이브 페인트] 그룹의 면과 가장자리를 칠합니다.

❻ [Live Paint Selection Tool] [라이브 페인트 선택 도구] [Shift + L] 는 [라이브 페인트] 그룹 내의 면과 가장자리를 선택합니다.

❼ [Measure Tool] [측정 도구] 는 두 점 간의 거리를 측정합니다.

❽ [Blob Brush Tool] [물방울 브러시 도구] [Shift + B] 는 자동으로 확장되어 색상이 같고 누적 순서가 인접한 붓글씨 브러시 패스를 병합하는 패스를 그립니다.

06 모양 변경 도구 개요

[Illustrator]에서는 다음과 같은 도구를 사용하여 오브젝트[Object]의 모양을 변경할 수 있습니다.

❶ [Rotate Tool] [회전 도구] [R] 는 고정점을 기준으로 개체를 회전합니다.

❷ [Reflect Tool] [반사 도구] [O] 는 고정 축을 기준으로 개체를 뒤집습니다.

❸ [Scale Tool] [크기 조절 도구] [S] 는 고정점을 기준으로 개체의 크기를 조절합니다.

❹ [Shear Tool] [기울이기 도구] 는 고정점을 기준으로 개체를 기울입니다.

❺ [Reshape Tool] [모양 변경 도구] 는 패스의 전체적인 세부 사항은 그대로 유지하면서 선택된 고정점을 조정합니다.

❻ [Free Transform Tool] [자유 변형 도구] [E] 는 선택 항목의 크기를 조절하거나 회전하거나 기울입니다.

❼ [Blend Tool] [블렌드 도구] [W] 는 여러 개체의 색상과 모양이 혼합된 일련의 개체를 만듭니다.

❽ [With Tool] [폭 도구] [Shift + W] 를 사용하면 폭이 다양한 획을 만들 수 있습니다.

❾ [Warp Tool] [변형 도구] [Shift + R] 는 진흙 몰딩 작업처럼 커서의 움직임에 따라 개체를 변형합니다.

❿ [T쟈기 Tool] [돌리기 도구] 는 개체 내에 소용돌이 형태의 왜곡된 모양을 만듭니다.

⓫ [Pucker Tool] [오목 도구] 는 조절점을 커서 방향으로 움직여 개체를 수축시킵니다.

⓬ [Bloat Tool] [볼록 도구] 는 조절점을 커서와 반대 방향으로 이동하여 개체를 팽창시킵니다.

⓭ [Scallop Tool] [가리비 도구] 는 개체의 윤곽선에 임의의 곡선을 세밀하게 추가합니다.

⓮ [Crystallize Tool] [수정화 도구] 는 개체의 윤곽선에 임의의 뾰족한 모양을 세밀하게 추가합니다.

⓯ [Wrinkle Tool] [주름 도구] 는 개체의 윤곽선에 주름 모양을 세밀하게 추가합니다.

⓰ [Shape Builder Tool] [도형 구성 도구] [Shift + M] 는 단순한 모양을 병합하여 복잡한 사용자 정의 모양을 만들 수 있습니다.

07 심볼화 도구 개요

심볼화 도구를 사용하여 심볼 예제 세트를 만들고 수정할 수 있습니다. Symbol Sprayer[심볼 분무기] 도구를 사용하여 심볼 세트를 만듭니다. 그런 다음 다른 심볼화 도구를 사용하여 심볼 세트에 포함된 예제의 밀도, 색상, 위치, 크기, 회전, 투명도 및 스타일을 변경할 수 있습니다.

❶ [Symbol Sprayer Tool] [심볼 분무기 도구] [Shift + S] 는 대지에 여러 심볼 인스턴스를 한꺼번에 넣습니다.

❷ [Symbol Shifter Tool] [기호 이동기 도구] 는 기호 인스턴스를 이동하고 누적 순서를 변경합니다.

❸ [Symbol Scruncher Tool] [심볼 분쇄기 도구] 는 심볼 인스턴스를 더 조밀하게 또는 더 멀게 이동합니다.

❹ [Symbol Sizer Tool] [심볼 크기 조절기 도구] 는 심볼 인스턴스의 크기를 조절합니다.

❺ [Symbol Spinner Tool] [심볼 회전기 도구] 는 심볼 인스턴스를 회전시킵니다.

❻ [Symbol Stainer Tool] [심볼 염색기 도구] 는 심볼 인스턴스에 색상을 입힙니다.

❼ [Symbol Screener Tool] [심볼 투명기 도구] 는 심볼 인스턴스를 불투명하게 만듭니다.

❽ [Symbol Styler Tool] [심볼 스타일기 도구] 는 심볼 인스턴스에 선택한 스타일을 적용합니다.

08 그래프 도구 개요

Illustrator에는 9가지 서로 다른 유형의 그래프를 만들 수 있는 그래프 도구가 있습니다. 그래프 유형을 선택할 때는 전달하려는 정보에 맞게 선택합니다. 그래프 만들기를 참조하십시오.

❶ [Column Graph Tool] [막대 그래프 도구]] 는 세로 막대를 이용하여 값을 비교하는 그래프를 만듭니다.

❷ [Stacked Column Graph Tool] [누적 막대 그래프 도구] 는 막대 그래프와 유사한 그래프를 만들지만 나란히 표시되지 않고 한 막대 위에 다른 막대가 누적됩니다. 이러한 그래프 유형은 전체에 대한 부분의 관계를 보는 데 유용합니다.

❸ [Bar Graph Tool] [가로 막대 그래프도구] 는 막대 그래프와 유사한 그래프를 만들지만 막대가 세로가 아니라 가로로 놓입니다.

❹ [Stacked Bar Graph Tool] [가로 누적 막대 그래프 도구] 는 누적 막대 그래프와 유사한 그래프를 만들지만 막대가 세로가 아니라 가로로 누적됩니다.

❺ [Line Graph Tool] [선 그래프 도구] 는 하나 이상의 집합의 값을 점으로 나타내고 각 집합의 점들을 서로 다른 선으로 연결하여 그래프를 만듭니다. 이 그래프 유형은 하나 이상의 주제에 대한 경향을 시간적 추이에 따라 나타낼 때 주로 사용됩니다.

❻ [Area Graph Tool] [영역 그래프 도구] 는 선 그래프와 유사한 그래프를 만들지만 값의 변화뿐 아니라 전체 양도 강조합니다.

❼ [Scatter Graph Tool] [산포 그래프 도구] 는 x좌표와 y좌표로 이루어진 데이터 점이 표시되는 그래프를 만듭니다. [산포 그래프]는 데이터의 패턴 및 추세를 나타낼 때 유용합니다. 또한 변수가 다른 변수에 미치는 영향을 나타낼 수도 있습니다.

❽ [Pie Graph Tool] [파이 그래프 도구] 는 비교할 값의 상대 비율을 파이 조각으로 나타내는 원형 그래프를 만듭니다.

❾ Rader Graph Tool] [레이더 그래프 도구] 는 특정 시간 또는 범주에 해당하는 값을 점찍어 서로 비교할 수 있는 원형 그래프[Graph]를 만듭니다. 이 그래프 유형은 거미줄 그래프라고도 합니다.

09 이동 및 확대/축소 도구 개요

[Illustrator]에서는 대지의 보기를 주위로 이동하고 제어하기 위해 다음과 같은 도구들이 제공됩니다.

❶ [Hand Tool] [손 도구][H] 는 Illustrator 대지를 그림 창 내로 이동합니다. 단축키는 [Space]키를 사용하여 화면 이동합니다.

❷ [Print Tiling Tool] [타일링 인쇄 도구] 는 페이지 격자를 조정하여 인쇄된 페이지에 아트웍이 표시되는 위치를 제어합니다.

❸ [Zoom Tool] [돋보기 도구] [Z] 는 그림 창에서 보기 확대율을 높이거나 낮춥니다. 단축키는 [Ctrl] + [Space]키를 사용하여 화면 확대합니다.

❹ [Ctrl] + [Alt] + [Space]키를 사용하여 화면 축소합니다.

10 패널[Panel] 개요

> 컬러 패널[Color Panel]

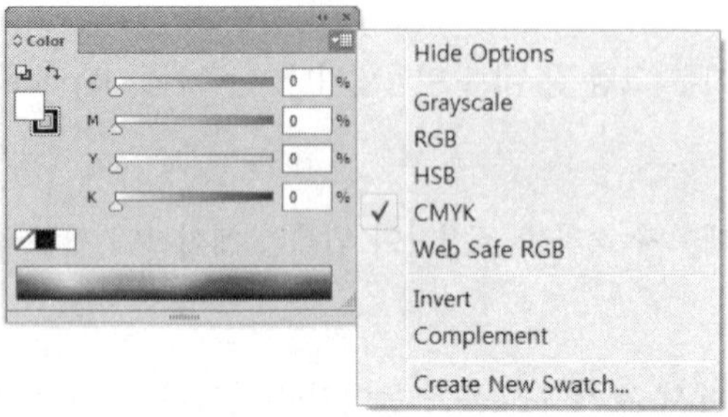

> 컬러 가이드패널[Color Guide Panel]

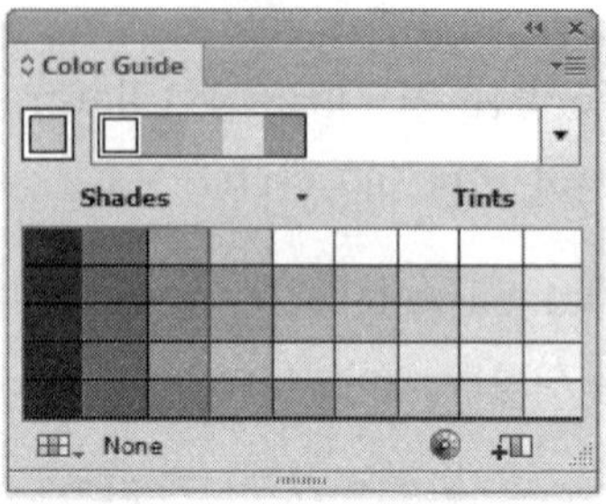

> 스와치 패널[Swatches Panel]

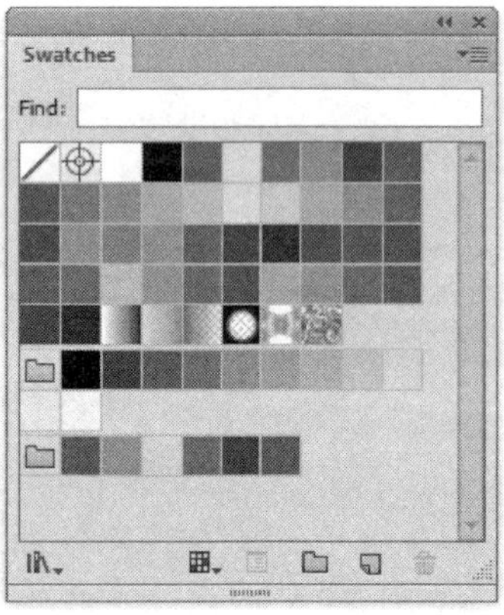

> 브러시 패널[Brushes Panel]

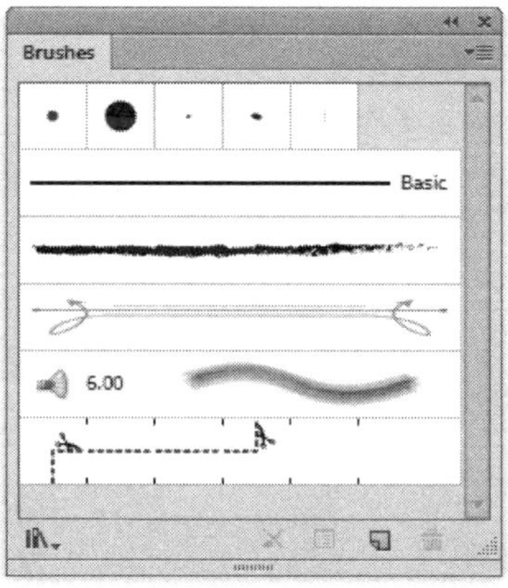

심볼 패널[Symbols Panel]

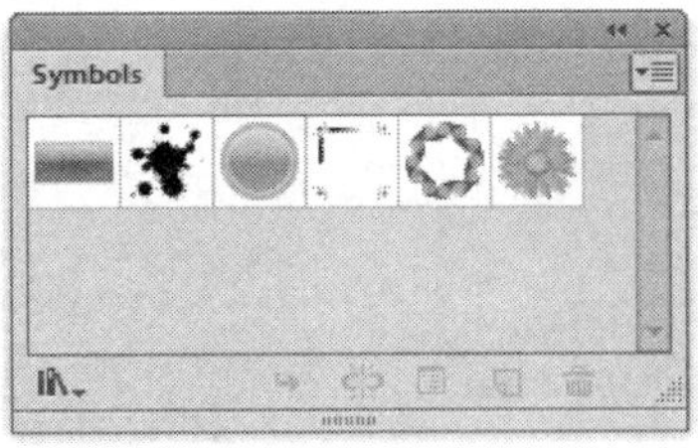

스트로크 패널[Stroke Panel]

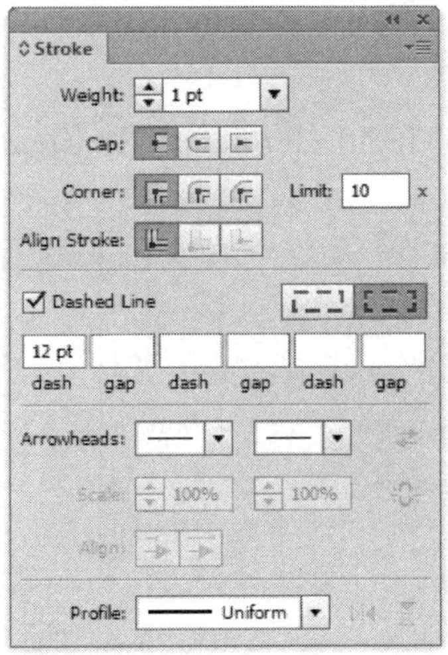

트랜스퍼랜시 패널[Transparency Panel]

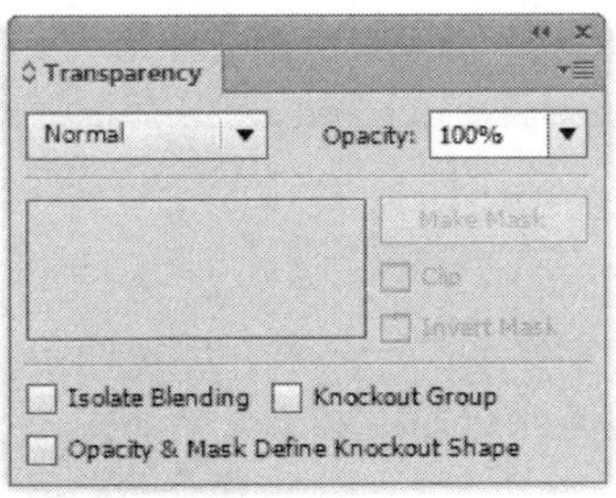

어피어리언스 패널[Appearance Panel]

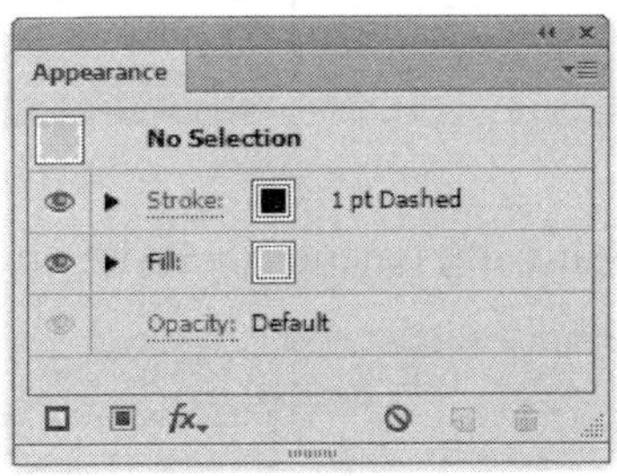

그래픽 스타일 패널[Graphic Styles Panel]

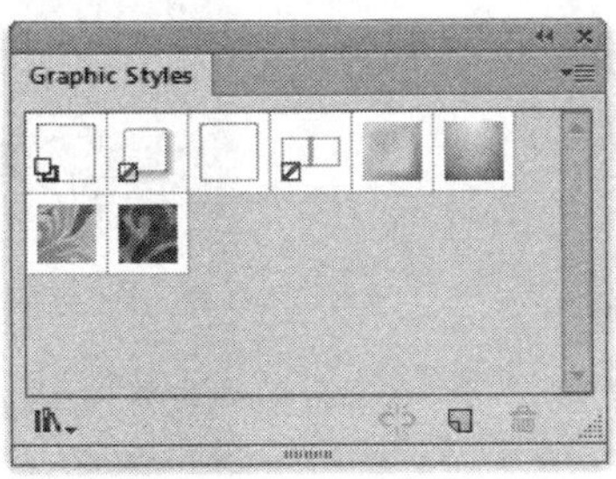

레이어 패널[Layers Panel]

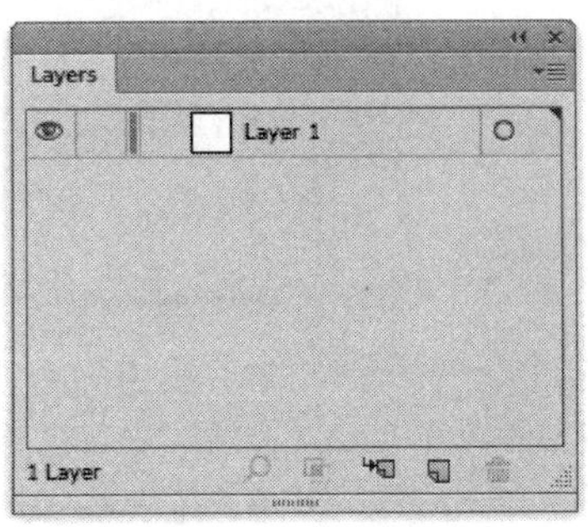

11 환경설정 기본

메뉴에서 [Edit] - [Preference] - [General]를 실행합니다.

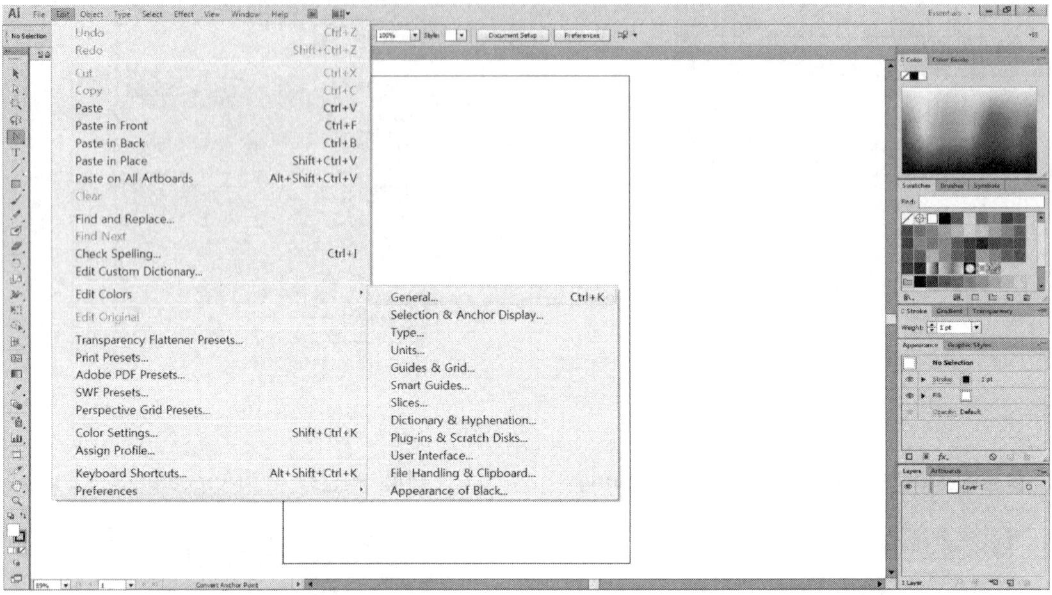

[Keyboard Increment] 등 단위를 [mm]로 변경합니다.

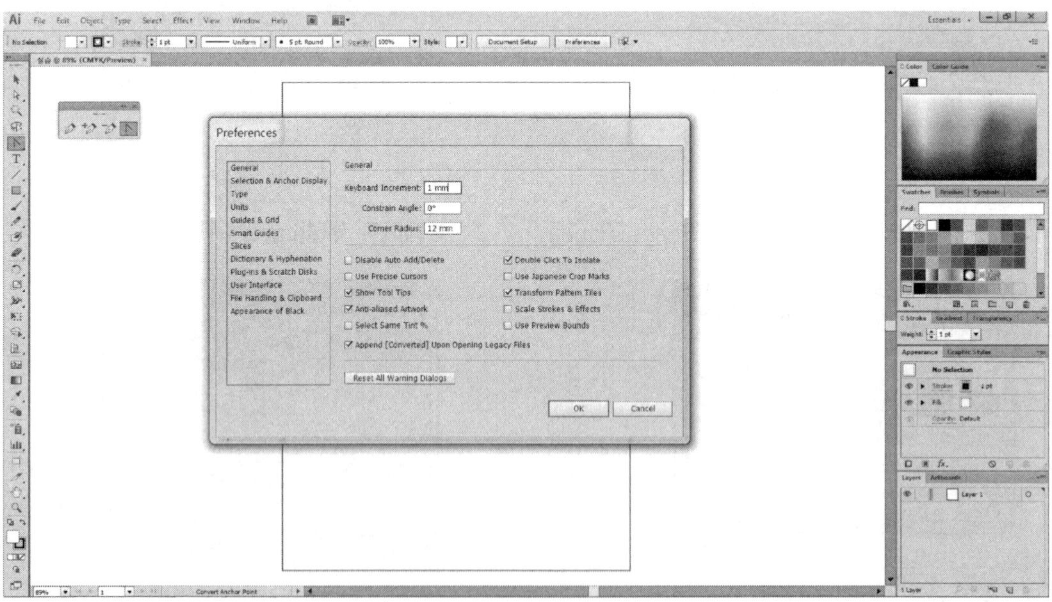

[Units]의 [General]를 [mm]로 변경합니다.

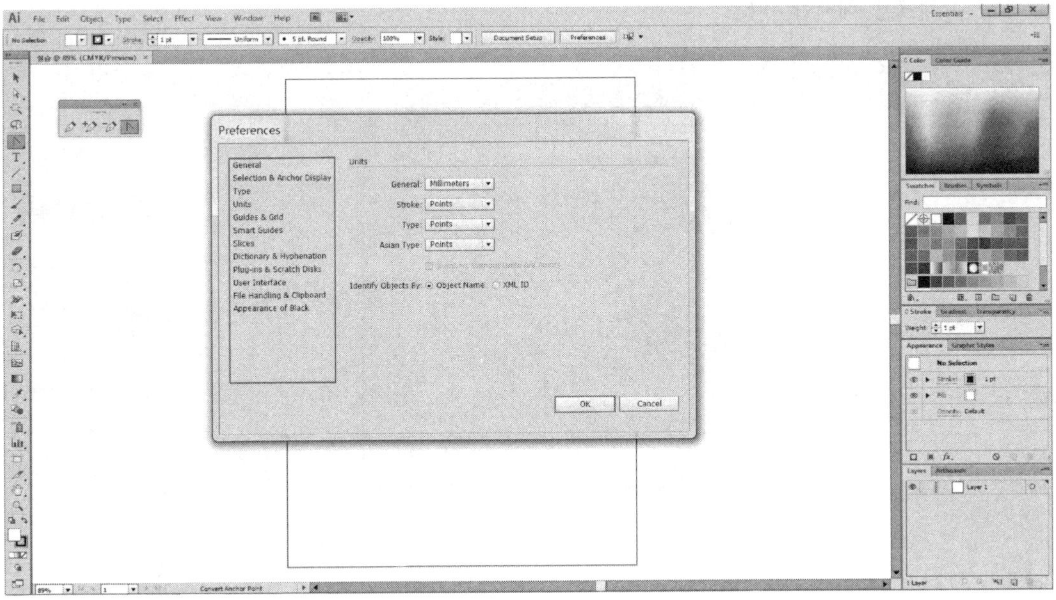

[Guides & Grid] [Gridline every] = 10[mm], [subdivsions] = 1로 설정합니다.

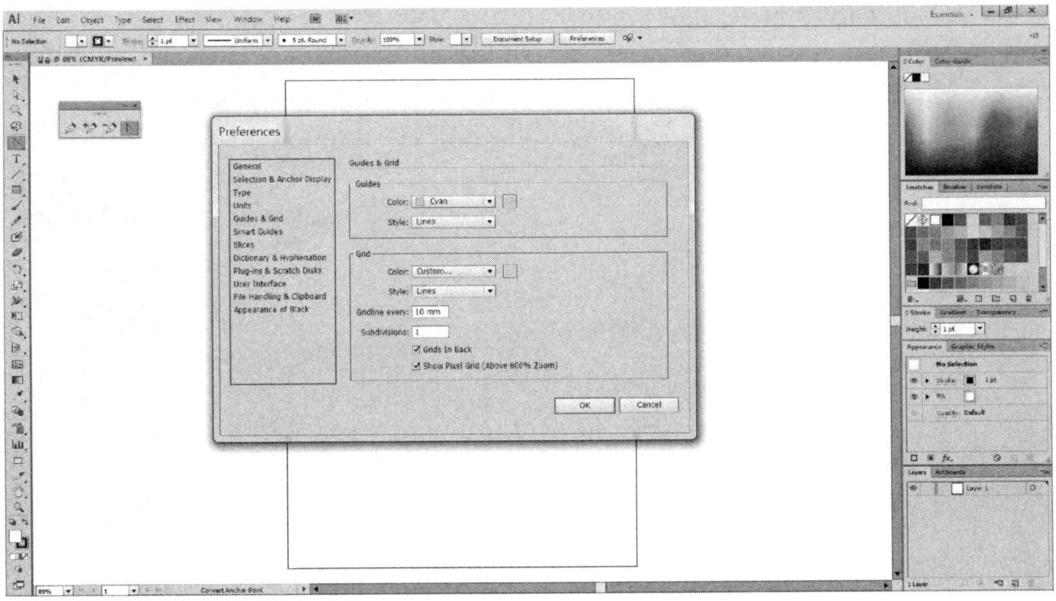

[User Interface] - [Brightness] - [Light] = 100[%] [Canbas Color] - [White] [Open Documents as Tabs] 체크를 해제합니다.

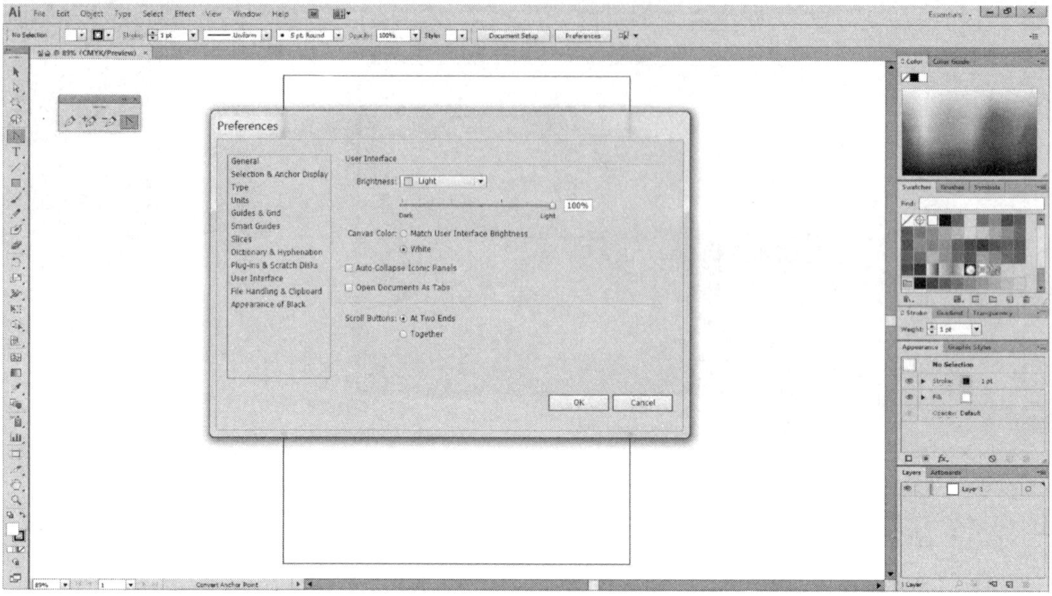

도움말 보는 방법은 [Help] - [Illustrator Help]를 실행합니다.

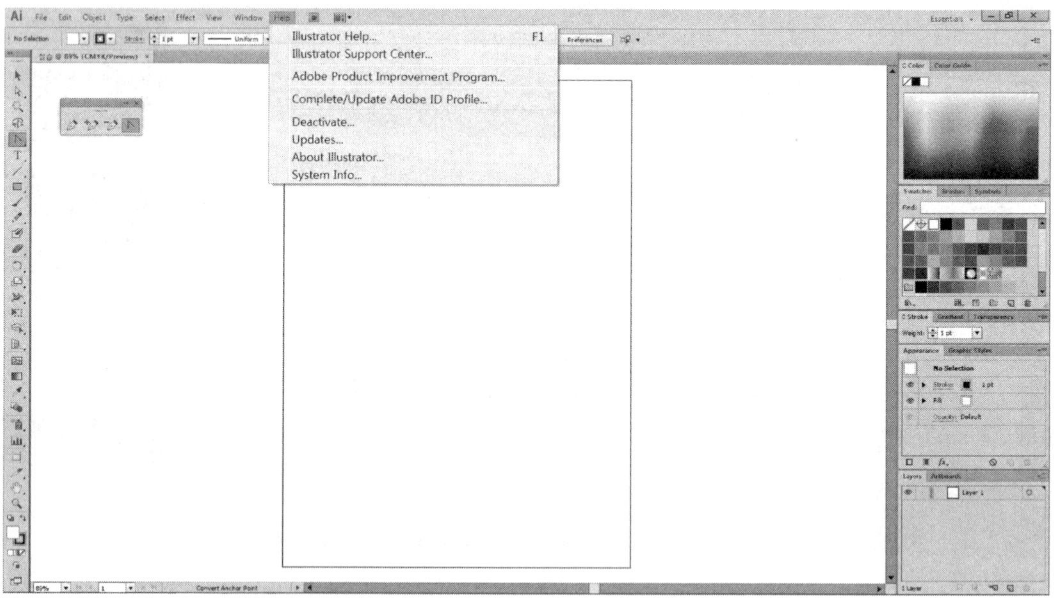

좌측 하단 지역 변경을 실행합니다.

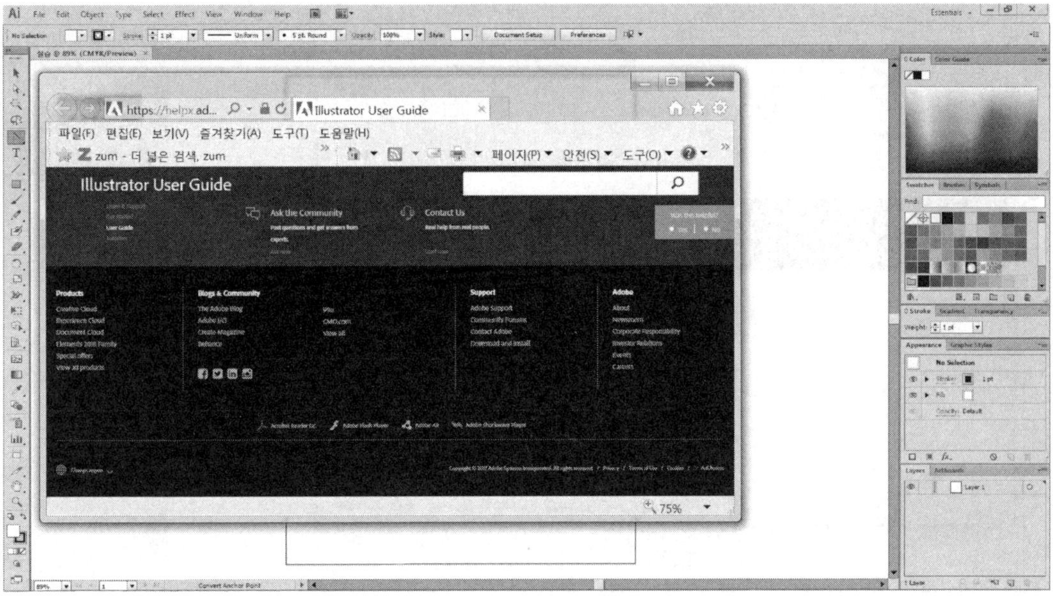

지역 변경에서 [한국]을 선택합니다.

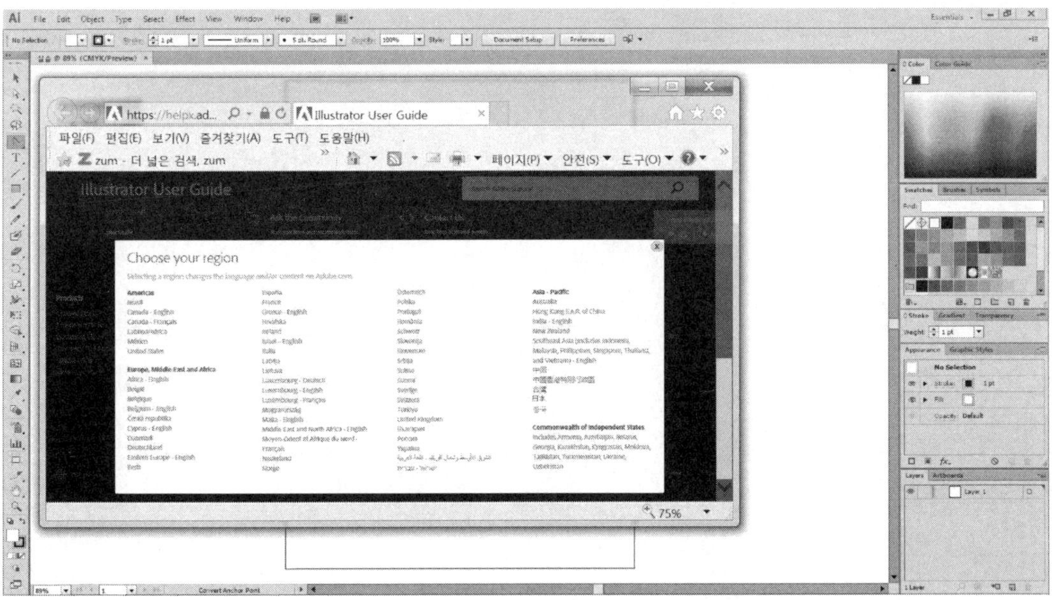

도움말이 한글로 변경되었습니다.

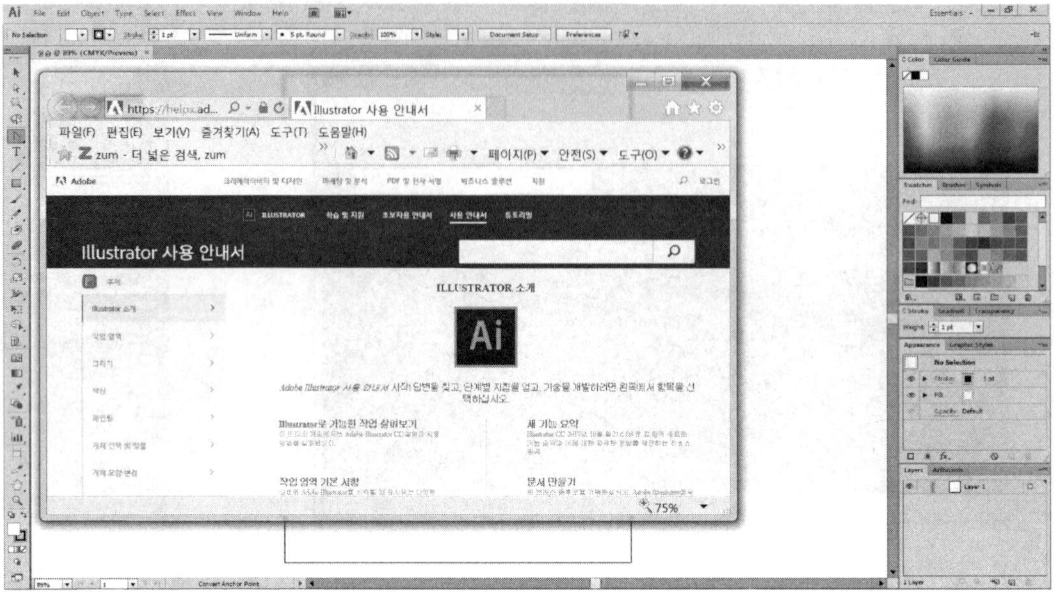

일러스트레이터(Illustrator) 따라하기

Chapter 2.

도구[Tool]

01 선택 도구 활용

02 드로잉 도구 활용

03 페인팅 도구 활용

04 모양 변경 도구 활용

CHAPTER

2 도구[Tool]

프로그램을 실행하면 화면 왼쪽에 Tool[도구] 패널이 나타납니다. 제목 표시줄을 드래그하여 Tool [도구] 패널을 이동할 수 있습니다. 또한 Window[윈도우] - Tool[도구]를 선택하여 Tool[도구] 패널을 표시하거나 숨길 수 있습니다.

Tool [도구] 패널의 도구를 사용하여 오브젝트를 만들고 선택하고 조작할 수 있습니다. 일부 도구의 옵션은 두 번 클릭하면 나타납니다. 이러한 도구를 통해 문자를 사용할 수 있으며 이미지 선택, 페인팅, 그리기, 샘플링, 편집, 이동 등의 작업을 수행할 수 있습니다.

일부 도구를 확장하여 그 아래에 숨겨진 도구를 표시할 수 있습니다. 도구 아이콘의 오른쪽 아래 모서리에 있는 작은 삼각형은 숨어 있는 도구가 있음을 나타냅니다. 도구의 이름을 보려면 포인터를 해당 도구 위에 놓습니다.

Tool [도구] 패널을 사용하여 그리기 모드를 Draw Normal[표준 그리기]에서 Draw Behind[배경 그리기]나 Draw Inside[내부 그리기]로 변경할 수도 있습니다. Illustrator에는 아트웍을 만들고 조작하는 일에 사용할 수 있는 도구가 많습니다.

01 ▸ 선택 도구 활용

[Illustrator]에서는 다음과 같은 선택 도구를 제공합니다.

❶ [Selection Tool] [선택 도구] [V] 를 사용하여 전체 개체를 선택하여 어떤 명령을 실행하거나 이동할 때 사용합니다.

일부분만 선택해도 전체가 선택됩니다.

바운딩 박스 코너에 접근하면 마우스가 변하면 크기 조절 및 회전이 가능합니다.

크기 조절 시 마우스 모양[↔], 회전 시는 마우스 모양이 곡선 화살표가 됩니다.

Alt키를 누르고 이동하면 복사가 되고 Shift키를 누르고 이동하면 수평 수직으로 이동합니다.

선택 해제는 흰공간을 클릭하거나 Shift키를 누른 상태에서 다시 선택하면 선택이 해제되기도 하고 추가도 됩니다.

마우스를 접근하면 화살표 밑에 검정 네모난 박스가 생기면 선택할 수 상태가 되었다고 표시가 되는 것입니다.

수치화하여 이동하려면 [Windows] - [Transform] 명령을 실행하여 이동하거나 크기를 조절할 수 있습니다.

단축키[Shift + F8]

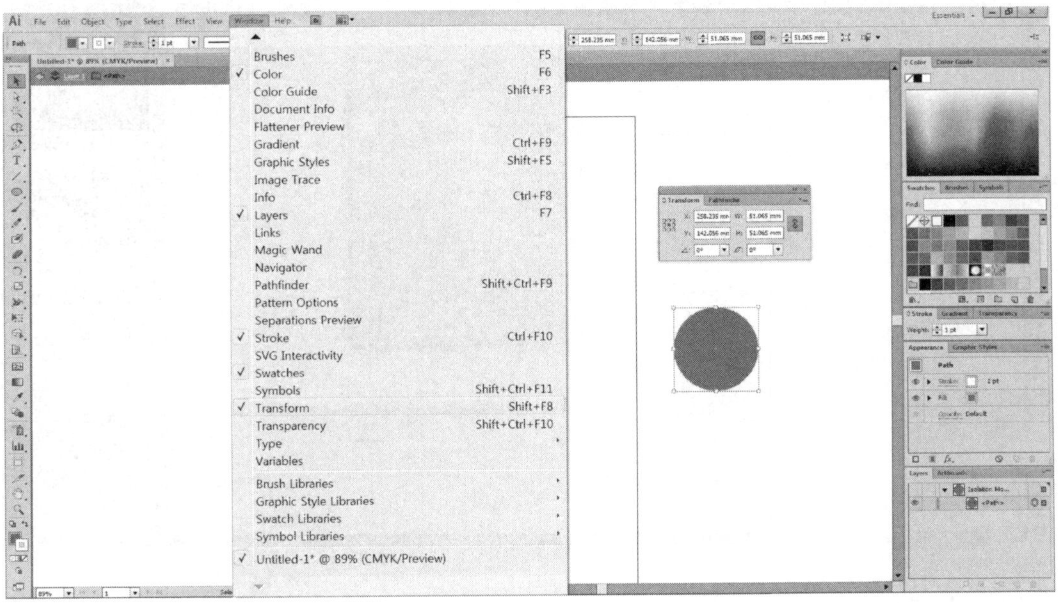

> 바운딩박스

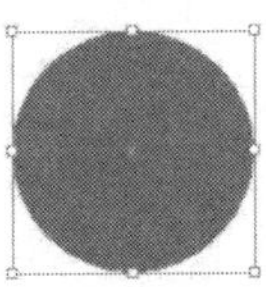

좌측 상단 오브젝트[Object] 중심 좌푯값 X = [0]mm, Y = [0]mm입니다.

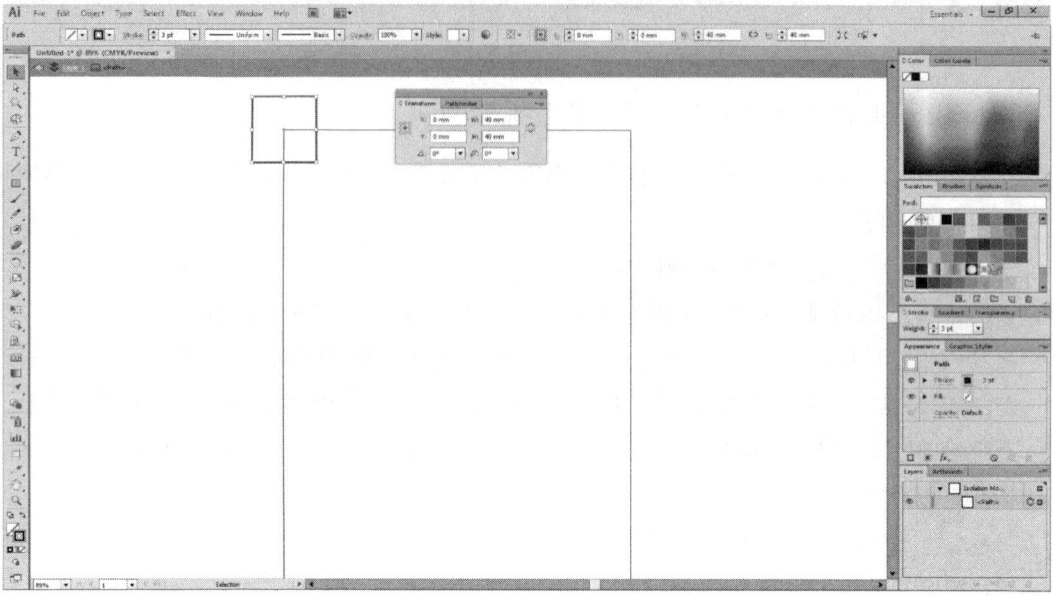

선택 툴[Selection Tool]을 더블 클릭하면 이동할 수 있는 옵션이 나옵니다.

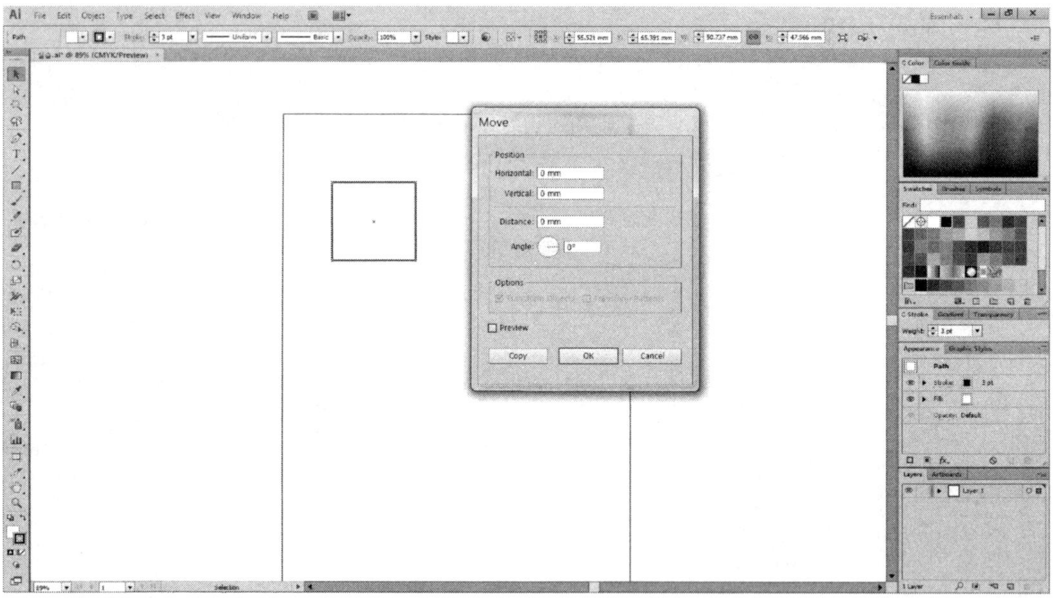

[Edit] - [Preferences] - [General]에서 [Keyboard Increment] 1[mm]를 입력합니다.

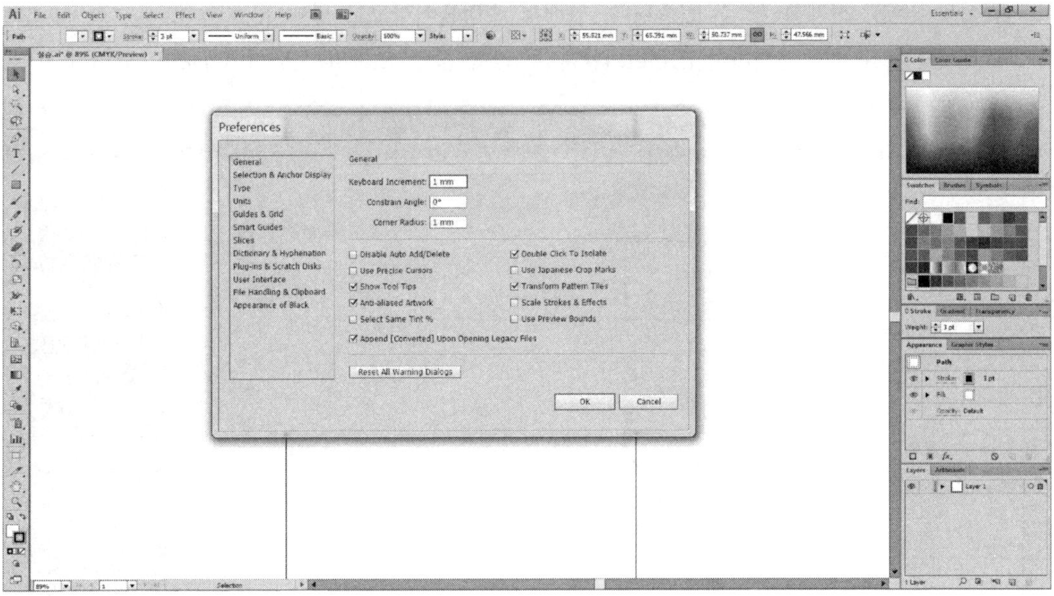

② [Direct Selection Tool] [직접 선택 도구] [A] 를 사용하여 개체 내의 점이나 패스 선분을 선택하여 이동, 수정, 삭제를 할 수 있습니다. 그래서 수정툴이라고도 합니다.

사각형 상단 모서리 선택하여 [Delete]합니다. 원형 상단 모서리 선택하여 Delete합니다.

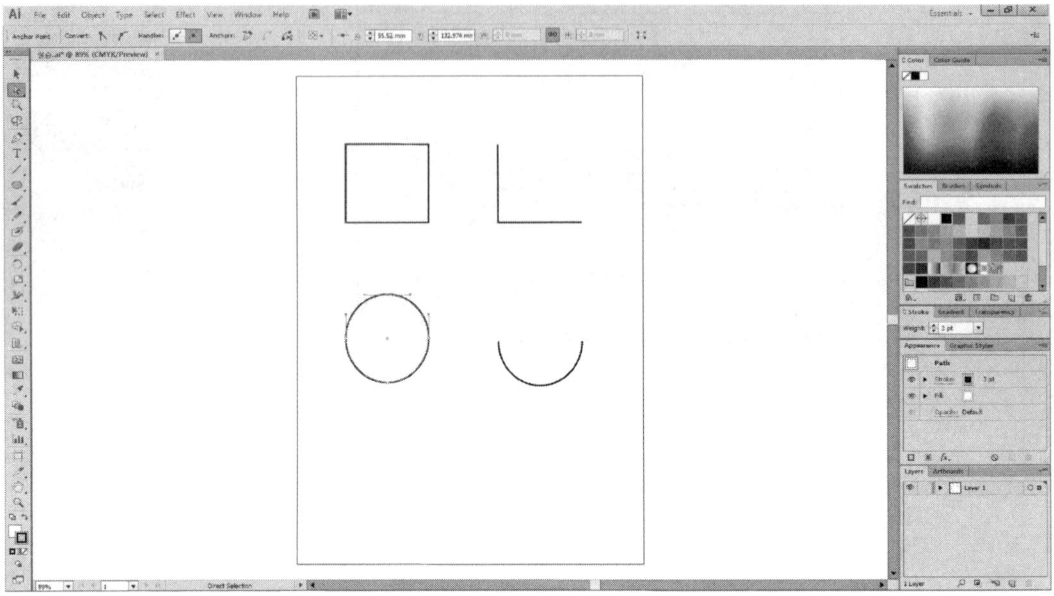

[Direct Selection Tool] [직접 선택 도구] [A] 를 사용하여 오른쪽 상단을 클릭한 상태로 드래그 합니다.

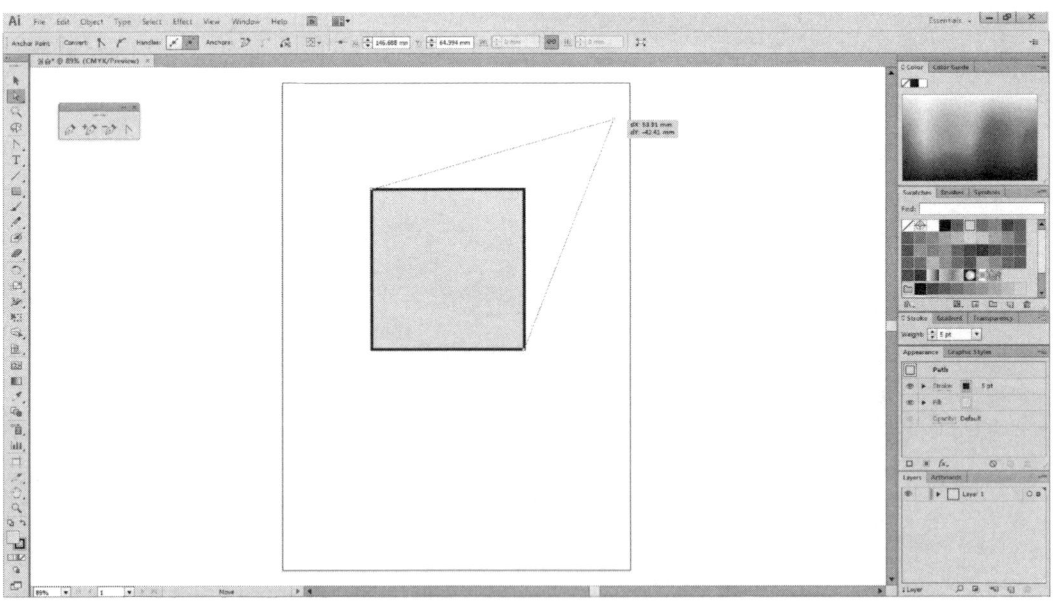

[Direct Selection Tool] [직접 선택 도구] [A] 를 사용하여 오른쪽 상단을 클릭한 상태로 드래그하여 개체[Object]를 변형합니다.

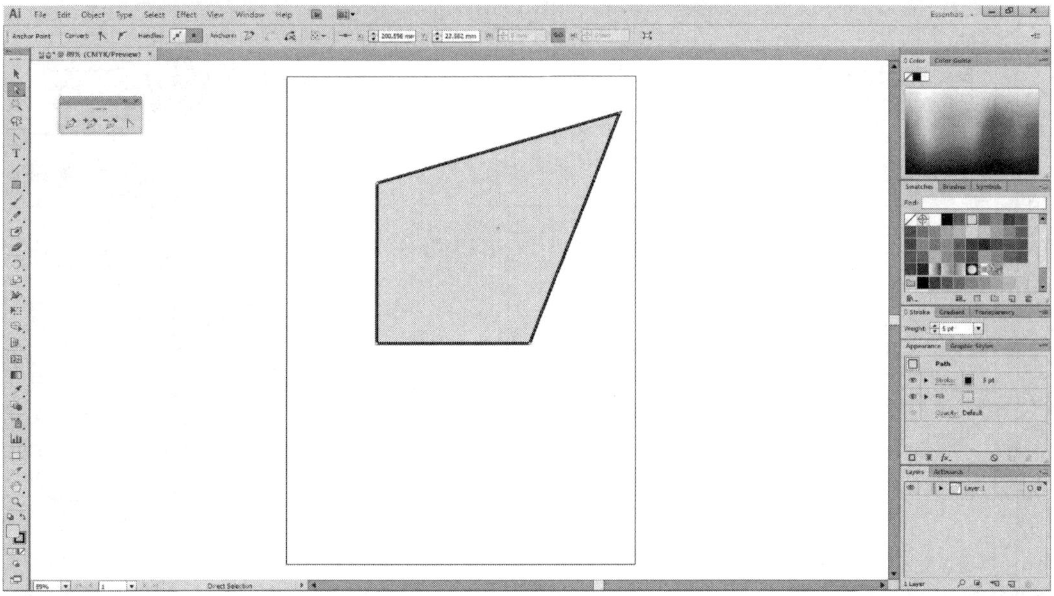

[Rectangular Grid] 사각형을 그리고 Divide를 실행하고 [직접 선택 도구] [A] 를 사용하여 선택하고 색상을 변경합니다.

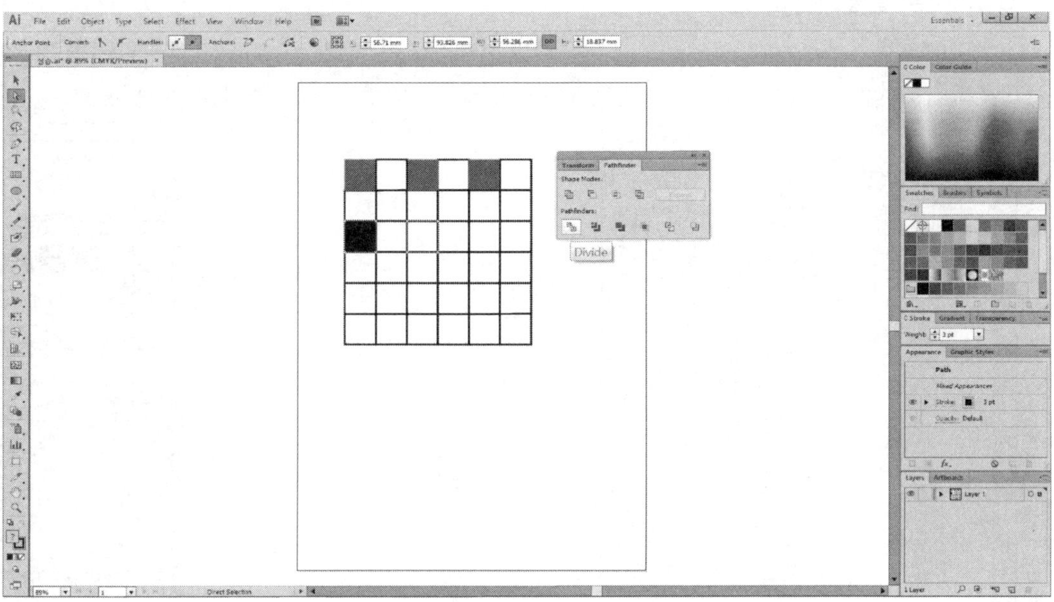

[Rectangular Grid Tool]을 사용하여 그리드[Grid]를 생성합니다.

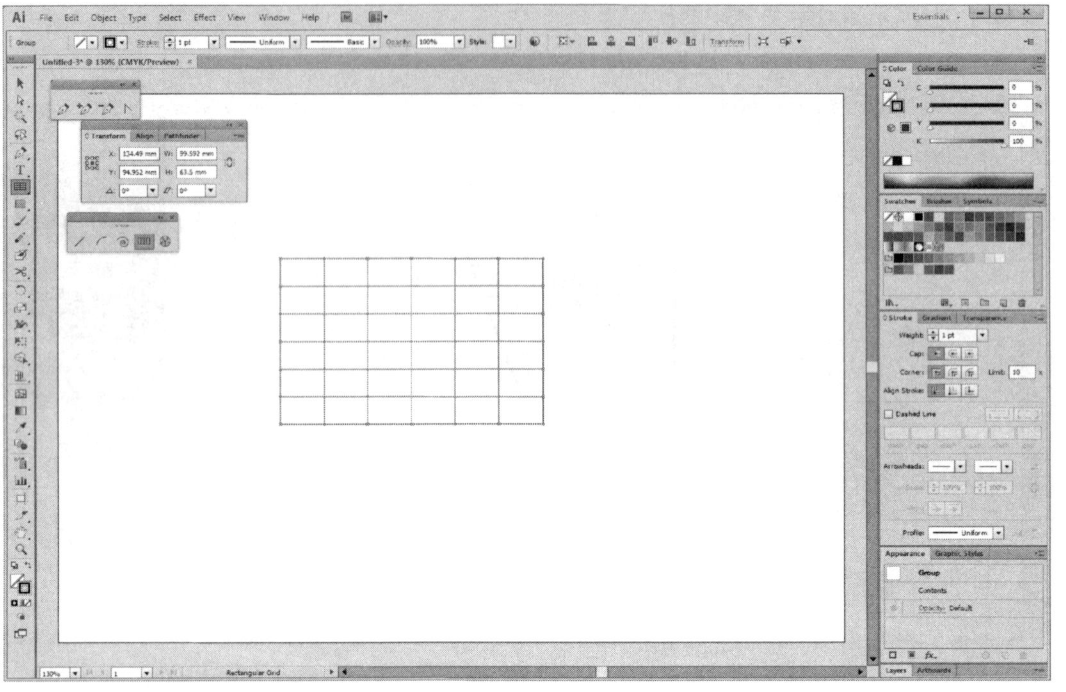

그리드[Grid]를 개체[Object]로 사용하지 않기 위해서는 메뉴에서 [View] - [Guides] - [Make Guides]를 실행합니다.

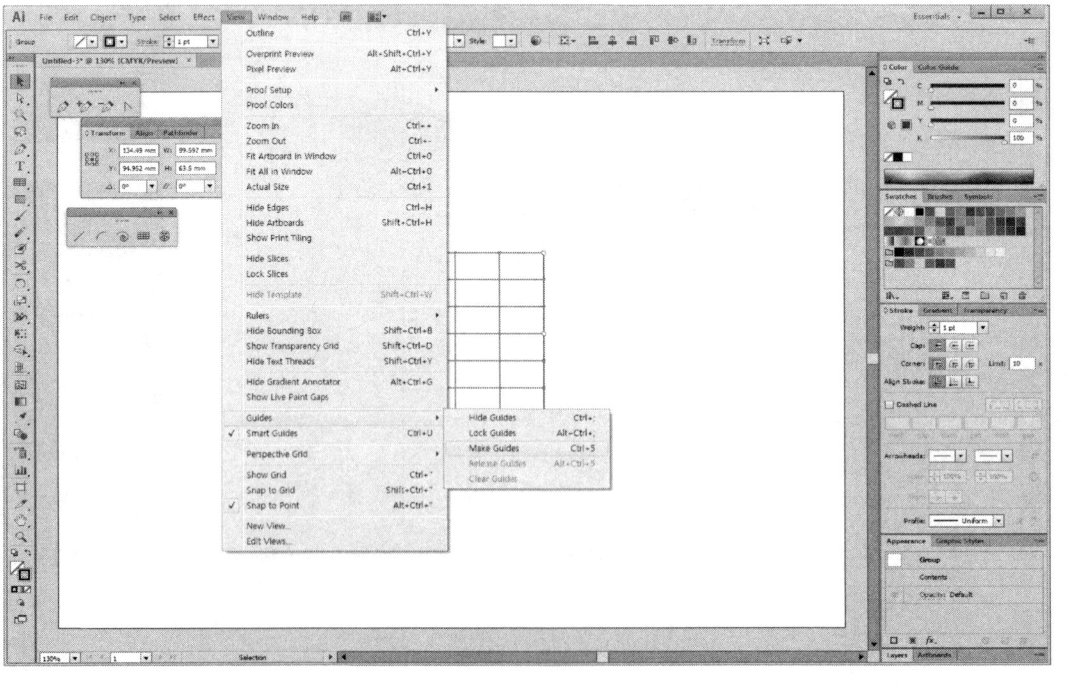

그러면 개체[Object]로 인식하지 않고 가이드[Grid]로 사용됩니다.

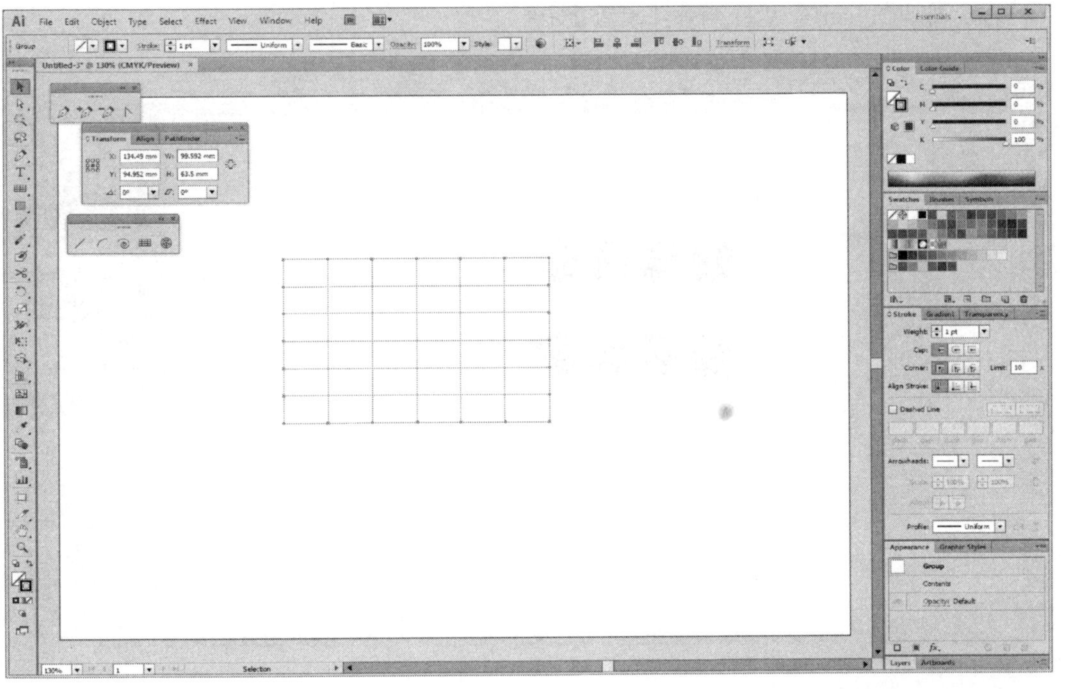

[Rectangular Grid]를 개체[Object]로 사용하지 않고 그리드[Grid]로 사용한 화면입니다.

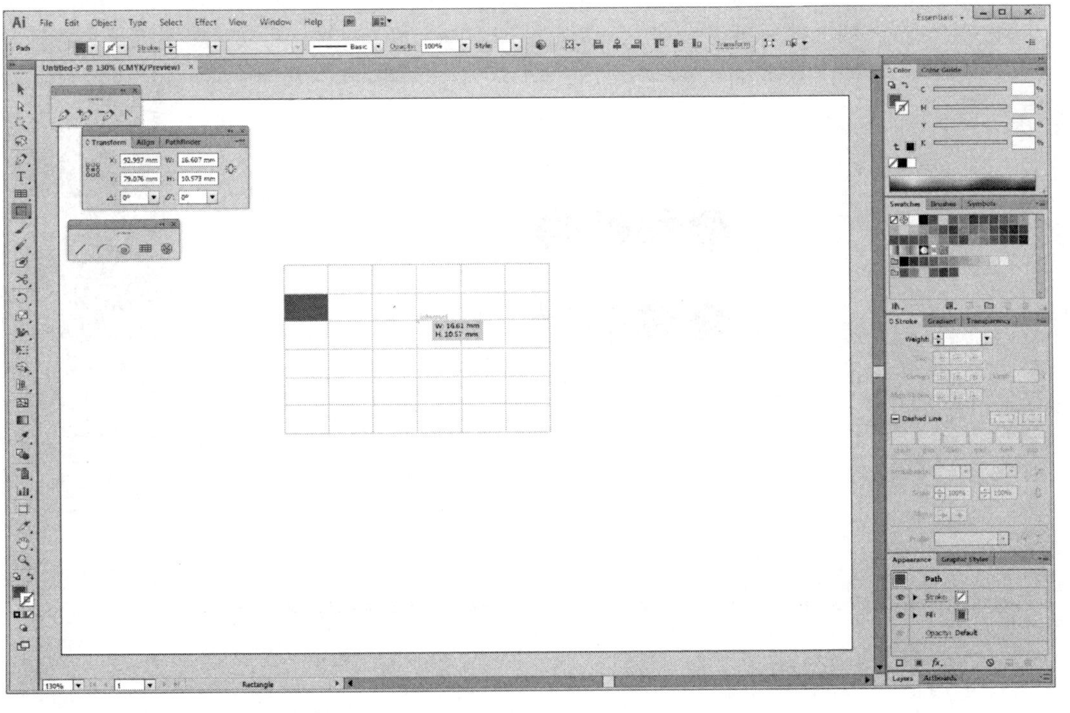

❸ [Group Selection Tool] [그룹 선택 도구] 를 사용하여 그룹 내의 개체[Object]와 그룹을 선택합니다. 개체[Object]를 만든 다음 그룹화합니다.

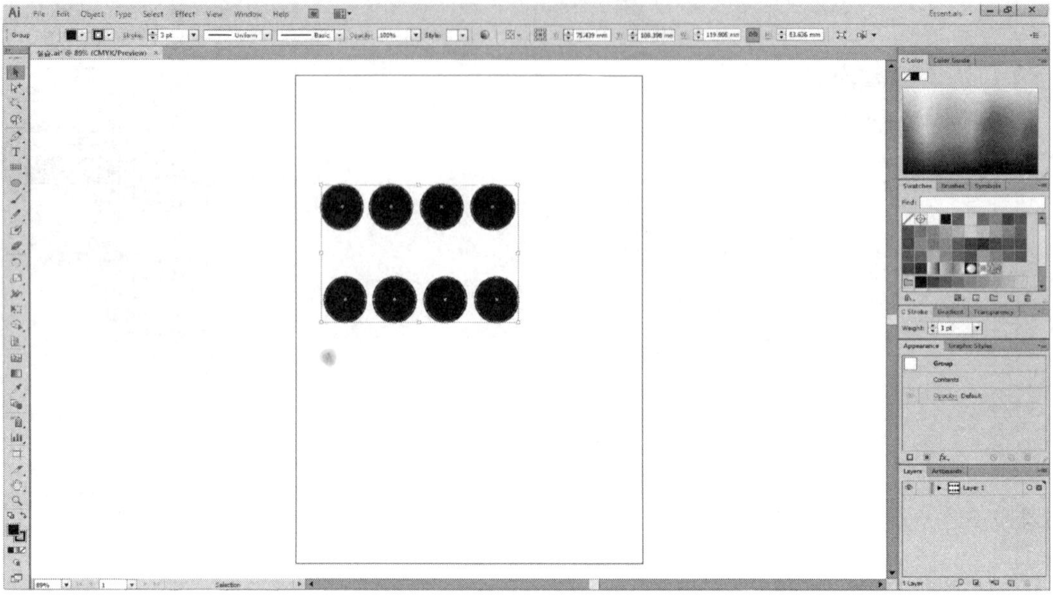

[Group Selection Tool] [그룹 선택 도구] 를 사용하여 그룹 내의 개체[Object]를 선택하고 색상을 변경합니다.

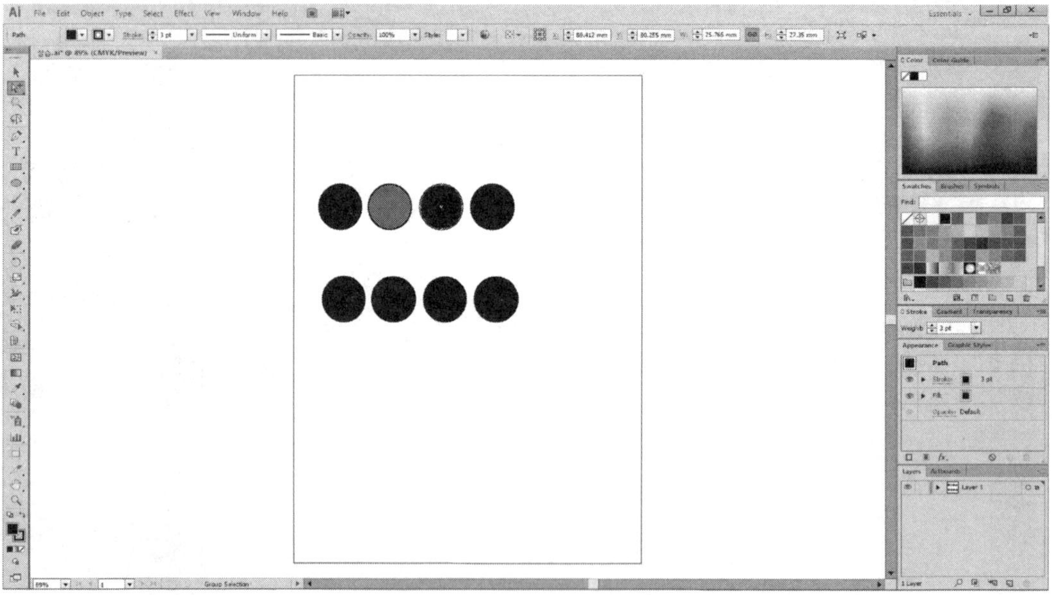

❹ [Magic Wand Tool] [자동 선택 도구] [Y] 를 사용하여 색상, 선두께등 특성이 비슷한 개체 [Object]를 한번에 선택합니다.

[Magic Wand Tool] [자동 선택 도구]를 사용하여 적색원 하나를 선택하면 적색 모든 개체[Object]가 선택됩니다.

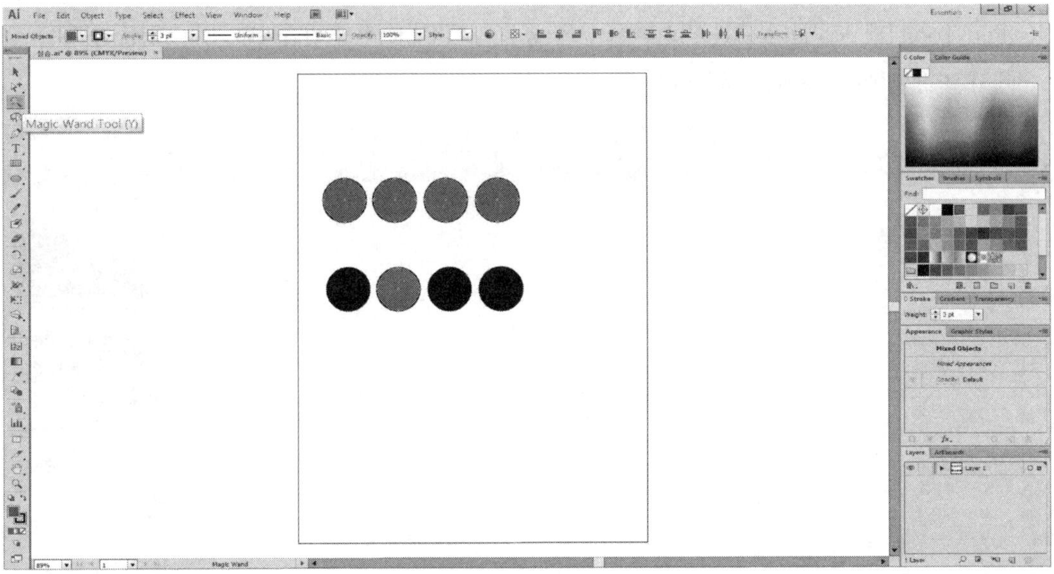

❺ [Lasso Tool] [올가미 도구] [Q] 를 사용하여 개체 내의 점이나 패스 선분을 선택합니다.

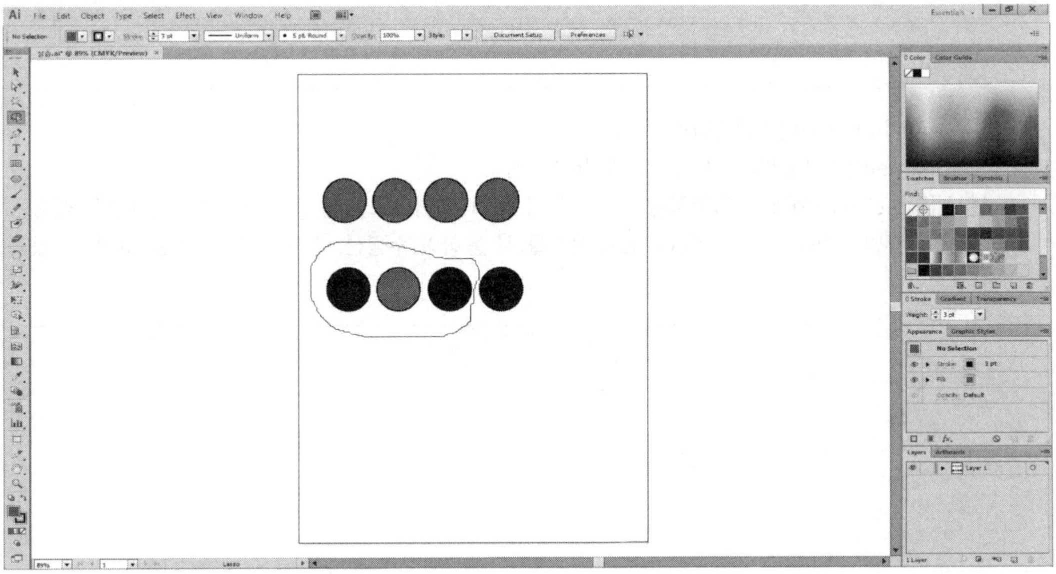

❻ [Artboard Tool] [대지] [Shift + O] 도구는 인쇄하거나 내보낼 별도의 대지를 만듭니다.

02 드로잉 도구 활용

[Illustrator]는 다음과 같은 드로잉 도구를 제공합니다.

❶ [Pen Tool] [펜 도구] [P] 는 직선과 곡선을 생성 개체[Object]를 만듭니다. [Illustrator]프로그램에서 가장 많이 사용하는 툴입니다.

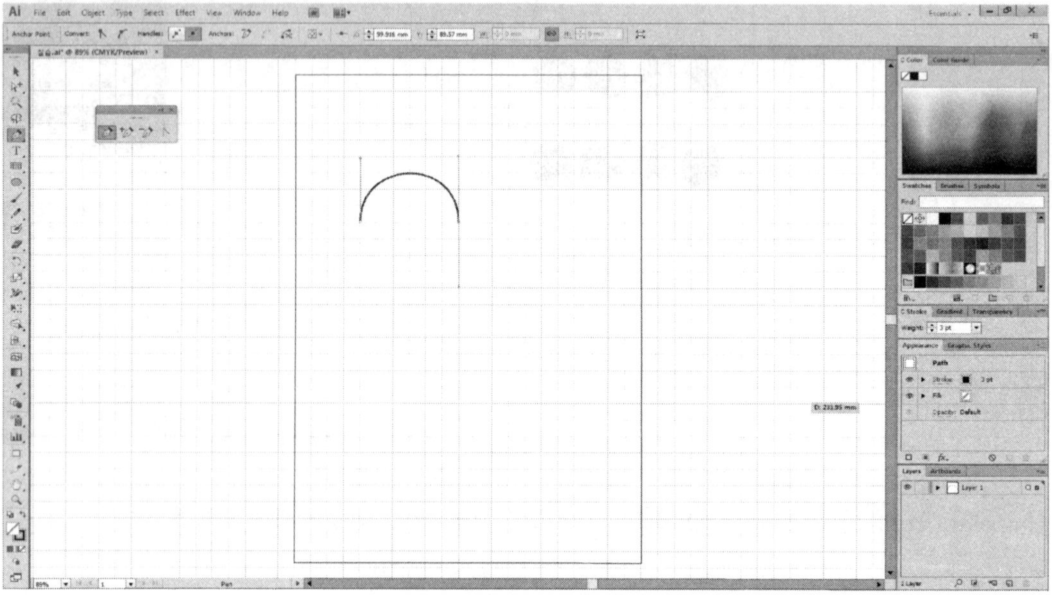

- 기준점[Anchor Point] : 클릭하는 지점
- 선분[Segment] : 기준점과 기준점을 연결하는 선
- 방향선[Direction Point] : 기준점을 드래그하여 생기는 선으로 곡선을 만 들 수 있습니다. 전방 방향선과 후방 방향선으로 구분하고 [Shift]키를 사 용하여 수평선, 수직선, [45°]선을 그릴 수 있습니다.

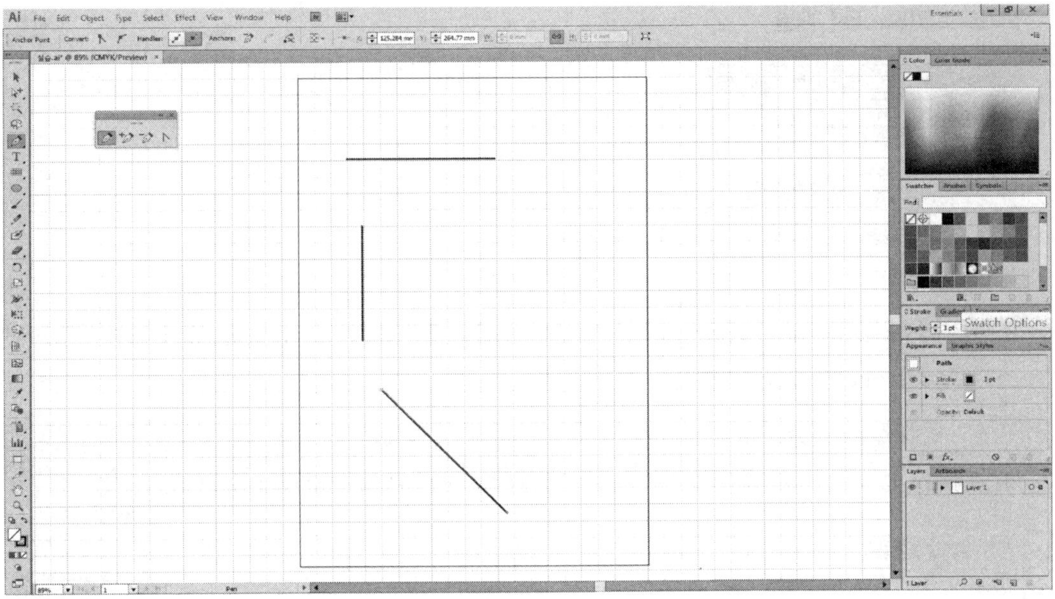

펜 툴을 사용하여 직선을 하나 그리고 개체[Object]를 선택하고 스트로크[Stroke]의 웨이트 [Weight]를 활성화합니다.

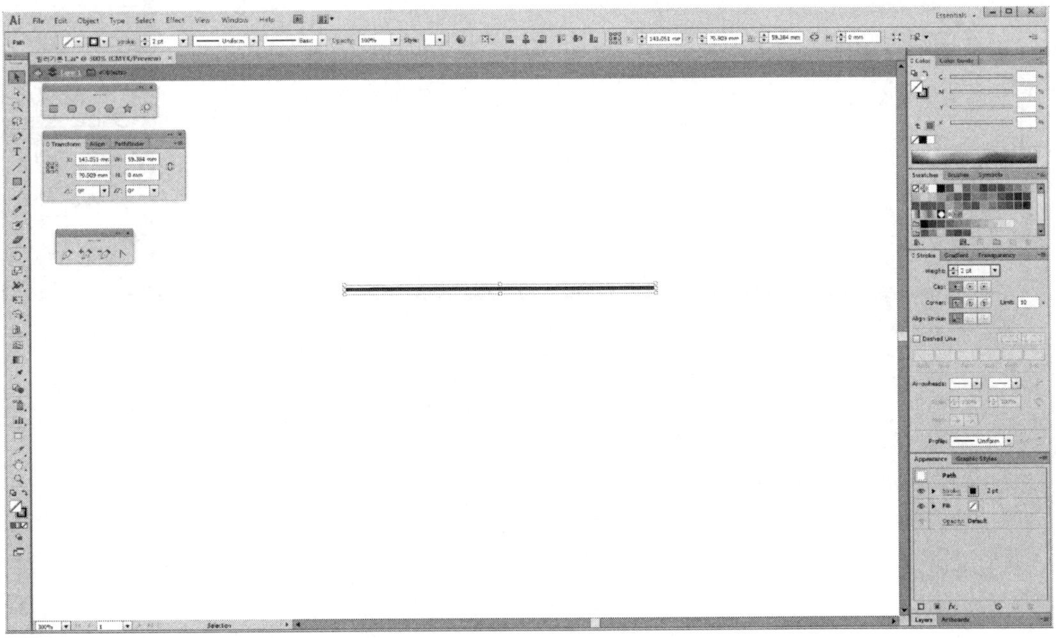

스트로크[Stroke] 패널

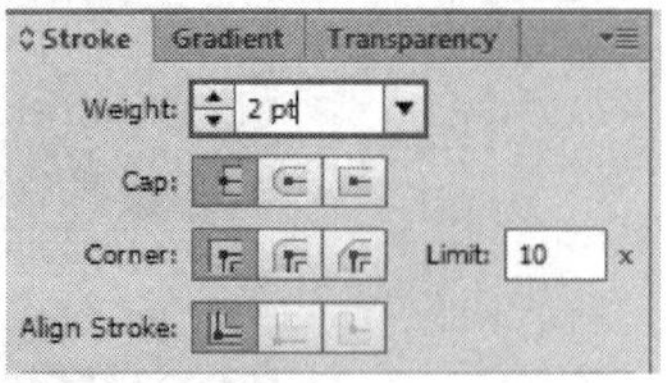

스트로크[Stroke]의 웨이트[Weight]를 활성화한 상태에서 방향키, 상하키를 조정하여 증감하면 스트로크[Stroke]값이 변합니다.

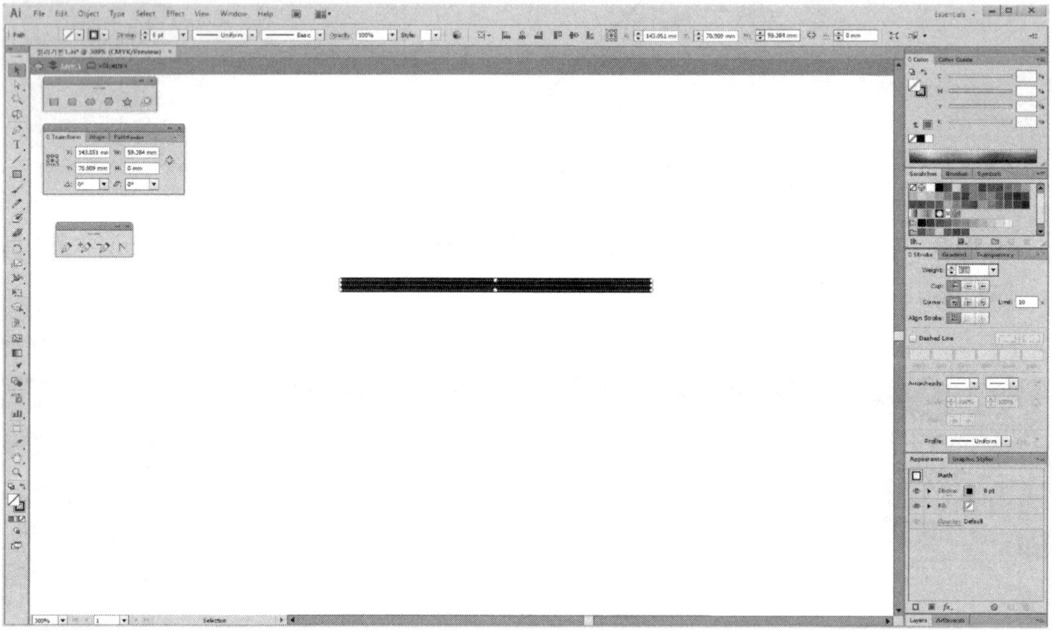

▶ 스트로크[Stroke] 패널

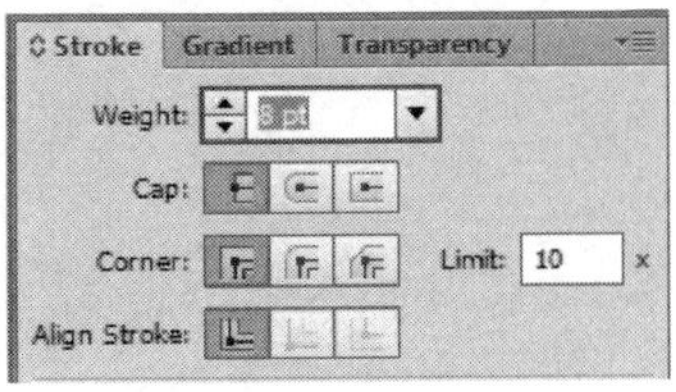

점선[Dashed Line]을 체크하여 표시합니다.

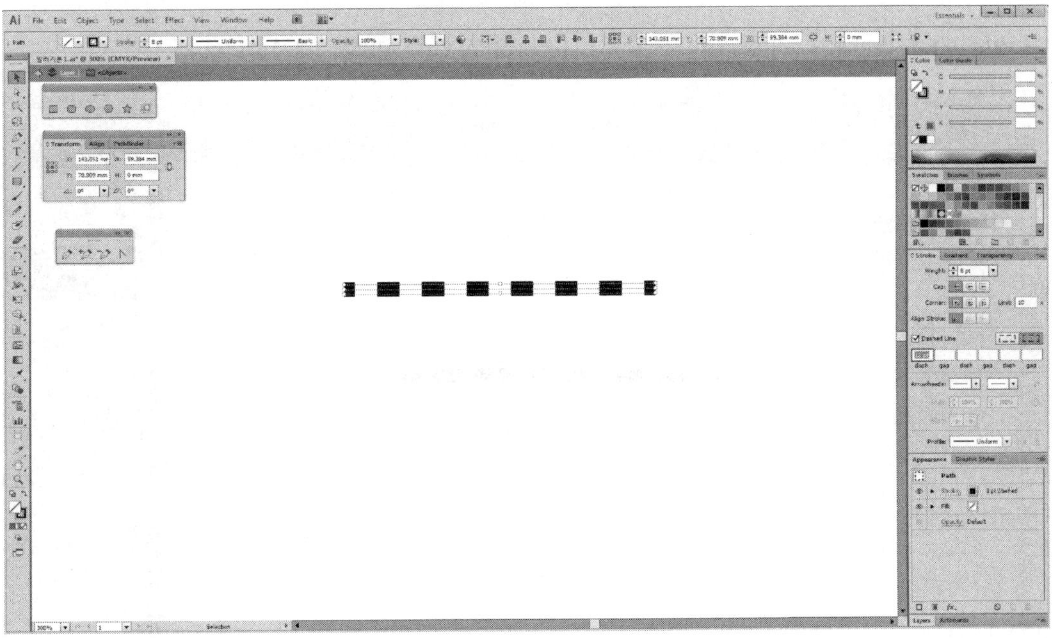

점선[Dashed Line]을 체크합니다.

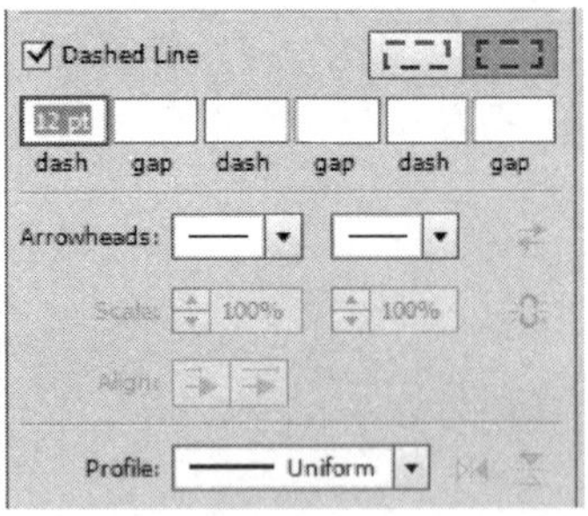

캡[Cap]에서 라운드 캡[Round Cap]을 선택하여 라운드 점선을 생성합니다.

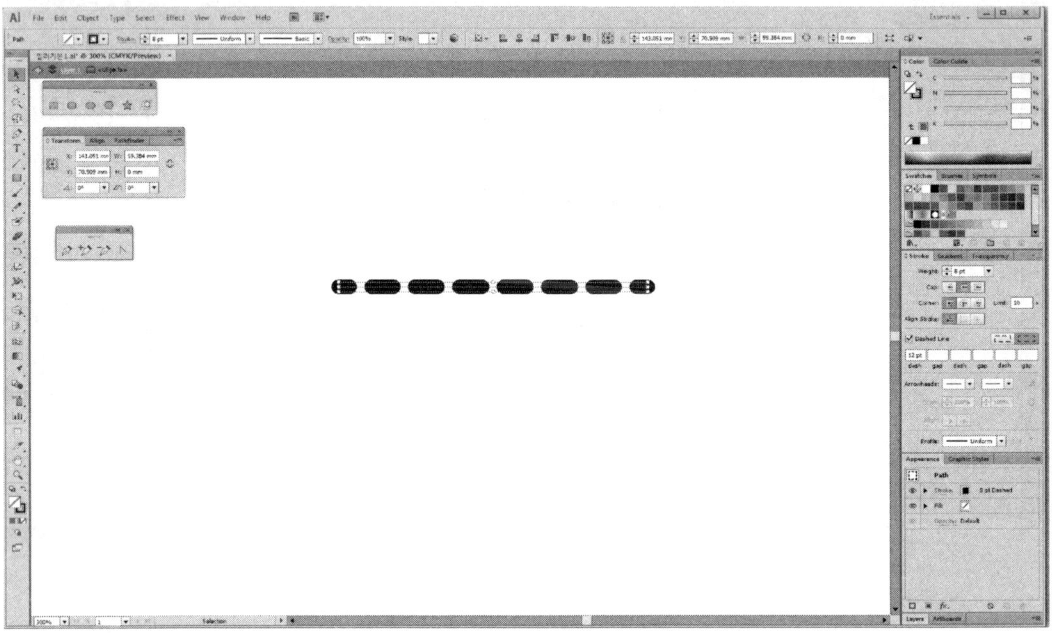

캡[Cap]에서 라운드 캡[Round Cap]을 선택합니다.

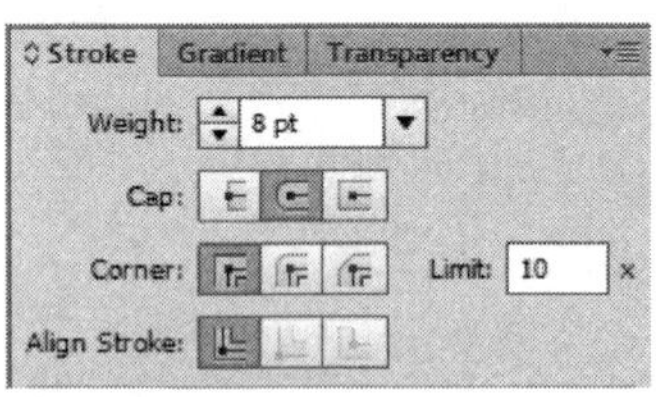

❷ [Add Anchor Point Tool] [고정점 추가 도구] 는 패스에 고정점을 추가합니다.

[고정점 추가 도구]를 사용하여 선분 중앙에 고정점을 추가하여 [고정점 변환 도구]를 사용하여 곡선으로 변환합니다.

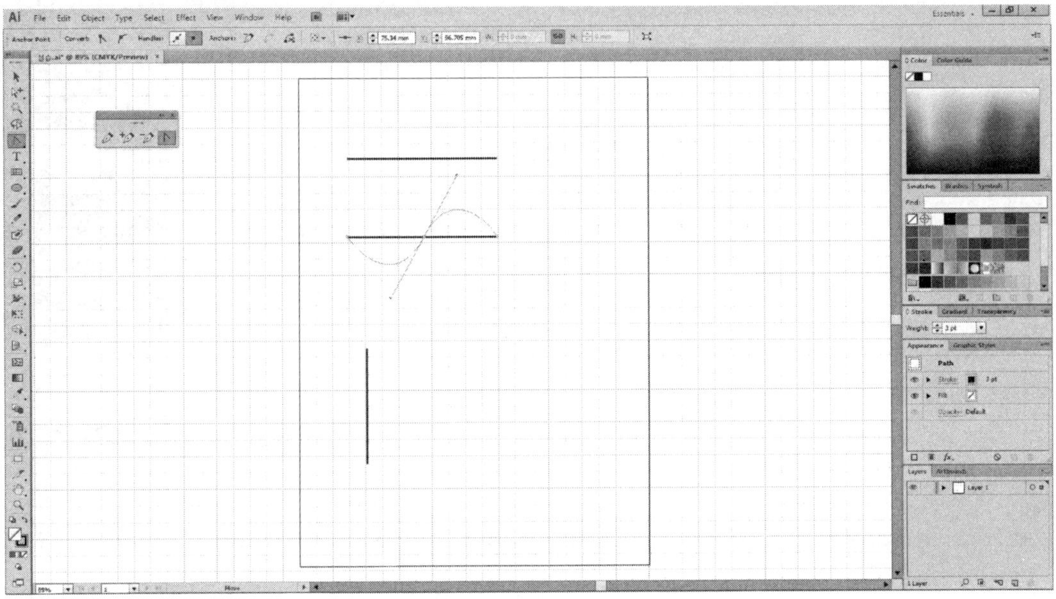

[고정점 변환 도구]를 사용하여 곡선으로 변환한 화면입니다.

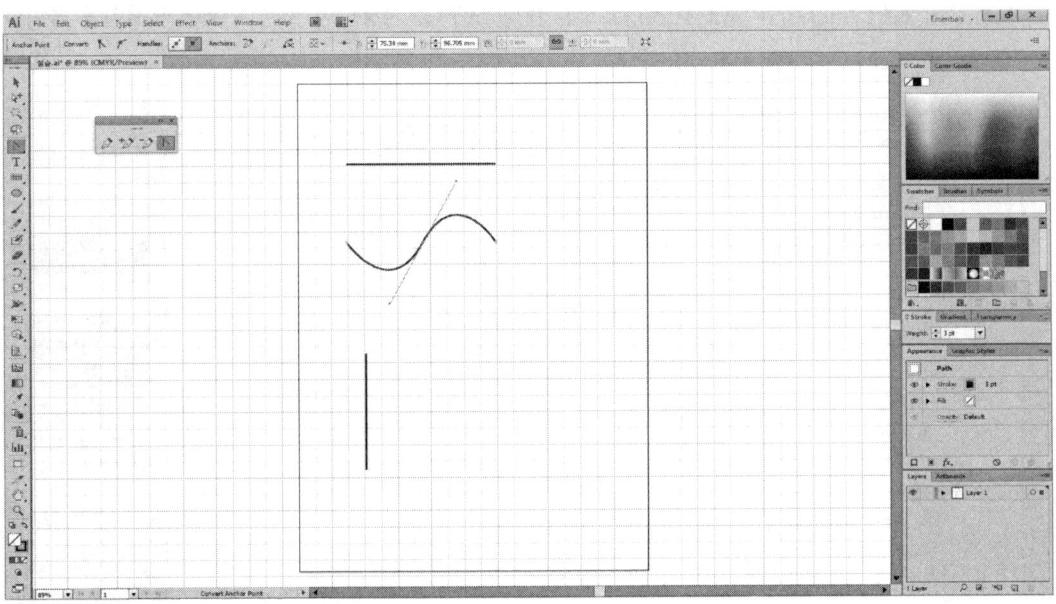

❸ [Delete Anchor Point Tool] [고정점 삭제 도구] 는 패스에서 고정점을 삭제합니다. [고정점 삭제 도구]를 사용하여 가운데 앵커 포인트를 삭제하면 직선으로 변환됩니다.

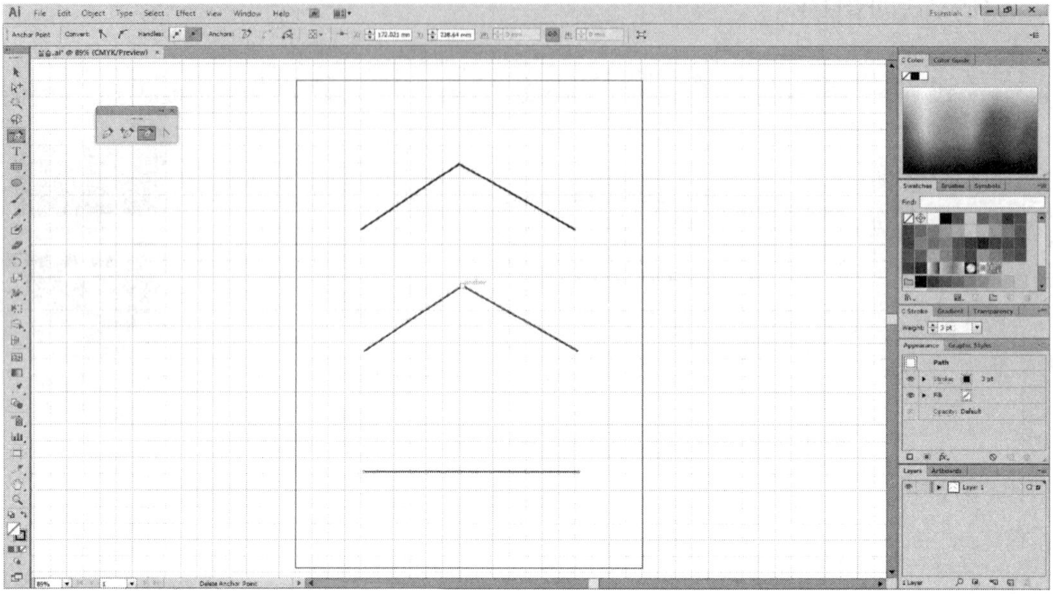

❹ [convert Add Anchor Point Tool] [고정점 변환 도구] [Shift + C] 는 둥근점을 모퉁이점으로, 또는 그 반대로 변경합니다.

[convert Add Anchor Point Tool] [고정점 변환 도구]를 사용하여 오른쪽 상단 모서리를 클릭한 상태로 아래로 드래그합니다.

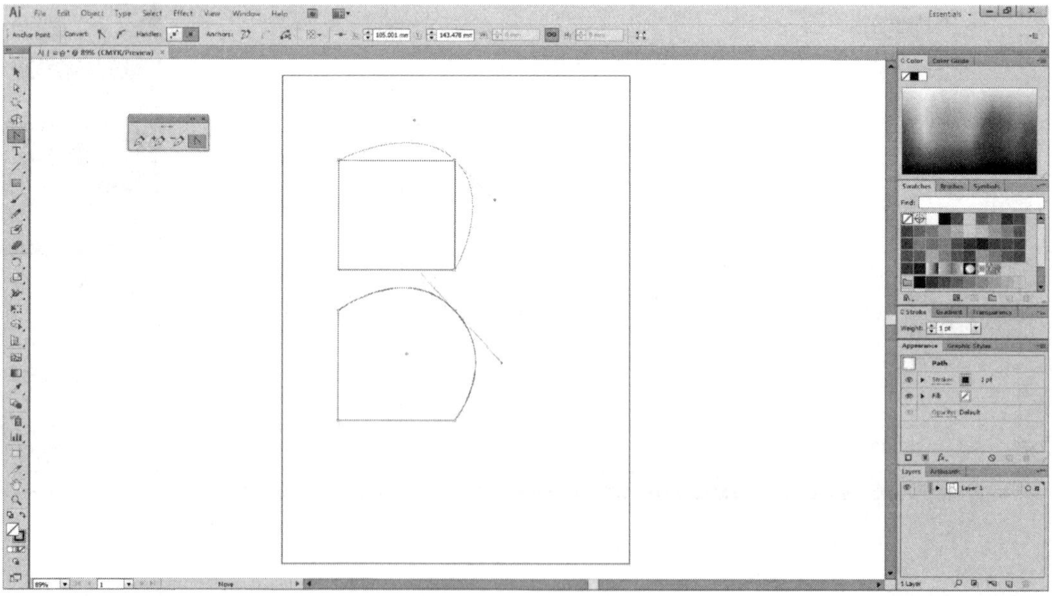

Selection Tool [전체 선택 도구]로 선택한 다음 [convert Add Anchor Point Tool] [고정점 변환 도구]로 앵커 포인트를 클릭하면 곡선이 직선으로 변경됩니다.

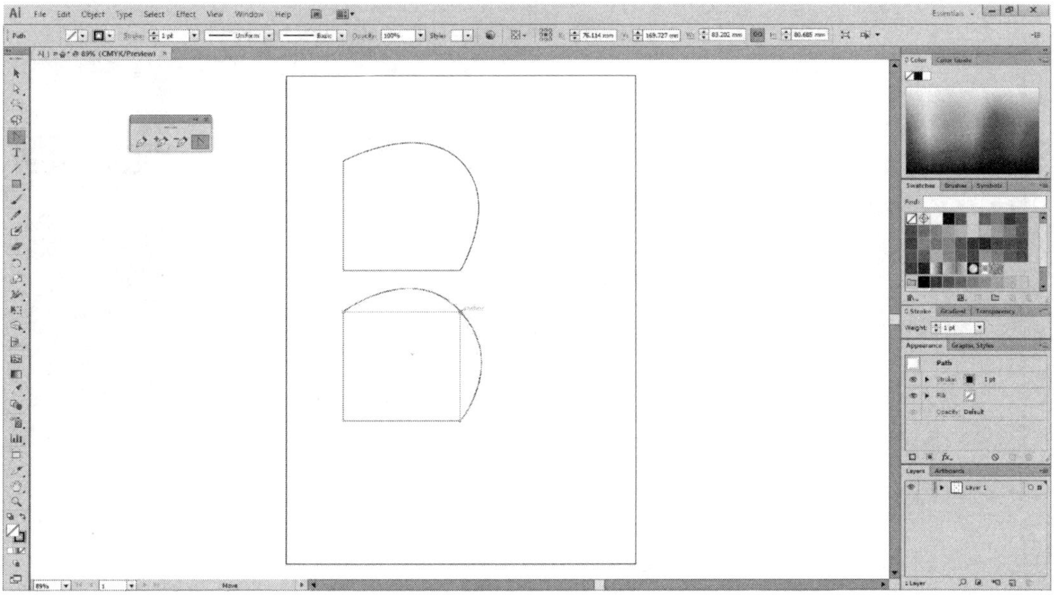

단축키 – 펜툴 사용 중 사용

- [Ctrl]키 : 마지막으로 사용한 선택툴(선택툴, 직접 선택툴)로 바꾸어집니다.
  예를 들어 선택툴로 개체를 선택한 다음 펜툴로 작업 후 선택툴을 선택해야할 경우 마우스로 다시 선택툴을 선택하는 게 아니고 Ctrl키를 누르면 선택툴로 바뀝니다.
- [Alt]키 : 고정점 변환 도구로 바뀝니다.
- [Shift]키 : 수평선 수직선 [45°]선을 그릴 수 있습니다.

곡선을 그리다가 멈추고 다시 곡선을 이어서 그리고자 할 경우에는 방향선을 살려야하므로 펜툴로 끝점에서 클릭한 상태로 다시 하단으로 드래그하여 다시 방향선을 생성합니다.

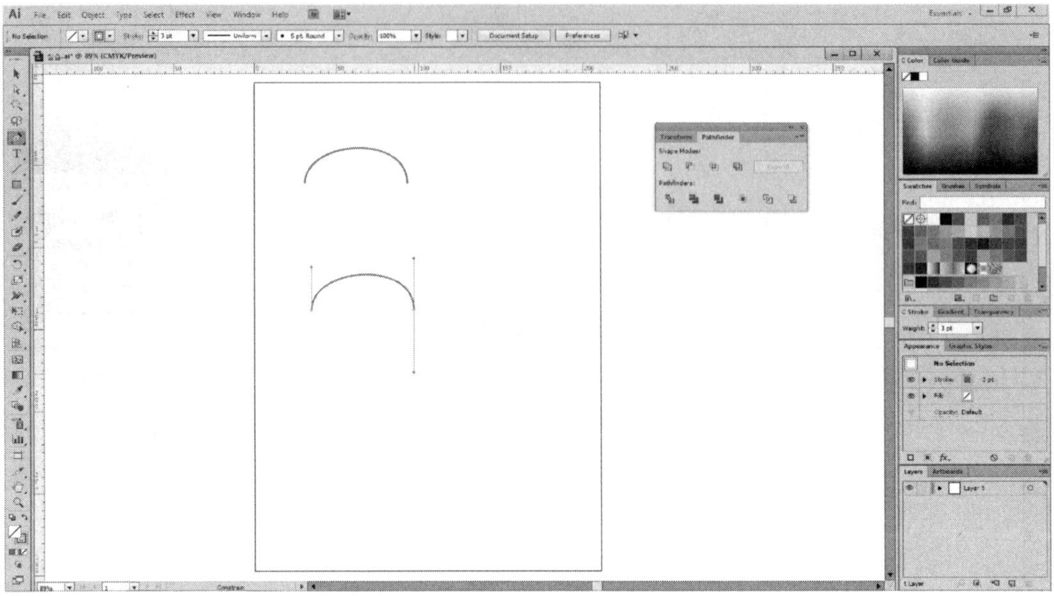

방향선이 살아있는 상태에서 드래그하여 이어서 곡선을 그립니다.

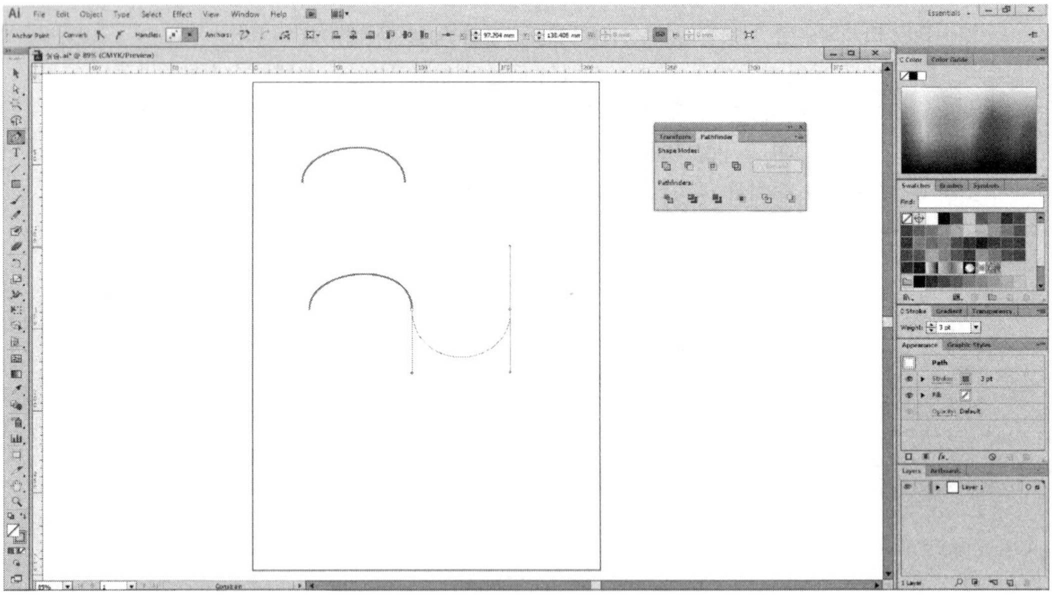

방향이 다른 곡선을 그리는 경우에는 앞방향선 변화가 있어야 합니다.

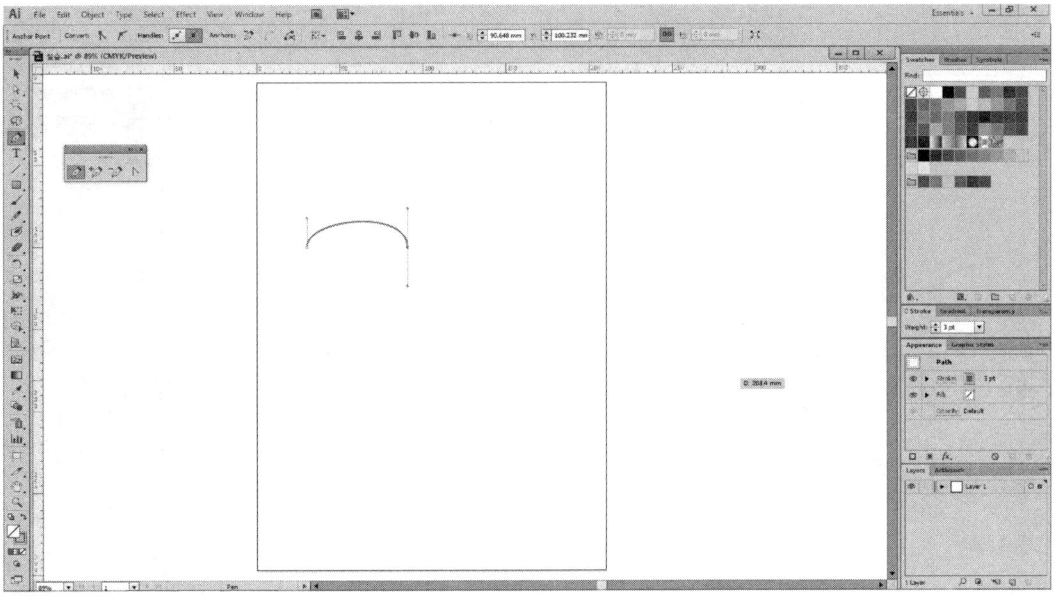

앞 방향선을 펜툴을 클릭하여 삭제합니다.

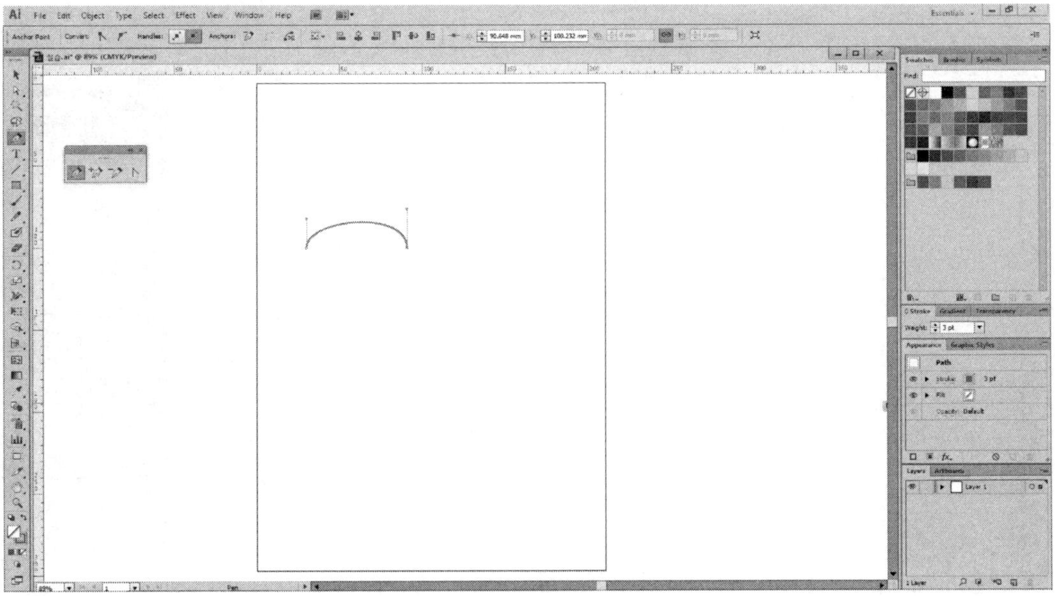

오른쪽에서 위에서 아래로 드래그합니다.

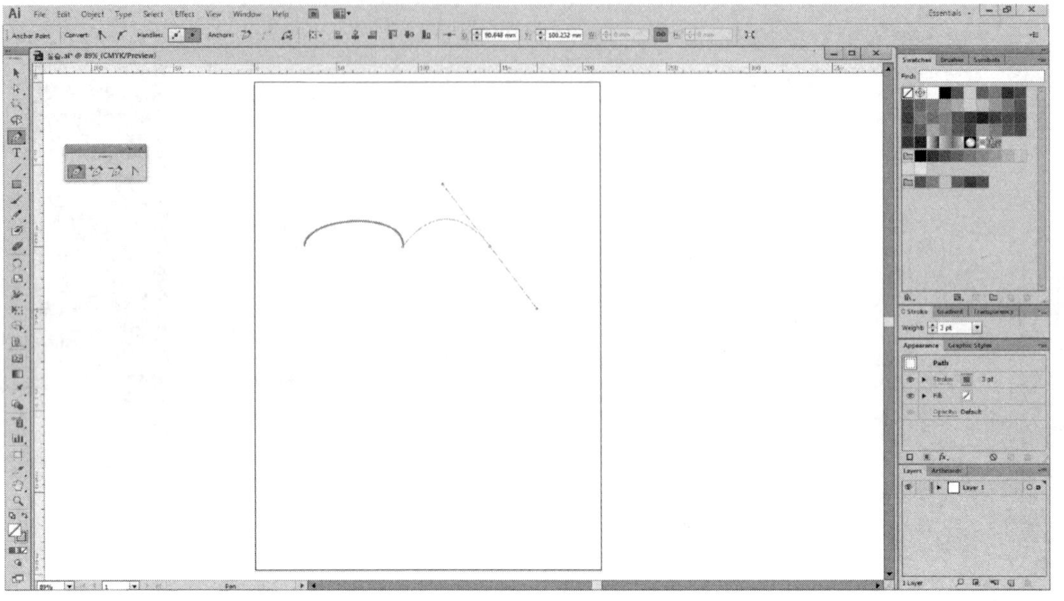

완성된 화면입니다.

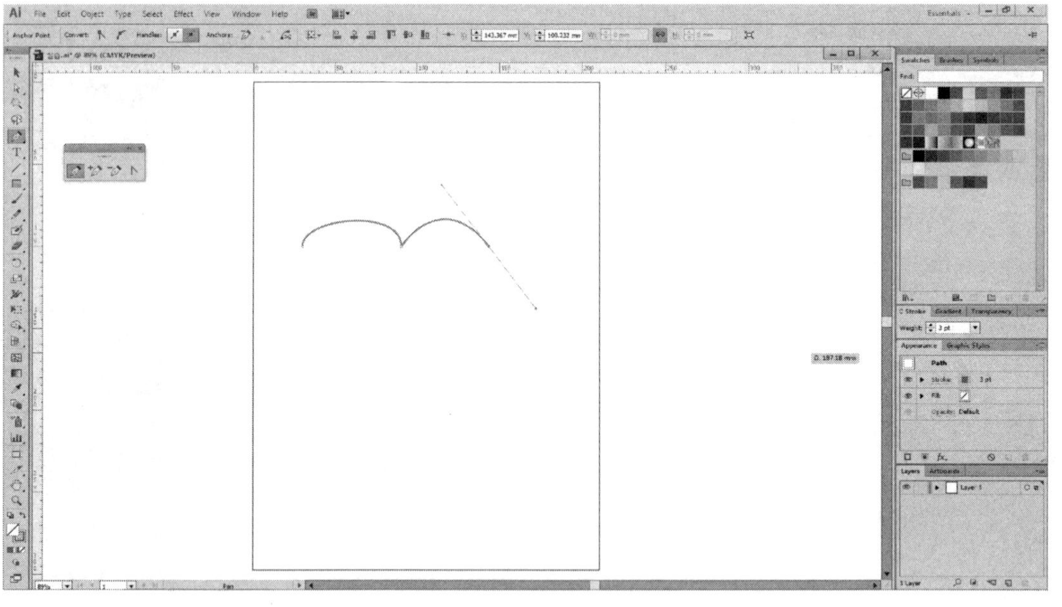

곡선을 수정할 경우에는 먼저 직접 선택 툴[Direct Selection Tool]로 선택합니다.

[Convert Add Anchor Point Tool] [고정점 변환 도구]로 앵커 포인트 끝점을 변화를 줍니다. Alt키를 누르면 [Convert Add Anchor Point Tool]로 변환됩니다.

완성된 화면입니다.

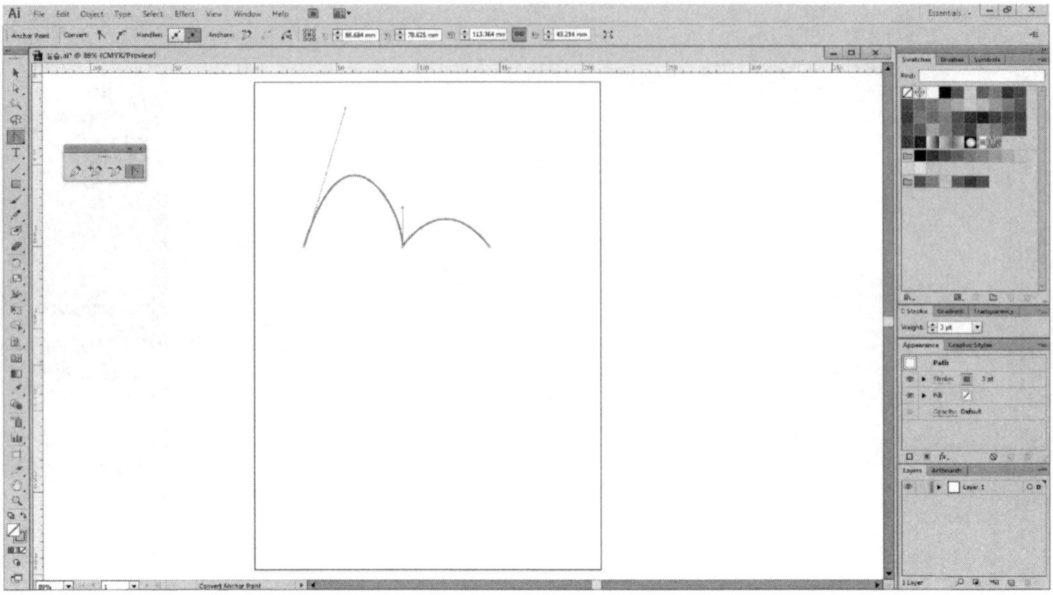

File Edit Object Type Select Effect View Window Help
Essentials
Anchor Point
Convert:
Handles:
Anchors:
Swatches Brushes Symbols
Stroke Gradient Transparency
Weight: 3 pt
Appearance Graphic Styles
Path
Stroke: 3 pt
Fill:
Opacity: Default
Layers Artboards
Layer 1
Convert Anchor Point

❺ [Line Segment Tool] [선분 도구] [\] 는 개별 직선 선분을 그립니다.
그러나 일반적으로 펜툴을 활용하여 선을 그립니다.

수치화하여 선을 하려면 [Line Segment]를 선택한 상태에서 빈 공간을 클릭하면 대화상자가 나타납니다. 해당 수치를 입력하면 선이 생성됩니다.

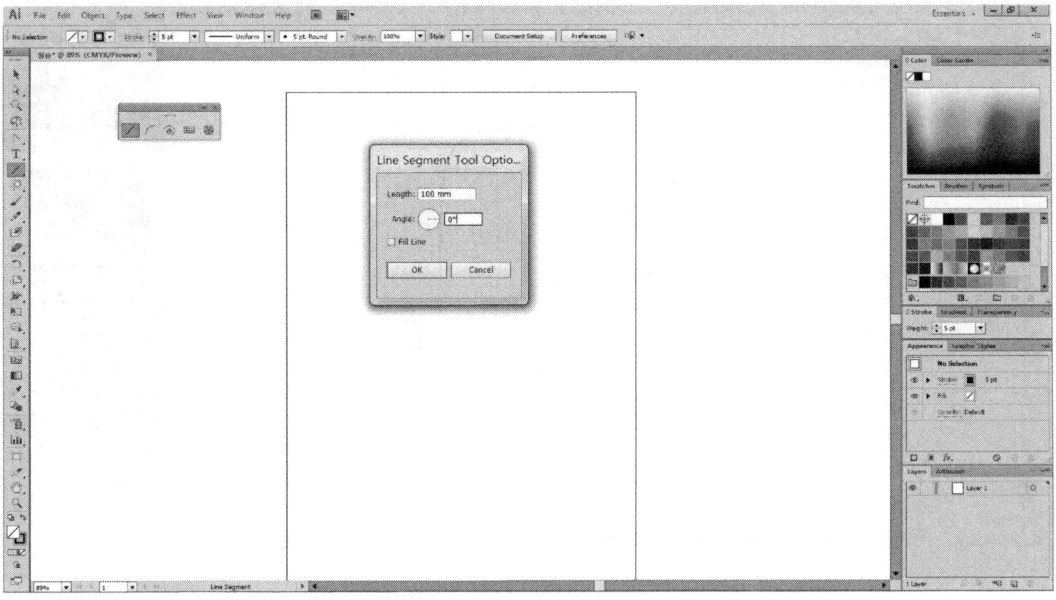

❻ [Arc Tool] [곡선 도구] 는 오목 또는 볼록 곡선 선분을 개별적으로 그립니다. 방향키 위[↑] 아래 [↓]를 이용하여 라운드 방향 및 조절할 수 있습니다.

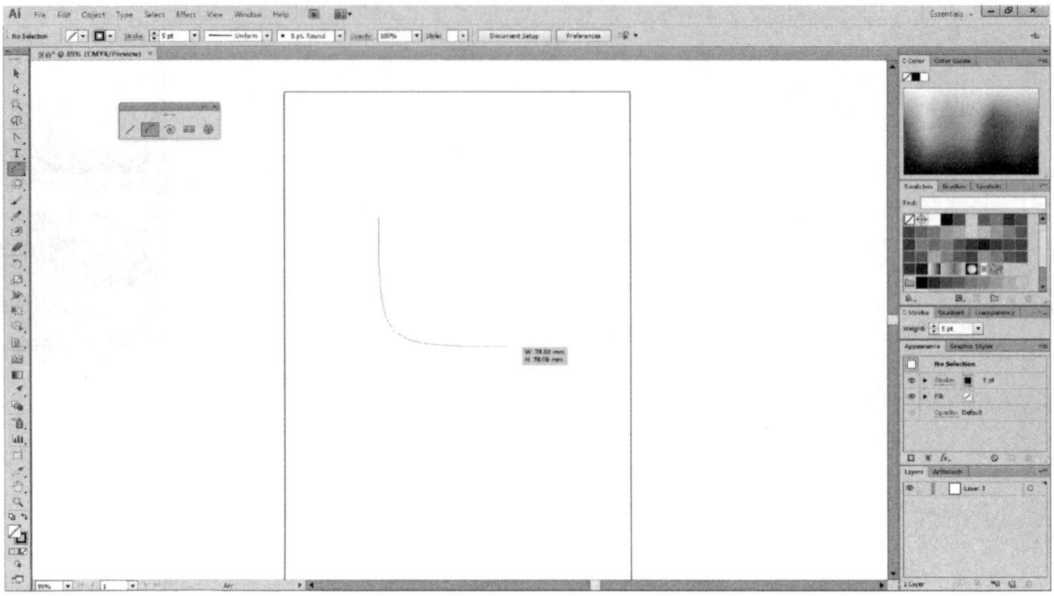

방향키 위[↑] 아래[↓]를 이용하여 라운드 방향 및 조절한 화면입니다.

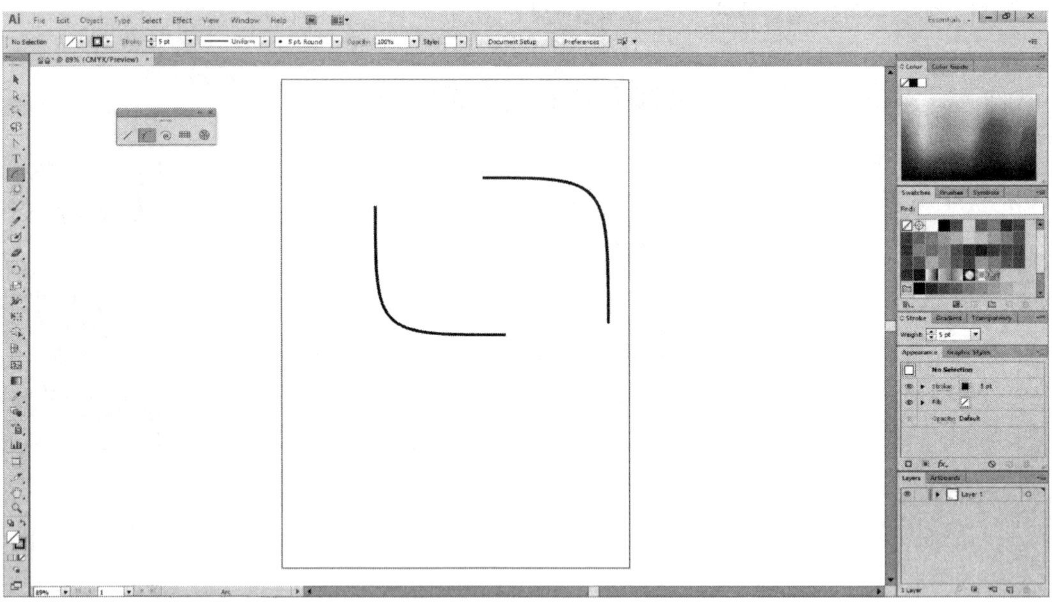

❼ [Spiral Tool] [나선형 도구] 는 시계 방향 또는 시계 반대 방향으로 나선형을 생성합니다.

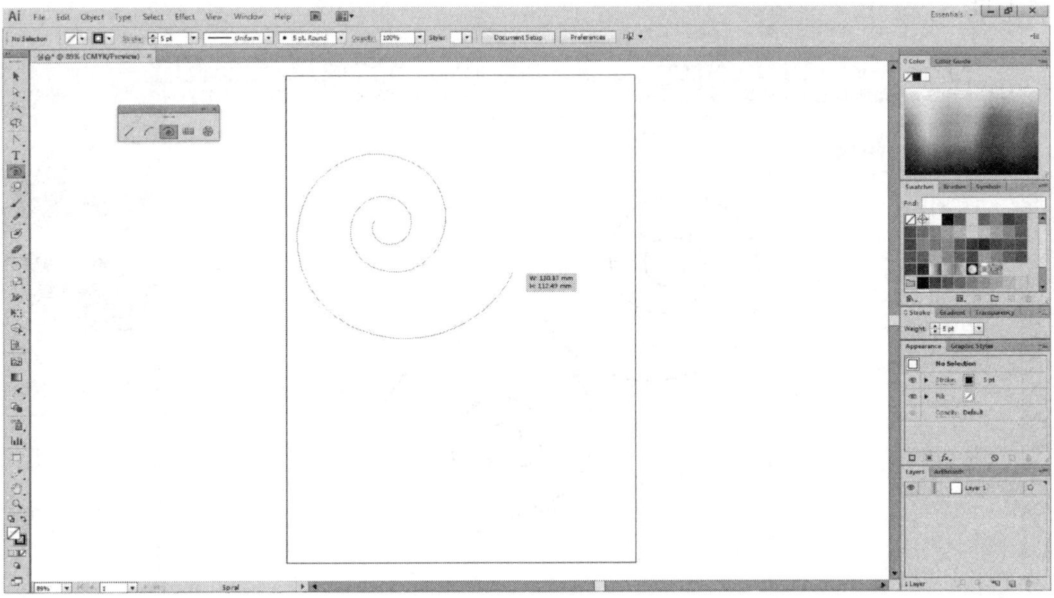

[Spiral Tool] [나선형 도구]의 옵션 내용 대화상자입니다.

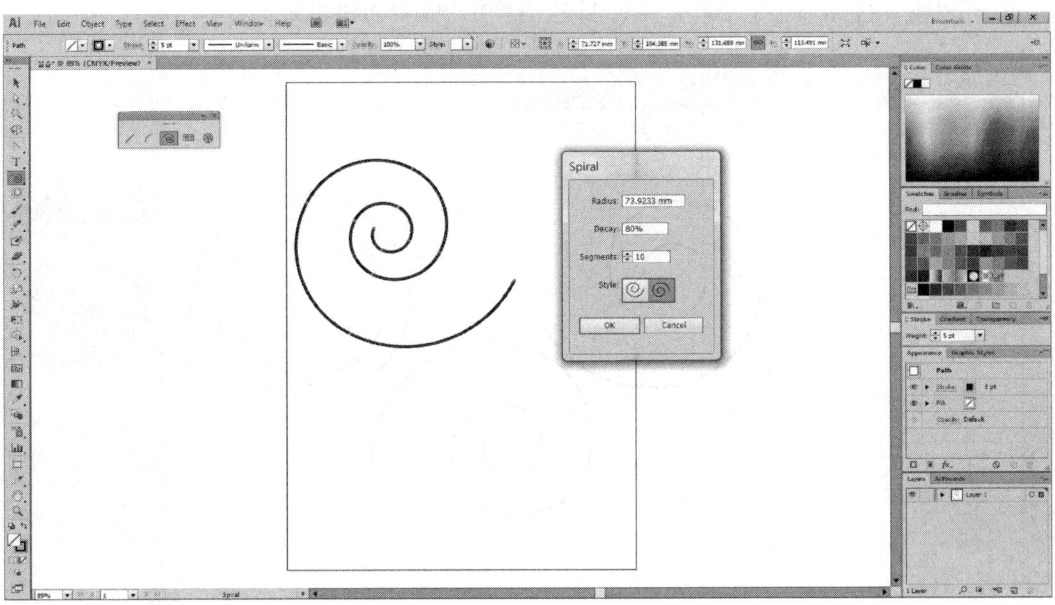

[Spiral Tool] [나선형 도구]의 옵션 대화상자에서 옵션을 변경하여 시계 방향으로 나선형을 생성합니다.

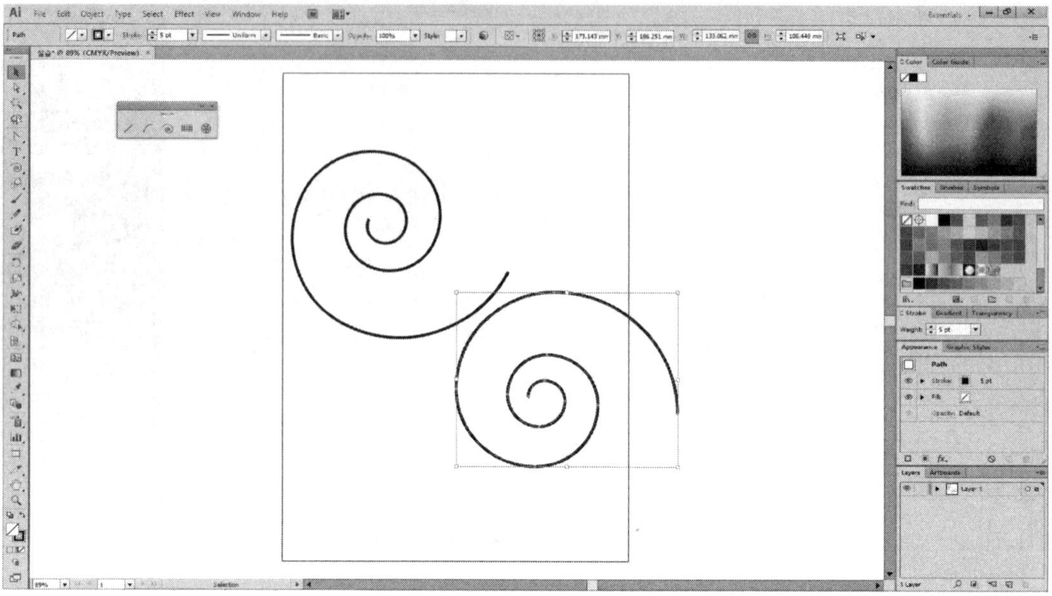

[Ctrl]키를 누른 상태에서 변화를 주면 나선 간격이 변화가 있습니다.

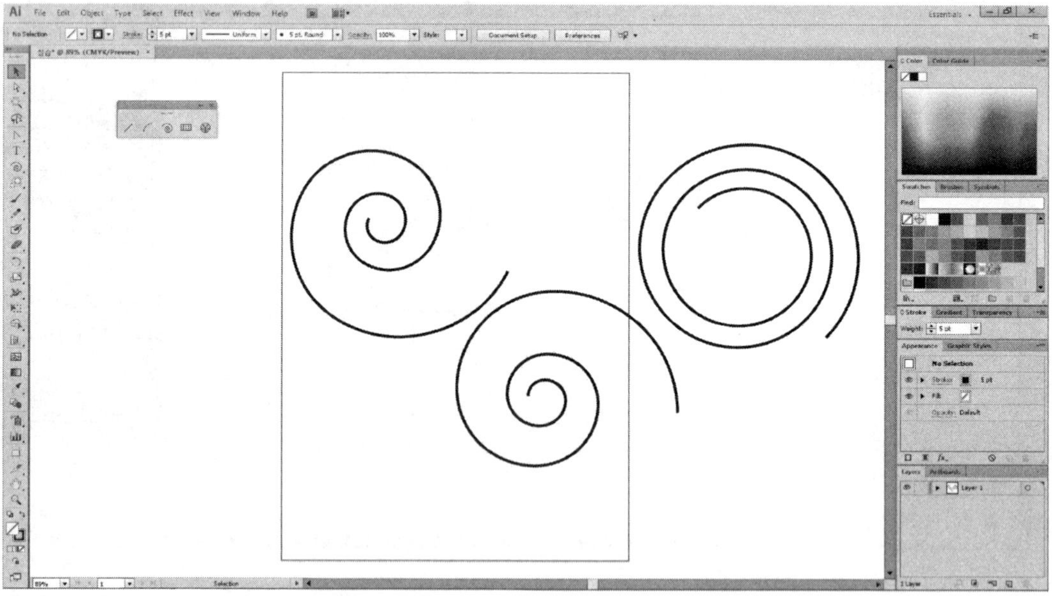

❽ [Rectangular Grid Tool] [사각형 격자 도구] ▦는 사각형 격자를 생성합니다.

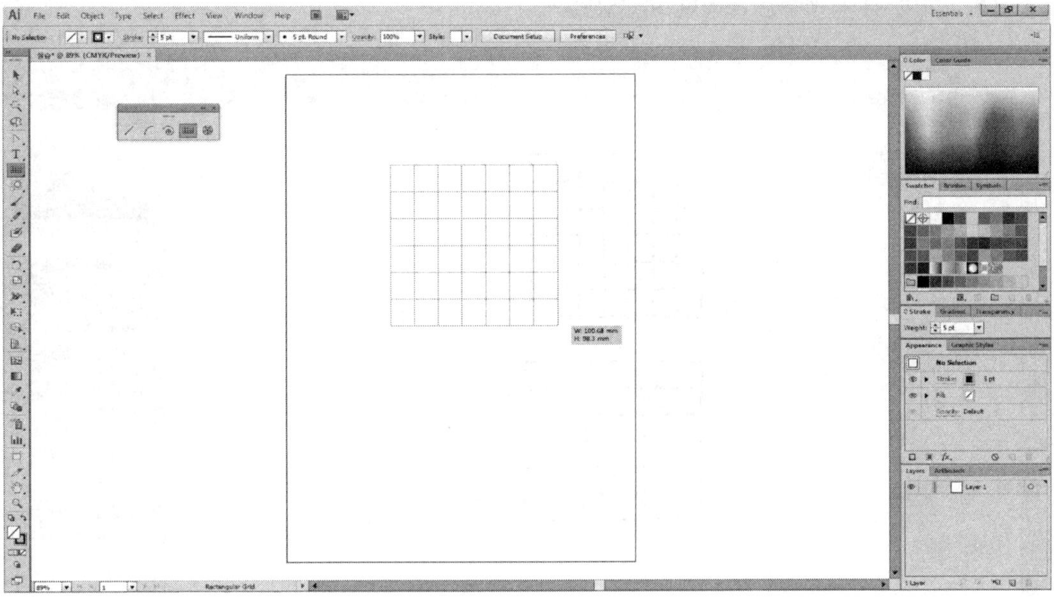

[Rectangular Grid Tool] [사각형 격자 도구] 사용하여 격자를 그린 다음 방향키 좌[←], 우[→]를 이용하여 격자 갯수를 조절할 수 있습니다.

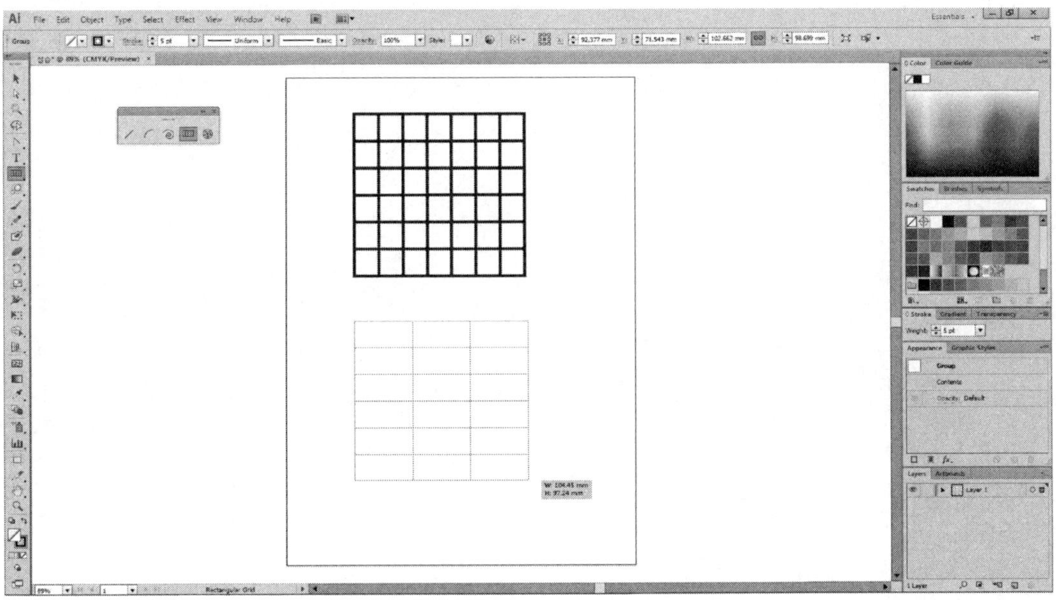

[Rectangular Grid Tool] [사각형 격자 도구] 사용하여 격자를 그린 다음 방향키 좌[←], 우[→]를 이용 하여 격자 갯수를 조절한 화면입니다.

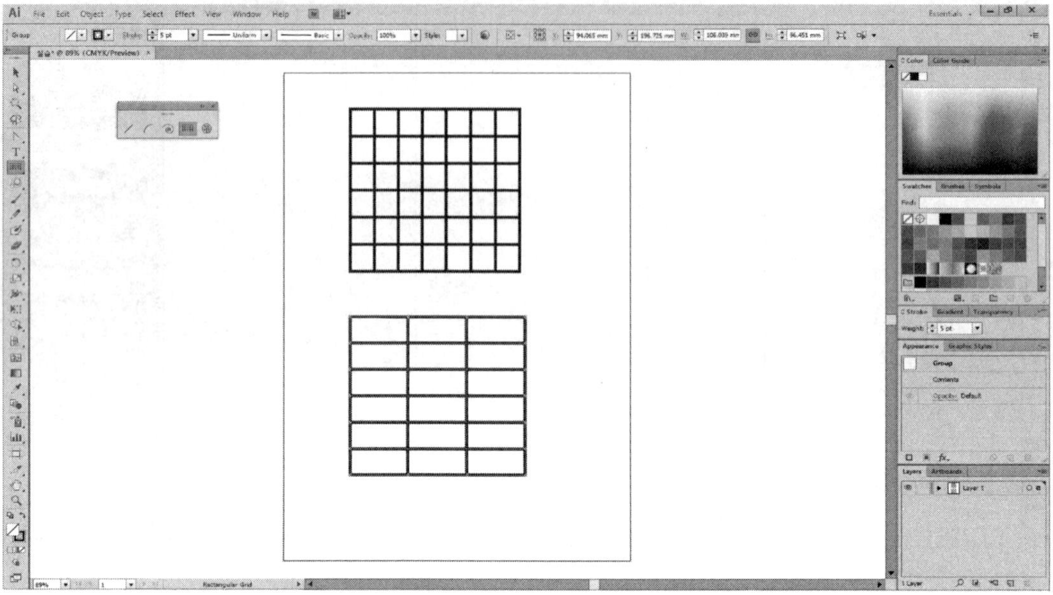

⑨ [Polar Grid Tool] [원형 격자 도구] 는 원형 차트 격자를 생성합니다.
정원을 그리고자 하면 [Shift]키를 사용합니다.

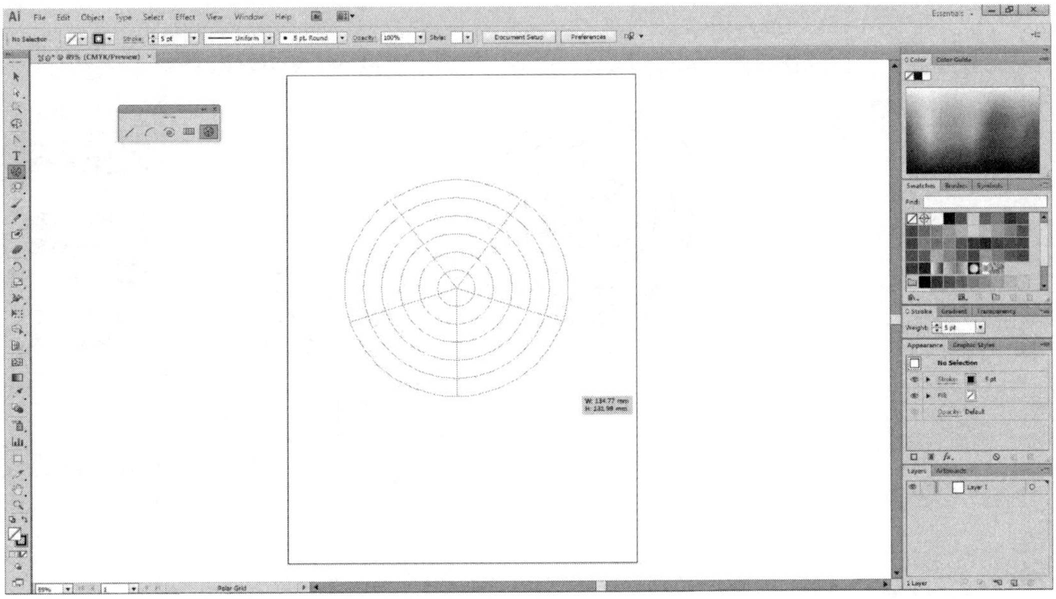

[Polar Grid Tool] [원형 격자 도구]를 이용하여 원형 격자를 그린 다음 방향키 위[↑], 아래[↓]를 이용하여 원의 갯수를 조절합니다.

[Polar Grid Tool] [원형 격자 도구]를 이용하여 원형 격자를 그린 다음 방향키 위[↑], 아래[↓]를 이용하여 원의 갯수를 조절합니다.

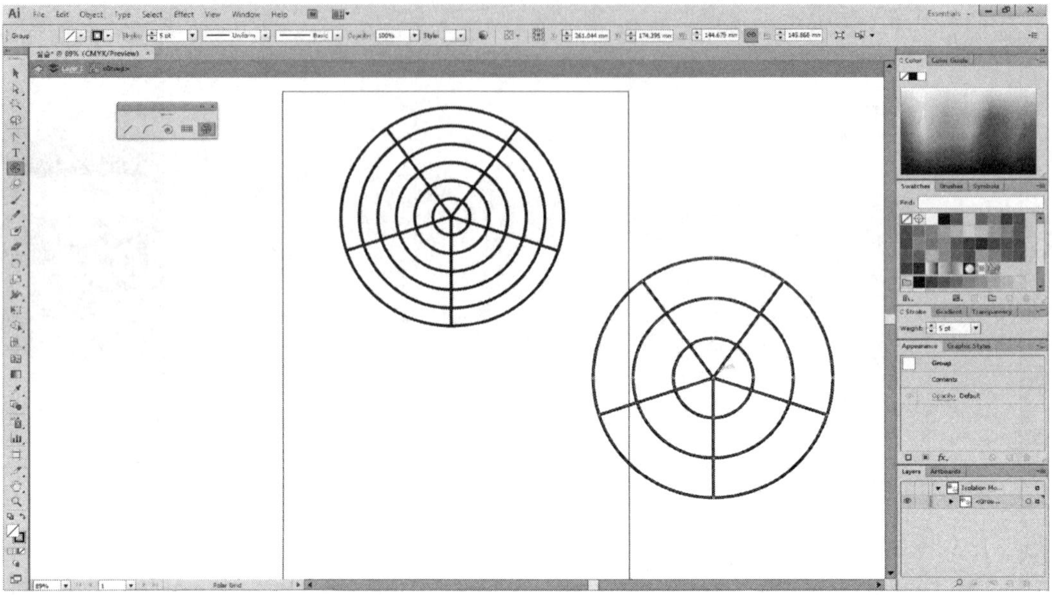

[Polar Grid Tool] [원형 격자 도구]를 이용하여 원형격자를 그린 다음 방향키 좌[←], 우[→]를 이용하여 칸 격자 갯수를 조절합니다.

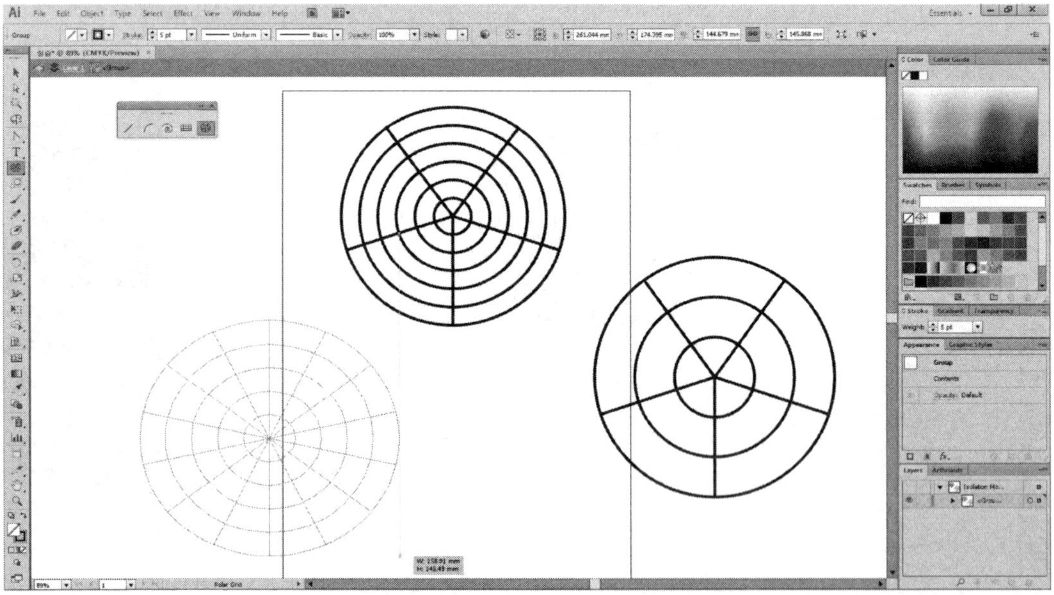

[Polar Grid Tool] [원형 격자 도구]를 이용하여 원형격자를 그린 다음 방향키 좌[←], 우[→]를 이용하여 칸격자 갯수를 조절합니다.

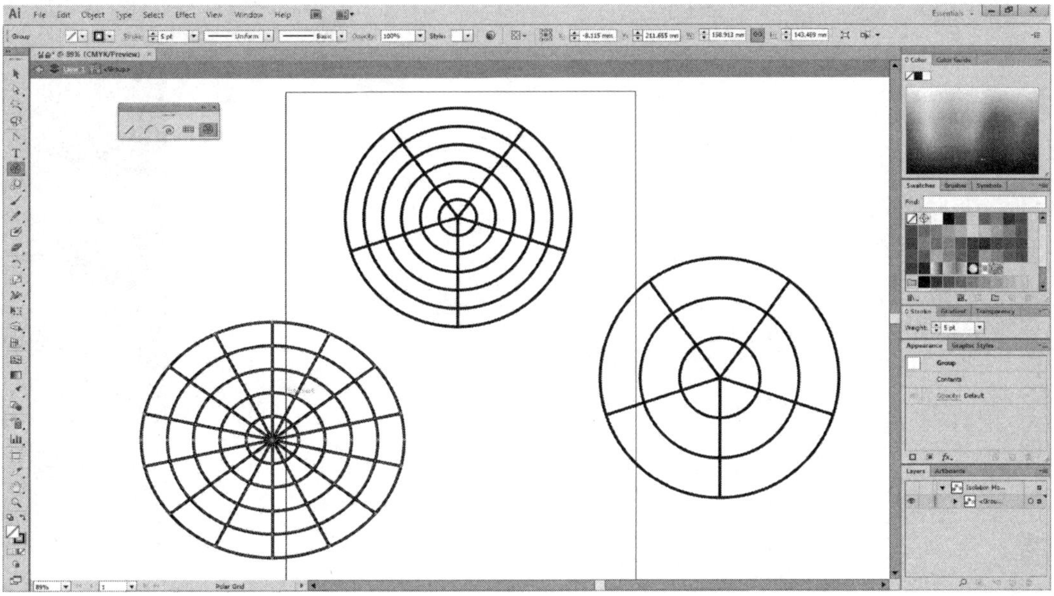

⑩ [Rectangle Tool] [사각형 도구] [M] 는 정사각형과 직사각형을 그립니다. [Shift]키를 누른 상태에서 도형을 그리면 정사각형이 생성됩니다.

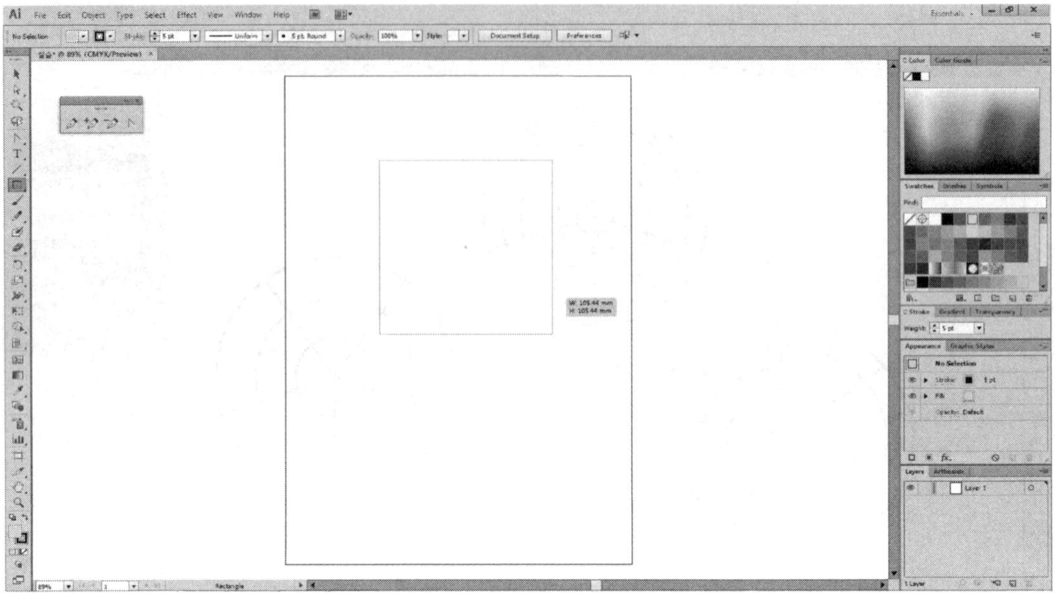

도형이 완성된 화면입니다.

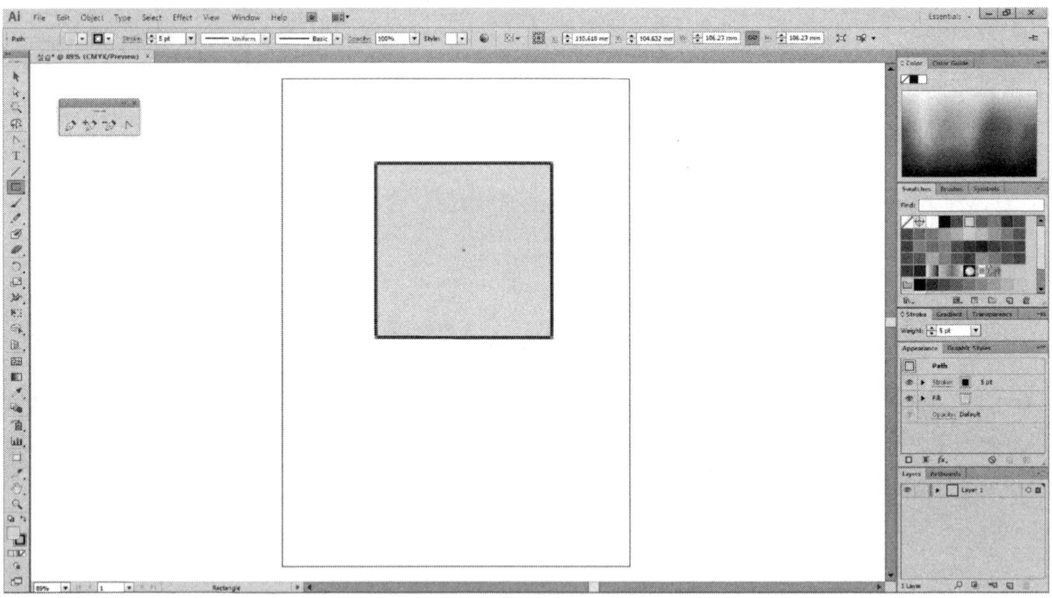

[Alt]키를 누른 상태에서 사각형을 그리면 중앙에서부터 시작하여 도형이 생성됩니다.

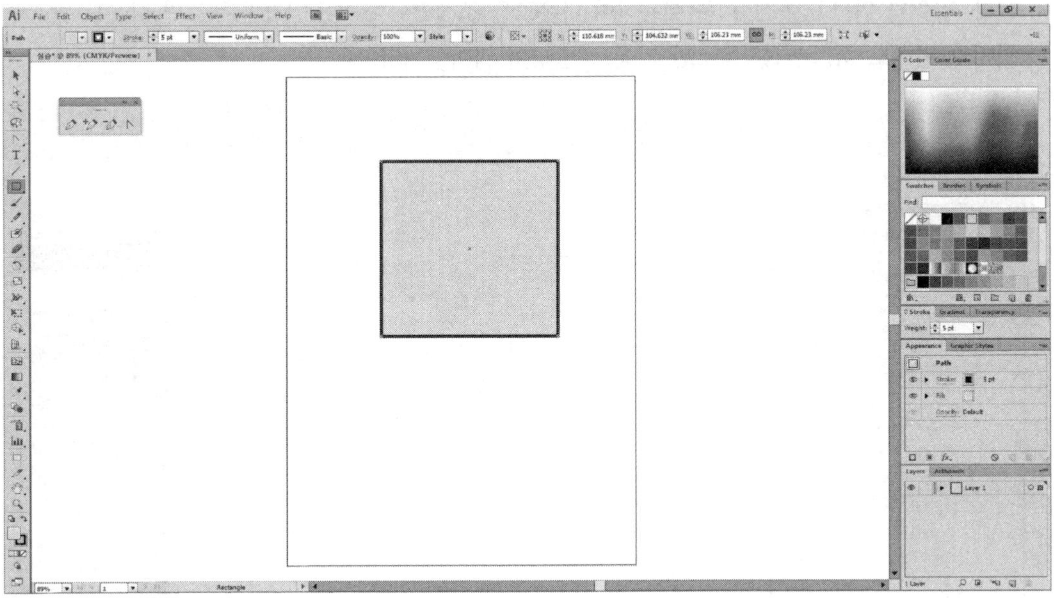

수치화하여 사각형을 그리려면 [Rectangle]을 선택한 상태에서 빈 공간을 클릭하면 대화상자가 보여지고 해당 수치를 입력하면 도형이 생성됩니다.

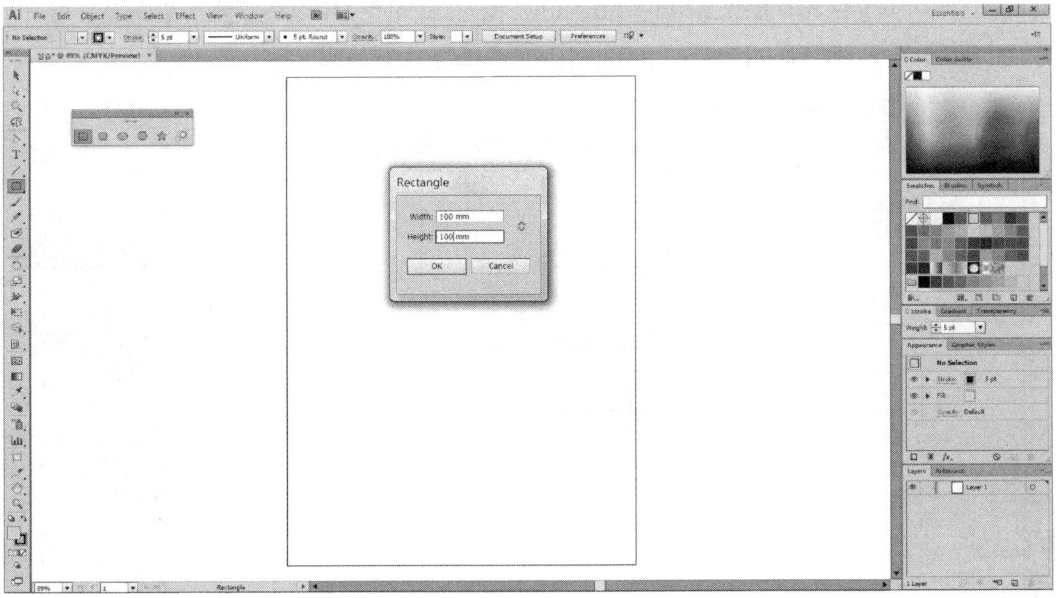

⑪ [Rounded Rectangle Tool] [둥근 사각형 도구] 는 모퉁이가 둥근 정사각형과 직사각형을 그립니다. 방향키 위[↑], 아래[↓]를 이용하여 라운드를 조절합니다. 상[↑]키를 누르면 라운드 반경이 커지고 반대로 하[↓]키를 누르면 라운드 반경이 작아집니다.

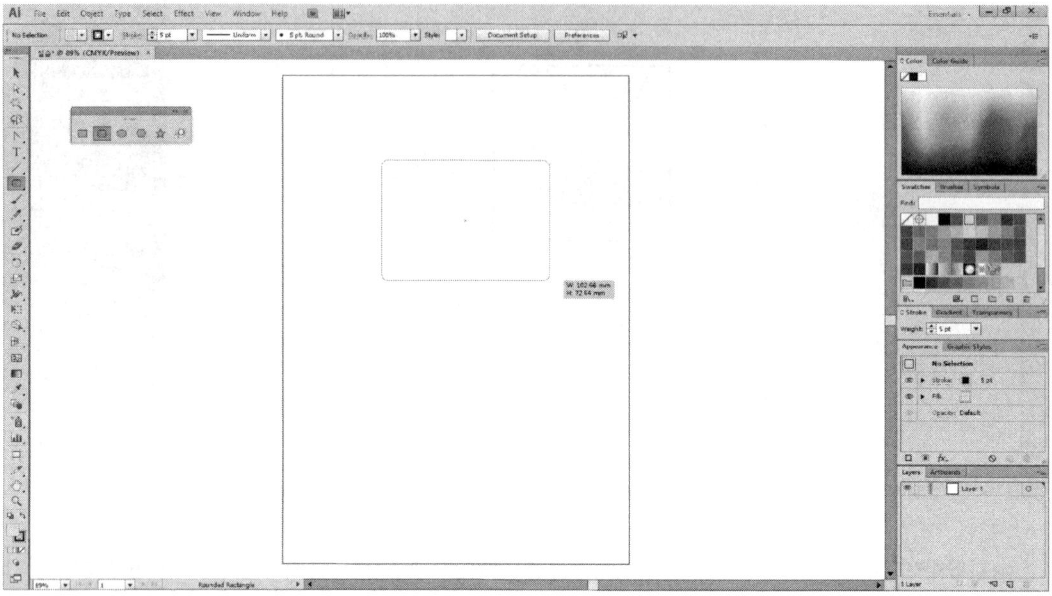

수치화하여 라운드 사각형을 그리려면 [Rounded Rectangle]을 선택한 상태에서 빈 공간을 클릭하면 대화상자가 나타납니다. 해당 수치를 입력하면 도형이 생성됩니다.

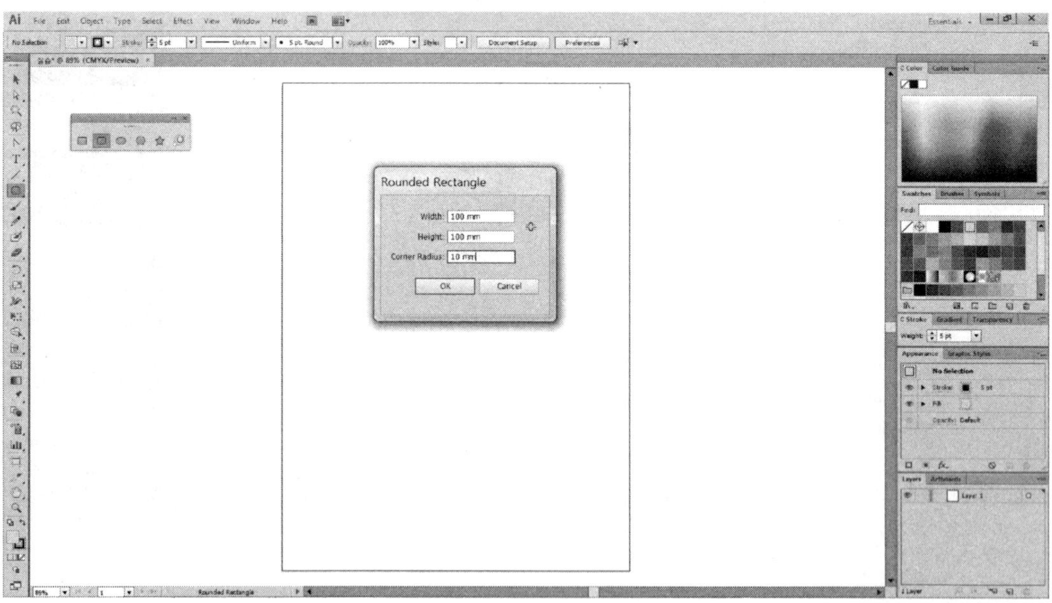

⑫ [Ellipse Tool] [타원 도구] [L] ◯는 원과 타원을 그리며 [Shift]키를 누른 상태에서 그리면 정원이 생성됩니다.

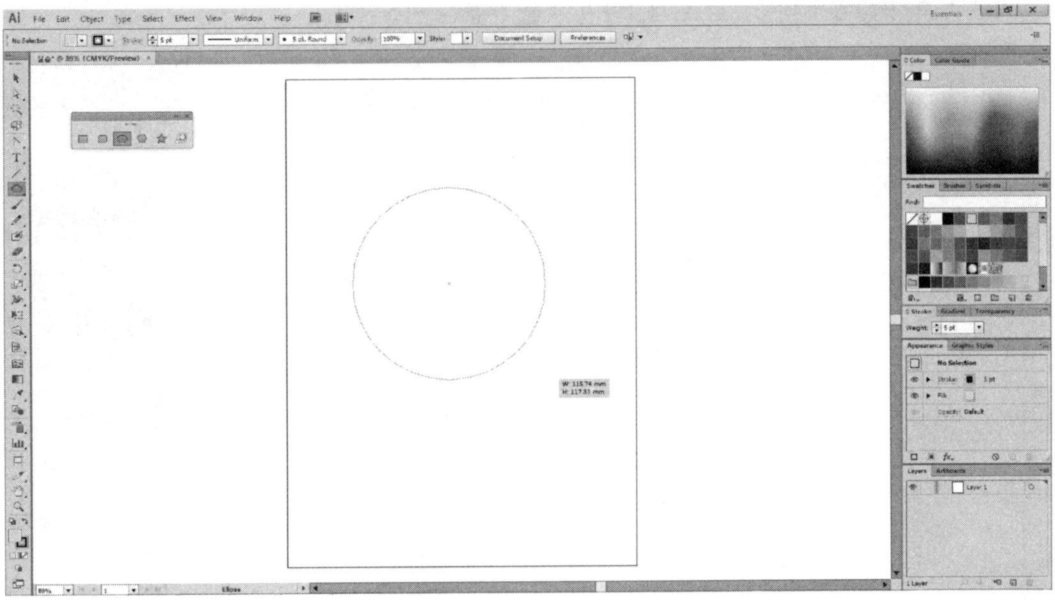

⑬ [Polygon Tool] [다각형 도구] ⬡는 여러 면으로 이루어진 보통의 도형을 그립니다. 방향키 위[↑], 아래[↓]를 조절하여 면의 갯수를 조절합니다.

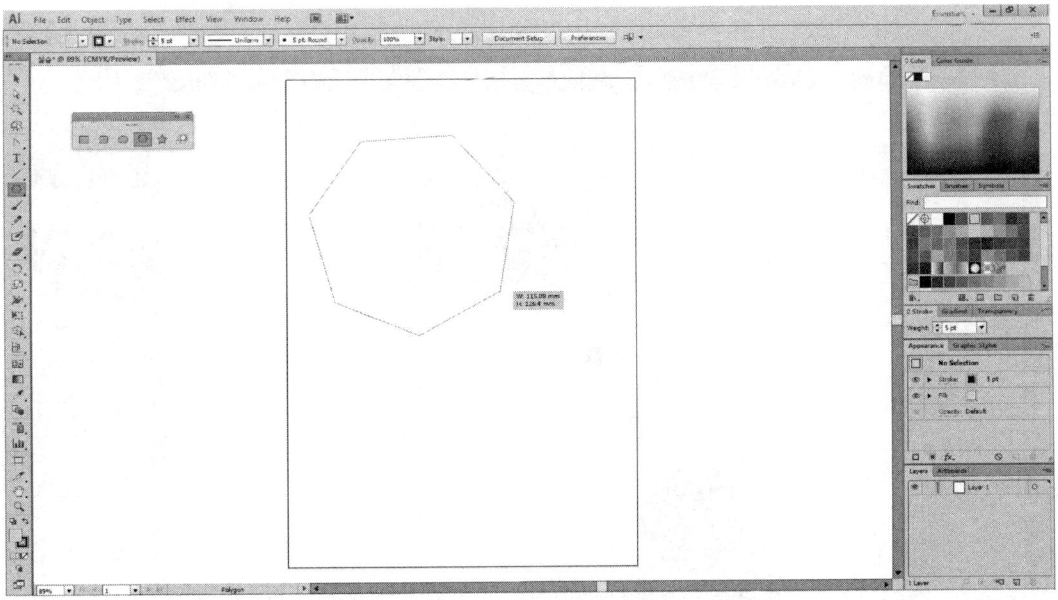

⑭ [Star Tool] [별모양 도구] 는 별 모양을 그립니다. 방향키 위[↑], 아래[↓]를 조절하여 꼭지점 갯수를 조절할 수 있으며 [Shift]키를 누른 상태에서 그리면 정위치 도형을 그릴 수 있습니다. [Ctrl]키를 누른 상태에서 바깥으로 드래그하면 바깥 부분만 커집니다.

⑮ [Flare Tool] [플레어 도구] 는 렌즈 섬광 또는 태양 섬광 효과를 만듭니다.

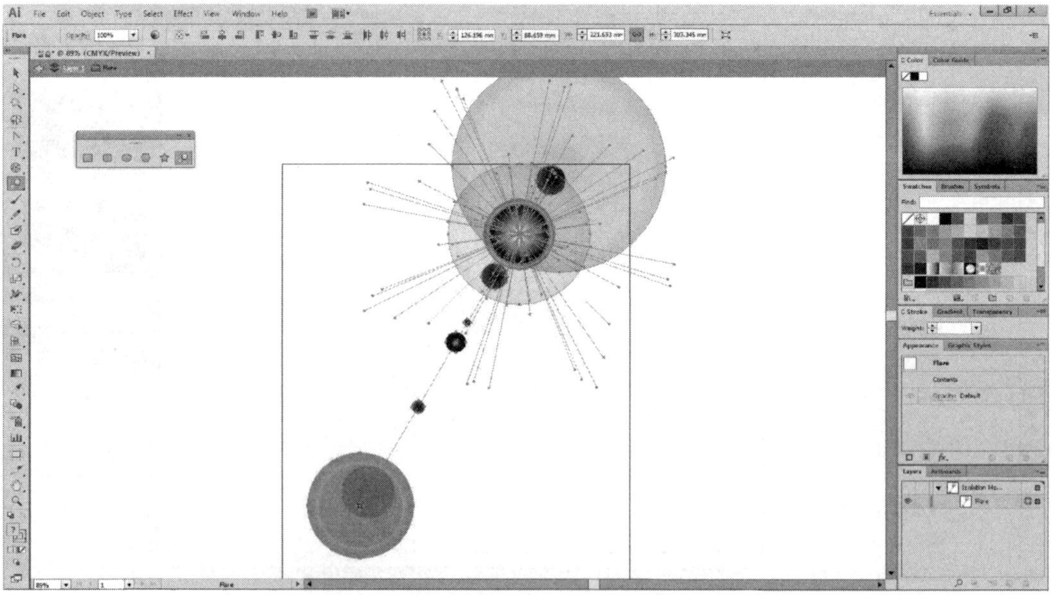

⑯ [Pencil Tool] [연필 도구] [N] 는 자유 형태의 선을 그리고 편집합니다.
자연스런운 형태의 그림을 그릴 수 있습니다. 선이 부드럽습니다.
연필툴 옆에 X표시가 나타나는 것은 이제 새로 그릴 준비가 되어있다는 표시입니다.
선을 이을 때는 선 끝점에 가까이가면 아무표시가 나타나지 않을 때 이어서 그립니다. 서로 두선을 마지막 이을 때는 [Alt]키를 누르면 동그랗게 표시됩니다. 이 상태에서 마감합니다. 간단하면서도 실용적인 툴입니다.

⑰ [Smooth Tool] [매끄럽게 도구] 는 베지어 패스를 매끄럽게 만듭니다.
연필툴이 선택된 상태에서 [Alt]키를 누르면 [Smooth Tool]로 변경이 됩니다. 부드럽지 않은 부분에 드래그하면 선이 부드럽게 됩니다.

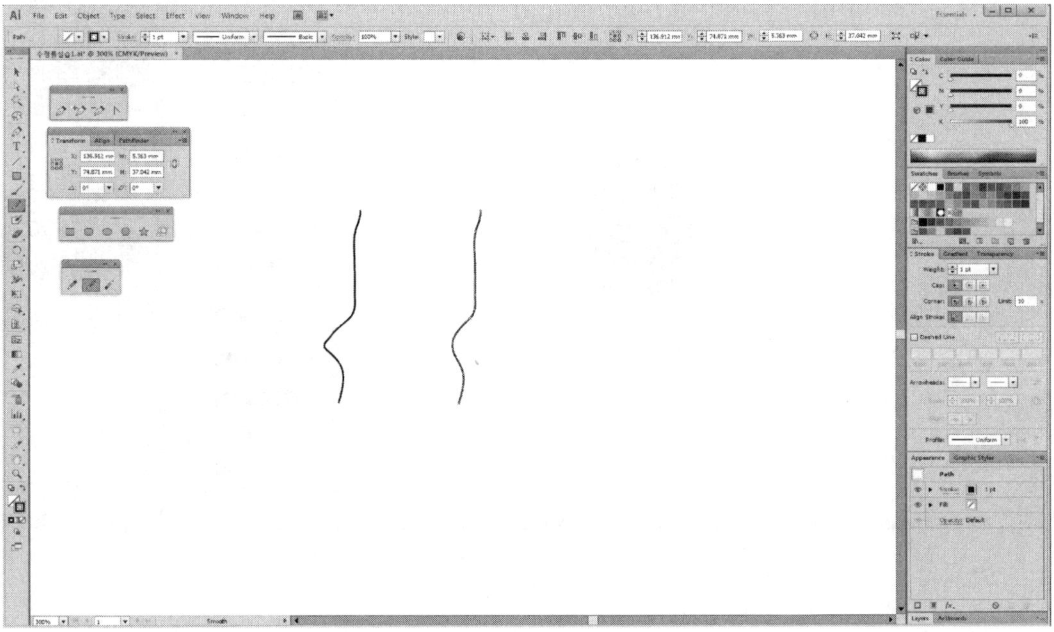

⑱ [Path Eraser Tool] [패스 지우개 도구] 는 개체에서 패스와 고정점을 지웁니다.

⑲ [Perspective Grid Tool] [원근 격자] [Shift + P] 를 사용하면 원근 있는 아트웍을 만들고 렌더링할 수 있습니다.

⑳ [Perspective Selection Tool] [원근 선택 도구] [Shift + V] 를 사용하면 개체, 텍스트 및 심볼을 원근으로 가져오고, 원근의 개체를 이동하며, 수직 개체를 현재 방향으로 이동시킬 수 있습니다.

03 페인팅 도구 활용

[Illustrator]는 다음과 같은 페인팅 도구를 제공합니다.

❶ [Paintbrush Tool] [페인트 브러시 도구] [B] 는 패스에 아트, 패턴 및 강모 브러시 획은 물론 자유 형태의 획이나 붓글씨 형태의 획을 생성합니다.

❷ [Mesh Tool] [망 도구] [U] 는 망과 망 둘러싸기를 만들고 편집합니다.
메쉬 포인트를 사용해서 그라디언트[Gradient] 모양의 색상을 처리합니다.

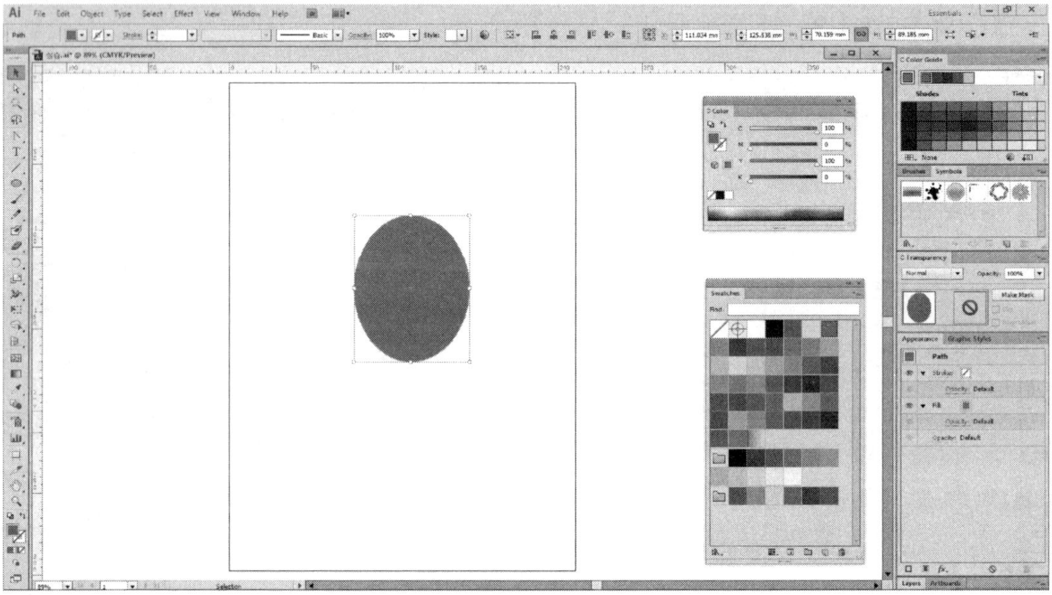

[Convert Anchor Point Tool]을 사용하여 개체[Object]를 변형합니다.

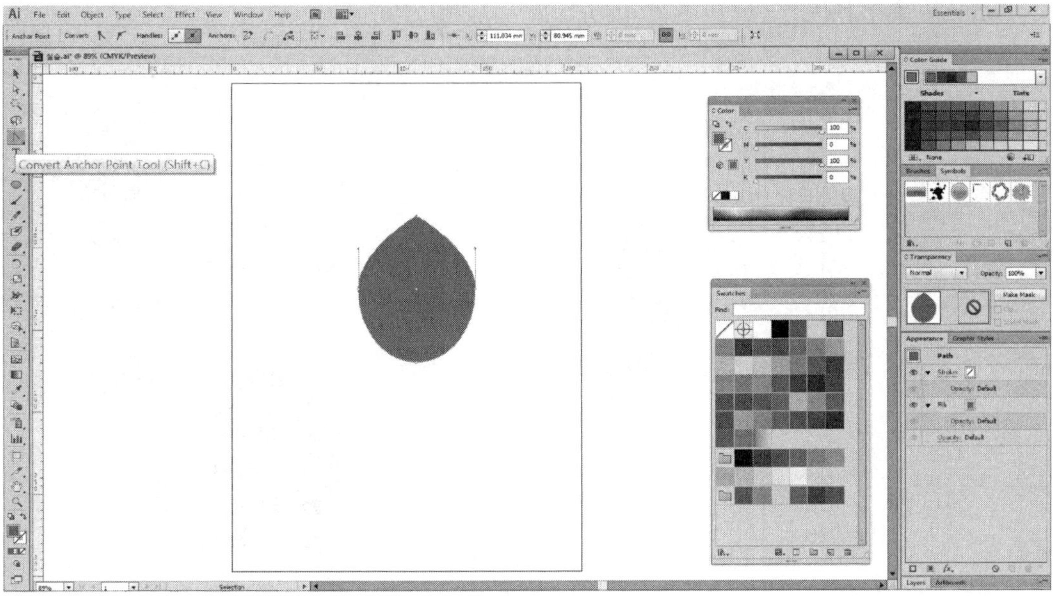

직접 선택툴[Direct Selection Tool]을 사용하여 개체[Object]를 변형합니다.

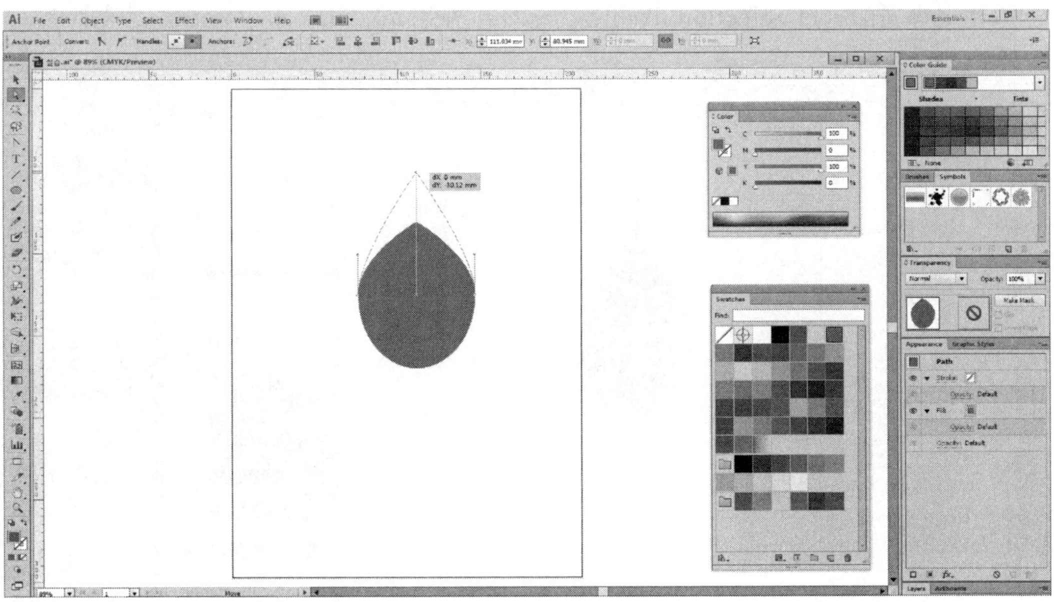

메쉬 툴[Mesh Tool]을 사용하여 플러스 모양이 생성되면 개체[Object]에 메쉬 포인트[Mesh Point]를 추가합니다.

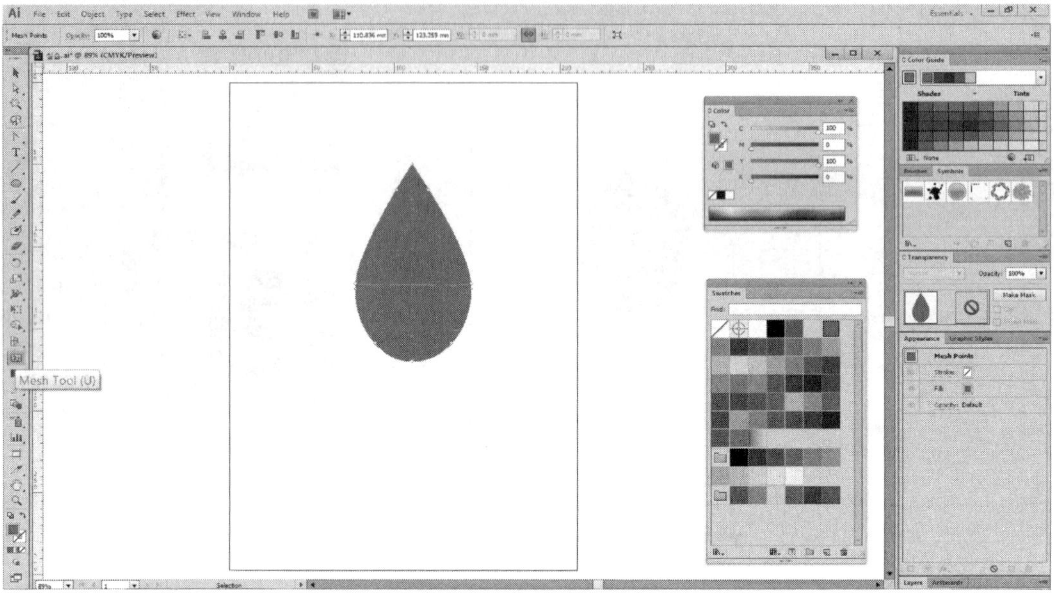

직접 선택 툴[Direct Selection Tool]을 사용하여 메쉬 포인트[Mesh Point]를 선택합니다.

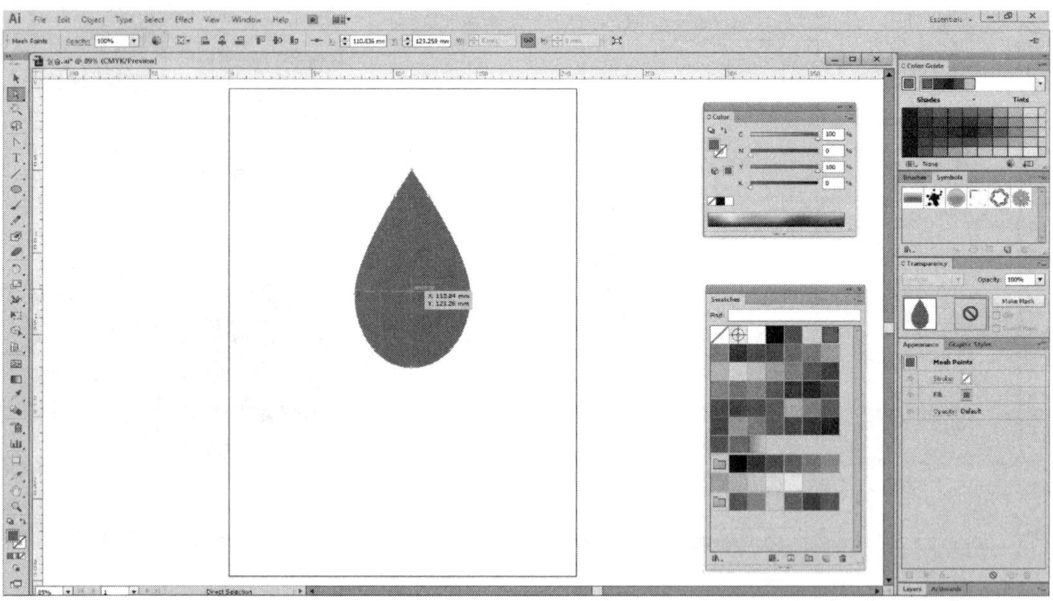

색상 견본에서 흰색을 선택합니다.

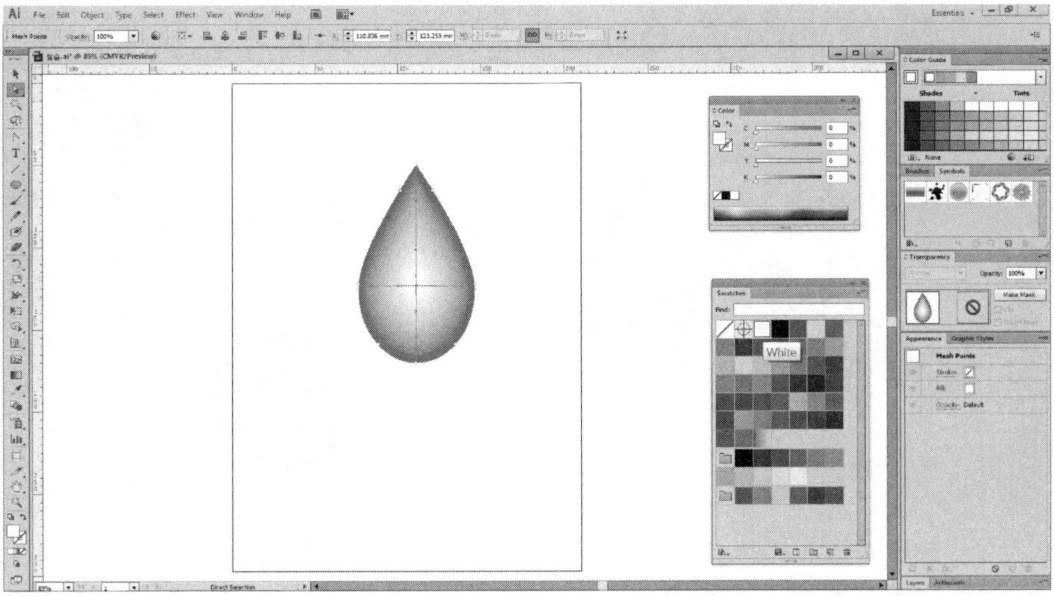

그라디언트[Gradient] 모양의 입체감 있는 개체[Object]가 완성되었습니다.

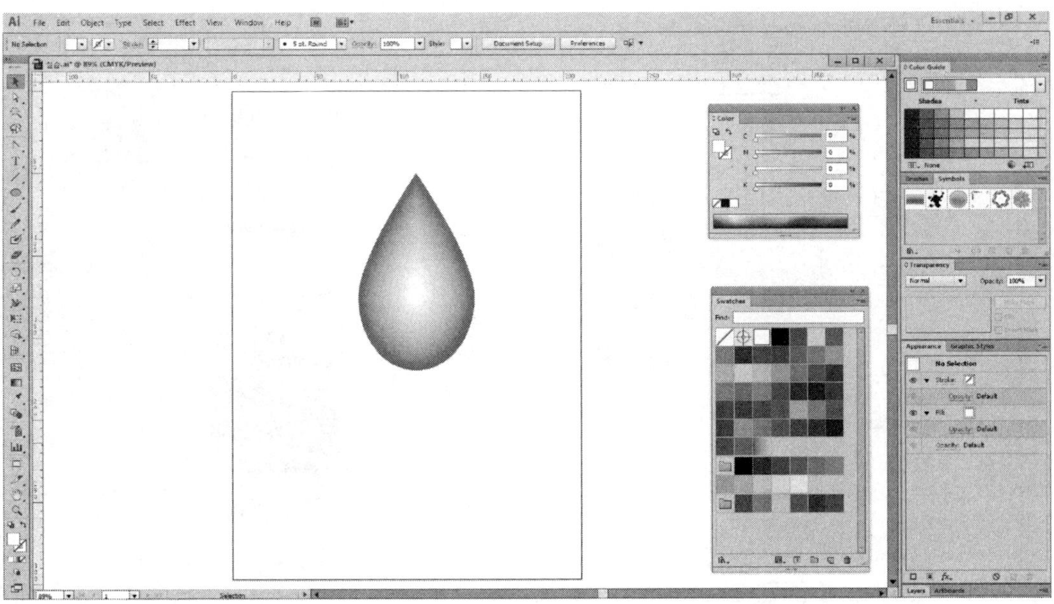

메쉬 포인트[Mesh Point] 핸들 등을 사용하여 그라디언트[Gradient] 모양을 변경할 수 있습니다.

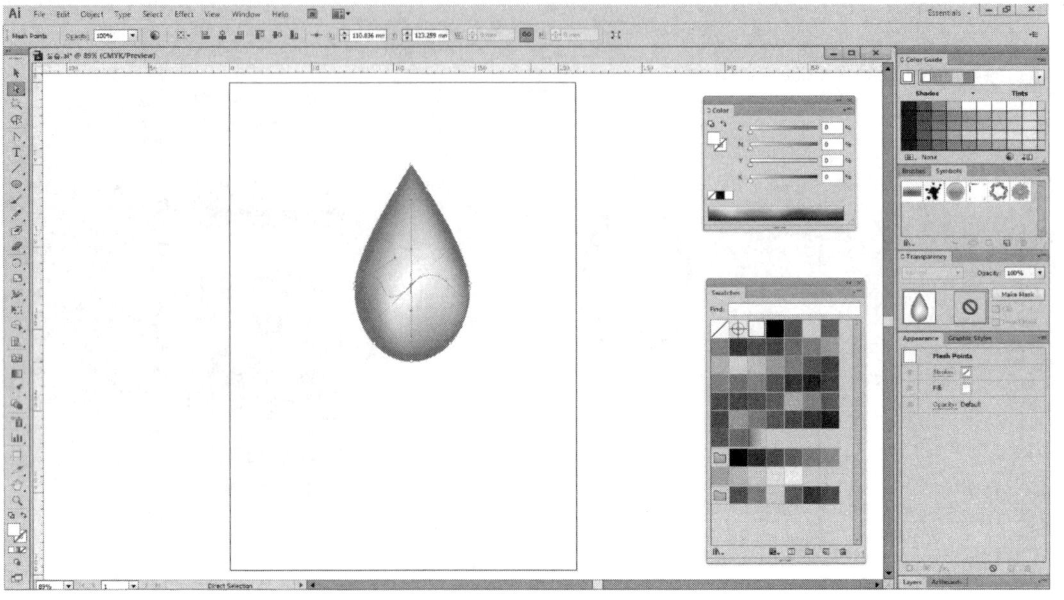

연속하여 메쉬 포인트[Mesh Point]를 추가할 수 있습니다.

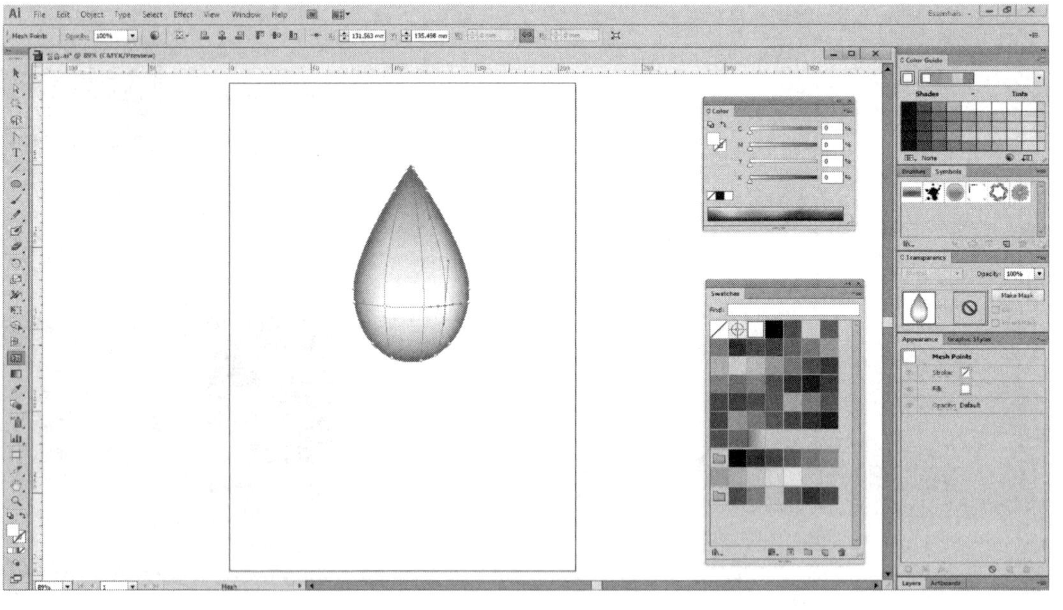

❸ [Gradient Tool] [그라디언트 도구[G] 는 시작점과 끝점, 그리고 개체 내의 그라디언트 각도를 조정하거나 개체에 그라디언트를 적용합니다.

❹ [Eyedroper Tool] [스포이드 도구] [I] 는 효과를 포함하여 개체의 색상, 유형 및 모양 특성을 샘플링하고 적용합니다.

❺ [Live Paint Bucket] [라이브 페인트 통 도구] [K 는 현재의 페인트 특성을 이용해 [라이브 페인트] 그룹의 면과 가장자리를 칠합니다.

❻ [Live Paint Selection Tool] [라이브 페인트 선택 도구] [Shift + L] 는 [라이브 페인트] 그룹 내의 면과 가장자리를 선택합니다.

❼ [Measure Tool] [측정 도구] 는 두 점 간의 거리를 측정합니다.

❽ [Blob Brush Tool] [물방울 브러시 도구] [Shift + B] 는 자동으로 확장되어 색상이 같고 누적 순서가 인접한 붓글씨 브러시 패스를 병합하는 패스를 그립니다.

04 모양 변경 도구 활용

Illustrator에서는 다음과 같은 도구를 사용하여 오브젝트의 모양을 변경할 수 있습니다.

❶ [Rotate Tool] [회전 도구](R) 는 고정점을 기준으로 개체를 회전합니다.

타원을 그리고 기준선을 생성하고 [Rotate Tool] [회전 도구]를 선택합니다.

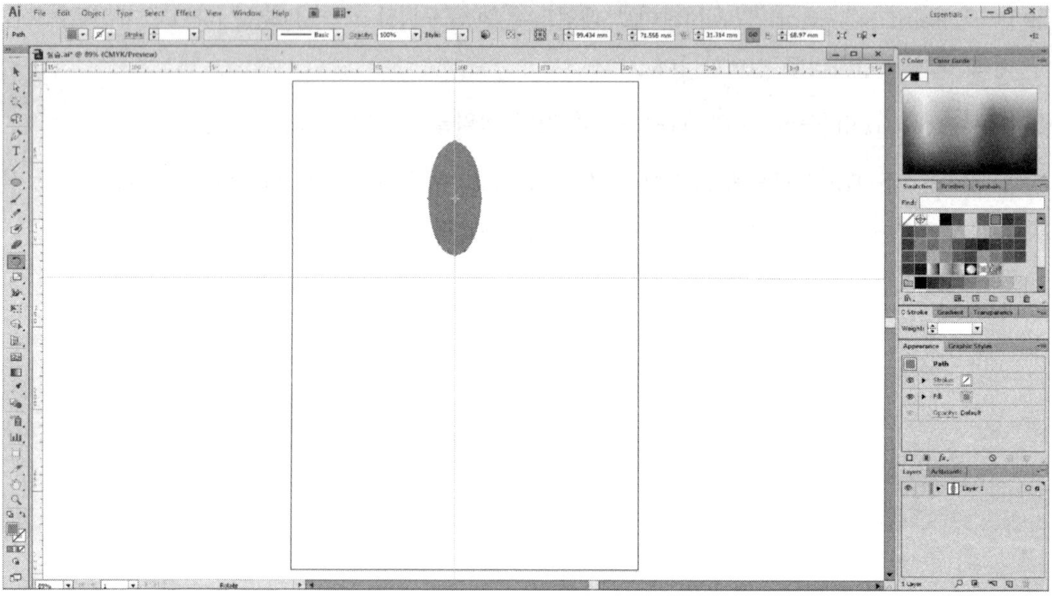

기준점에 [Alt]클릭하여 회전 기준점을 정합니다.

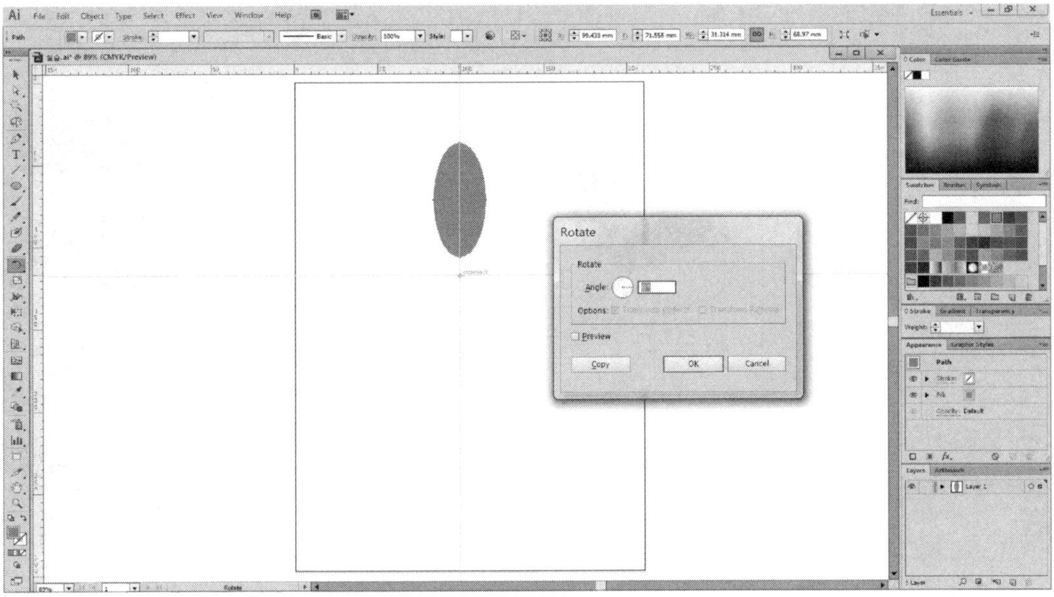

각도 [60°]를 입력하고 미리보기 체크하고 [Copy]를 실행합니다.

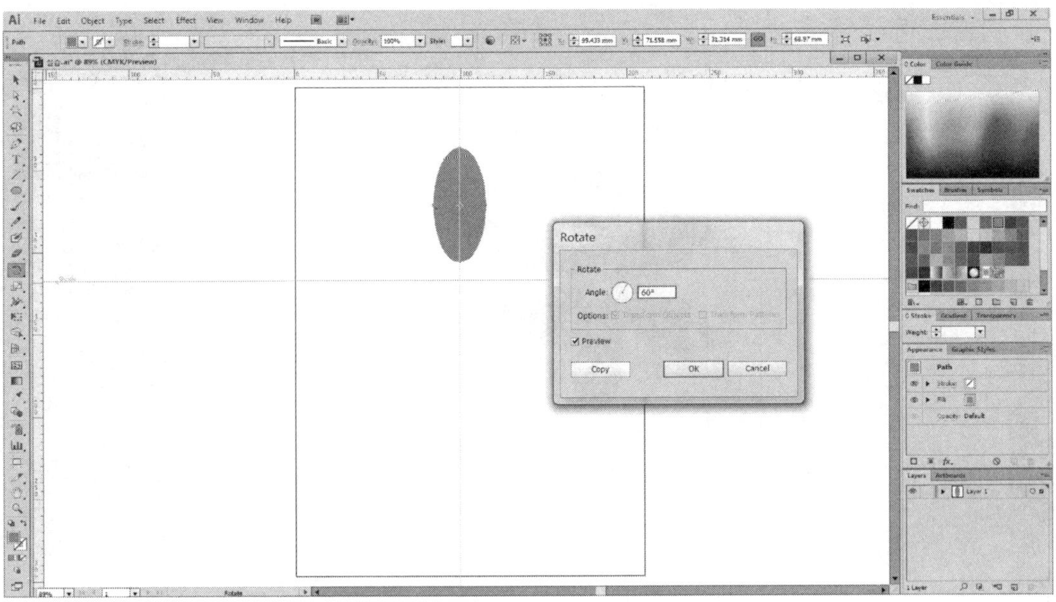

[Copy]를 실행한 화면입니다.

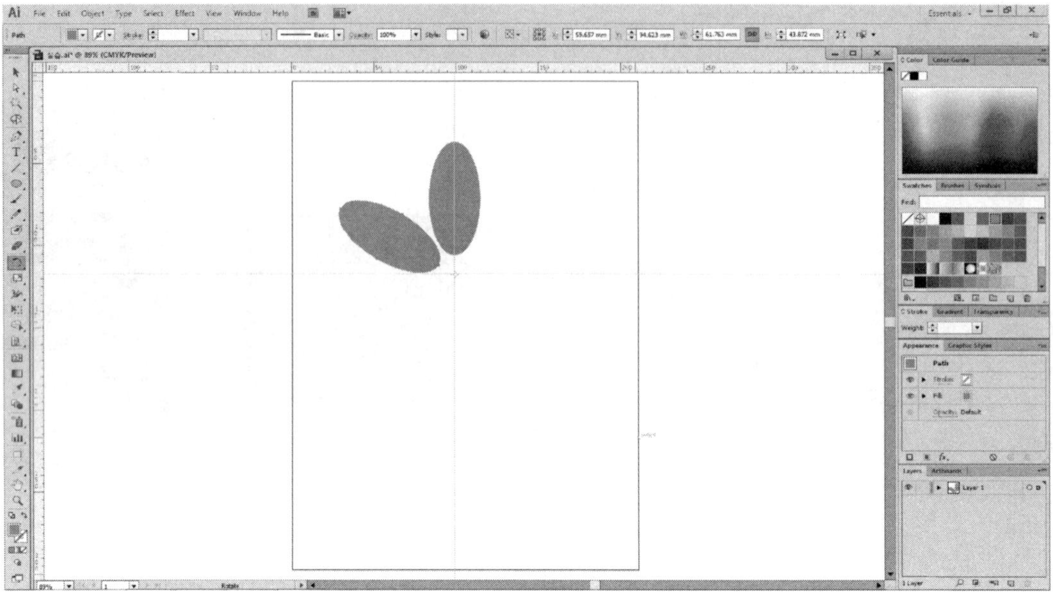

[Ctrl] + [D]를 실행하여 반복 실행합니다.

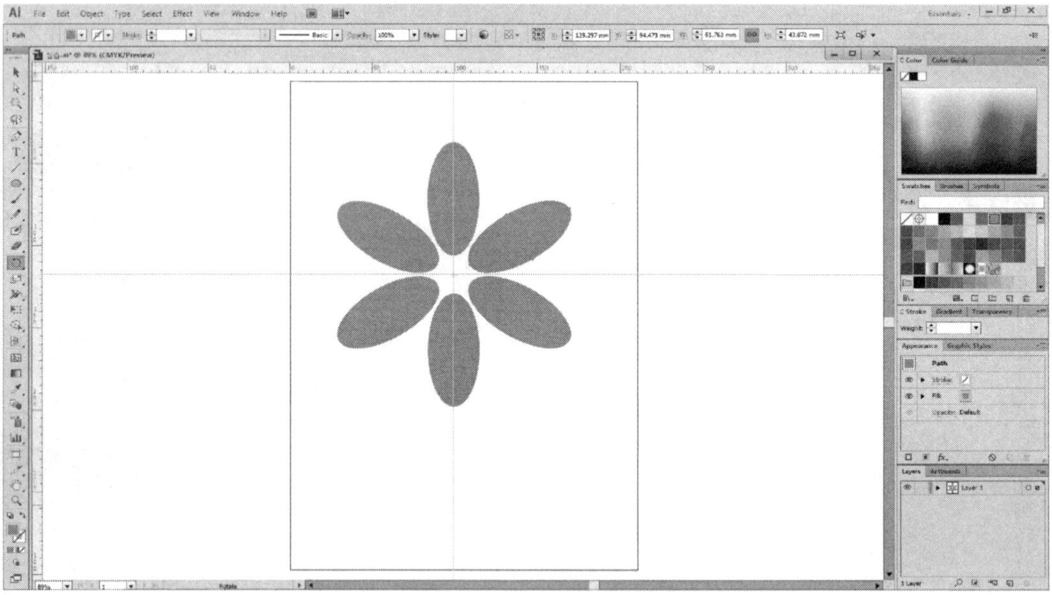

메뉴 [Object]에서 [Group]을 실행합니다.

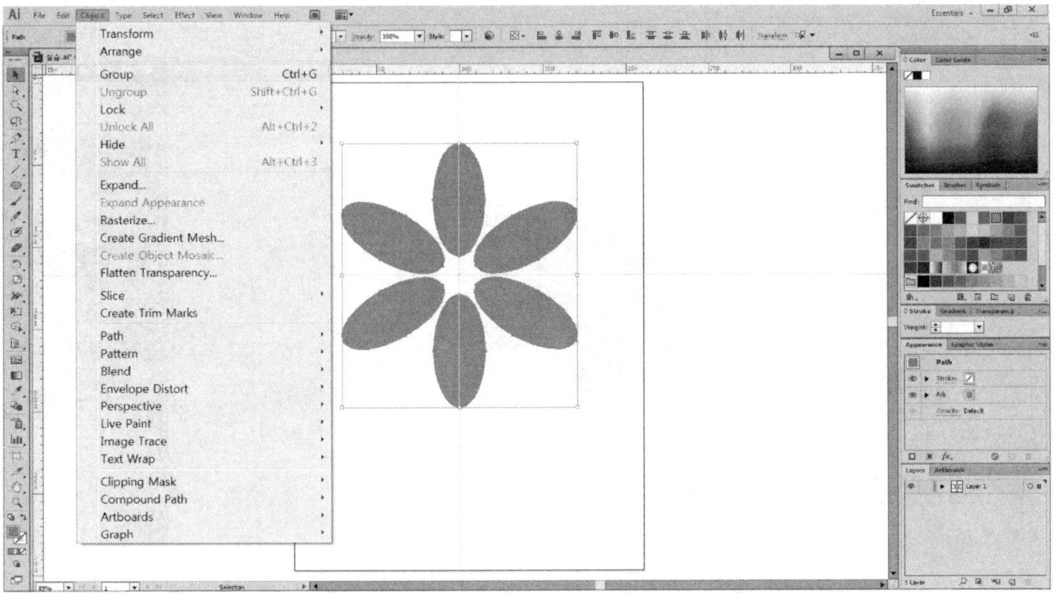

메뉴 [Edit] - [Copy]를 실행합니다.

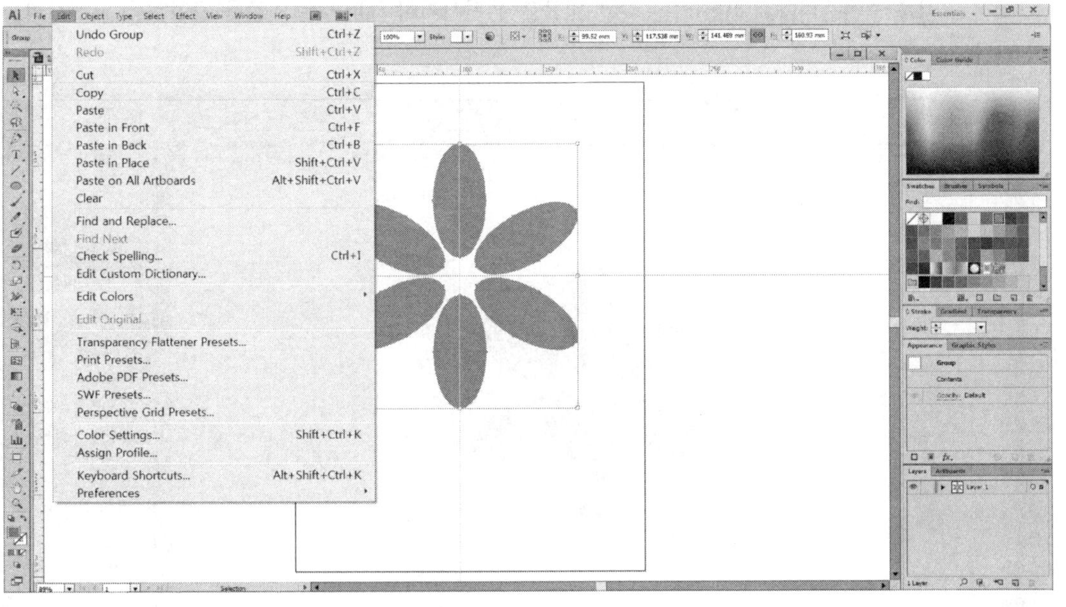

메뉴 [Edit] - [Paste in Front]를 실행합니다.

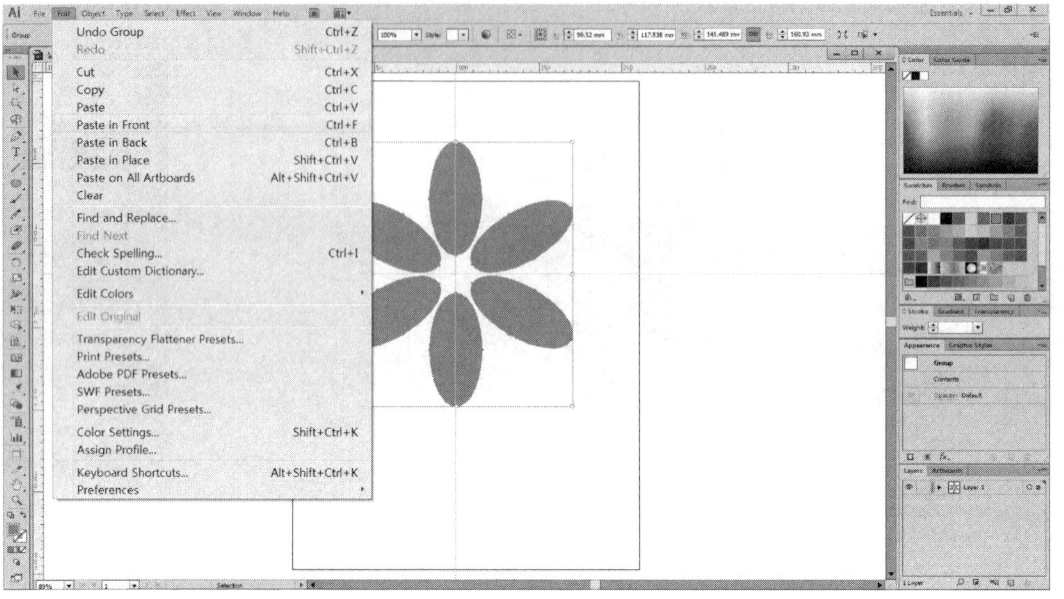

복사된 객체를 [Shift] + [Alt]를 동시에 눌러 같은 비율로 크기로 조정하고 기준을 중앙점를 고정시켜서 크기를 줄여줍니다. [Shift]키는 같은 비율을 유지시키며 [Alt]키는 기준을 중앙점을 고정시켜줍니다.

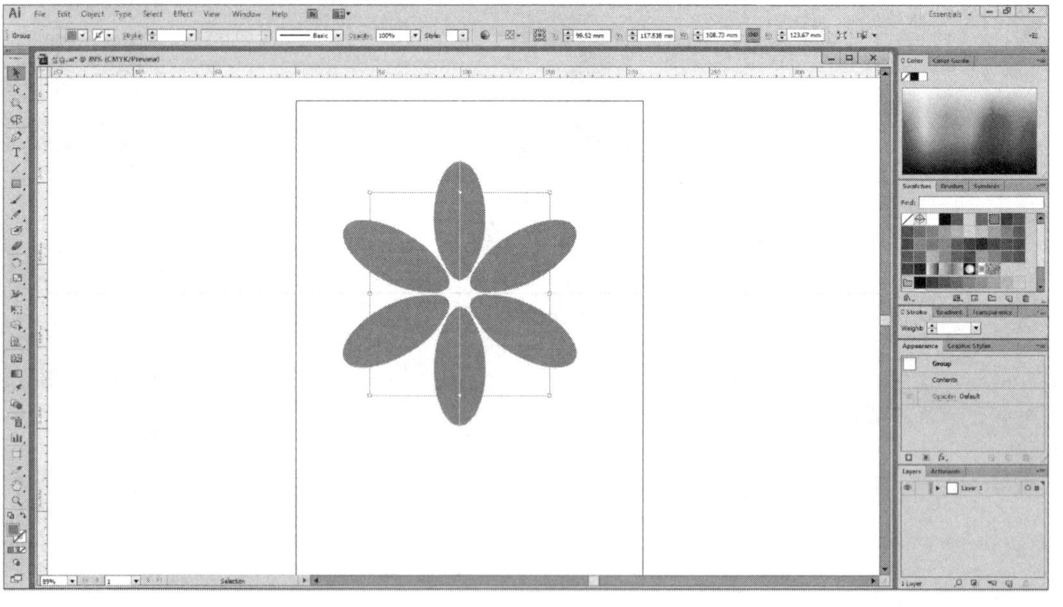

복사된 개체[Object]를 회전시켜 중간 사이에 배치하고 반복해서 계속 같은 형태로 배치하면 꽃 모양이 생성됩니다.

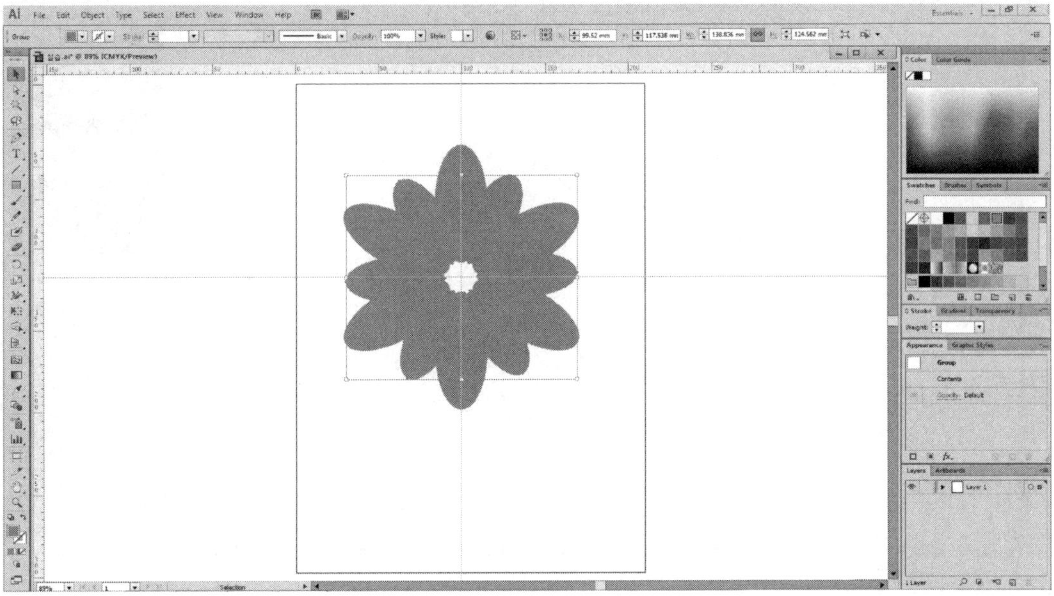

❷ [Reflect Tool] [반사 도구](O) 는 고정 축을 기준으로 개체[Object]를 뒤집습니다

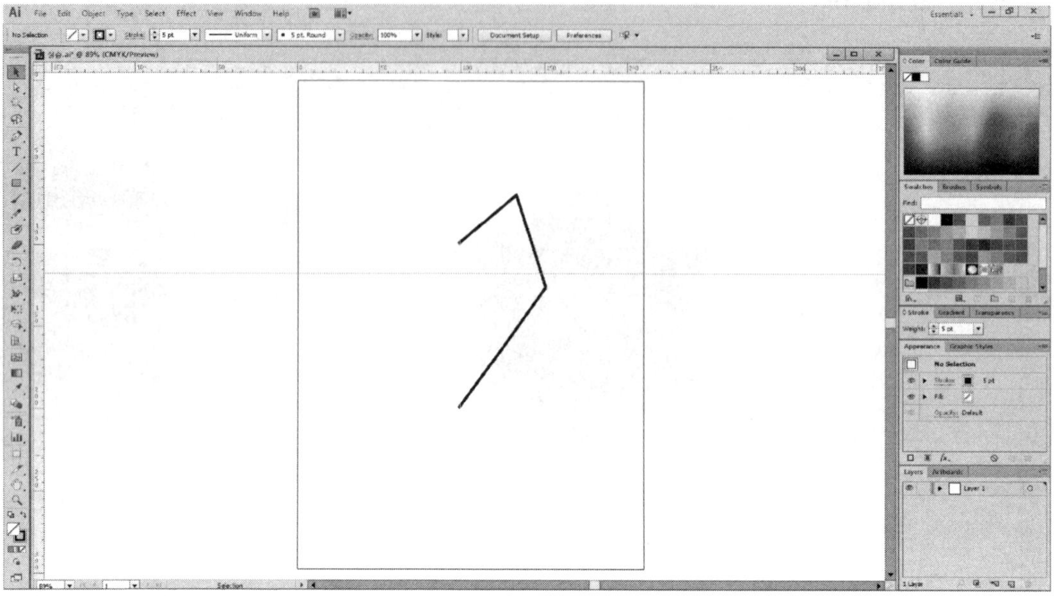

메뉴에서 [Object] - [Group]를 실행합니다.

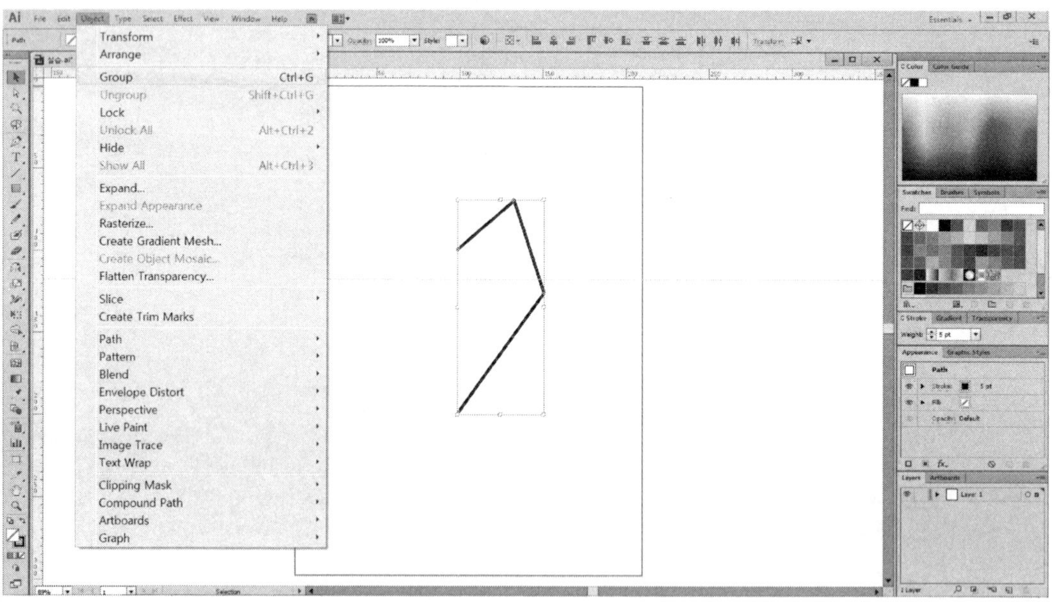

수직 기준선에 [Alt] 클릭합니다.

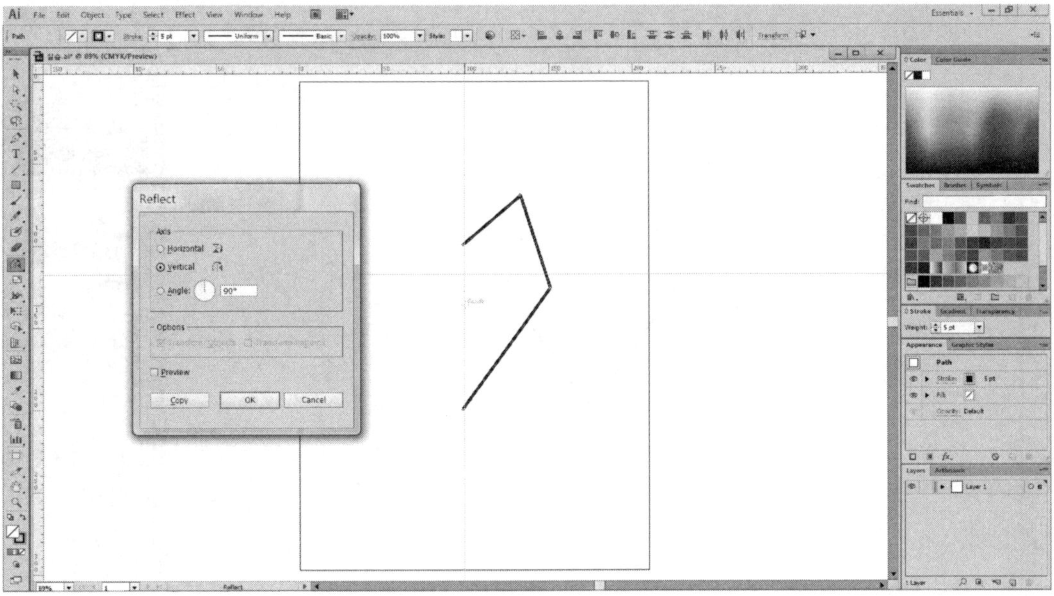

[Preview]를 체크하고 [Copy]를 실행합니다.

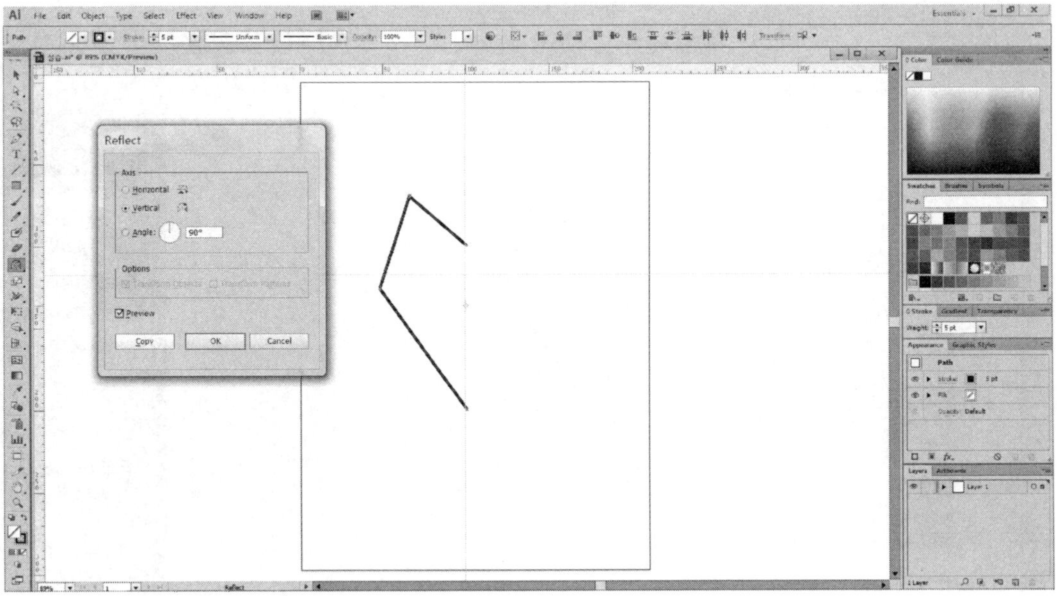

[Copy]를 실행한 화면입니다.

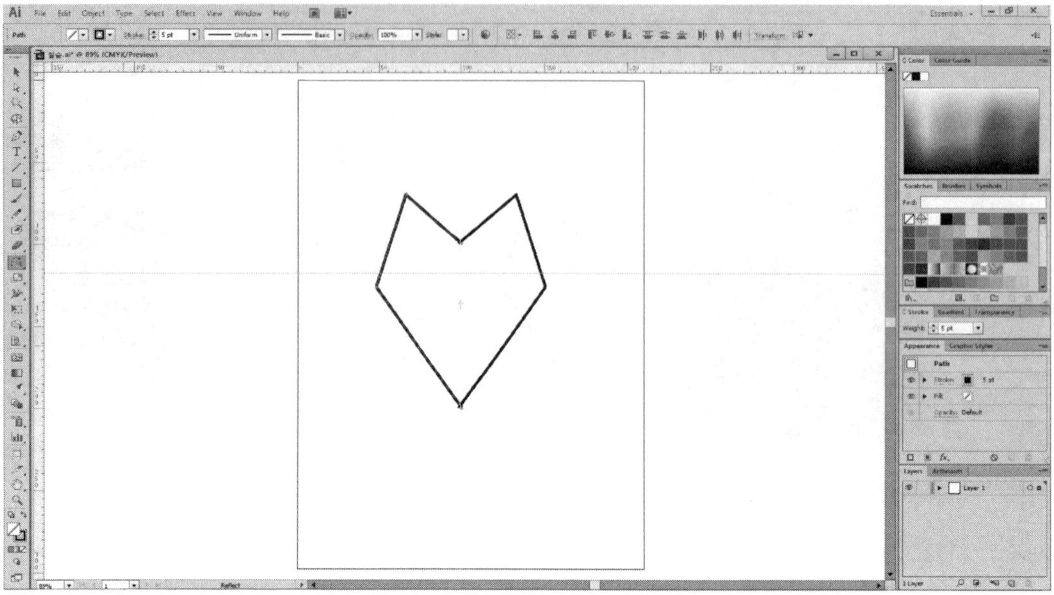

또 다른 가장 간단한 방법은 먼저 그룹화합니다. 메뉴에서 [Object] - [Group]을 실행합니다.

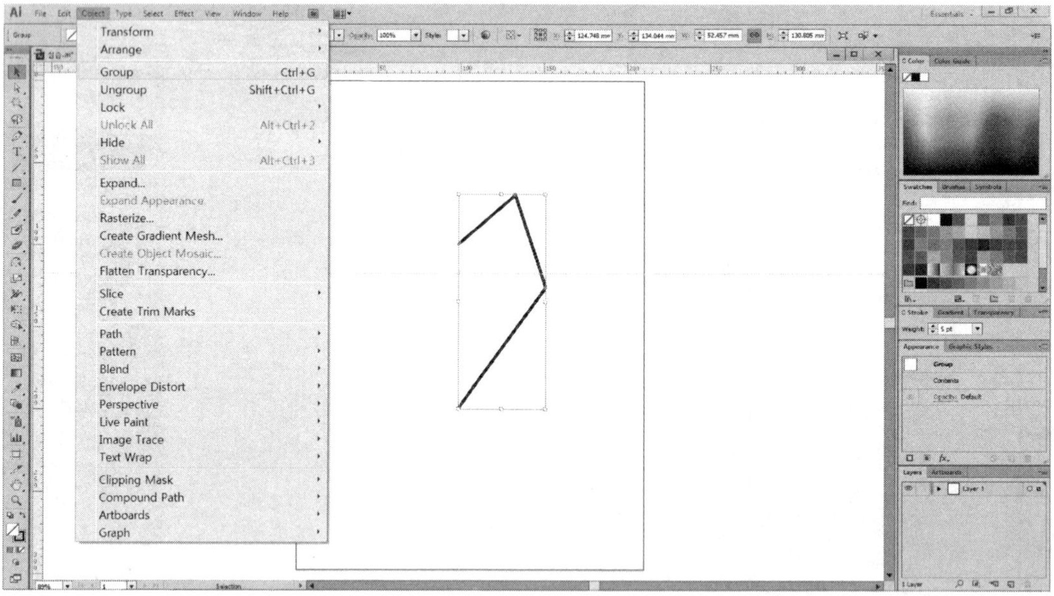

[Edit] - [Copy]를 실행합니다.

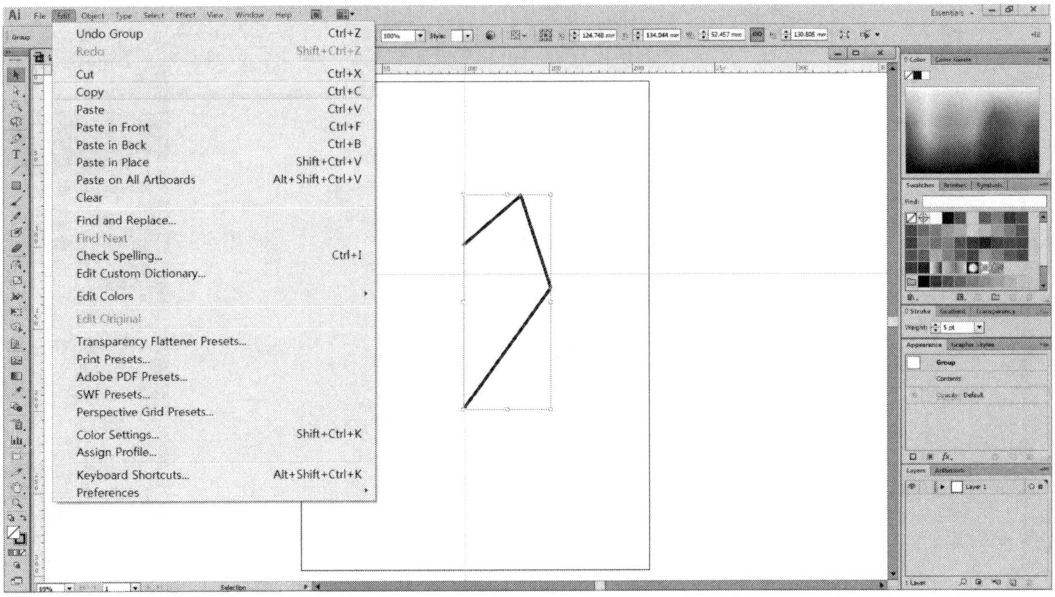

[Edit] - [Paste]를 실행합니다.

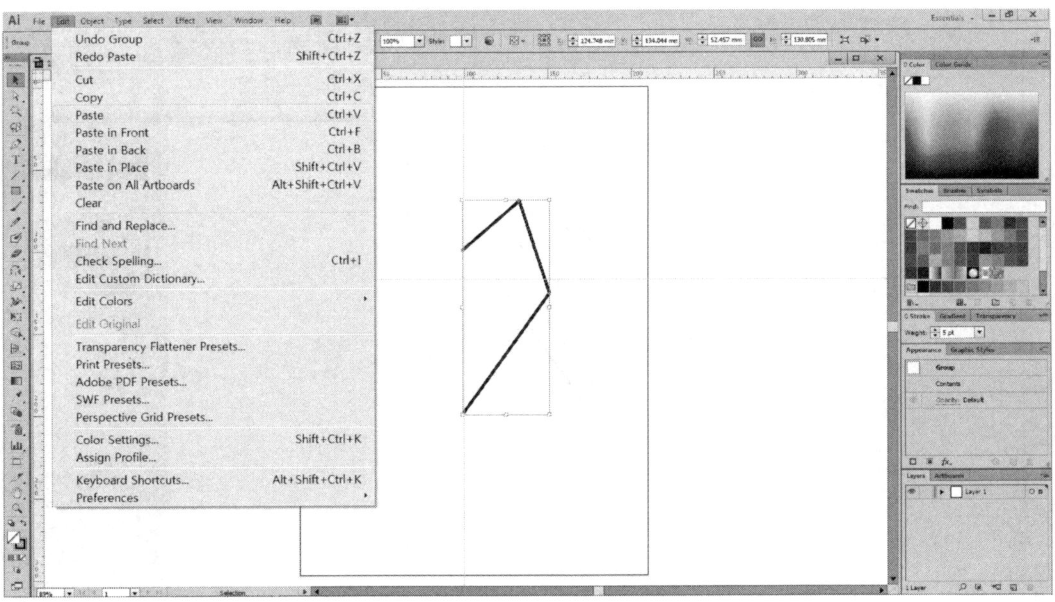

[Edit] - [Paste]를 실행한 화면입니다.

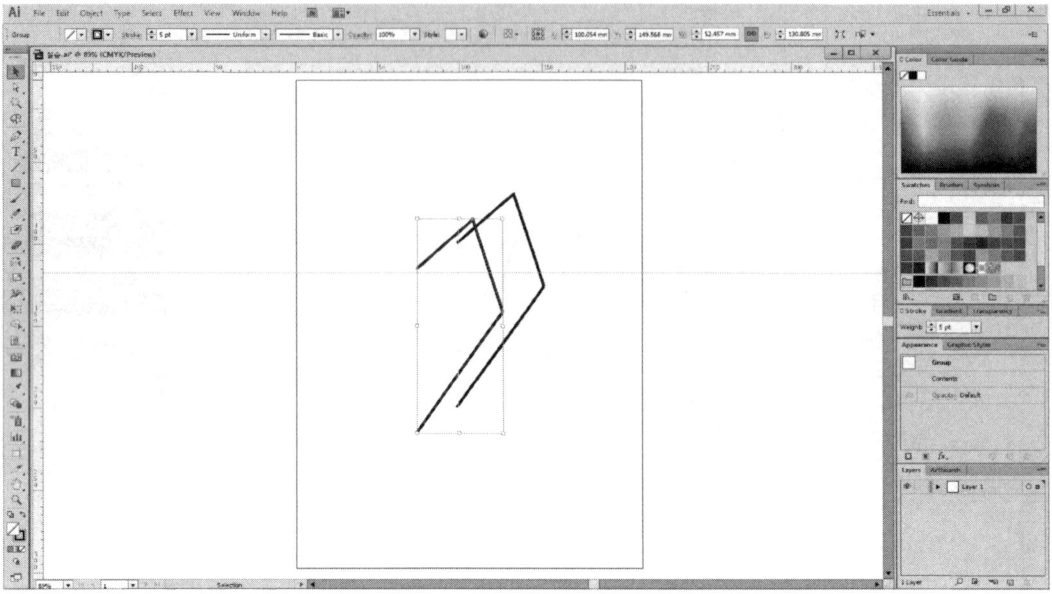

바운딩 박스[Bounding Box] 오른쪽을 잡고 왼쪽으로 드래그합니다.

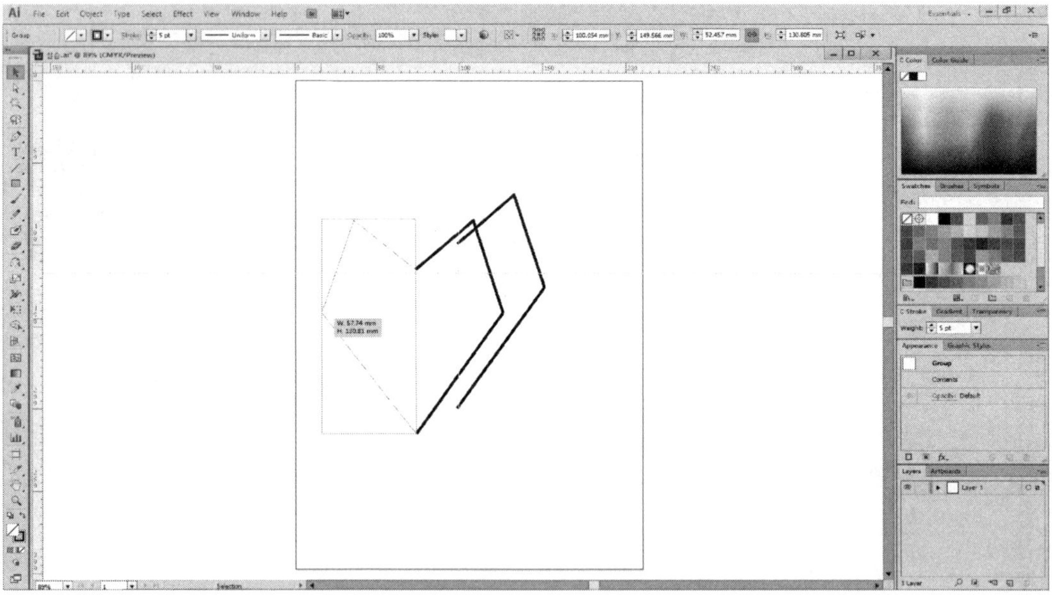

바운딩 박스[Bounding Box] 오른쪽을 잡고 왼쪽으로 드래그한 화면입니다.

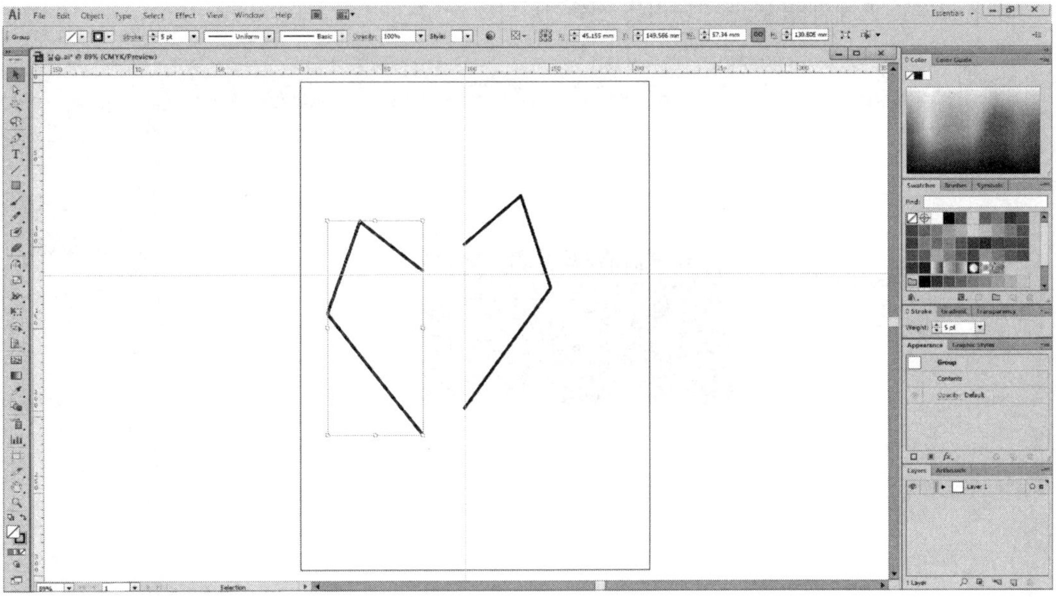

선택 부분을 원하는 위치로 옮깁니다.

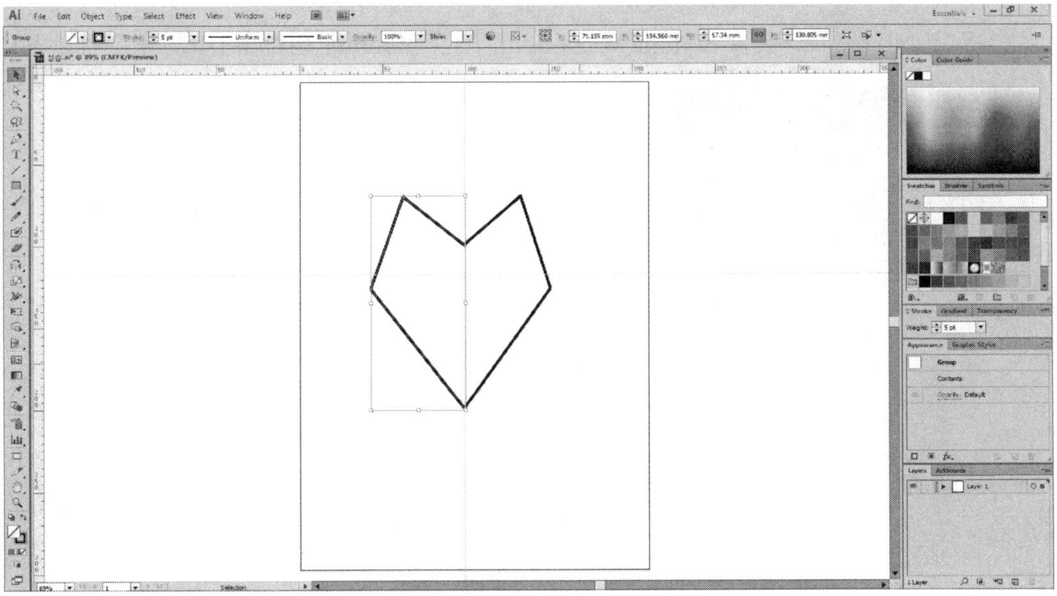

❸ [Scale Tool] [크기 조절 도구](S) 는 고정점을 기준으로 개체[Object]의 크기를 조절하고 개체를 하나 그리고 스케일툴[Scale Tool]을 선택합니다.

X좌푯값 140mm, Y좌푯값 80mm, W값 60mm, H값 30mm을 입력하여 도형을 완성합니다.

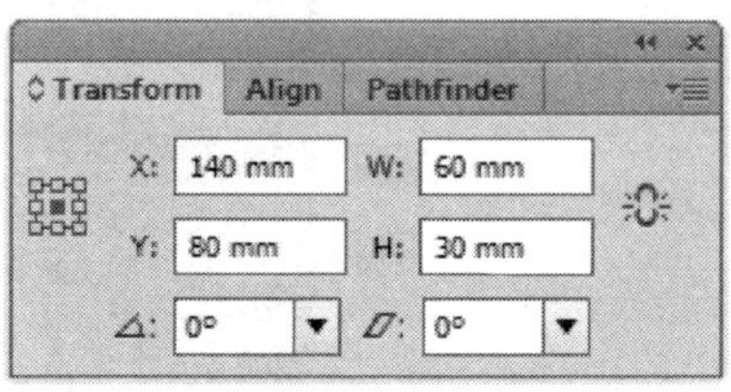

정사각형 도형을 생성합니다.

X = 140[mm], Y = 80[mm], W = 60[mm]은 그대로 두고 H = 60[mm]을 입력하여 정사각형 도형을 완성합니다.

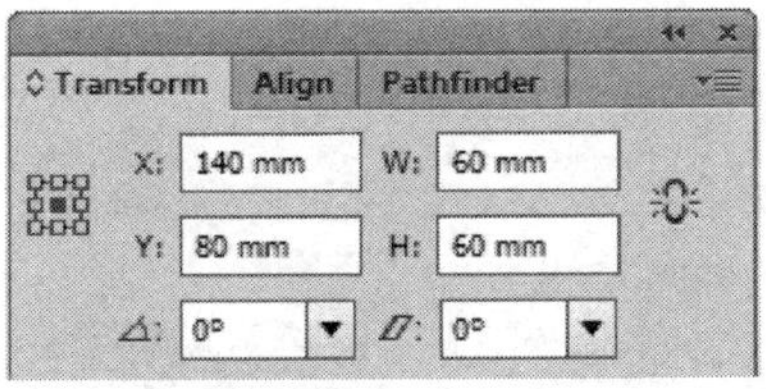

❹ [Shear Tool] [기울이기 도구] 는 고정점을 기준으로 개체[Object]를 기울입니다. 사각형을 생성합니다.

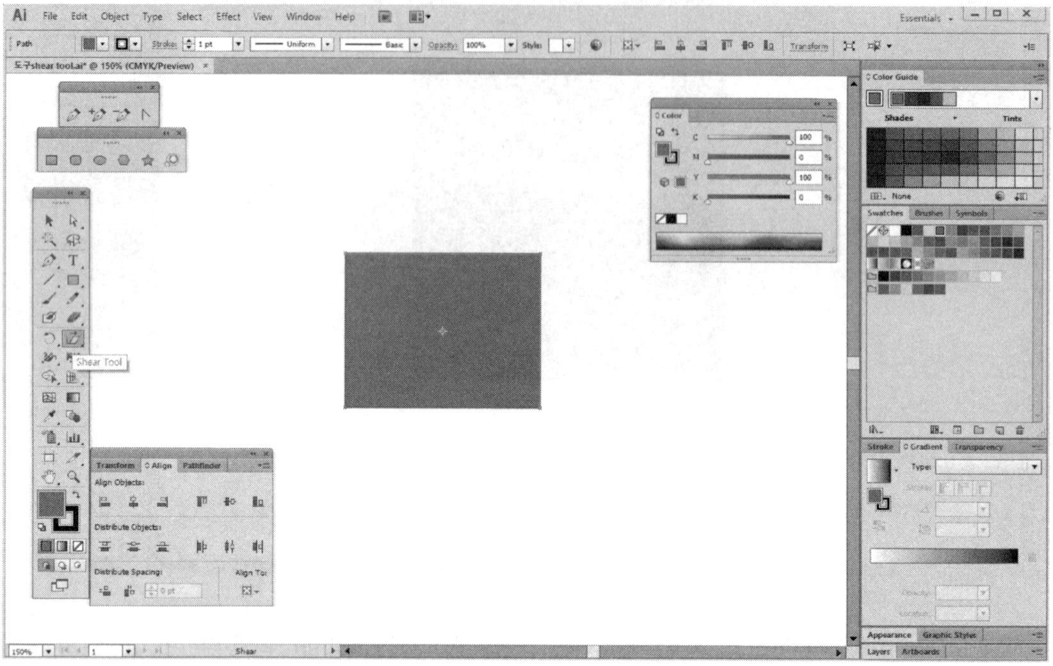

중앙 고정점을 기준으로 개체[Object]를 기울입니다.

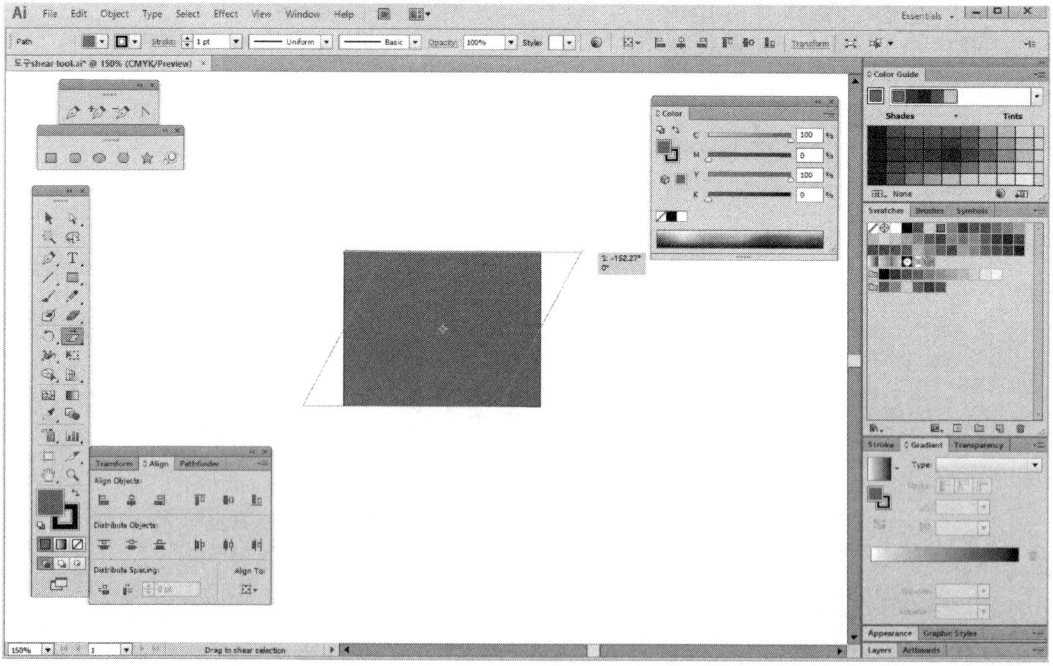

고정점을 기준으로 개체[Object]를 기울인 화면입니다.

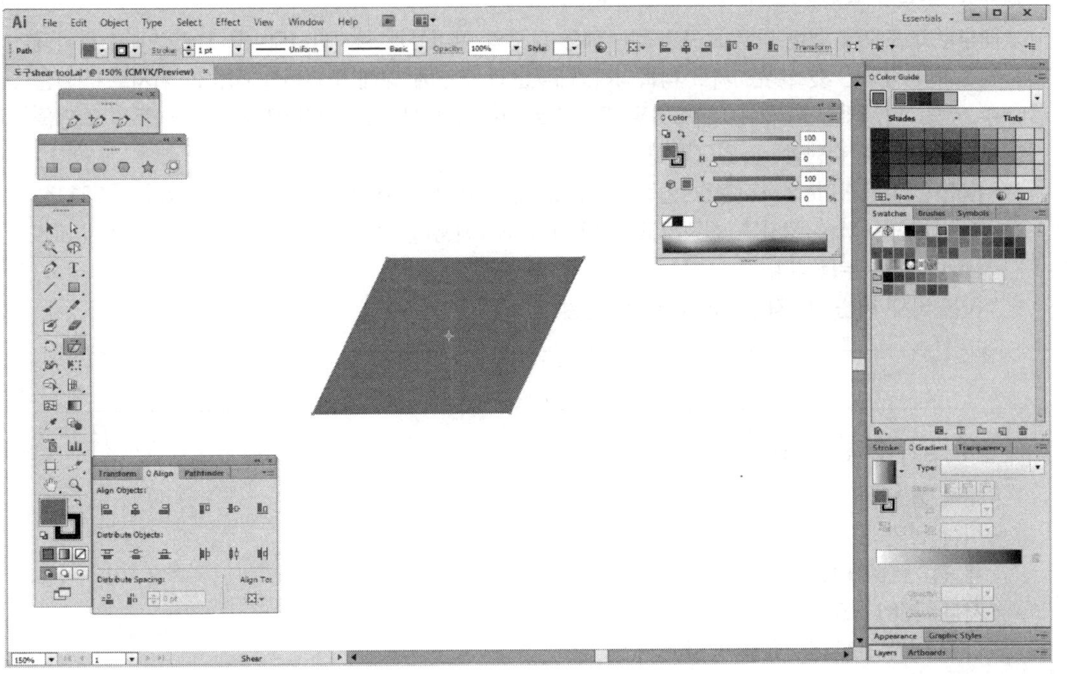

| 도구 선택 |

- [도구] 패널에서 도구를 클릭합니다. 도구의 오른쪽 하단 모서리에 작은 삼각형이 있는 경우 마우스 단추를 누르고 있으면 숨겨진 도구가 표시됩니다. 그러면 원하는 도구를 클릭합니다.
- Alt 키(Windows) 또는 Option 키(Mac OS)를 누른 상태로 도구를 클릭하여 숨겨진 도구를 살펴보고 원하는 도구를 선택합니다.
- 도구의 단축키를 누릅니다. 도구 설명에 단축키가 표시됩니다. 예를 들어, V 키를 누르면 [이동 도구]를 선택할 수 있습니다.
- 도구 팁을 가리려면 [편집] – [환경 설정] – [일반](Windows) 또는 [Illustrator] – [환경 설정] – [일반](Mac OS)을 선택하고 [도구 팁 보기]를 선택 취소합니다.

❙ 도구 포인터 변경 ❙

대부분의 도구에 대한 마우스 포인터는 해당 도구의 아이콘과 일치합니다. 각 포인터에서 효과나 액션이 시작되는 핫스폿은 서로 다릅니다. 대부분의 도구에 대해 포인터를 정밀한 커서로 전환할 수 있습니다. 정밀한 커서는 핫스폿을 중심으로 하는 십자선으로 나타나며 정밀한 아트웍 작업을 보다 정확하게 수행할 수 있도록 합니다.

- Edit[편집] – Preference[환경 설정] – General[일반] [Windows] 또는 [Illustrator] – [환경 설정] – [일반] [Mac OS]을 선택하고 [정밀한 커서 사용]을 선택합니다. 또는 키보드의 [Caps Lock] 키를 누릅니다.

* 〈어도비사 학습 및 지원 Illustrator도움말 참조〉

❙ 필수 암기 단축키 모음 ❙

- 선택 툴 : [V]
- 직접 선택 툴 : [A]
- 새 창 : [Ctrl + N]
- 저장 : [Ctrl + S]
- 다른 이름으로저장 : [Ctrl + Shift + S]
- 창 닫기 : [Ctrl + W]
- 프로그램 종료 : [Ctrl + Q]
- 환경 설정 : [Ctrl + K]
- 이전 작업 Undo : [Ctrl + Z]
- 돌아오기 Redo : [Ctrl + Shift + Z]
- 오브젝트 상위 복제 : [Ctrl + F]/[Ctrl + C]
- 오브젝트 하위 복제 : [Ctrl + B]/[Ctrl + C]
- 오브젝트 복제 : [Alt] + 드래그
- 오브젝트 순서 한단계 아래로 : [Ctrl] + [
- 오브젝트 순서 한단계 위로 : [Ctrl] +]
- 오브젝트 순서 맨 밑으로 : [Ctrl] + [Shift] + [
- 오브젝트 순서 최상단으로 : [Ctrl] + [Shift] +]
- 그룹화 : [Ctrl] + [G]
- 그룹화 해제 : [Ctrl] + [Shift] + [G]
- 오브젝트 잠그기 : [Ctrl] + 2
- 오브젝트 잠그기 해제 : [Ctrl] + [Alt] + 2
- 앵커 포인트[기준점] 설정하기 : [Alt] + 클릭
- 반복복제 : [Ctrl] + [D]
- 클리핑 마스크 : [Ctrl] + 7
- 마스크 해제 : [Ctrl] + [Alt] + 7
- 아웃라인 뷰 : [Ctrl] + [Y]

- 전체 캔버스 보기 : [Ctrl] + 0
- 실제 크기 보기[100%] : [Ctrl] + 1
- 눈금자 : [Ctrl] + [R]
- 가이드 잠금/해제 : [Ctrl] + [Alt] + ;
- 가이드 보이기/해제 : [Ctrl] + ;
- 스마트 가이드 ON/OFF : [Ctrl] + [U]
- 패널 숨기기 Tab
- 오브젝트 모두 선택 : [Ctrl] + [A]
- 글자 깨기 : [Create Outlines] [Ctrl] + [Shift] + [O]
- 오브젝트 수평 수직 이동 : [Shift]
- 도형 비례하여 만들기 : [Alt] + [Shift] + 드래그
- 텍스트 크게 하기 : [Ctrl] + [Shift] + [.] 마침표
- 텍스트 작게 하기 : [Ctrl] + [Shift] + [,] 콤마
- 텍스트 자간 줄이기 : [Alt] + [←]
- 텍스트 자간 늘리기 : [Alt] + [→]

일러스트레이터(Illustrator) 따라하기

Chapter 3.

개체 선택

01 색상 변경
02 개체 그룹
03 오브젝트[Object] 이동
04 오브젝트 복사

CHAPTER

3 개체 선택

01 색상 변경

❶ [Selection Tool] [전체 선택 도구] [V] 를 사용하여 전체 개체[Object]를 선택합니다. 그래픽 작업에서 가장 기본적인 것은 선택하는 것이며 즉 선택의 목적은 오브젝트[Object]를 수정 효과 적용 등을 하기 위함입니다.

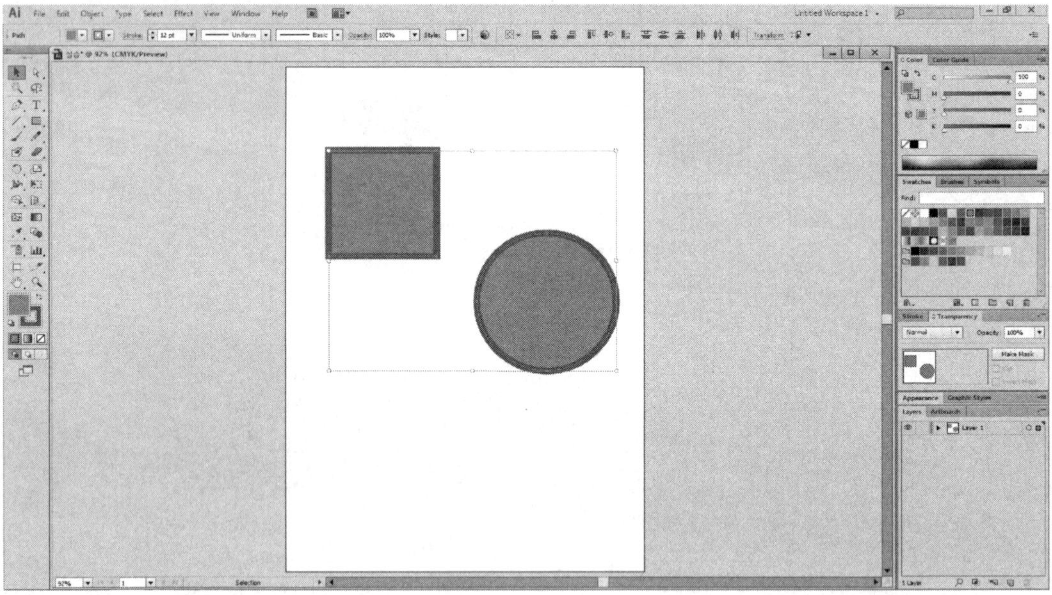

[Shift] + [선택] 추가 선택이 되고 다시 또 같은 오브젝트를 선택하면 제외가 됩니다. 범위를 지정해서 전체를 드래그해도 선택이 되고 걸치기만 해도 선택이 됩니다. 개체 선택 [Ctrl] + [A]를 실행하고, 개체 선택 해제 [Ctrl] + [Shift] + [A] 빈 공간을 클릭해도 해제가 됩니다.

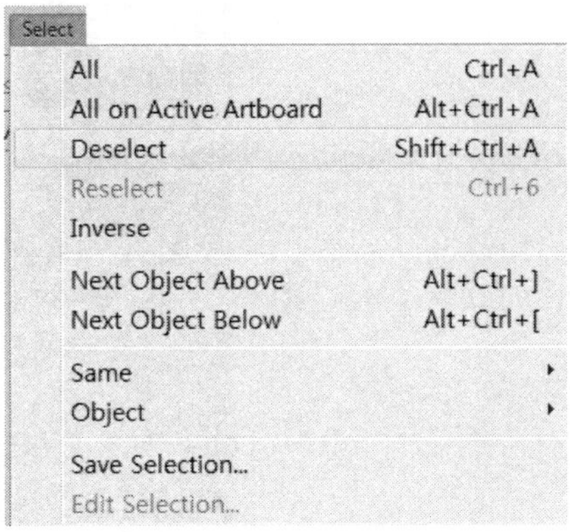

같은 색상을 선택하고자 할 때는 먼저 하나의 색상을 선택한 다음 [Select] - [Same] - [Fill Color]를 실행합니다.

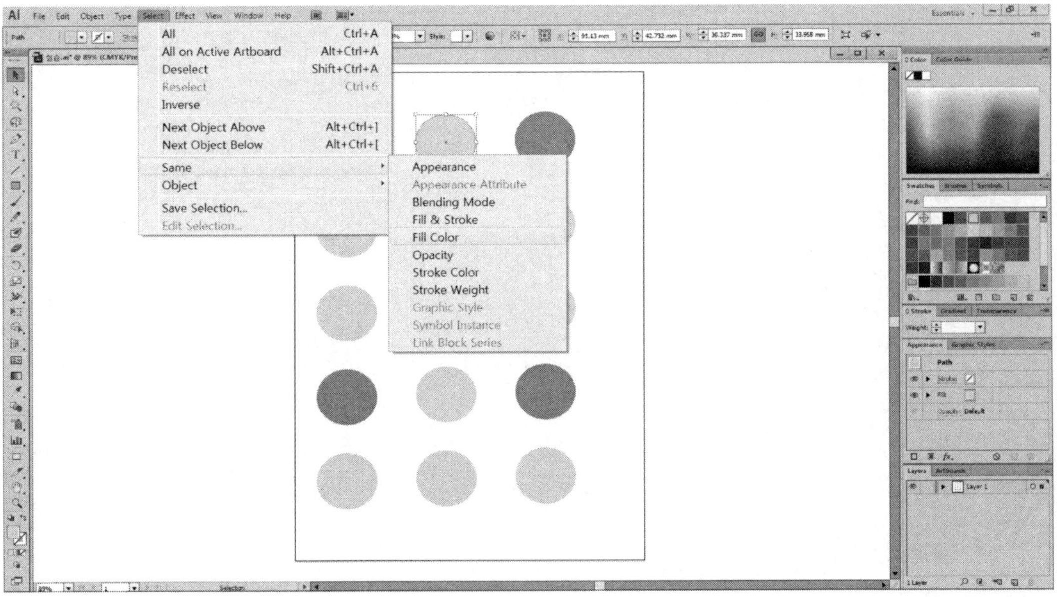

[Select] - [Same] - [Fill Color]를 실행한 화면이며 색상 등을 변경할 수 있으며 스트로크[Stroke]도 선택할 수 있습니다.

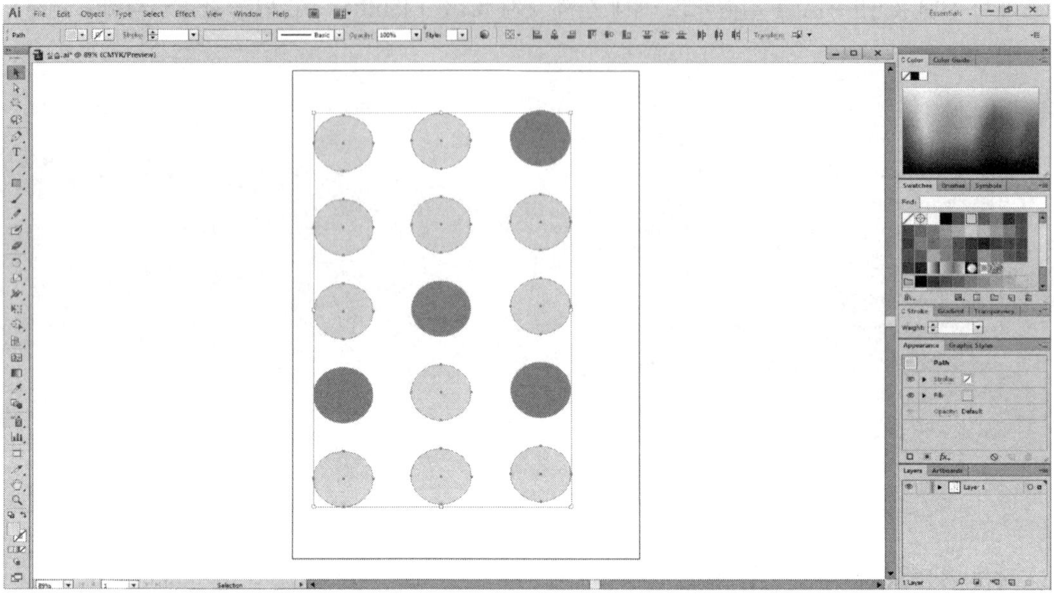

02 개체 그룹

그룹화 실행 이전 패스[Path] 상태입니다.

개체[Object] 하나하나를 선택할 수 있고 또한 개별 선택 이동이 가능합니다.

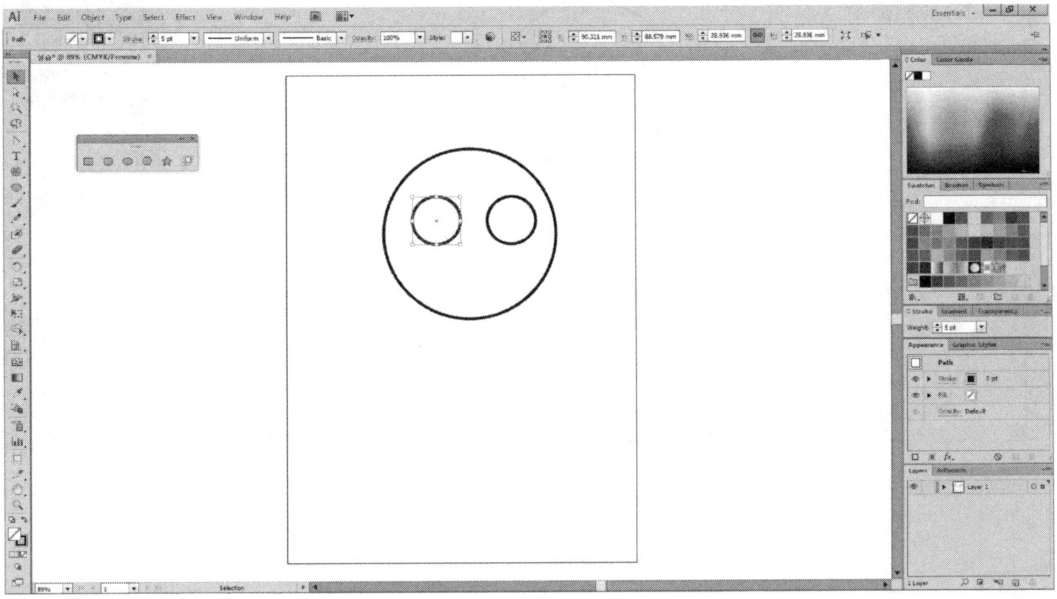

[Object] - [Group]을 실행합니다. 단축키는 [Ctrl] + [G]입니다. 많이 사용되는 단축키입니다.

그룹화된 내용입니다. 좌측 상단에 [Group]이라고 표시됩니다.

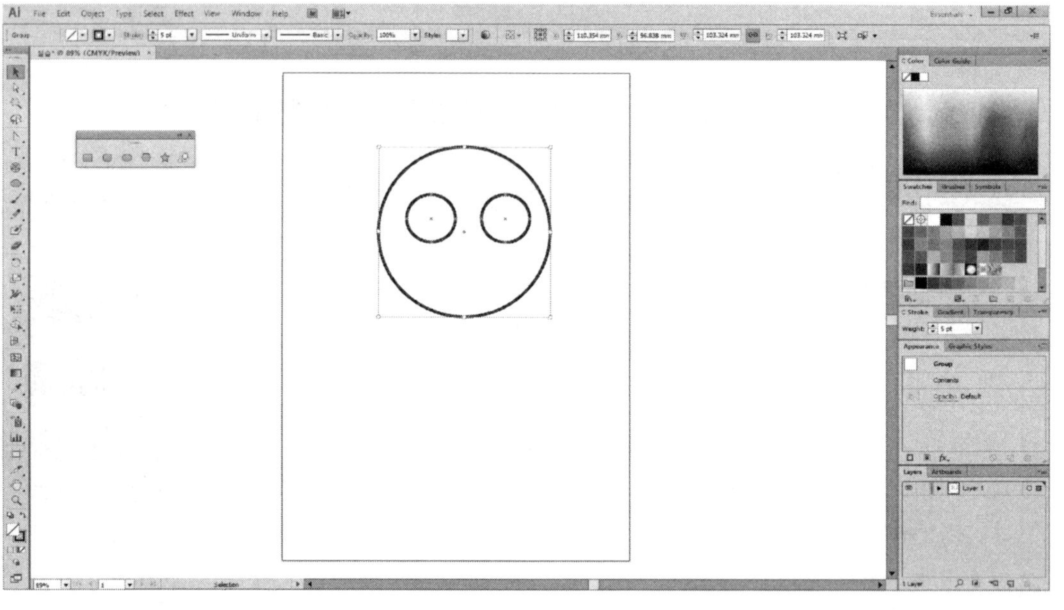

단축 메뉴 마우스 오른쪽을 클릭하여 [Group]명령을 실행합니다.

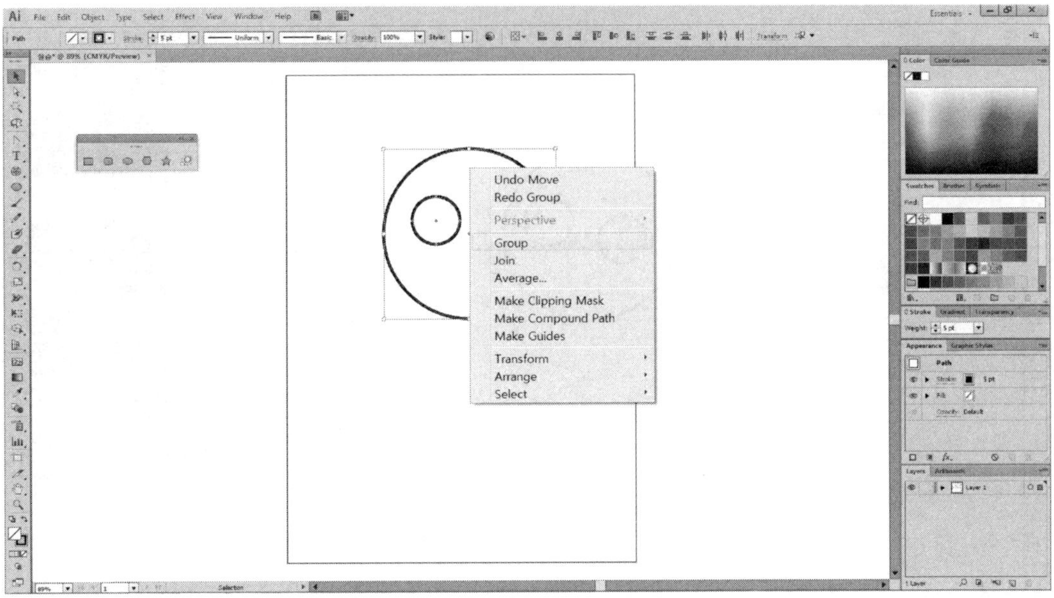

그룹화[Group]된 상태에서도 직접 선택 툴[Direct Selection Tool]을 사용하여 하나의 개체[Object]만 선택 이동이 가능합니다.

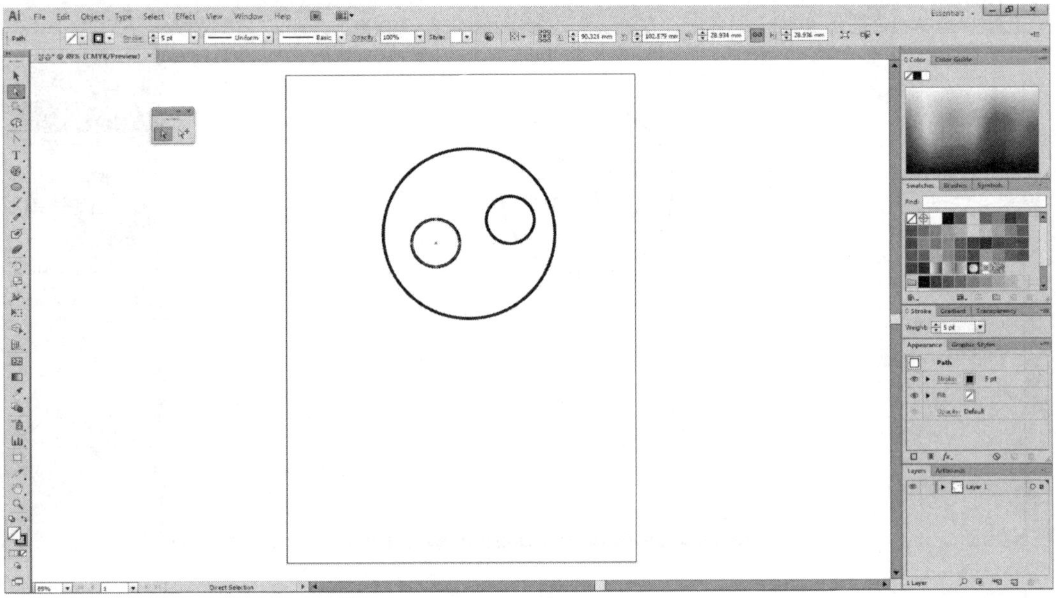

개체[Object]를 더블 클릭하여 그룹화 안으로 들어옵니다.

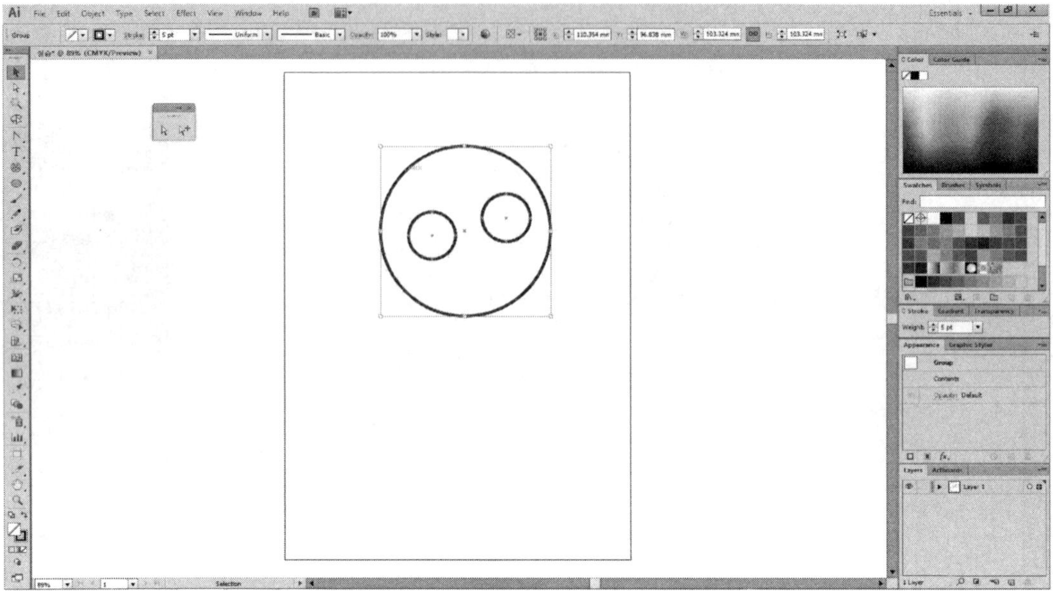

레이어의 그룹화 안으로 들어온 상태입니다.

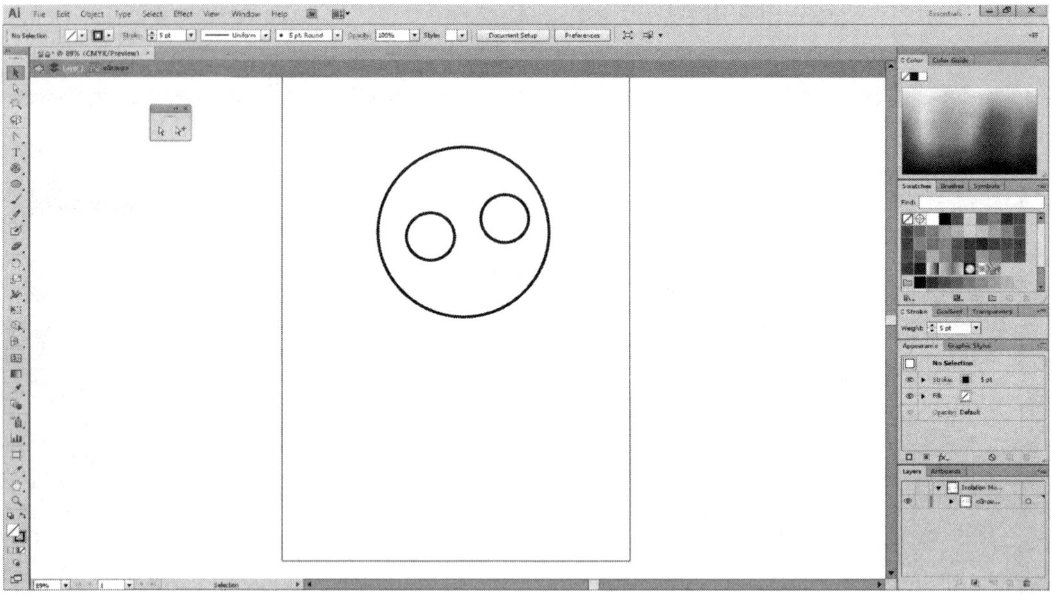

그룹화 들어온 상태에서는 선택 툴[Selection Tool]로 개체 선택 이동이 가능합니다. 즉 개체[Object]만 단순히 이동 시에는 그룹을 풀지 않고 선택 이동이 가능합니다.

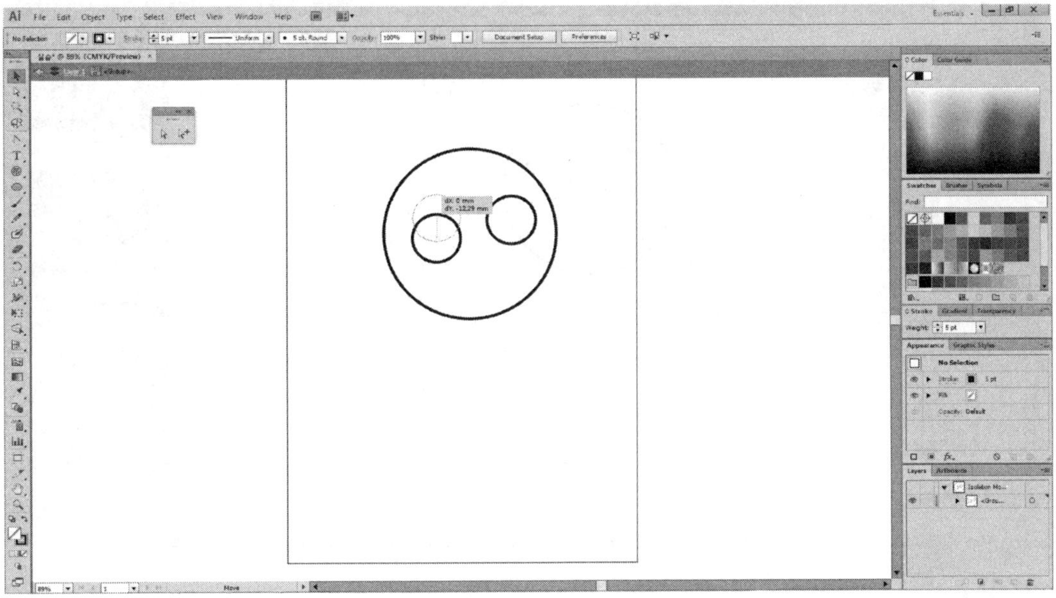

왼쪽 상단 화살표를 클릭하여 그룹을 빠져나갑니다.

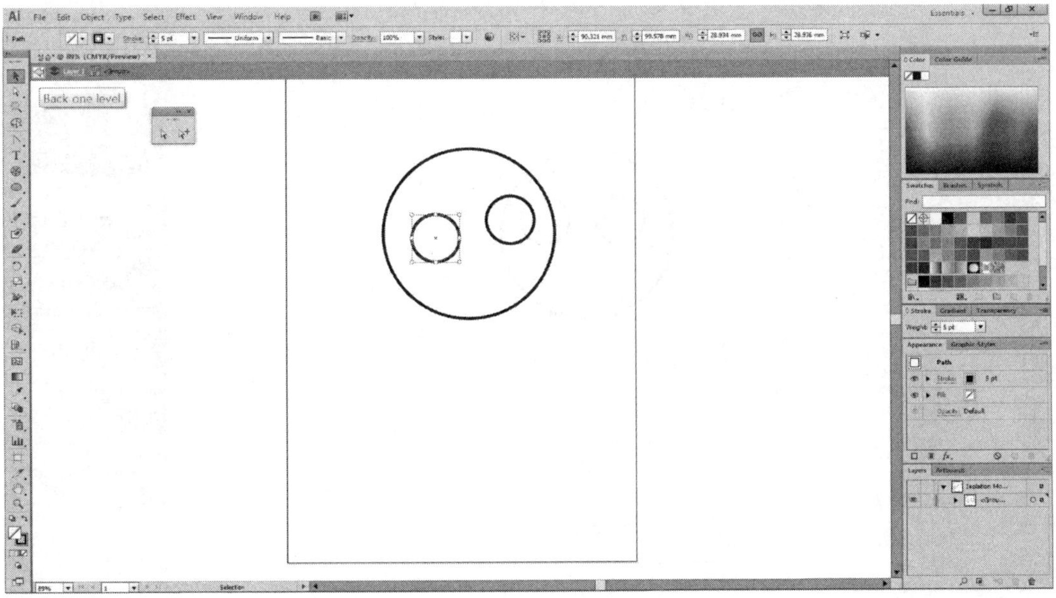

빈 곳을 더블 클릭하여 그룹을 빠져나갈 수 있습니다.

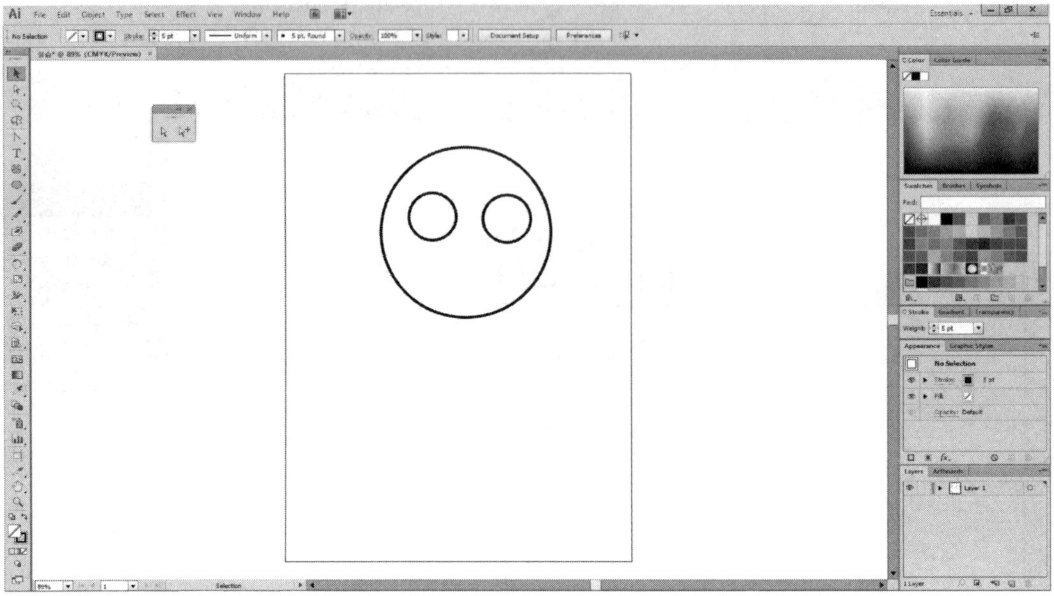

그룹을 개별 개체[Object]로 분리합니다. [Object] - [Ungroup]을 실행합니다. 단축키는 [Ctrl] + [Shift] + [G]입니다. 많이 사용되는 단축키입니다.

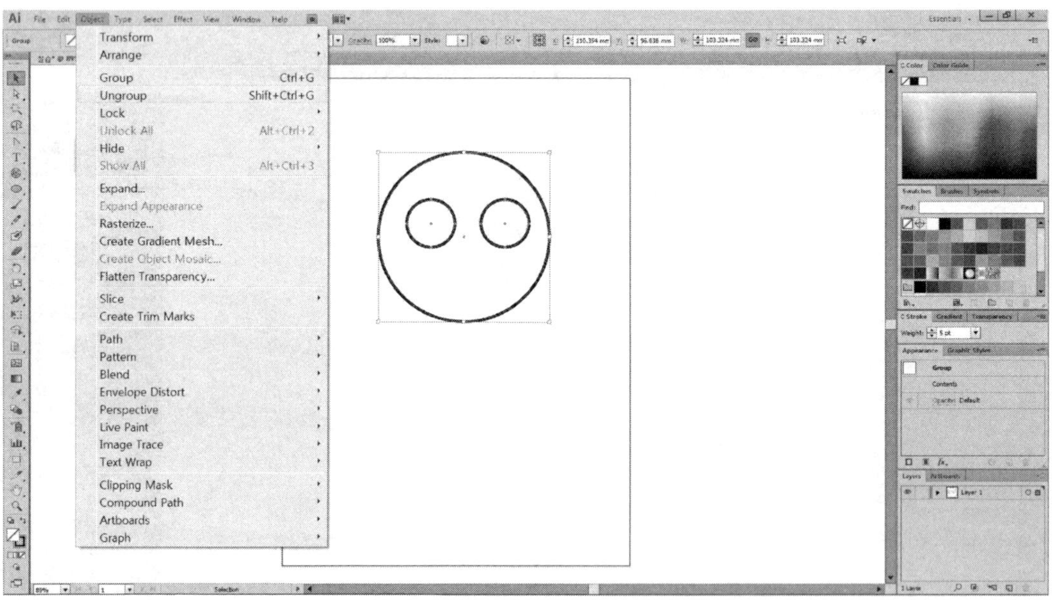

단축 메뉴 마우스 오른쪽을 클릭하여 [Ungroup]명령을 실행합니다.

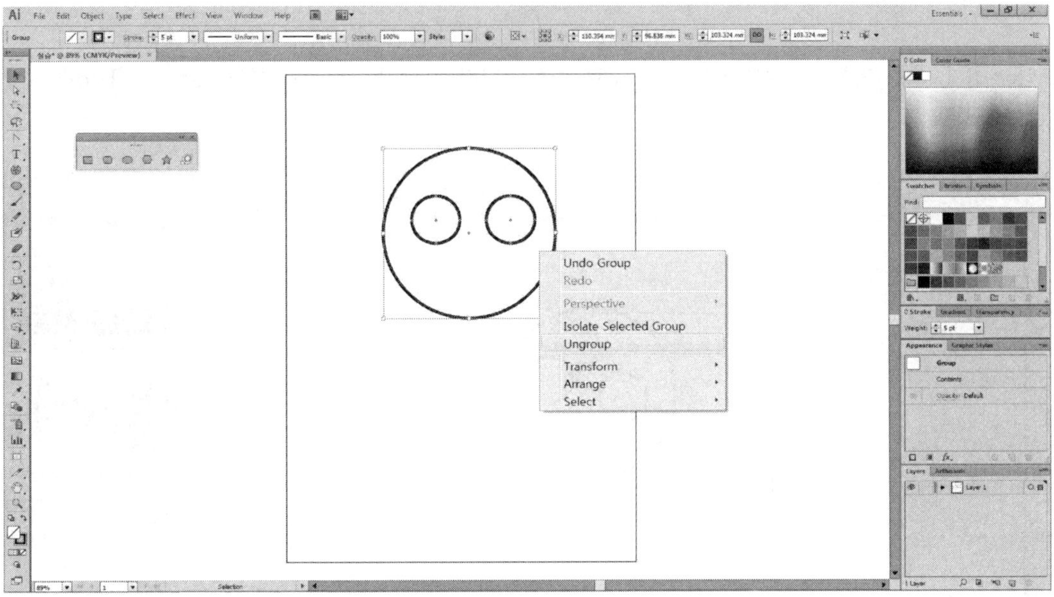

그룹을 개별 개체[Object]로 분리한 화면입니다.

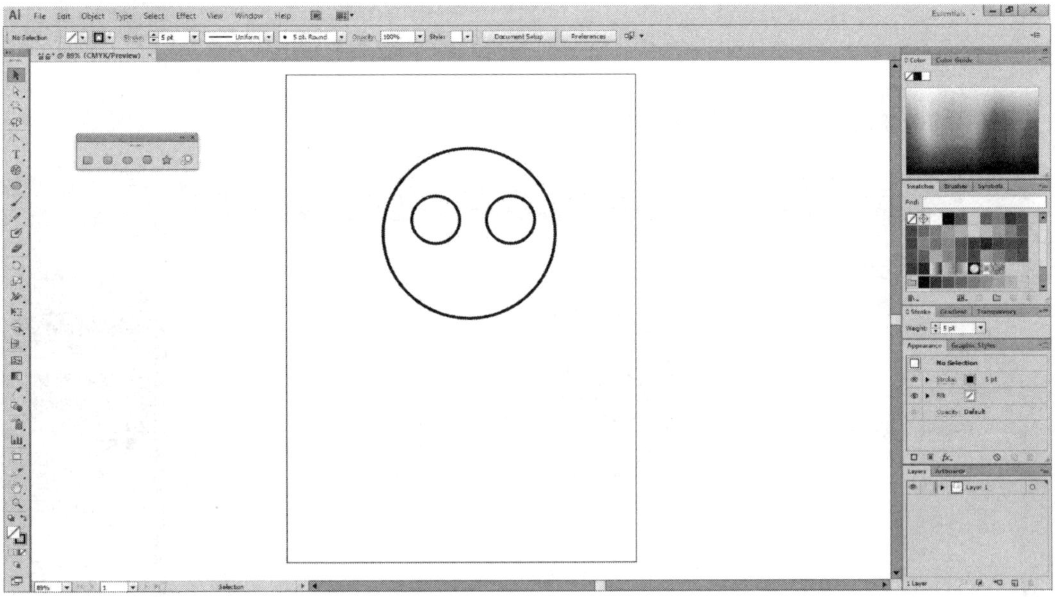

선택 시 단축키 변환

[Ctrl]키 - 마지막으로 사용했던 선택도구로 변환됩니다. 마지막으로 선택툴[Selection Tool]을 사용합니다.

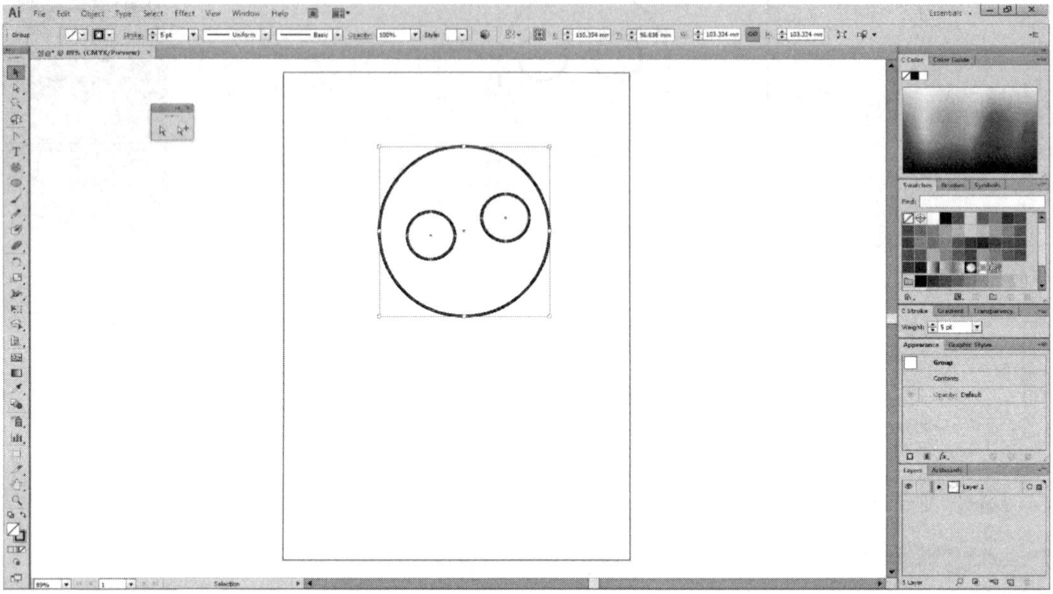

그리기 도구[Rectangle]를 선택합니다.

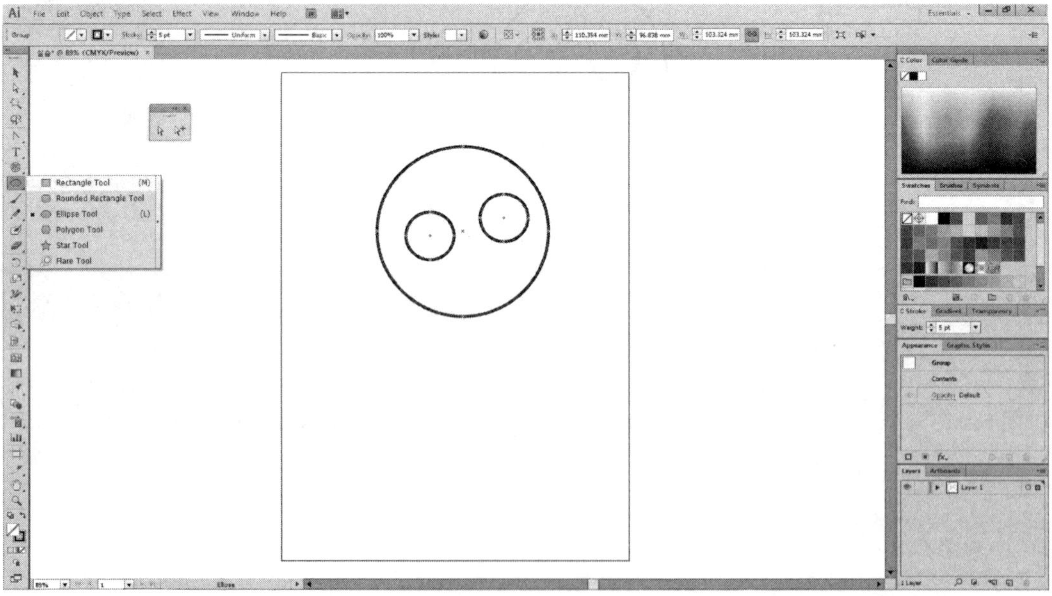

개체[Object]를 생성합니다.

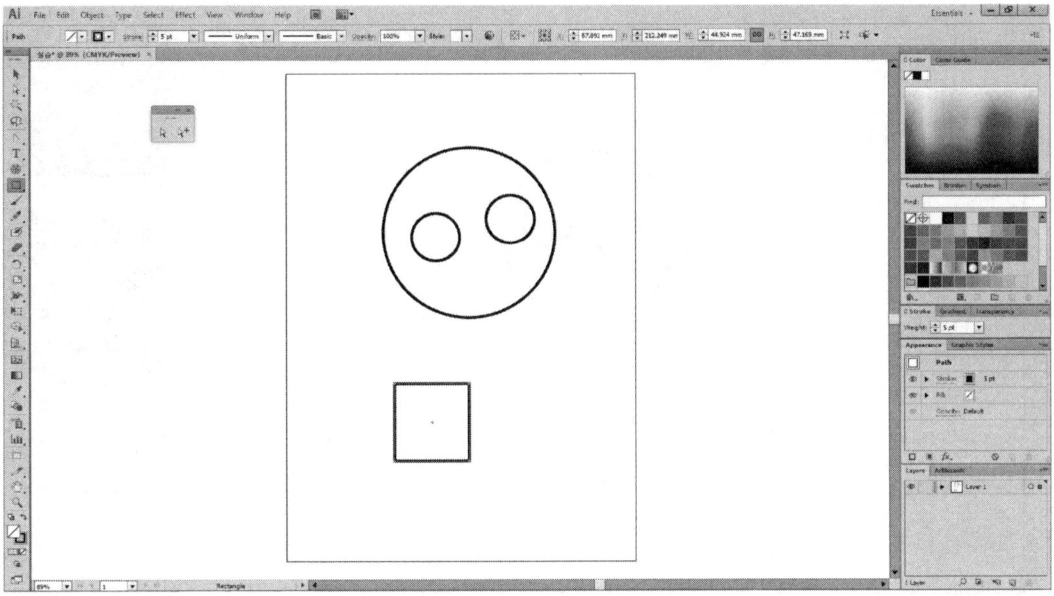

이 상태에서 [Ctrl]키를 누르고 있으면 선택 툴[Selection Tool]로 변환됩니다. 즉 선택 툴[Selection Tool]을 선택하지 않아도 마우스 모양이 선택 툴[Selection Tool]로 변환됩니다.

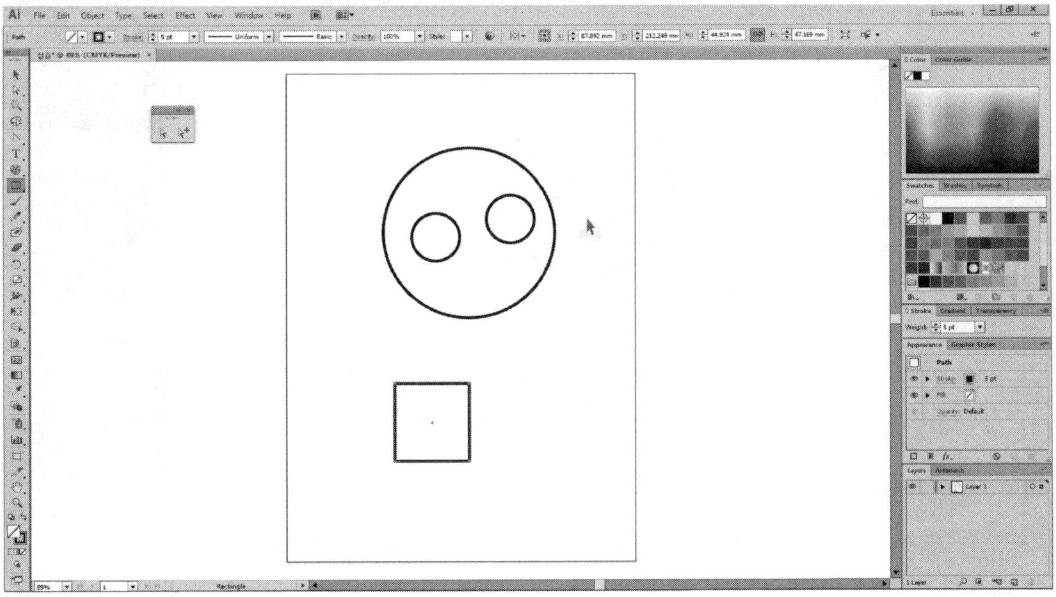

마지막으로 직접 선택 툴[Direct Selection Tool]을 사용합니다.

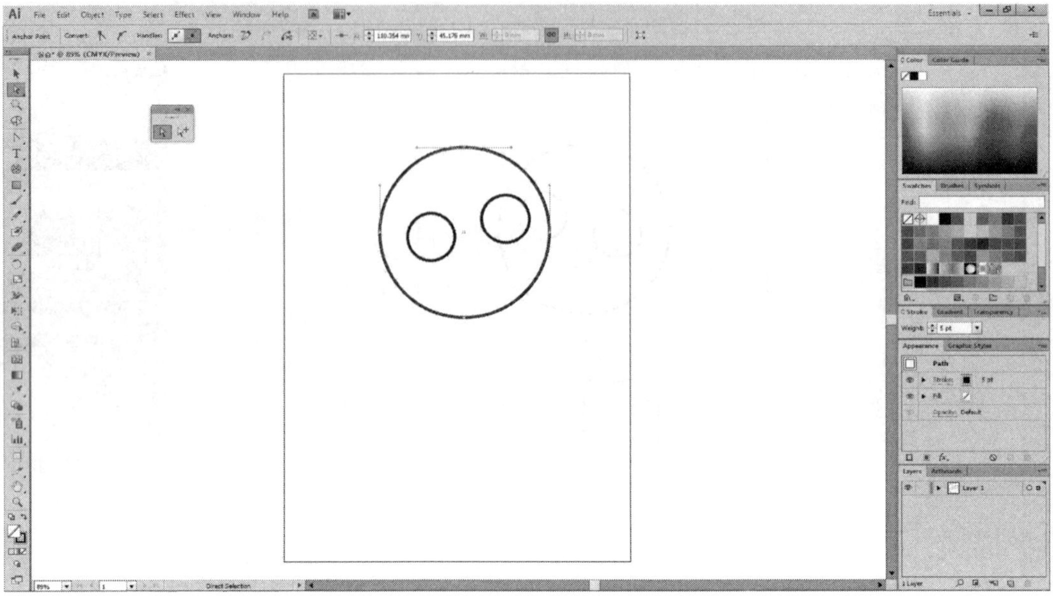

그리기 도구 [Rectangle]를 선택하여 개체[Object]를 생성합니다.

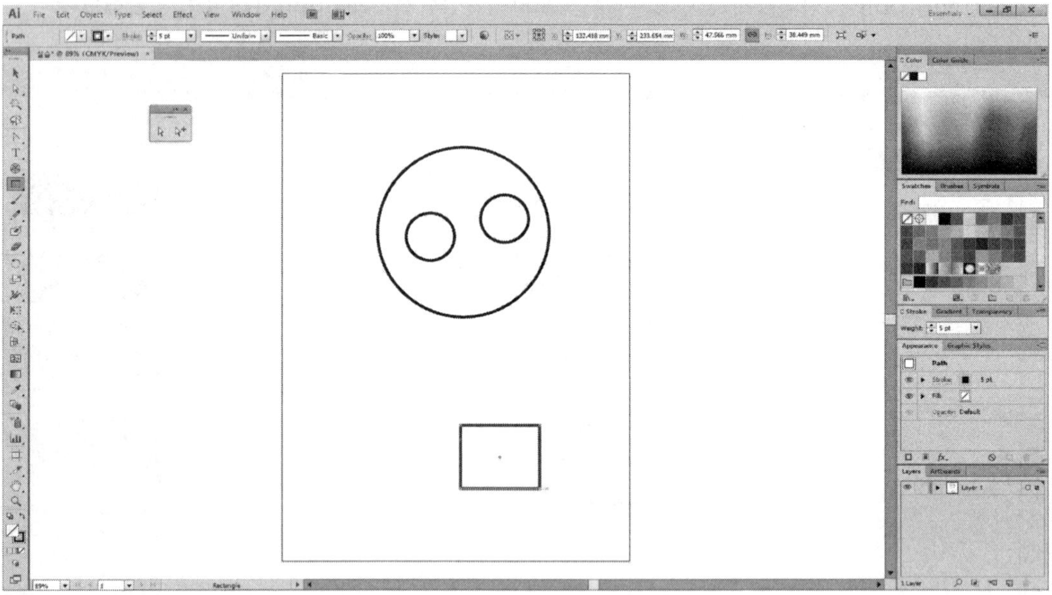

이 상태에서 [Ctrl]키를 누르고 있으면 직접 선택 툴[Direct Selection Tool]로 변환됩니다. 즉 직접 선택 툴[Direct Selection Tool]을 선택하지 않아도 마우스 모양이 직접 선택 툴[Direct Selection Tool]로 변환됩니다.

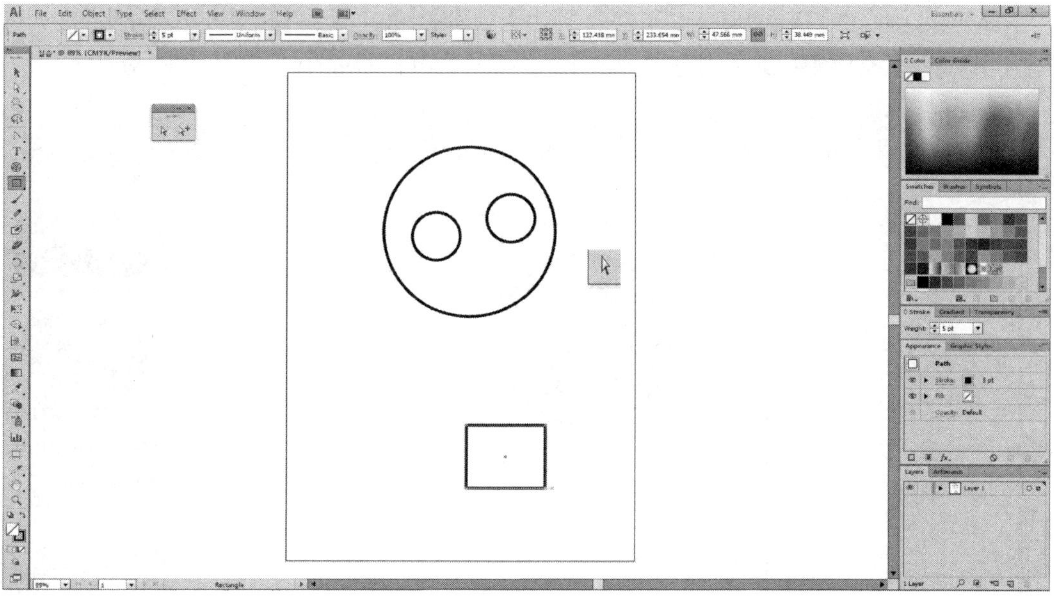

03 ▸ 오브젝트[Object] 이동

오브젝트[Object]에 접근하면 화살표 우측 하단에 검정사각형이 생성되면 선택이 가능하다는 의미입니다. 선택한 오브젝트[Object]를 드래그하여 이동시킵니다. 방향키로도 이동 가능합니다.

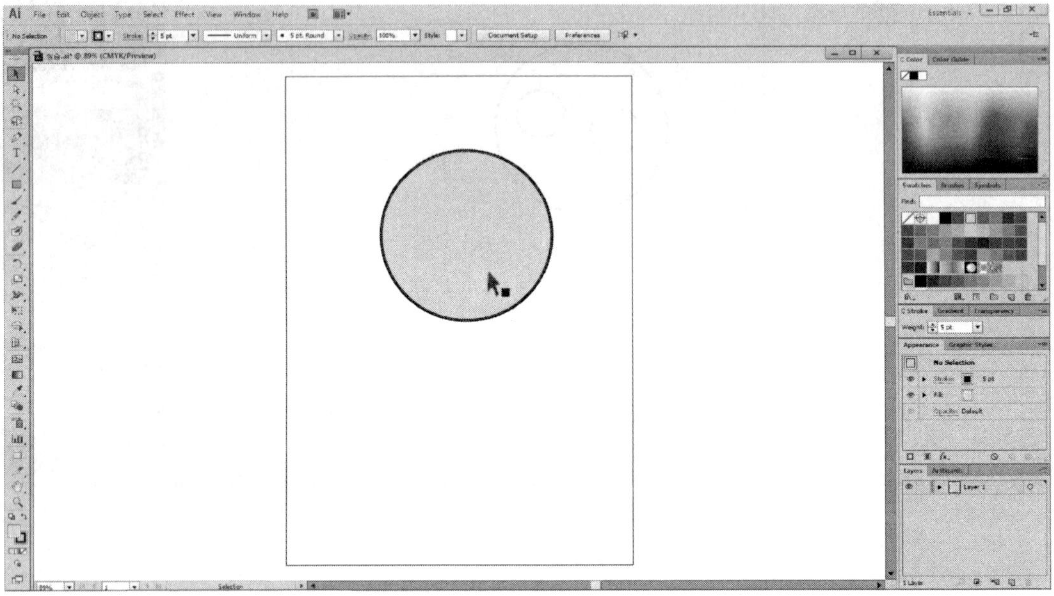

[Shift]키를 누른 채 드래그 하면 수평이동, 수직이동, [45°] 이동되며 [Alt]키를 누른 채 드래그하면 복사본이 만들어지면서 이동됩니다.

선택 툴[Selection Tool]로 드래그하여 사각형 박스 영역을 선택 영역이라고 합니다.

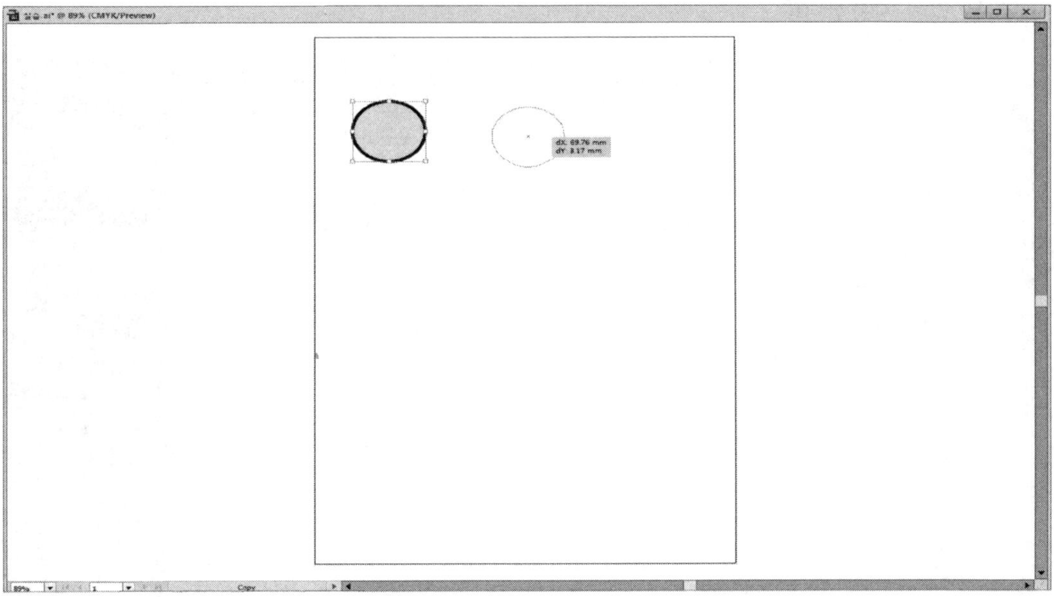

[Alt]키를 누른 상태에서 이동 복사하고 최종 지점에서 [Shift]키를 사용하여 수평 이동 복사합니다.

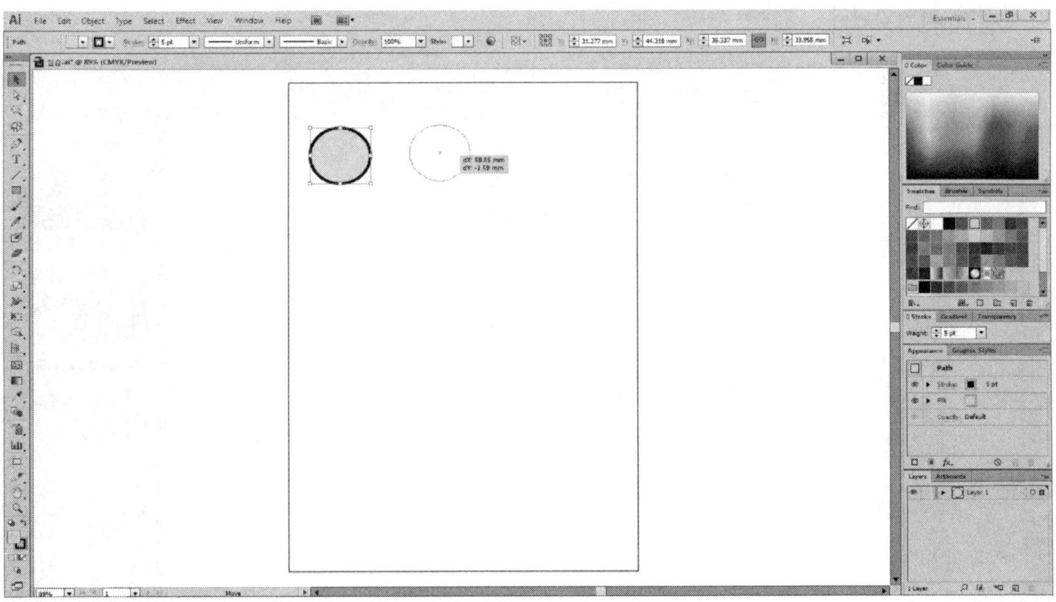

메뉴 [Object] - [Transform] - [Transform Again]를 실행하여 반복 복사합니다. 단축키 [Ctrl] + [D]를 많이 사용합니다.

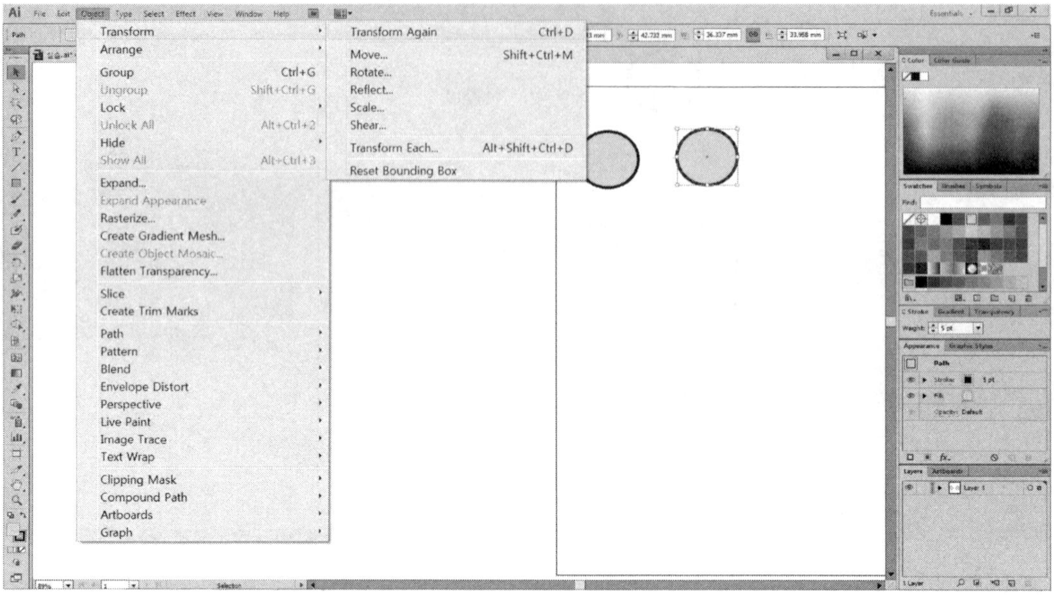

완성된 화면입니다.

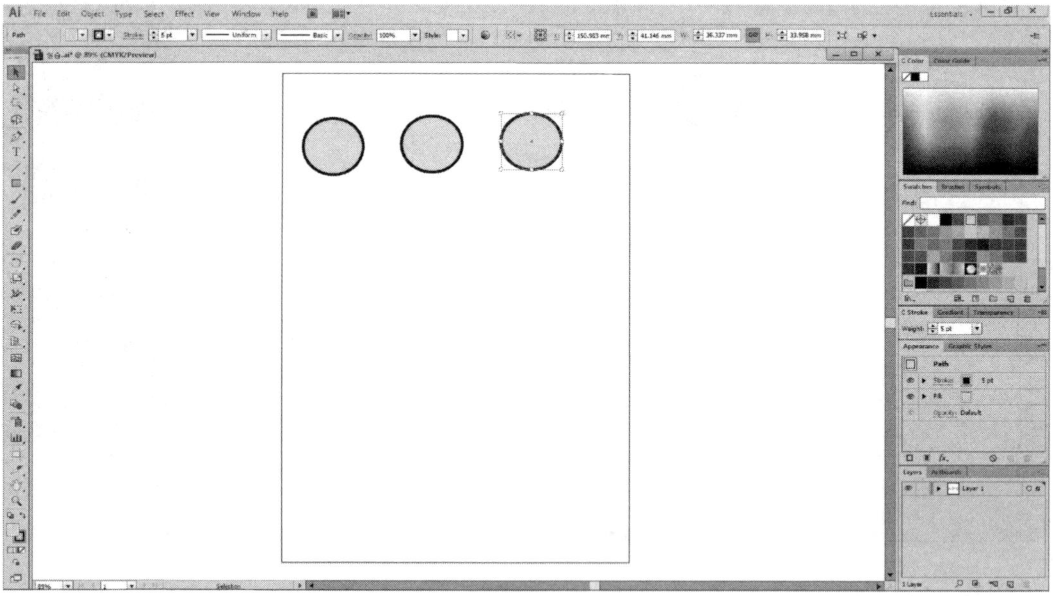

[Alt] + [Shift]키를 사용하여 아래로 이동 복사합니다.

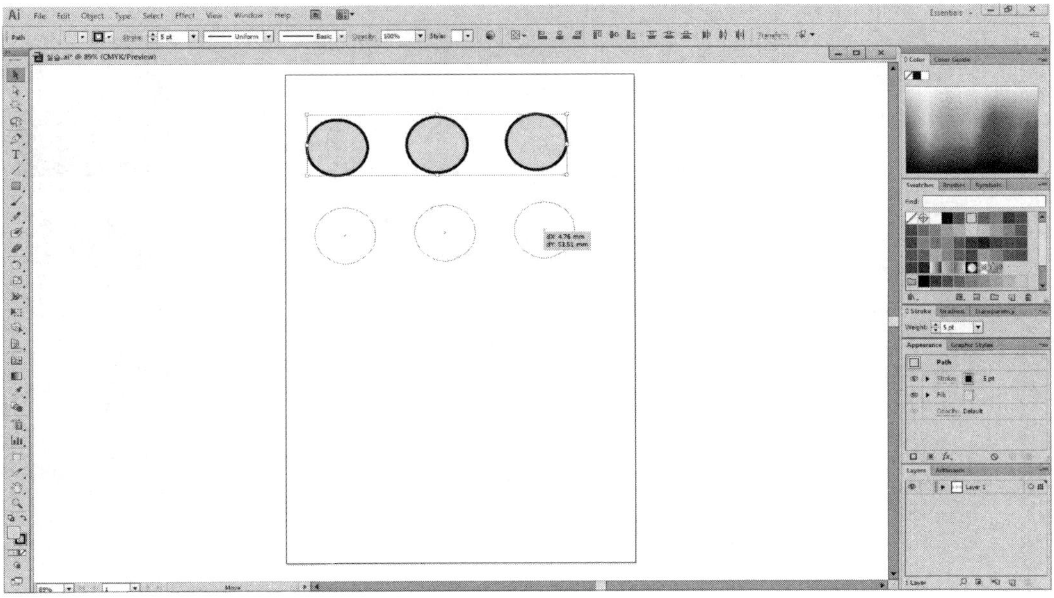

완성된 화면입니다.

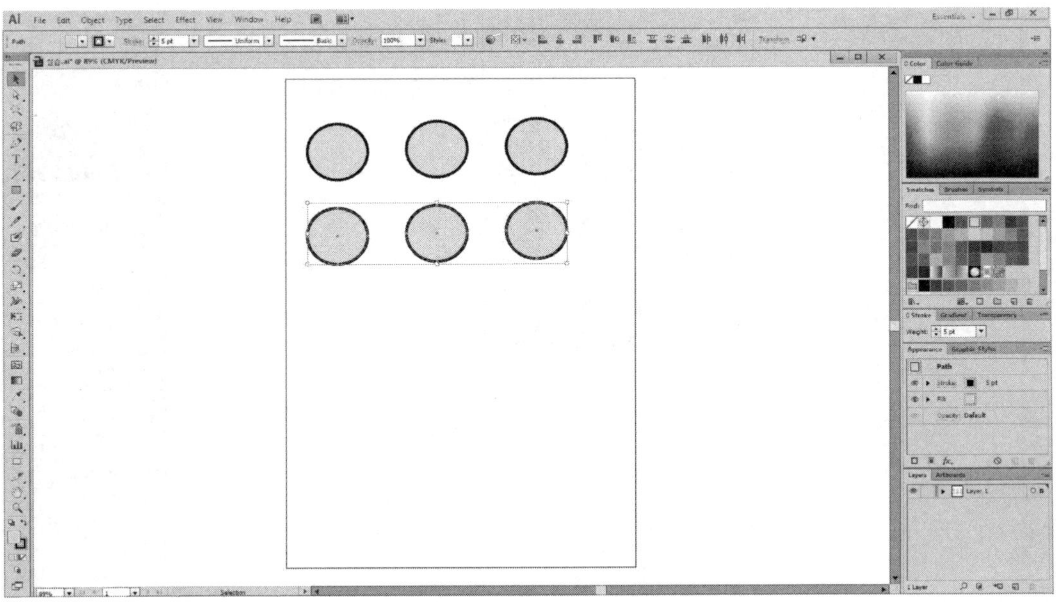

메뉴에서 [Object] - [Transform] - [Transform Again] [Ctrl] + [D]를 실행하여 반복 복사합니다.

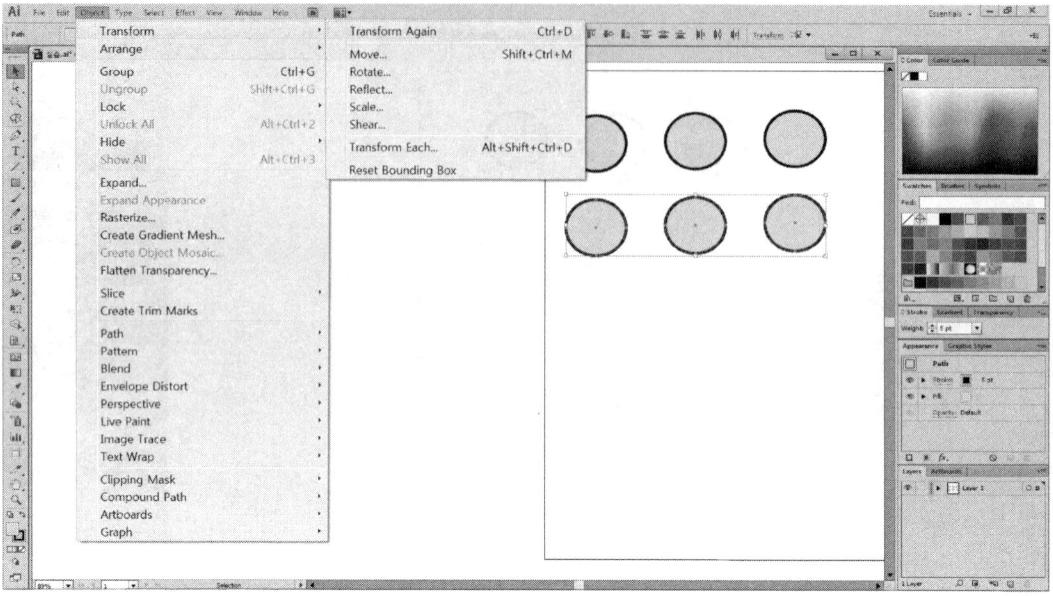

단축키 [Ctrl] + [D]를 사용하여 반복 복사합니다.

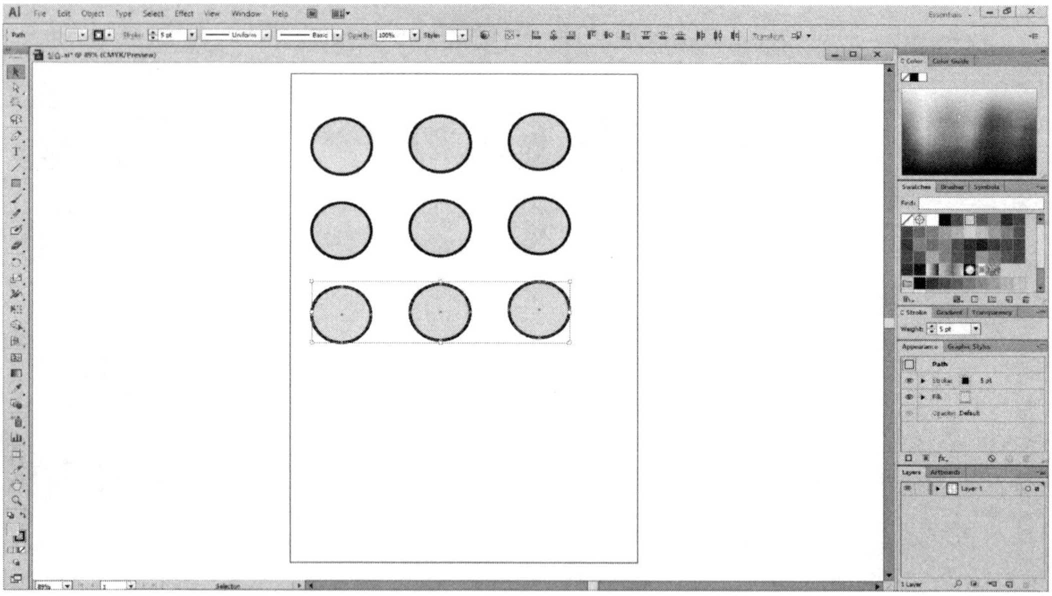

완성된 화면입니다.

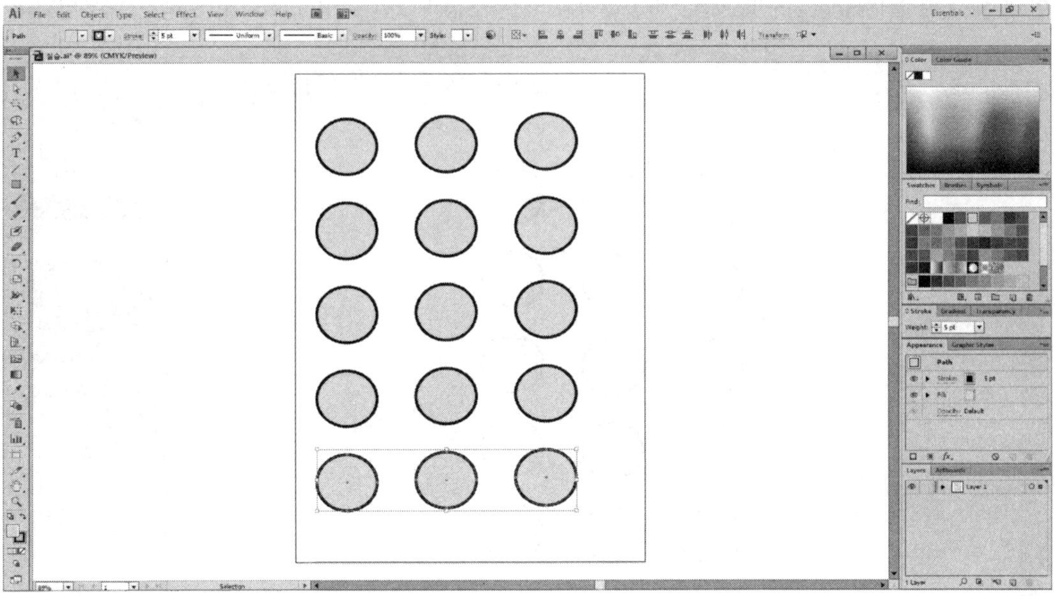

선택 툴 사용 중에 [Ctrl]키를 누르면 직접 선택툴[Direct Selection Tool]로 바뀌고 직접 선택툴[Direct Selection Tool] 사용 중에 [Ctrl]키를 누르면 선택툴[Selection Tool]로 바뀝니다.

그룹화된 개체[Object]를 직접 선택툴[Selection Tool]을 사용하여 첫 번째 도형과 두 번째 도형을 걸쳐서 선택한 내용입니다.

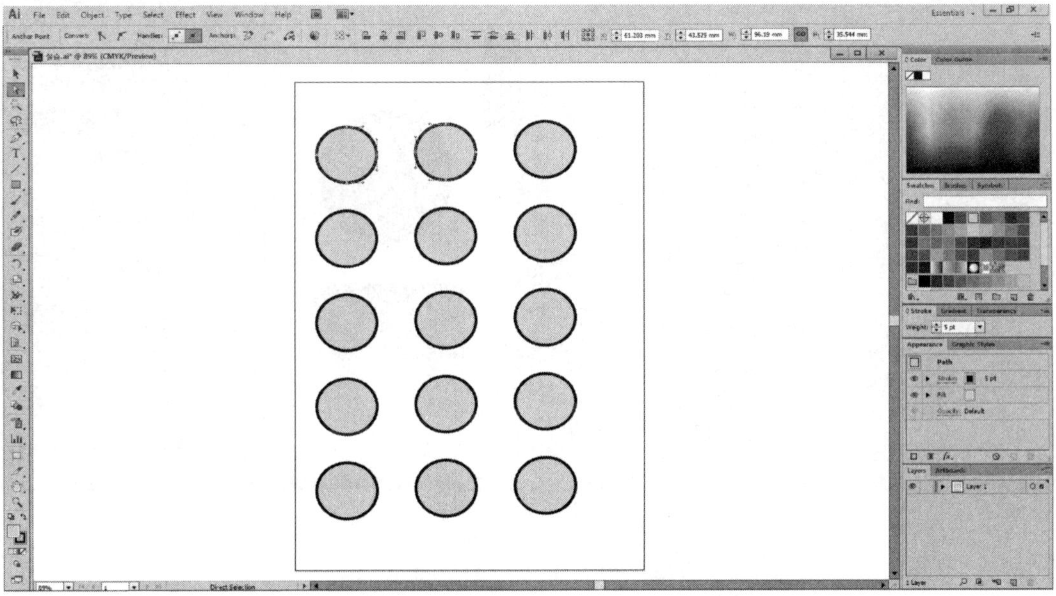

그룹화된 개체[Object]를 직접 선택 툴[Direct Selection Tool]이 선택된 상태에서 [Alt]키를 누르면 그룹 선택 툴[Selection Tool]로 변환됩니다. 1번 도형과 2번 도형을 걸쳐서 선택한 내용입니다.

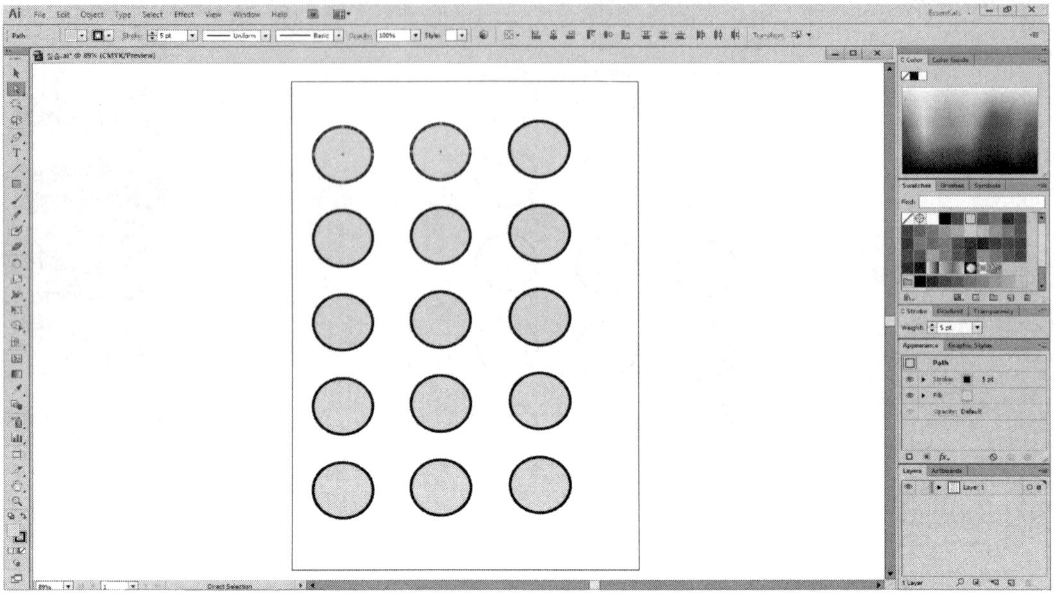

[Window] - [Transparency]를 실행하여 데이터값으로 오브젝트[Object]를 수정할 수 있습니다.

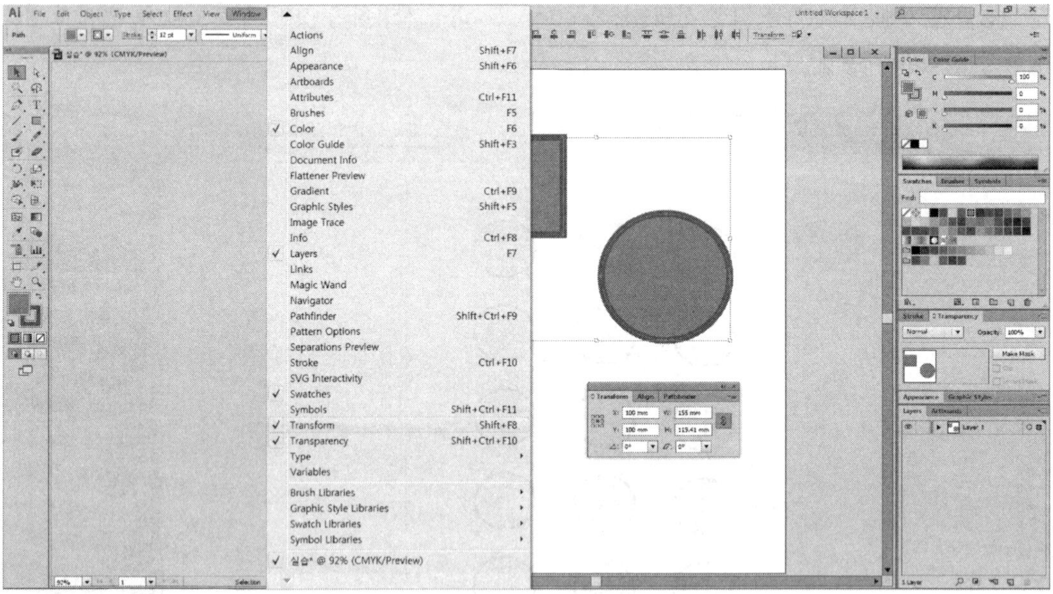

[X] = [0], [Y] = [0] 왼쪽 상단에 이미지가 배치됩니다. 왼쪽 상단 모서리가 기준이 됩니다.

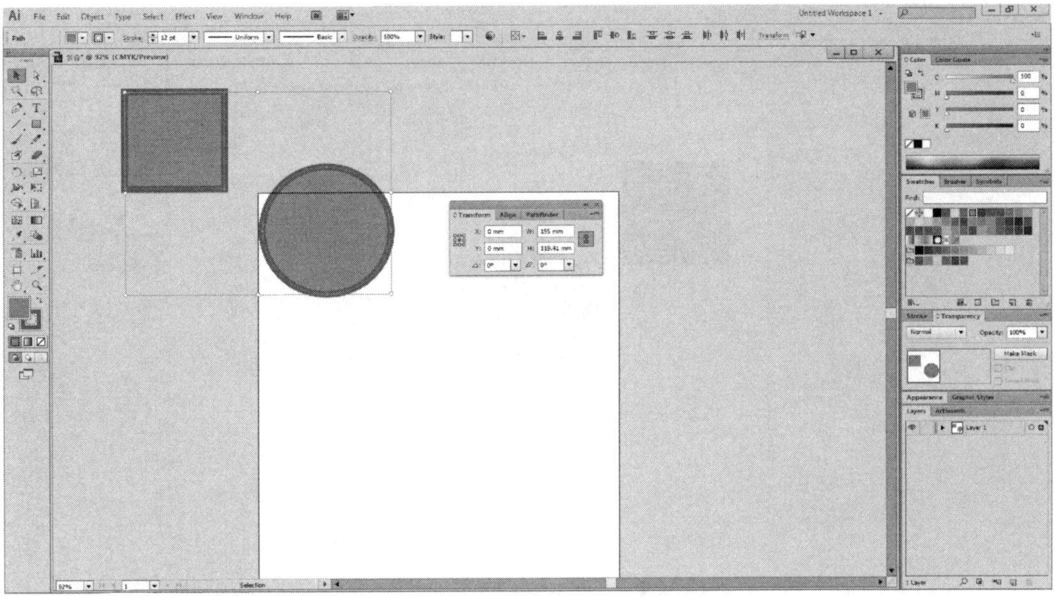

선택 툴[Selection Tool]을 더블 클릭하면 이동 툴 대화상자가 나타납니다.

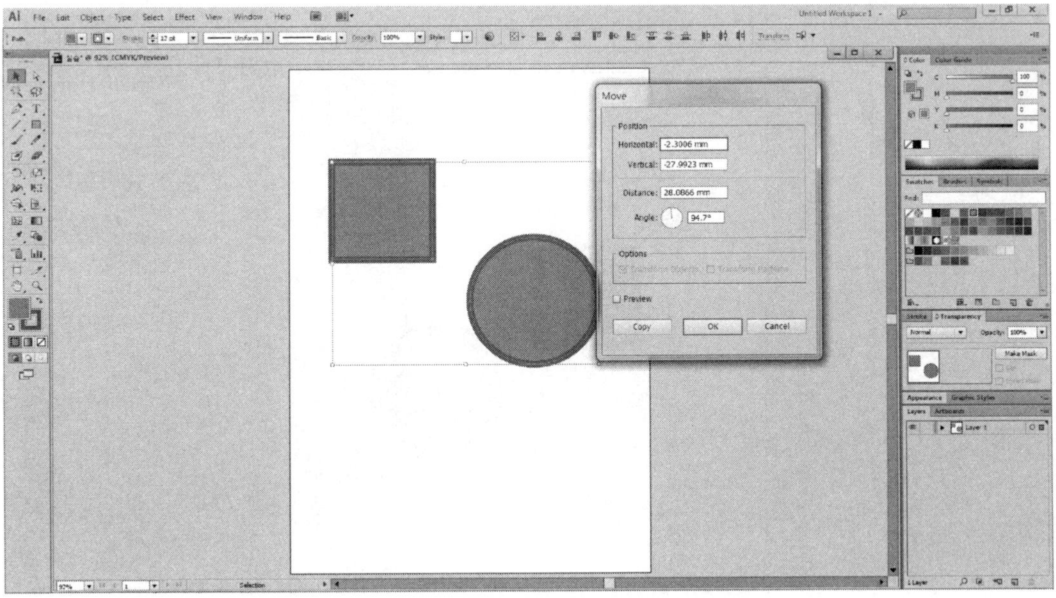

[Horizontal] = 50[mm], [Vertical] = 50[mm] 입력합니다.

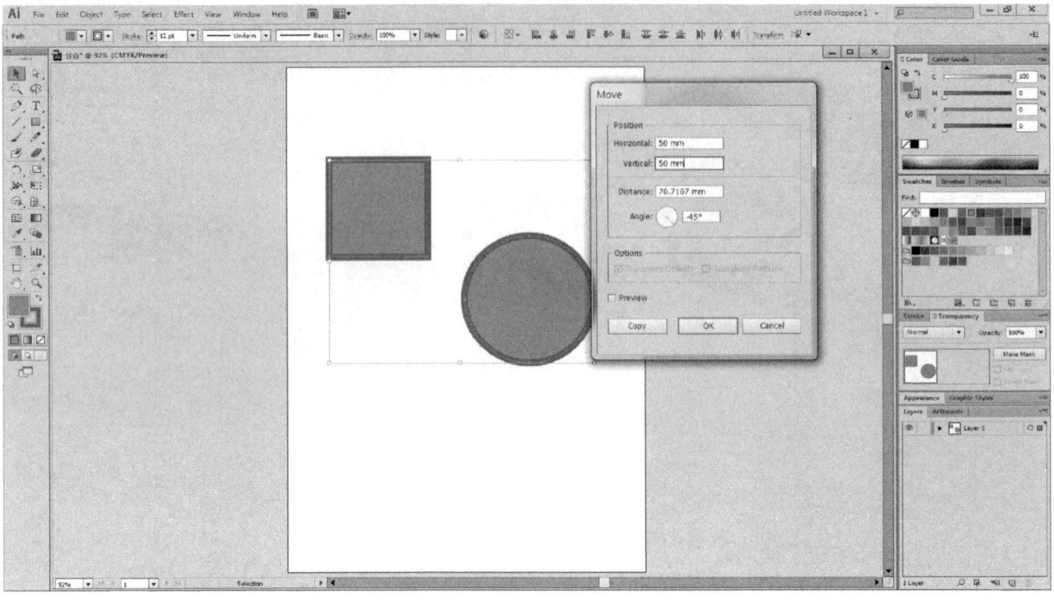

하단 우측으로 [Horizontal] = 50[mm], [Vertical] = 50[mm] 이동합니다.

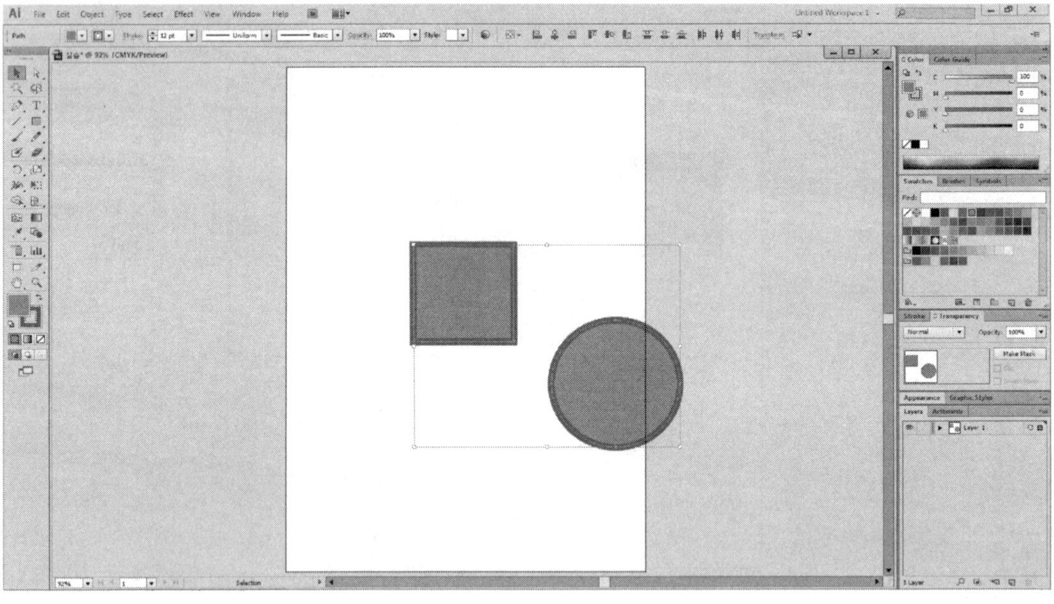

04 오브젝트 복사

[Vertical] = 100[mm]입력하고 [Copy]를 실행합니다.

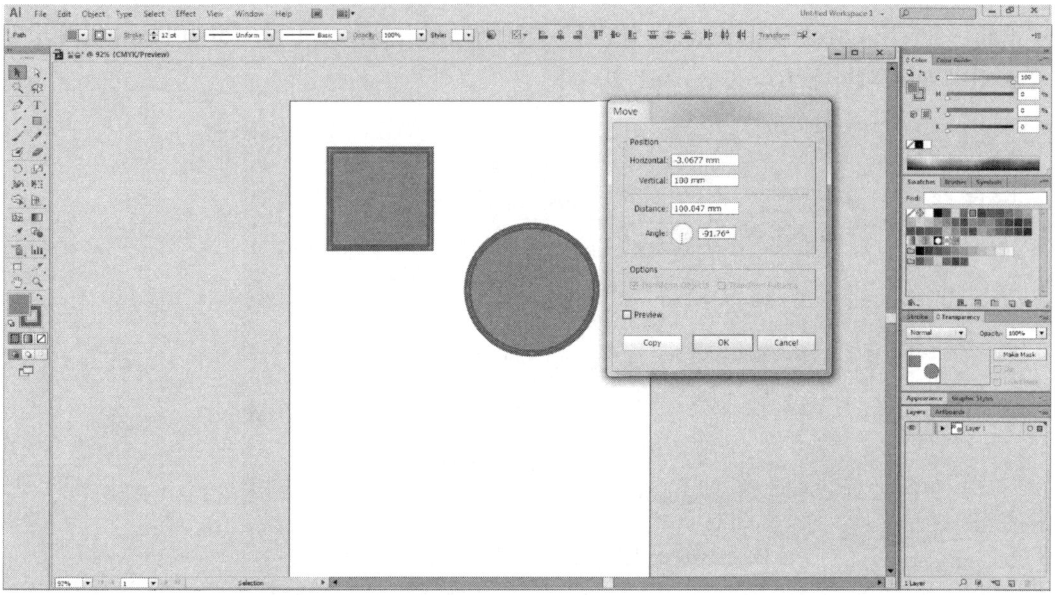

하단으로 100[mm]만큼 이동 복사되었습니다.

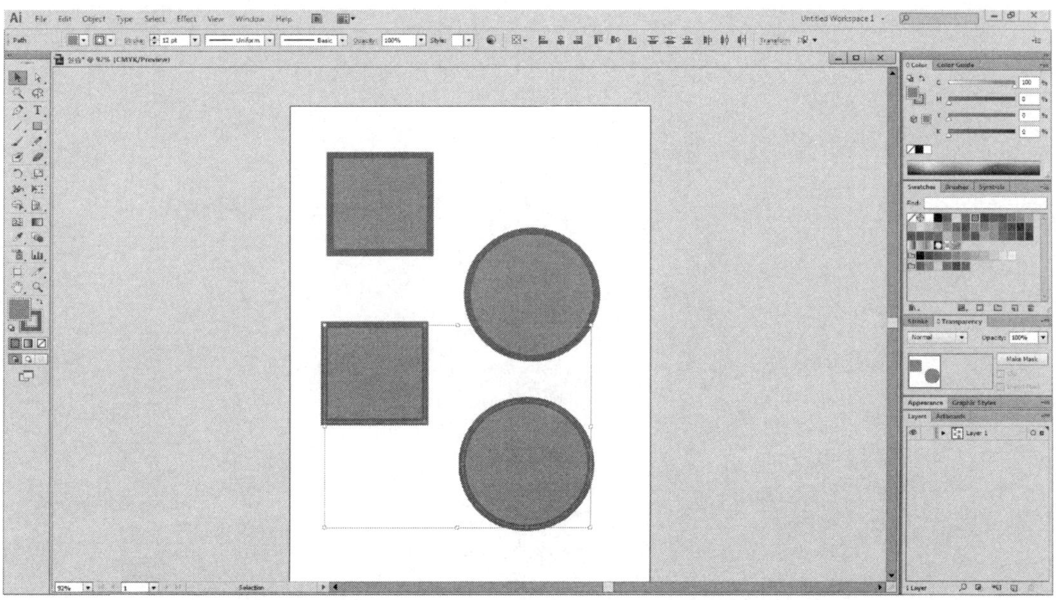

▌단축키▐

- [Ctrl] + [Z] : 실행 취소
- [Ctrl] + [D] : 반복 실행

[Edit] - [Preference] - [General]을 실행하고 [Keyboard Increment board] 10[mm] 입력 방향키를 한번 누를 때마다 10 = [mm] 이동합니다.

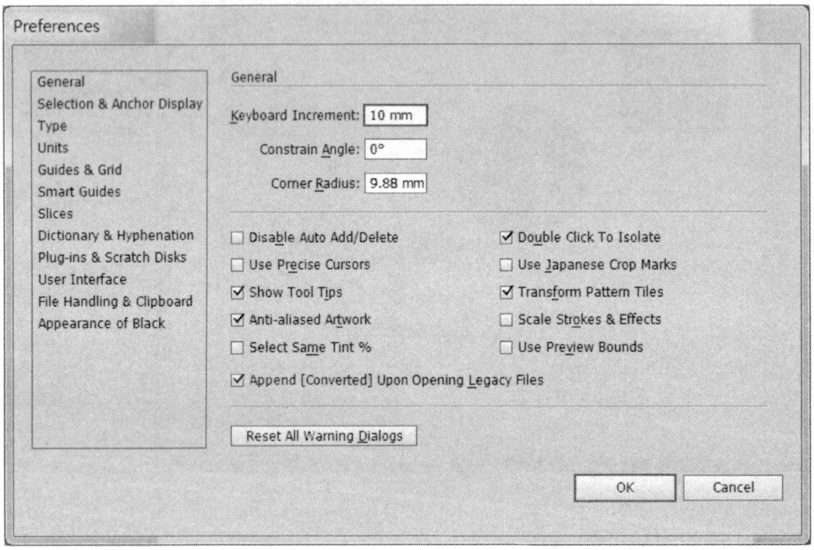

선택하면 바운딩 박스[Bounding Box]가 생성되며 모서리 4개, 변 4개점이 생성됩니다.

[Shift] + 바운딩 박스[Bounding Box] 우측 하단을 드래그합니다. [Alt] + [바운딩 박스] 우측 하단을 드래그하면 중앙에서 시작하여 오브젝트[Object]가 확대됩니다.

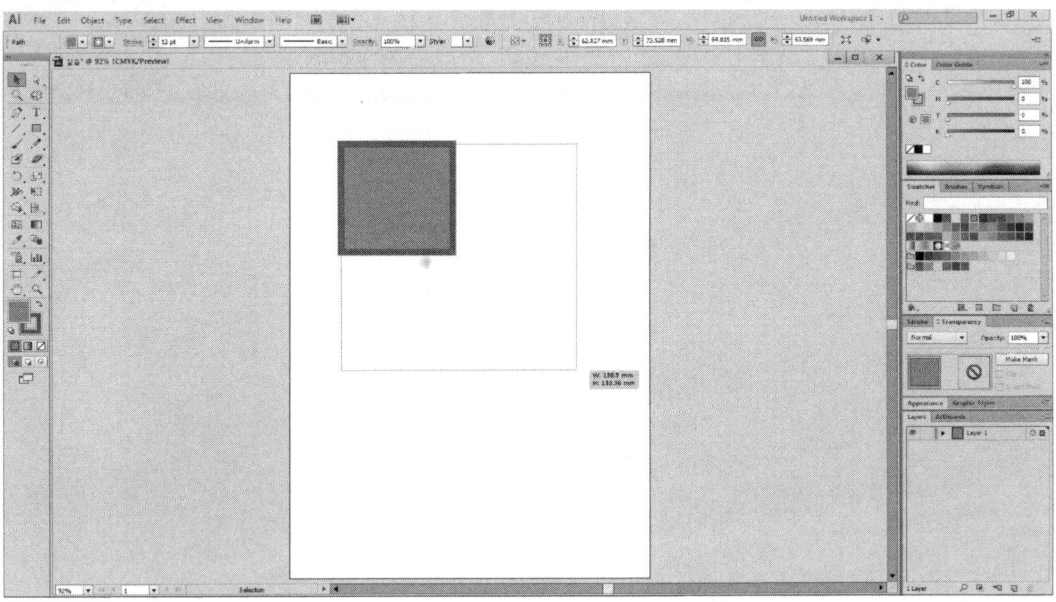

- 오브젝트 복사 : [Ctrl] + [C]
- 오브젝트 잘라내기 : [Ctrl] + [X]
- 오브젝트 붙이기 : [Ctrl] + [V]
- 오브젝트 제자리 앞에 붙이기 : [Ctrl] + [F]
- 오브젝트 제자리 뒤에 붙이기 : [Ctrl] + [B]

[Object] - [Arrange] - [Send to Back]를 실행합니다.

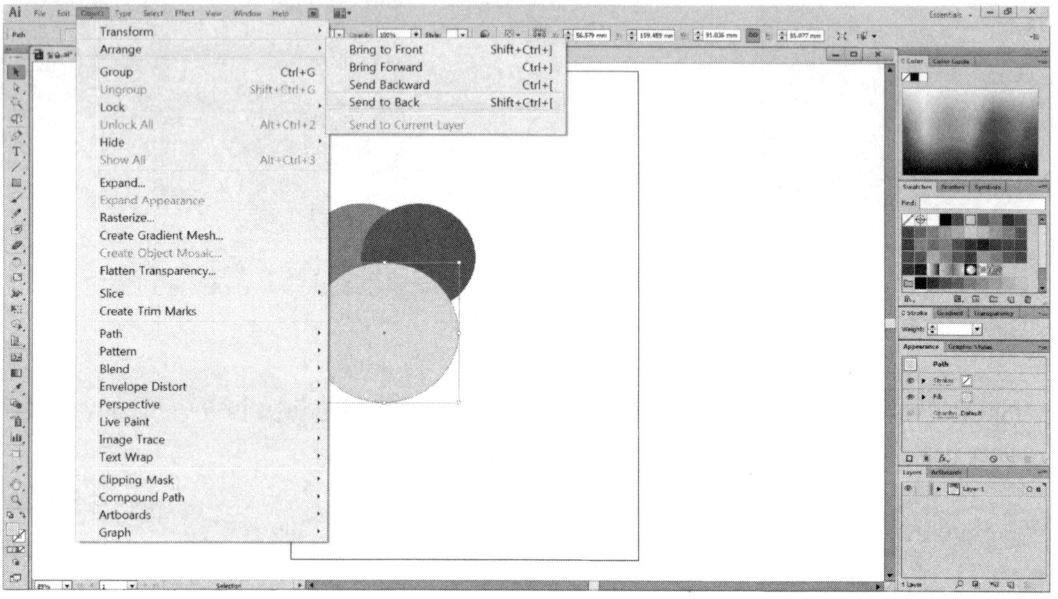

[Send to Back]를 실행한 화면입니다.

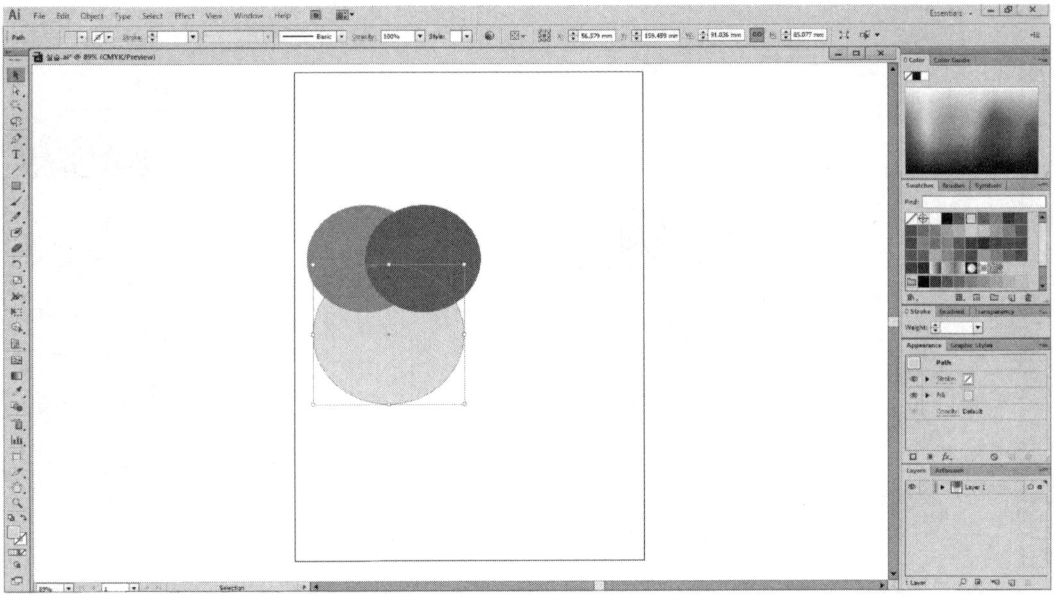

단축 메뉴 [Arrange] - [Send to Front]를 실행합니다.

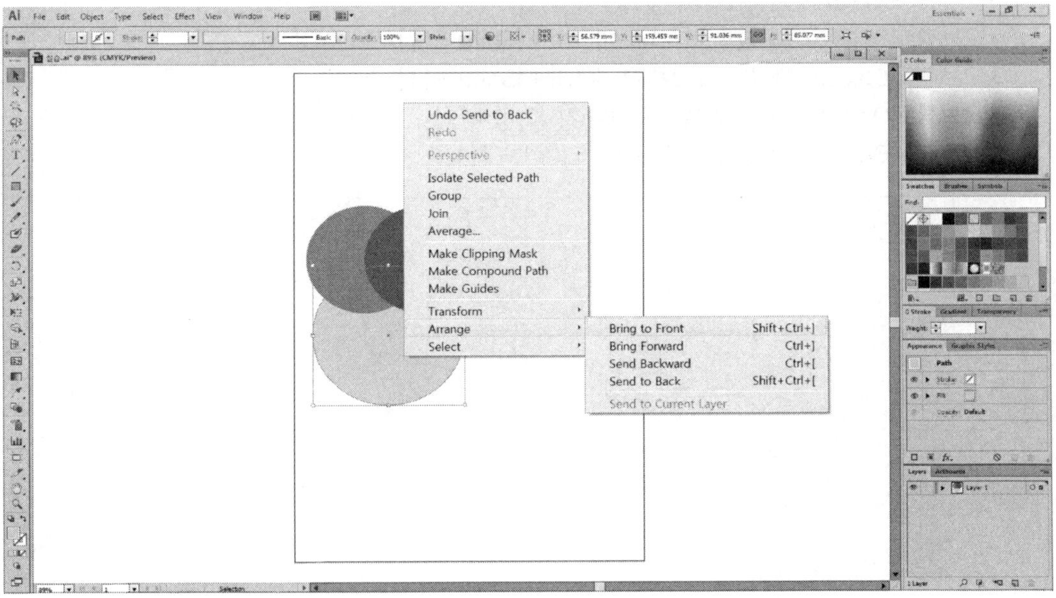

[Send to Front]를 실행한 화면입니다.

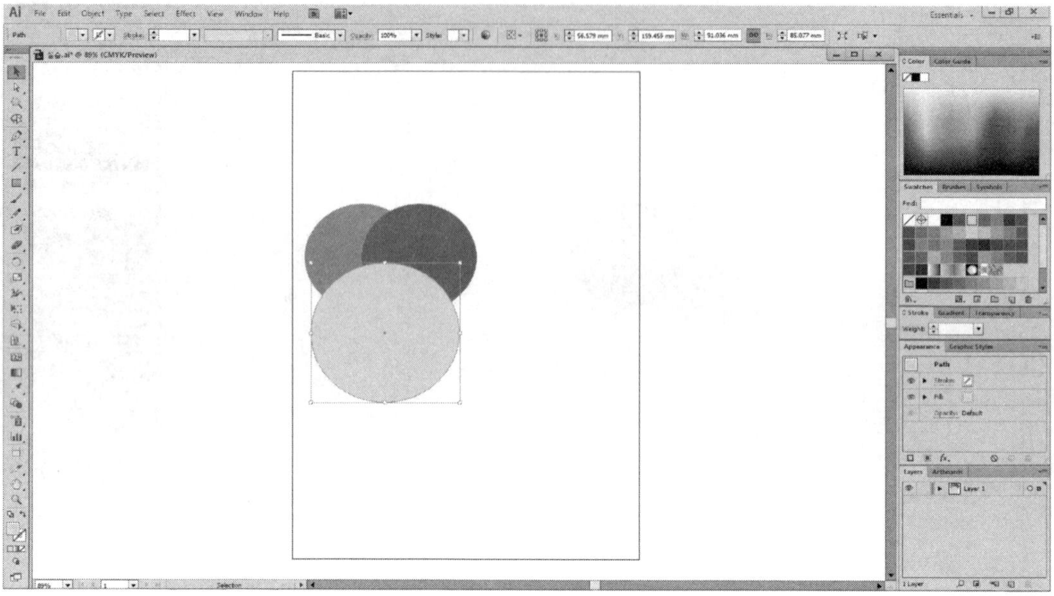

| 오브젝트[Object] 정렬 단축키 |

- 오브젝트[Object] : 맨 앞으로 보내기 [Ctrl] + [Shift] + [ ]]
- 오브젝트[Object] : 맨 뒤으로 보내기 [Ctrl] + [Shift] + [[ ]
- 오브젝트[Object] : 한 단계 앞으로 보내기 [Ctrl] + [ ]]
- 오브젝트[Object] : 한 단계 뒤로 보내기 [Ctrl] + [[ ]

일러스트레이터(Illustrator) 따라하기

Chapter 4.

색상

01 면색, 선색 변경

02 그라디언트[Gradient]

03 디자인 색상 규칙

CHAPTER

4 색상

01 면색, 선색 변경

[Illustrator]에서는 다음과 같은 선택 도구[Selection Tool]를 제공합니다.

❶ Selection Tool [전체 선택 도구] [V] 를 사용하여 전체 개체[Object]를 선택합니다.

- 단축키 [X] → [Fill] – [Stroke] 선택
- [Shift] + [X] → 면 색상과 테두리 색상을 서로 바꿈
- [/] → 색없음

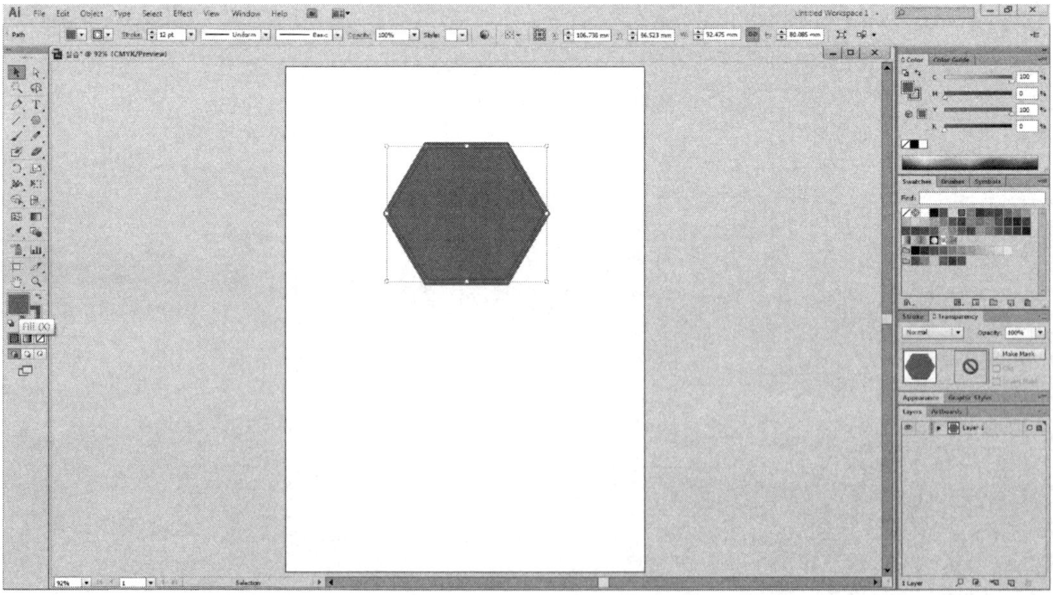

> [Fill] 선택 – 면색

> [Stroke] 선택 – 선색

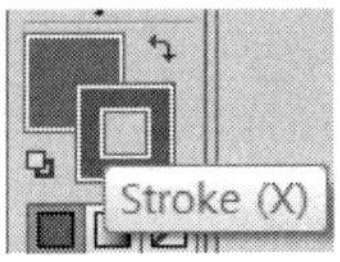

색상은 아래 2가지 패널을 활용하여 적용합니다.

> [Swatches] 패널

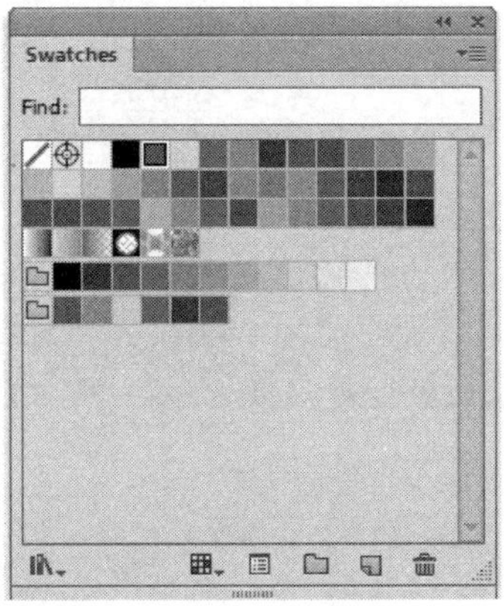

> [Color] 패널

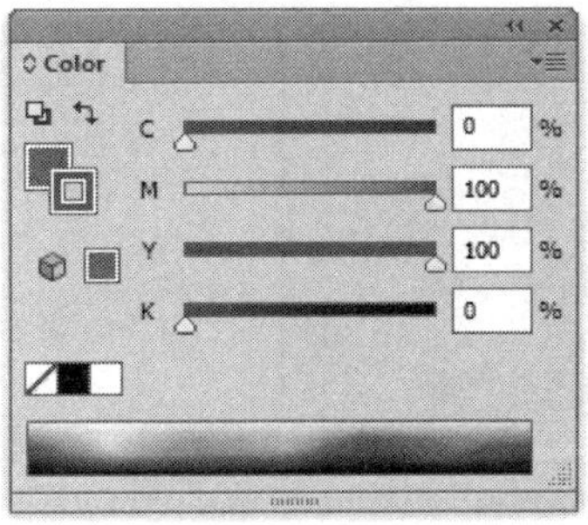

[Fill]을 [None]으로 하여 면[Fill]색을 제거합니다.

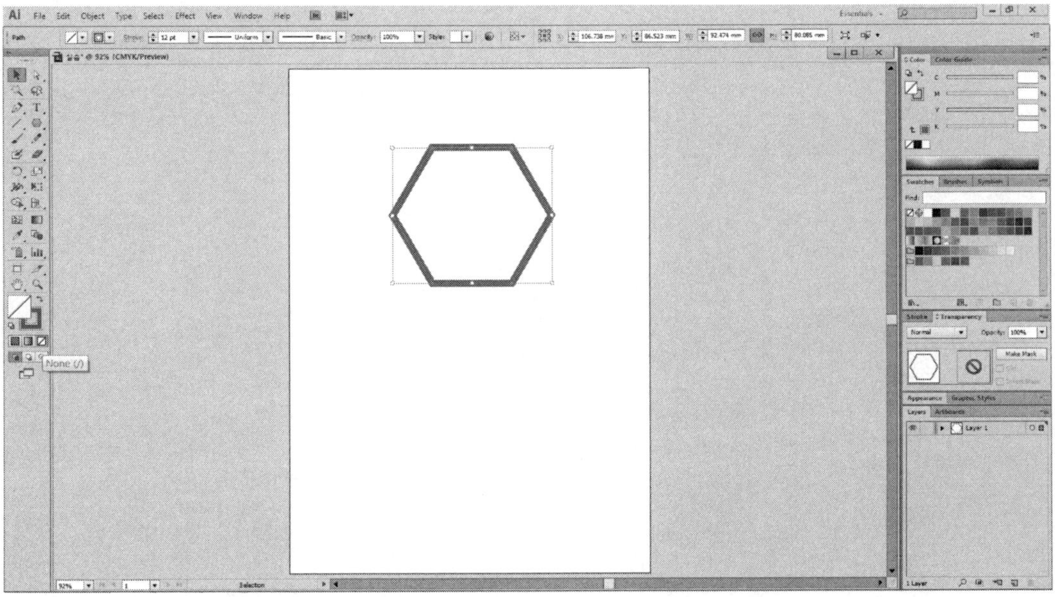

[Stroke]를 [None]으로 하여 선[Stroke]색을 제거합니다.

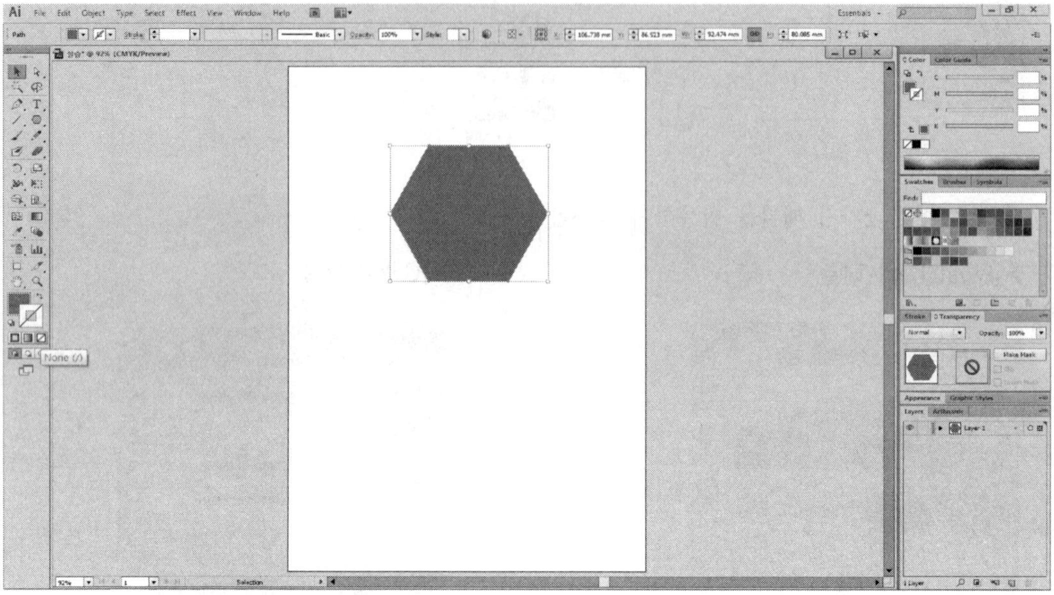

02 그라디언트[Gradient]

테두리가 없는 개체[Object]를 생성합니다.

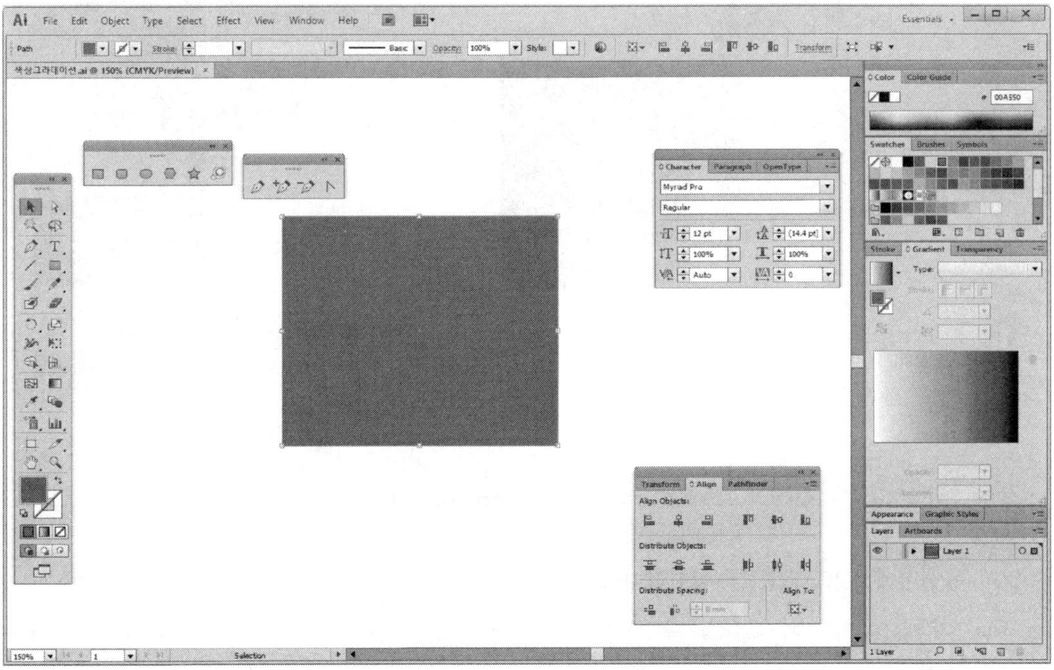

도구에서 그라디언트[Gradient]를 실행합니다.

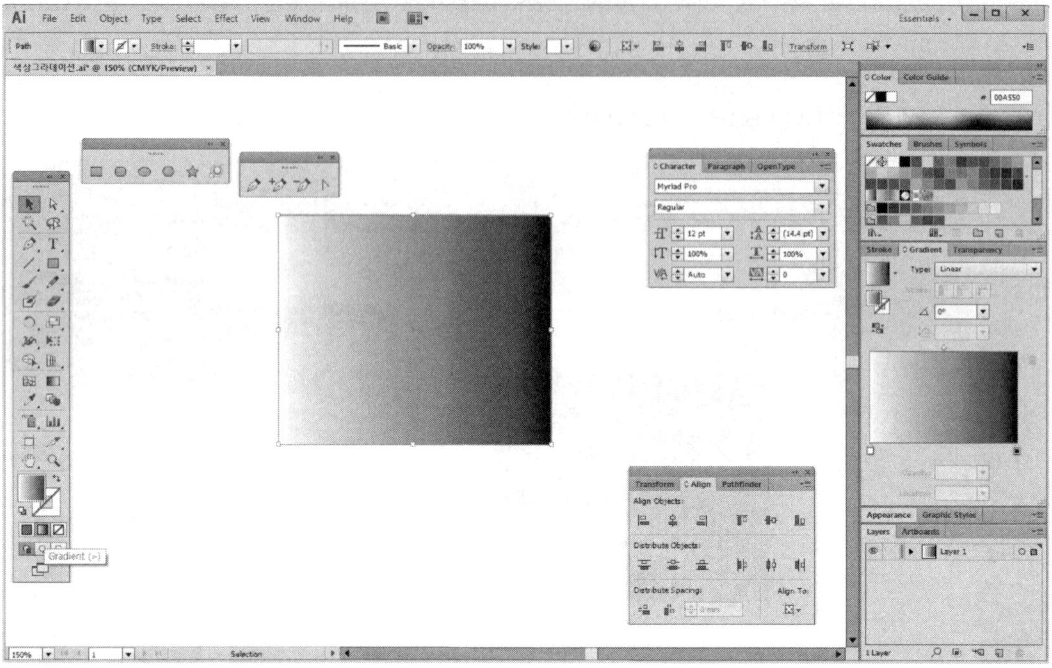

컬러 옵션바에서 [CMYK]를 실행합니다.

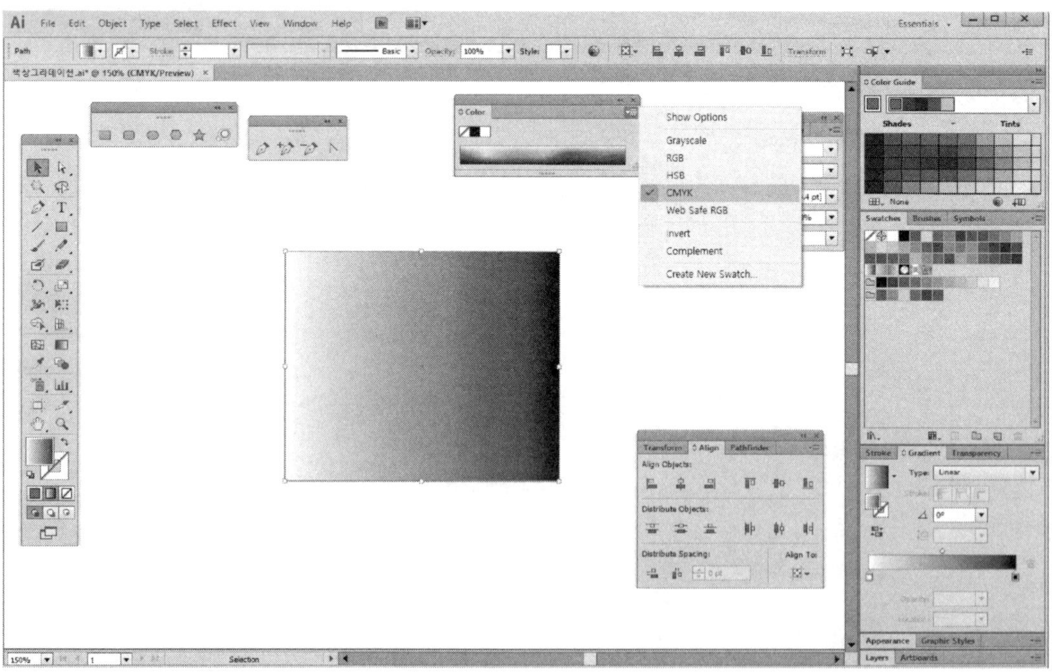

[Show Option]을 활성화합니다.

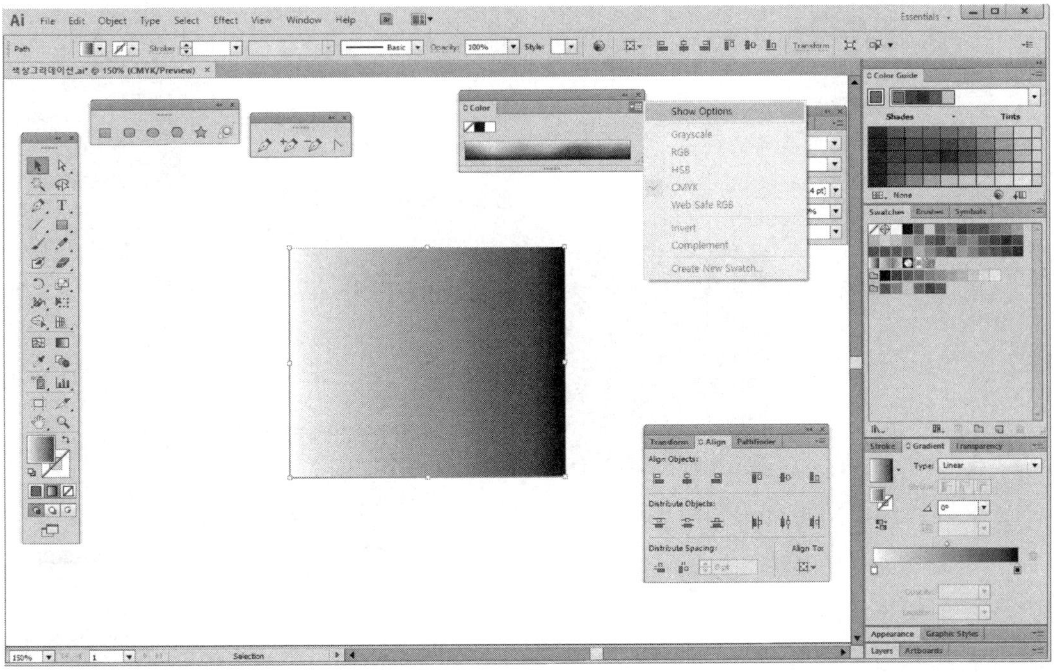

> [Color]탭

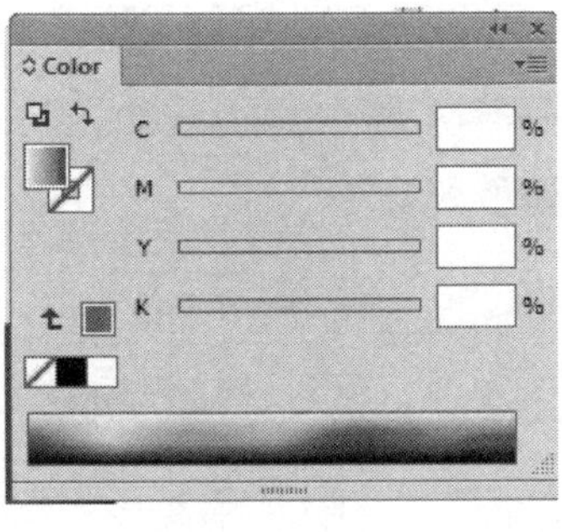

왼쪽 [Gradient Slider]를 선택하여 색상을 선택합니다.

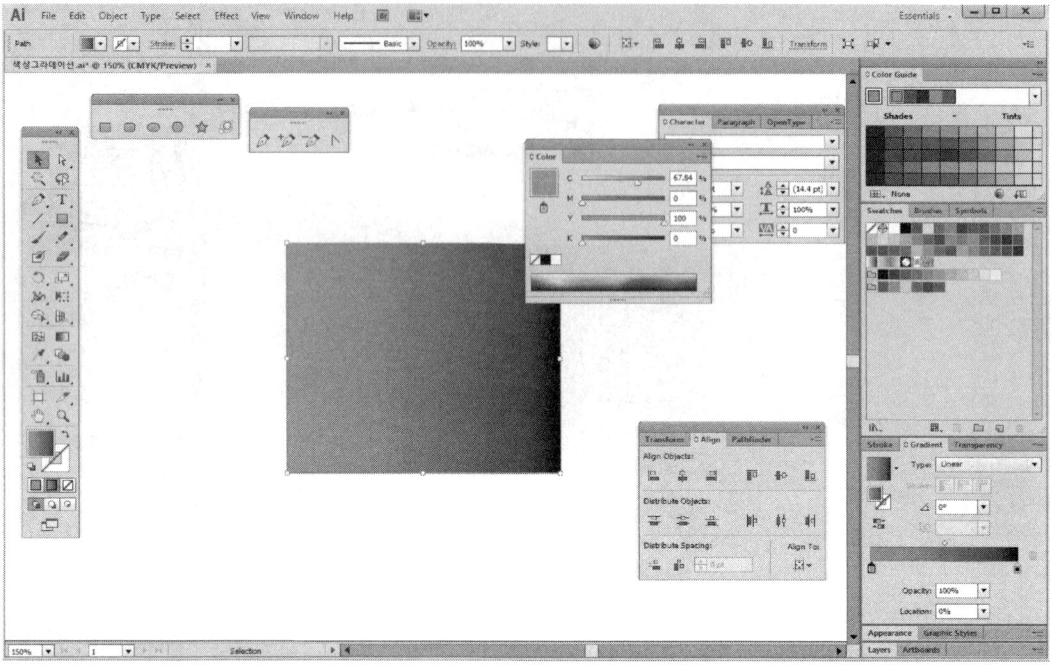

오른쪽 [Gradient Slider]를 선택하여 색상을 선택합니다.

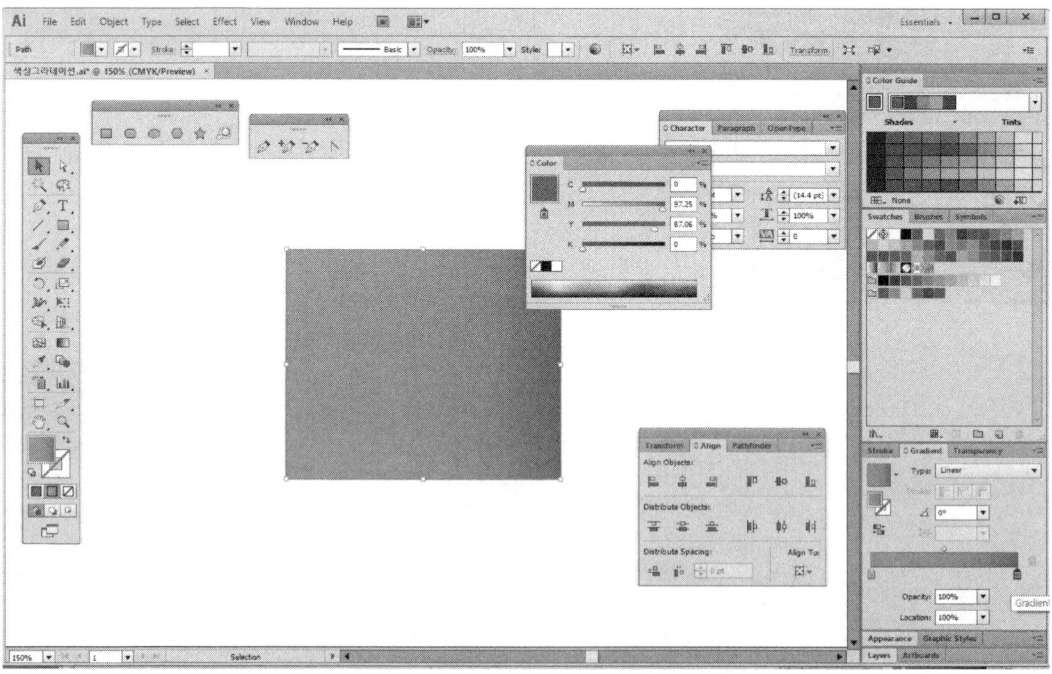

메뉴 [Edit] - [Edit Colors] - [Recoder Artwork]를 실행합니다.

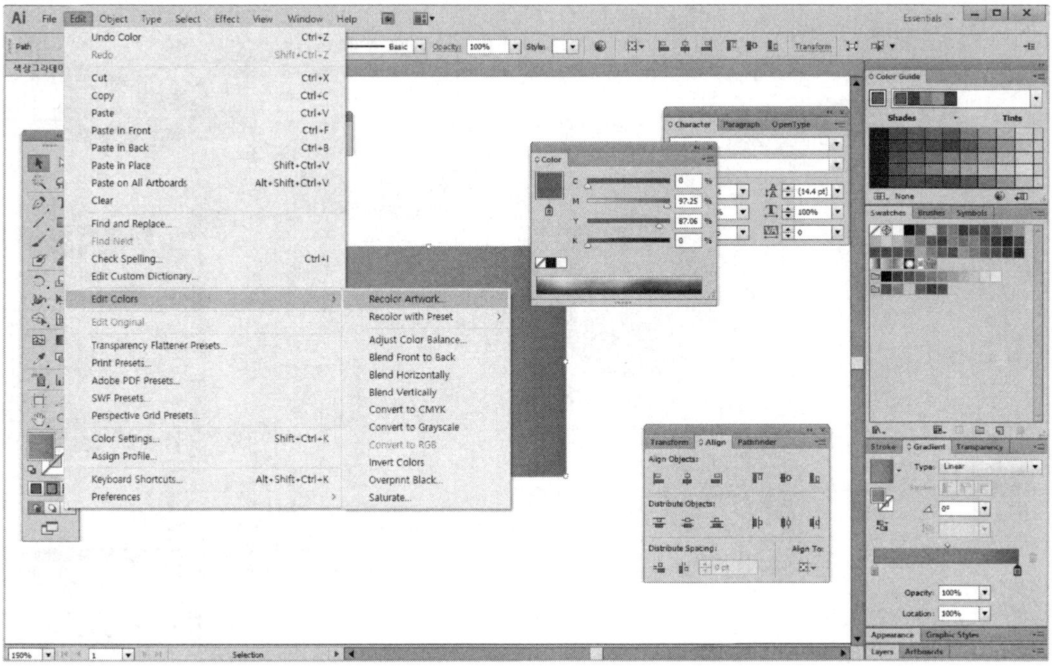

[Edit active colors]를 실행합니다.

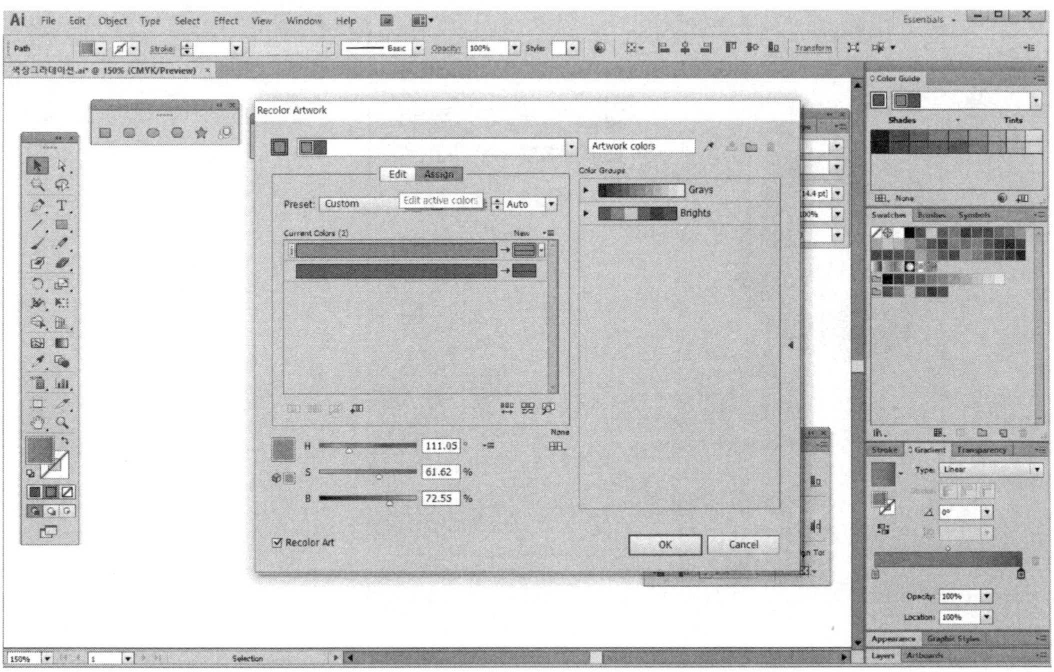

색상 변경이 가능합니다.

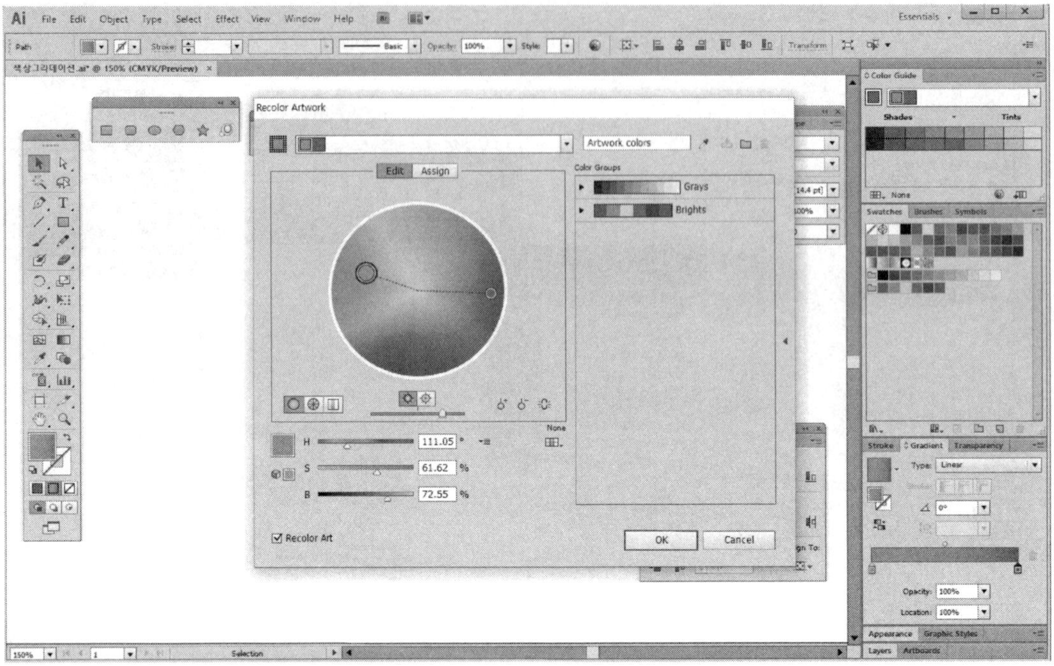

B값을 [100]으로 증가시키면 채도가 높아집니다.

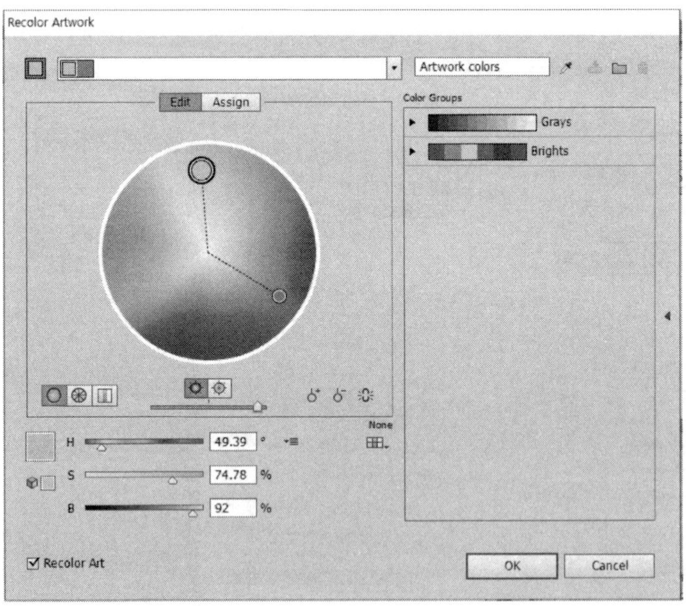

[H], [S], [B]값을 변경합니다.

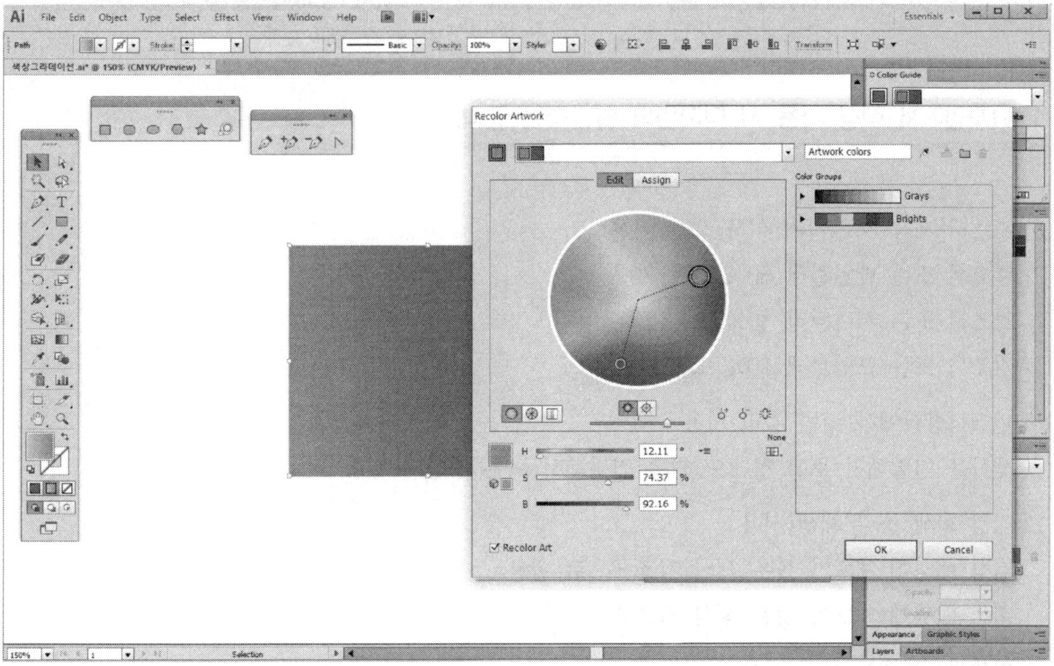
Recolor Artwork
Artwork colors
Edit
Assign
Color Groups
Grays
Brights
H
12.11
S
74.37
B
92.16
Recolor Art
OK
Cancel

03 디자인 색상 규칙

디자인에서 색상 사용 시 디자인의 일반적인 규칙

❶ 포스터 제작 시 3가지 이하 색상 사용
주요색 또는 메인컬러 60% 또는 70%
보조색 또는 서브컬러 30% 또는 25%
강조색 도는 포인트색 10% 또는 5%

❷ 먼셀색상환에서 주변 컬러 사용
색상을 연결해서 보고 형태도 연속 연결해서 보는 경향이 있음

❸ 검정 회색 등 무채색 사용
검정 배경에 채도가 높은 색상 강조색으로 활용
회색 배경에 채도가 낮은 색상 강조색으로 활용

❹ 먼셀색상환에서 보색 사용
먼셀색상환에서 마주보는 색 활용

❺ 먼셀색상환에서 유사색 사용

일러스트레이터(Illustrator) 따라하기

Chapter 5.

그리기

01 드로잉[Drawing] 도구

02 둥근모서리 별 만들기

03 지그재그[ZigZag] 그리기

CHAPTER

5 그리기

01 드로잉[Drawing] 도구

❶ [Pen Tool] [펜 도구] [P] 는 직선과 곡선을 그려 개체를 만듭니다.

열린 패스에서 한 오브젝트를 완성하려면 패스를 시작점에서 시작하여 끝나는 점에서는 반드시 [Enter]키를 실행하여야 합니다. [Enter]키를 실행하지 않으면 하단과 같이 연결이 됩니다.

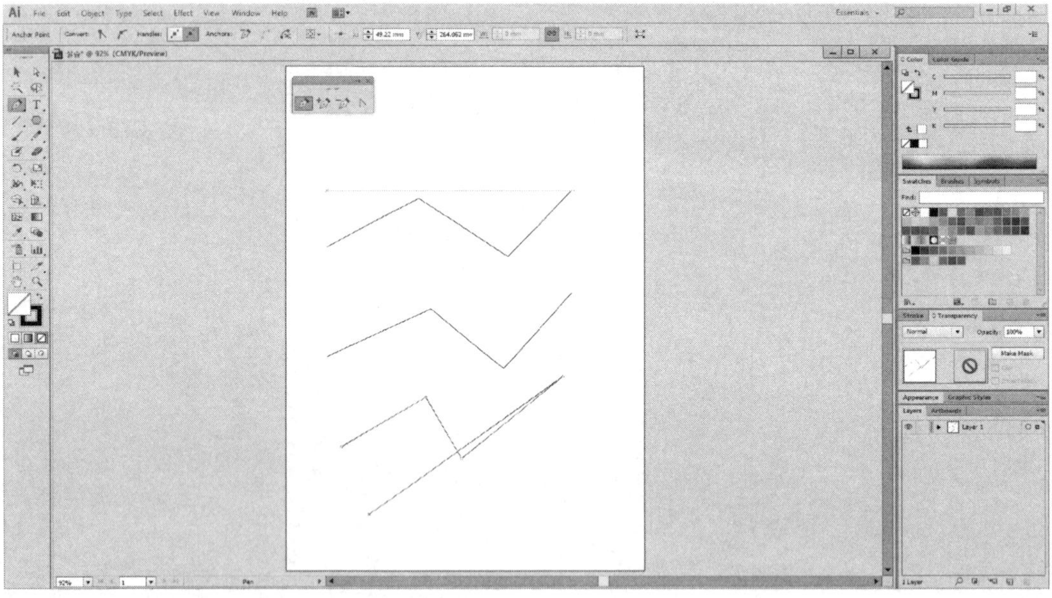

닫힌 패스 오브젝트[Object]에서는 서로 만나는 점에서 둥근 원이 형성되면 완성합니다.

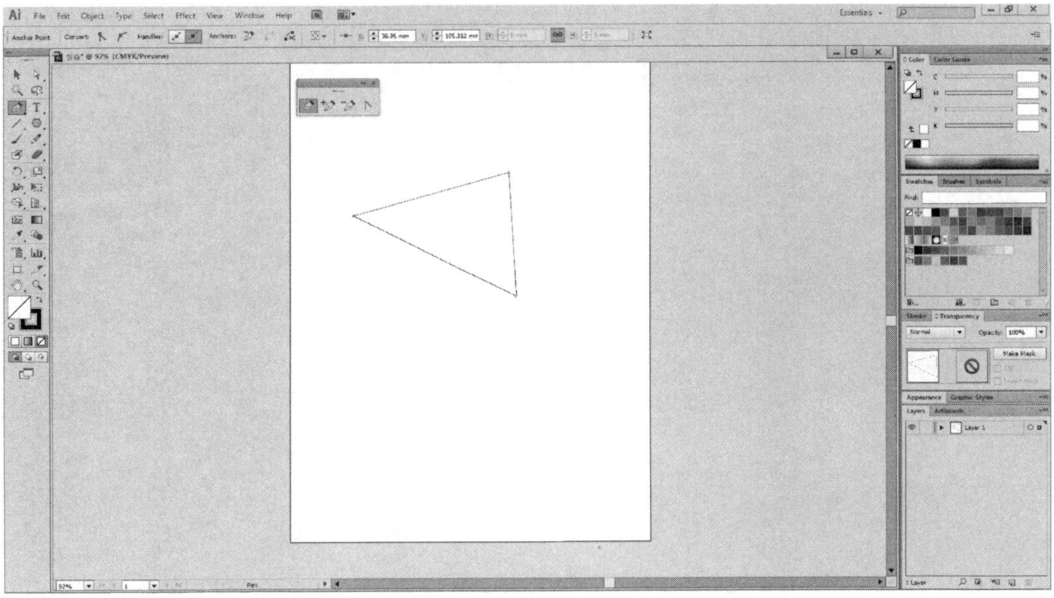

[Shift] + 클릭하여 수평선 수직선 [45°] 직선을 생성합니다.

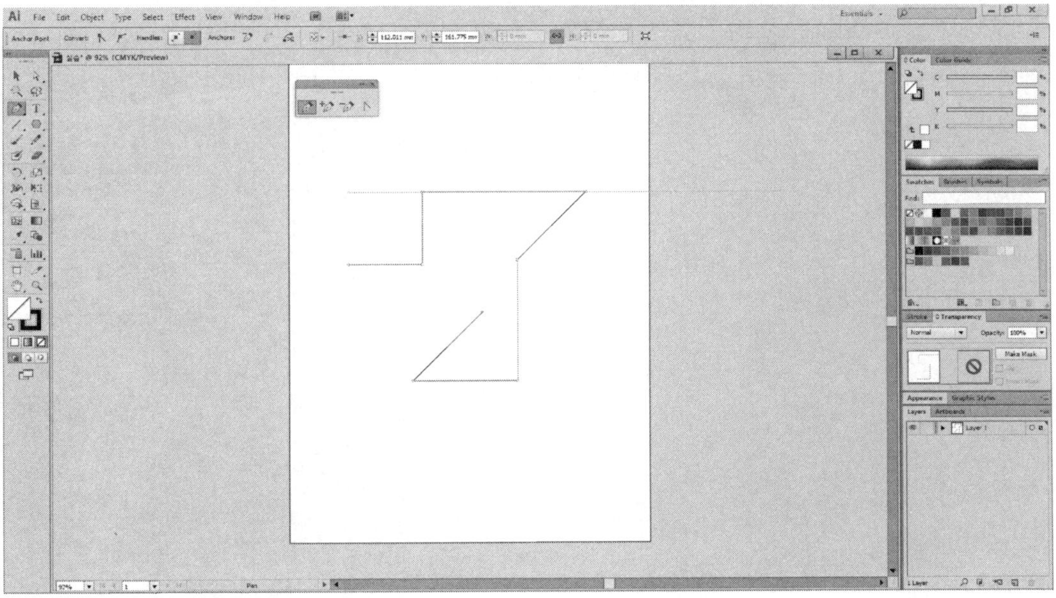

방향선 곡선의 굴곡 조정 방향점 [Enter]를 실행하여 완성합니다.

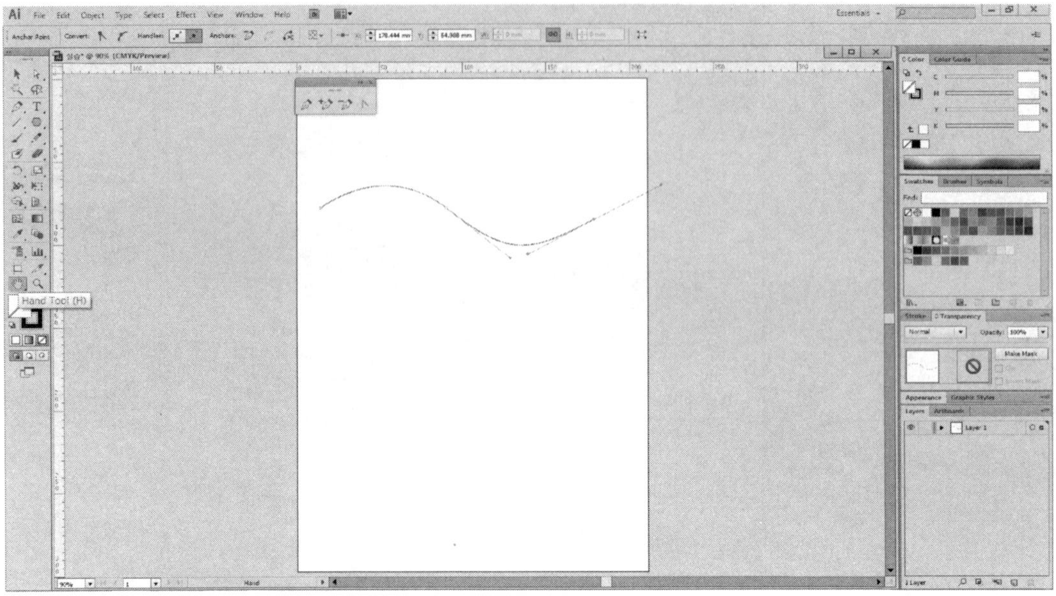

펜툴을 사용하여 다음과 같이 수평드래그 합니다.

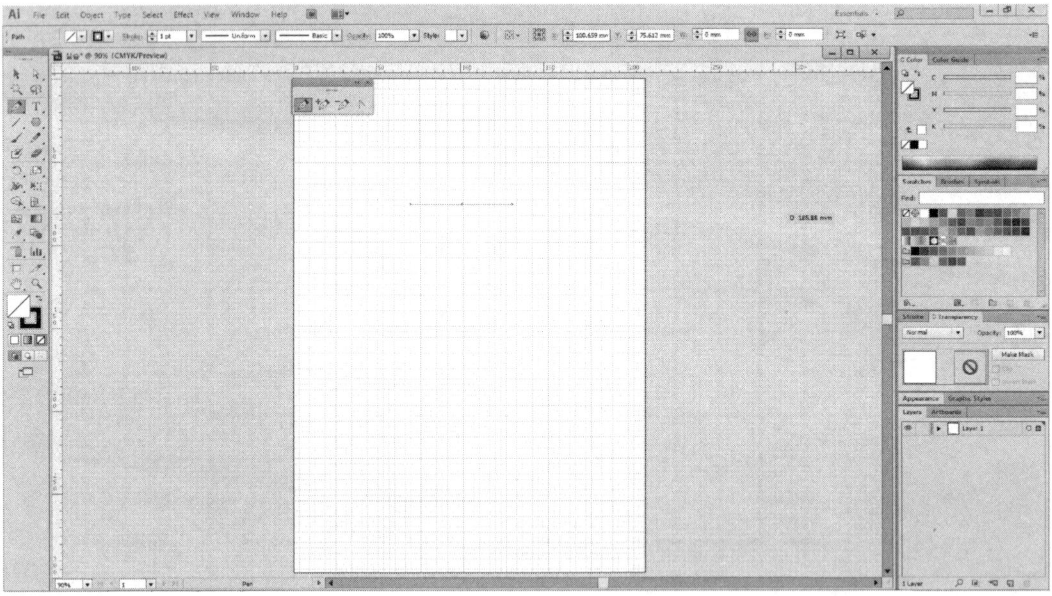

우측에서 아래로 드래그 하단에서 우측으로 수평드래그 왼쪽에서 위로 드래그 합니다.

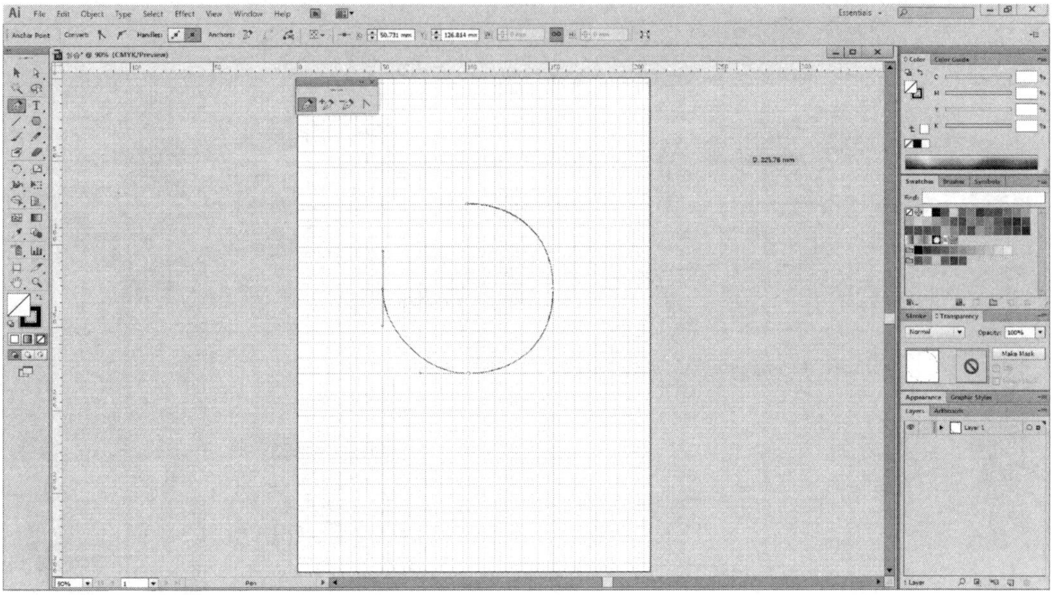

상단에서 드래그하여 정원을 완성합니다.

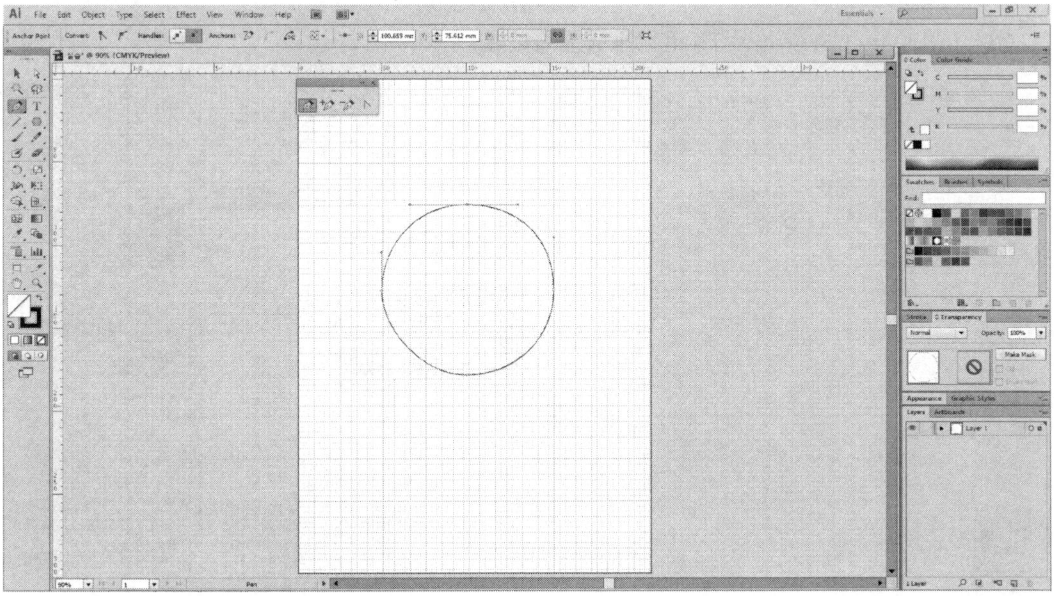

❷ [Add Anchor Point Tool] [고정점 추가 도구] [+] 는 패스에 고정점을 추가합니다.

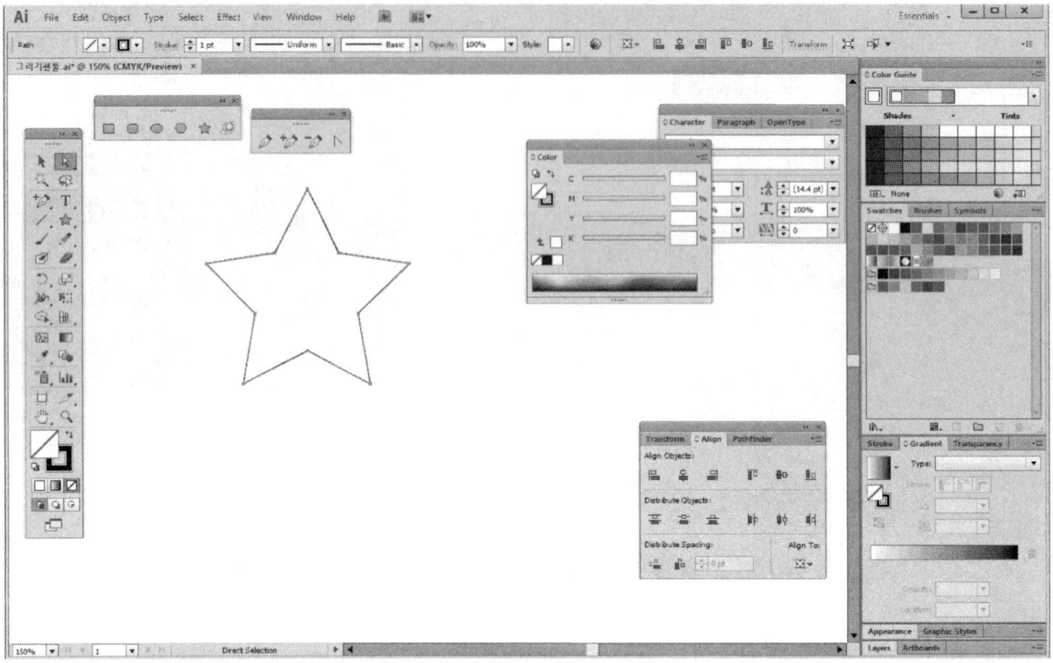

상단 [Add Anchor Point Tool] 2개 추가합니다.

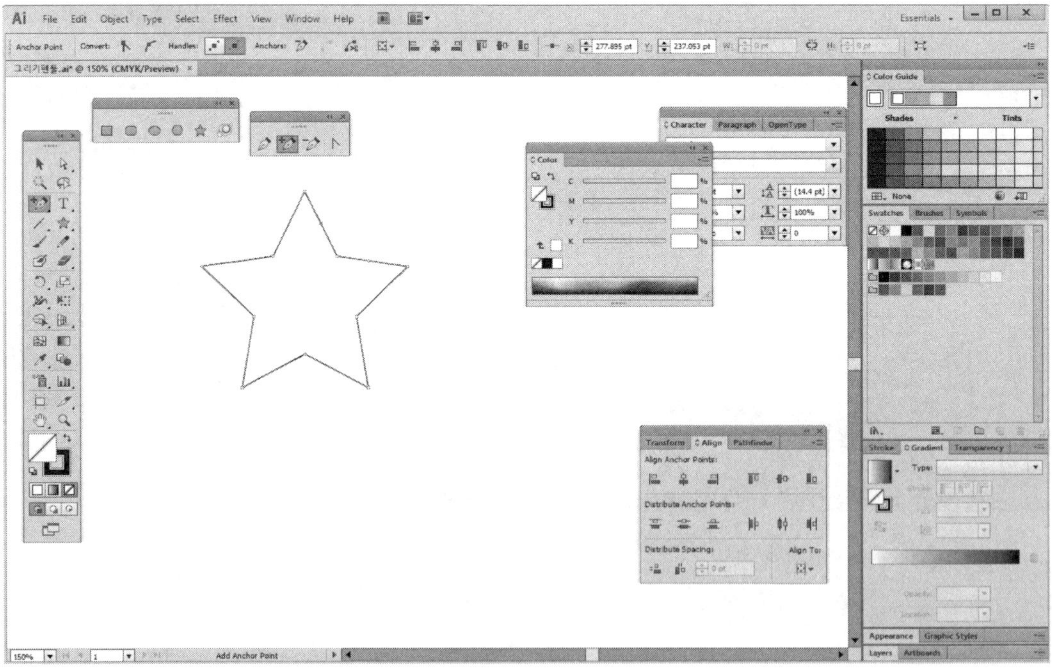

직접 선택툴[Direct Selection Tool]을 사용하여 앵커 포인트를 선택합니다.

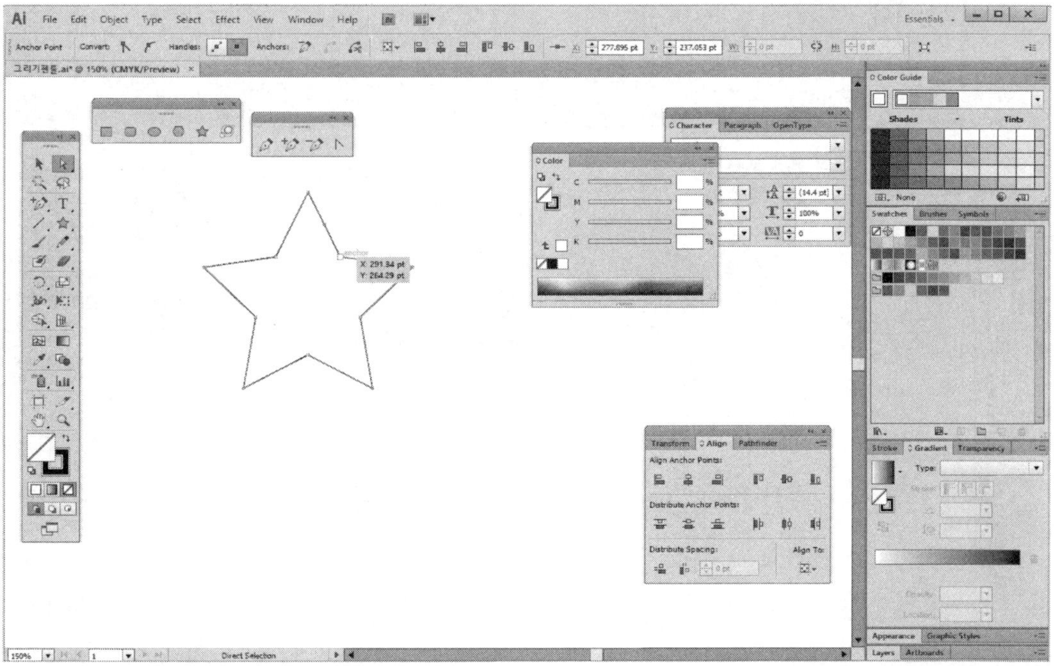

직접 선택툴[Direct Selection Tool]로 앵커 포인트를 선택하여 상단으로 드래그합니다.

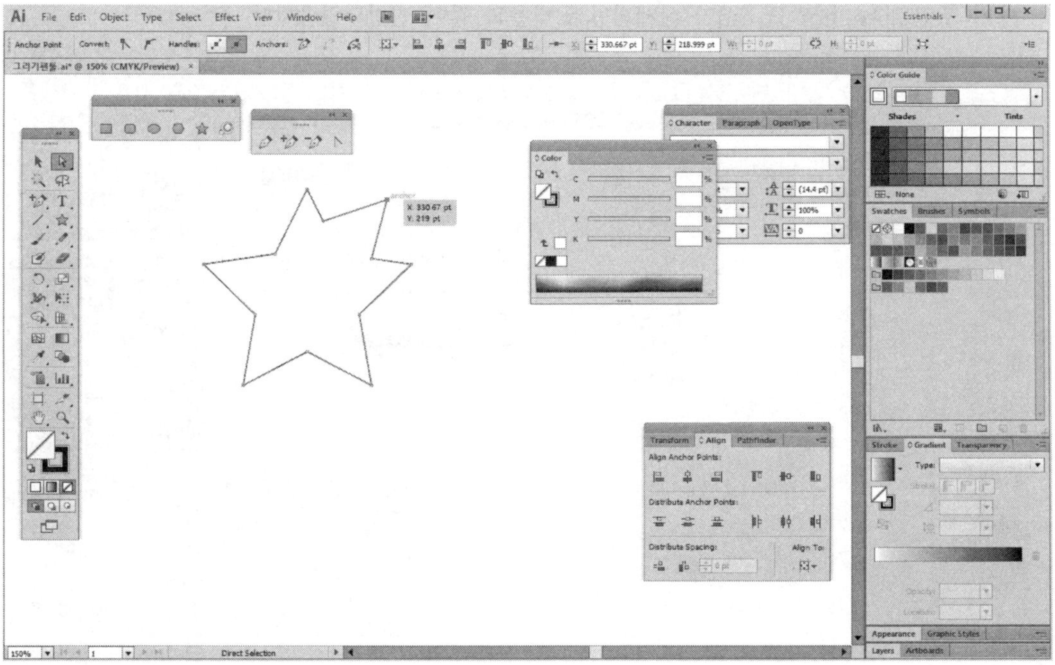

❸ [Delete Anchor Point Tool] [고정점 삭제 도구] [-] 는 패스에서 고정점을 삭제합니다. 하단을 선택합니다.

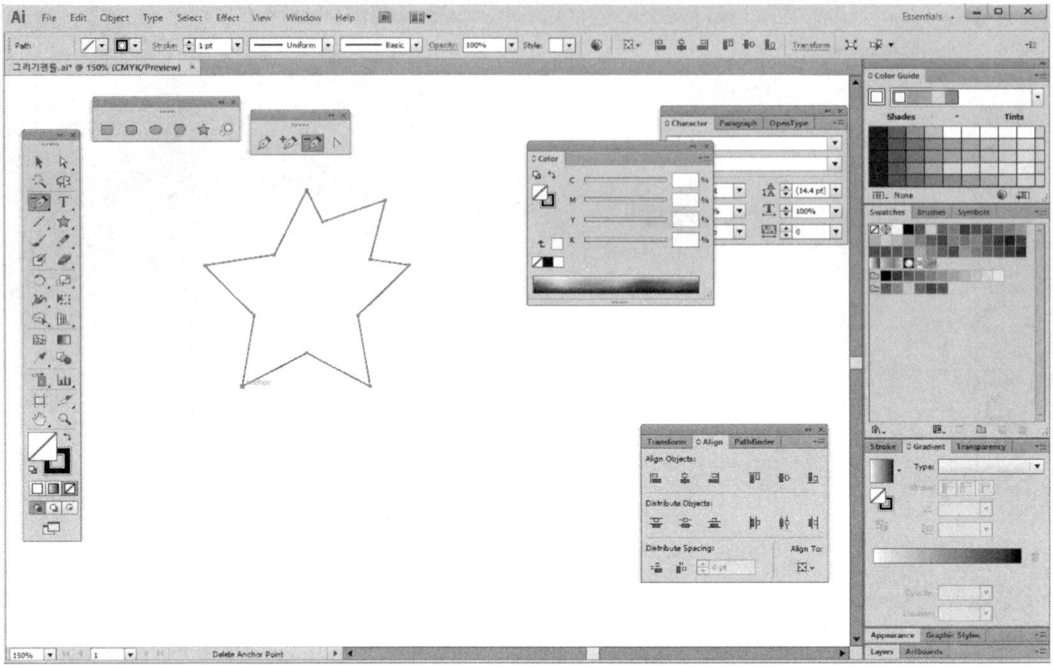

앵커 포인트[Anchor Point]가 삭제되면서 다음과 같이 변형되었습니다.

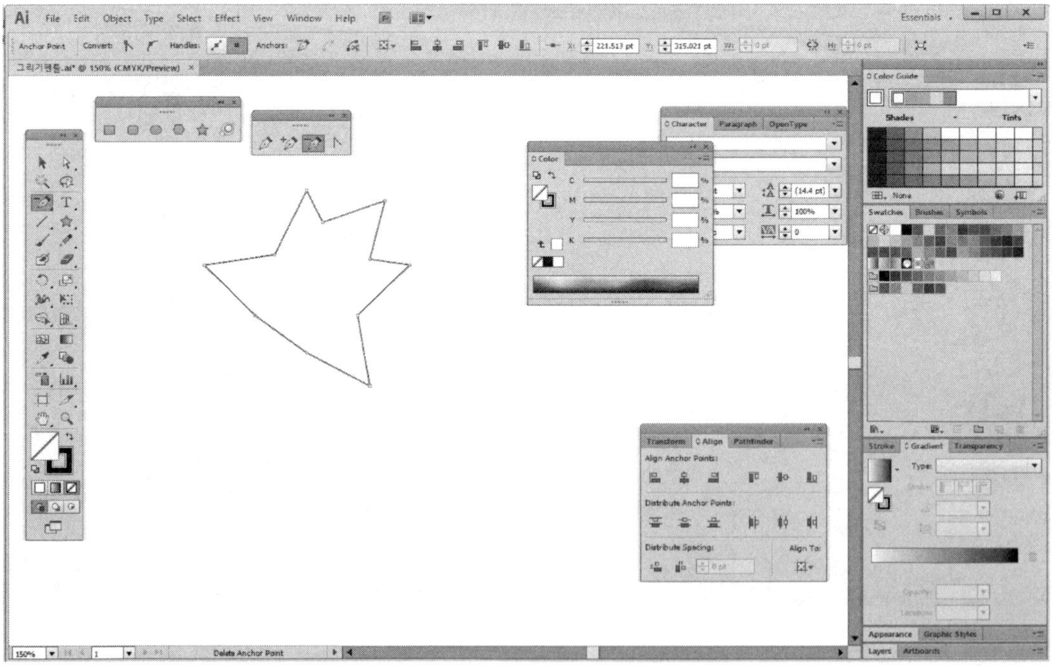

❹ [Convert Add Anchor Point Tool] [고정점 변환 도구] [Shift + C] 는 둥근점을 모퉁이점으로, 또 그 반대로 변경합니다. 다음과 같이 드래그합니다.

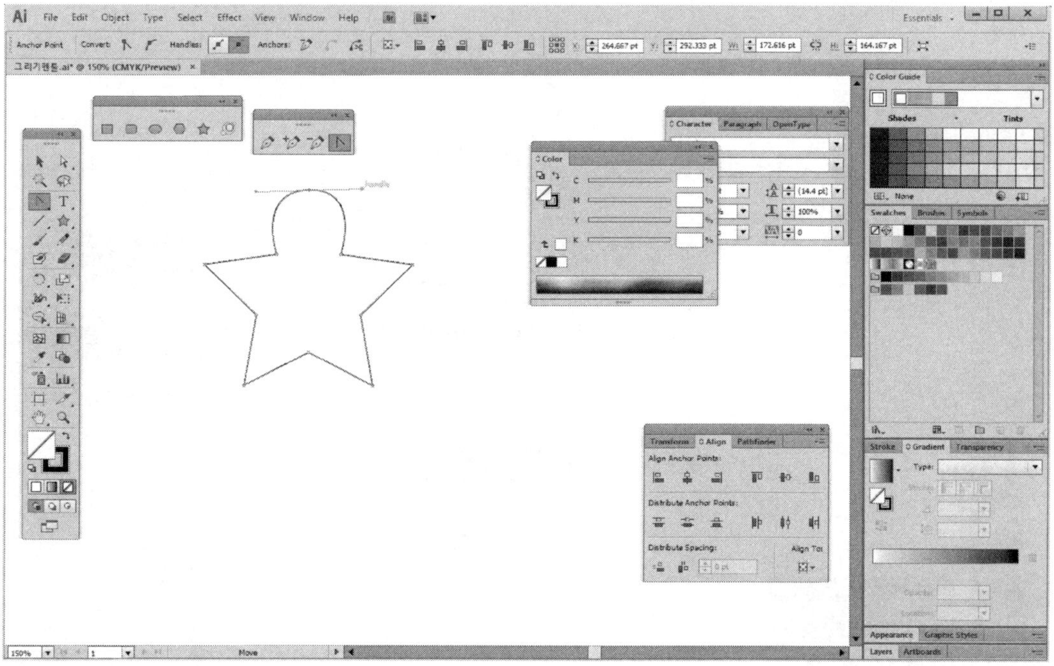

❚ 펜툴을 사용하는 경우 단축키 ❚

- [Ctrl] : 마지막으로 사용했던 선택툴로 바꾸어줍니다.
- [Alt] : 고정점 변형툴로 바꾸어줍니다.
- [Shift] : 고정점을 생성하거나 이동할 때 45도를 유지해줍니다.

02 ▸ 둥근모서리 별 만들기

별모양 개체[Object]를 생성합니다.

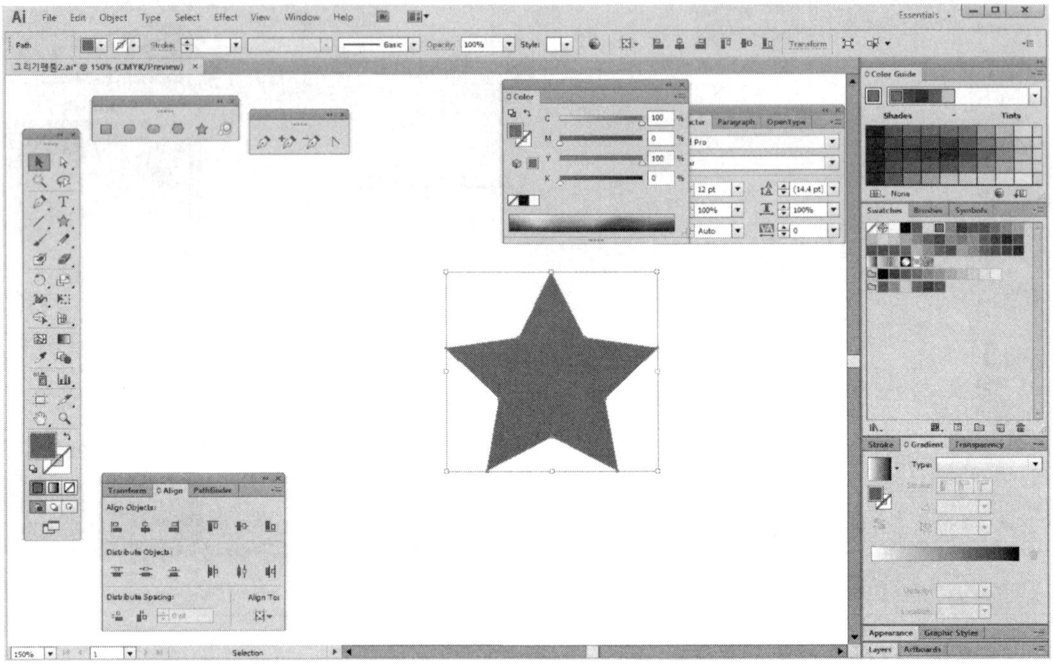

[Object] - [Path] - [Offset Path]를 실행합니다.

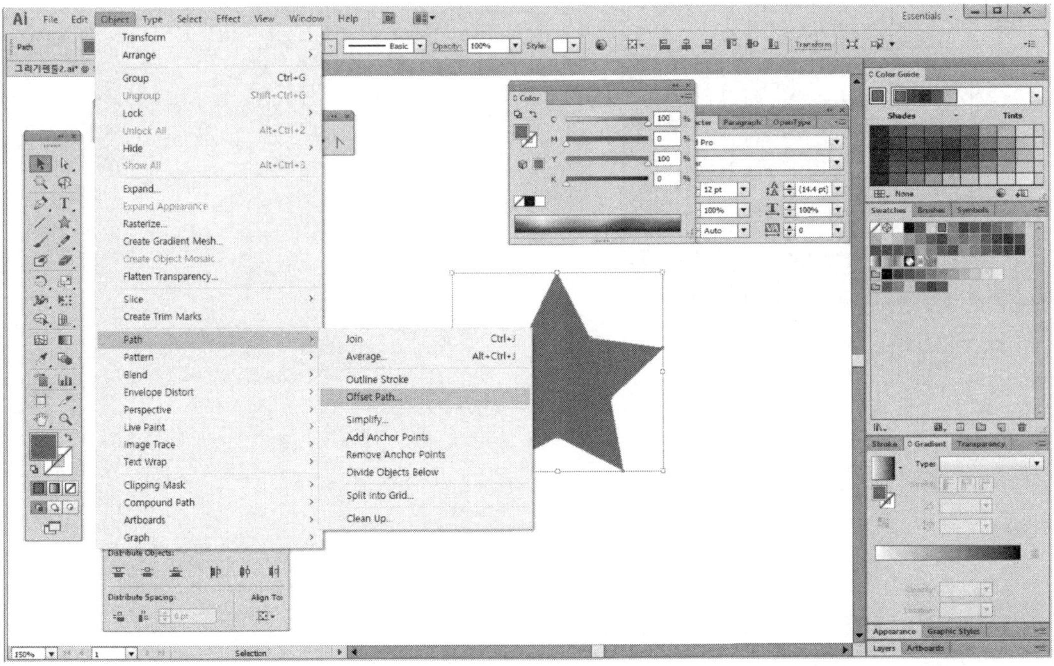

[Join]에서 [Round]를 선택합니다.

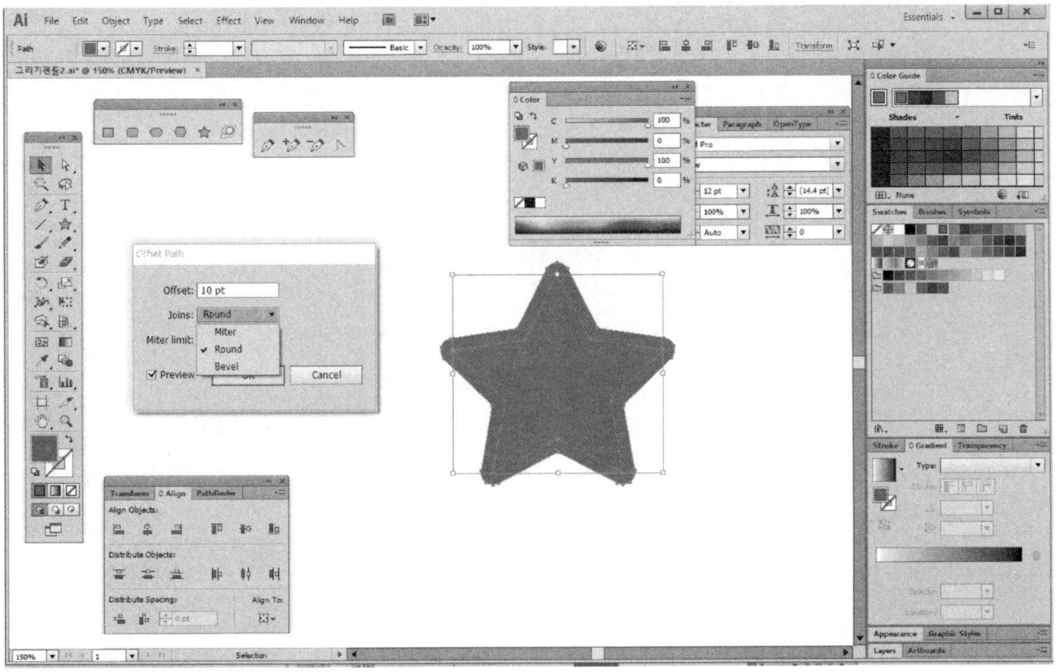

▶ [Offset Path]패널

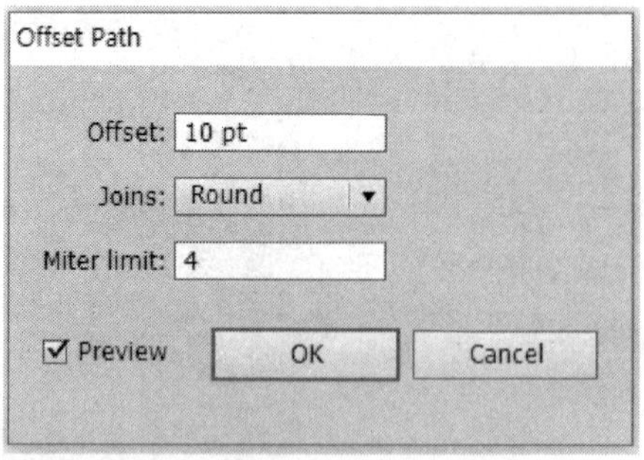

03 지그재그[ZigZag] 그리기

개체를 생성 후 [Effect] - [Distort & Transform] - [ZigZag]를 실행합니다.

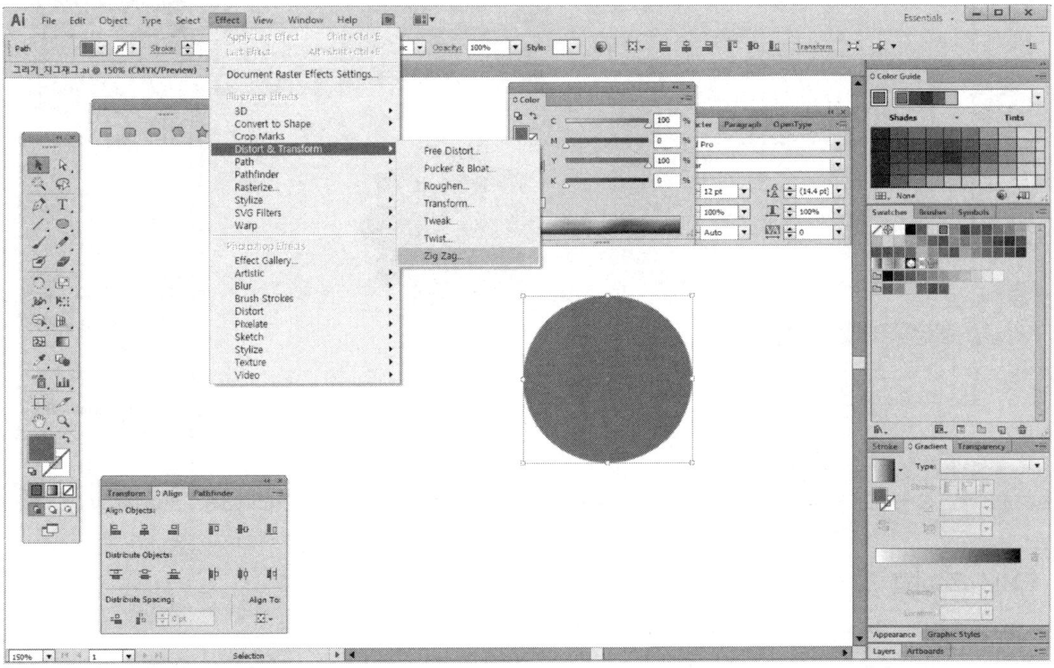

[Smooth]를 실행합니다.

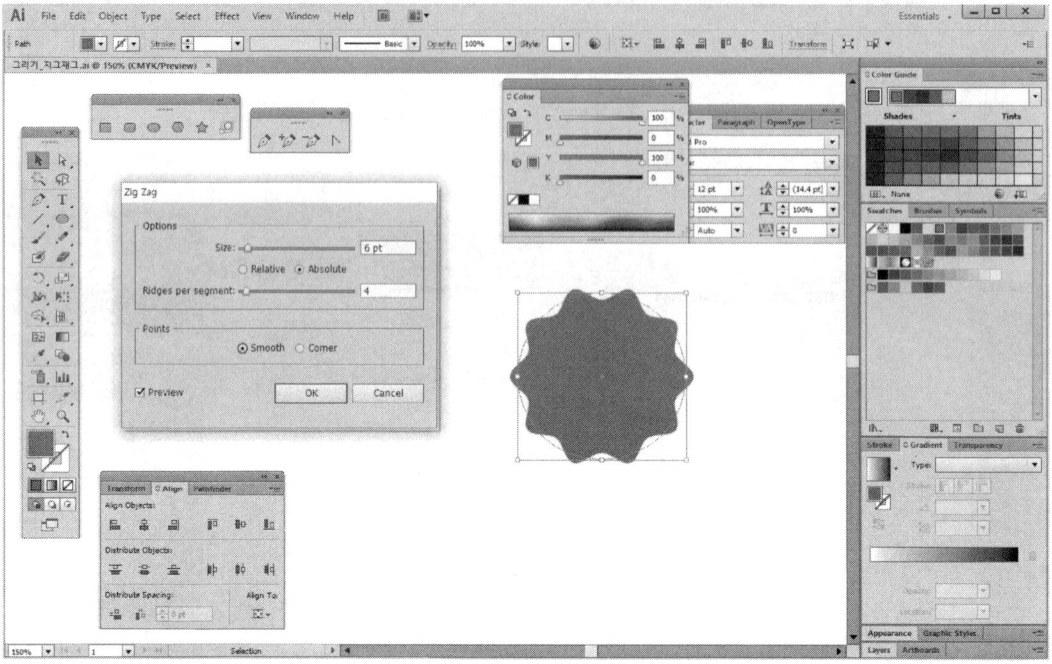

> [ZigZag]탭

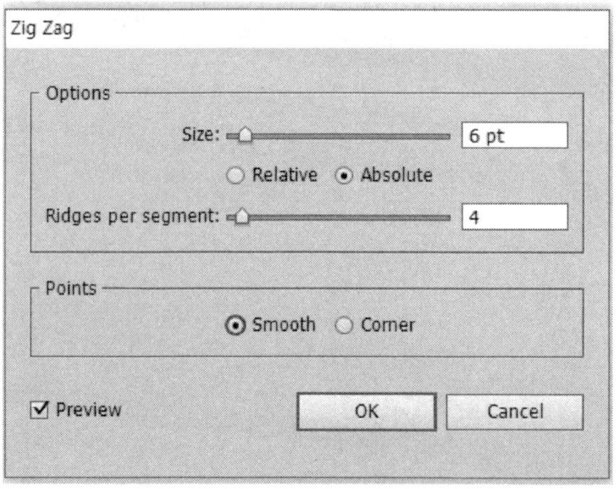

[Corner]를 실행합니다.

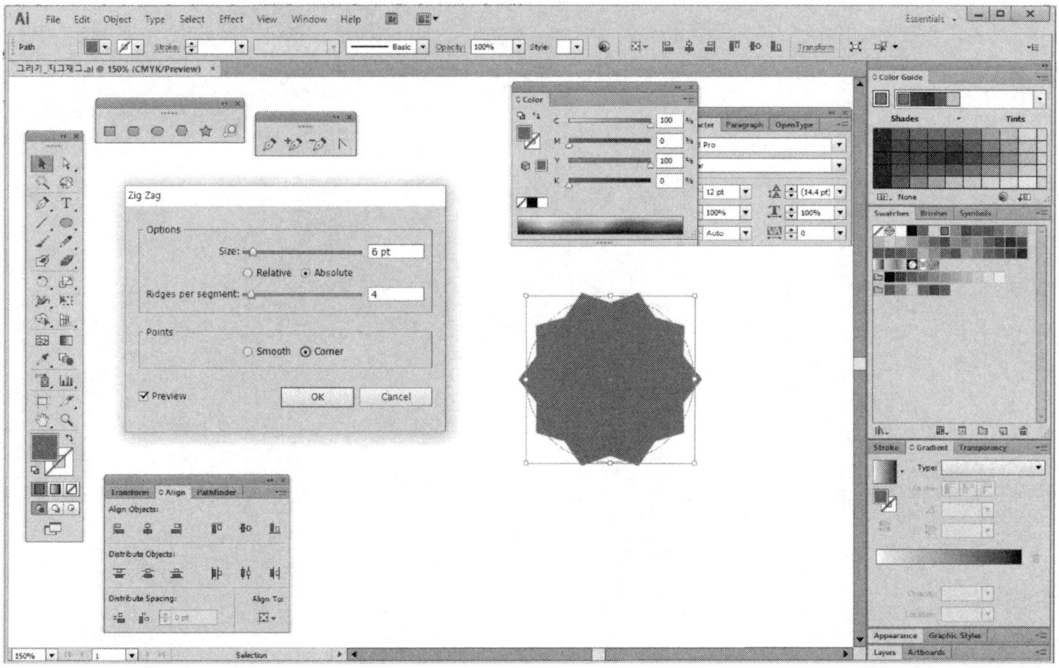

> [ZigZag]탭

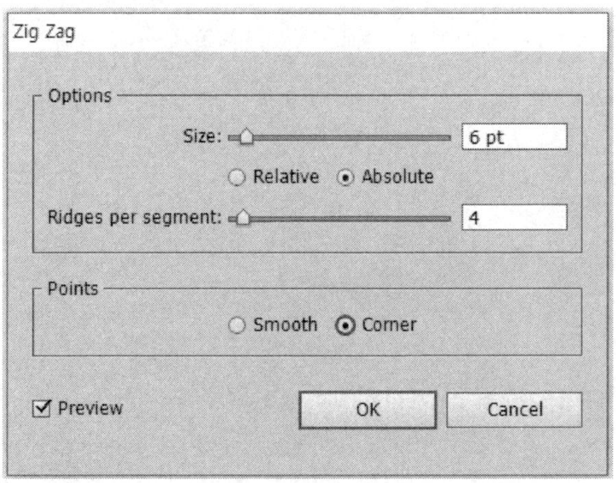

일러스트레이터(Illustrator) 따라하기

Chapter 6.

패널[Panel]

01 Color 패널 02 Gradient 패널 03 Align 패널 04 Pathfinder 패널 05 Stroke 패널

CHAPTER

6 패널[Panel]

01 Color 패널

개체[Object]에 색상을 적용하기 위해 [Window] - [Align]을 실행하여 패널을 활성화하고 개체[Object]를 생성합니다.

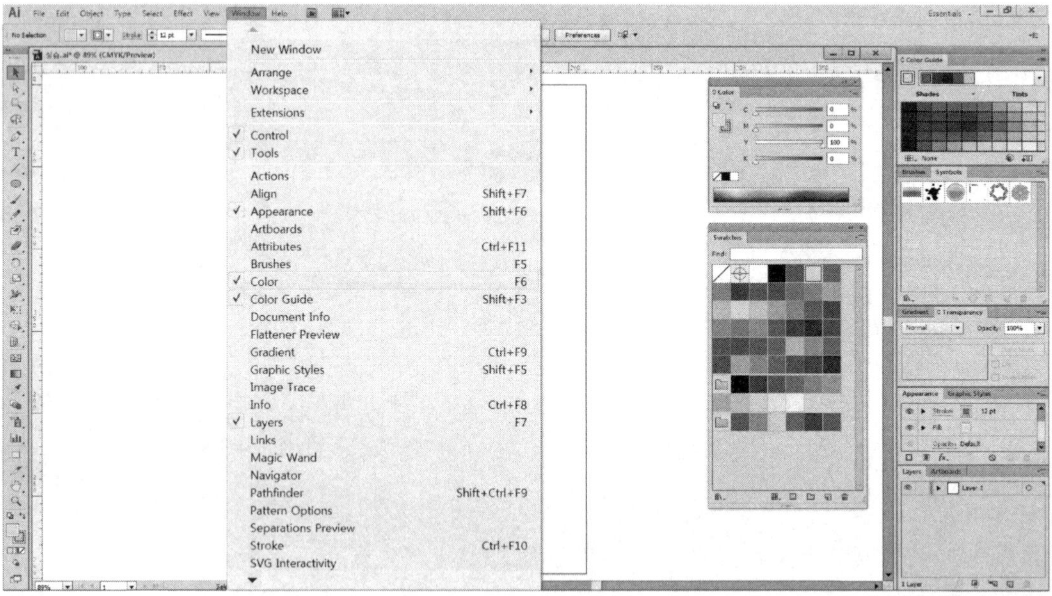

❶ 면[Fill]색 채우기

테두리[Stroke]와 면[Fill]색이 있는 원을 생성합니다.

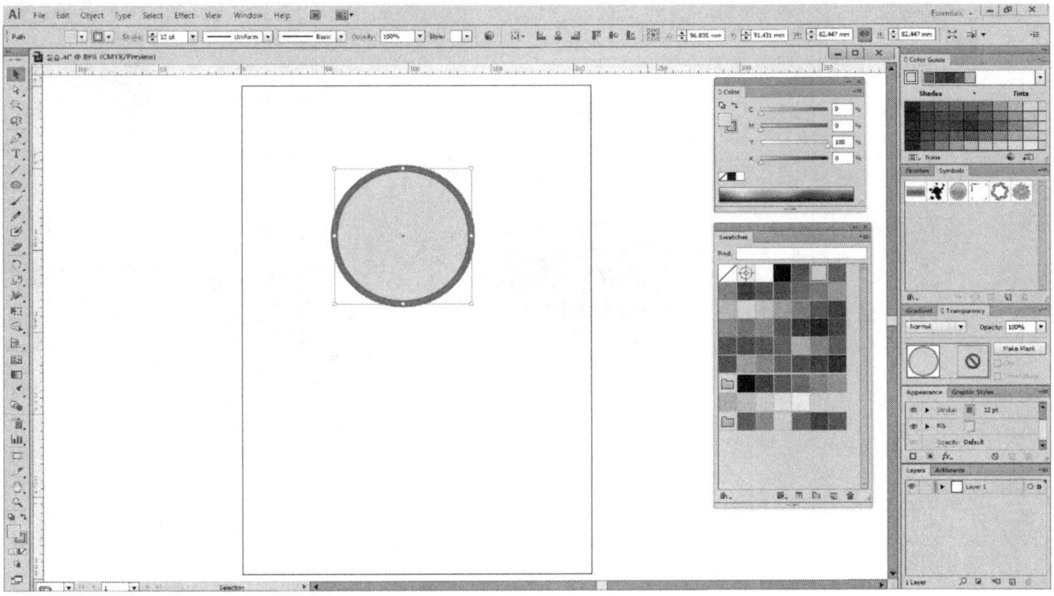

[Fill]을 더블 클릭하여 [Color Picker]를 활성화합니다.

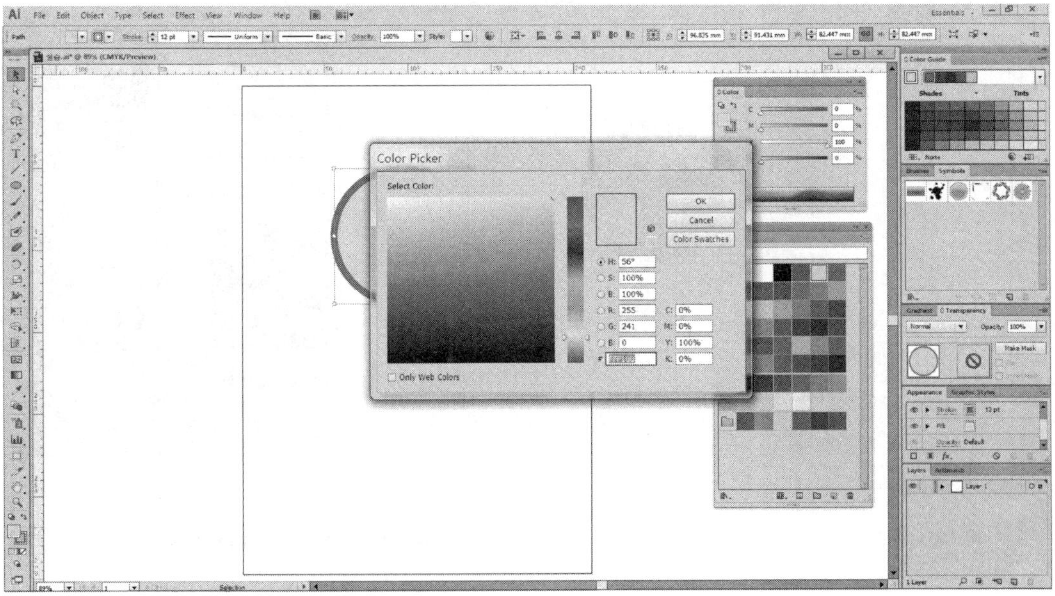

[M] = 100, [Y] = 100 색상을 채웁니다.

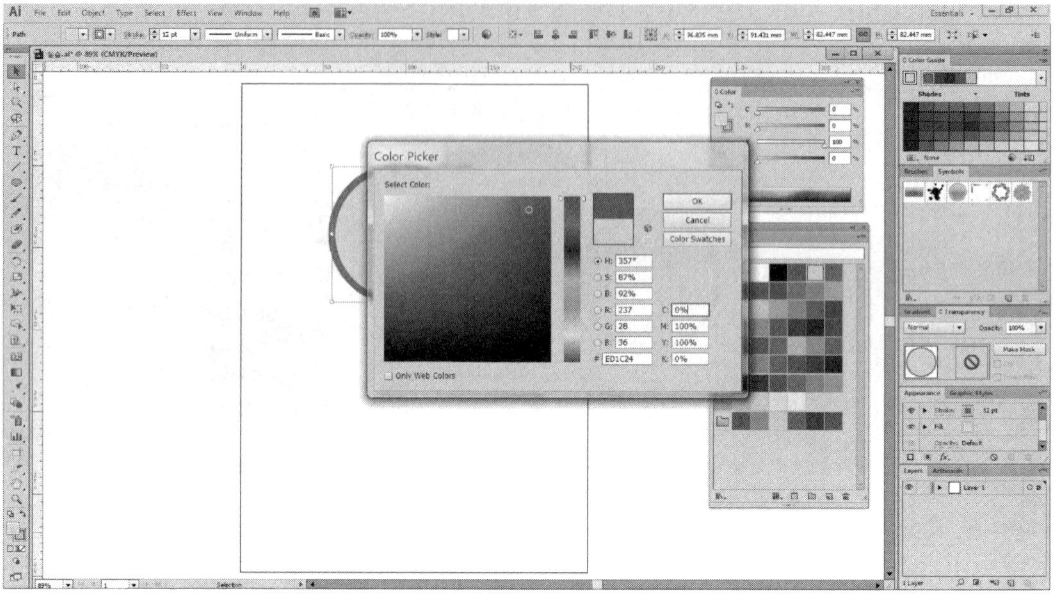

[M] = 100, [Y] = 100 색상으로 변경되었습니다.

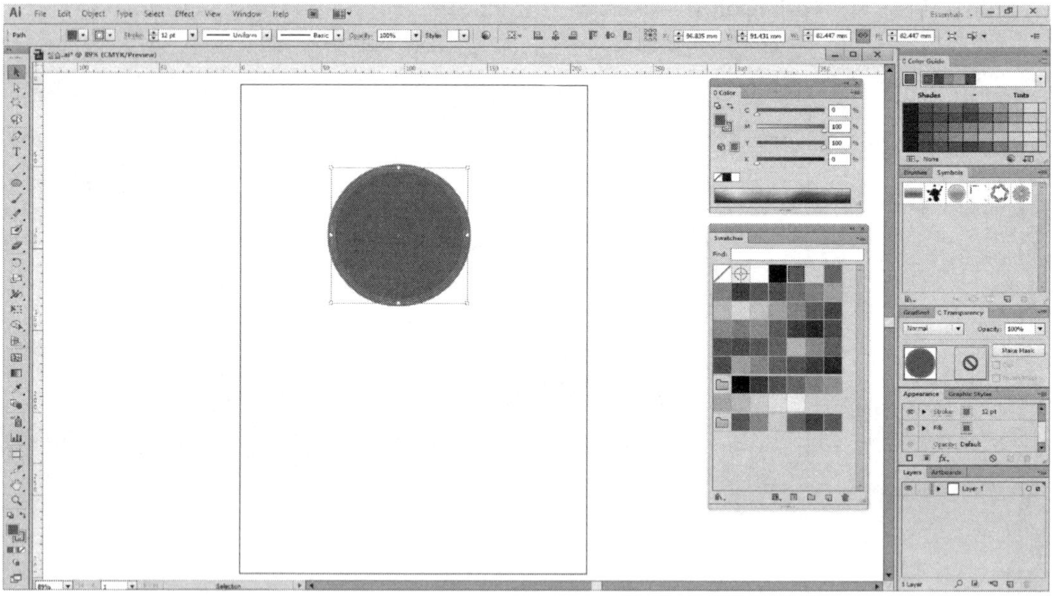

❷ 선색 채우기

[Stroke]를 더블 클릭하여 [Color Picker]를 활성화합니다.

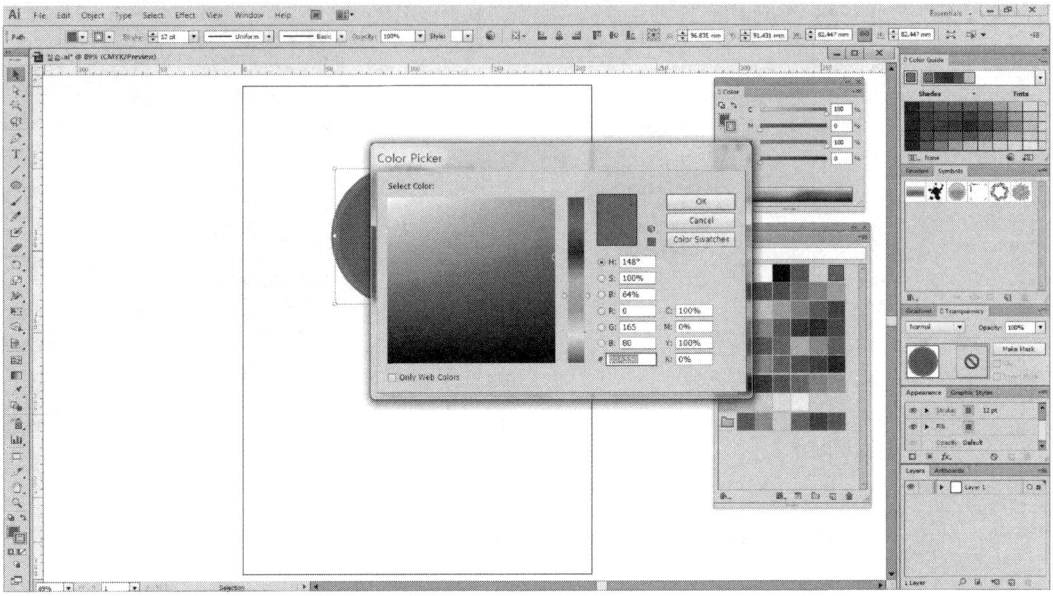

[C] = 100, [Y] = 50 색상을 채웁니다.

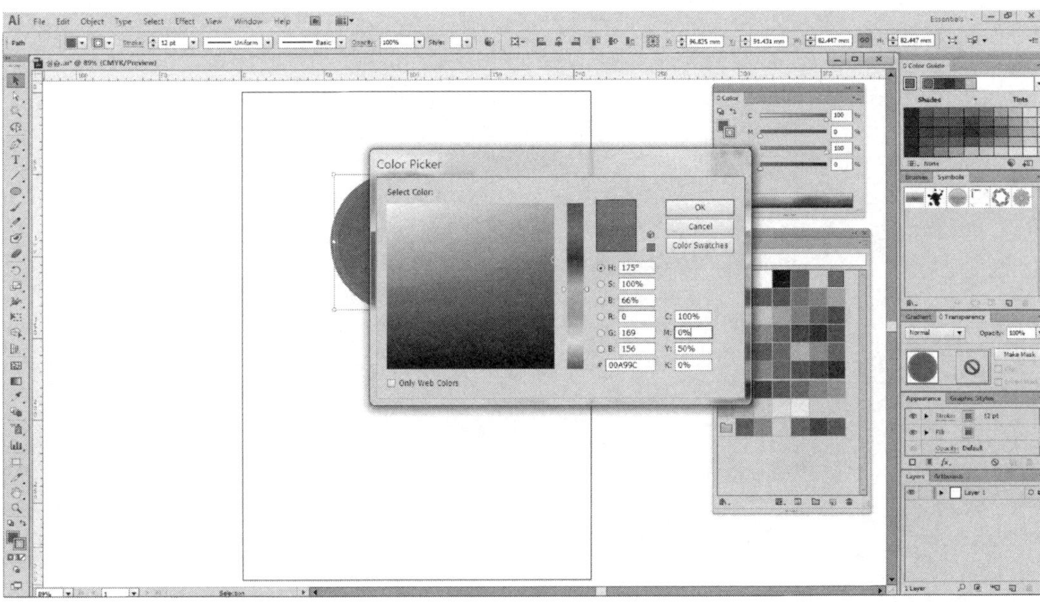

[C] = 100, [Y] = 50 색상으로 변경되었습니다.

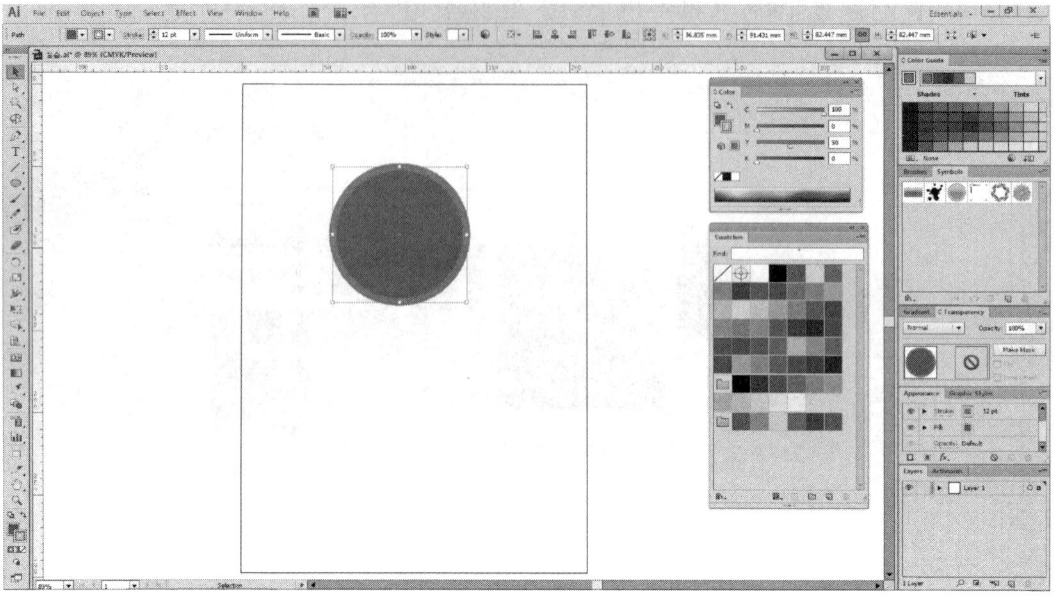

❸ 색상 등록하기

자주 사용하는 색상은 등록해서 많이 사용합니다. [Color]패널에서 [Fill]을 선택합니다.

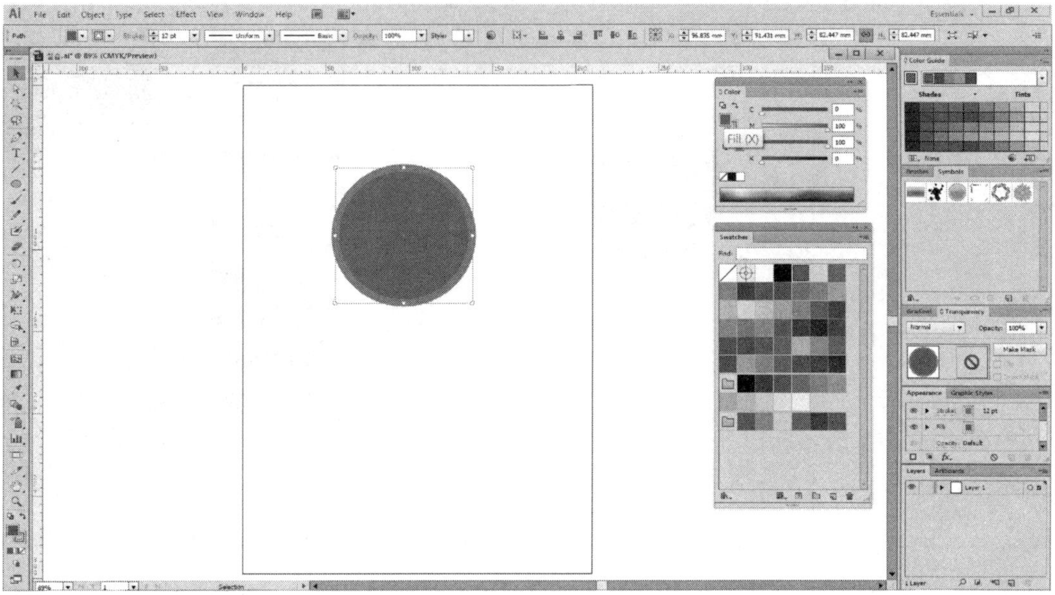

[Color]패널에서 [Fill]을 [Swatches]패널 [색상 견본 패널]로 드래그합니다. 하단에 색상이 등록되었습니다.

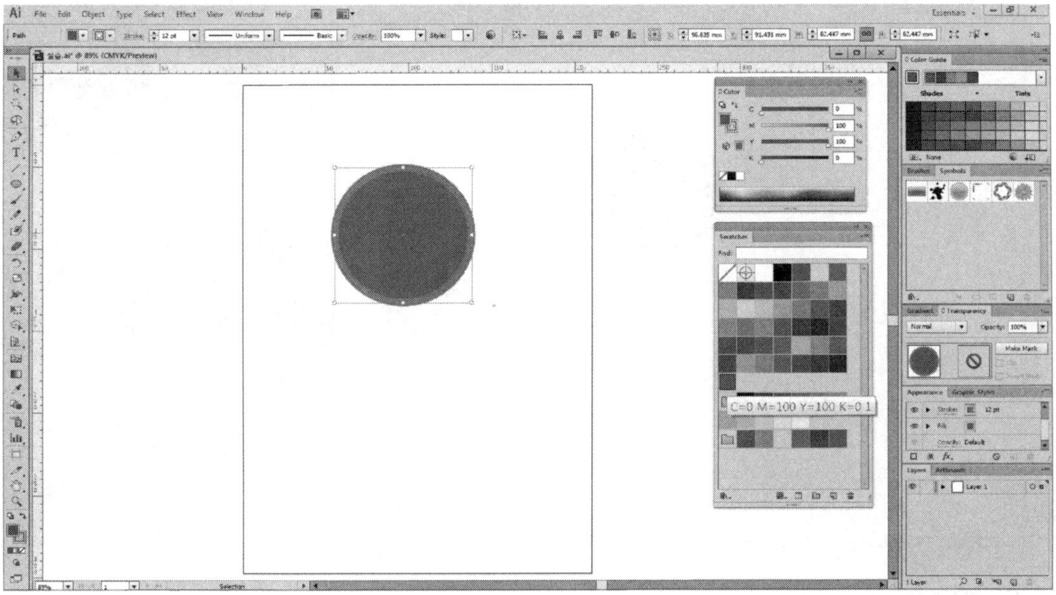

[Color]패널에서 [Stroke]를 선택합니다.

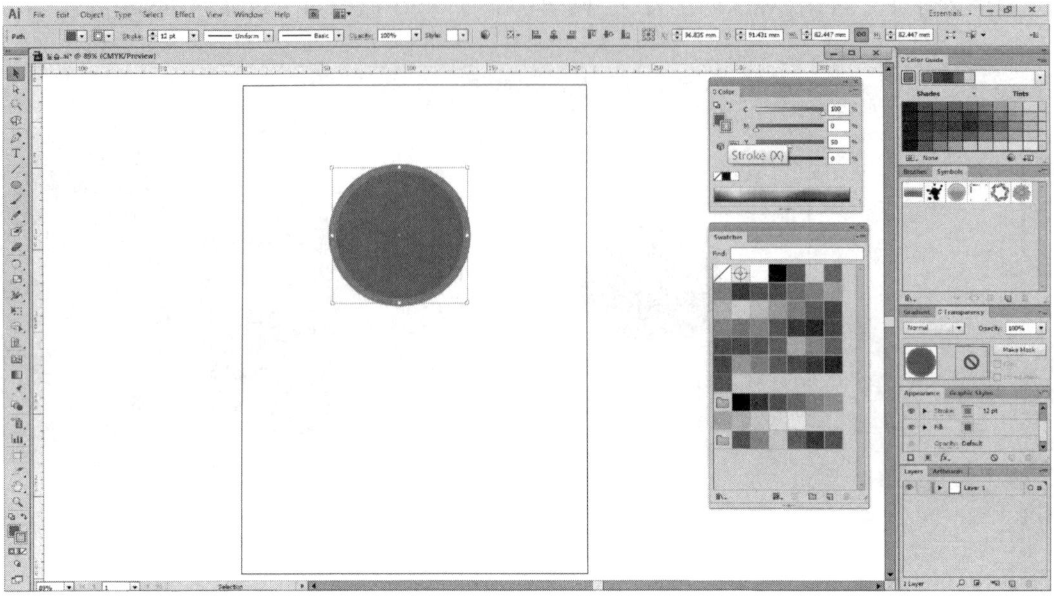

[Color]패널에서 [Stroke]를 [Swatches]패널 [색상 견본 패널]로 드래그합니다. 하단에 색상이 등록되었습니다.

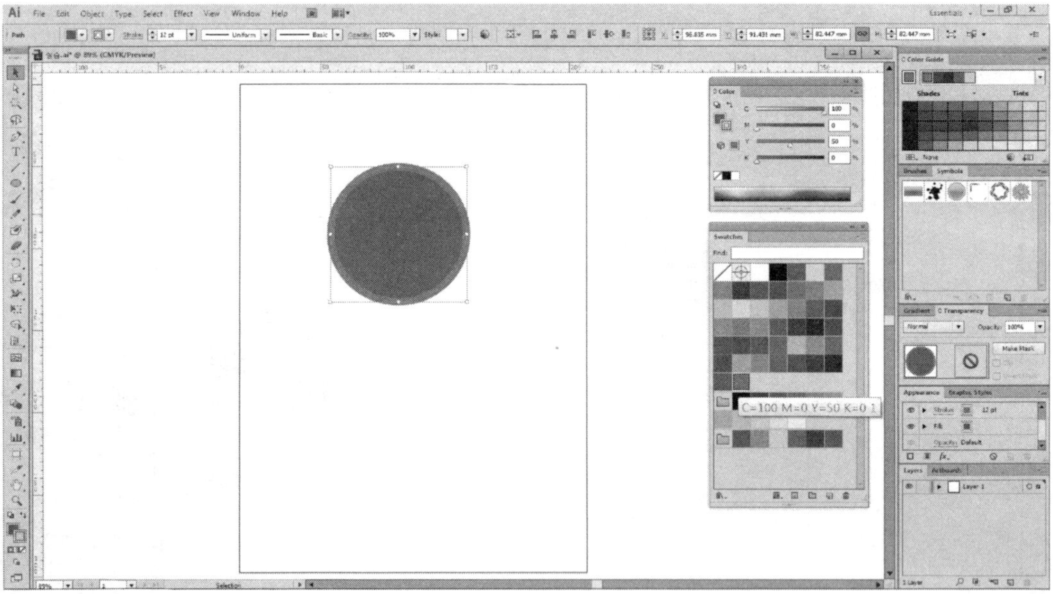

❹ 패턴 등록하기

패턴은 개체[Object]를 반복해서 배열하는 역할을 합니다. 2개의 개체[Object]를 생성합니다.

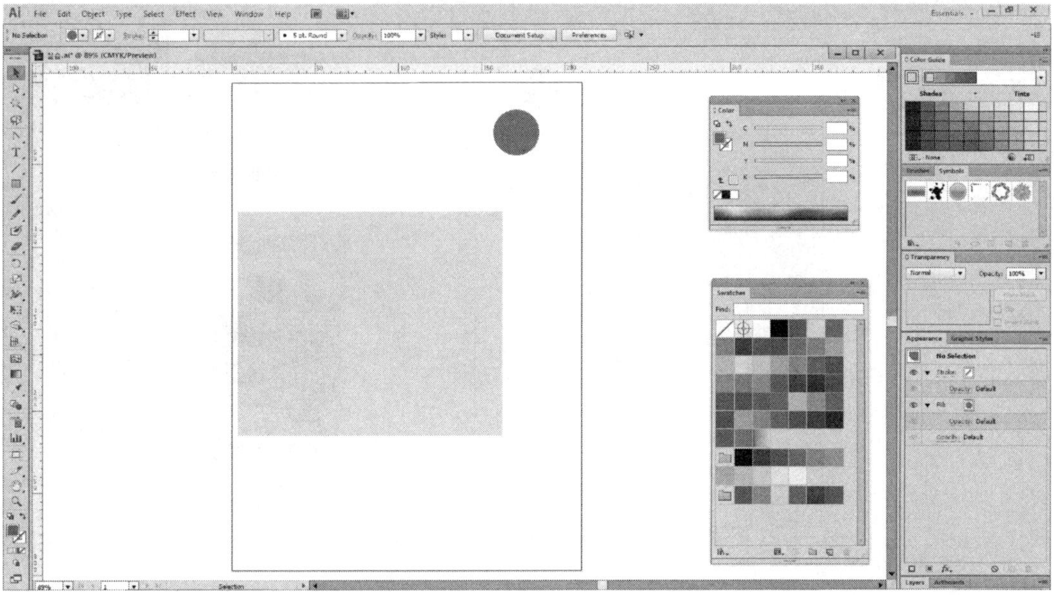

패턴으로 등록할 개체[Object]를 선택해서 패턴 견본[Swatches]으로 드래그합니다.

패턴으로 등록되었습니다. 사각형 개체[Object]를 선택합니다.

등록된 패턴을 선택합니다. 개체[Object]가 반복 배열되었습니다. 면이 선택된 상태에서 패턴화하여야 합니다.

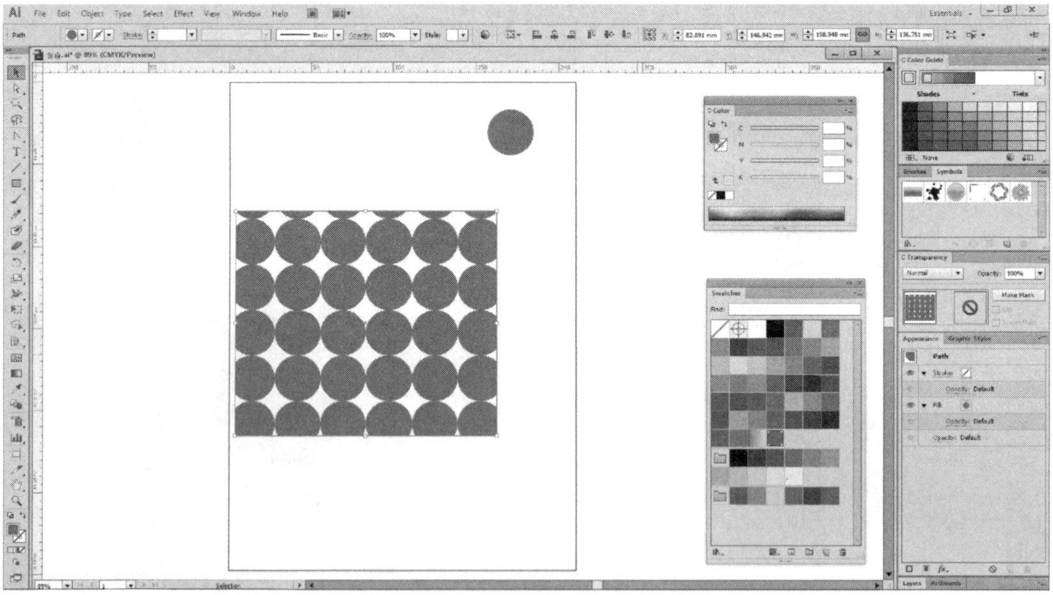

테두리가 있는 개체[Object]를 생성합니다.

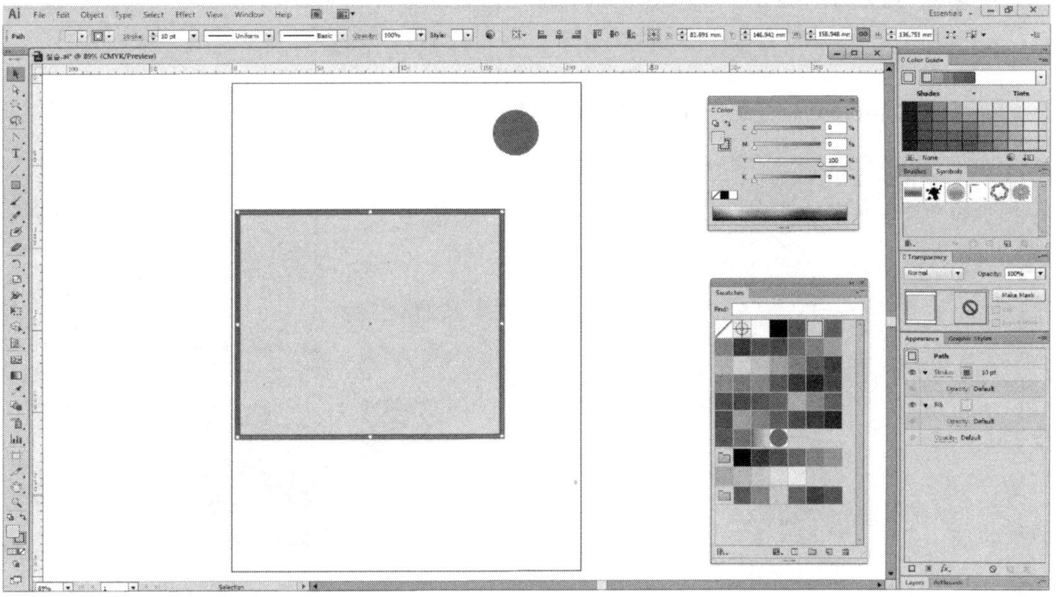

면[Fill]이 선택된 상태에서 패턴화합니다. 선[Stroke]에는 패턴이 적용되지 않습니다.

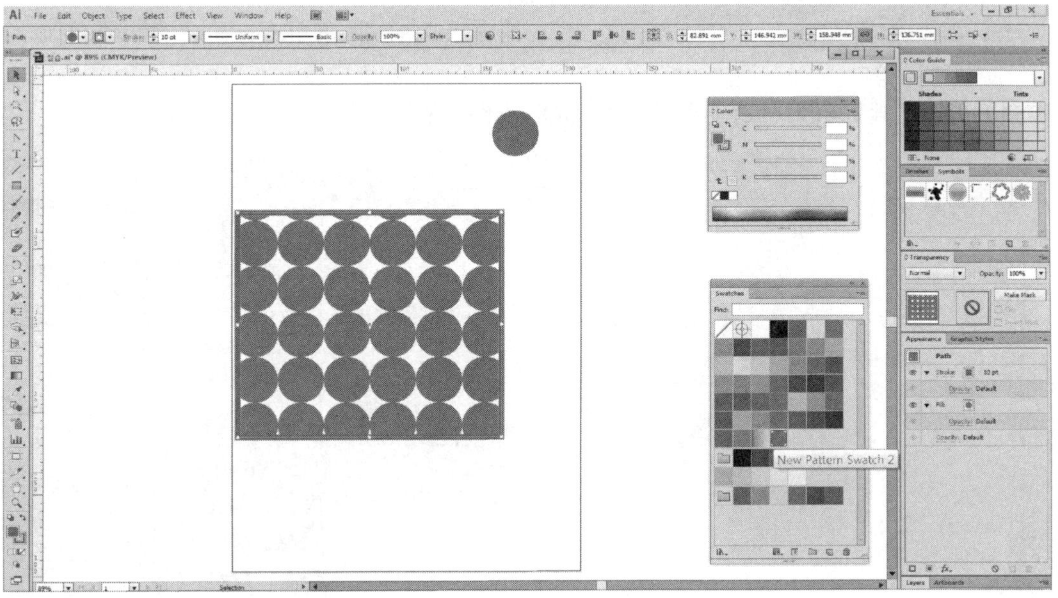

02 Gradient 패널

메뉴에서 [Window] - [Gradient]를 실행합니다.

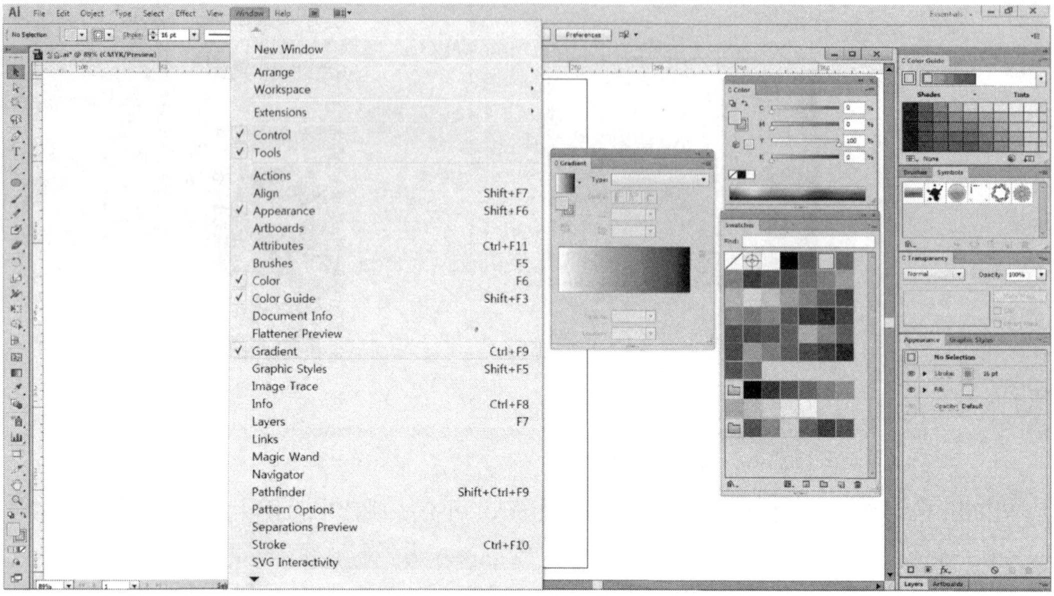

면[Fill]색과 테두리[Stroke]색이 있는 개체[Object]를 생성합니다.

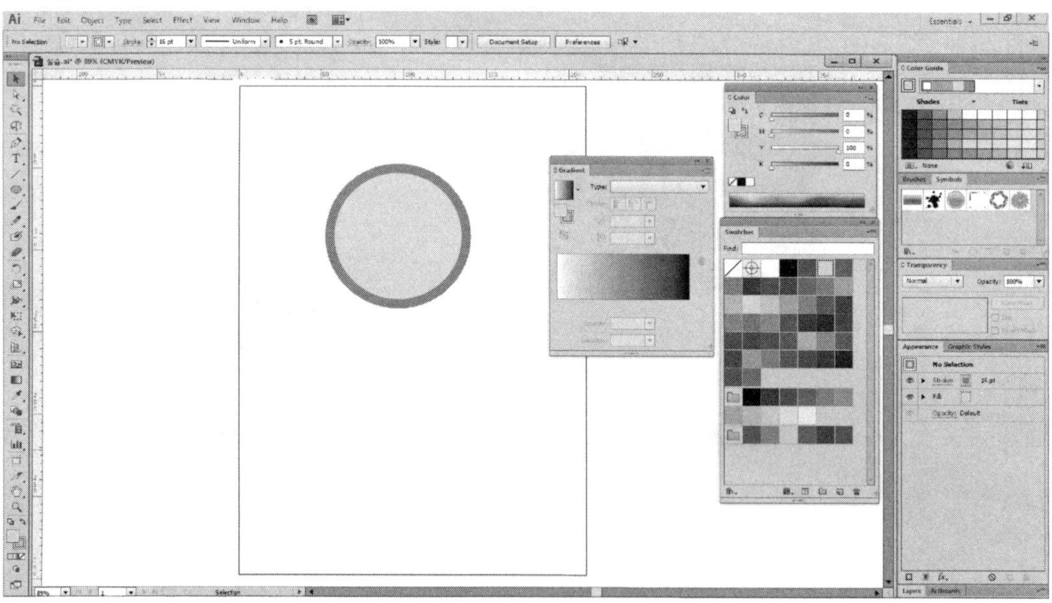

개체[Object]를 선택하고 [Type]에서 [Linear]를 선택합니다.

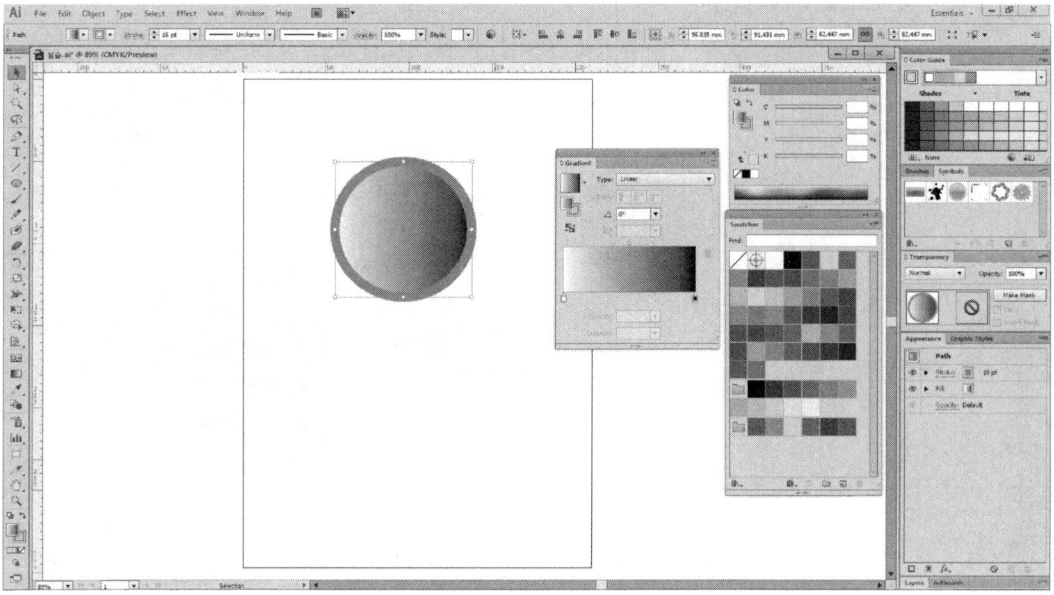

왼쪽 하단 [Gradient Slider]를 더블클릭합니다.

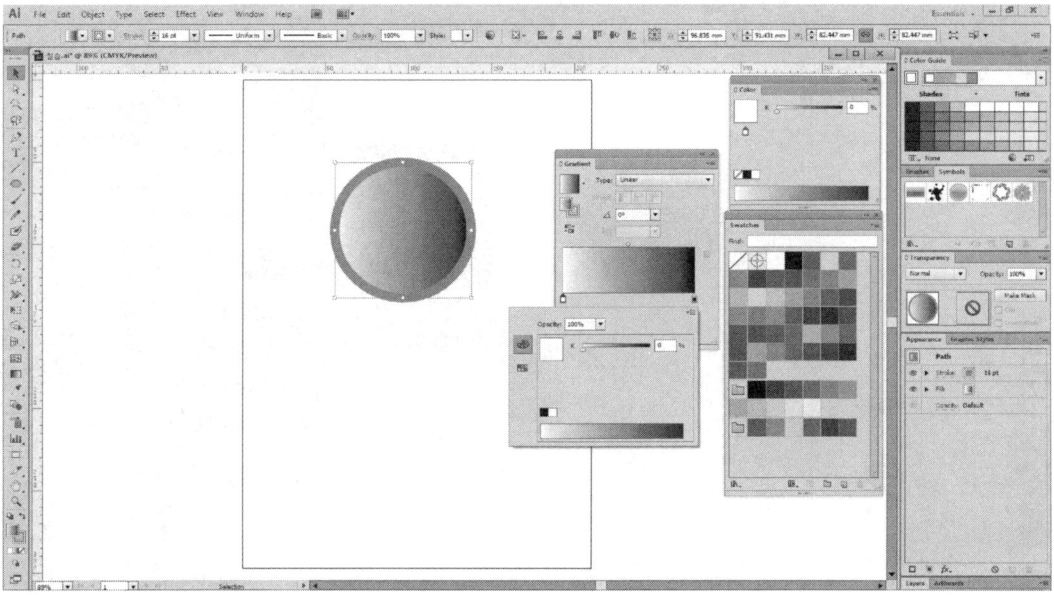

[Swatches]를 선택합니다.

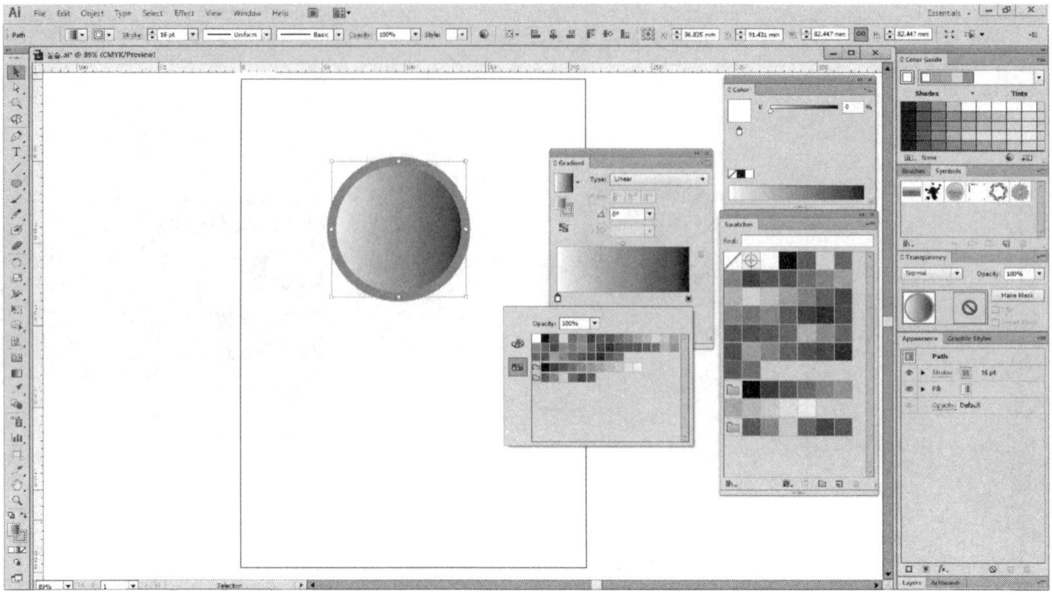

[Red]를 선택합니다.

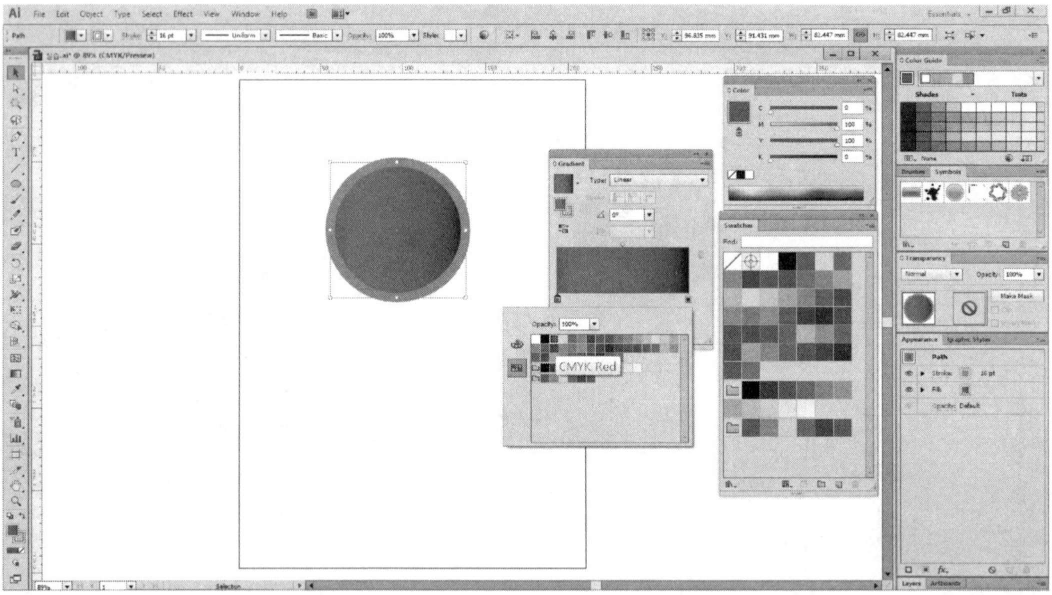

오른쪽 하단 [Gradient Slider]를 더블클릭합니다. [Yellow]를 선택합니다.

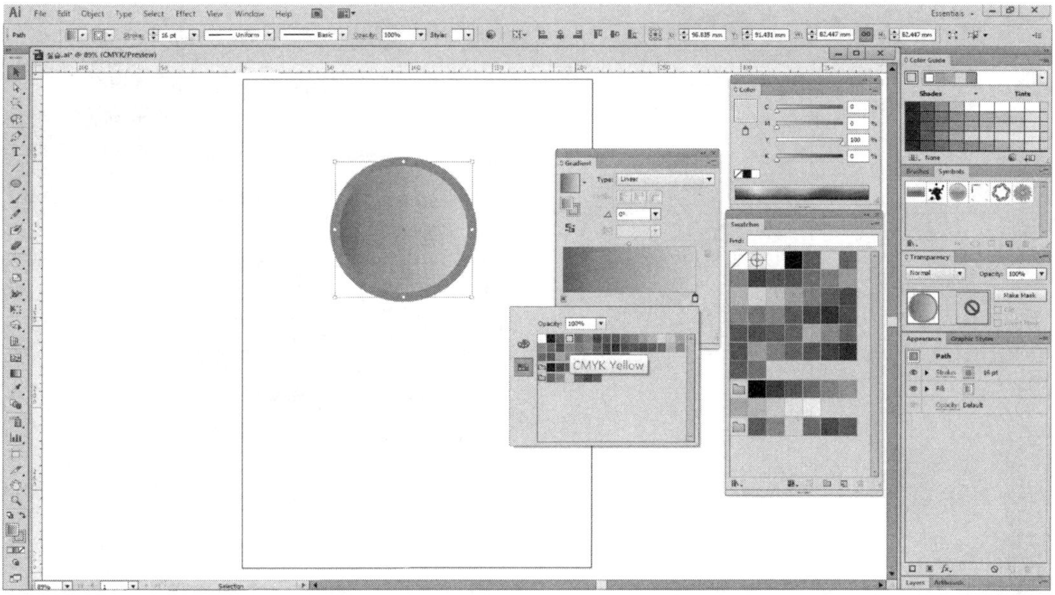

[Color]를 선택합니다. 확장 옵션에서 [CMYK]를 선택합니다. M = 100을 입력합니다.

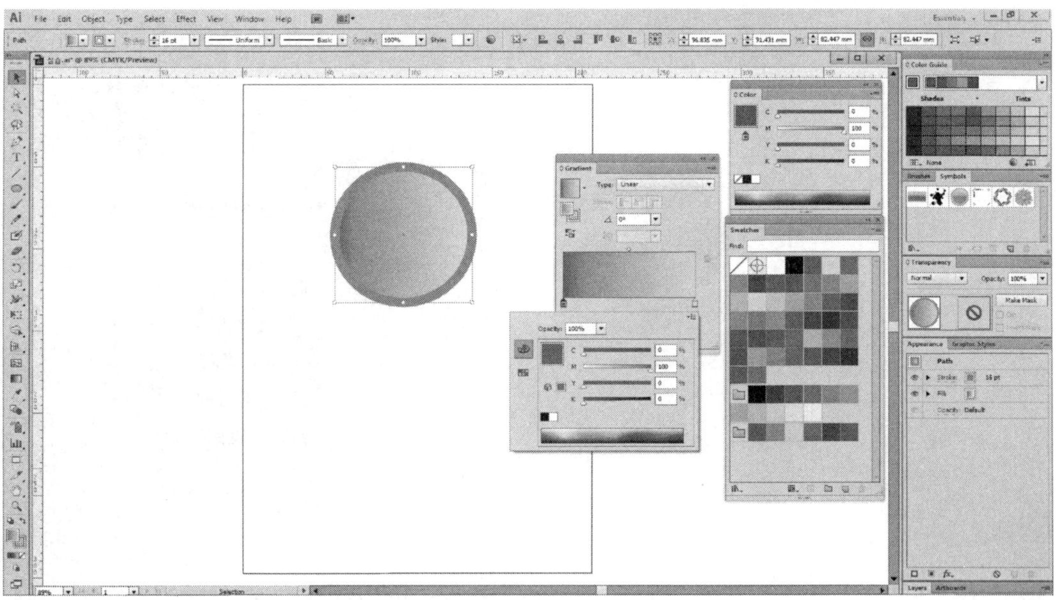

오른쪽 하단 [Gradient Slider]를 더블 클릭합니다. Y = 100을 입력합니다.

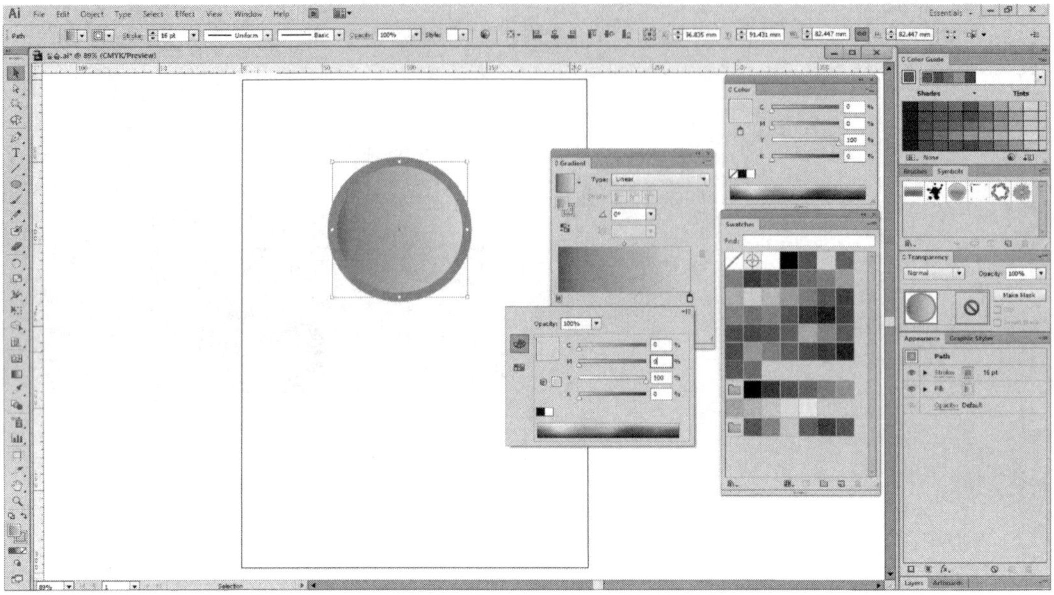

면[Fill]에 그라디언트[Gradient]가 적용된 화면입니다.

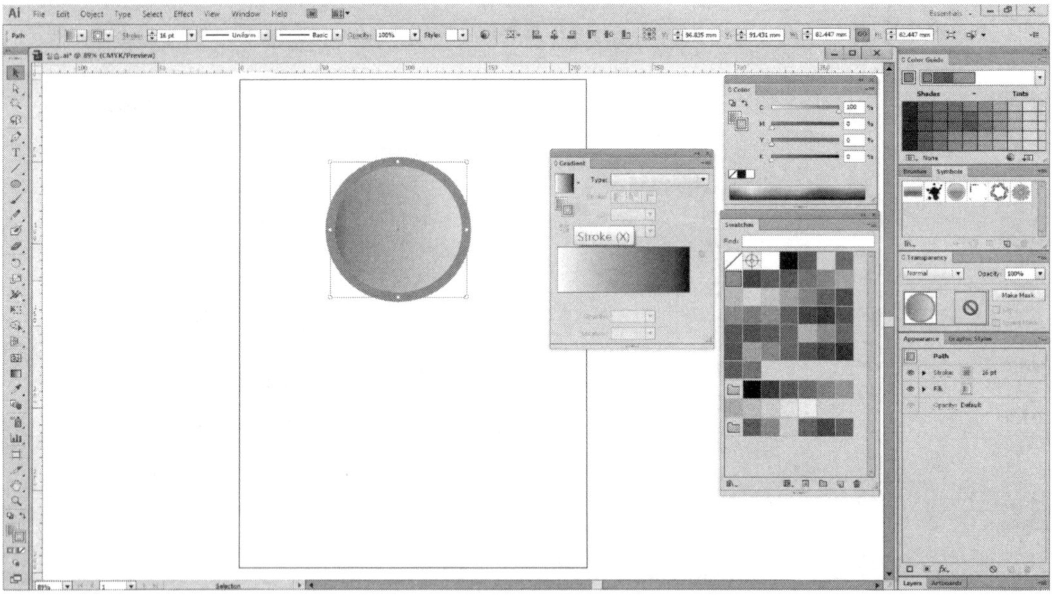

개체[Object]를 선택합니다.

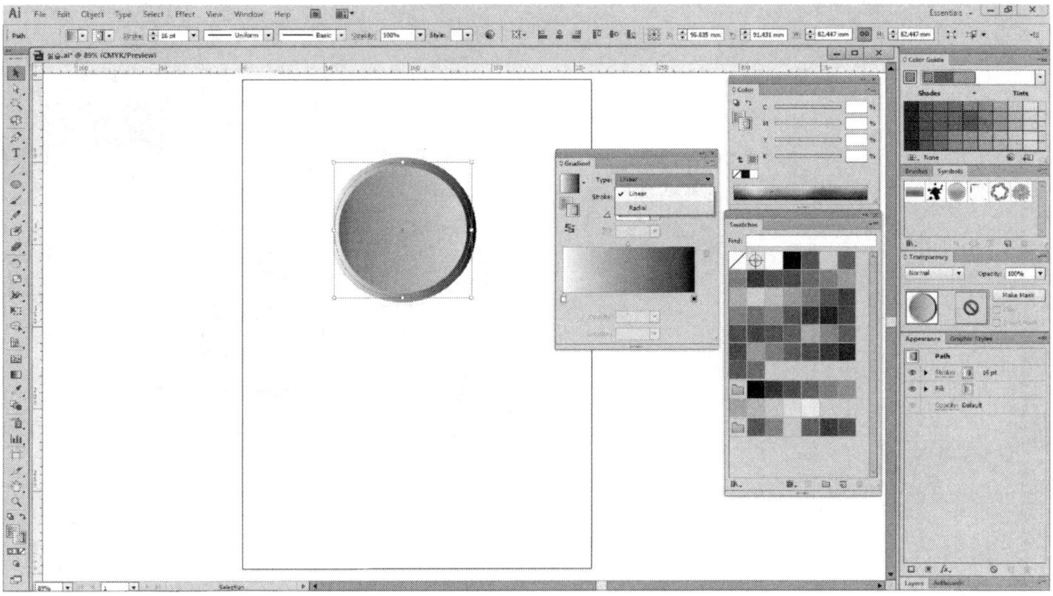

칼라모드 [CMYK]를 활성화합니다.

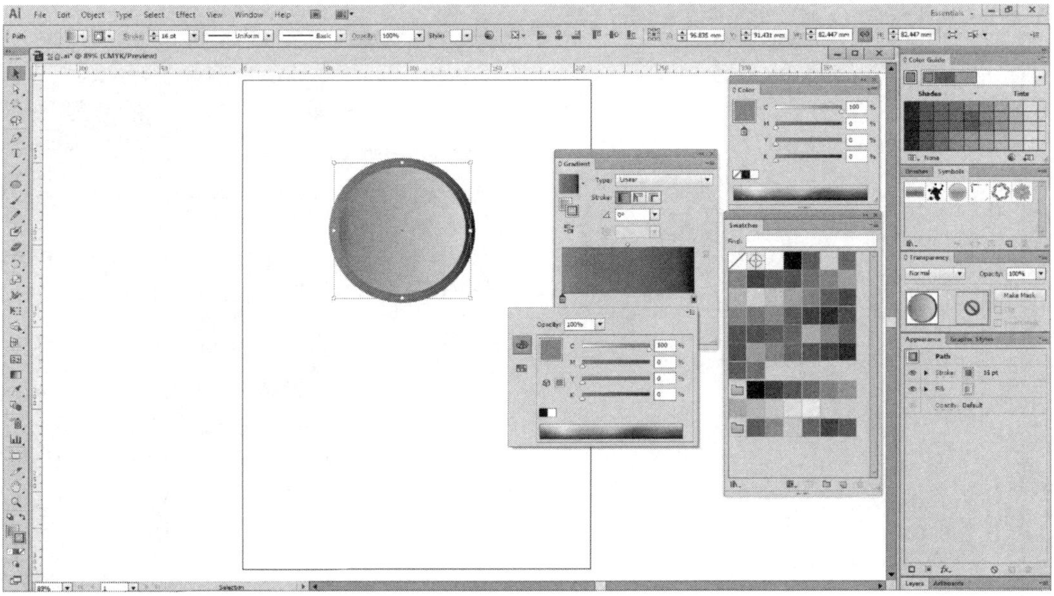

C, M = 100, Y, K값을 입력합니다.

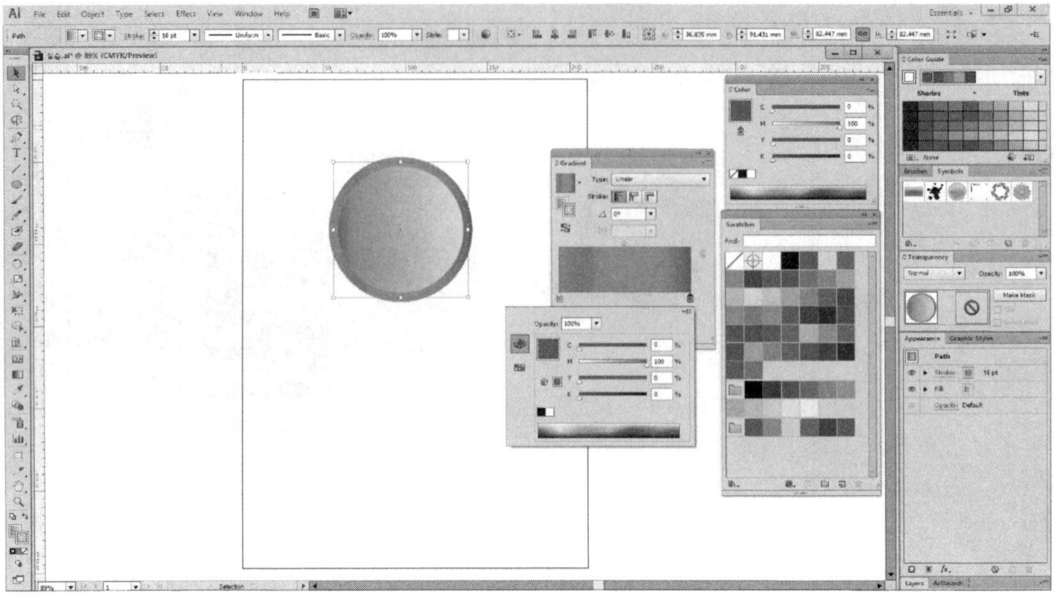

C, M = 100, Y, K값이 적용된 화면입니다.

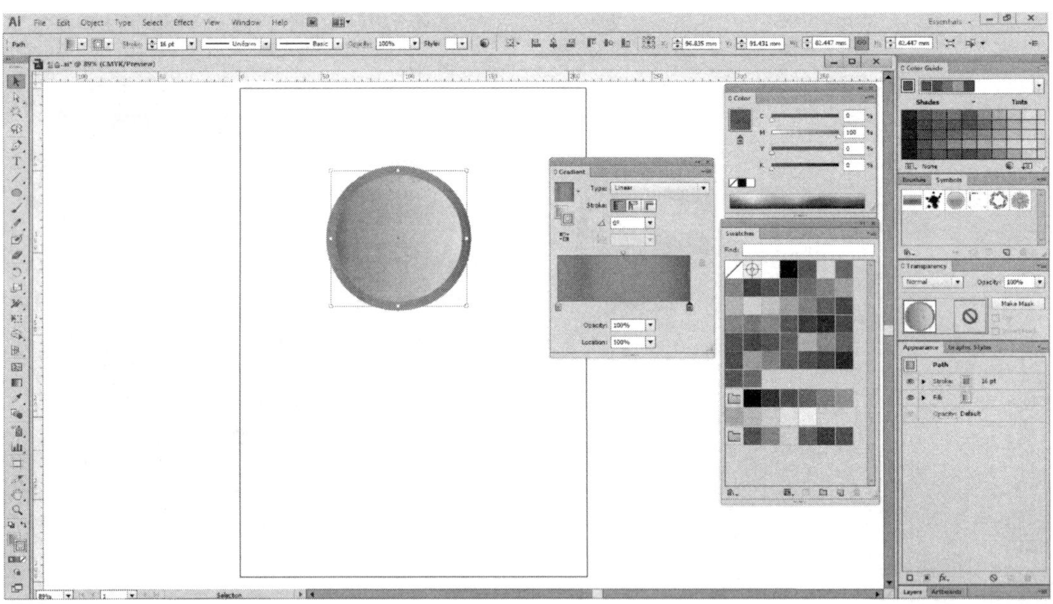

그라디언트[Gradient]를 적용합니다.

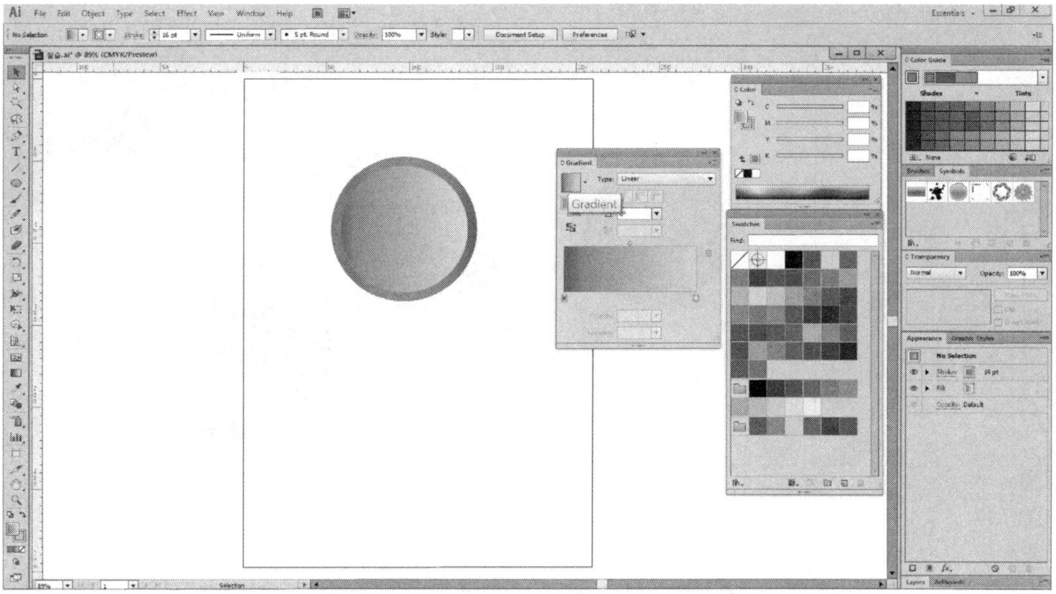

[New Gradient Swatch1]이 등록되었습니다.

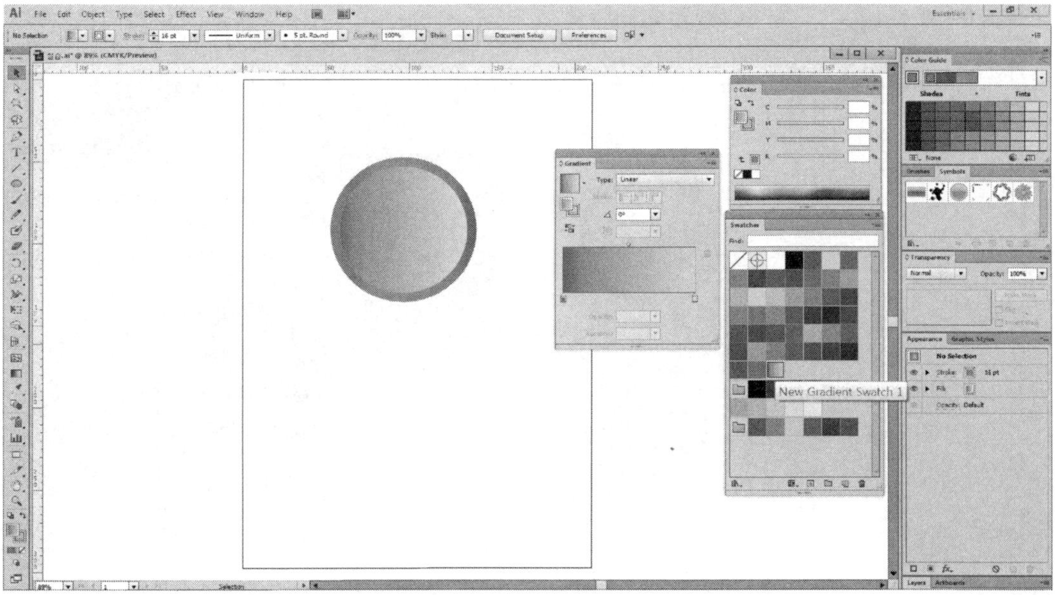

개체[Object]를 생성합니다.

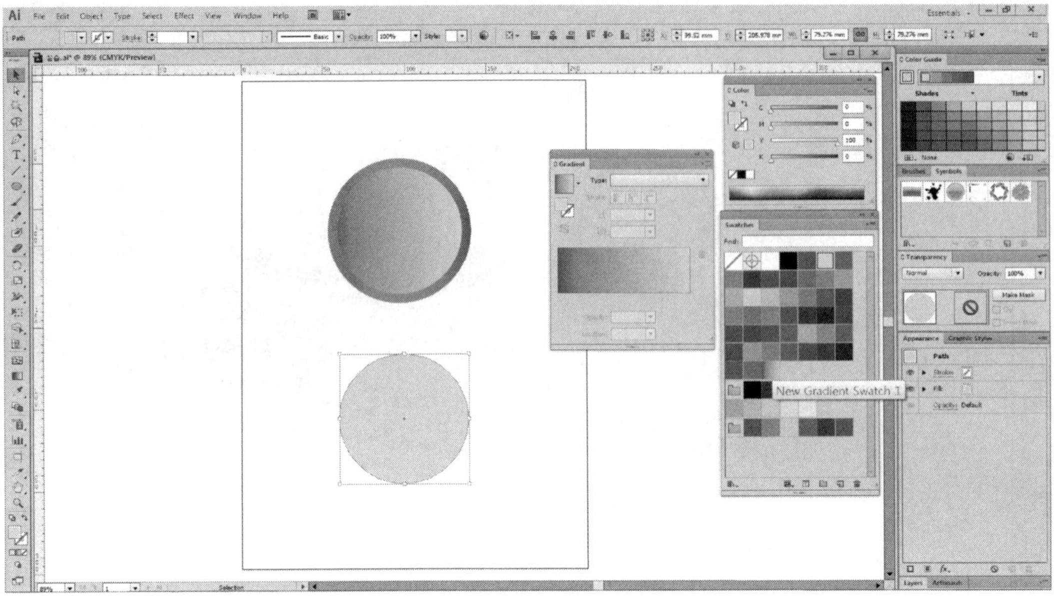

그라디언트[Gradient]를 적용합니다.

슬라이더 가운데로 마우스를 가져가면 플러스[+] 기호가 생성되면 클릭합니다. 슬라이더 바가 생성됩니다.

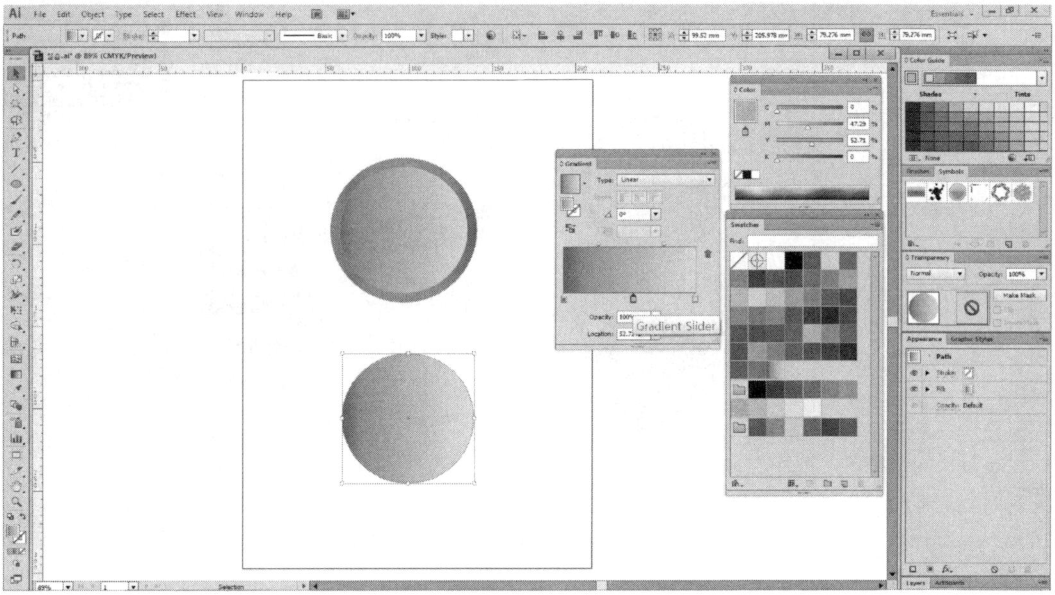

M = 100, Y = 100 값을 입력합니다. 그라디언트[Gradient]가 생성되었습니다.

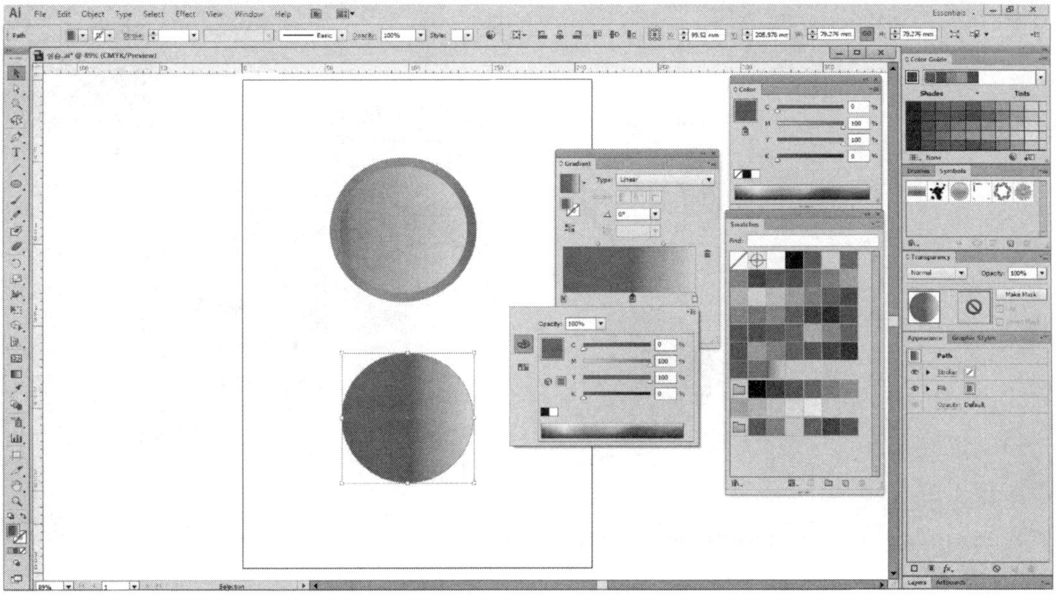

[Gradient Tool]을 선택합니다.

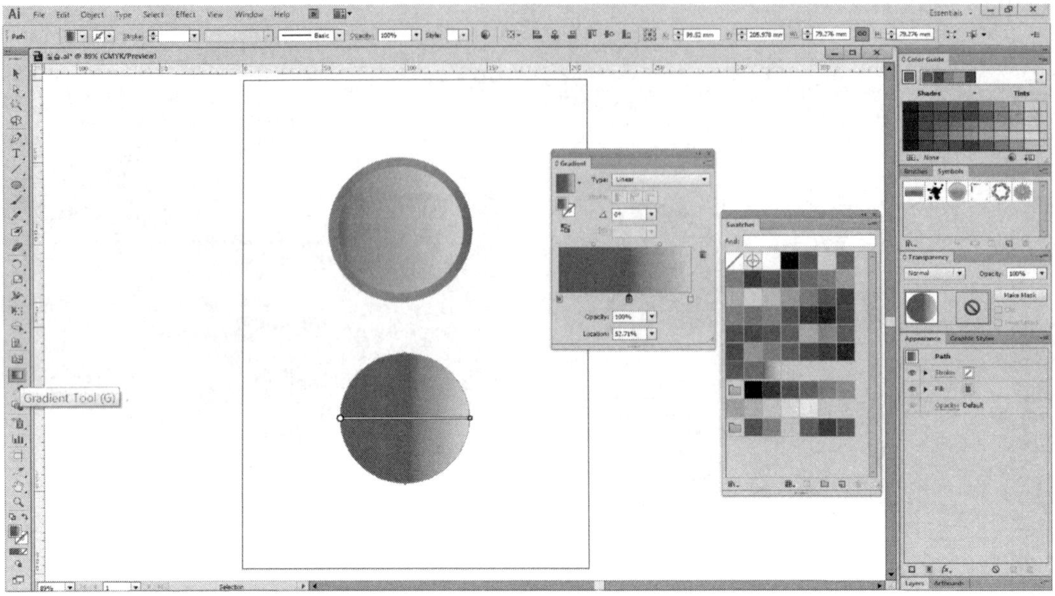

각도 [30°]를 입력합니다.

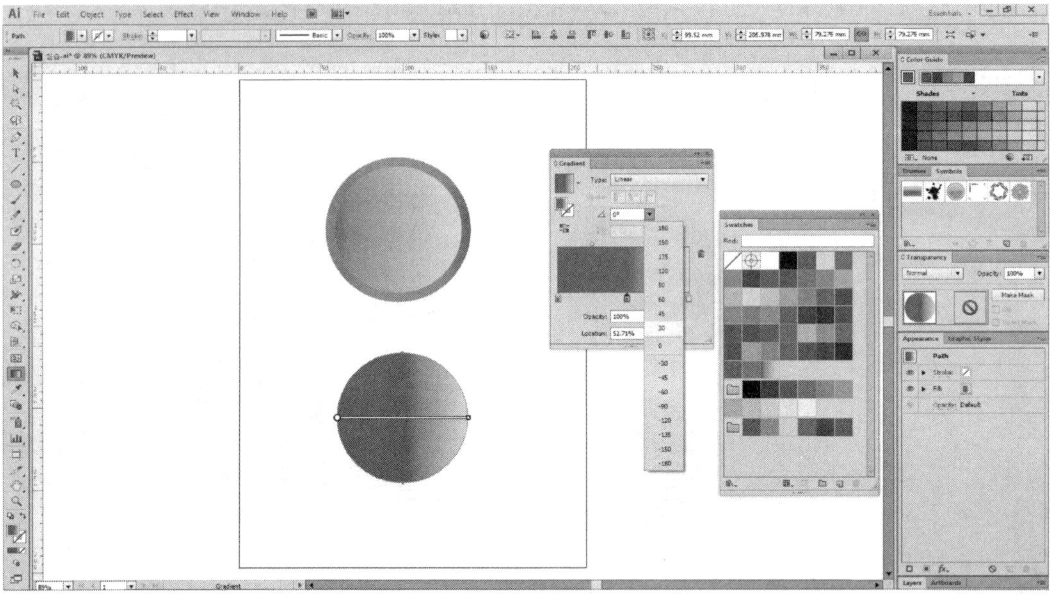

[Gradient] 각도가 [30°]로 변경되었습니다.

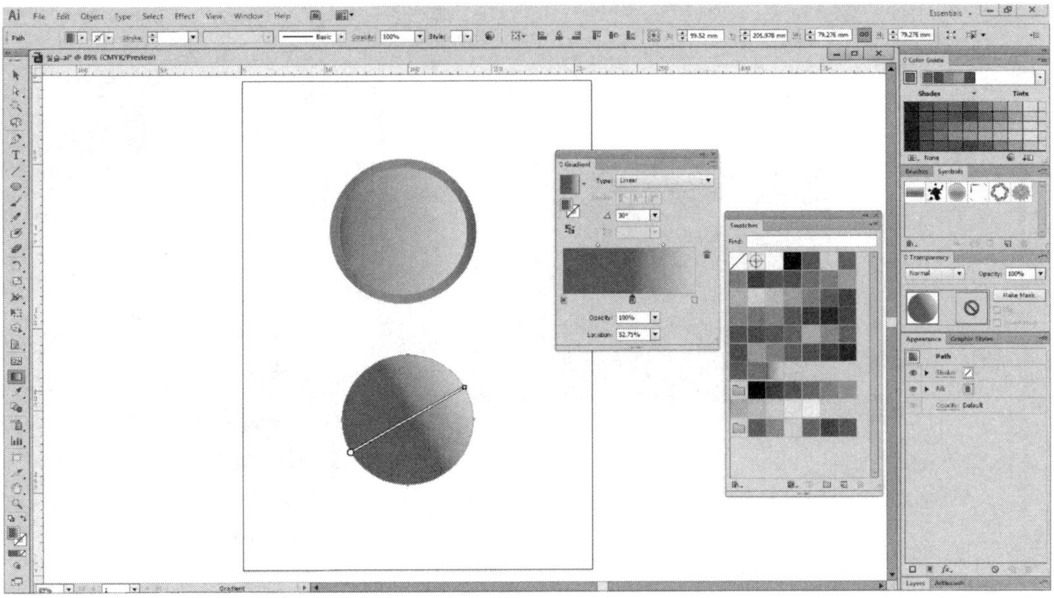

사진에 그라디언트[Gradient] 처리, 이미지를 배치합니다.

이미지 위에 그라디언트[Gradient] 개체[Object]를 하나 생성합니다.

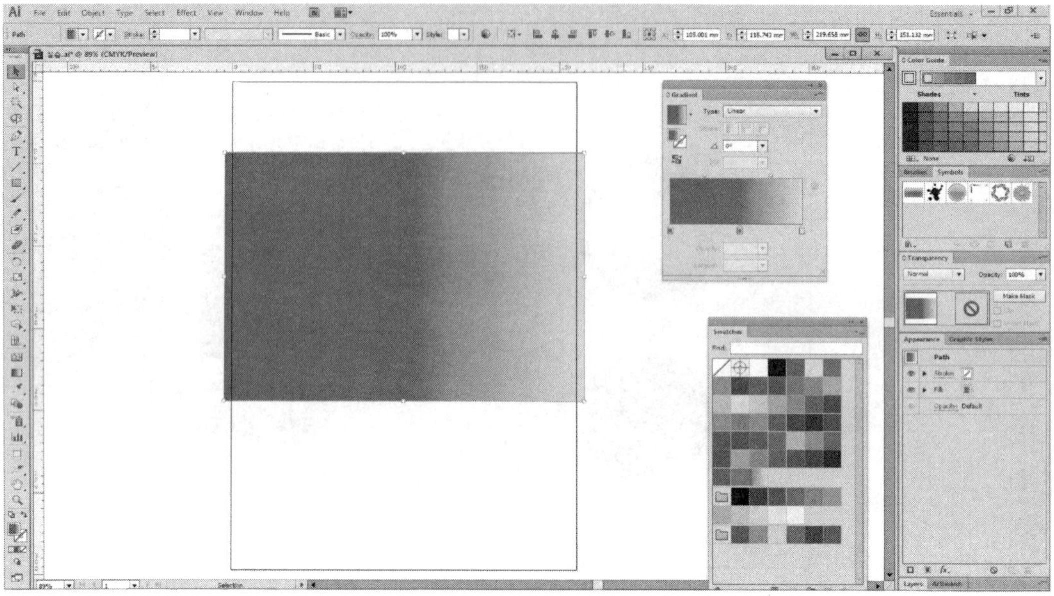

가운데 그라디언트[Gradient] 슬라이드에 Opacity = [0] 수치를 입력합니다.

그라디언트[Gradient] 슬라이드를 이동하여 [Opacity]를 조절합니다.

03 Align 패널

❶ Align Objects

여러 개의 개체[Object]를 정렬하는 경우에 사용되며 [Window] - [Align]을 실행하여 패널을 활성화하고 개체[Object]를 3개 생성합니다.

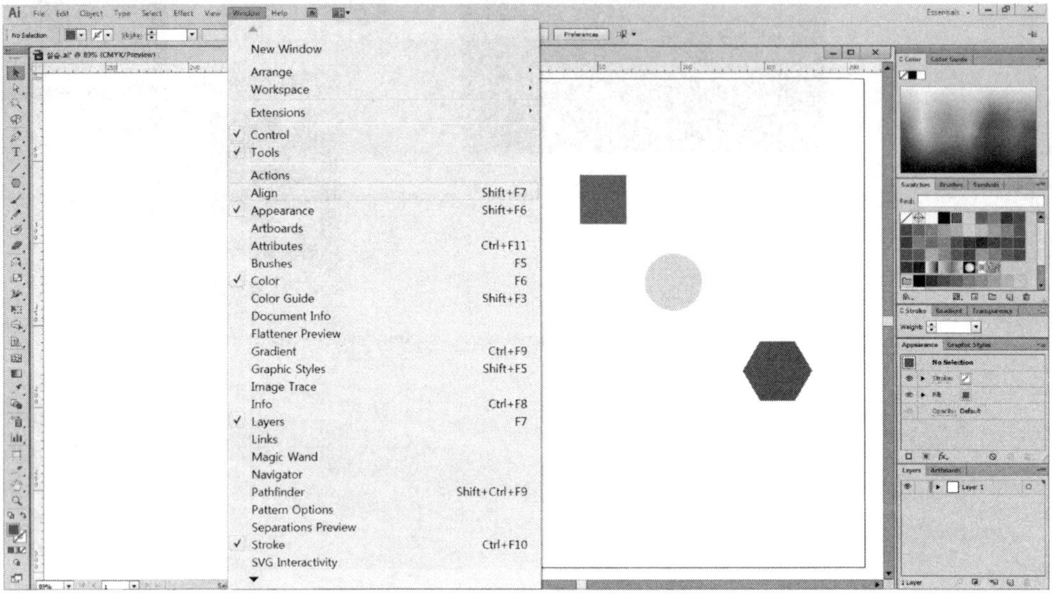

[Align]패널에서 확장버튼을 실행하여 [Show Options]를 활성화합니다.

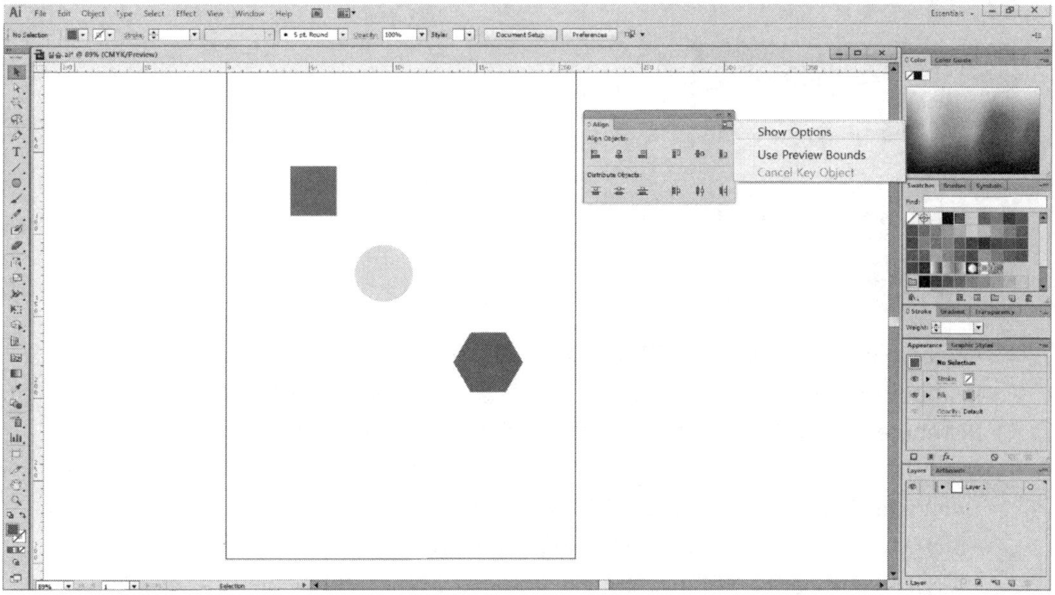

[Align to Selection]을 실행합니다.

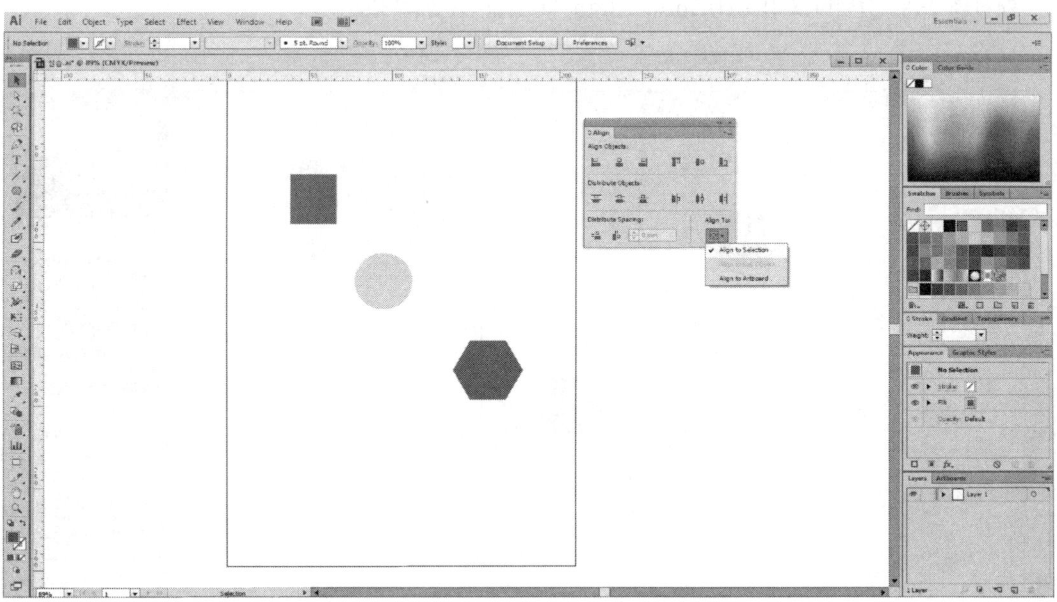

> [Align]패널

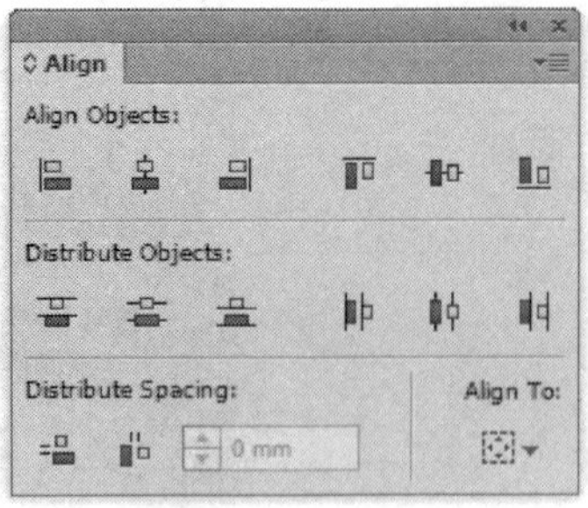

- Align Objects : 정렬개념으로 오브젝트를 한 방향을 기준으로 정렬합니다.
- Distribute Objects : 배분의 개념으로 오브젝트를 어느 기준으로 배분합니다.
- Distribute Spacing : 오브젝트와 오브젝트를 수치를 입력하여 정렬합니다.
- Align To
  - Align to Selection : 선택한 오브젝트 범위 안에서 정렬합니다.
  - Align to Key Object : 오브젝트를 수치를 입력하여 정렬합니다.
  - Align to Artboard : 선택한 오브젝트가 아트보드(도화지, 대지)를 기준으로 정렬합니다.

개체를 모두 선택하고 [Horizontal Align Left]를 실행합니다.

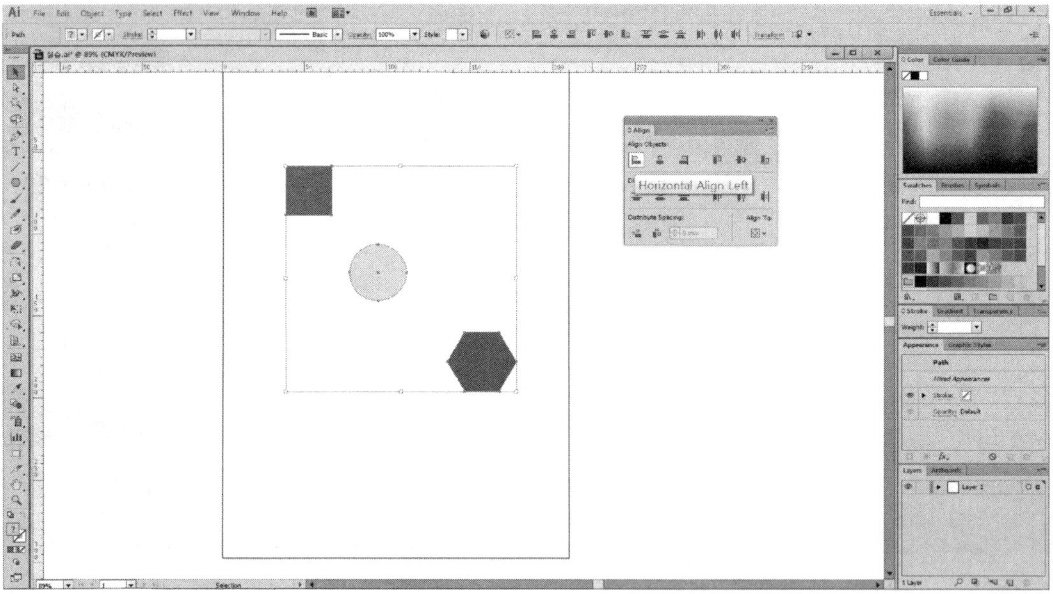

[Horizontal Align Left]를 실행한 내용입니다.

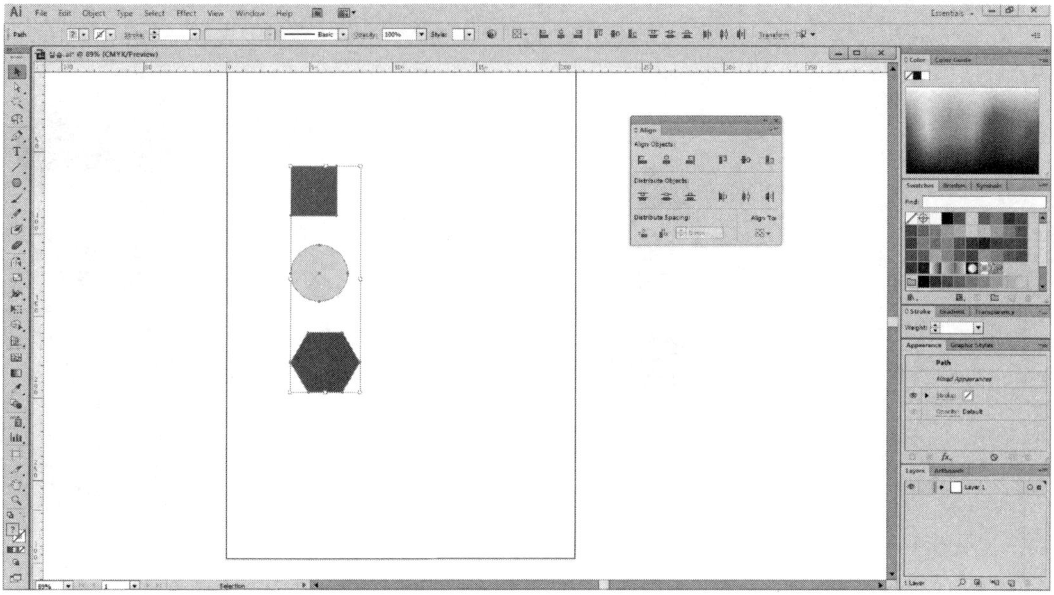

개체[Object]를 모두 선택하고 [Horizontal Align Center]를 실행합니다.

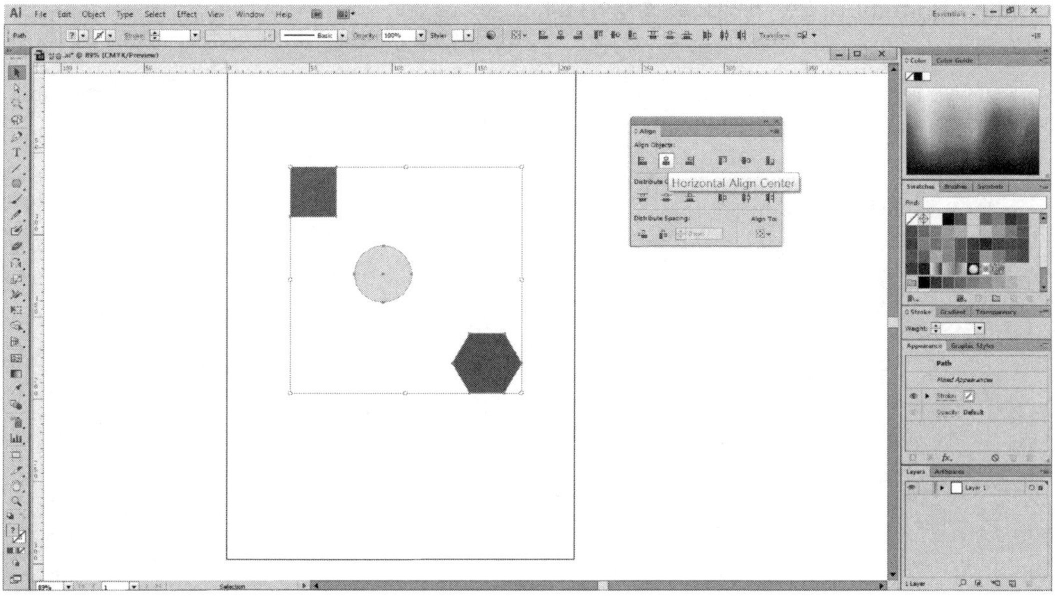

[Horizontal Align Center]를 실행한 내용입니다.

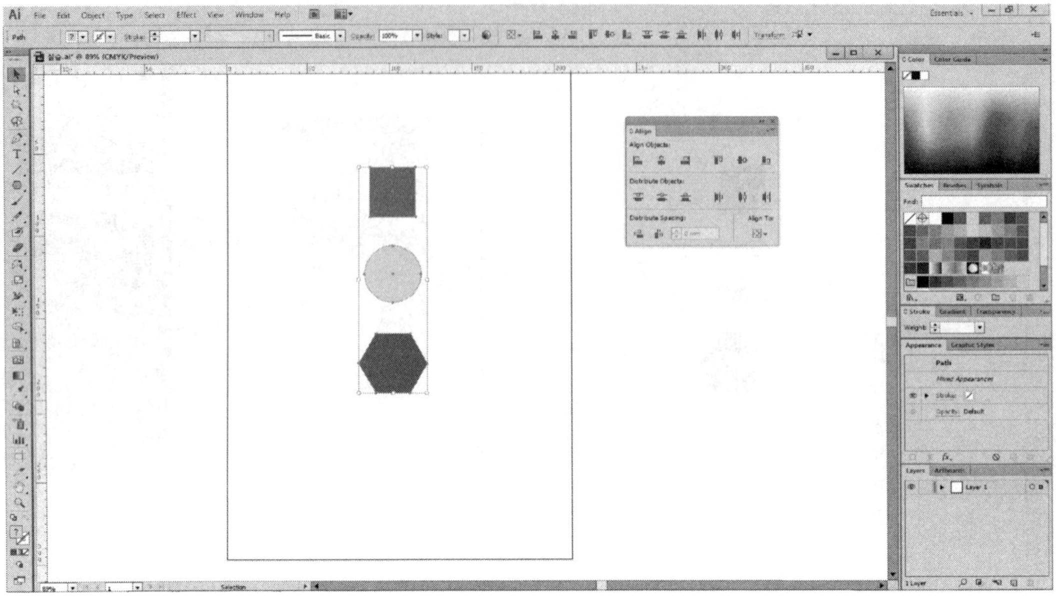

나머지 [Horizontal Align Right], [Vertical Align Top], [Vertical Align Center], [Vertical Align Bottom]도 같은 방법으로 실행합니다.

❷ [Distribute Objects]

개체[Object]를 모두 선택합니다.

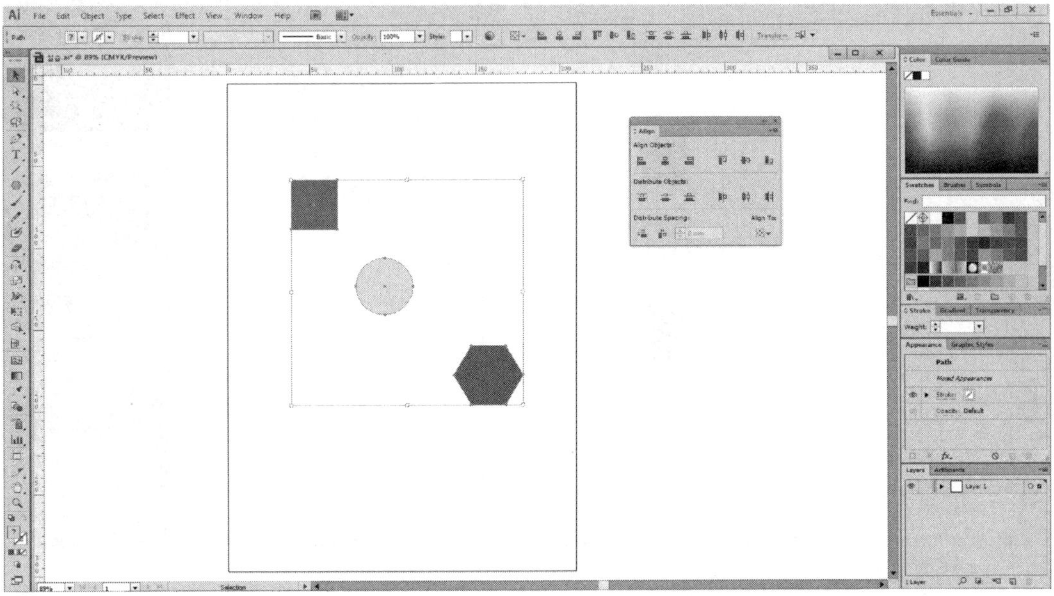

먼저 [Horizontal Align Center]를 실행합니다.

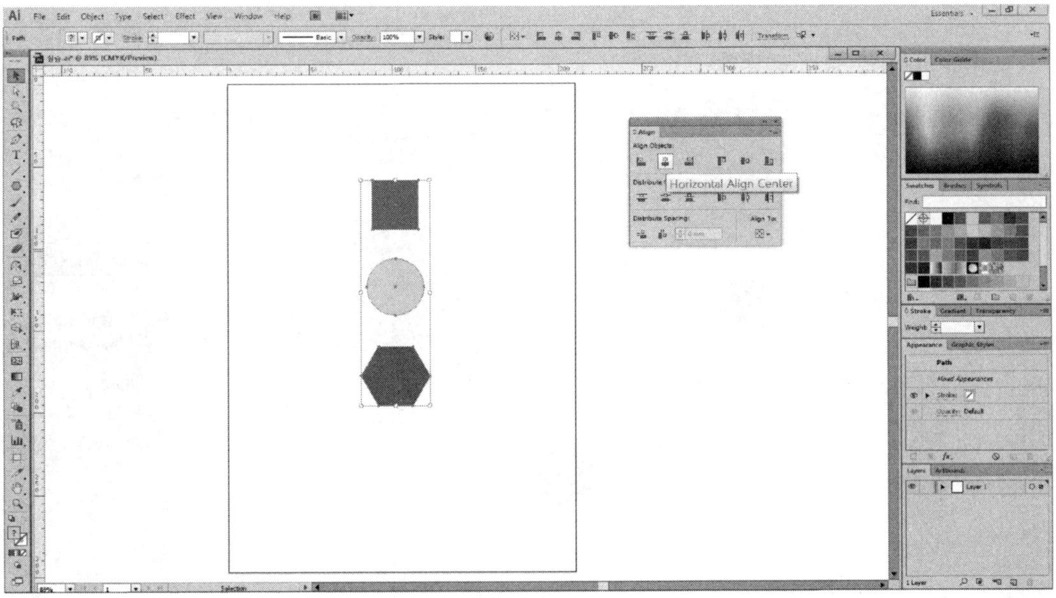

[Vertical Distribute Top]을 실행합니다.

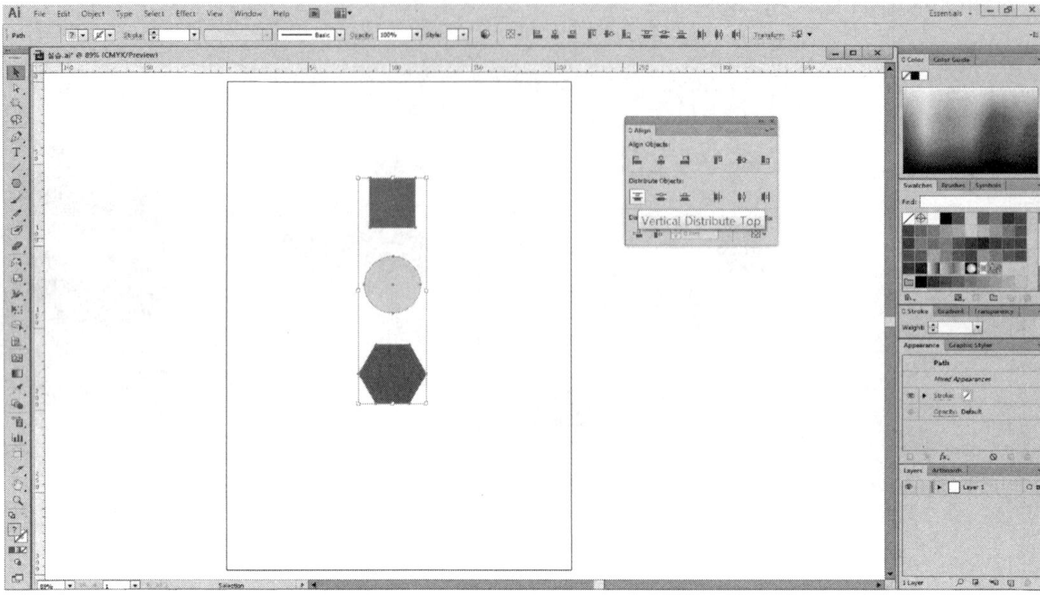

나머지 [Vertical Distribute Top], [Vertical Distribute Center], [Vertical Distribute Bottom]도 같은 방법으로 실행합니다.

개체[Object]를 모두 선택합니다.

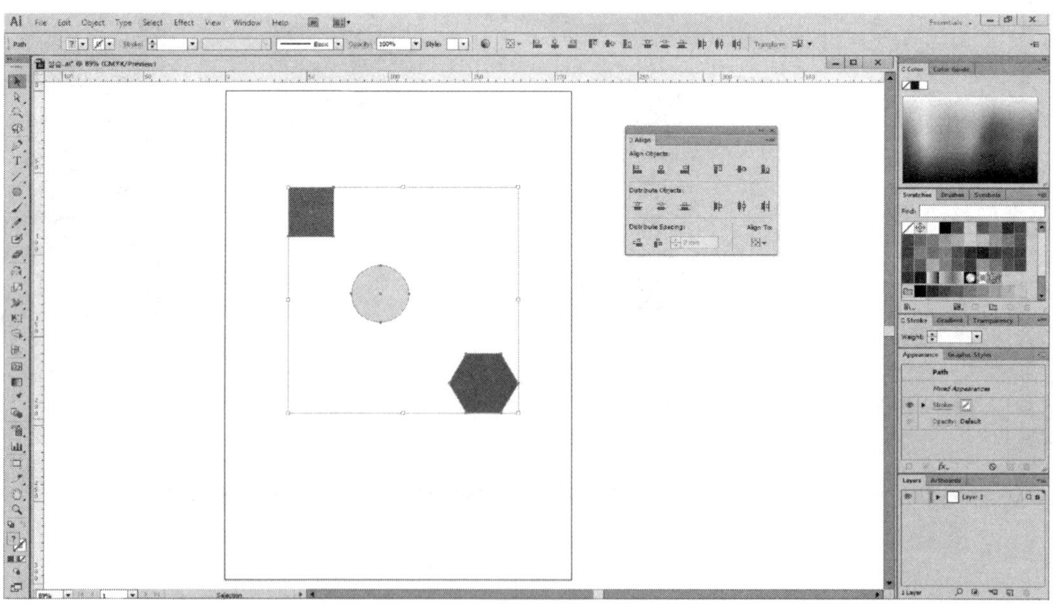

먼저 [Vertical Align Top]을 실행합니다.

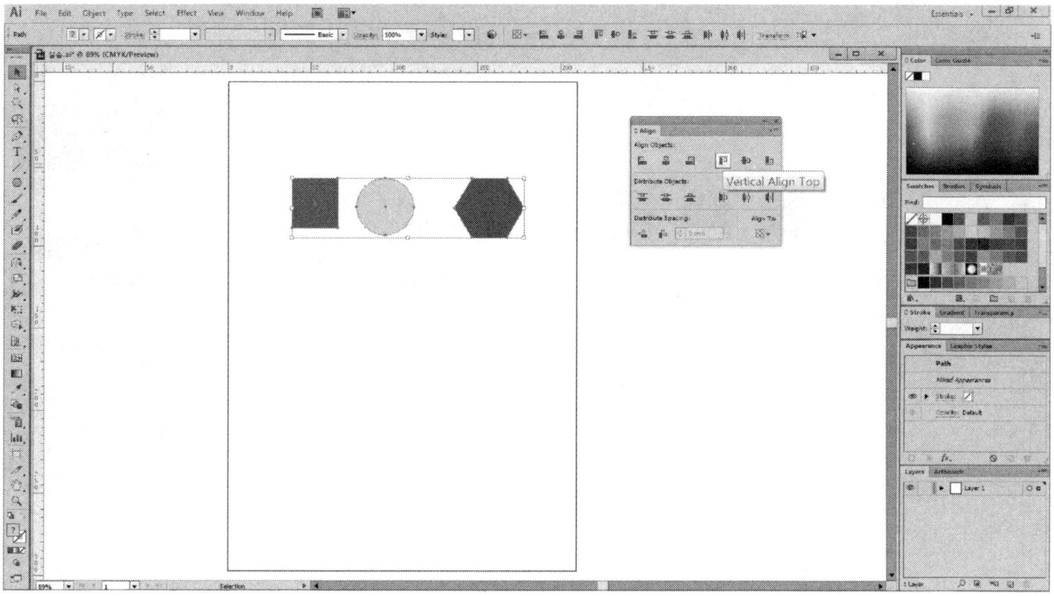

[Horizontal Distribute Left]를 실행합니다. 나머지 [Horizontal Distribute Center], [Horizontal Distribute Right]도 같은 방법으로 실행합니다.

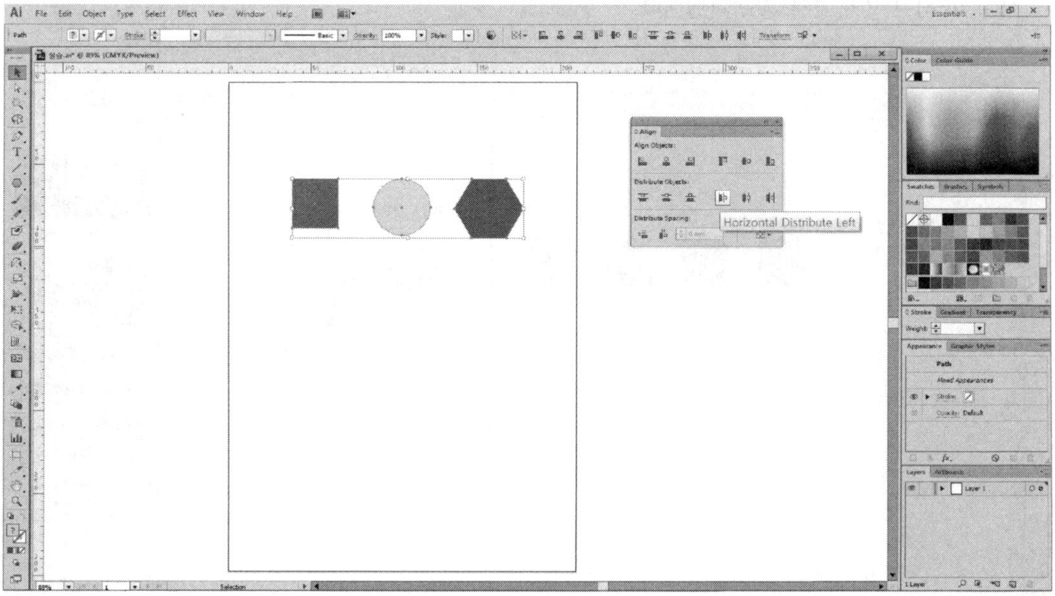

먼저 오브젝트[Object]를 수평 정렬합니다.

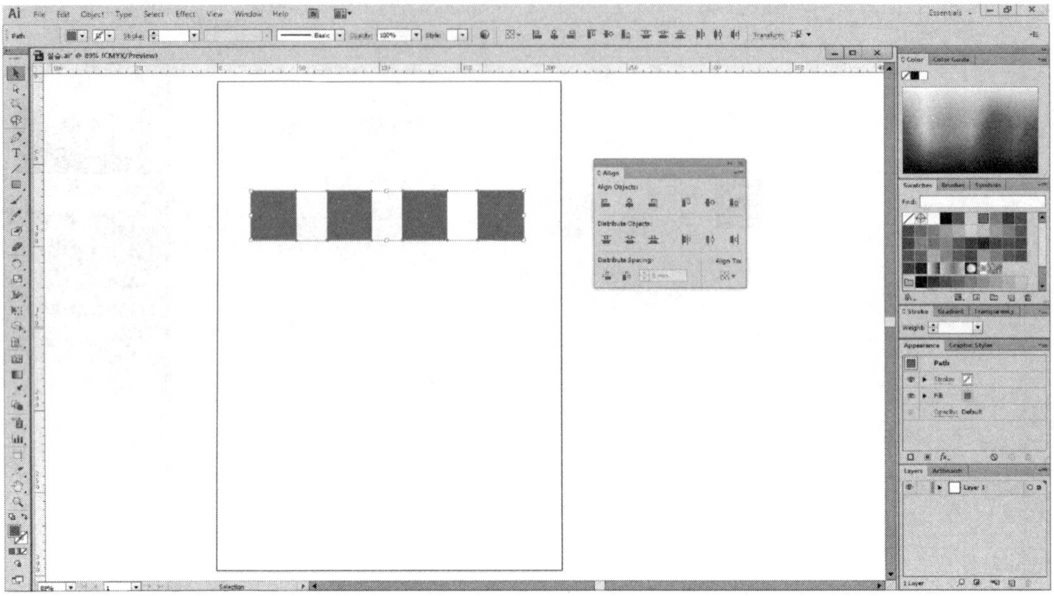

개체나머지 [Horizontal Distribute Center], [Horizontal Distribute Right]도 같은 방법으로 실행합니다. 모두 선택하고 [Align to]에서 [Align to Key Object] 선택합니다. 오른쪽 개체가 테두리 색이 변하면서 활성화됩니다.

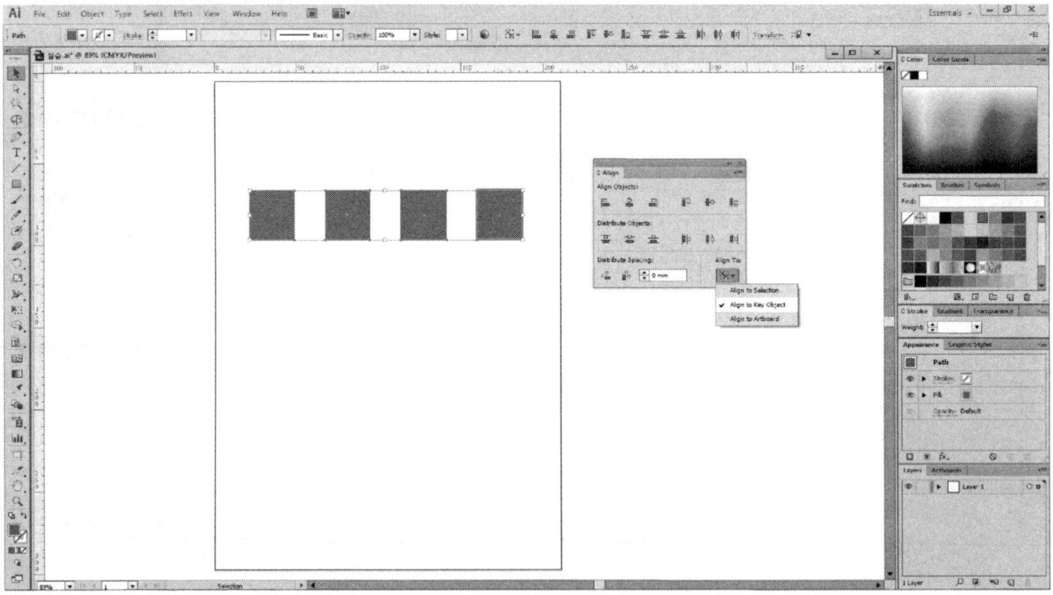

데이터값 20[mm]를 입력하고 [Horizontal Distribute Space]를 실행하면 오른쪽 개체[Object]를 기준으로 20[mm]간격으로 정렬됩니다.

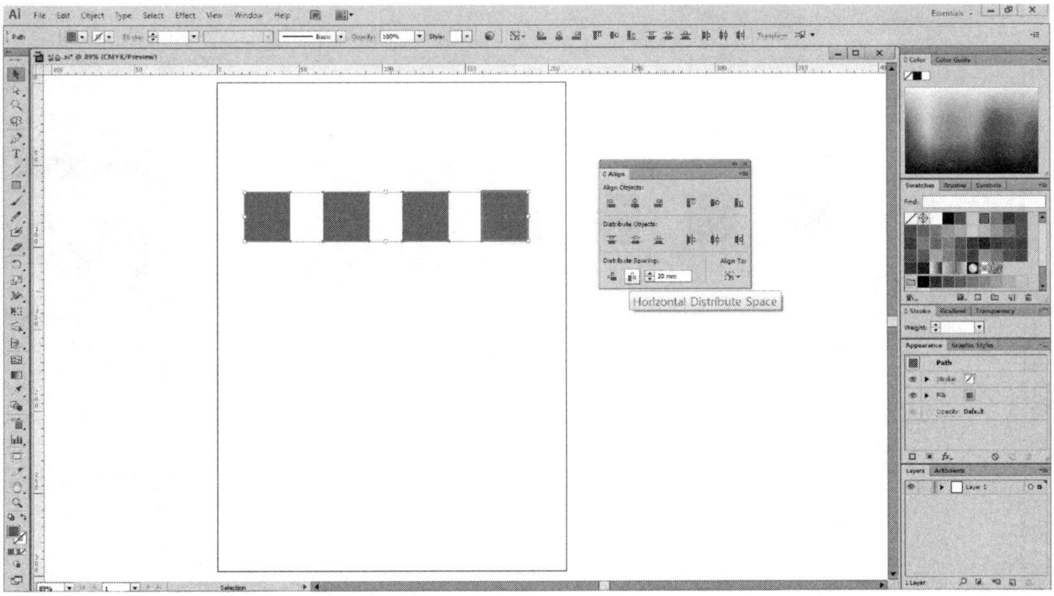

이번에는 두 번째 개체[Object]를 선택하여 기준 개체[Object]를 변경합니다.

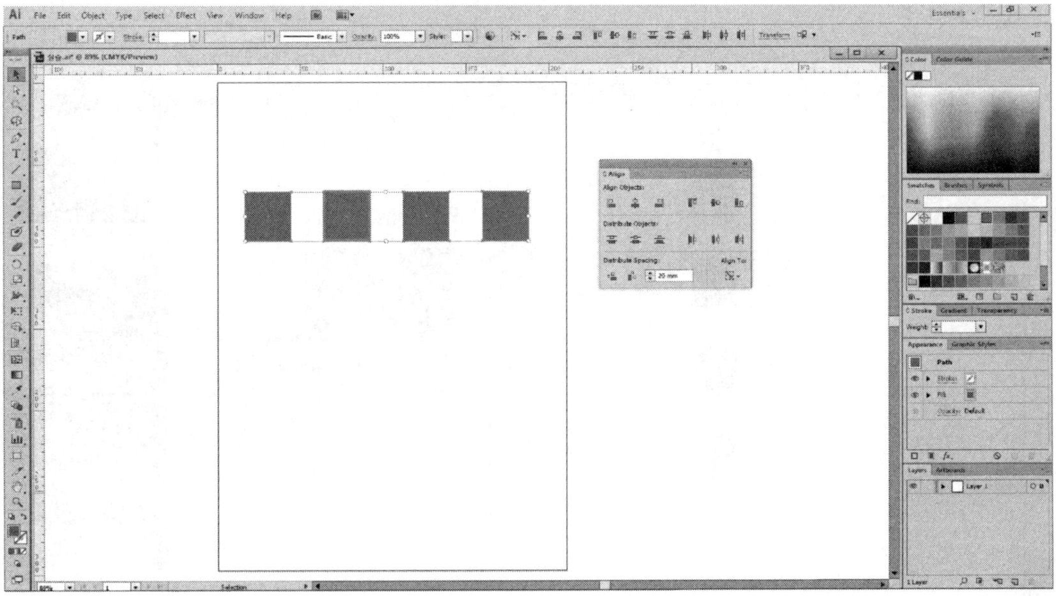

데이터값 30[mm]을 입력하고 [Horizontal Distribute Space]를 실행합니다. 이번에는 두 번째 개체[Object] 기준으로 정렬됩니다.

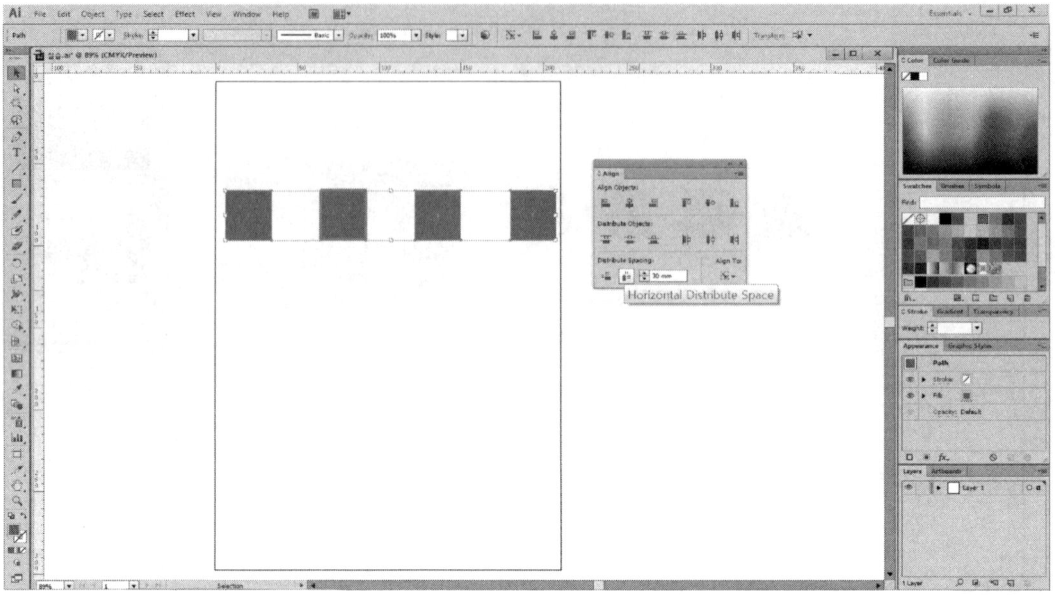

개체[Object]를 수직 정렬한 상태에서 개체를 모두 선택하고 [Align to]에서 [Align to Key Object] 선택합니다.

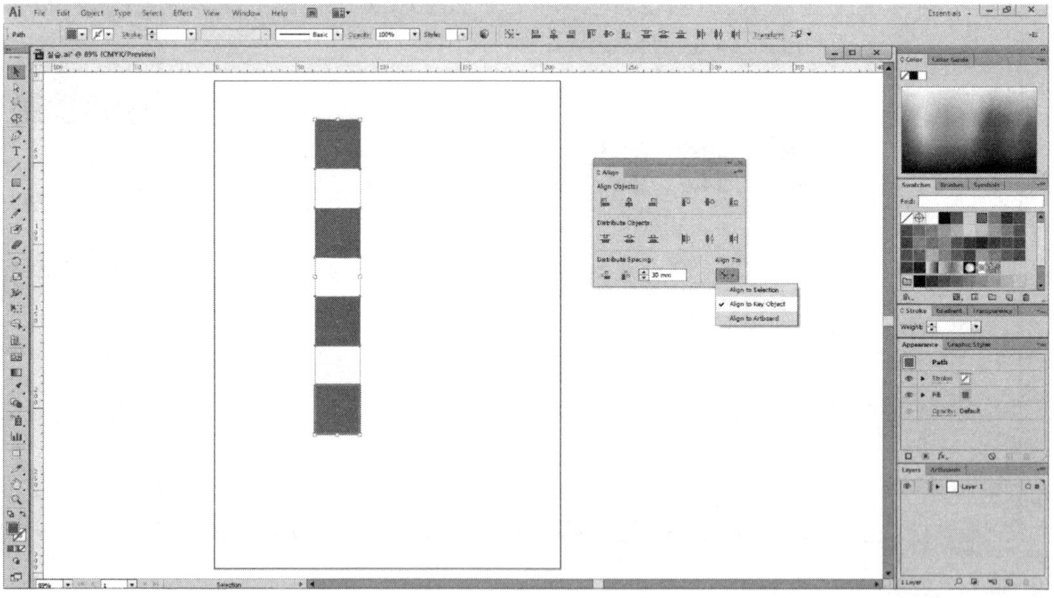

데이터값 30[mm]을 입력하고 [Vertical Distribute Space]를 실행합니다. 30[mm] 간격으로 정렬됩니다.

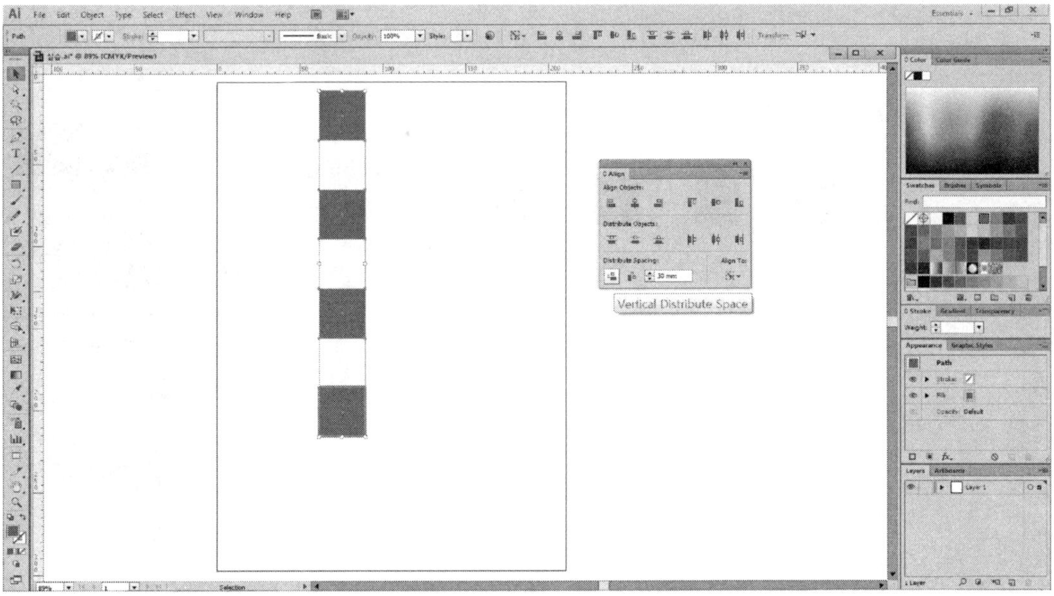

[Align to]에서 [Align to Artboard]를 선택합니다.

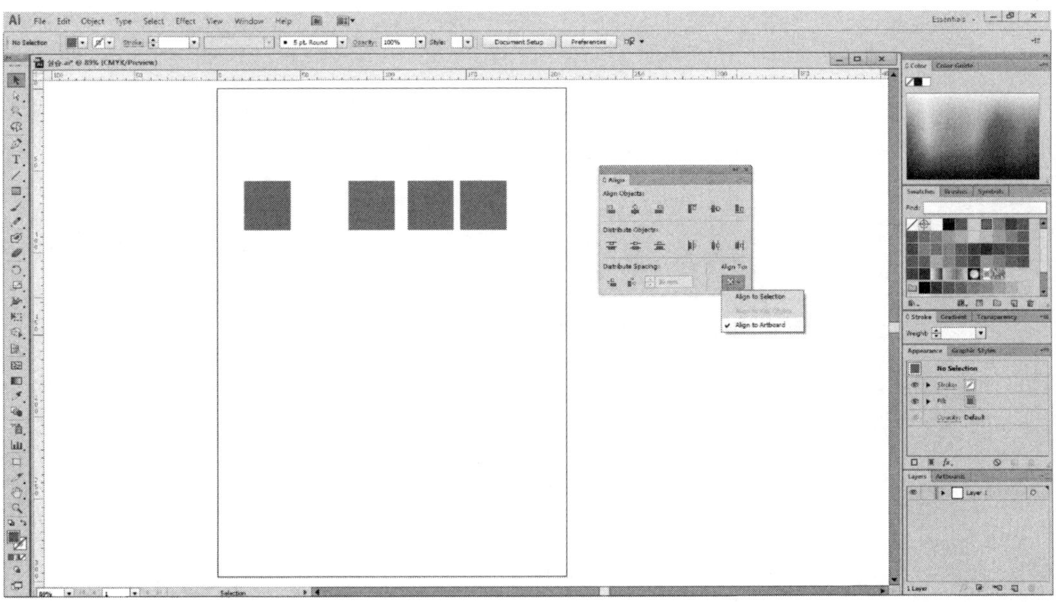

[Horizontal Distribute Left]를 실행하면 선택한 오브젝트[Object]가 아트보드[도화지, 대지, 도큐먼트]를 기준으로 균등 정렬합니다.

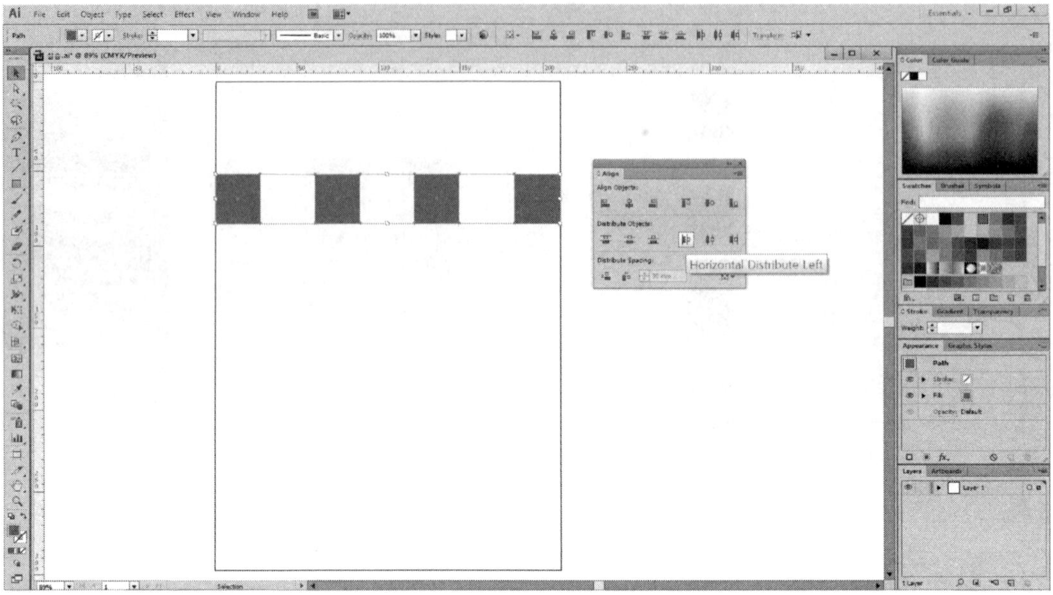

04 Pathfinder 패널

겹쳐있는 오브젝트[Object]를 분리 및 혼합 삭제합니다. [Window] - [Pathfinder]를 실행합니다.

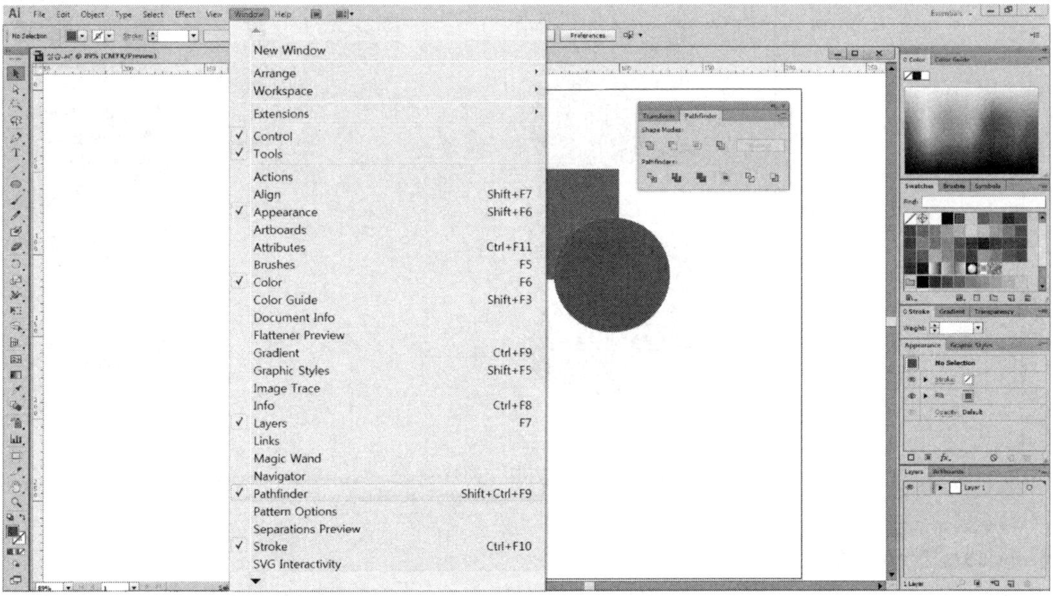

[Pathfinder] 패널

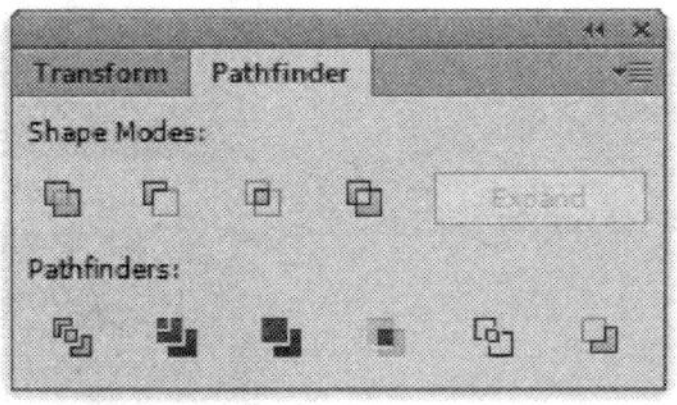

- Unite 합치기 : 두 개체 영역을 합칩니다.
- Minus Front 빼기 : 겹친 오브젝트에서 뒤에 있는 오브젝트를 남기고 빼줍니다.
- Intersect : 교차 교차한 오브젝트를 남깁니다.
- Exclude : 추출 교차하는 영역 부분만 빼줍니다.
- Divide : 분리 겹친 부분을 분할합니다.
- Trim : 정돈 겹친 부분을 삭제합니다.
- Merge : 병합 색상이 같은 경우 합칩니다.
- Crop 자르기 : 교차되는 부분만 남깁니다.
- Outline 윤곽선 : 교차되는 부분을 분할하고 외곽선만 남깁니다.
- MinusBack 오브젝트 제외 : 상위에 있는 오브젝트를 남기고 빼줍니다.

❶ [Unite] 합치기

두 개체 영역을 합칩니다. [Unite]를 실행합니다. 앞쪽에 있는 색상으로 합쳐집니다.

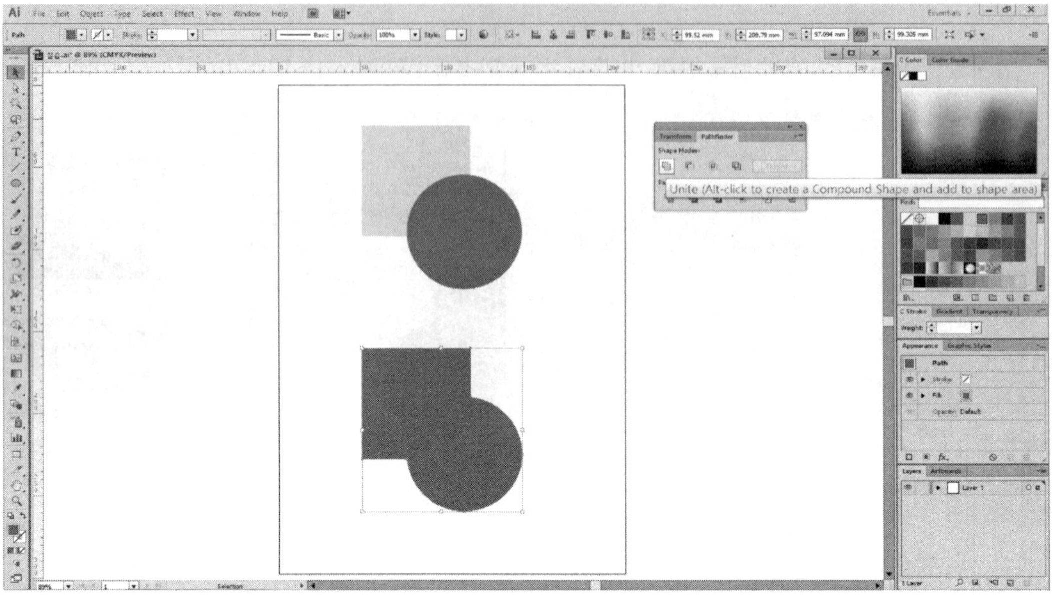

❷ [Minus Front] 빼기

겹친 오브젝트[Object]에서 뒤에 있는 오브젝트[Object]를 남기고 빼줍니다.

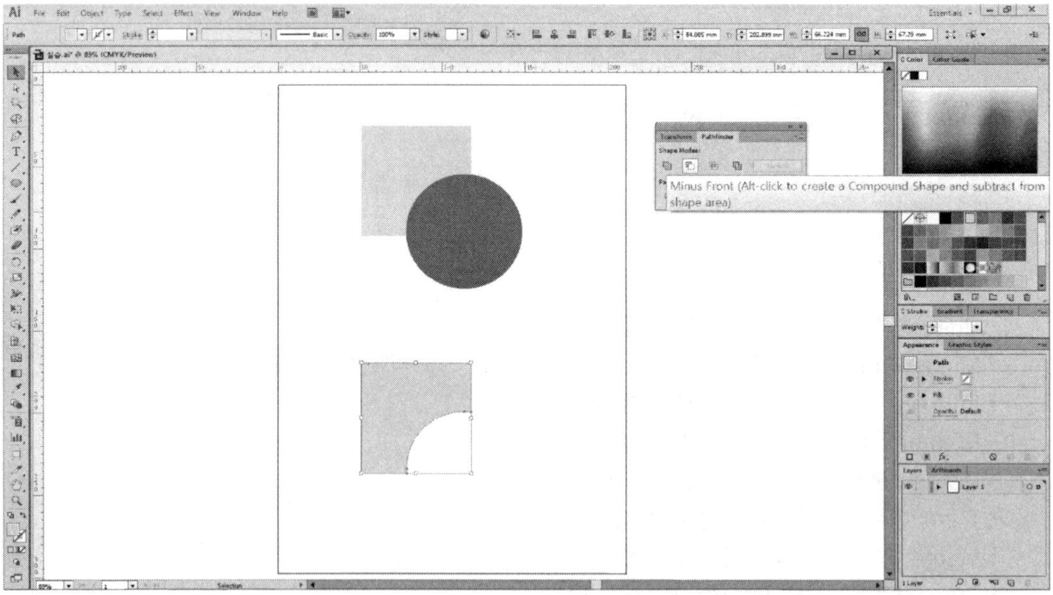

❸ [Intersect] 교차

교차한 오브젝트[Object]를 남깁니다. 즉 겹친 부분을 남깁니다.

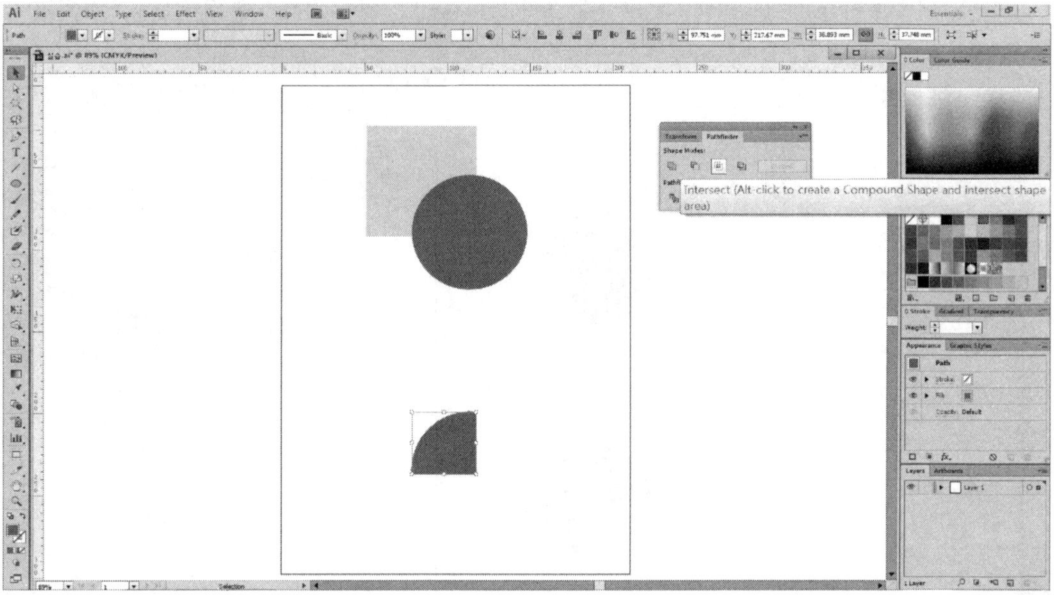

❹ [Exclude] 추출

교차하는 영역 부분만 빼줍니다. 즉 겹쳐지지 않은 부분만 남깁니다. 현재 상태는 그룹상태입니다.

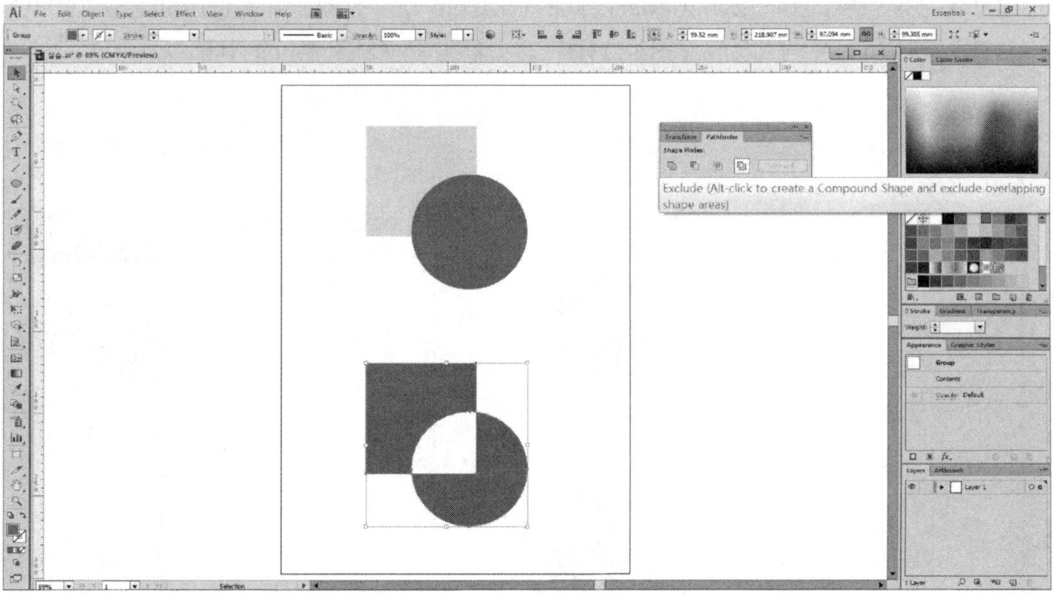

❺ [Divide] 분리

겹친 부분을 분할합니다. [Pathfinders]에서 개체[Object]를 선택한 다음 [Divide]를 실행합니다. 그룹을 해제한 다음 개체[Object]를 그림과 같이 분리합니다. 면을 자르기할 경우에도 사용합니다.

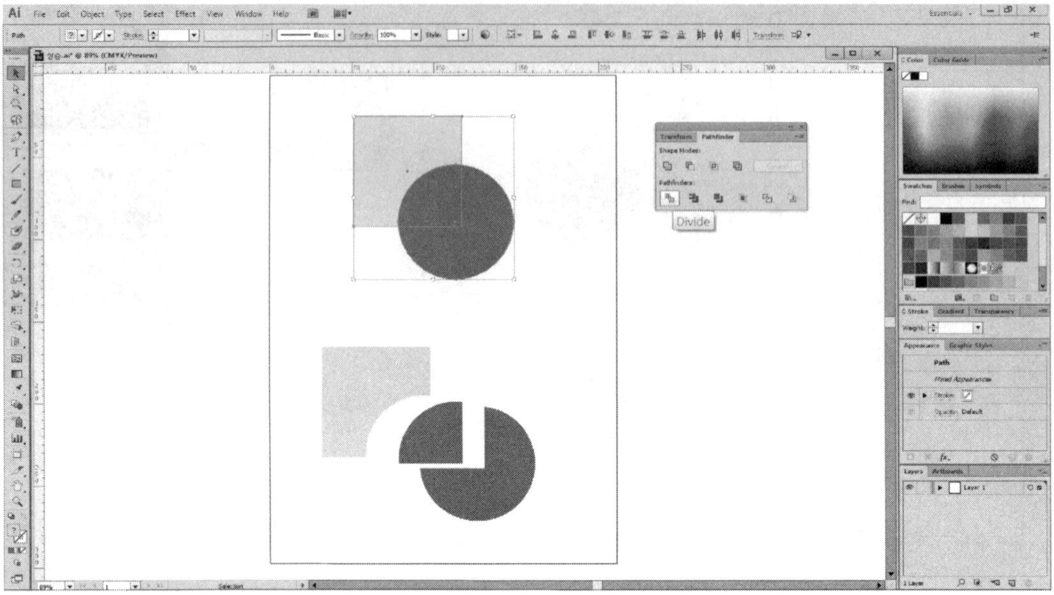

❻ [Trim] 정돈

겹친 부분을 삭제합니다. [Pathfinders]에서 개체[Object]를 선택한 다음 [Trim]을 실행합니다. 그룹을 해제한 다음 개체[Object]를 그림과 같이 같은 색개체를 분리합니다.

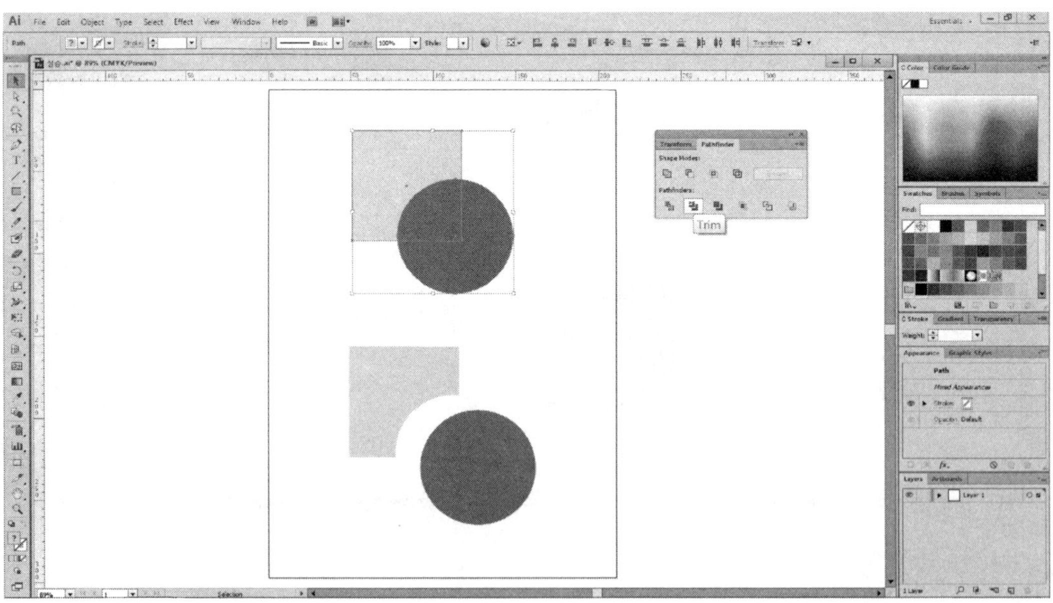

❼ Merge 병합

색상이 같은 경우 합칩니다. [Pathfinders]에서 개체를 선택한 다음 [Merge]를 실행합니다. 그룹을 해제한 다음 개체[Object]를 그림과 같이 같은 색 개체를 합칩니다.

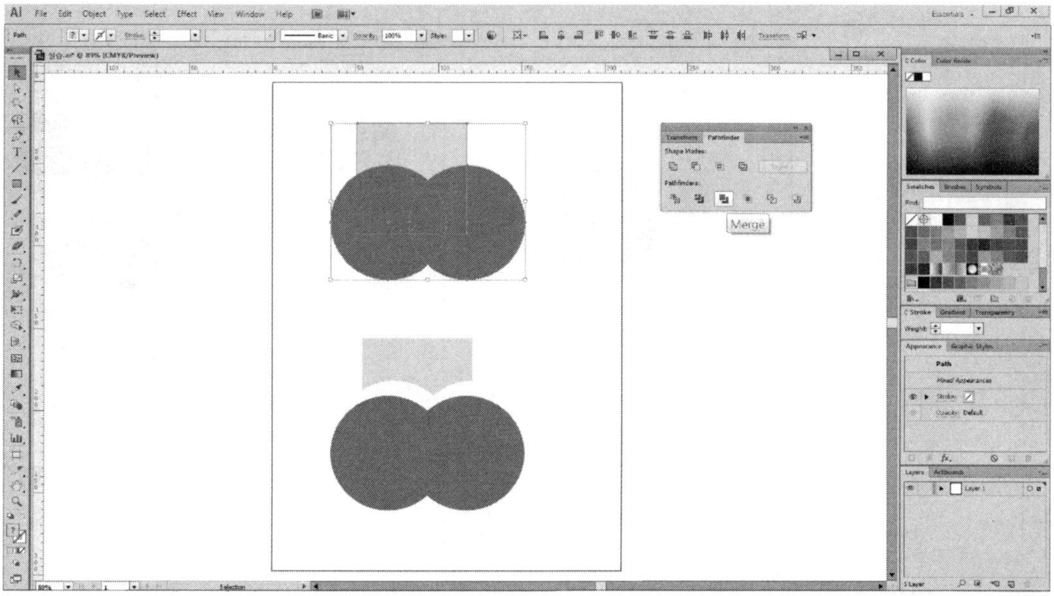

❽ [Crop] 자르기

교차되는 부분만 남깁니다. [Pathfinders]에서 개체를[Object] 선택한 다음 [Crop]을 실행합니다. 그룹을 해제한 다음 개체[Object]가 그림과 같이 교차되는 부분만 남깁니다.

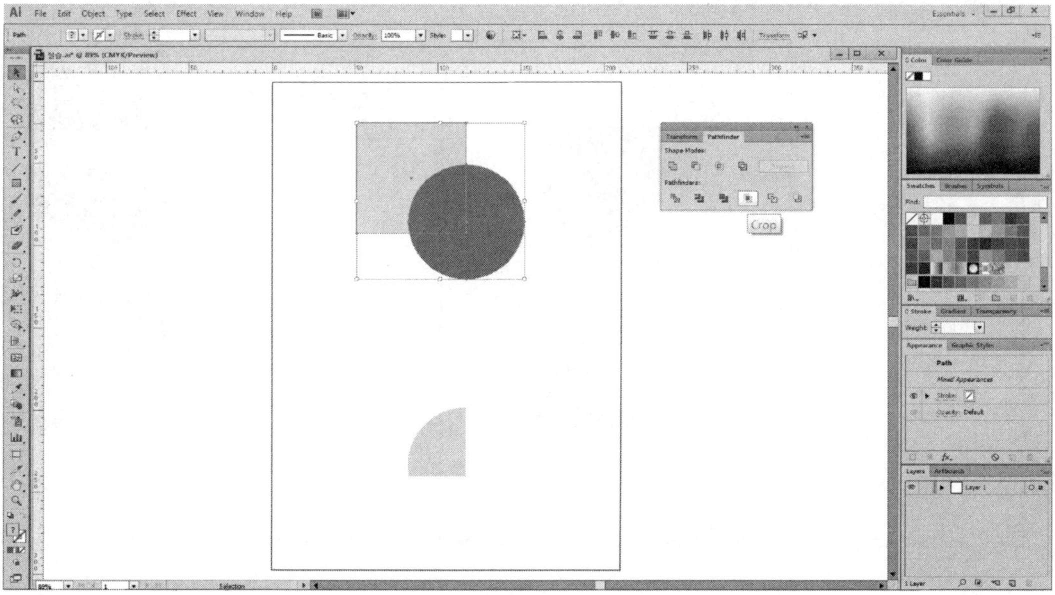

⑨ [Outline] 윤곽선

교차되는 부분을 분할하고 외곽선만 남깁니다. 인쇄 시 서로 겹치는 부분이 흰색으로 출력되지 않게 보완하는 역할을 합니다.

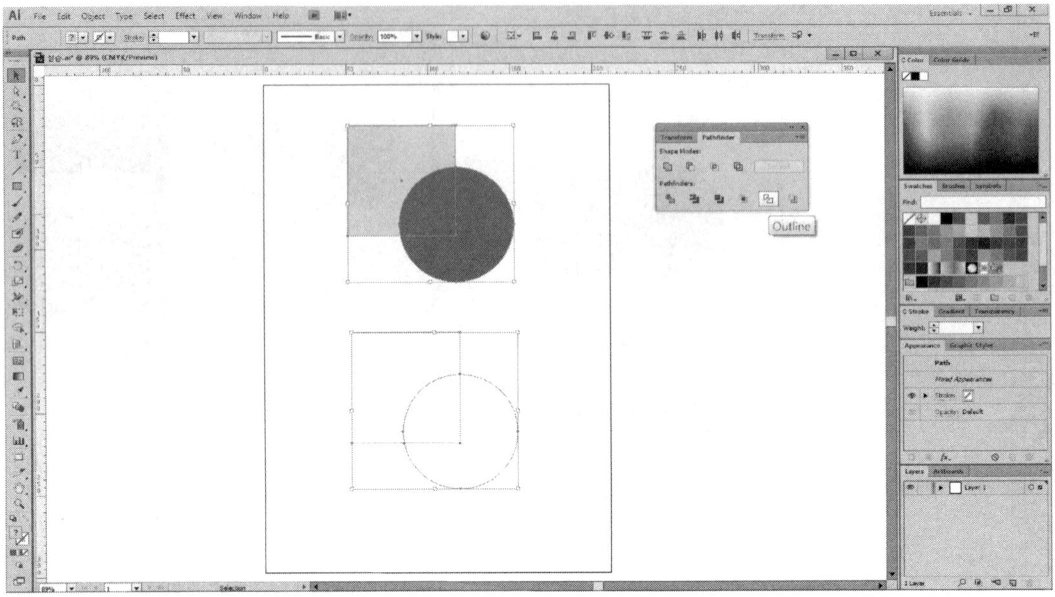

⑩ [MinusBack] 오브젝트[Object] 제외 상위에 있는 오브젝트[Object]를 남기고 뒤에 있는 개체[Object]를 빼줍니다.

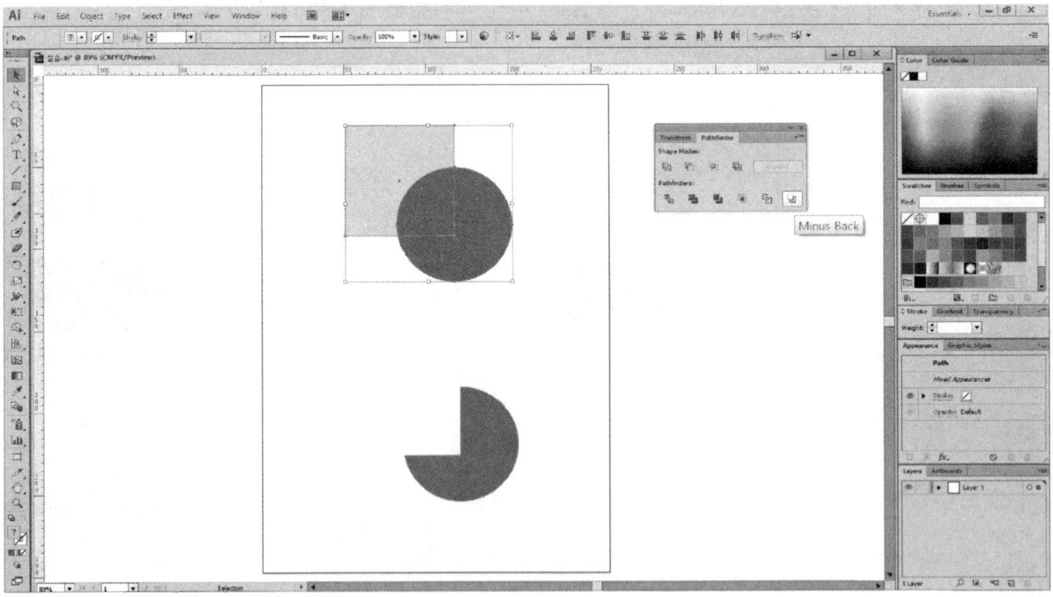

05 Stroke 패널

❶ Weight

선의 두께를 조절합니다. [Window] - [Stroke]을 실행하여 패널을 활성화하고 선을 생성합니다.

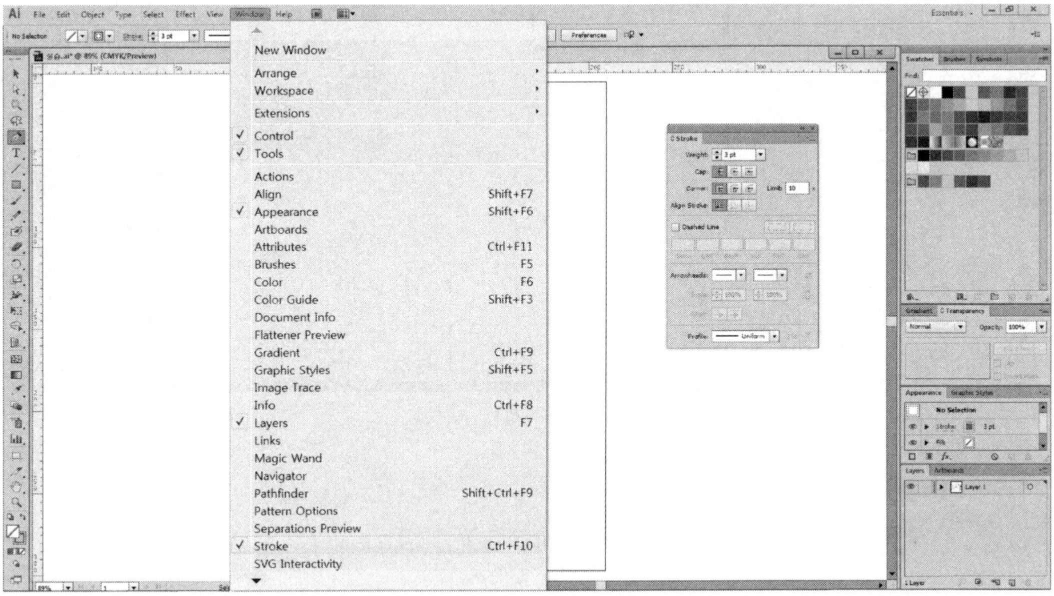

개체[Object]를 선택하고 [Weight] = [10]pt를 선택합니다.

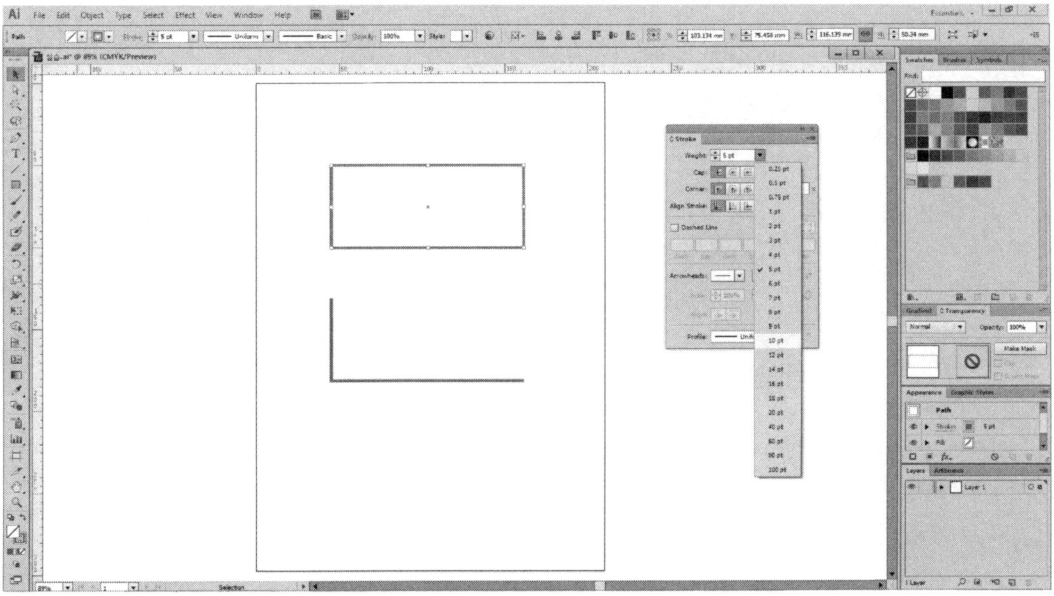

[Weight] = [10]pt로 변경되었습니다.

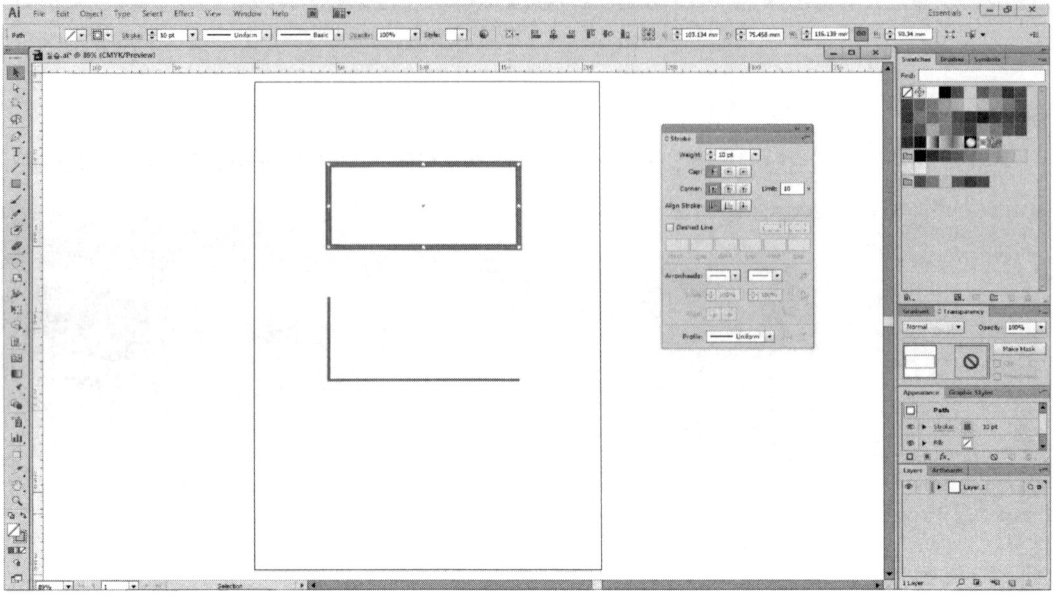

❷ Cap

선의 끝 모양을 조절합니다. 선을 선택하고 [Round Cap]을 실행합니다.

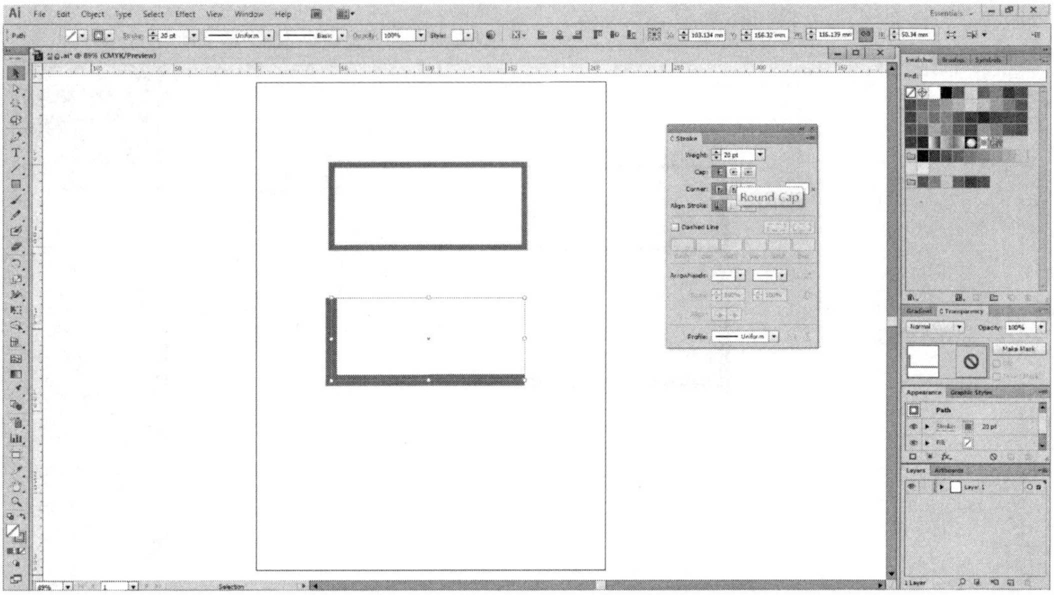

선의 끝 모양이 [Round Cap]으로 조정되었습니다.

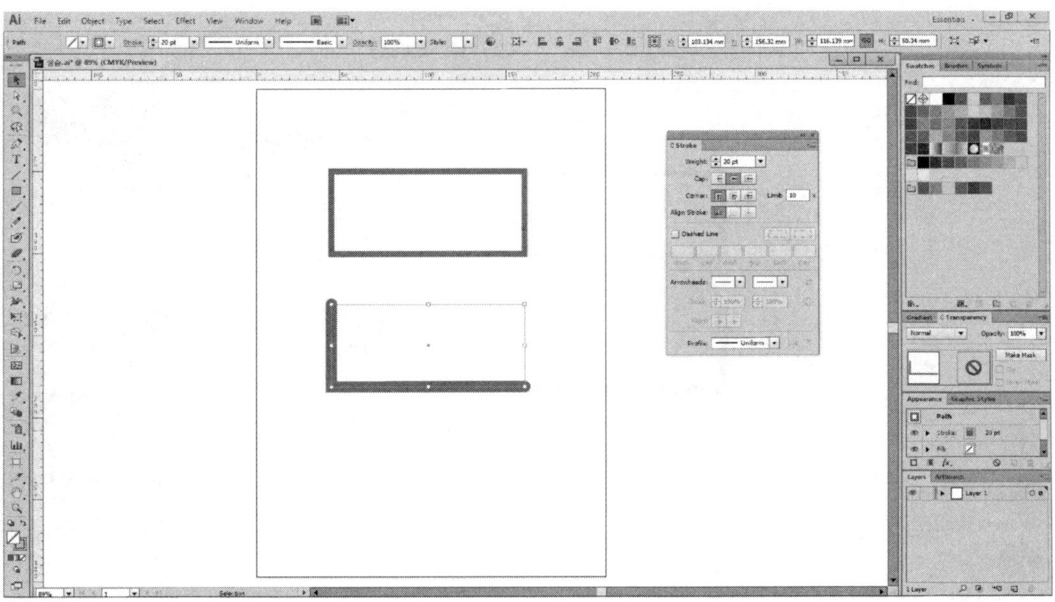

❸ Corner

선의 모서리 모양을 조절하고 선을 선택하고 [Round Join]을 실행합니다.

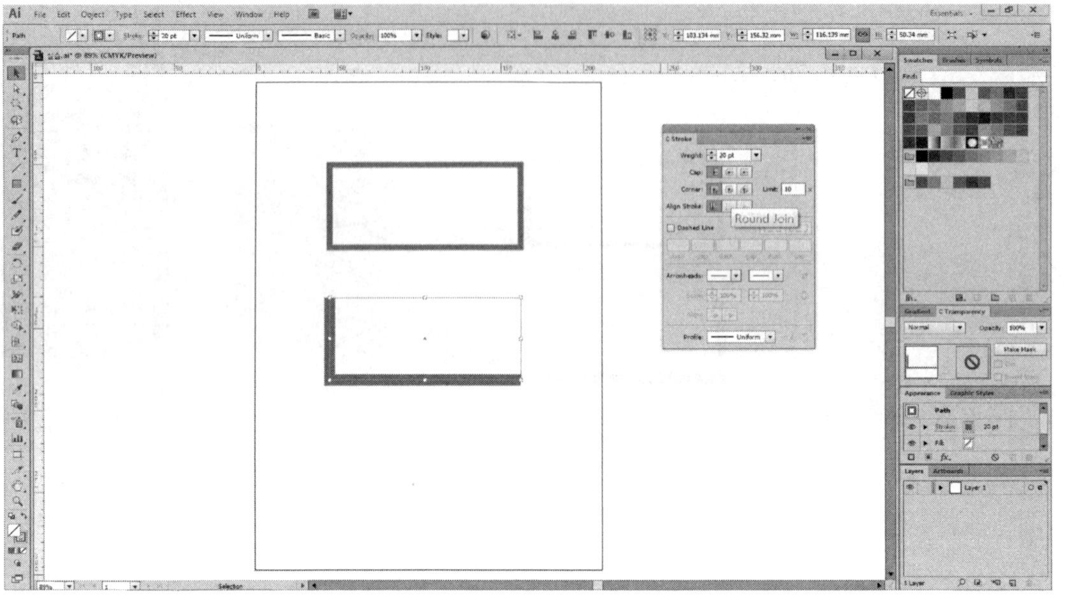

선의 모서리 모양이 [Round Join]으로 조정되었습니다.

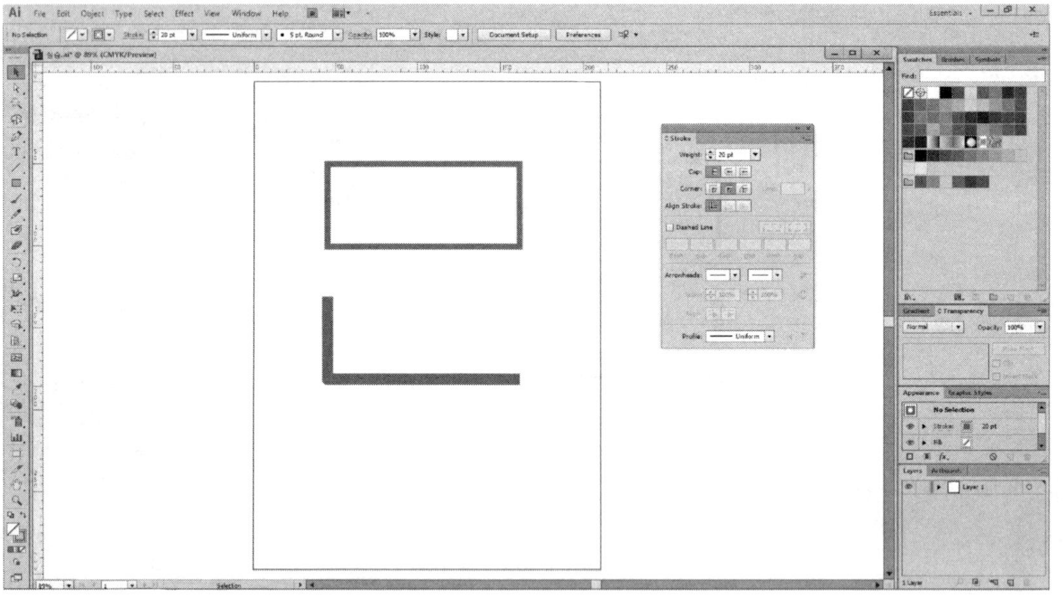

❹ Align Stroke

패스 위치를 조절합니다. 닫힌 도형에서만 활성화됩니다.

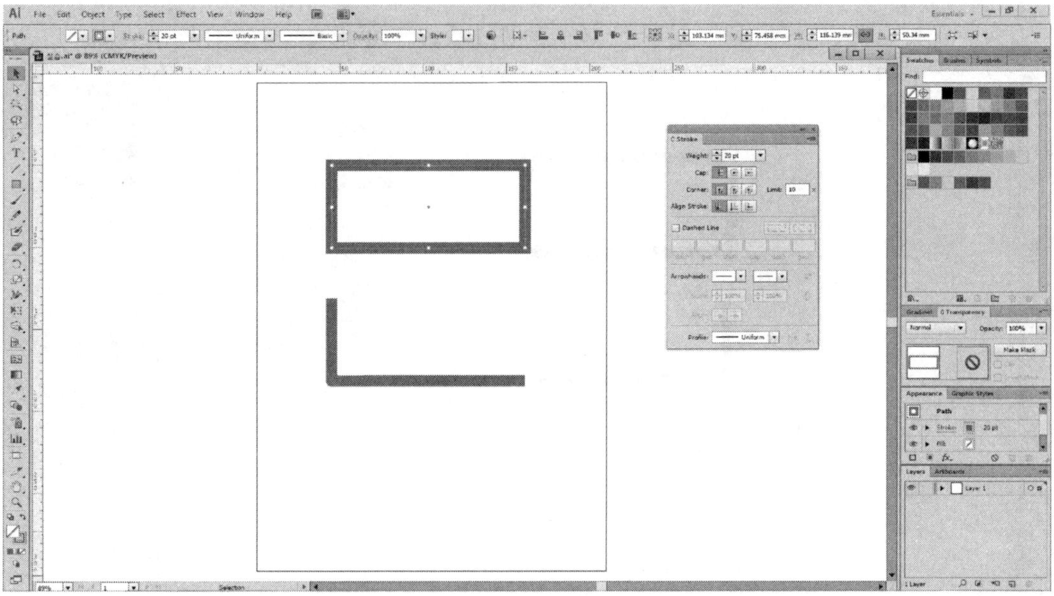

개체[Object]를 선택하고 [Align Stroke to Inside]를 실행합니다. 패스 안쪽으로 도형이 형성되었습니다.

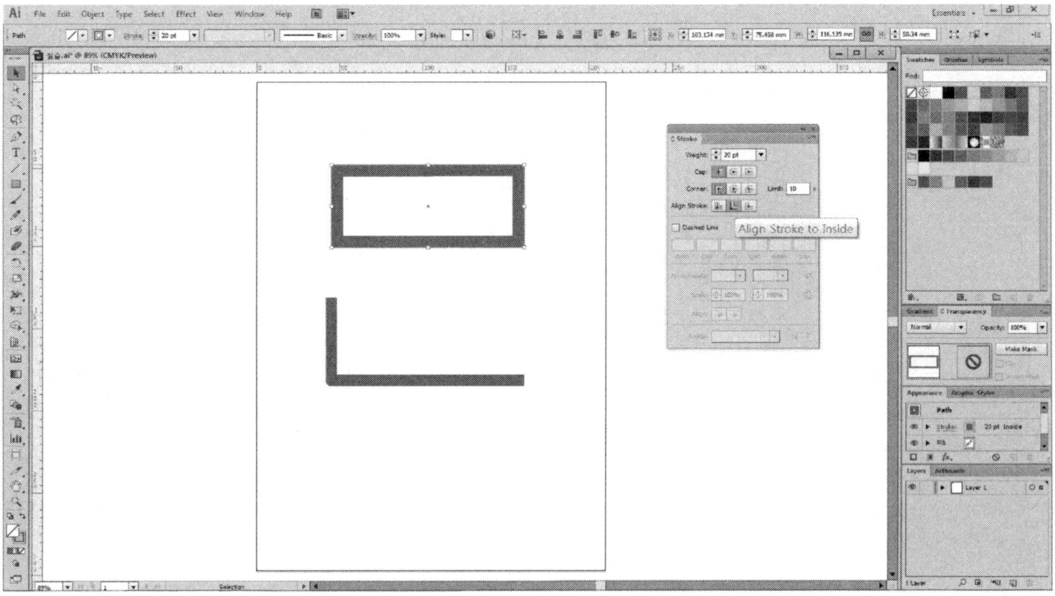

개체[Object]를 선택하고 [Align Stroke to Outside]를 실행합니다. 패스 바깥쪽으로 도형이 형성되었습니다.

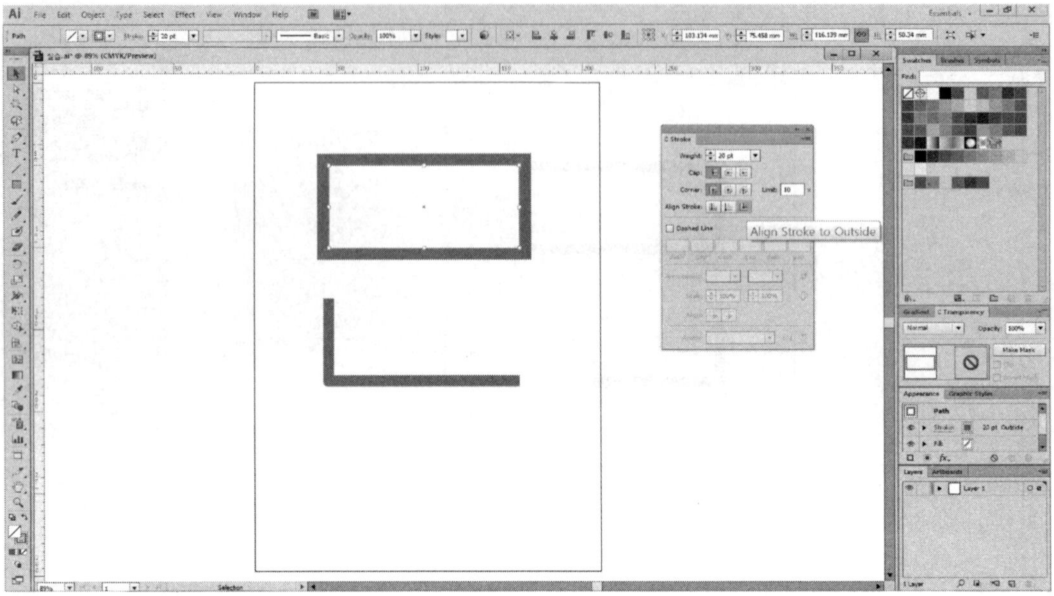

❺ Dashed Line

점선을 만듭니다. 개체[Object]를 선택합니다.

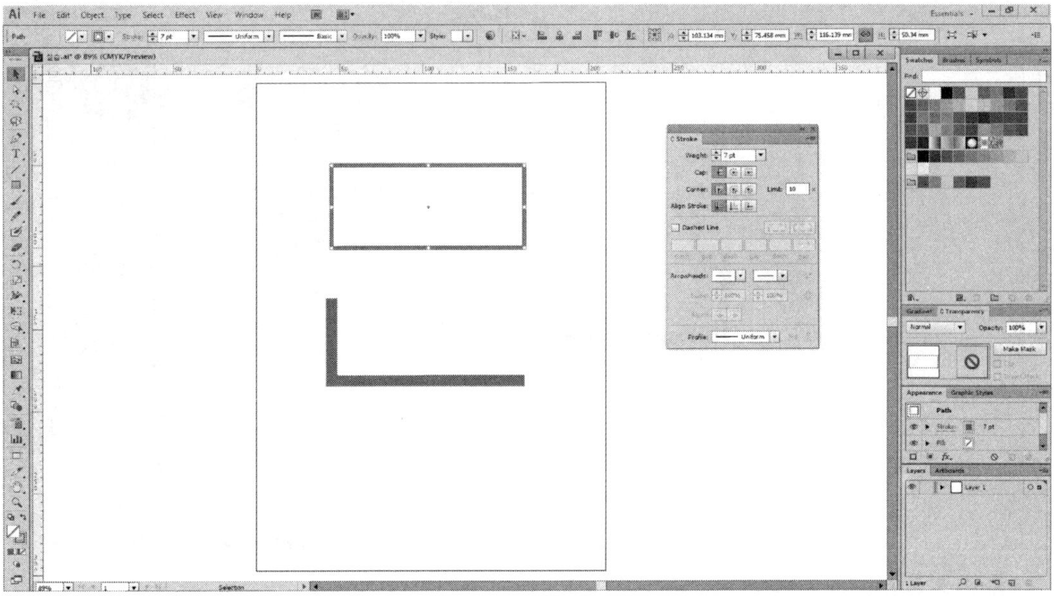

[Dashed Line]을 체크합니다. [dash], [gap]이 12pt 간격으로 점선이 생성됩니다.

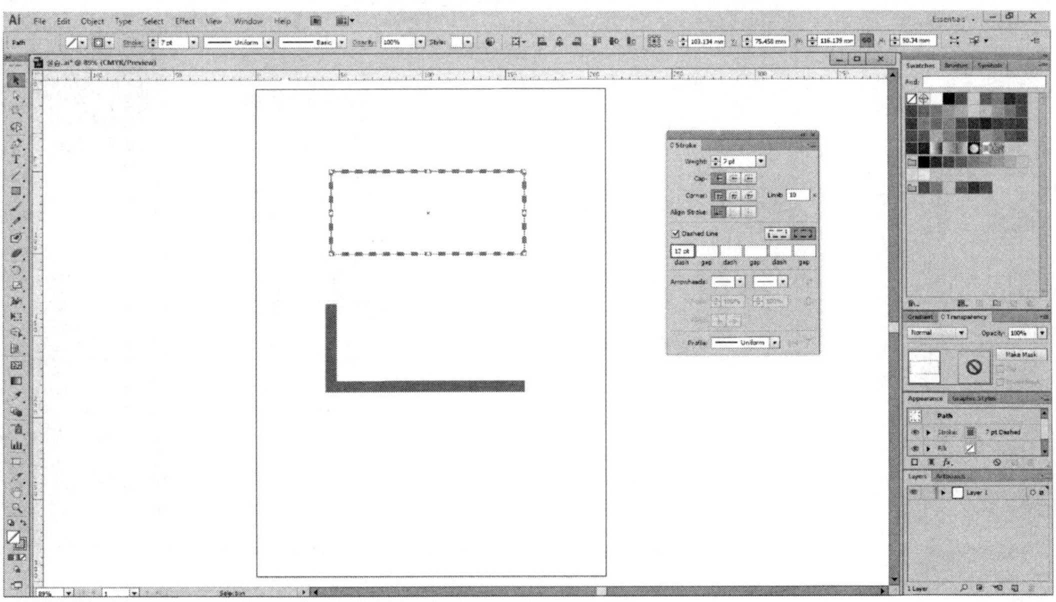

[gap]을 [6]pt를 입력합니다. [gap] [6]pt 간격으로 점선이 생성됩니다.

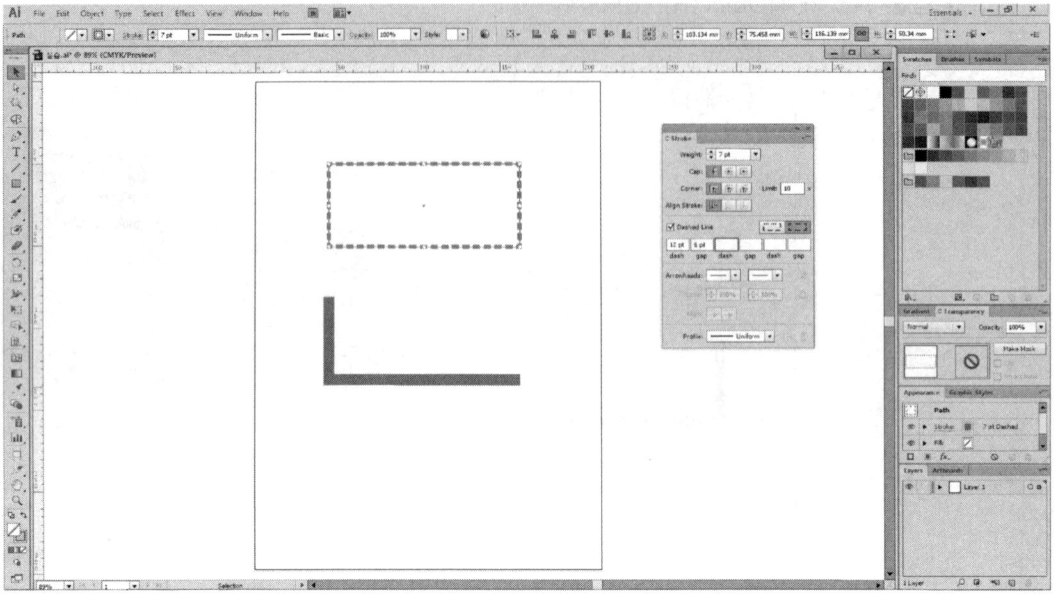

[gap]을 [6]pt를 지울 경우는 [6]pt를 선택해서 [Delete]를 실행합니다.

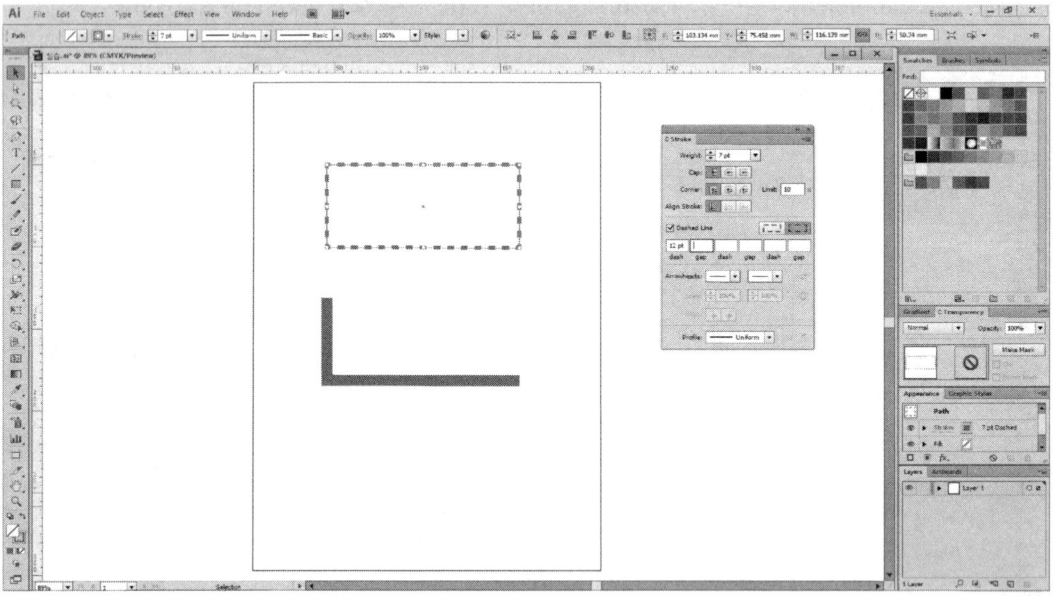

⑥ Arrowheades

선의 끝의 화살표 모양을 선택합니다.

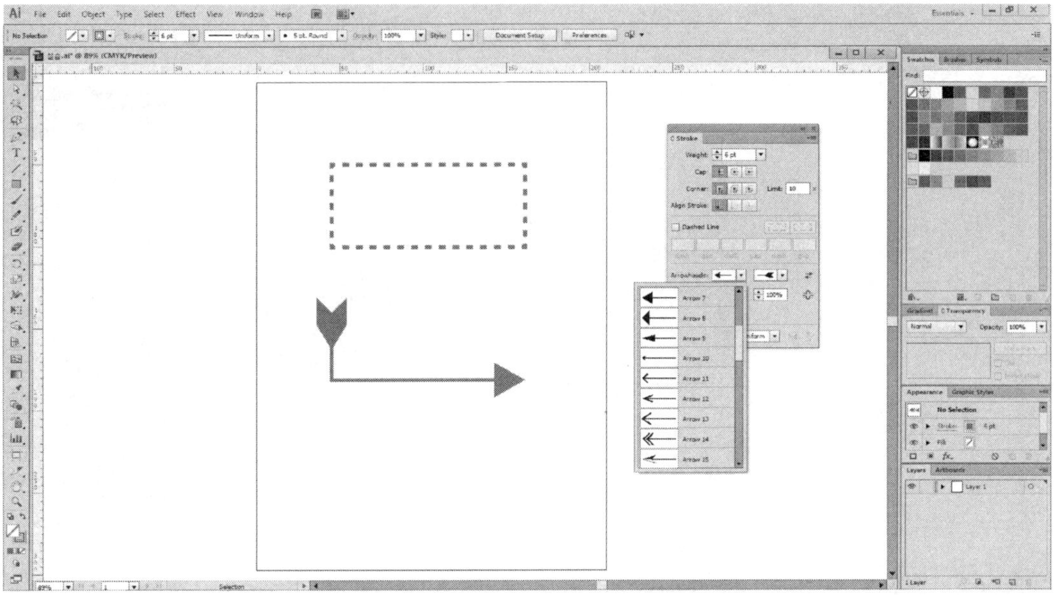

[Scale]을 조정하여 화살표 크기를 조정합니다. 50[%]로 조정하였습니다.

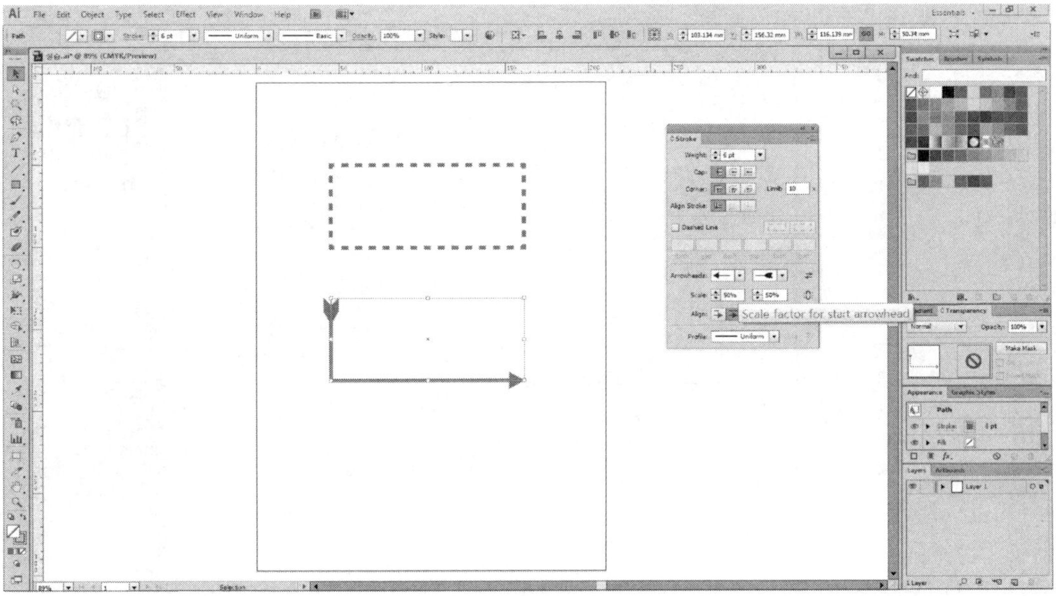

⑦ Align

화살표 위치를 조절합니다. 패스 끝에 위치합니다.

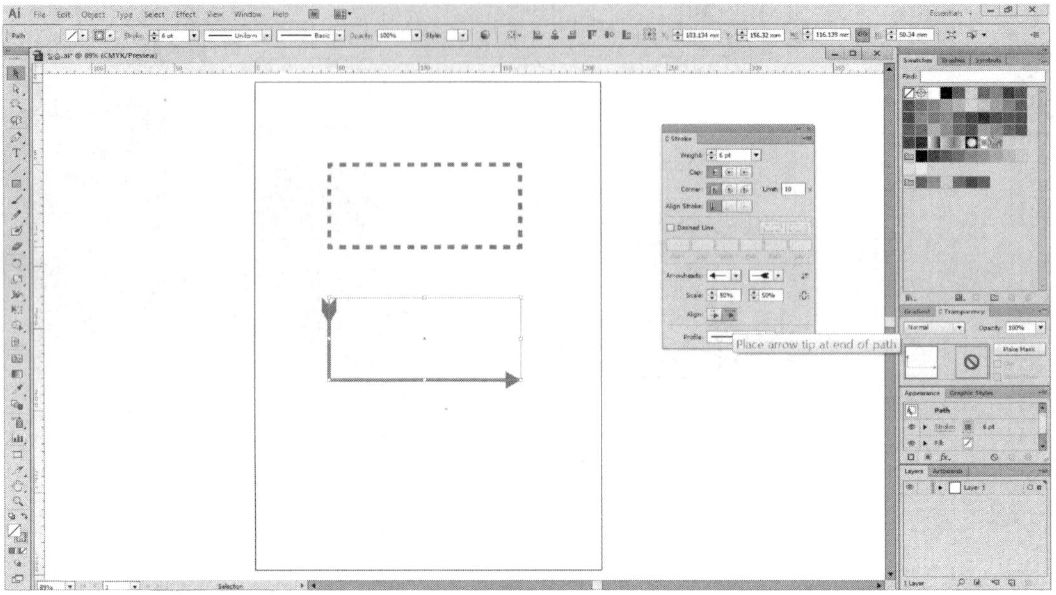

화살표 위치를 조절합니다. 패스 밖에 위치합니다.

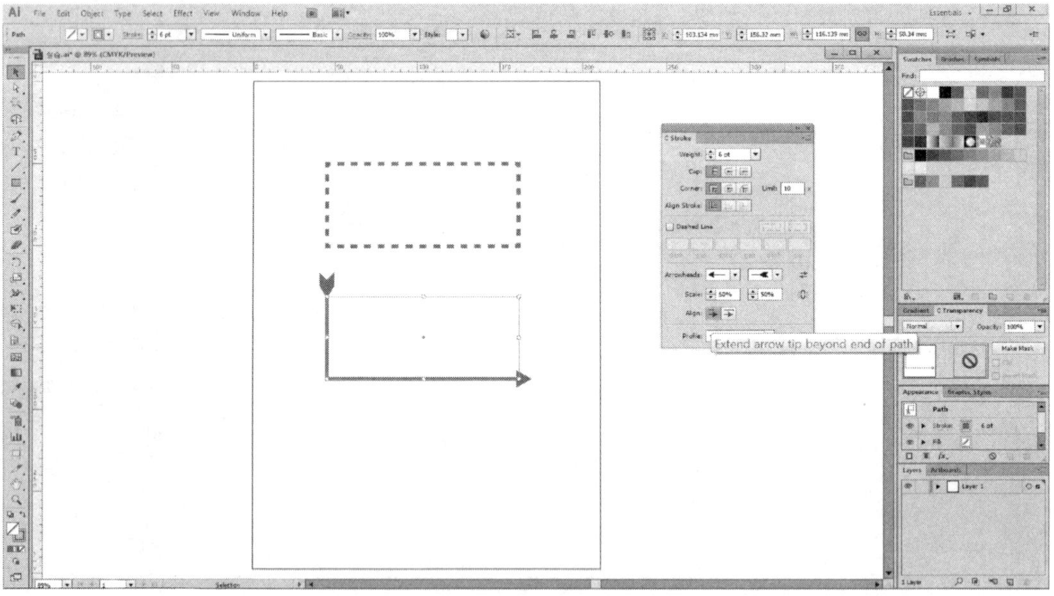

❽ Profile 선의 형태를 변경합니다. 개체[Object]를 선택하고 [WidthProfile2]를 선택합니다.

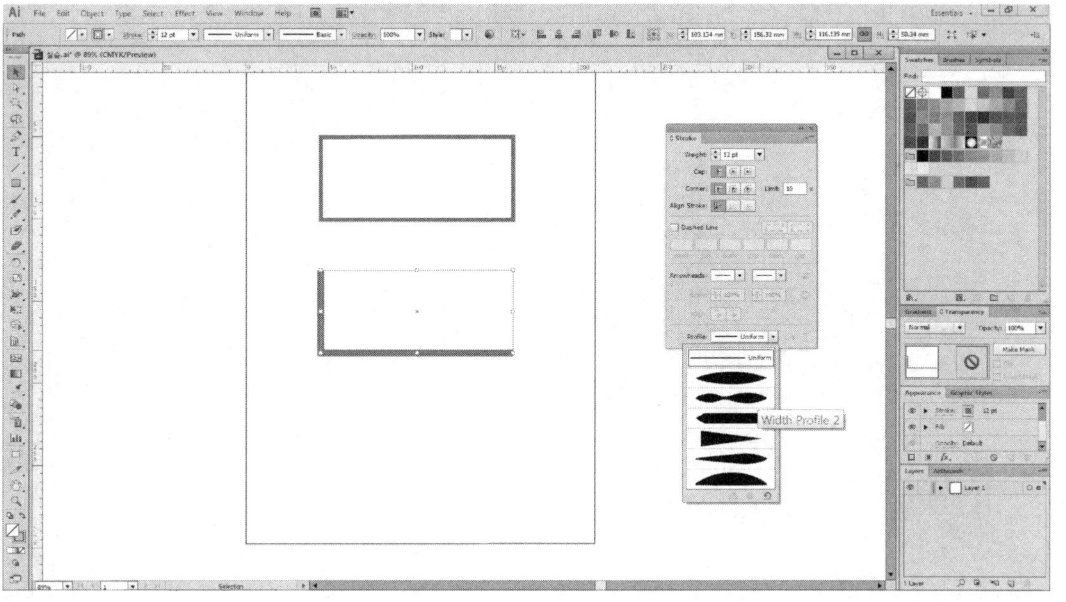

[Width Profile2]로 변경되었습니다.

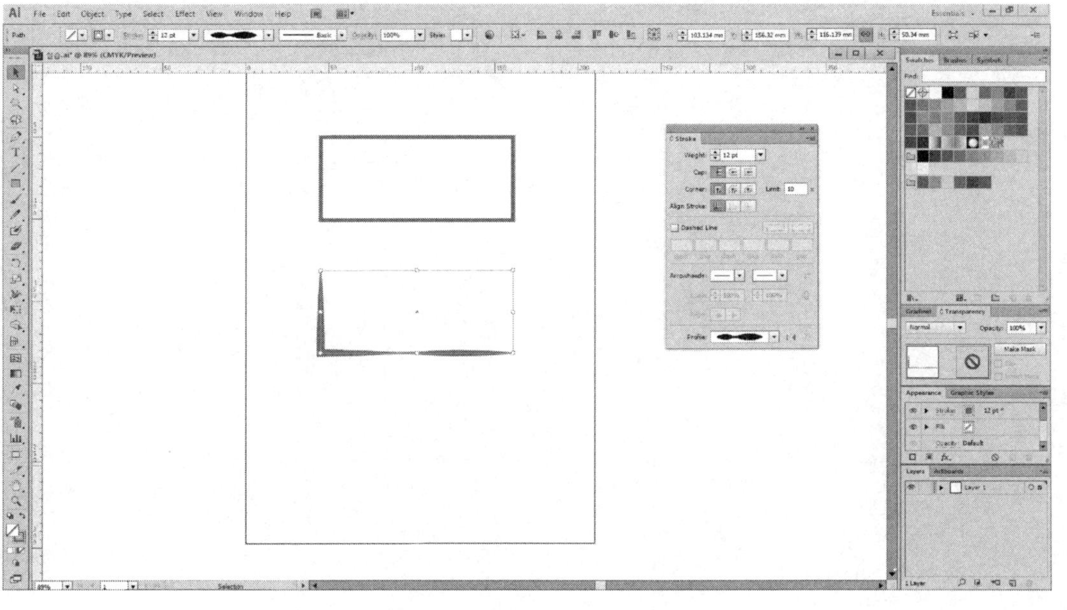

일러스트레이터(Illustrator) 따라하기

Chapter 7.

실무적용 실습

CHAPTER

7 실무적용 실습

01 카메라 그리기

등근사각형[Rounded Rectangle Tool]을 사용하여 [Stroke]를 삭제하고 면[Fill]색만 선택한 상태에서 개체를 생성하고 개체[Object]에 색상을 적용합니다.

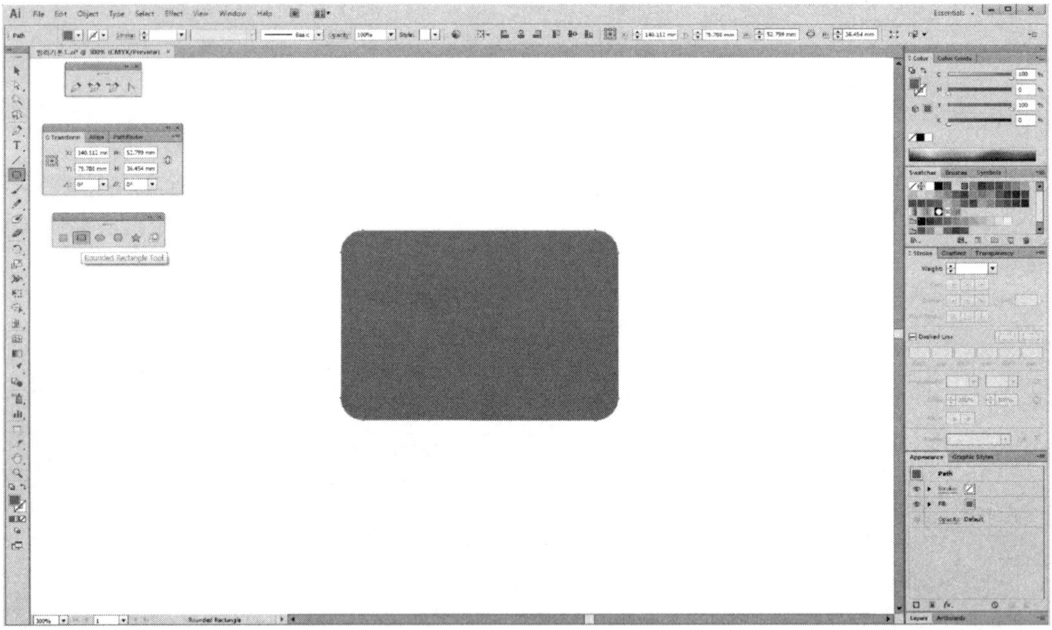

사각형[Rectangle Tool]을 사용하여 개체[Object] 하나를 완성합니다.

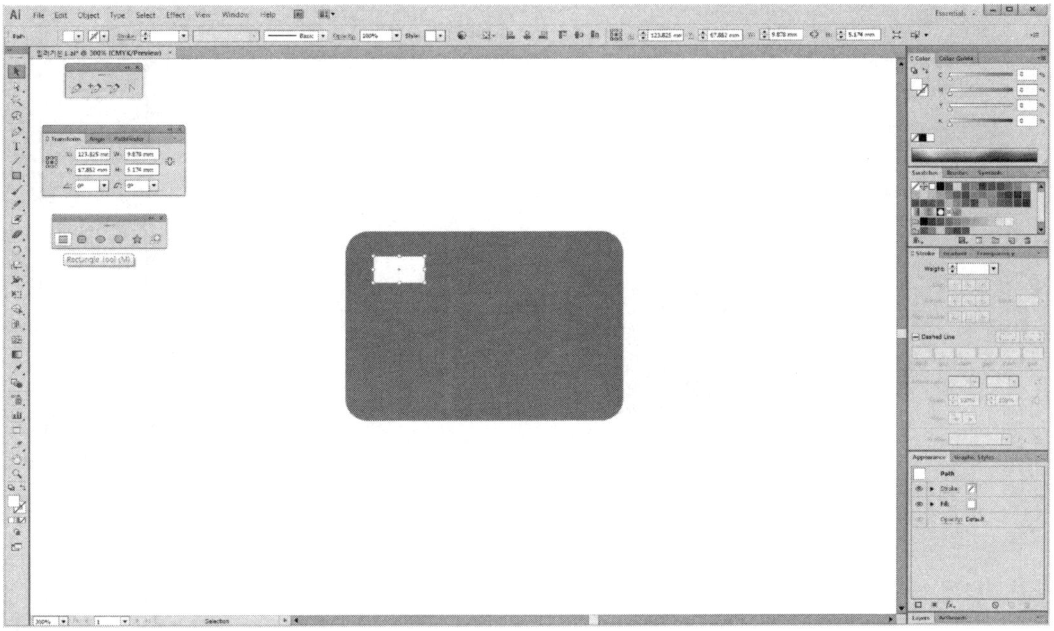

[Shift] + [Alt]키를 누른 상태에서 [Ellipse Tool]을 사용하여 정원을 생성합니다.

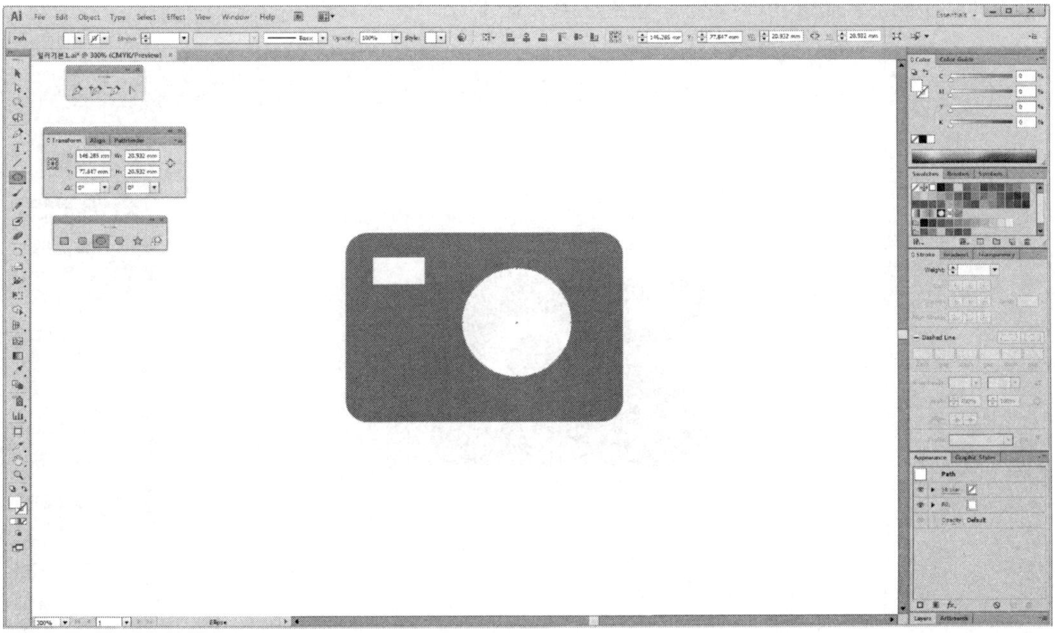

[Shift] + [Alt]키를 누른 상태에서 [Ellipse Tool]을 사용하여 또 다른 정원을 생성합니다.

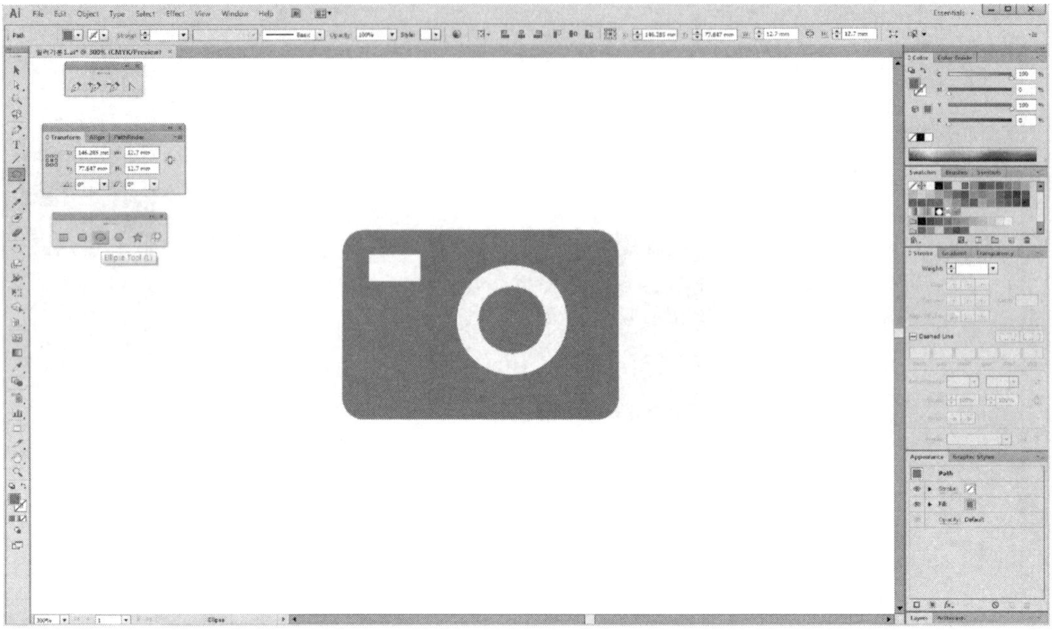

오른쪽 상단에 [Rounded Rectangle Tool]을 사용하여 [Stroke]를 삭제하고 면색만 선택한 상태에서 개체[Object]를 생성하고 개체에 색상을 적용합니다.

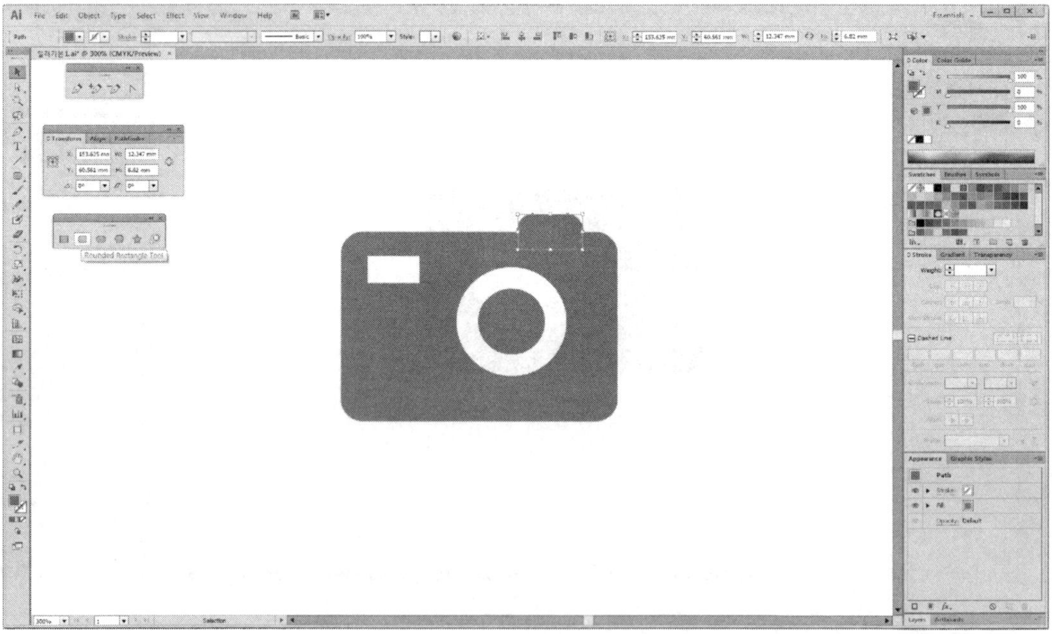

메뉴에서 [Object] - [Group]을 실행하여 그룹화합니다.

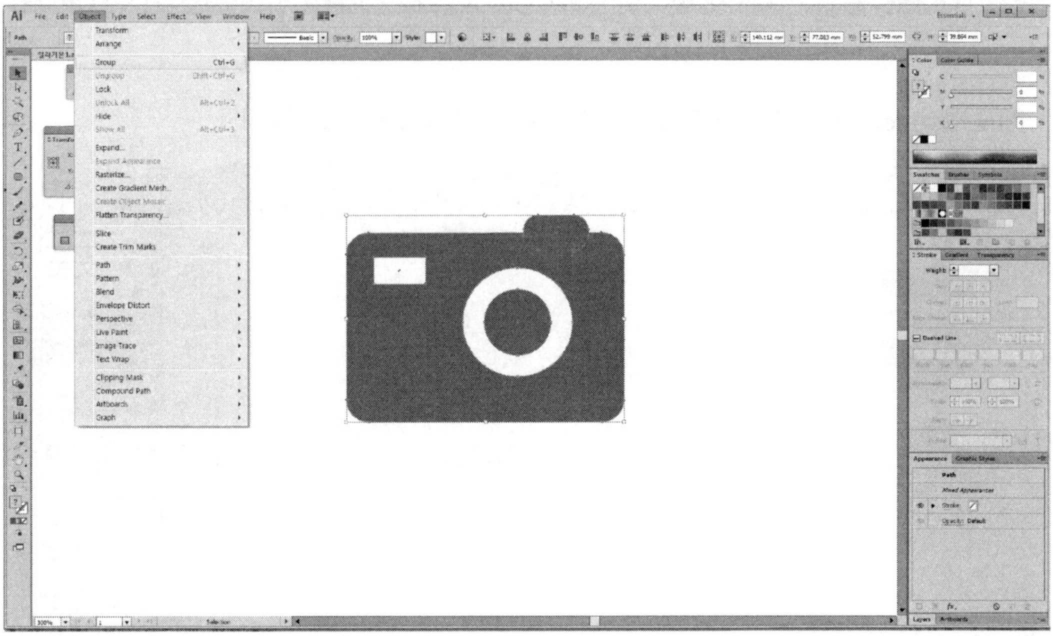

카메라 개체[Object]가 완성되었습니다.

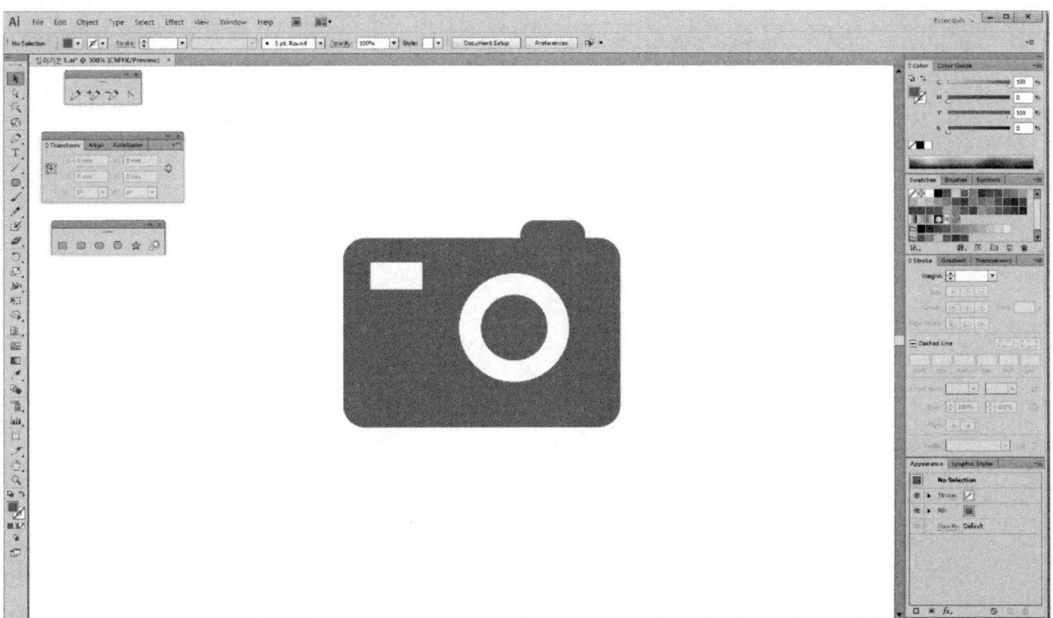

02 [Join] 명령 및 [Scissors Tool] 활용방법

[Line Segment Tool]을 사용하여 다음과 같이 개체[Object]를 완성합니다.

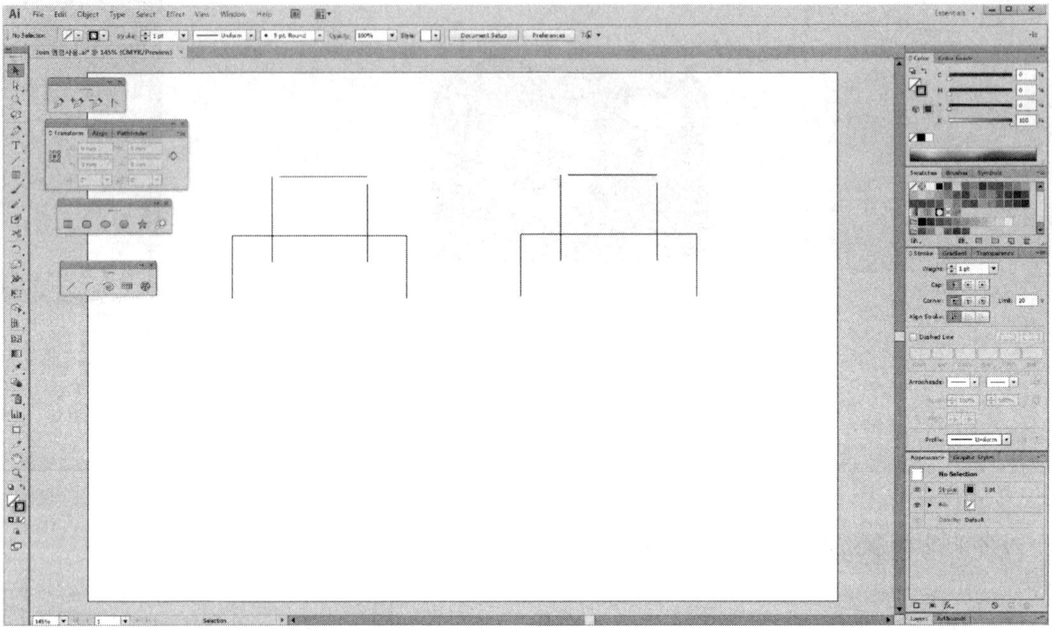

세그먼트[Segment]를 2개 선택하여 메뉴에서 [Object] - [Path] - [Join]을 실행합니다.

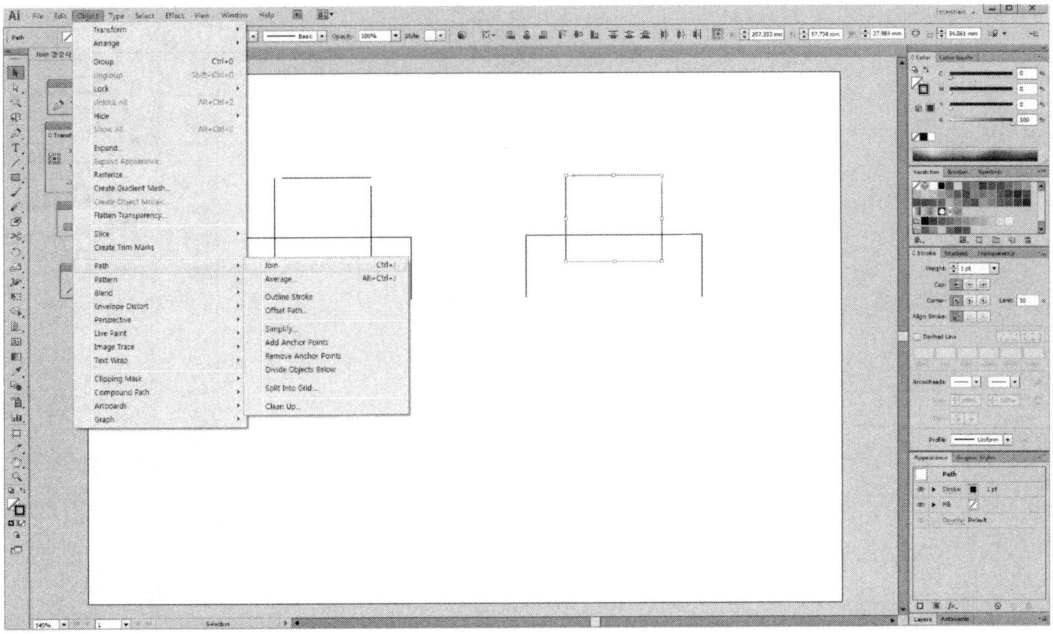

세그먼트[Segment]를 2개 선택한 부분이 이어졌습니다.

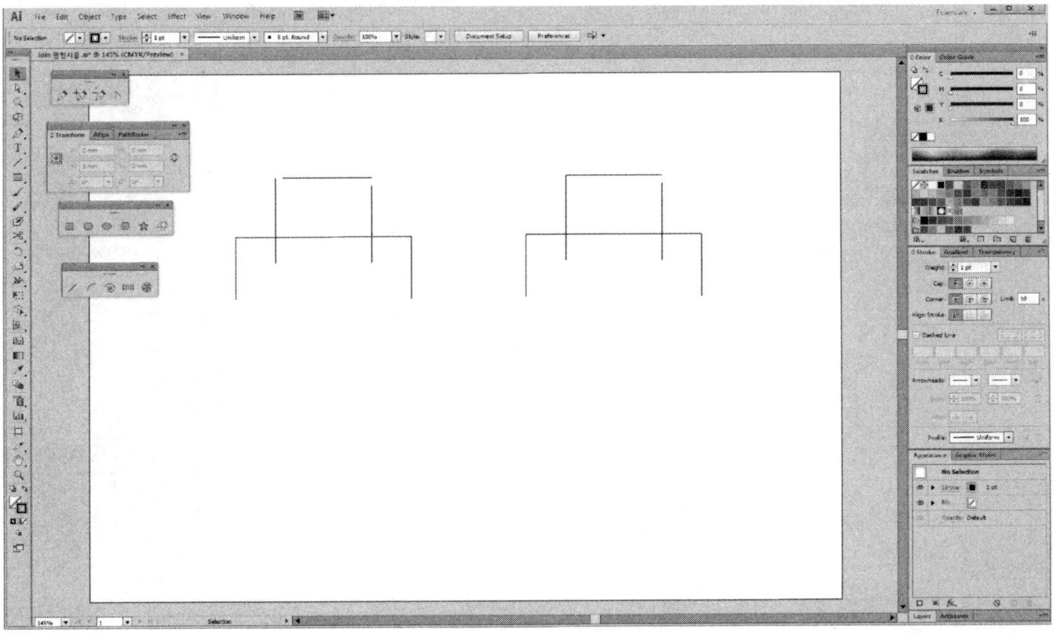

다시 우측 세그먼트[Segment]를 2개 선택하여 메뉴에서 [Object] - [Path] - [Join]을 실행합니다.

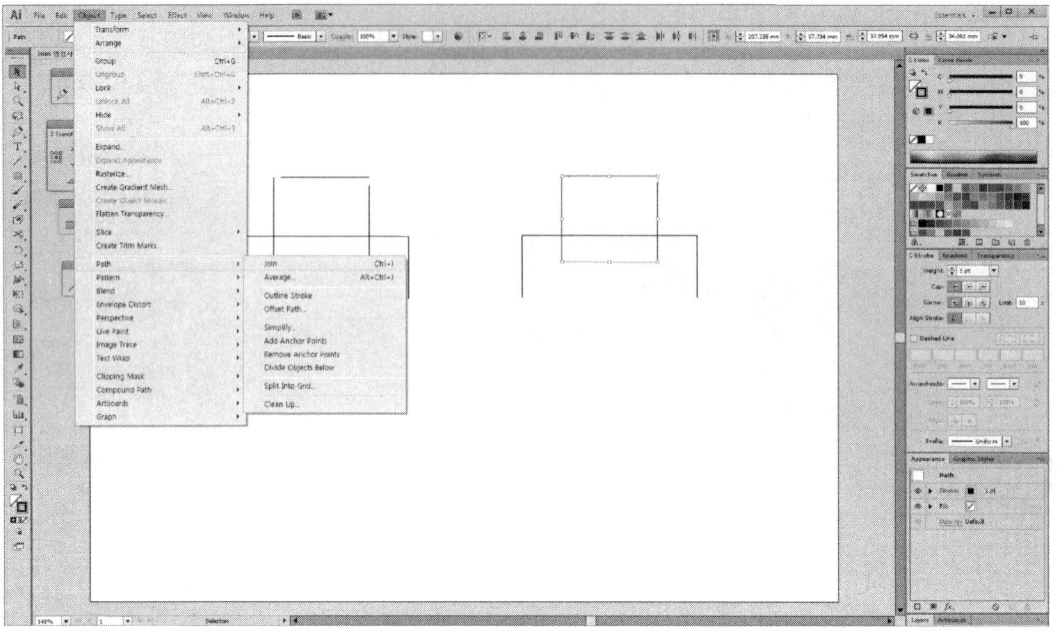

세그먼트[Segment]를 2개 선택한 부분이 이어졌습니다.

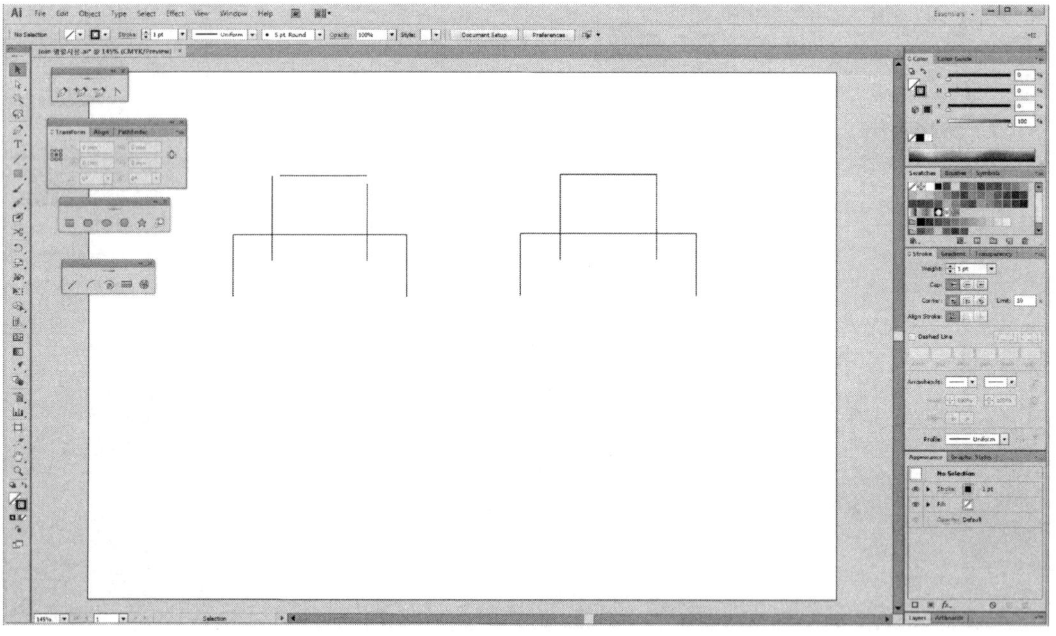

아래 밖으로 삐침 부분을 삭제하기 위해 [Scissors Tool]을 사용하여 왼쪽 겹치는 부분을 클릭합니다.

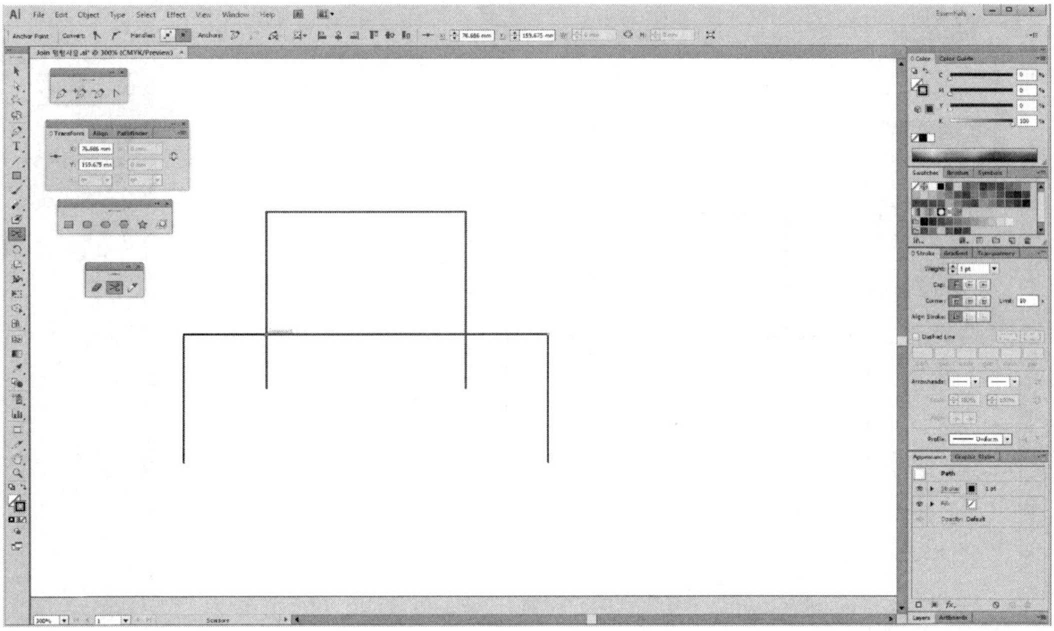

선택 툴[Selection Tool]을 사용하여 다음과 같이 선택합니다.

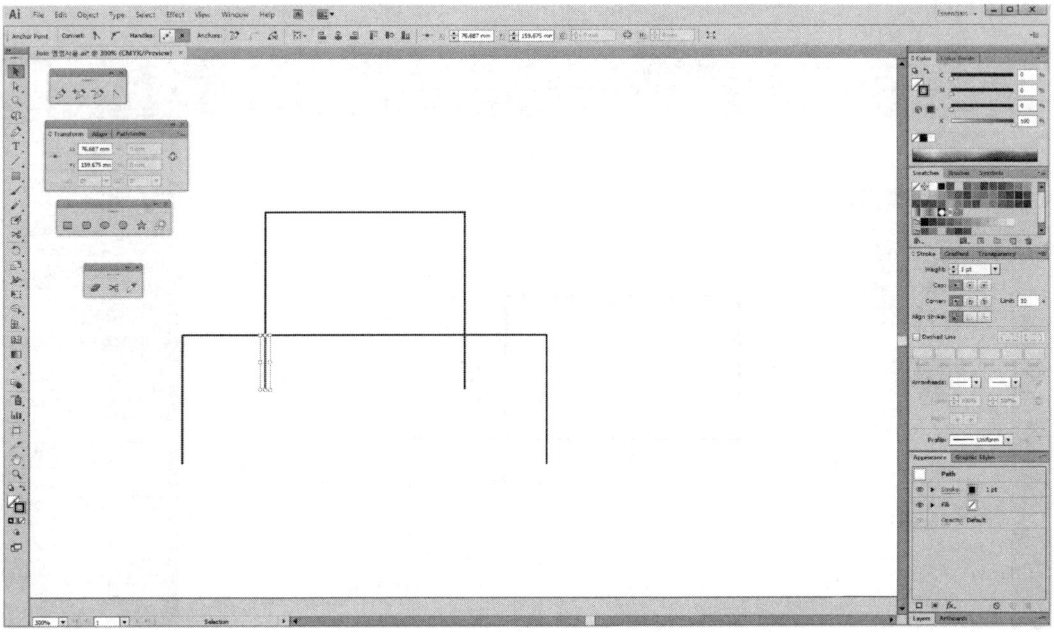

선택된 부분을 제거합니다.

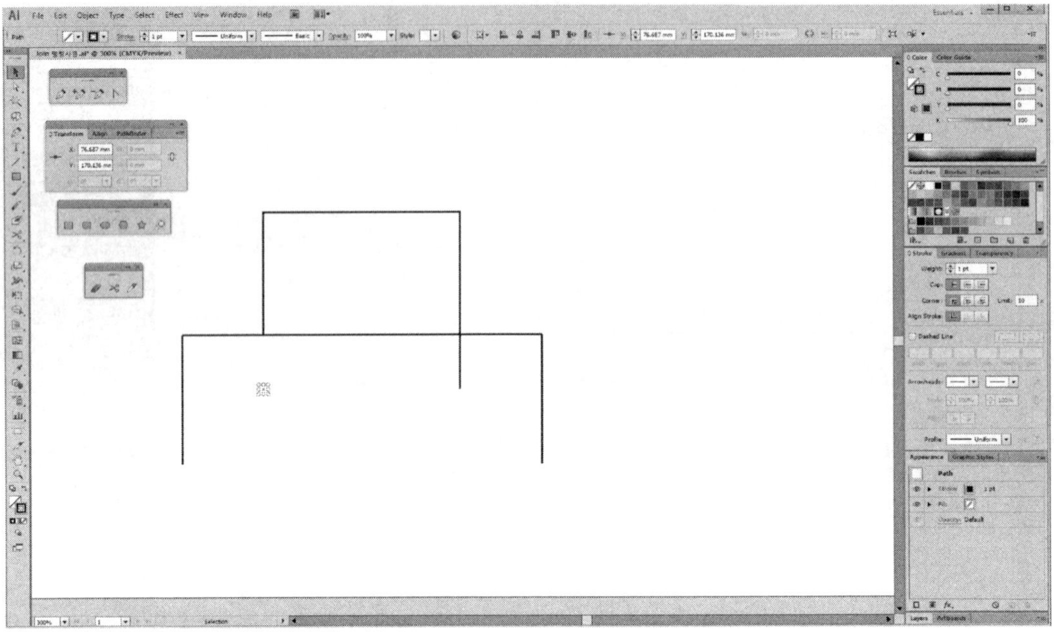

우측 부분도 아래 밖으로 삐침 부분을 삭제하기 위해 [Scissors Tool]을 사용하여 겹치는 부분을 클릭합니다.

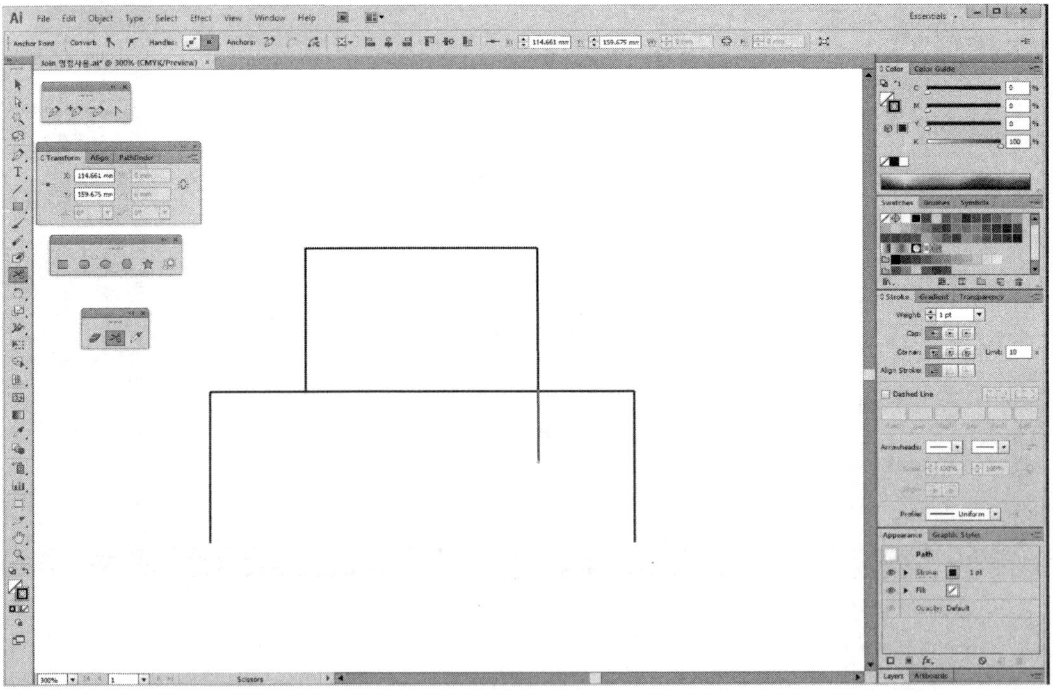

선택 툴[Selection Tool]을 사용하여 다음과 같이 선택합니다.

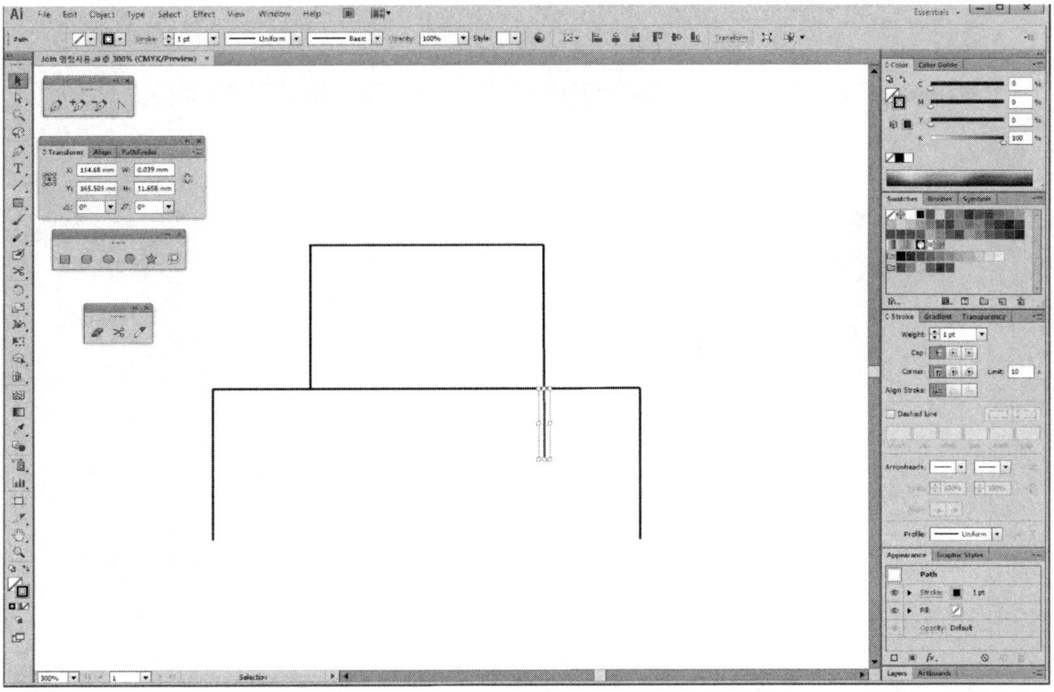

선택된 부분을 제거합니다.

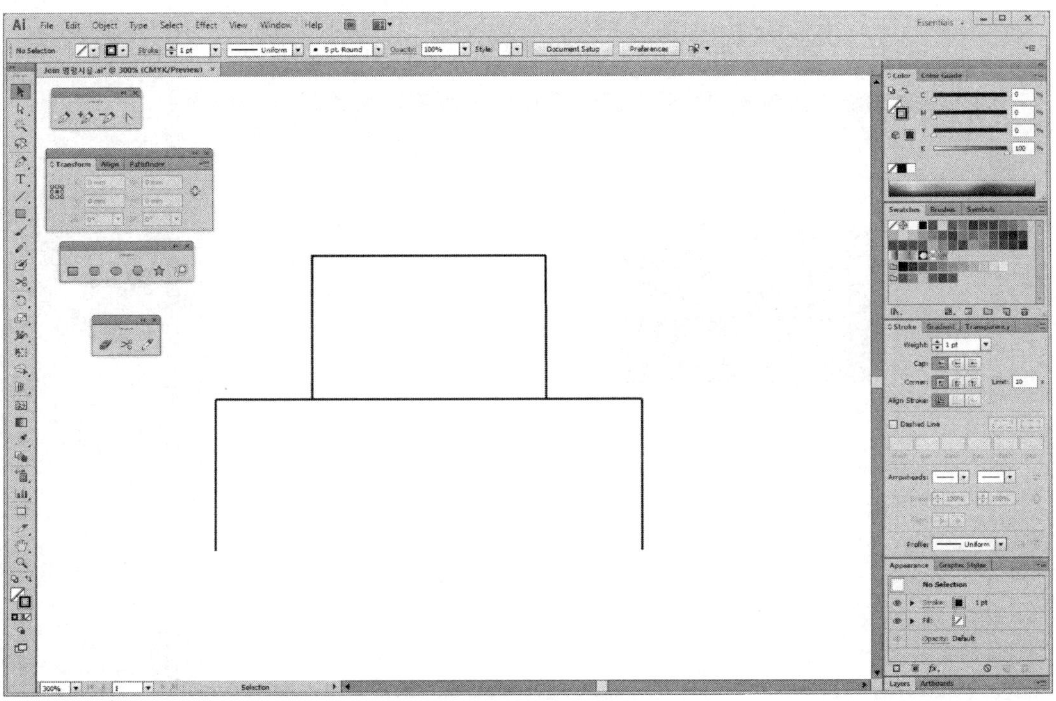

펜툴[Pen Tool]을 사용하여 다음과 같이 개체[Object]를 완성합니다.

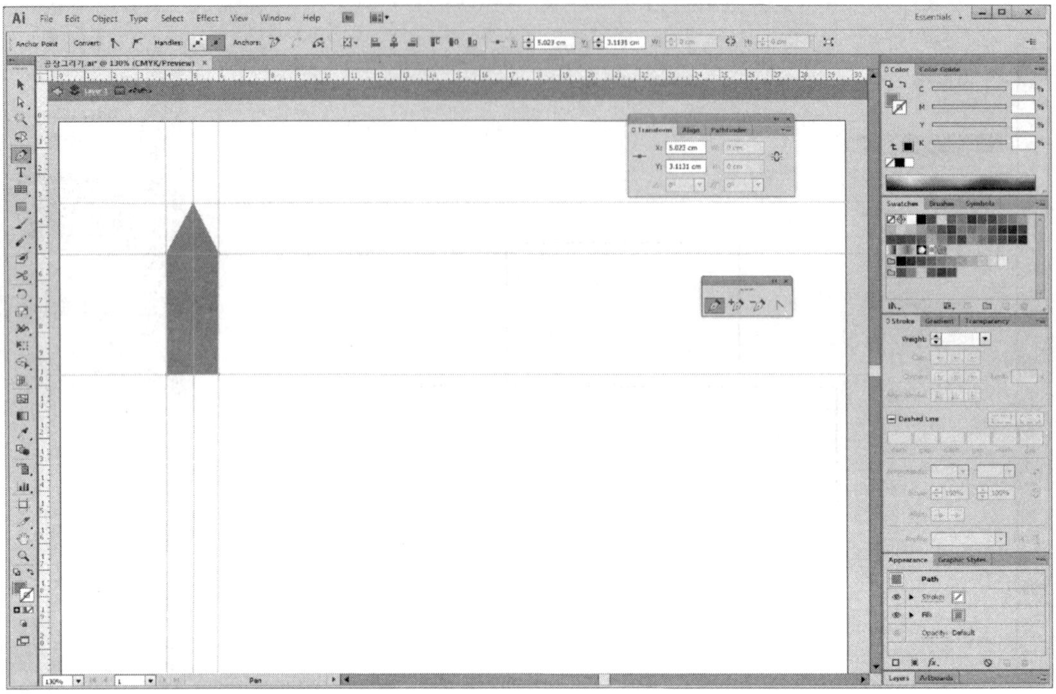

이동 복사하여 개체[Object]를 완성합니다.

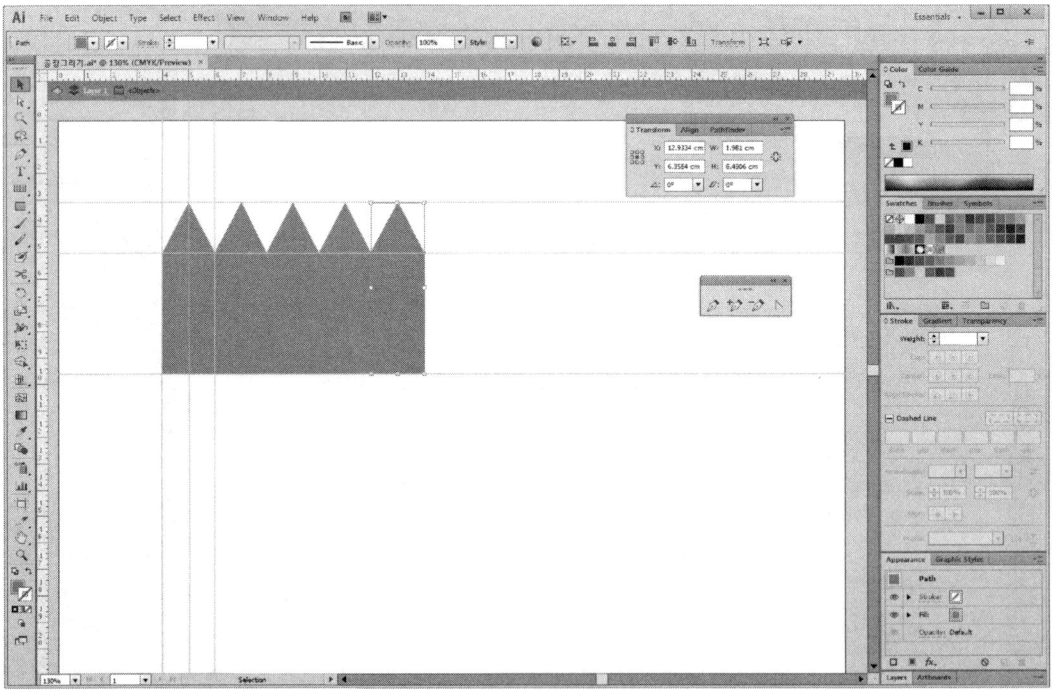

[Rectanglar Grid Tool]을 사용하여 그리드[Grid]를 그리고, 이 상태는 개체임으로 메뉴에서 [View] - [Guides] - [Make Guides]를 실행하여 가이드화합니다.

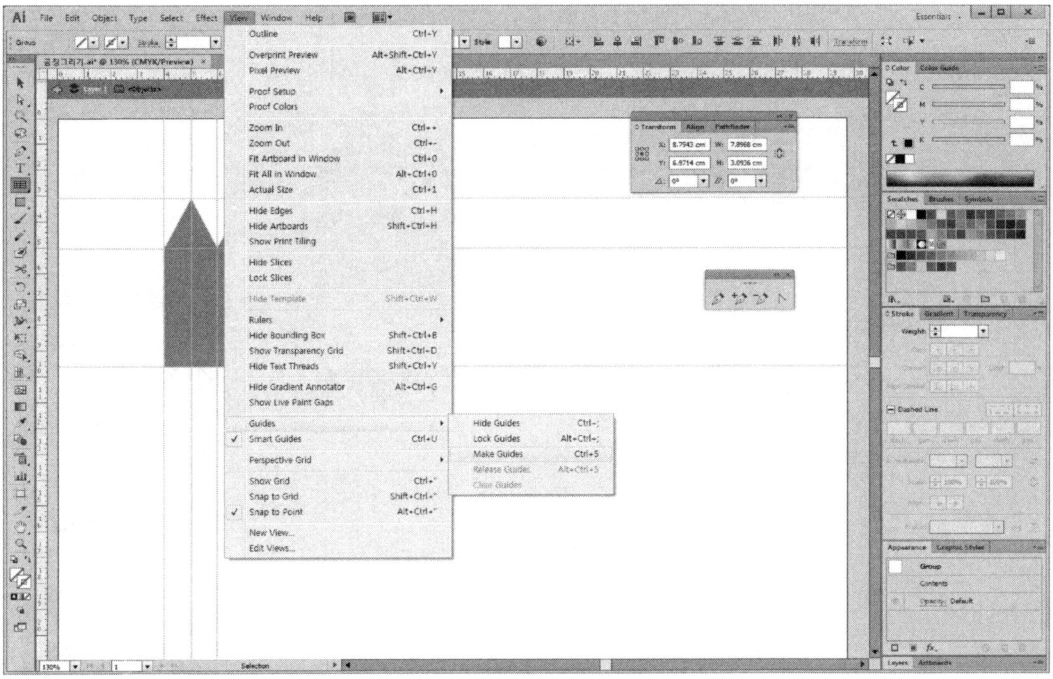

[Rectangle Tool]을 사용하여 테두리가 없는 사각형을 그립니다.

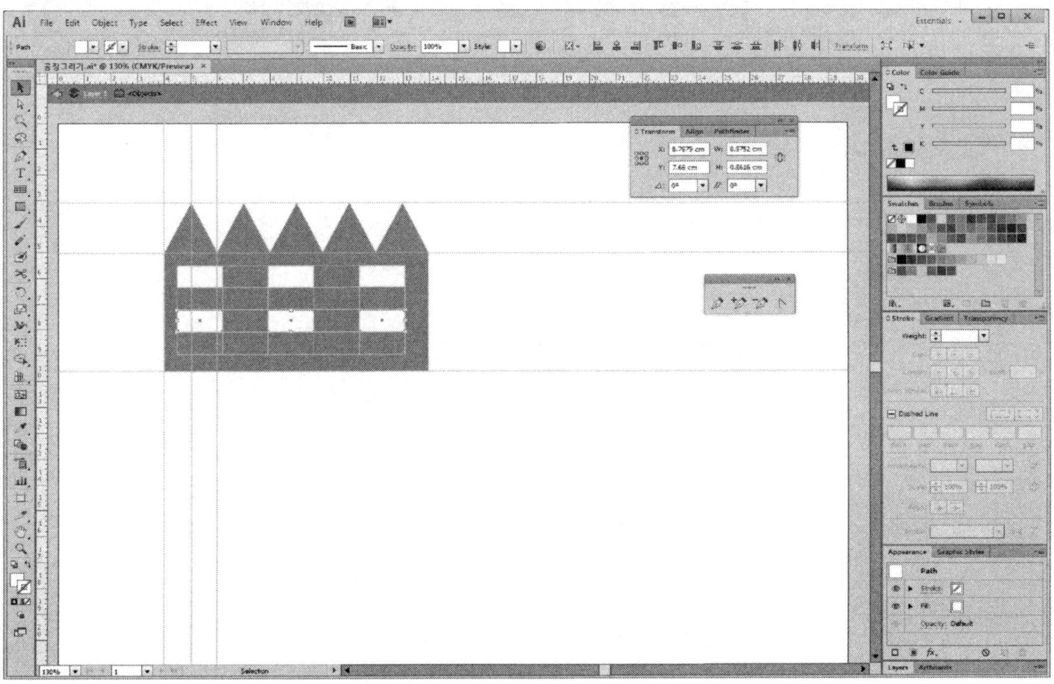

03 그라디언트[Gradient]

[Rectangle Tool]을 사용하여 테두리가 없는 개체[Object]를 그립니다.

하단 그라디언트[Gradient]를 클릭합니다.

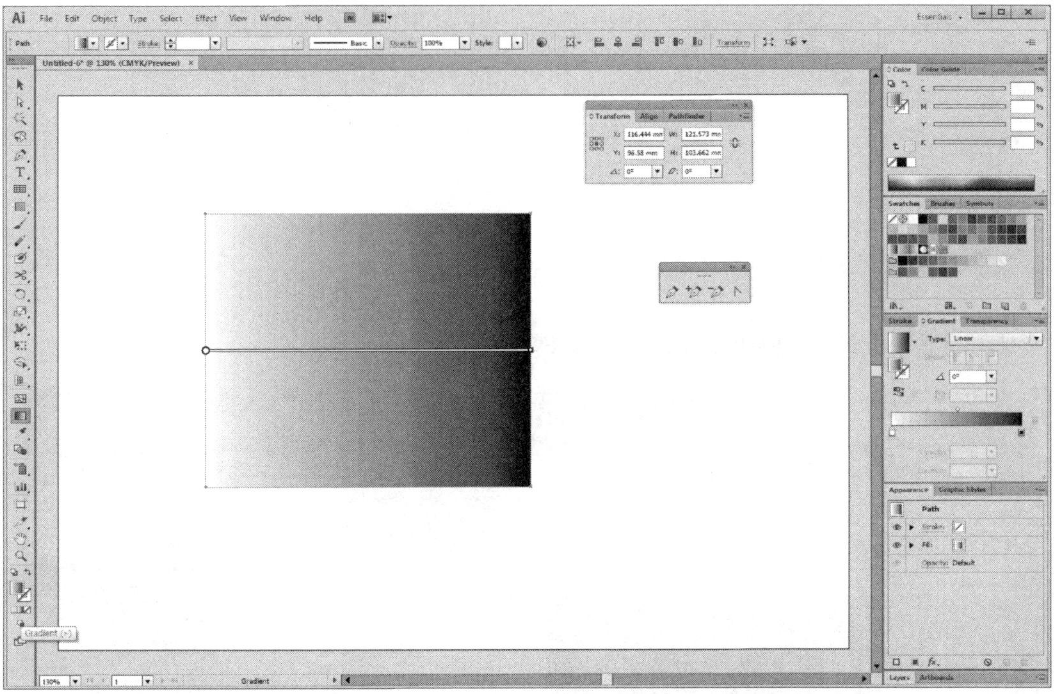

컬러[Color] 옵션에서 [RGB]를 선택합니다.

색상을 선택하여 그라디언트[Gradient]를 적용합니다.

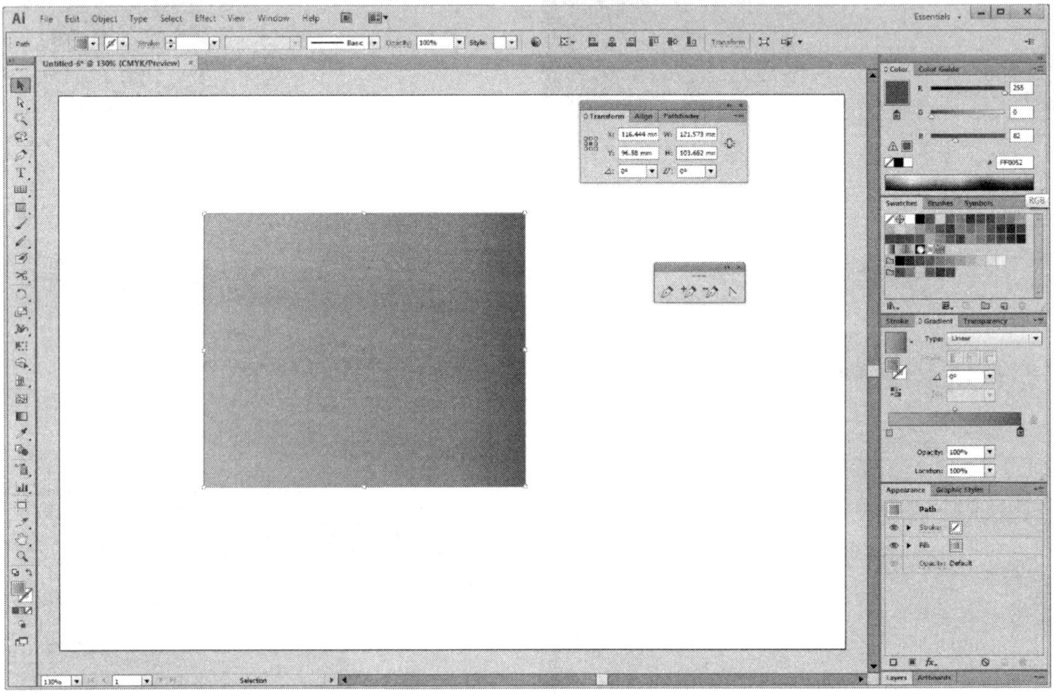

그라디언트[Gradient]탭에서 [Angle] [90°]를 선택합니다.

그라디언트[Gradient]탭에서 [Angle] [90°]를 실행한 내용입니다.

그라디언트[Gradient]탭에서 [Angle] [- 90°]를 선택합니다.

그라디언트[Gradient]탭에서 [Angle] [- 90°]를 실행한 내용입니다.

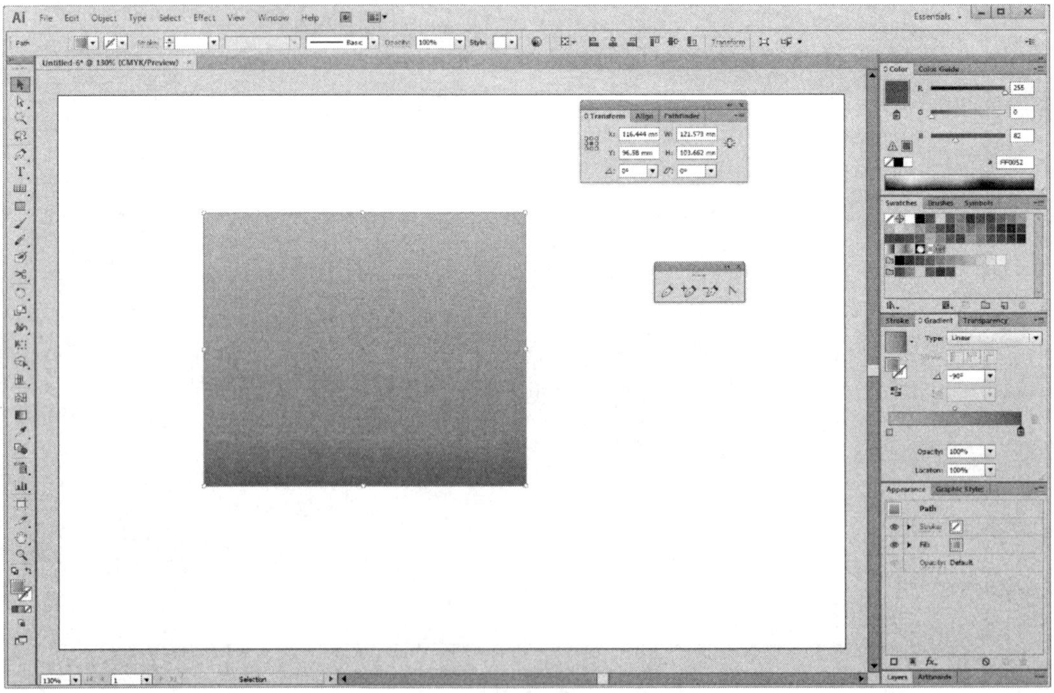

04 비트맵 이미지 백터화

메뉴에서 [File] - [Place]를 실행하여 이미지를 가져옵니다.

[Image Trace]확장 버튼을 클릭하여 [Default]를 실행합니다.

[Image Trace]를 실행한 화면입니다.

[Expand]를 실행하여 백터화합니다.

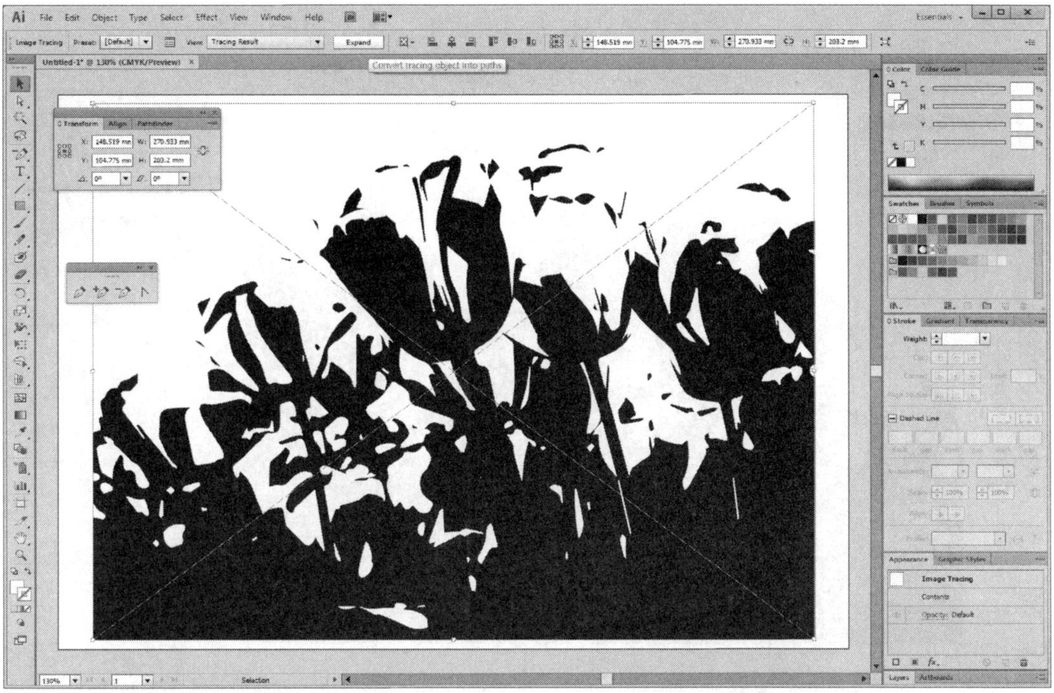

백터 이미지가 되었습니다. 수정 편집이 가능합니다.

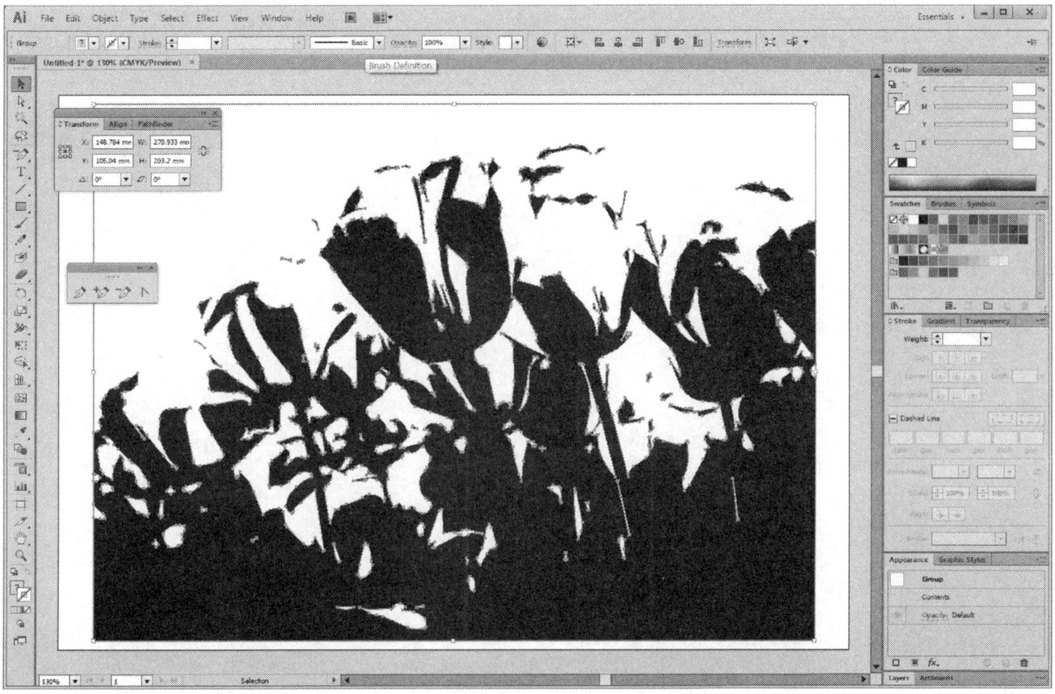

선택 툴[Pen Tool]로 개체[Object]를 선택한 후 색상 등 변형이 가능합니다.

05 패스파인더 빼기[Pathfinder Minus Front]

테두리가 없는 개체[Object]를 생성합니다.

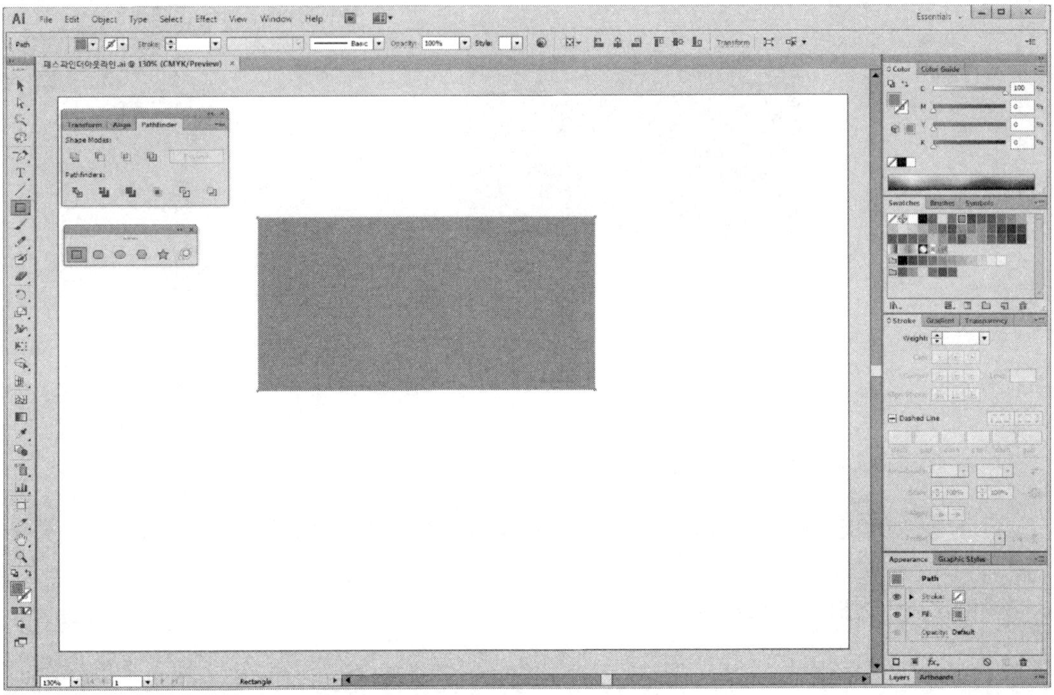

개체[Object] 위에 개체[Object]를 조금 더 작게 개체[Object]를 생성합니다.

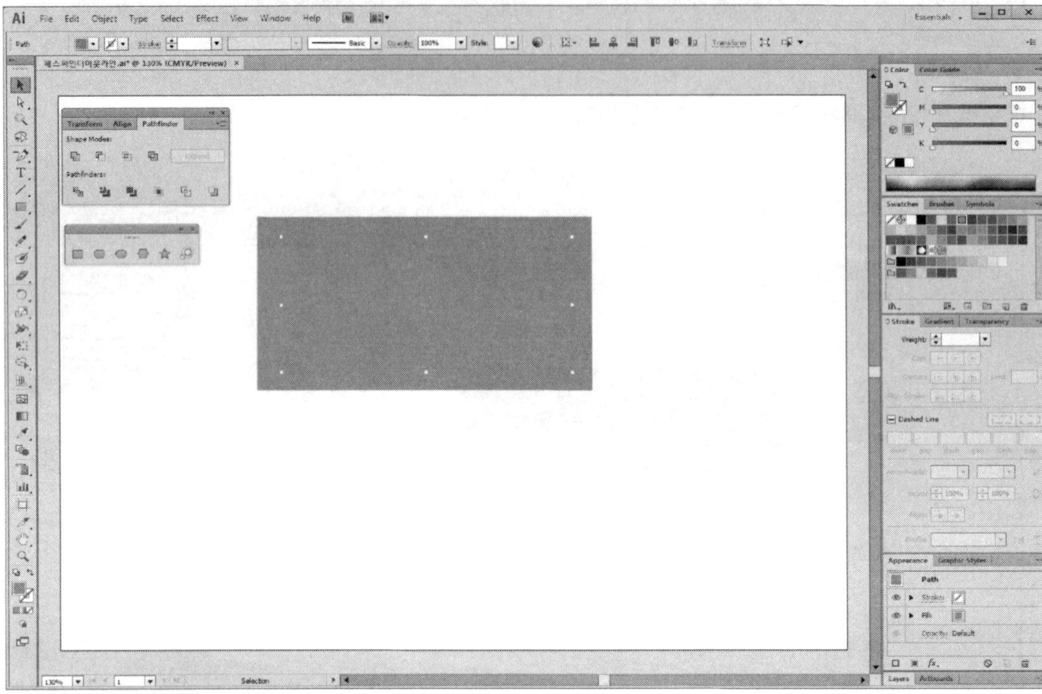

개체[Object] 2개를 선택합니다.

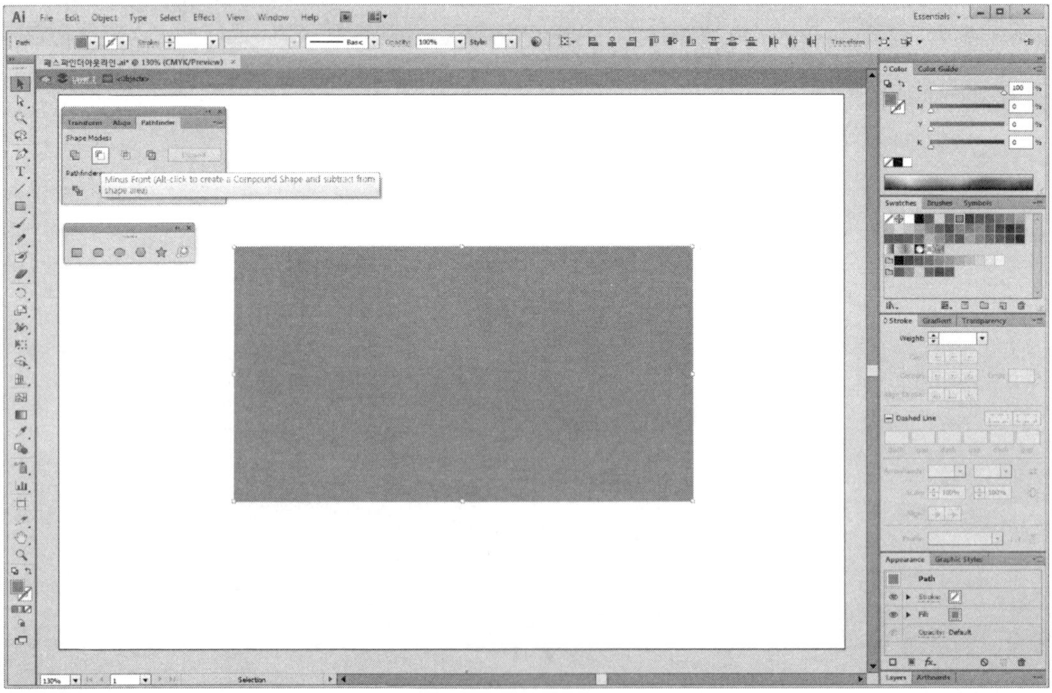

개체[Object]가 하나만 효과를 줍니다.

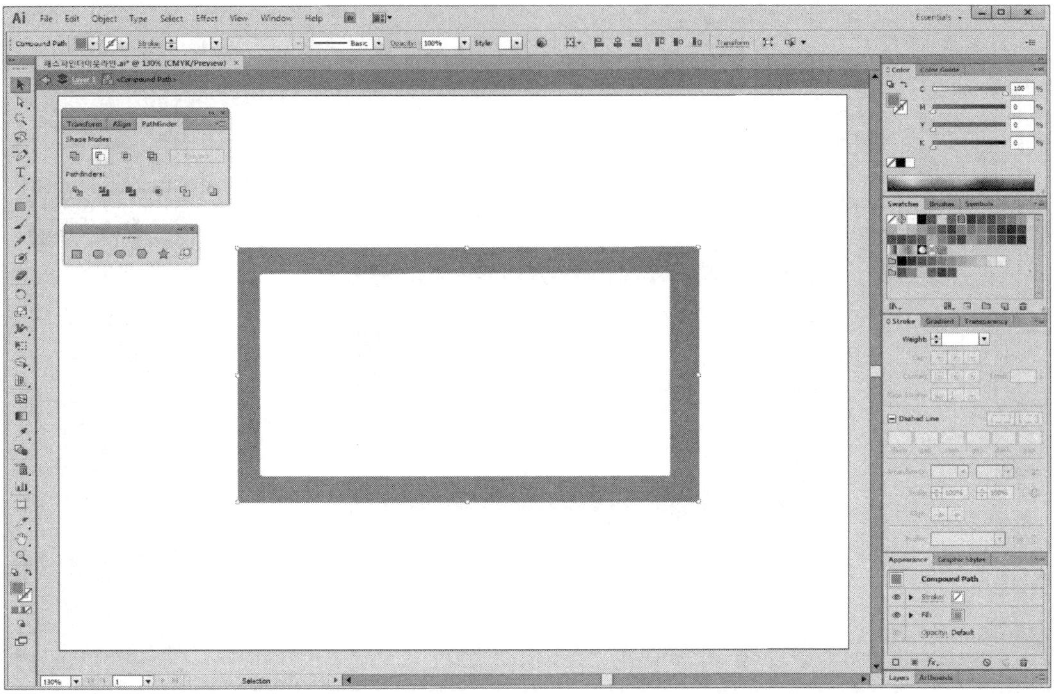

메뉴에서 [Effect] - [Stylize] - [Drop Shadow]를 실행합니다.

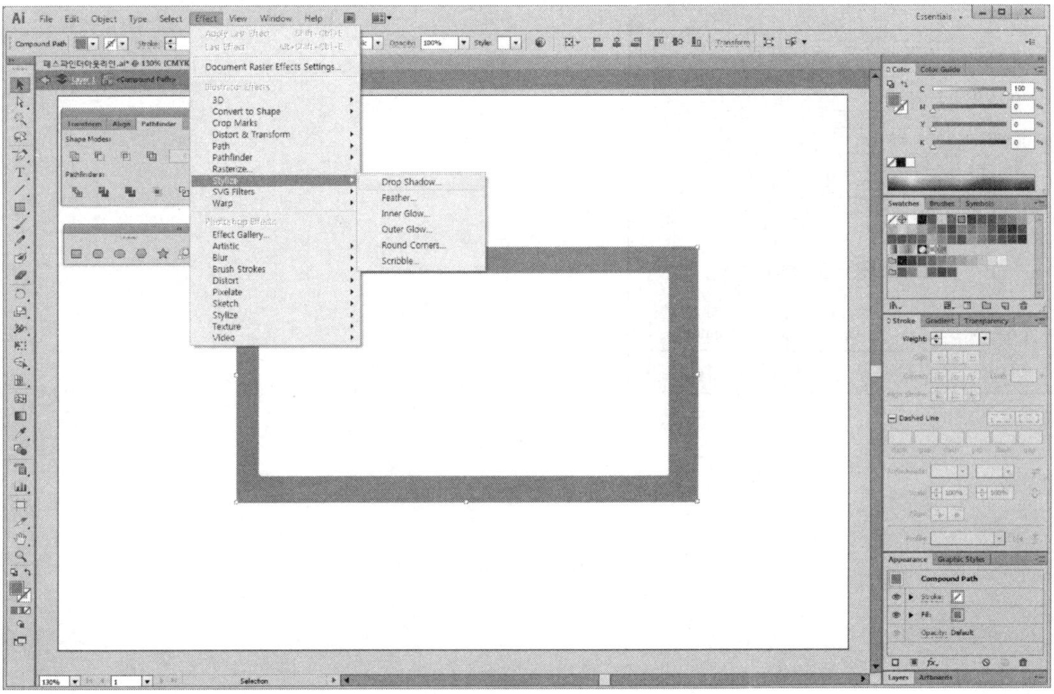

[Drop Shadow]를 실행한 화면입니다.

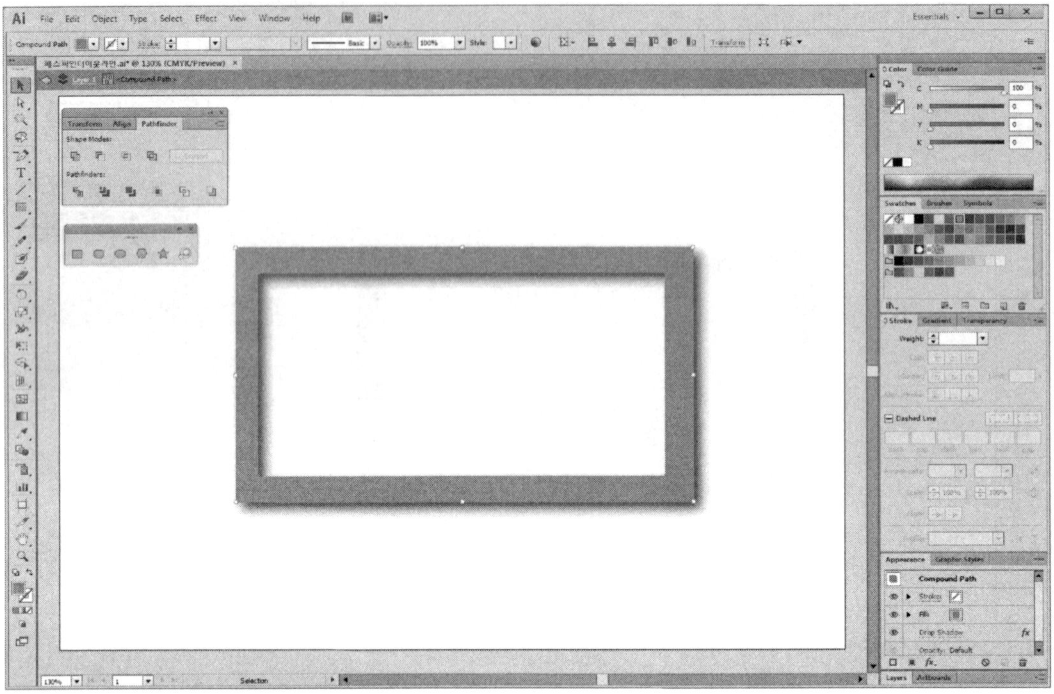

> [Drop Shadow] 탭

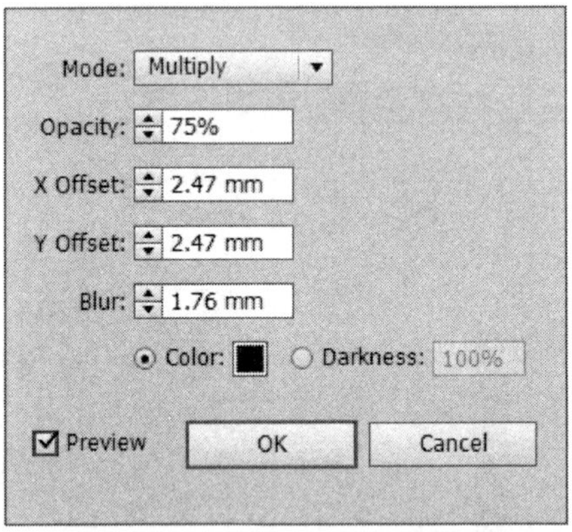

06 3D 이미지 만들기

개체[Object]를 2개 생성합니다.

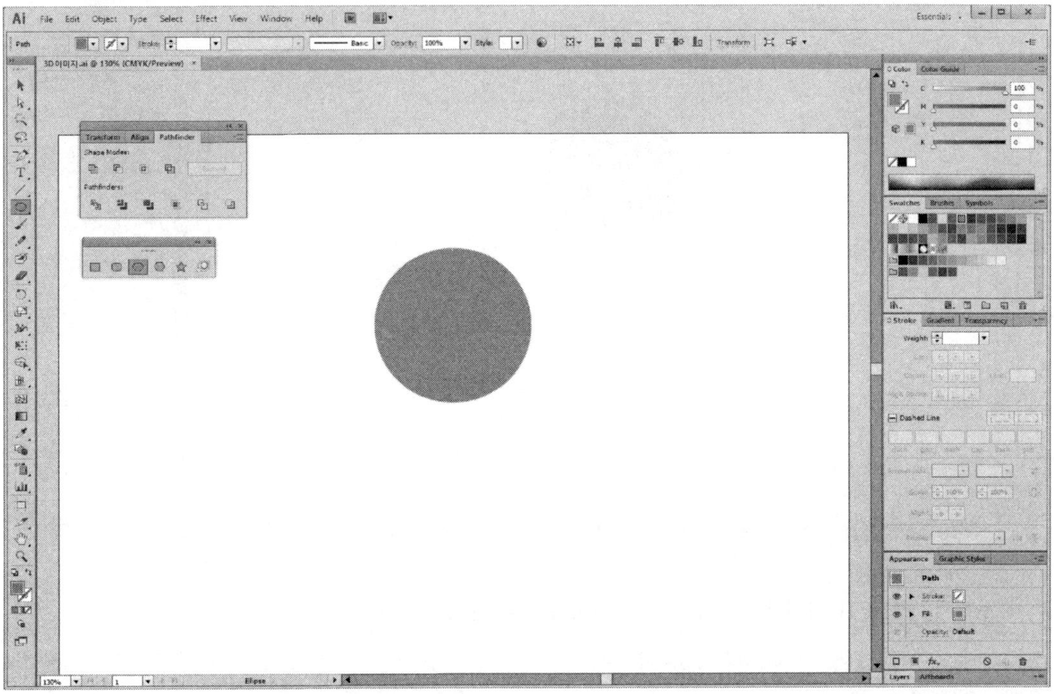

개체[Object]를 모두 선택하여 분할[Divide]합니다.

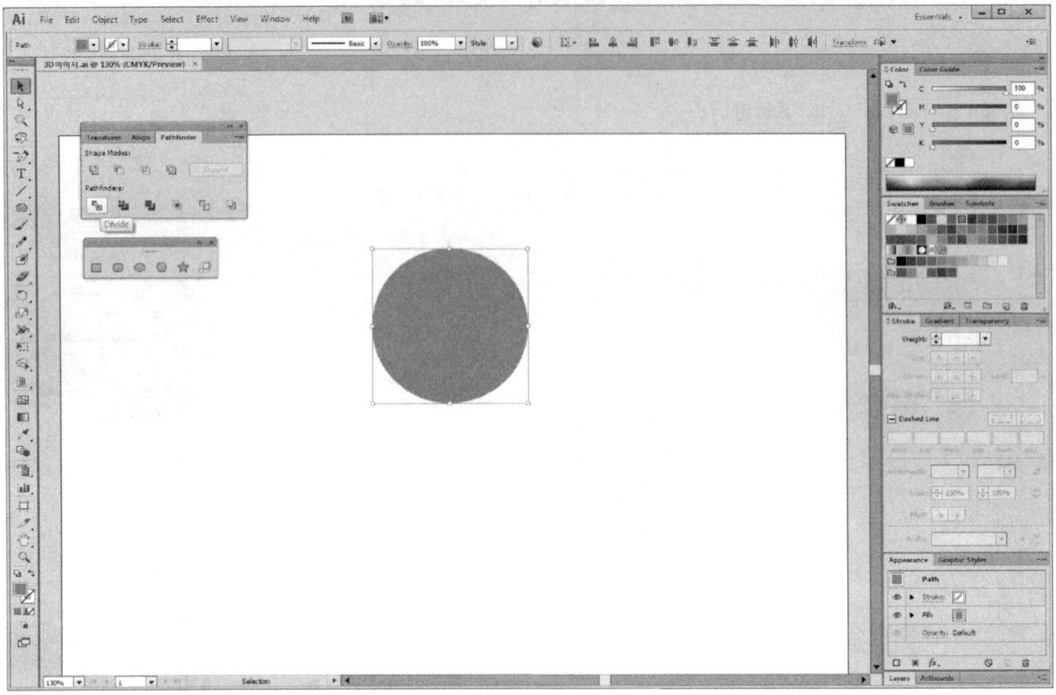

메뉴에서 [Effect] - [3D] - [Extrude & Bevel]를 실행합니다.

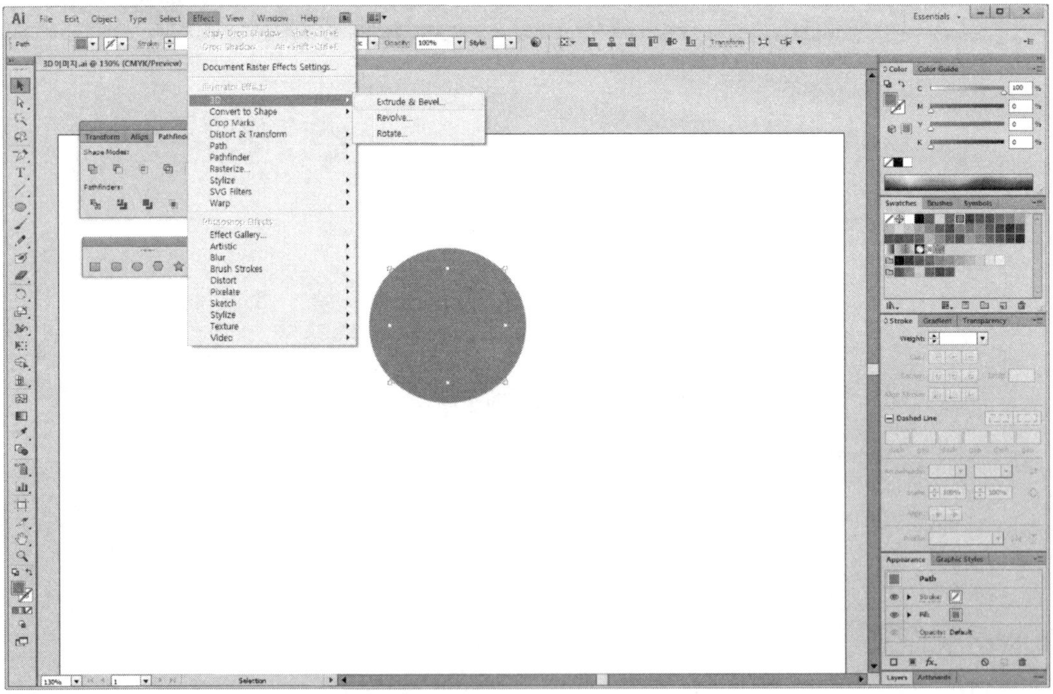

[Effect] - [3D] - [Extrude & Bevel]를 실행한 화면입니다.

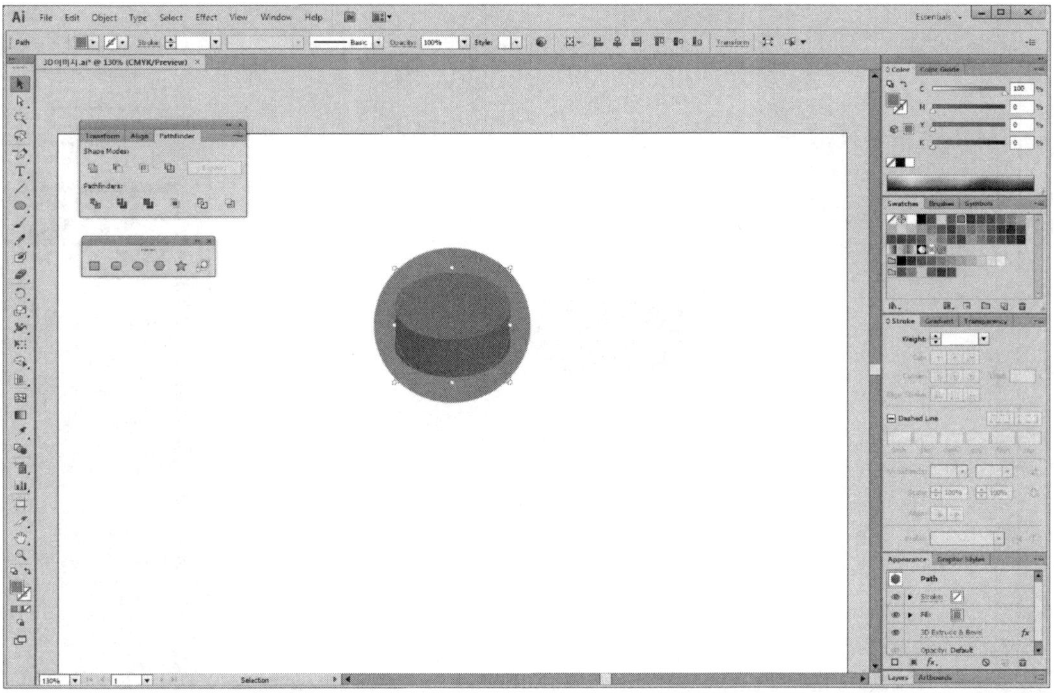

> [Isometric Top] [Preview] 체크

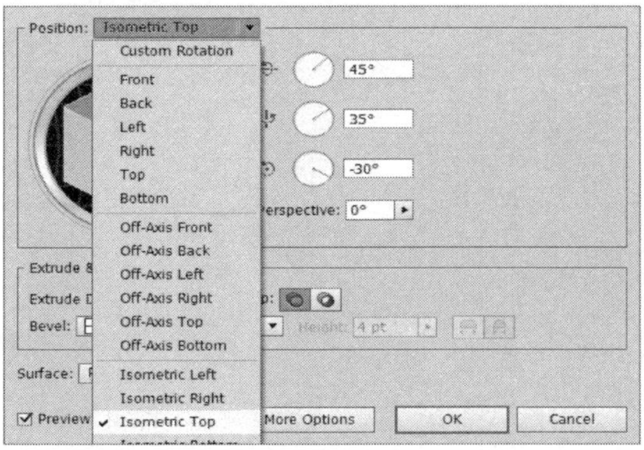

[Isometric Top] [Extrude Depth] 50pt 체크하여 실행한 내용입니다.

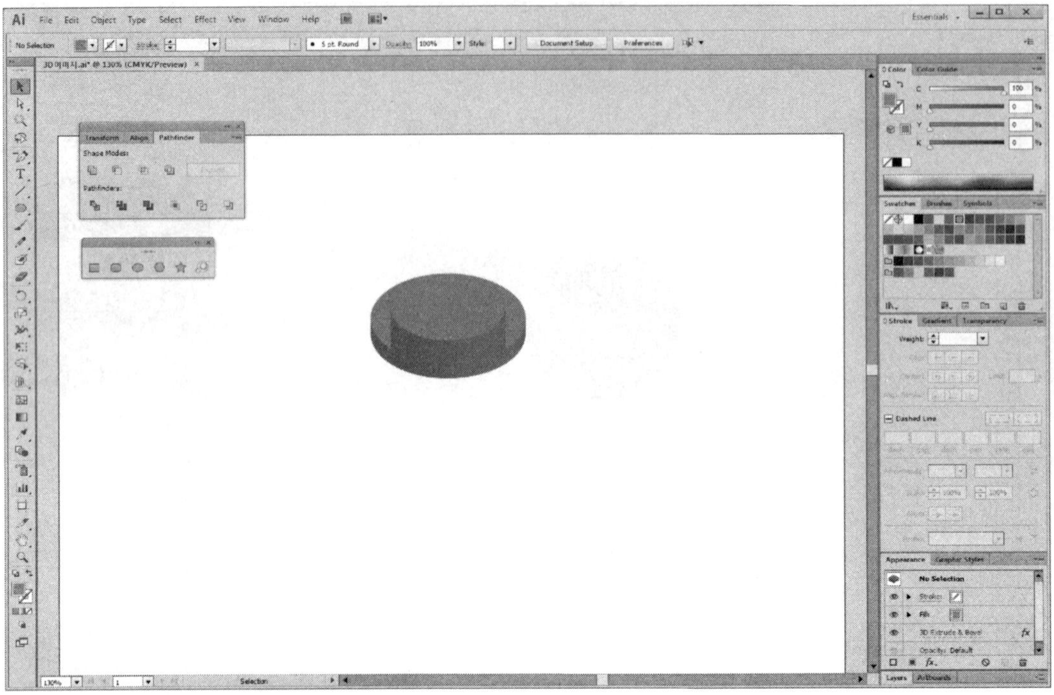

> [Isometric Top] [Preview] 체크
> [Extrude Depth] 20pt 체크

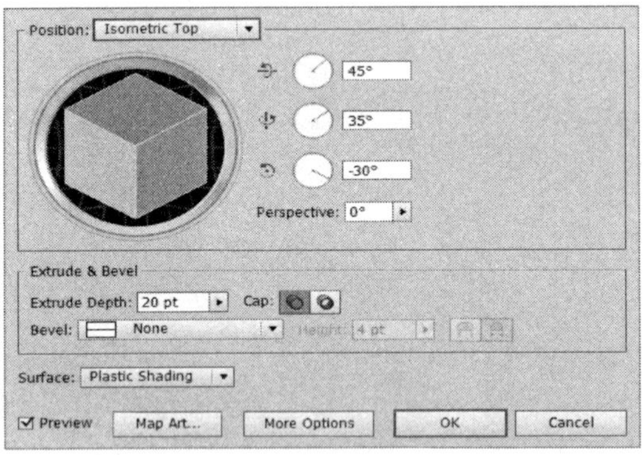

07 색상 팔레트 저장

디자인을 시작할 때 색상을 배열하고 팔레트에 저장합니다.

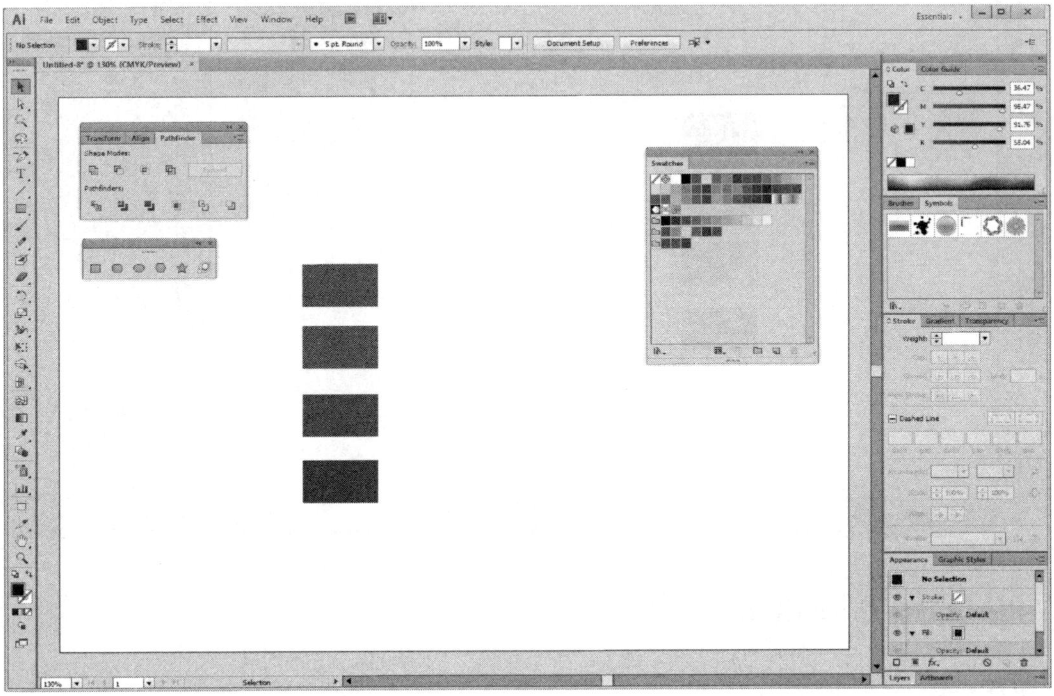

전체 색상을 선택하고 [Swatches]에서 [New Color Group]을 선택합니다.

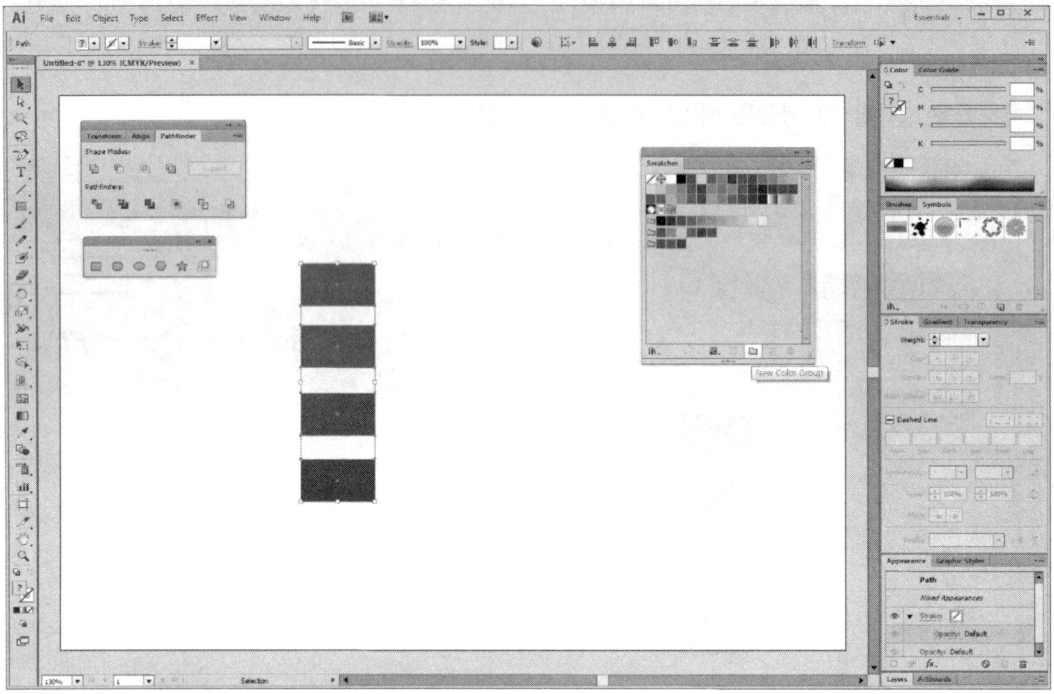

[New Color Group]을 실행합니다.

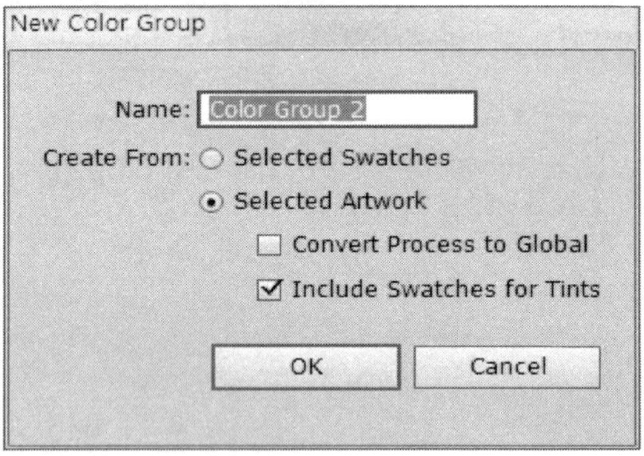

색상이 [Swatches]에 등록되었습니다.

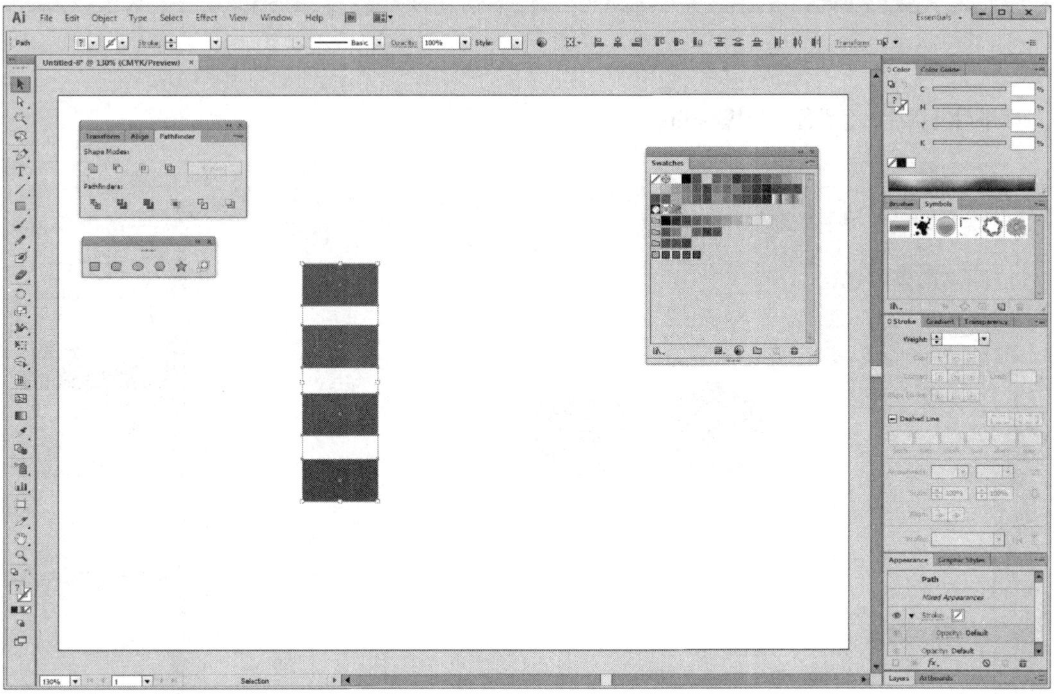

색상이 [Swatches] 하단에 등록되었습니다.

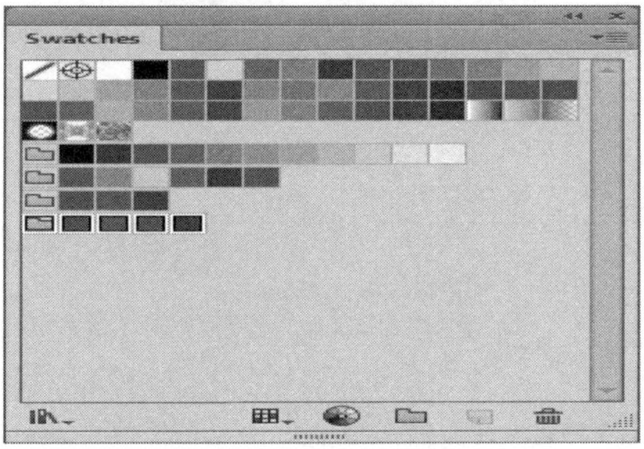

08 ▸ 나무 그리기

테두리가 없는 정원을 생성합니다.

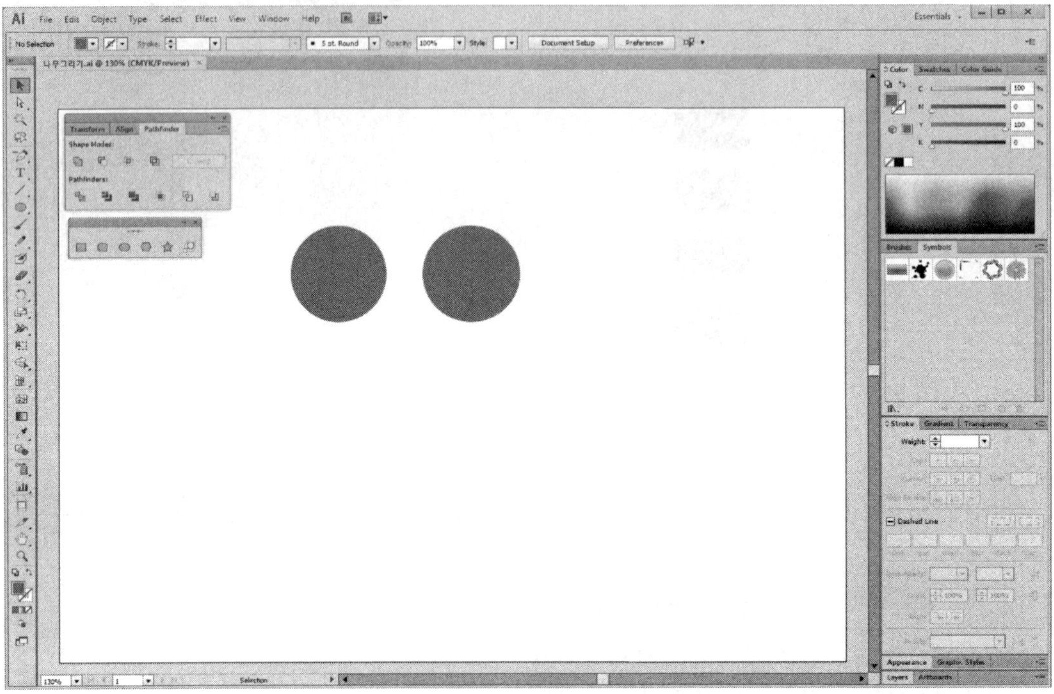

직사각형을 그리고 직접 선택 툴[Direct Selection Tool]로 좌측 상단을 선택한 후 방향키를 사용하여 오른쪽으로 방향키 4번 정도 이동합니다.

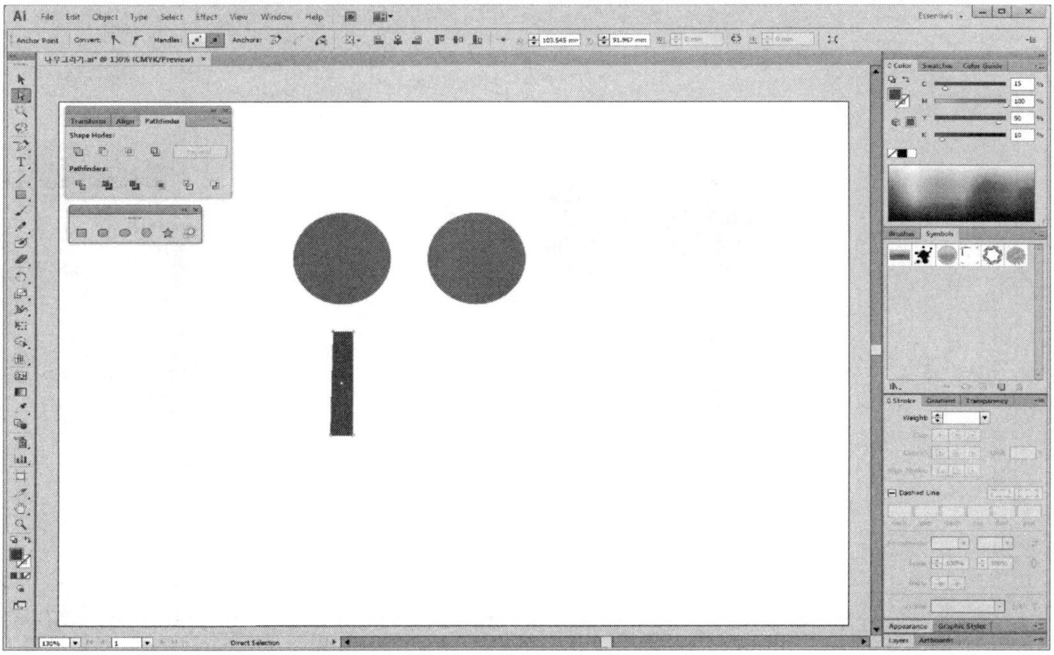

직사각형을 그리고 직접 선택 툴[Direct Selection Tool]로 우측 상단을 선택한 후 방향키를 사용하여 왼쪽으로 4번 정도 이동합니다.

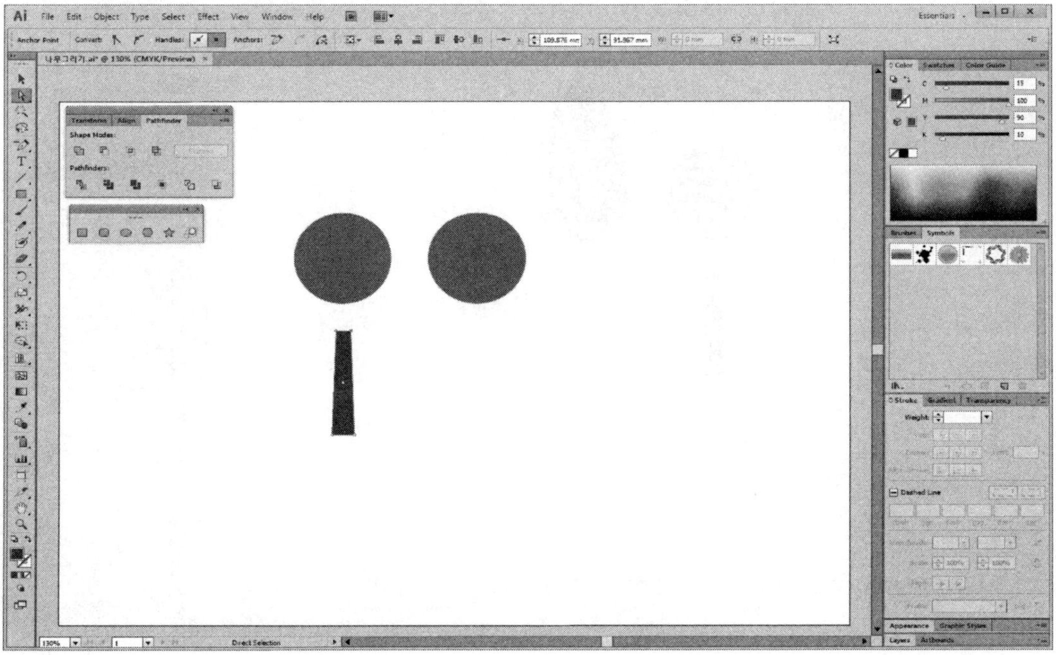

사다리꼴 형태의 개체[Object]가 완성되었습니다.

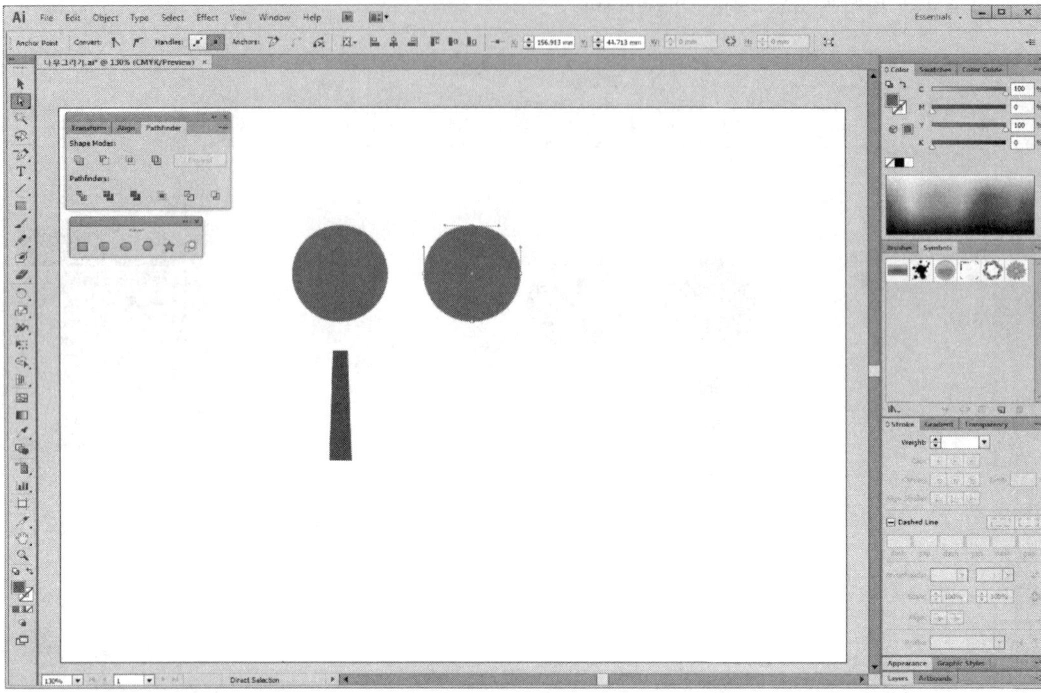

자[Rulers]를 활성화시키고 직접 선택 툴[Direct Selection Tool]로 상단을 선택하여 위로 늘립니다.

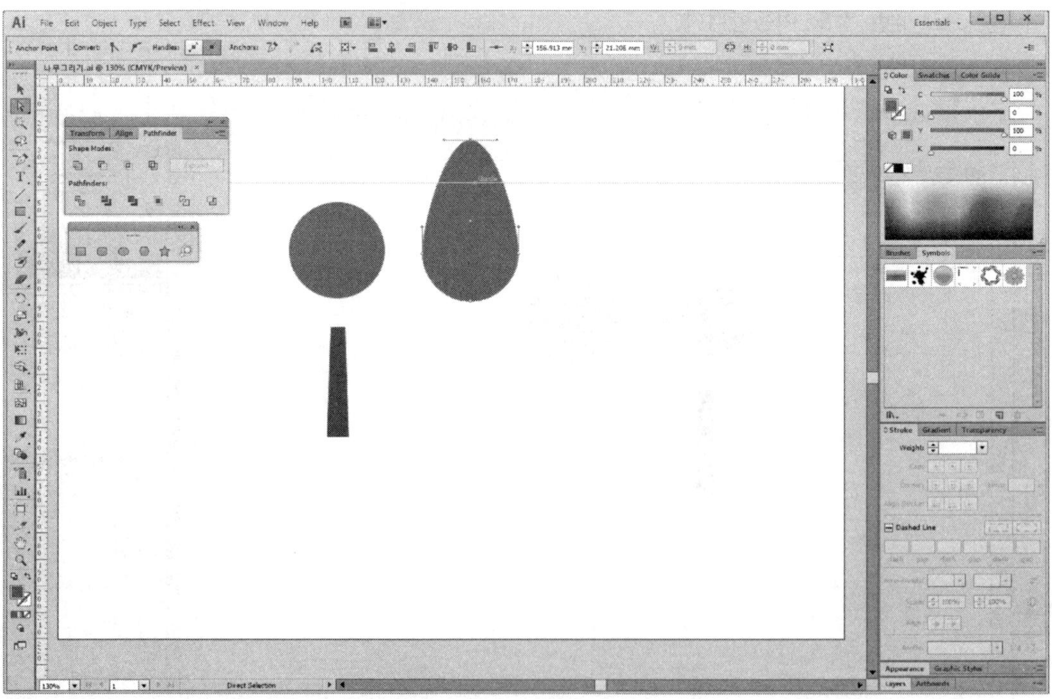

[Convert Anchor Point Tool]을 사용하여 끝을 뾰쪽하게 합니다.

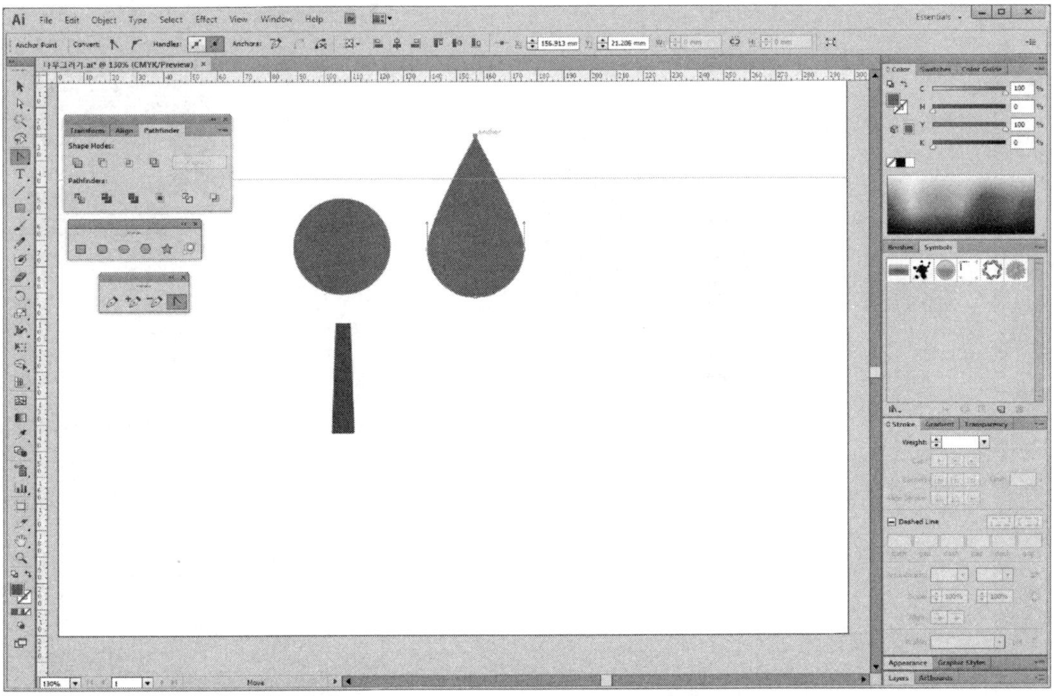

방향선을 위로 조금 올려 직선 부분을 부드러운 곡선으로 변형합니다.

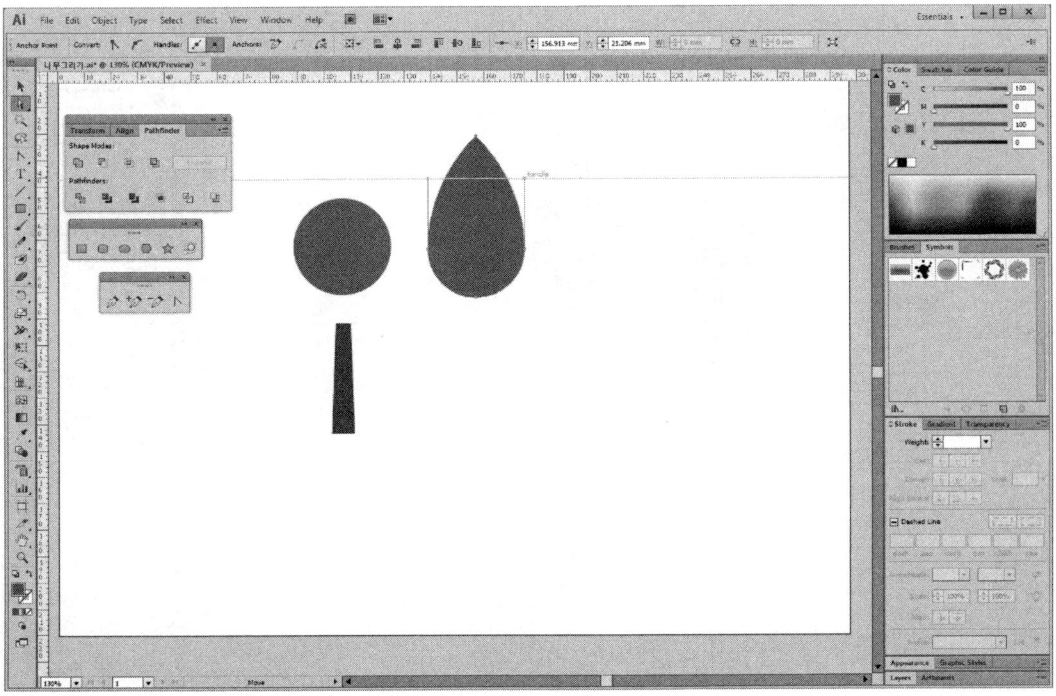

나무 몸통을 복사하여 다음과 같이 배치합니다.

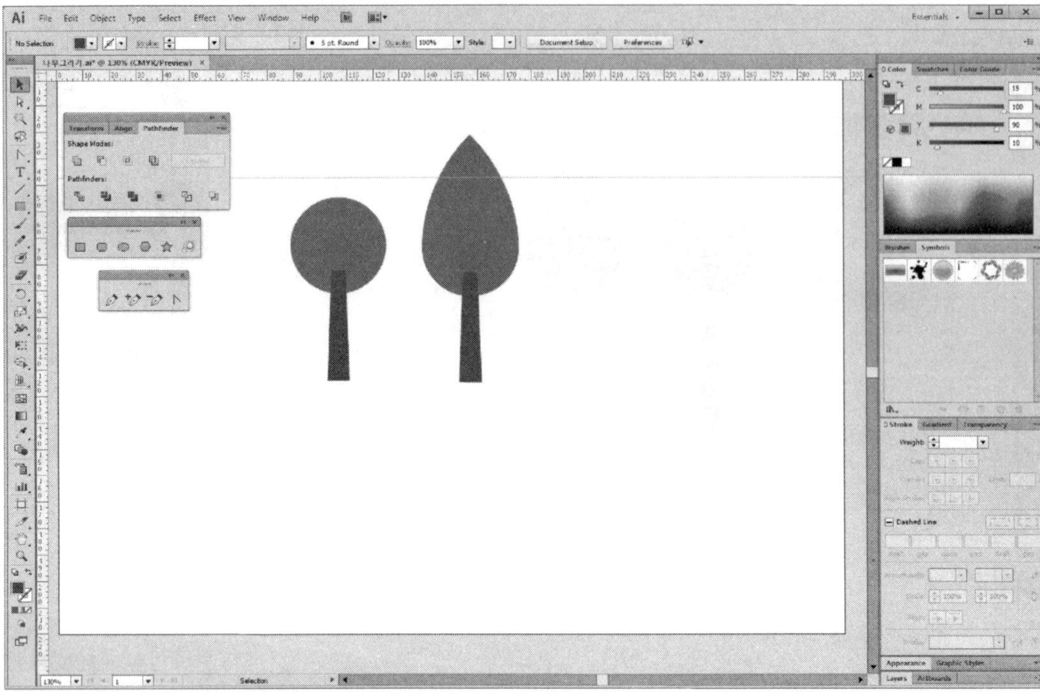

단축키 마우스 우측 [Arrange] - [Send to Back]을 실행합니다.

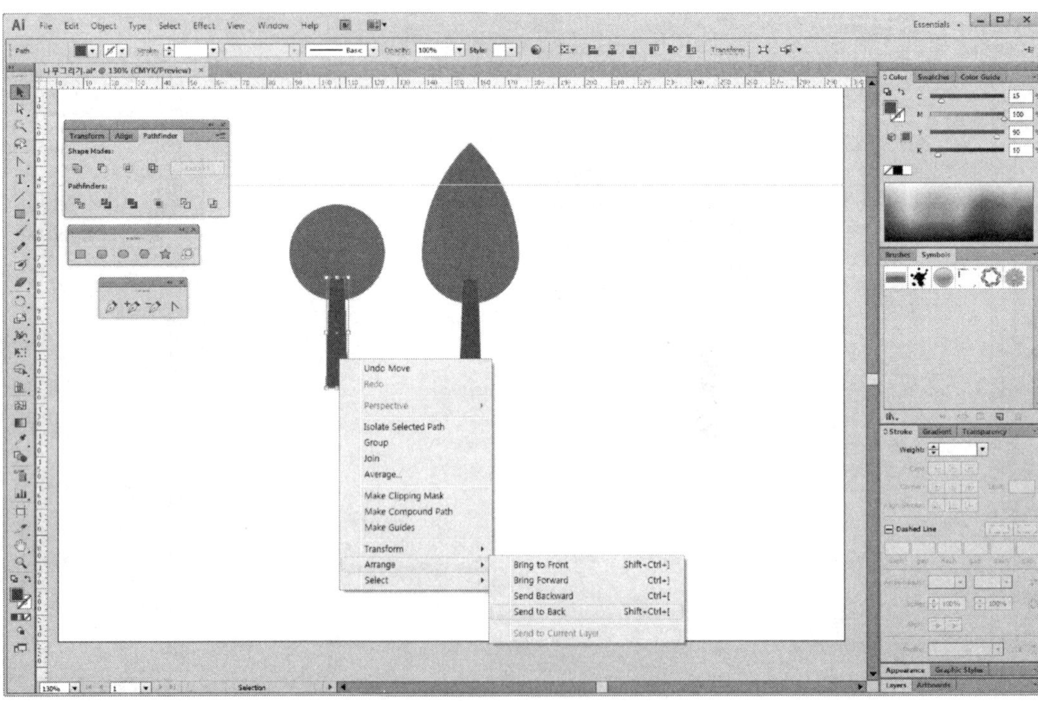

단축키 마우스 우측[Group]을 실행합니다.

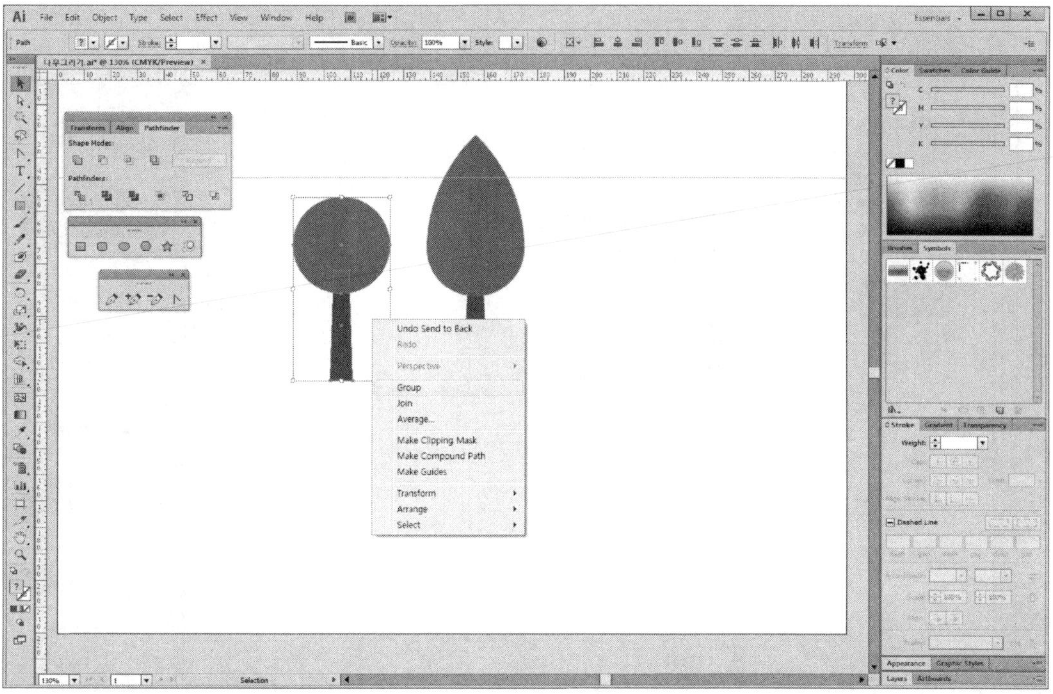

단축키 우측 나무도 마우스 우측[Group]을 실행합니다.

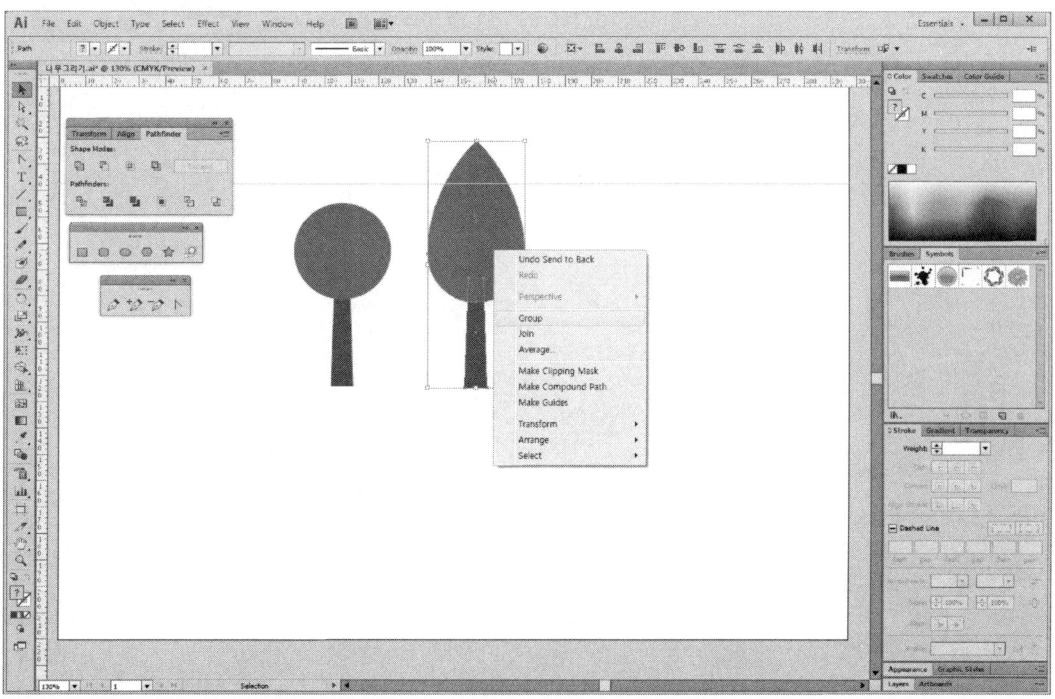

나무 전체를 선택하여 단축키 마우스 우측[Group]을 실행합니다.

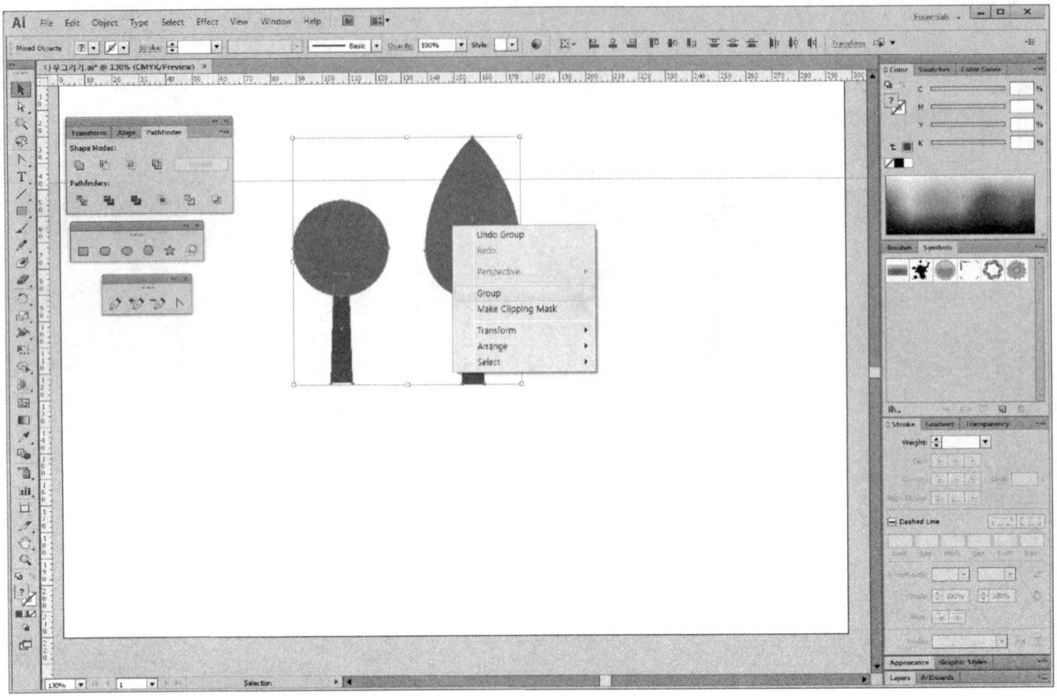

09 의자 만들기

테두리가 없는 라운드 사각형[Rounded Rectangle]을 그립니다.

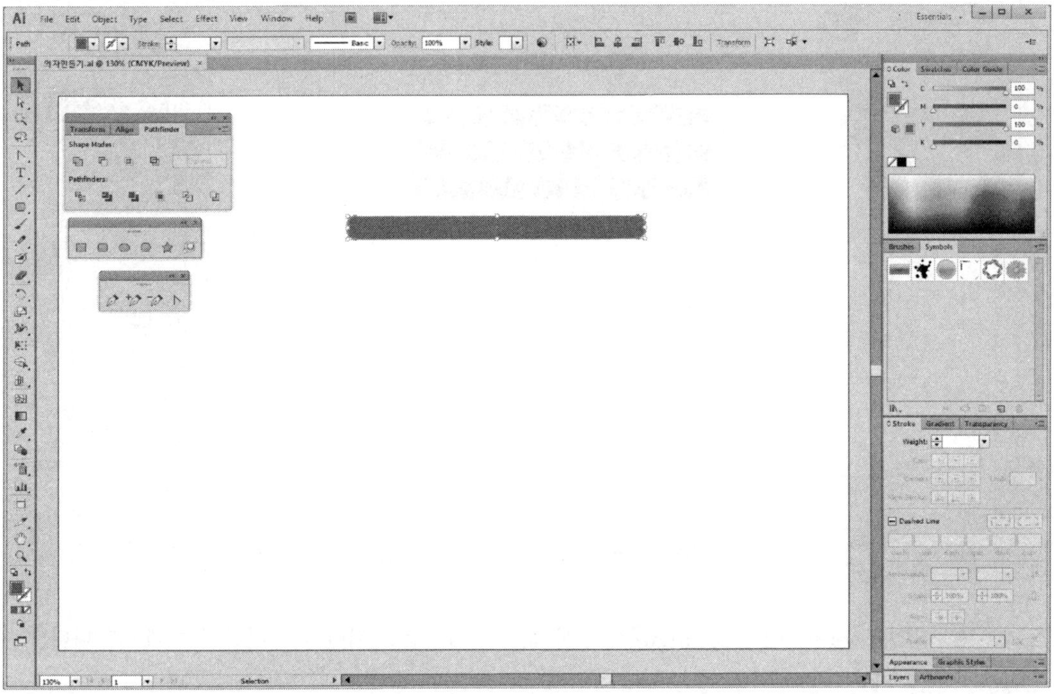

선택 툴[Selection Tool]을 사용하여 [Alt]복사한 다음 [Ctrl] + [D]를 사용하여 라운드 사각형 [Rounded Rectangle]을 3개 완성합니다.

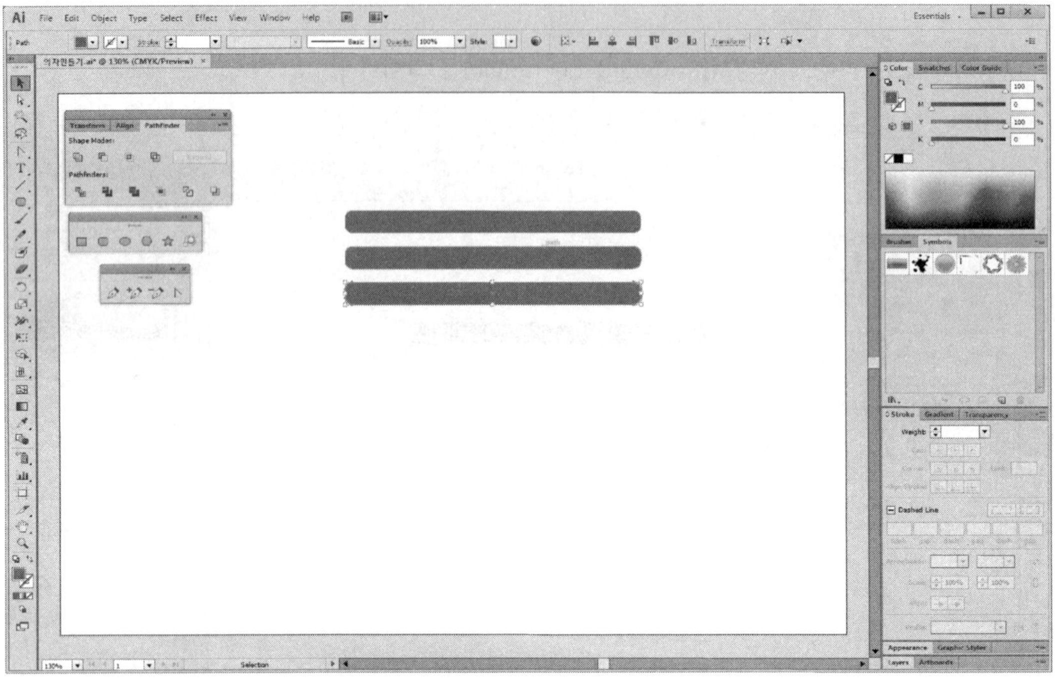

라운드 사각형[Rounded Rectangle]을 1개 더 그리고 정렬[Align]을 사용하여 배치합니다.

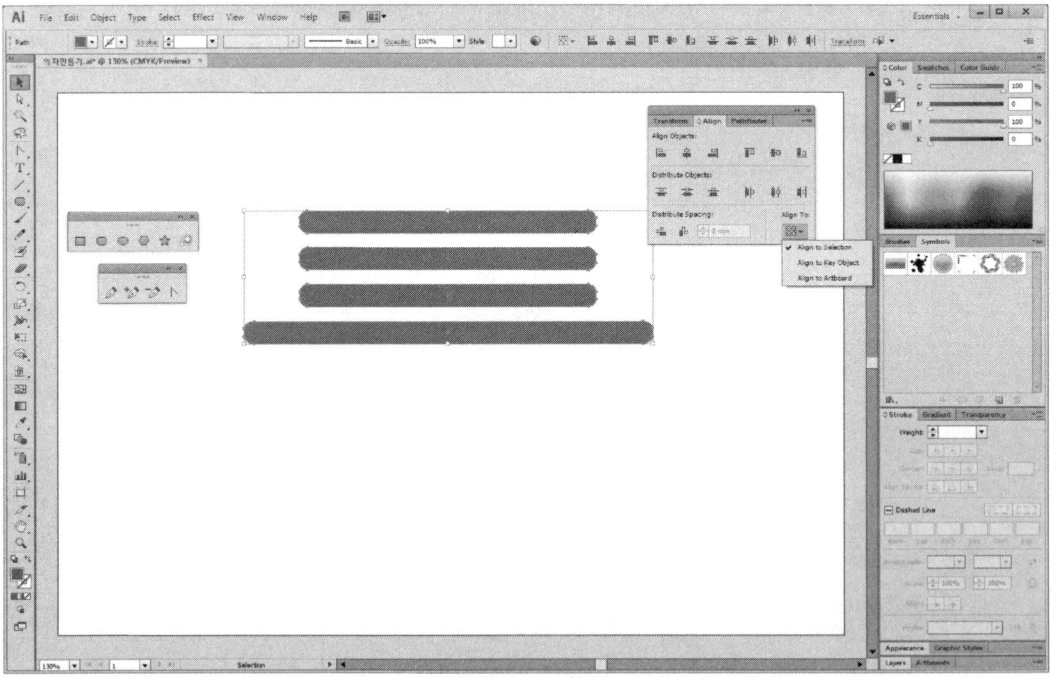

라운드 사각형[Rounded Rectangle]을 2개 더 배치합니다.

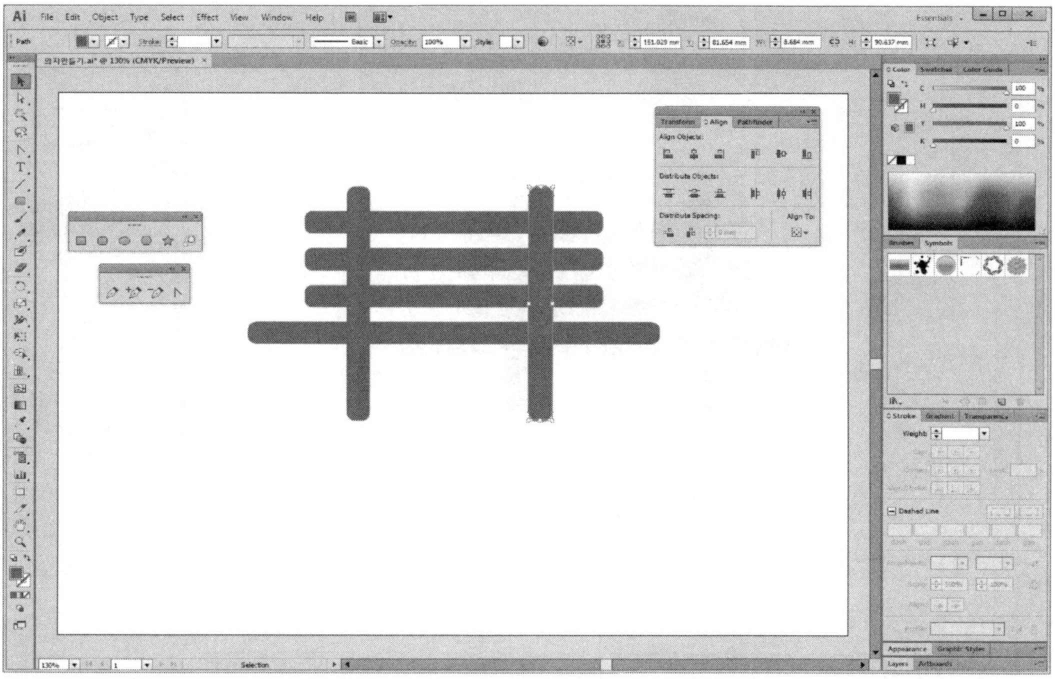

하단에 사각형 툴[Rectangle Tool]을 1개 더 생성합니다. 직접 선택 툴[Direct Selection Tool] 선택 후 분할[Divide]합니다.

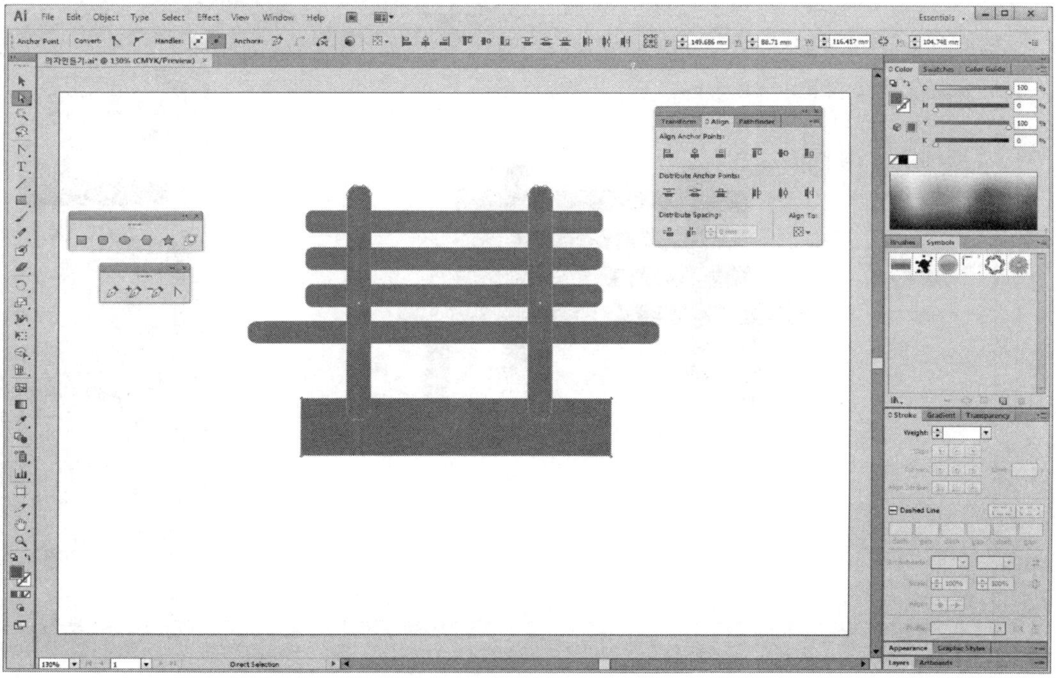

직접 선택 툴[Direct Selection Tool] 선택 후 선택하여 필요없는 부분을 제거합니다.

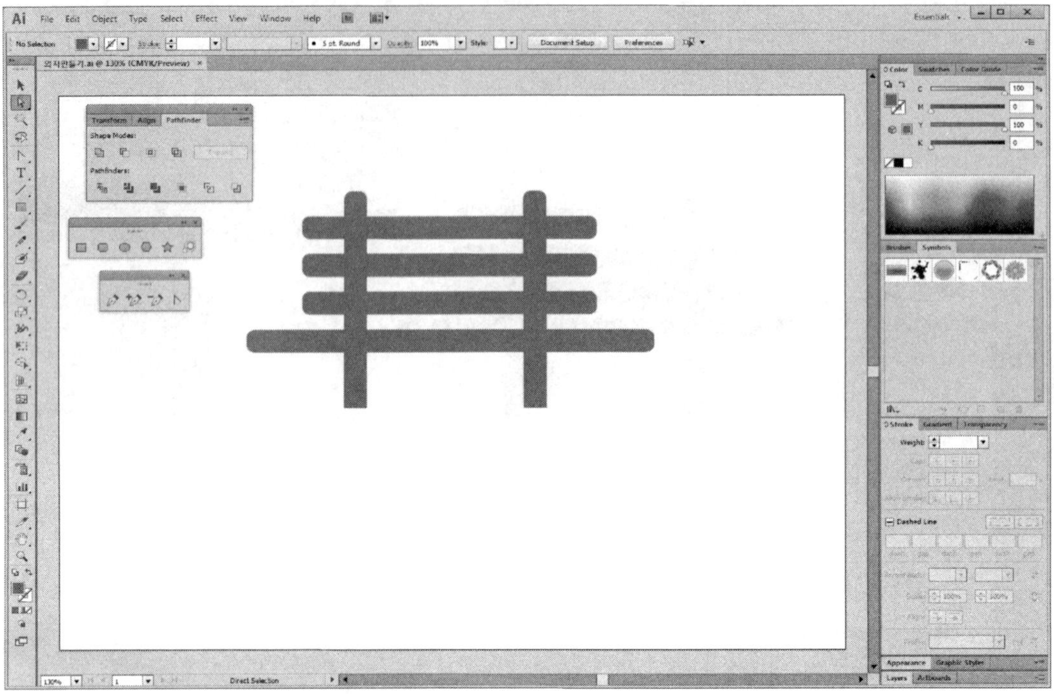

사각형 툴[Rectangle Tool]을 사용하여 다리를 2개 더 완성합니다.

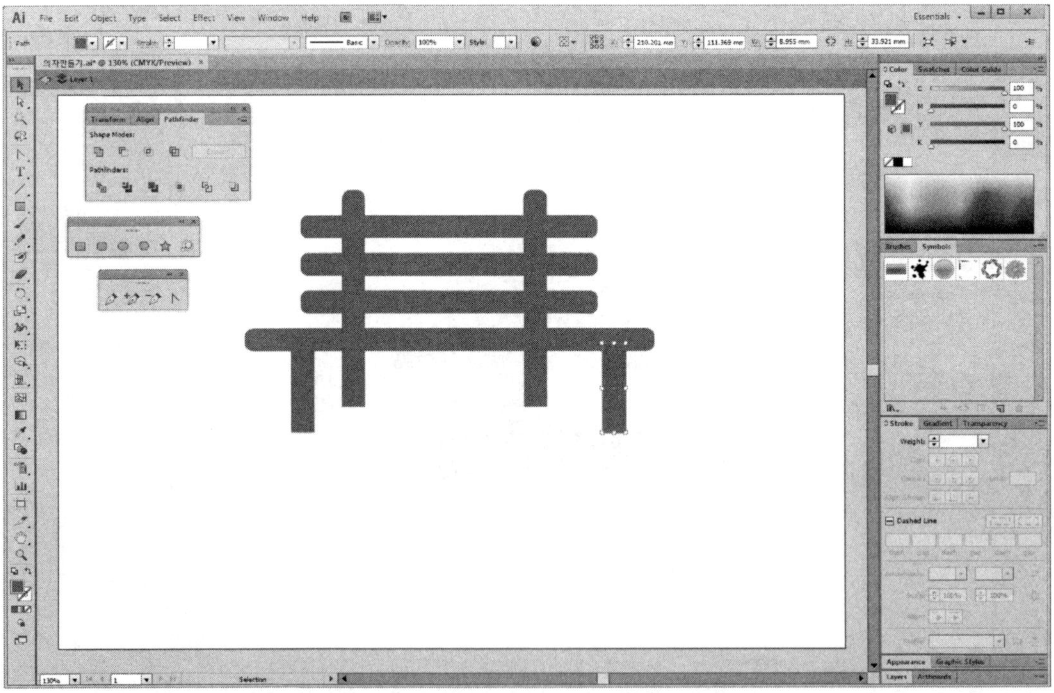

직접 선택 툴[Direct Selection Tool]을 사용하여 하단 왼쪽 부분을 선택하여 우측으로 이동시킵니다.

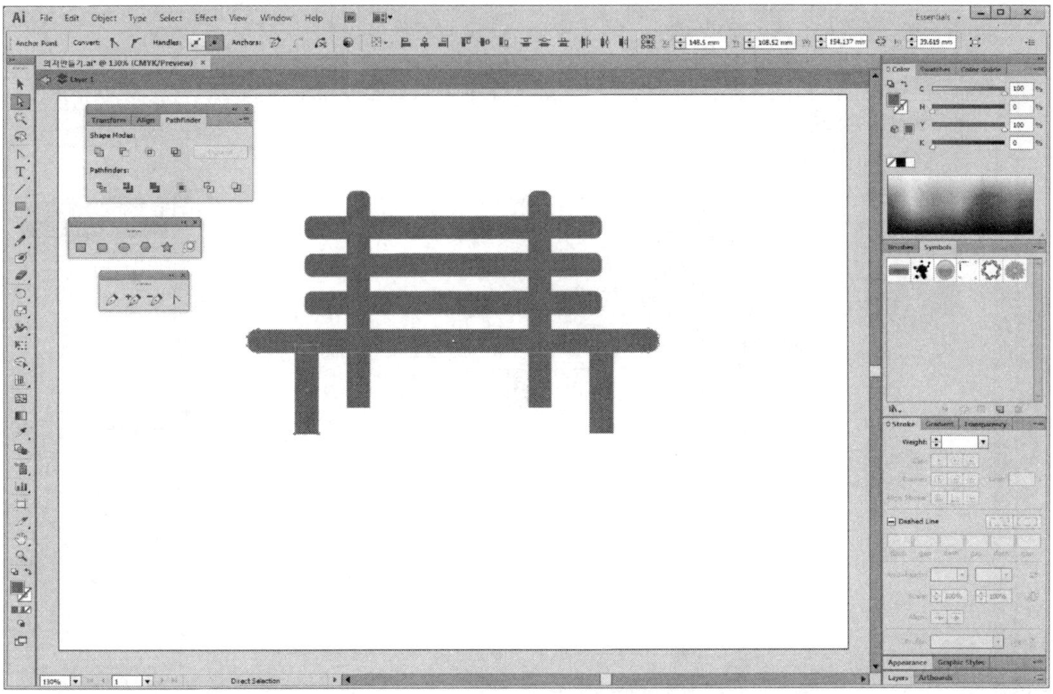

직접 선택 툴[Direct Selection Tool]을 사용하여 하단 오른쪽 부분을 선택하여 좌측으로 이동시킵니다.

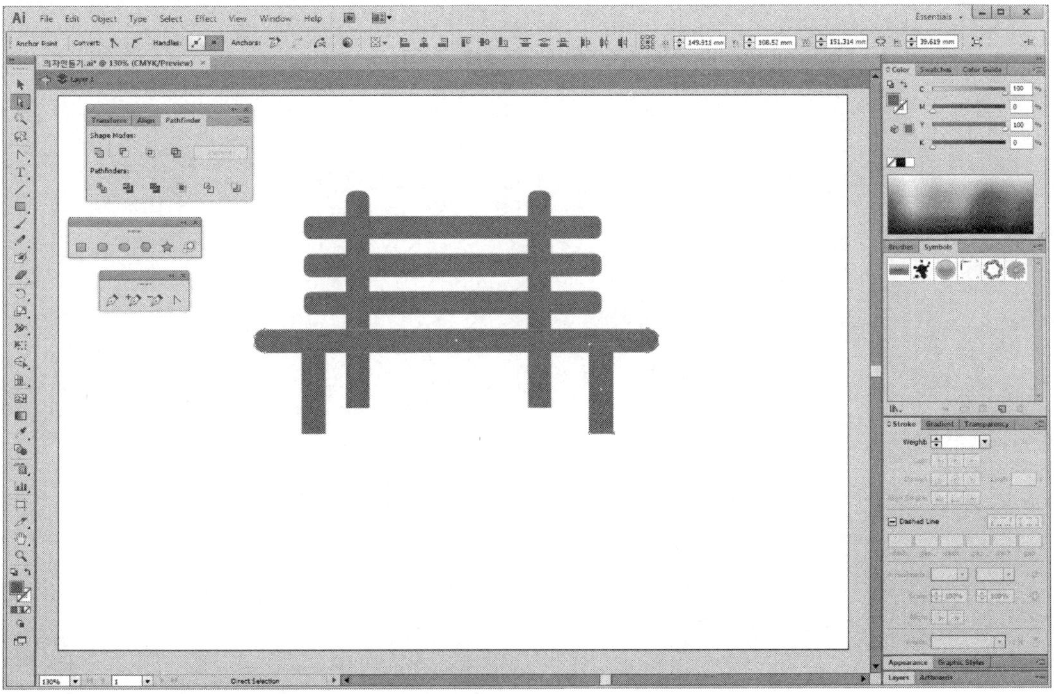

단축키 마우스 우측 [Arrange] - [Send to Back]을 실행합니다.

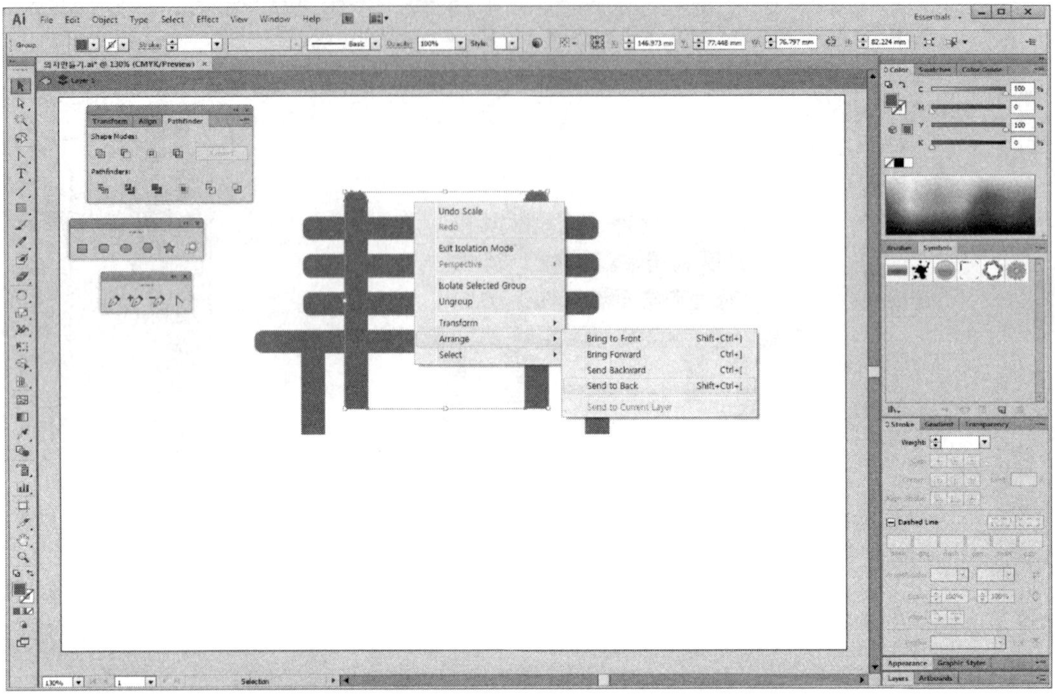

10 가로등 만들기

테두리가 없는 둥근 사각형 툴[Rounded Rectangle Tool]을 사용하여 개체[Object]를 생성합니다.

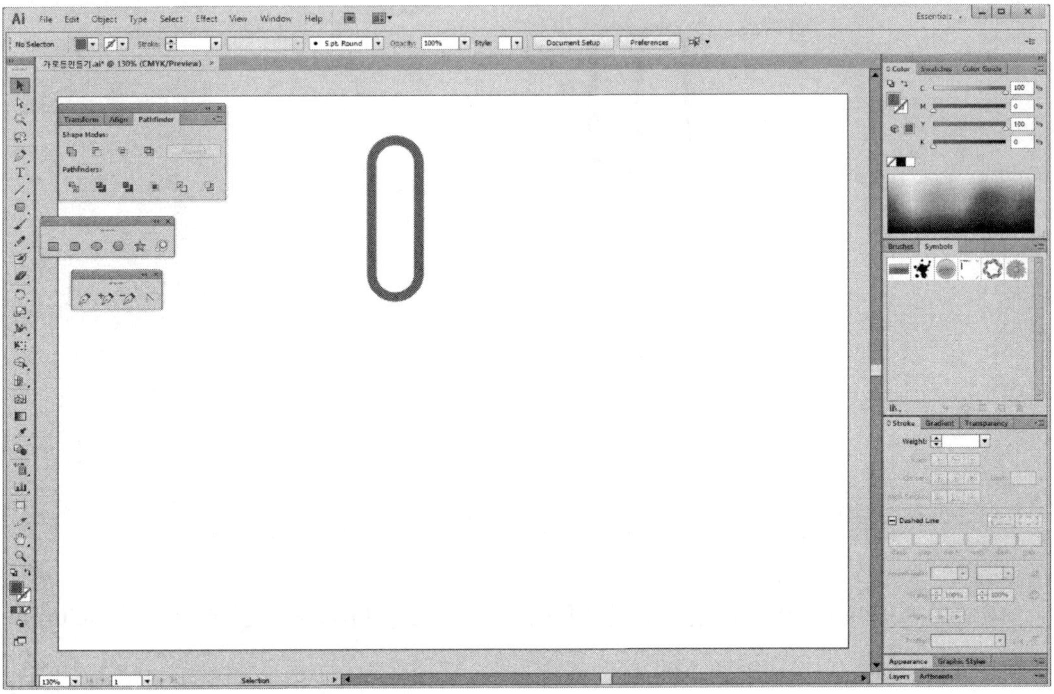

등근 사각형 툴[Rounded Rectangle Tool]을 사용하여 개체를 복사하여 하나 더 그려서 개체[Object]를 완성합니다.

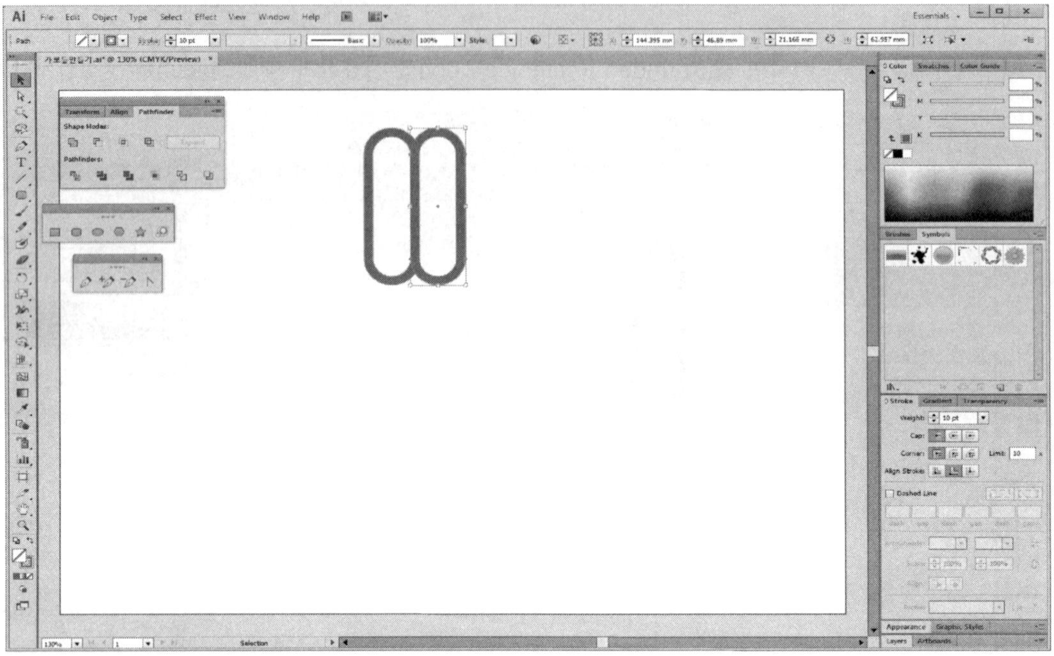

메뉴에서 개체[Object]를 선택한 상태에서 [Path] - [Outline Stroke]을 실행하여 윤곽선[Outline Stroke]을 만든다.

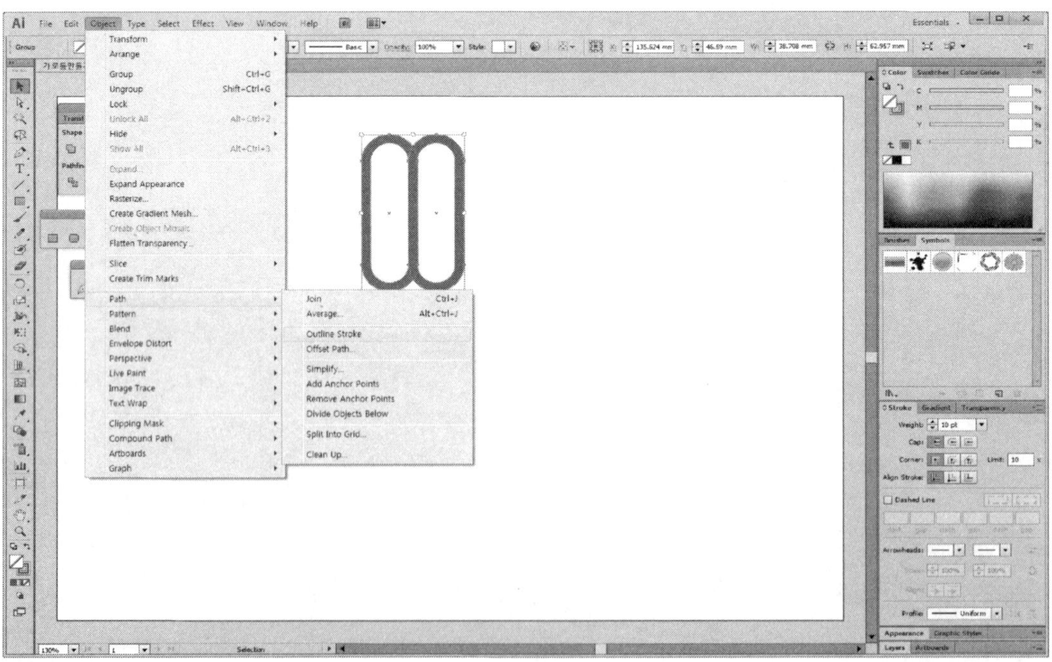

개체[Object]를 선택하여 합치기[Unite]명령을 실행합니다.

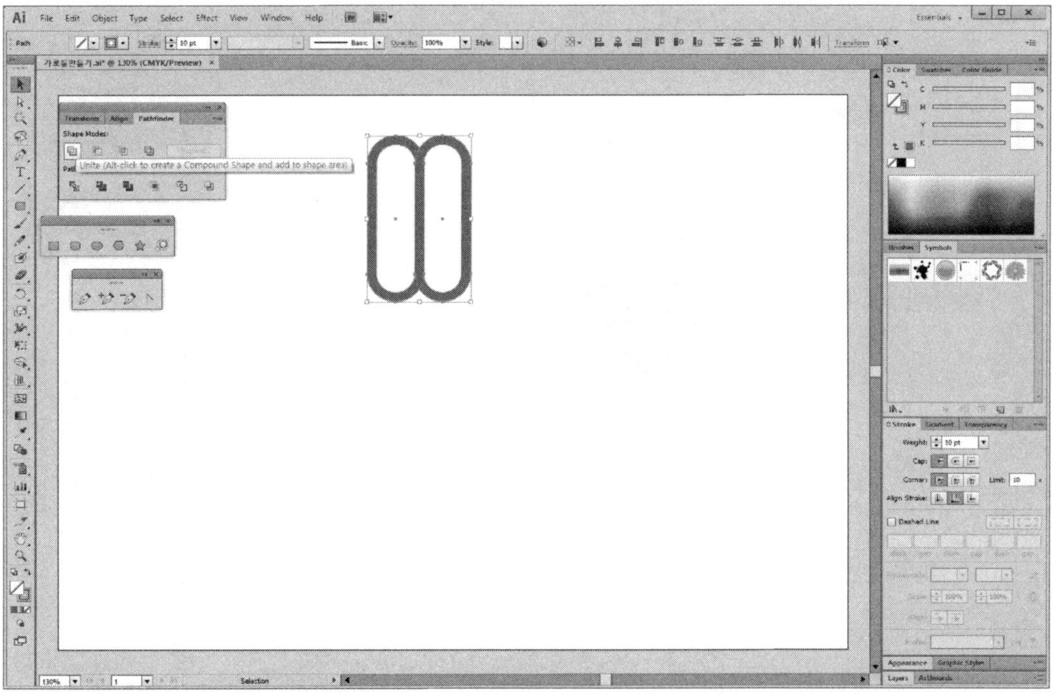

테두리가 없는 개체[Object]를 2개 생성합니다.

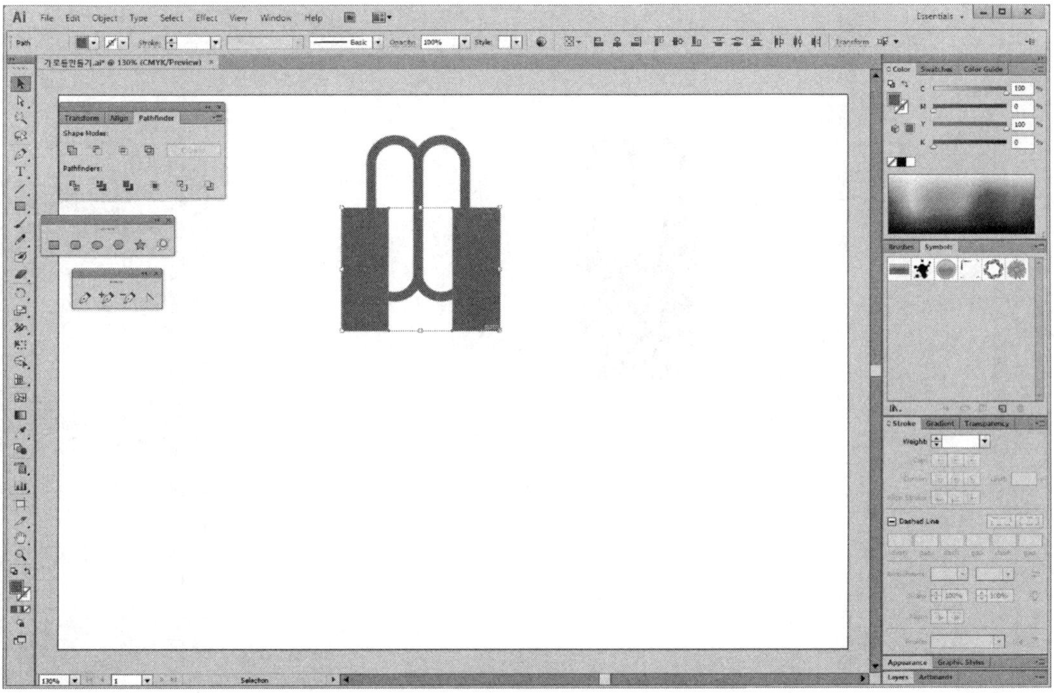

테두리가 없는 개체[Object]를 1개 더 생성합니다.

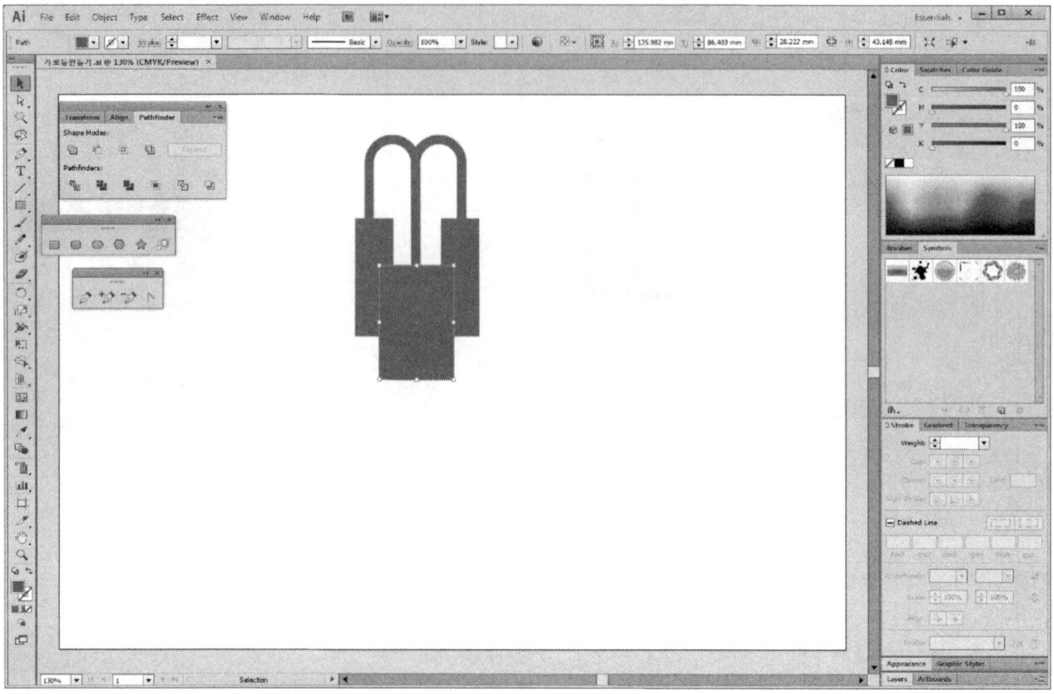

개체[Object]를 모두 선택합니다.

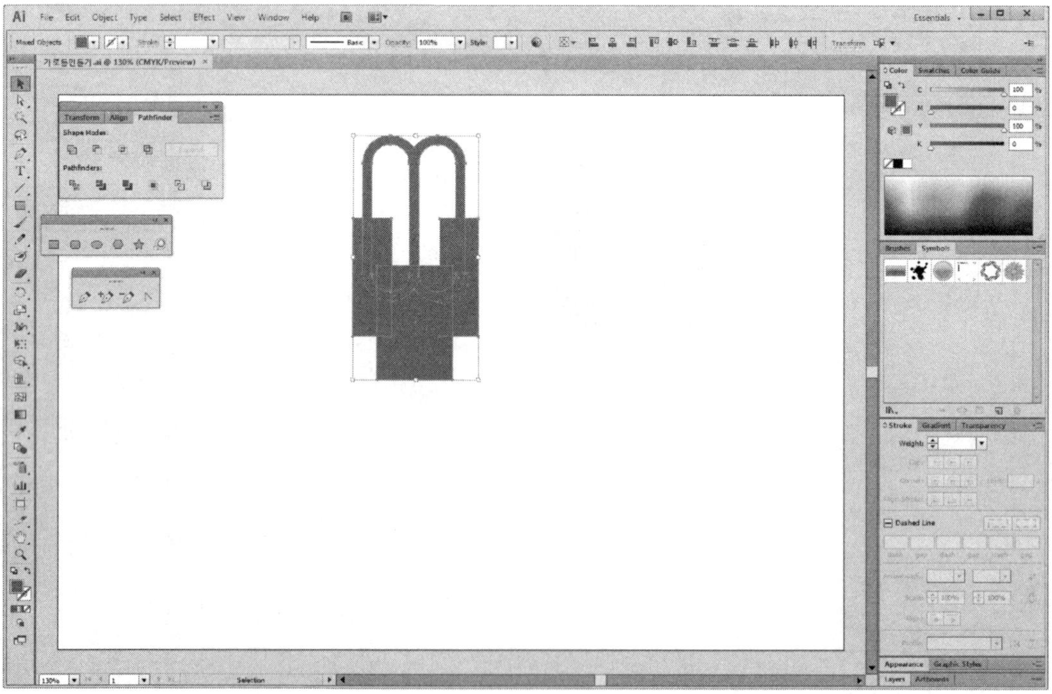

[Pathfinder]탭에서 [Minus Front]를 실행합니다.

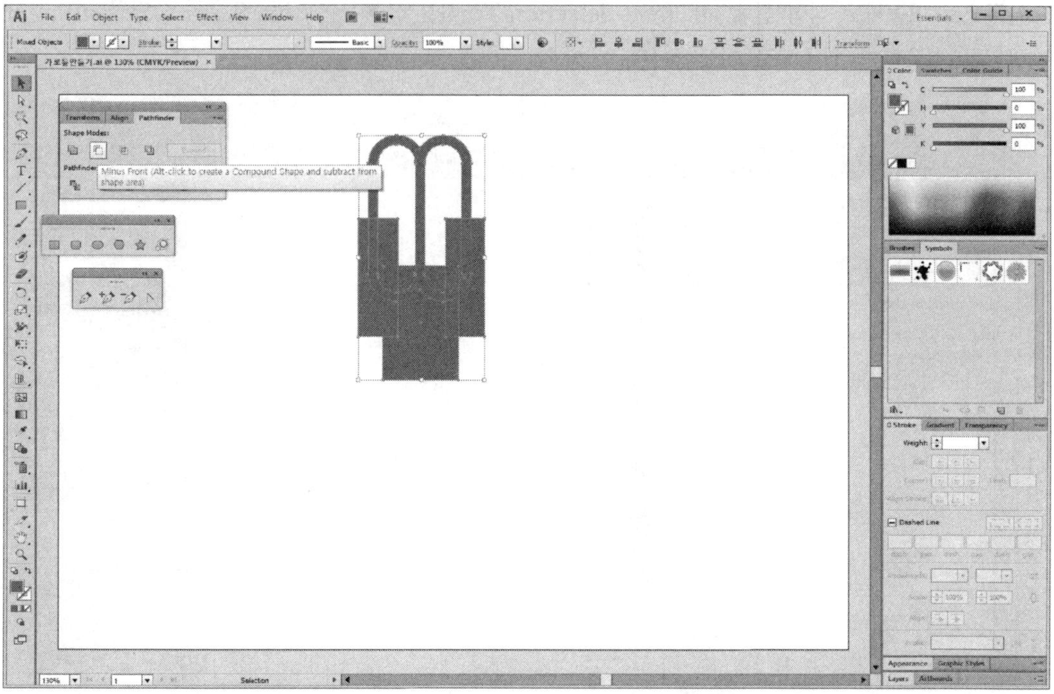

뒷 부분만 남은 개체[Object]가 보여집니다.

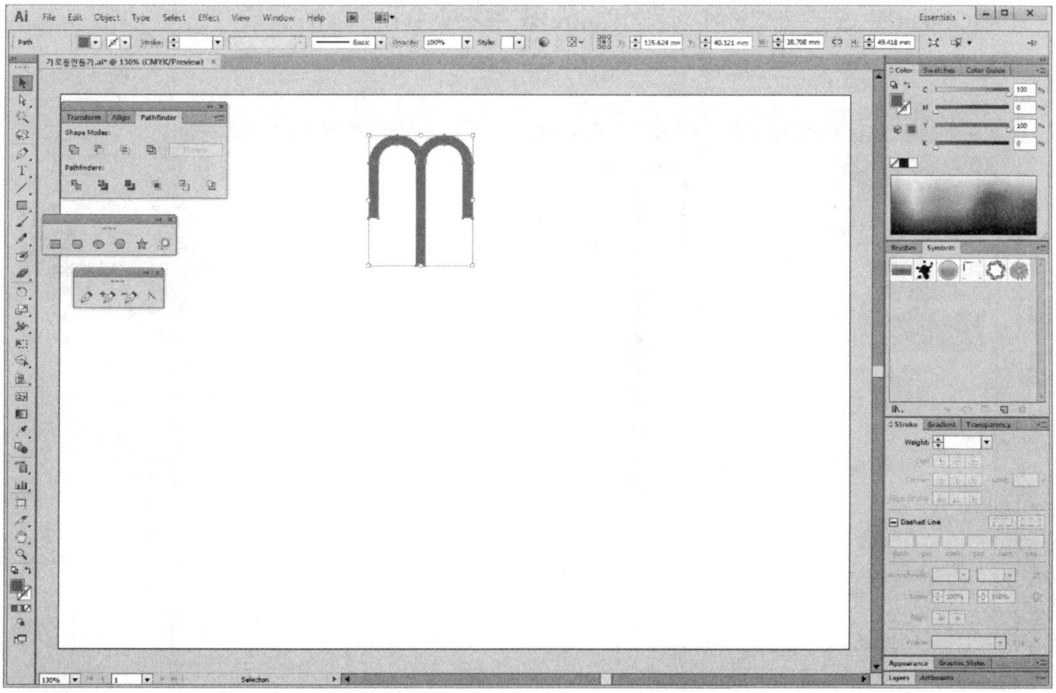

직접 선택 툴[Direct Selection Tool]을 사용하여 기둥 왼쪽 상단을 선택하여 방향키를 사용하여 오른쪽으로 이동하고 직접 선택 툴[Direct Selection Tool]을 사용하여 기둥 오른쪽 상단을 선택하여 방향키를 사용하여 왼쪽으로 이동합니다.

개체[Object]를 모두 선택하여 합치기[Unite]를 실행합니다.

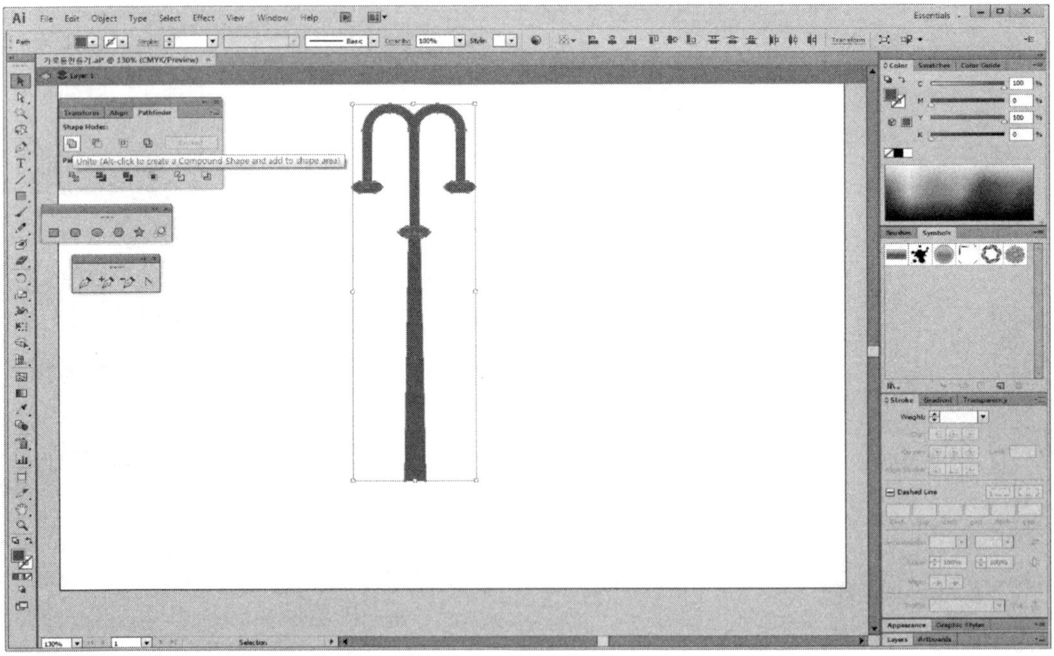

[Ellipse Tool]을 사용하여 개체[Object]를 생성합니다.

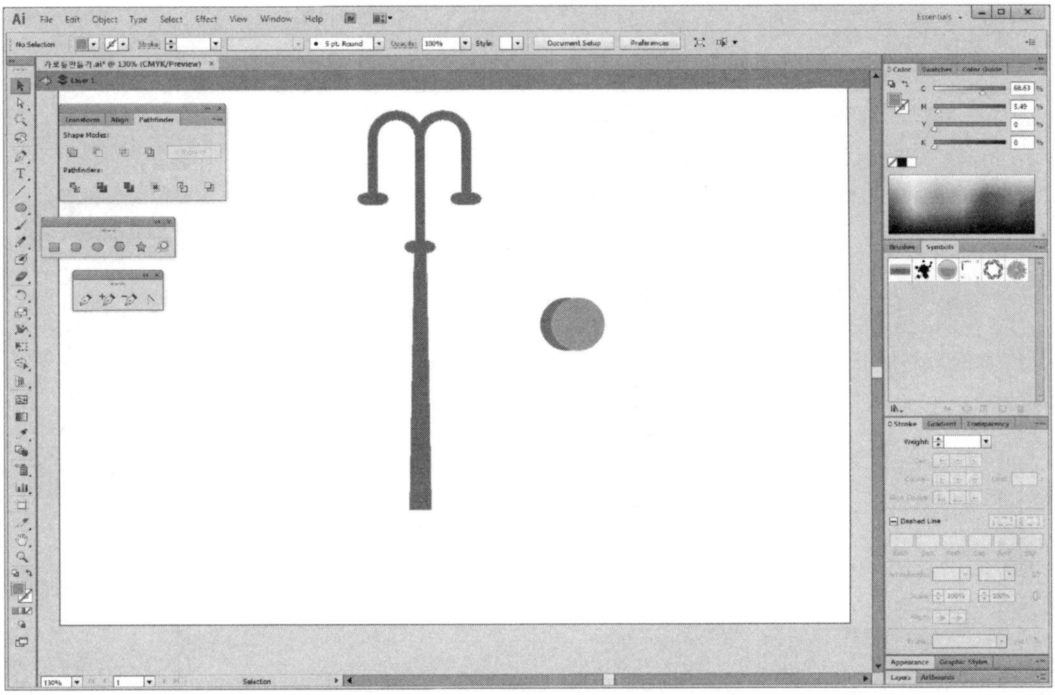

개체[Object]를 모두 선택하여 분할[Divide]합니다.

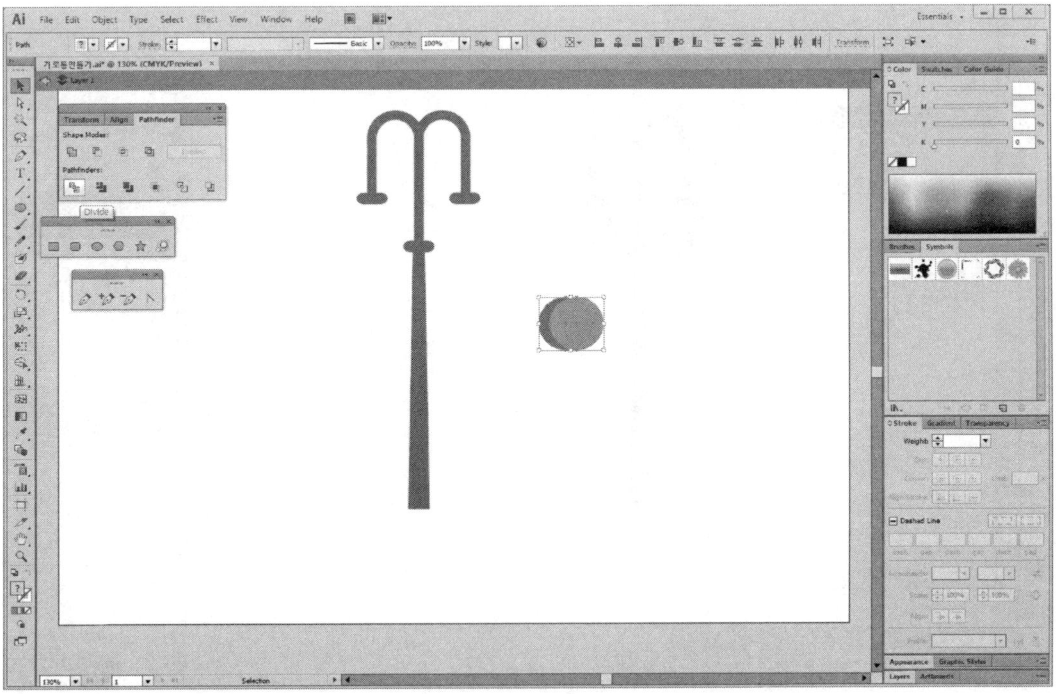

개체[Object] 왼쪽 부분을 삭제합니다.

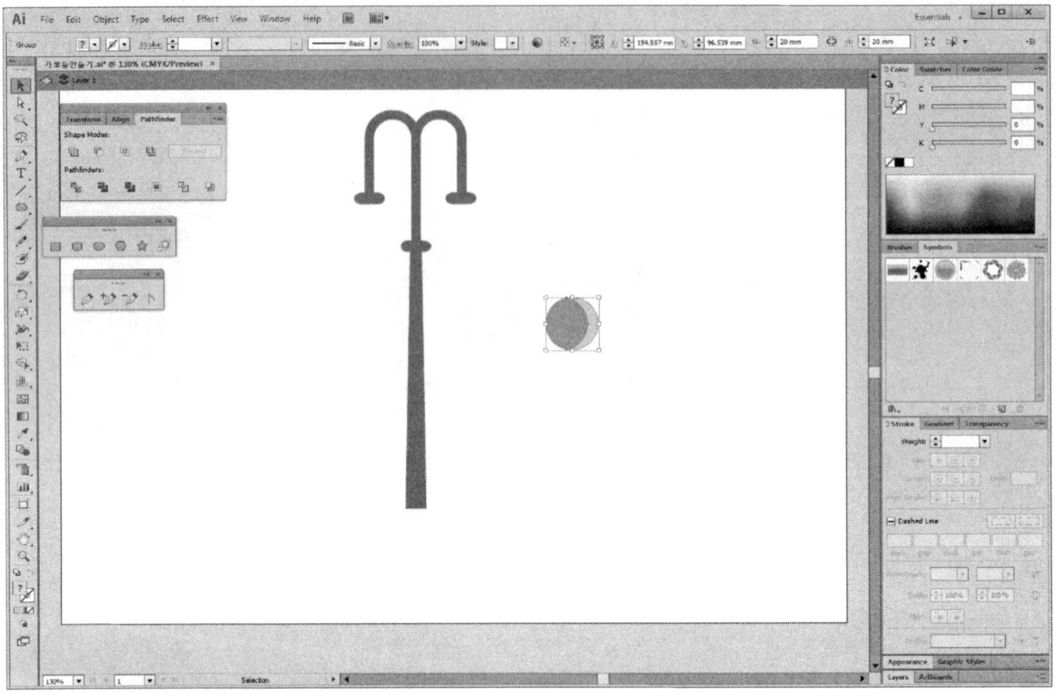

생성한 개체[Object]를 하나 더 복사하여 배치합니다.

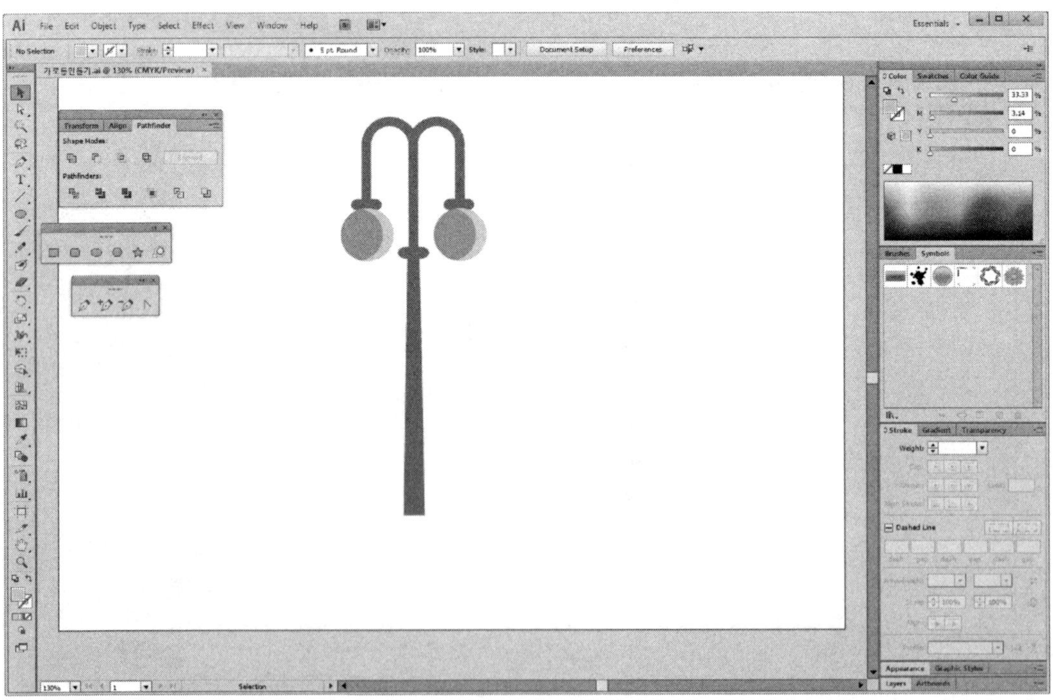

11 ▸ 편지봉투 만들기

사각형 툴[Rectangle Tool]을 사용하여 테두리가 없는 개체[Object]를 생성합니다.

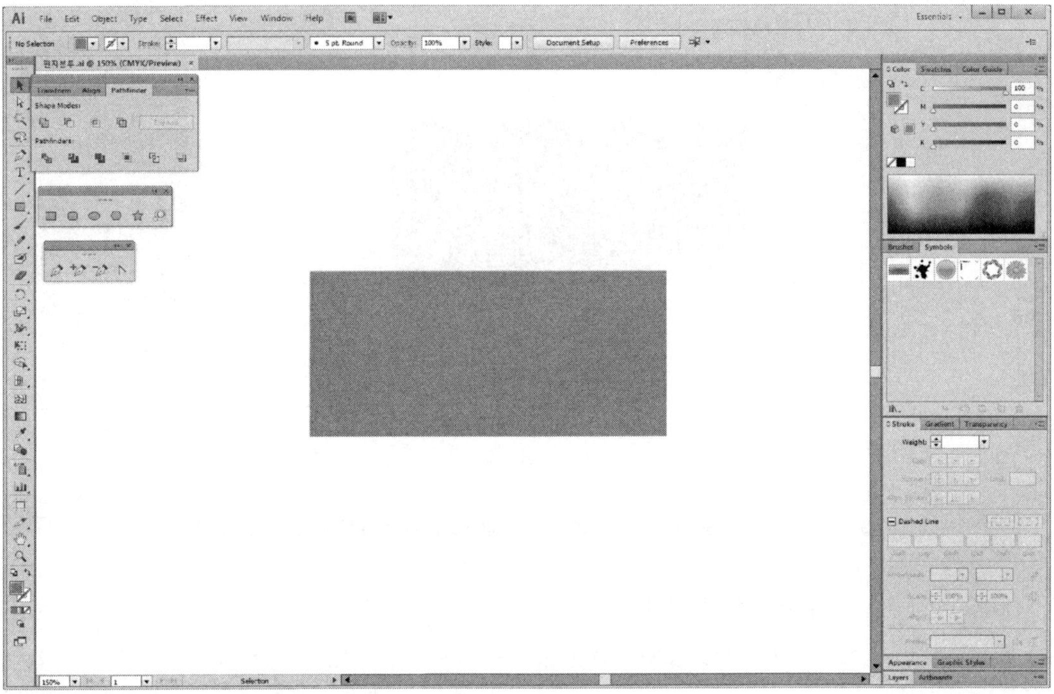

메뉴에서 [Edit] - [Paste in Place]를 실행하여 개체[Object]를 하나 더 생성합니다.

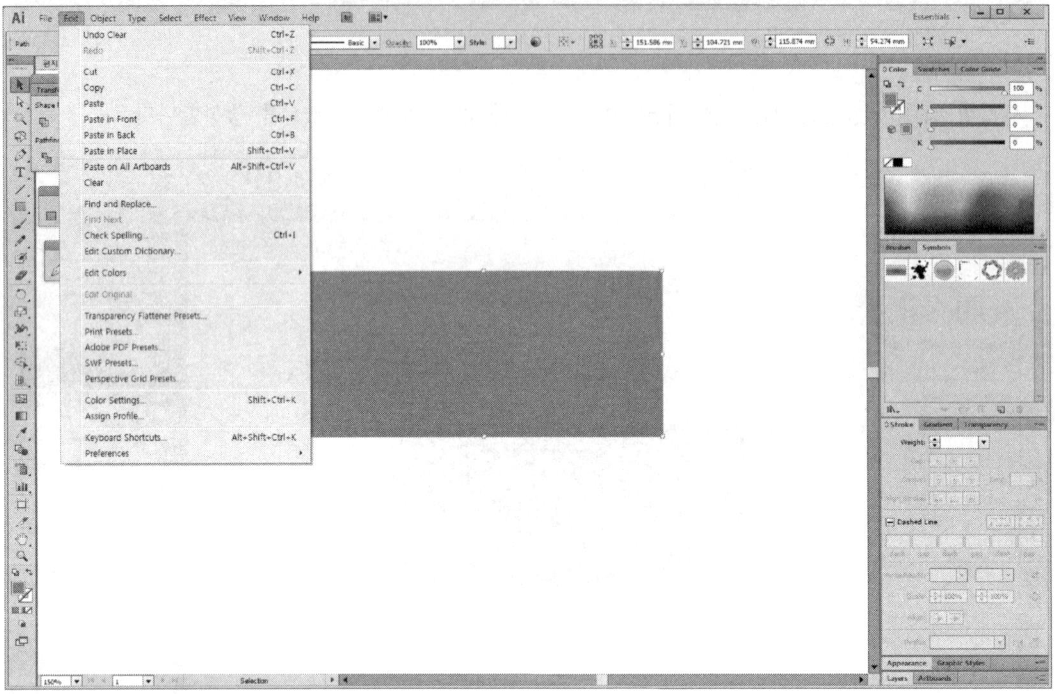

개체[Object]를 하나 더 생성합니다.

앞부분 개체[Object]를 상단으로 올려 크기를 절반으로 축소합니다.

메뉴에서 오브젝트[Object] - [Lock] - [Selection]을 실행하여 하단 이미지를 고정시킵니다.

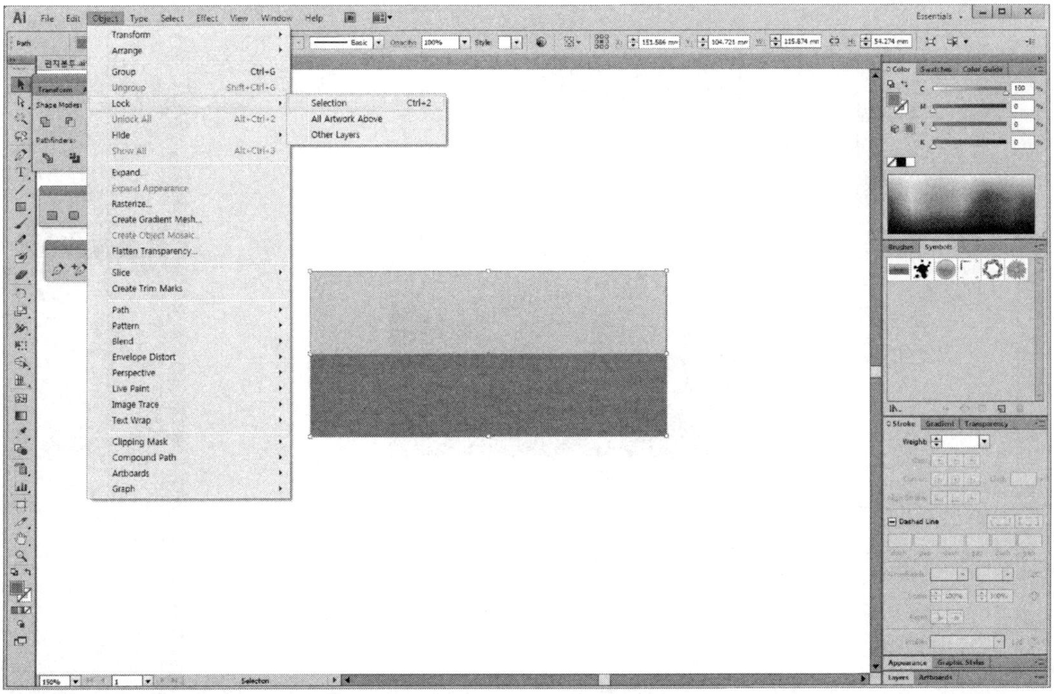

직접 선택 툴[Direct Selection Tool]을 사용하여 앞부분에 있는 개체[Object] 하단 부분을 선택합니다.

스케일 툴[Scale Tool] 더블클릭 또는 스케일 툴[Scale Tool]을 선택한 상태에서 [Alt]클릭하여 스케일을 축소합니다.

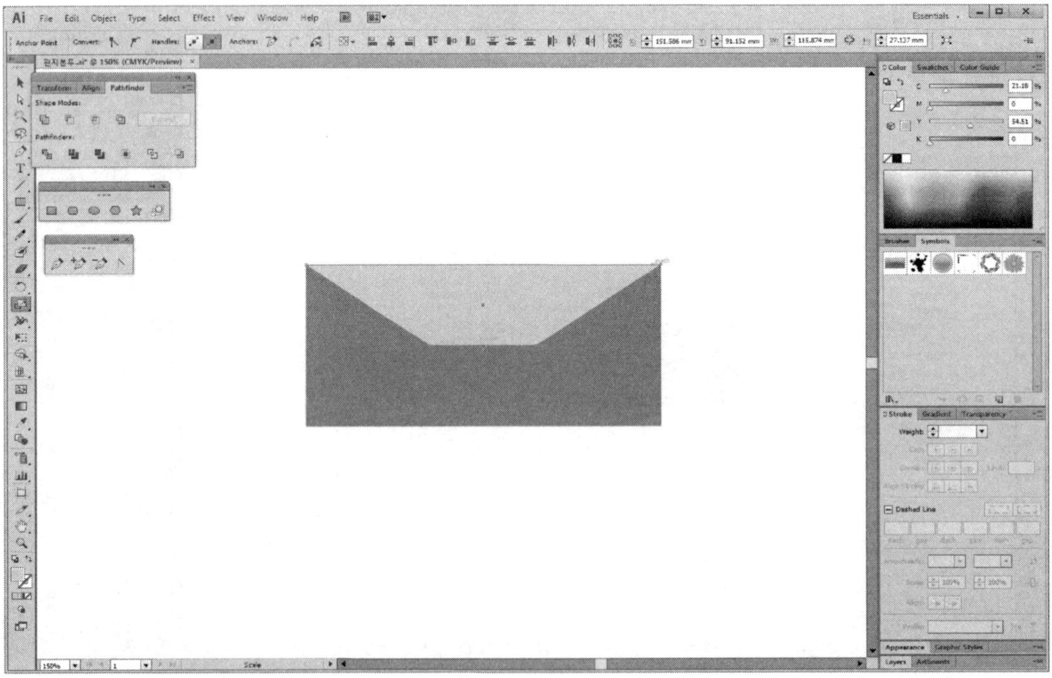

❯ 스케일[Scale Tab]탭

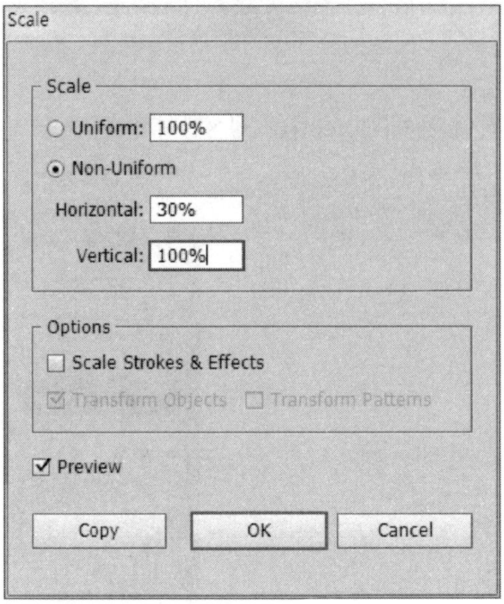

12 개체 분할

둥근 사각형 툴[Rounded Rectangle Tool]을 사용하여 개체[Object]를 생성합니다.

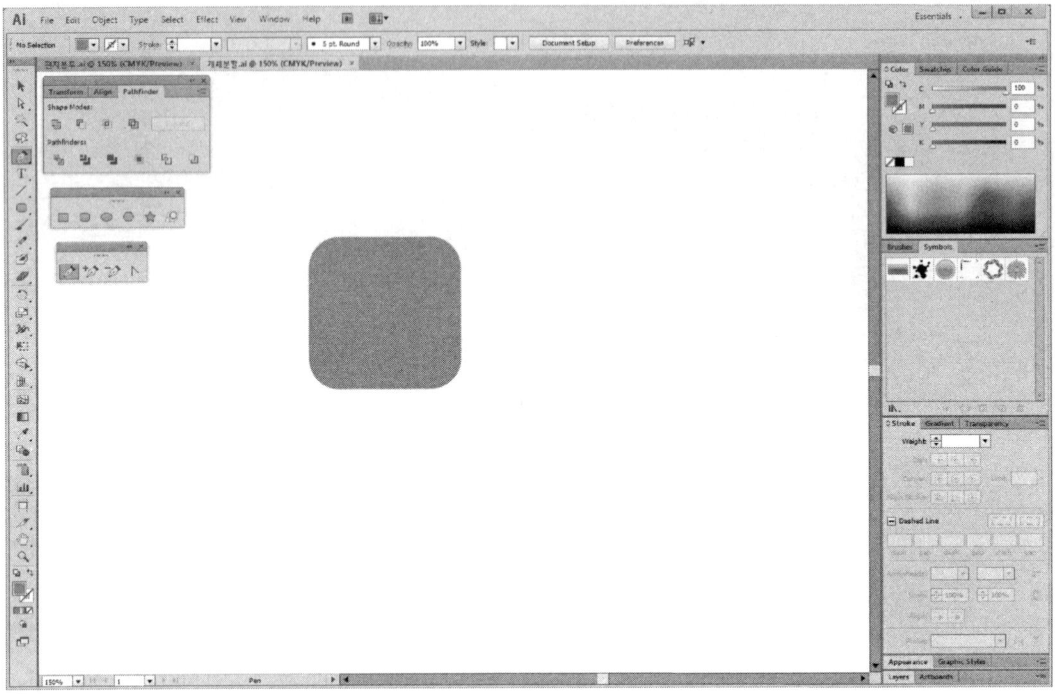

펜툴[Pen Tool]을 사용하여 패스를 생성합니다.

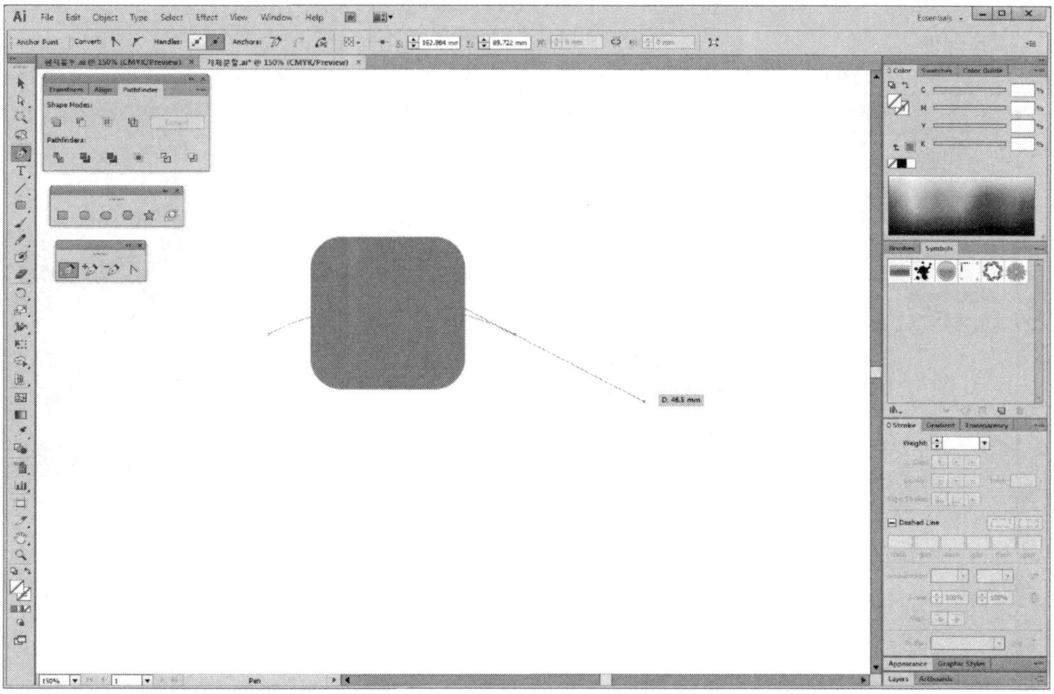

2개 개체[Object]를 모두 선택하고 분할[Divide]을 실행합니다.

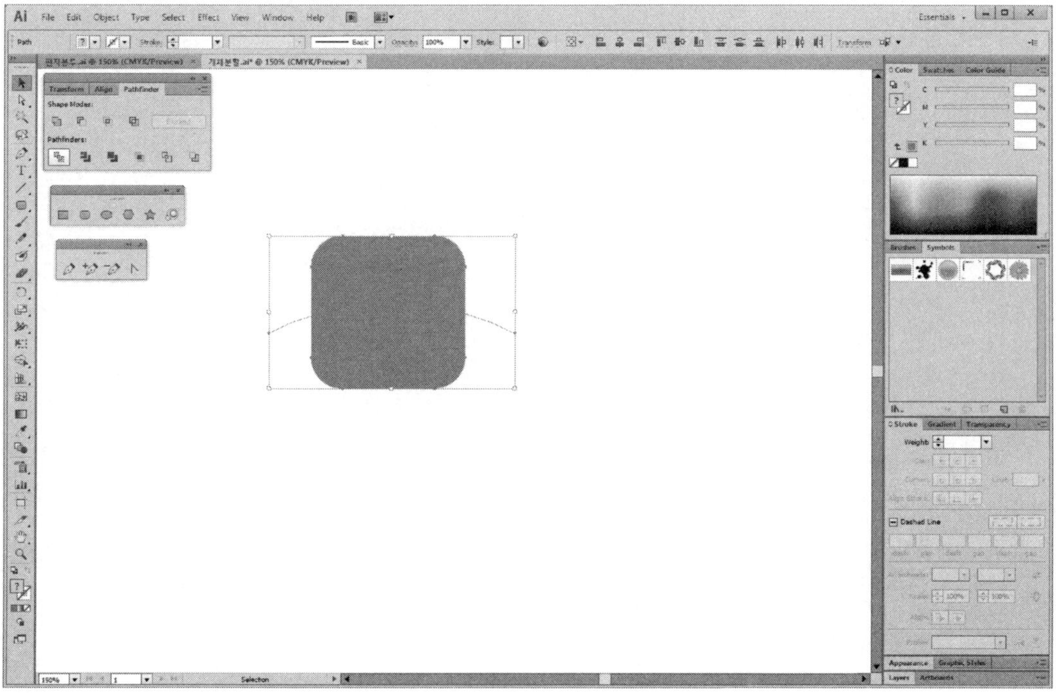

직접 선택 툴[Direct Selection Tool]을 사용하여 분리된 개체[Object]를 선택하여 색상을 변경합니다.

13 클리핑 마스크[Clipping Mask]

다음과 같이 개체[Object]를 3개 생성합니다.

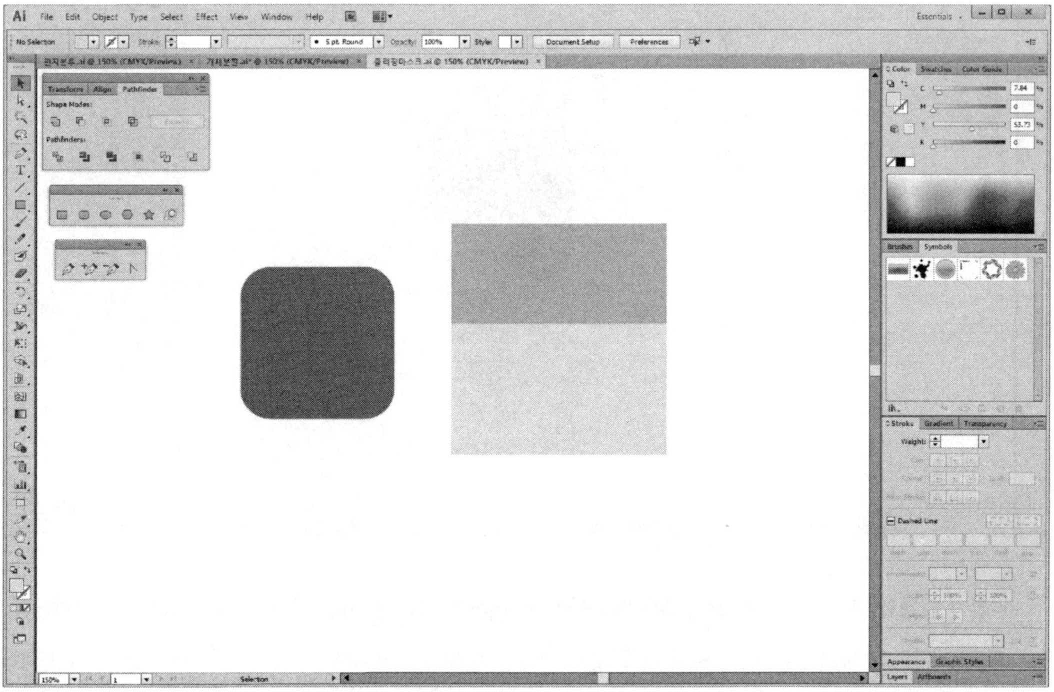

[Arrange] - [Bring to Front]를 실행하여 둥근 사각형을 맨 앞으로 보냅니다.

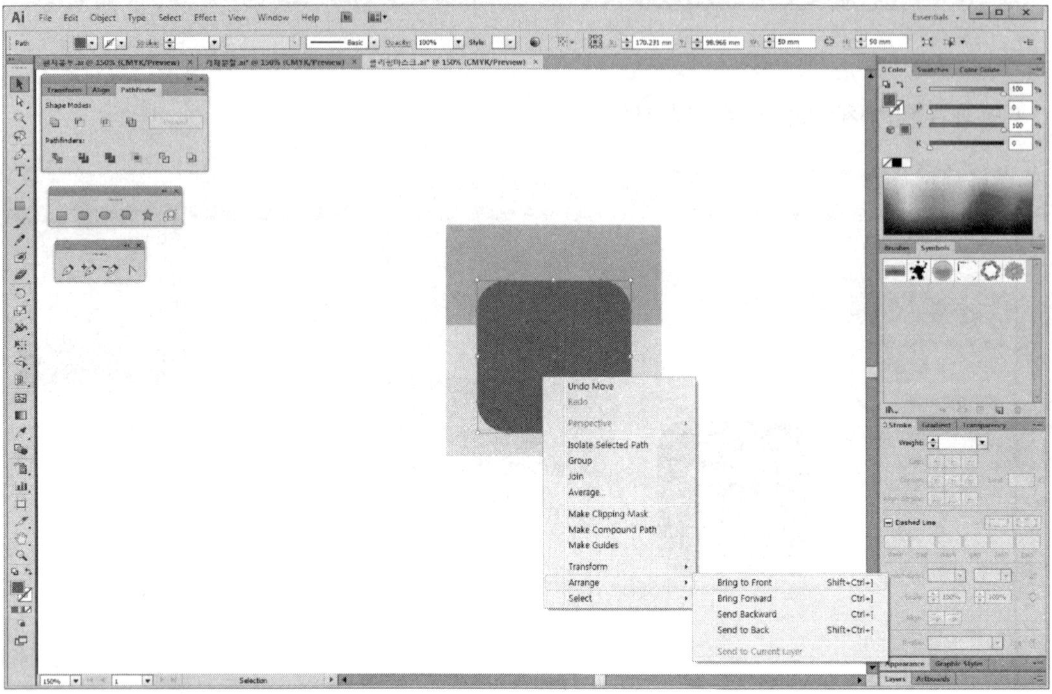

개체[Object]를 모두 선택한 상태에서 메뉴에서 [Object] - [Clipping Mask] - [Make]를 실행합니다.

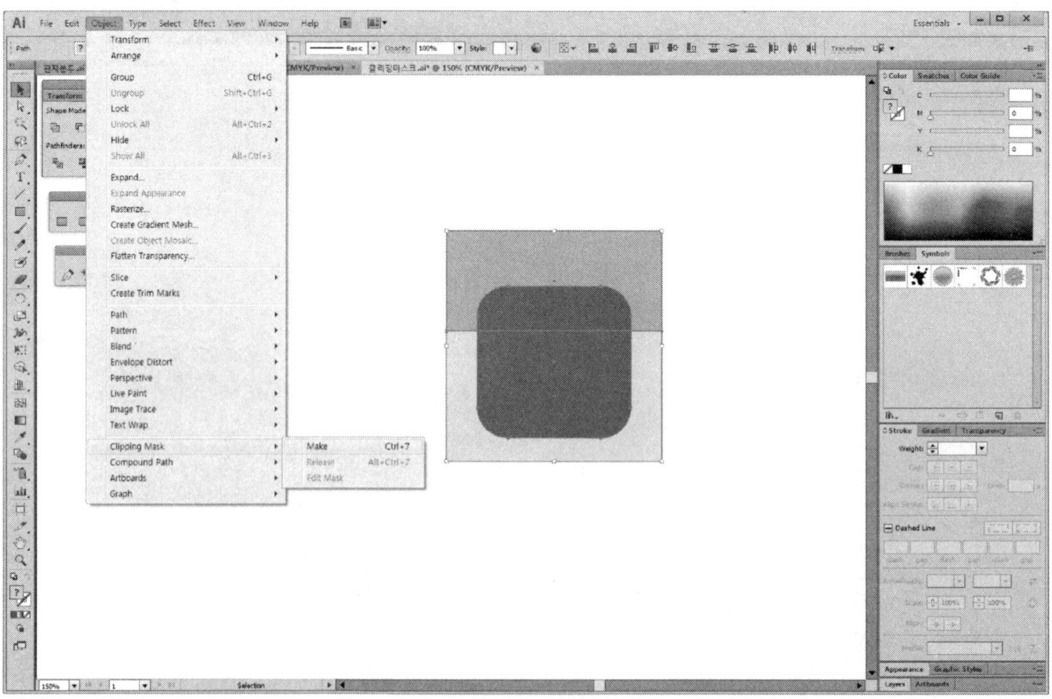

개체[Object]를 모두 선택하여 단축 메뉴[Make Clipping Mask]를 실행합니다.

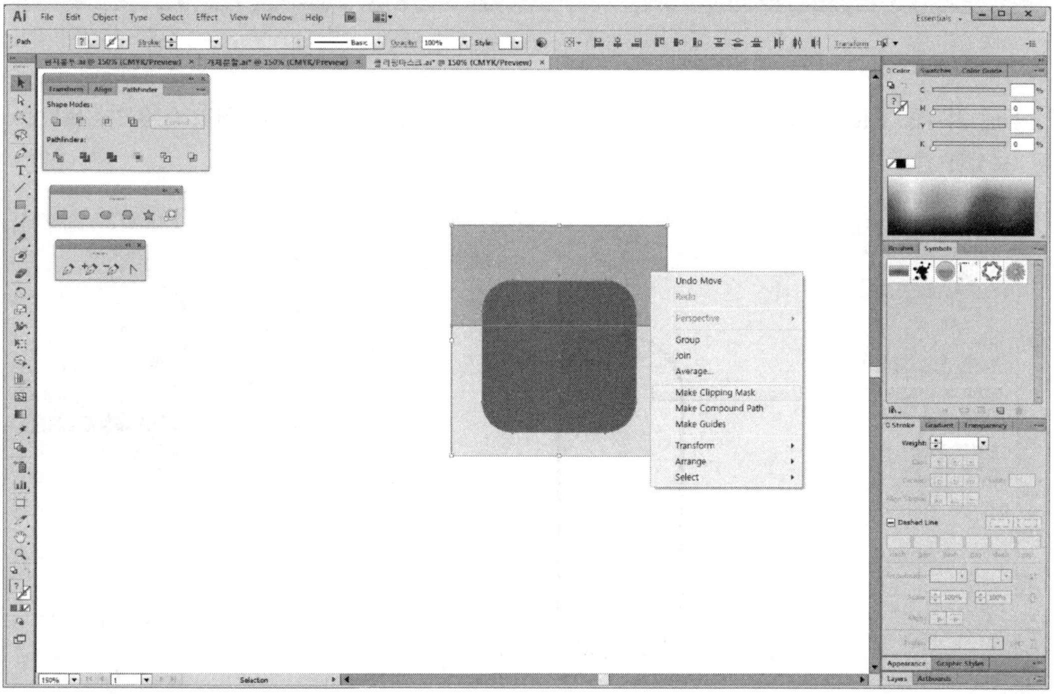

텍스트[Text]를 완성합니다.

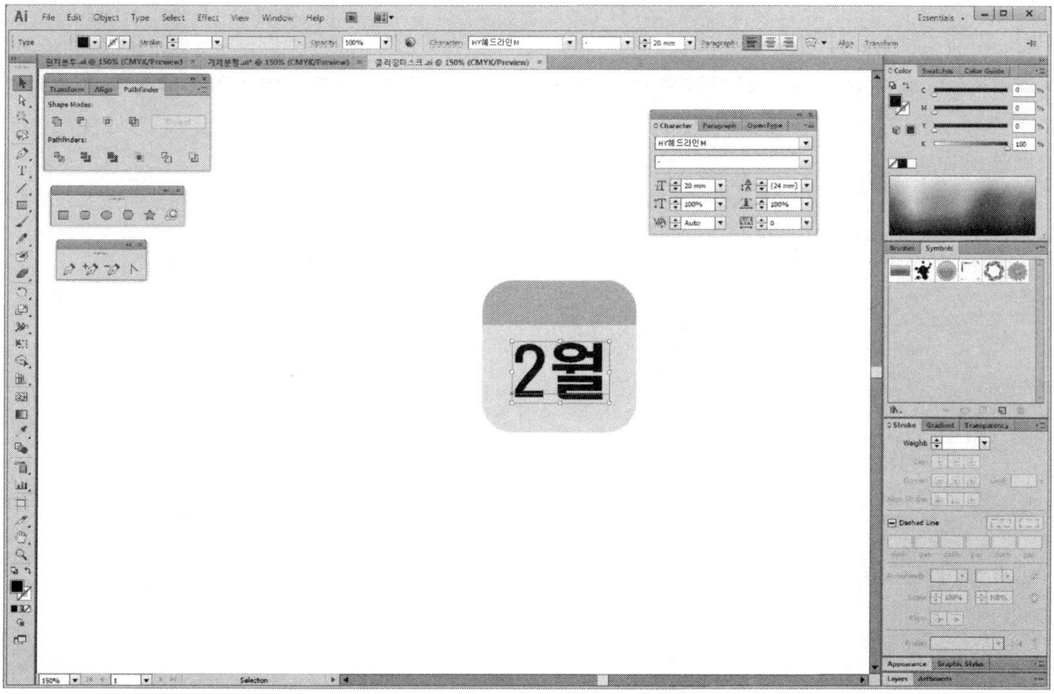

14 막대바 만들기

둥근 사각형 툴[Rounded Rectangle Tool]을 사용하여 테두리 개체[가로 = 30mm 높이 = 80mm]를 생성합니다.

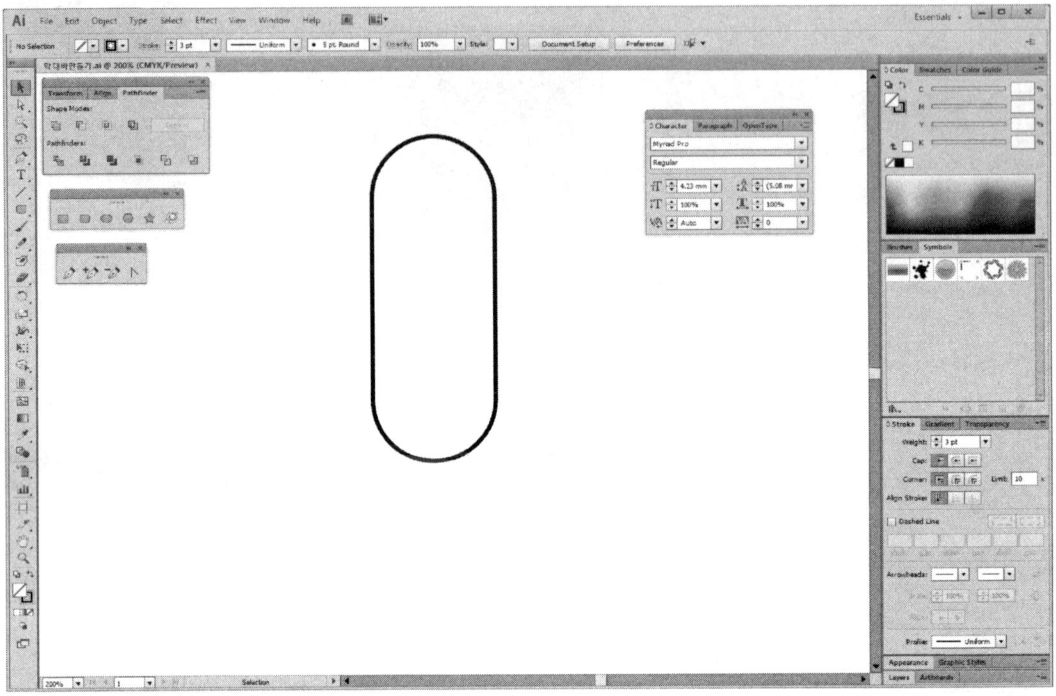

직접 선택 툴[Direct Selection Tool]을 사용하여 개체[Object] 하단을 선택합니다.

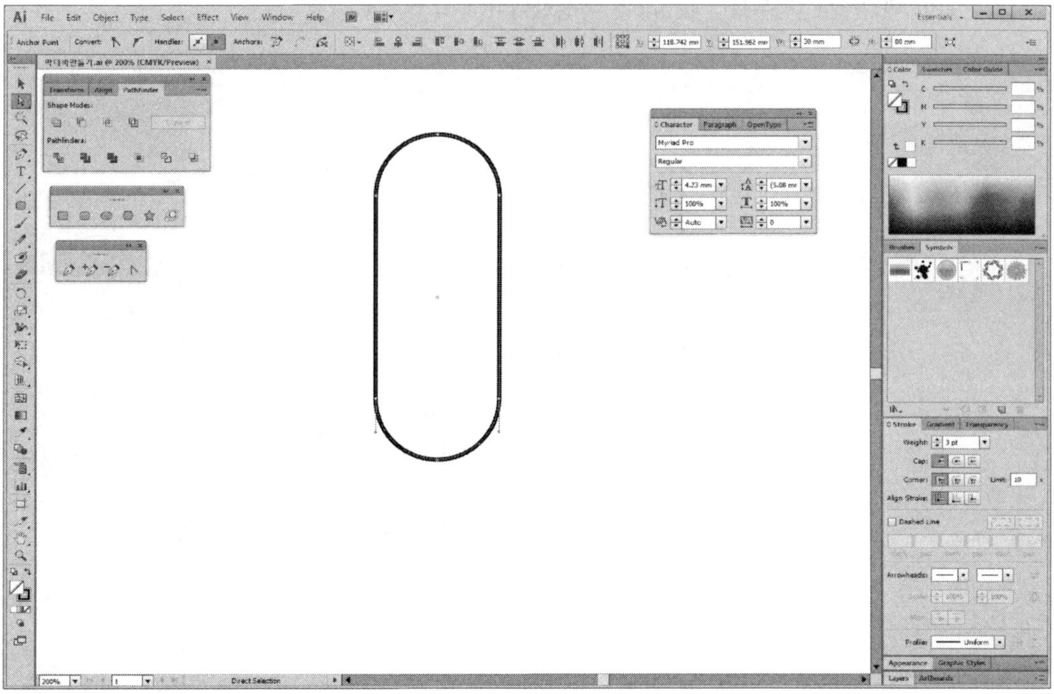

개체[Object] 하단을 삭제합니다.

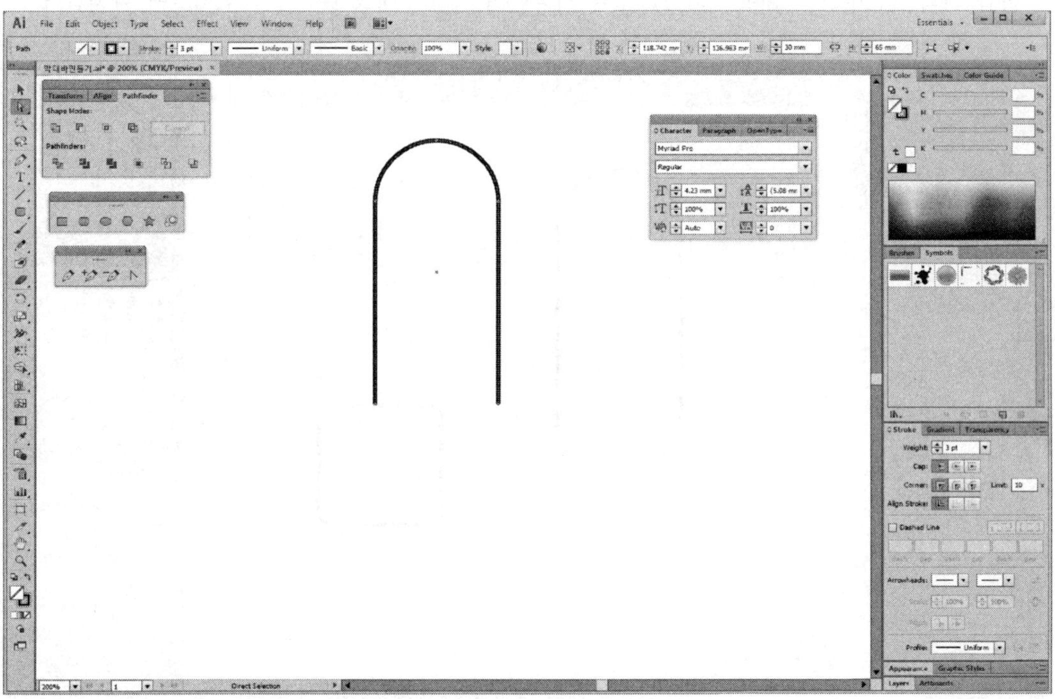

등근 사각형 툴[Rounded Rectangle Tool]을 사용하여 테두리가 있는 개체[Object] [가로 = 30mm, 높이 = 80mm, 라운드 = 3mm]를 생성합니다.

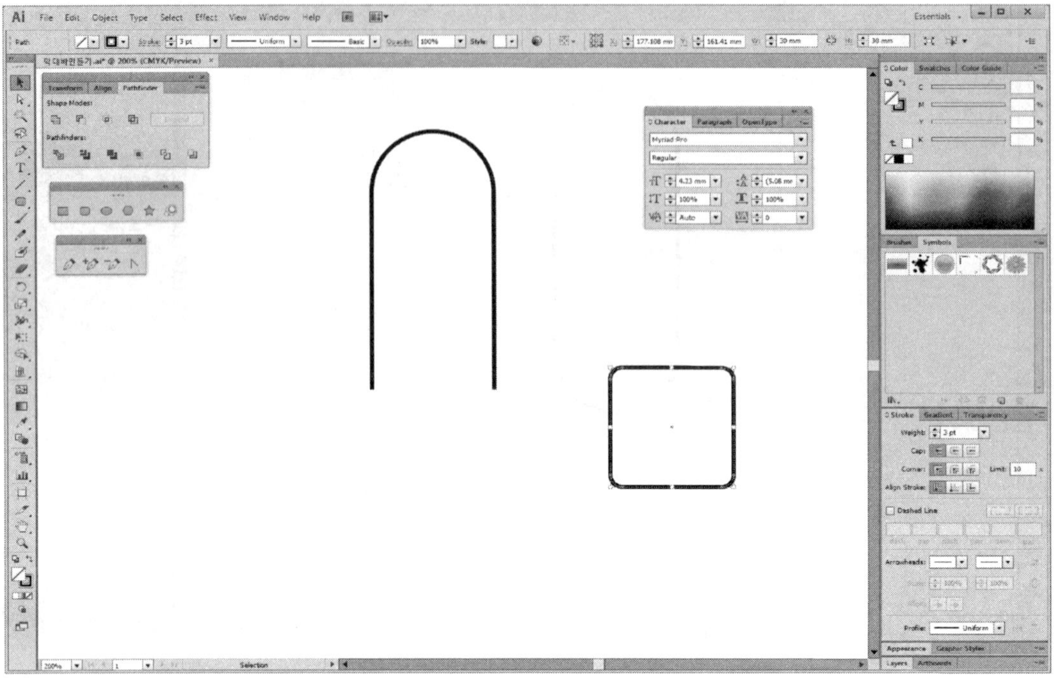

직접 선택 툴[Direct Selection Tool]을 사용하여 개체[Object] 상단을 선택하여 삭제합니다.

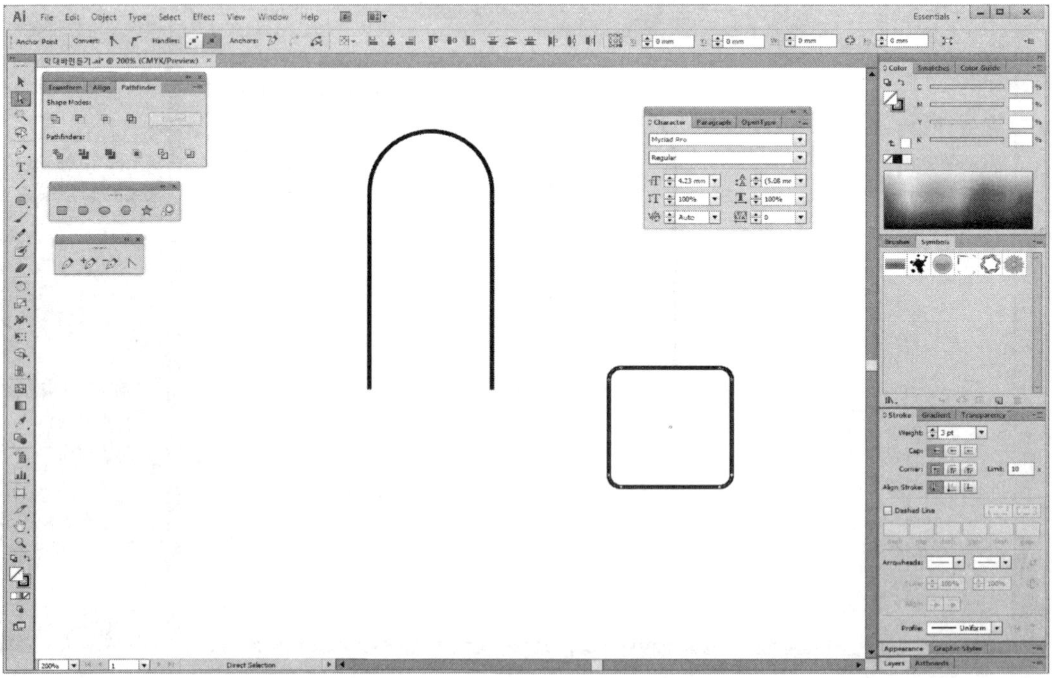

둥근 사각형 [Rounded Rectangle]을 다음과 같이 배치합니다.

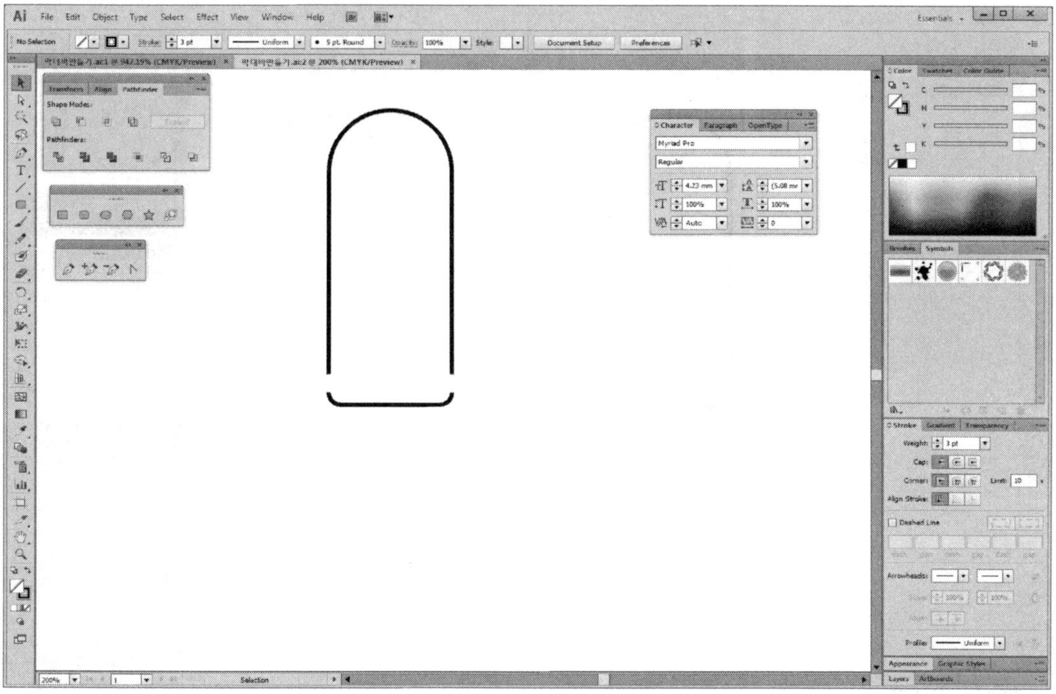

왼쪽 하단 2곳을 선택하여 [Object] - [Path] - [Join]을 실행합니다.

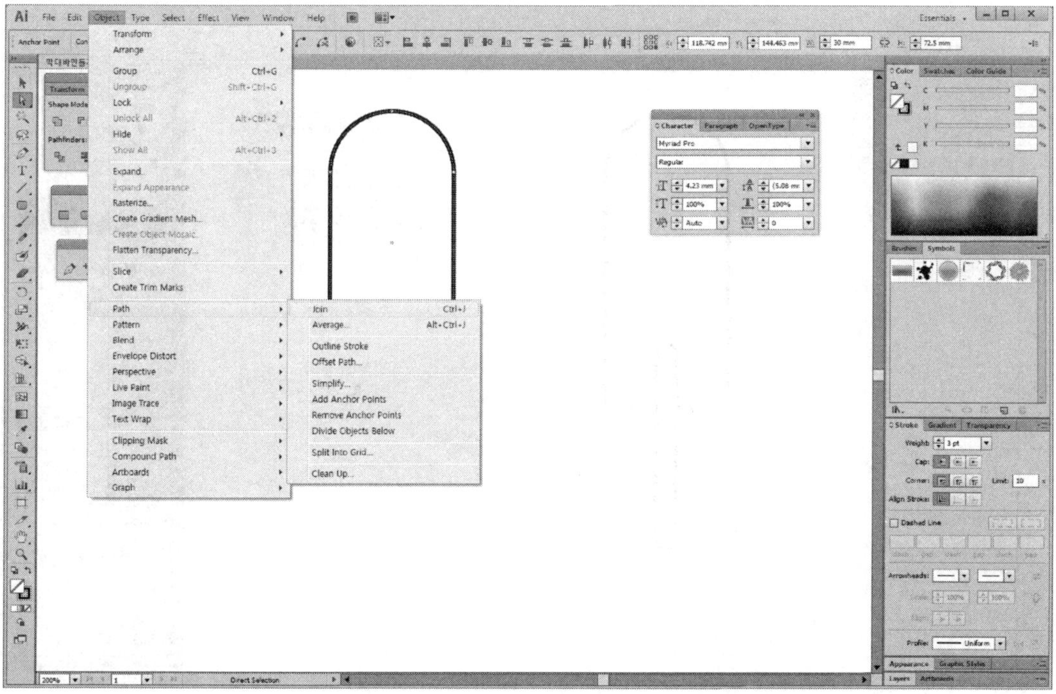

오른쪽 하단 2곳을 선택하여 [Join]을 실행합니다.

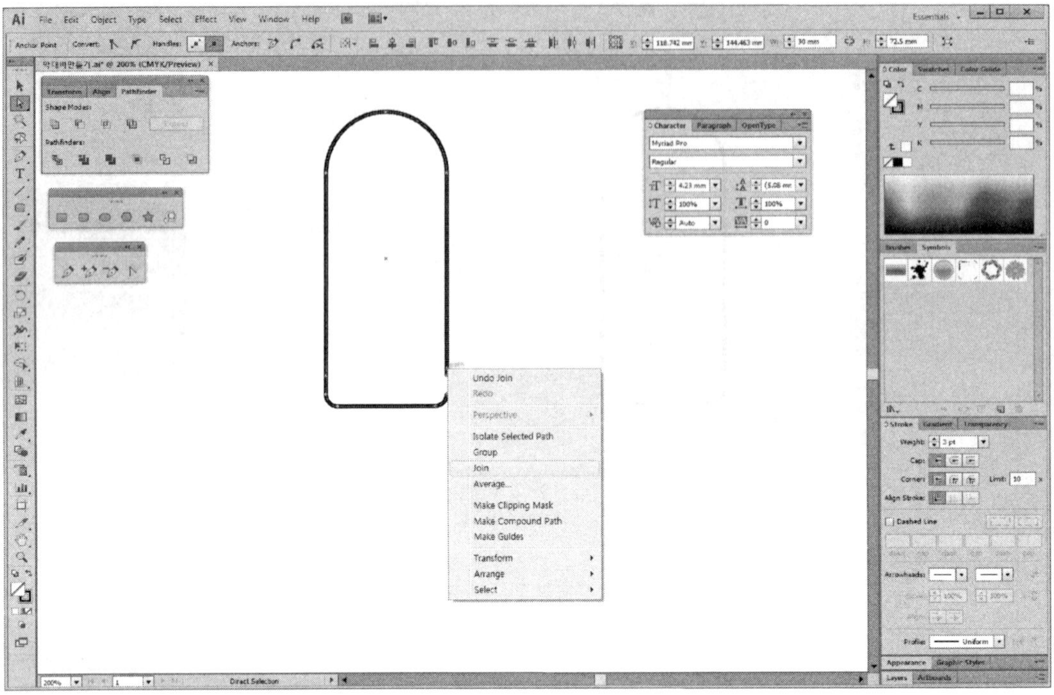

테두리 막대바를 완성합니다.

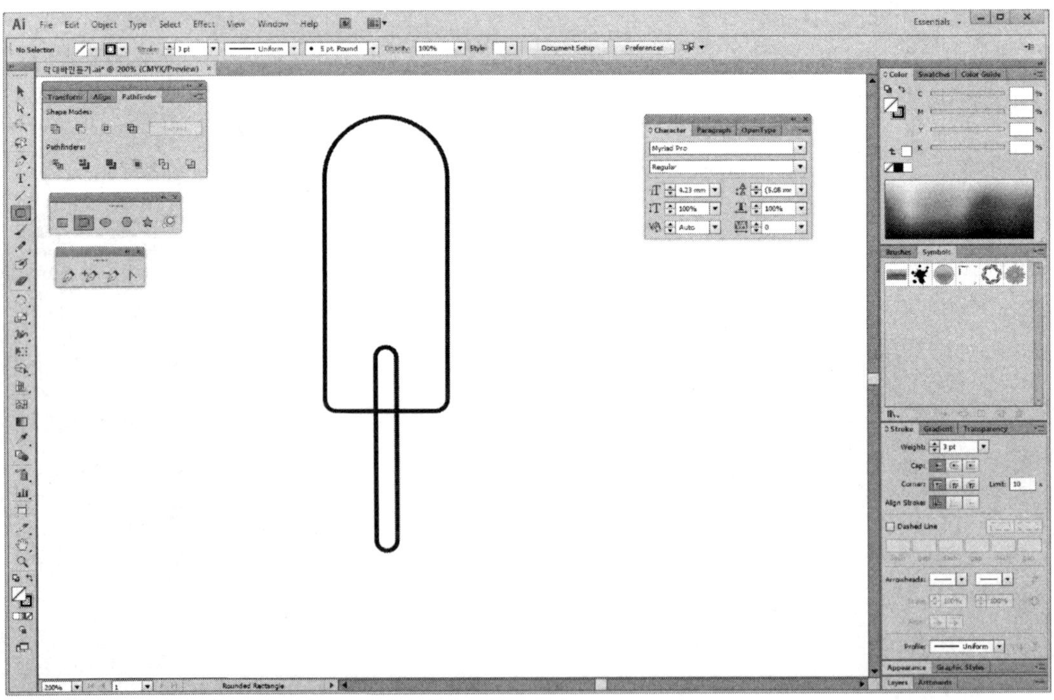

> [Rounded Rectangle]탭

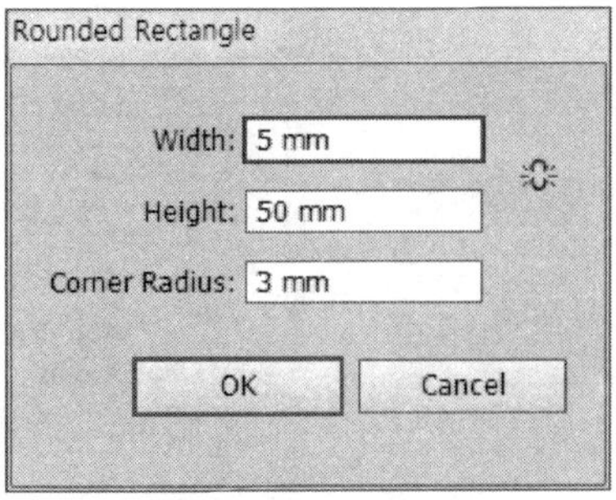

선[Stroke]색은 없고 면[Fill]색만 표시된 개체[Object]를 생성합니다.

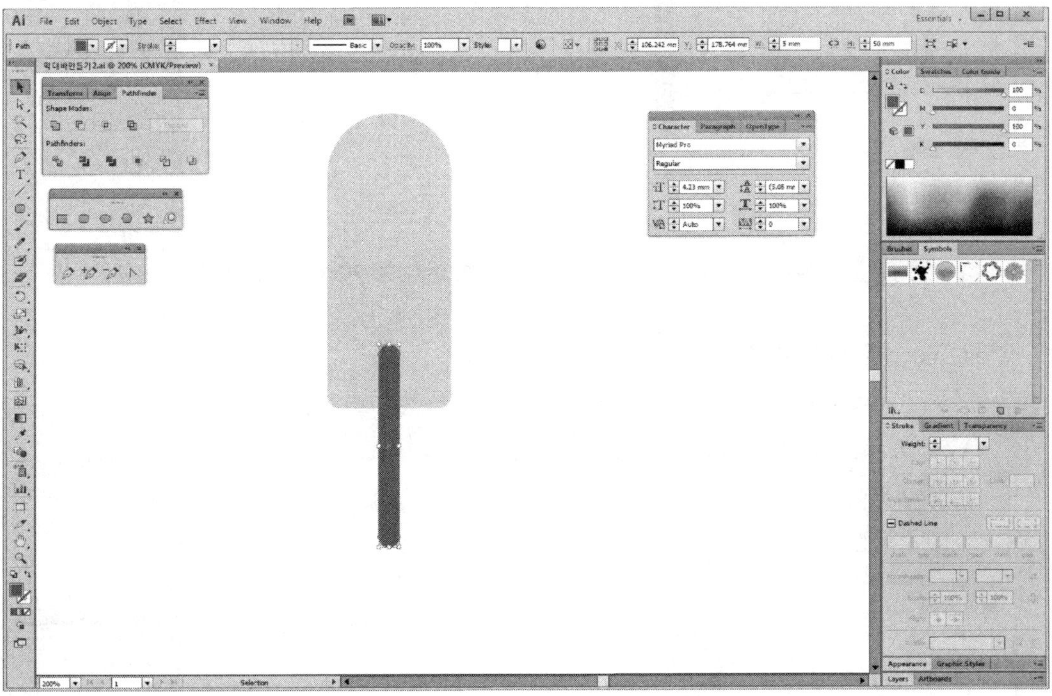

메뉴에서 [Object] - [Arrange] - [Bring to Back]를 실행하여 하단 개체[Object]를 뒤로 배치합니다.

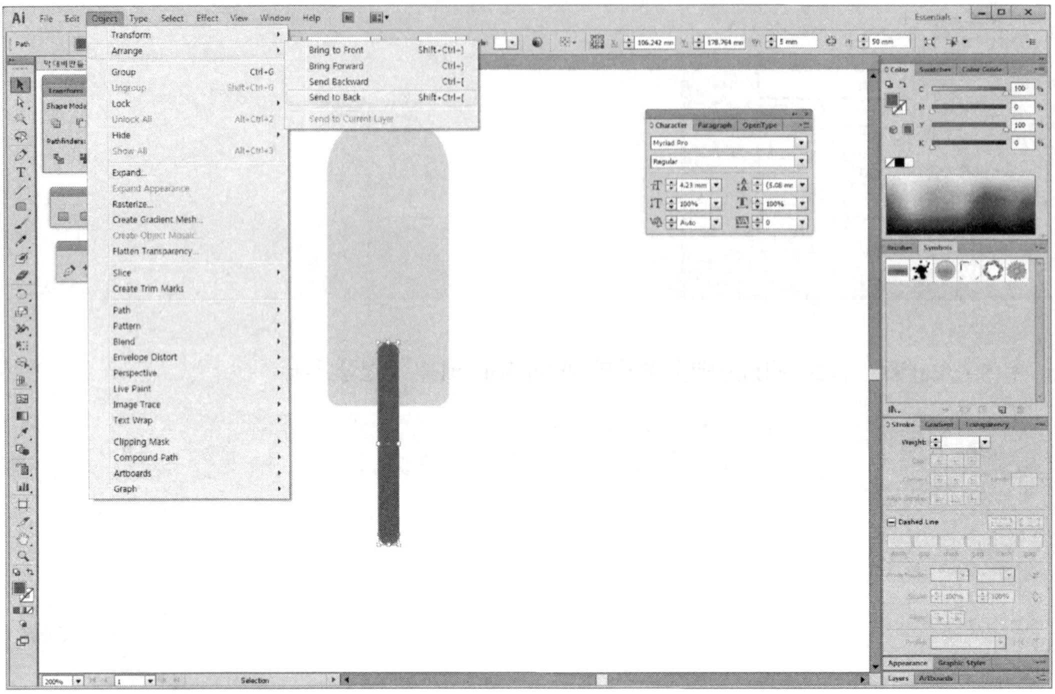

개체[Object]를 완성합니다.

[Line Segment Tool]을 사용하여 선을 배치하고 모두 선택합니다.

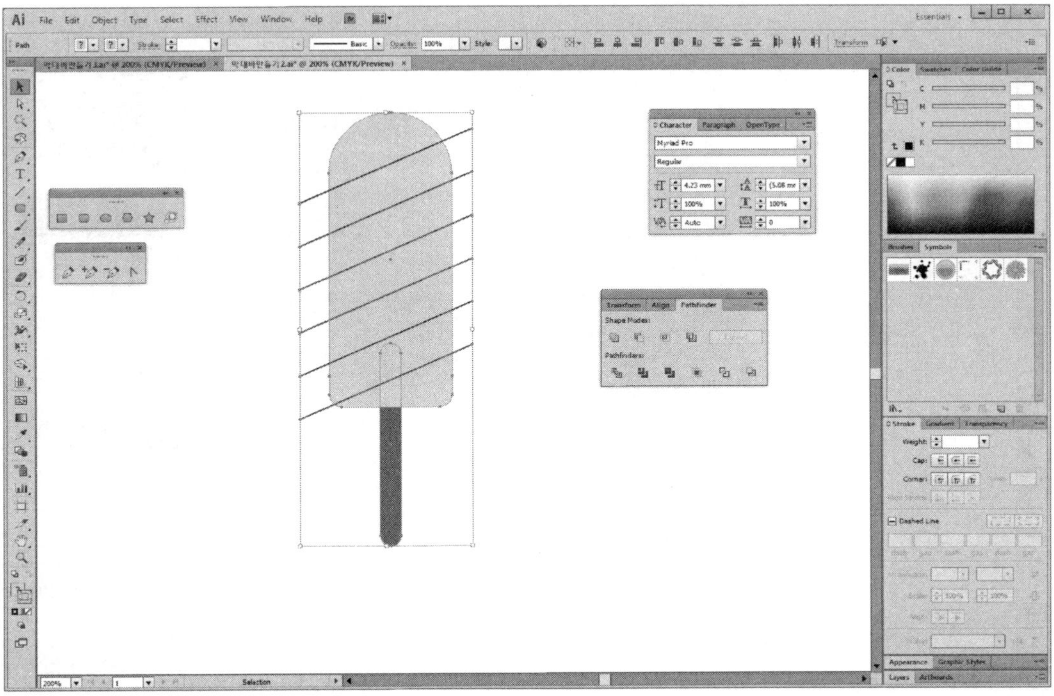

개체[Object]를 모두 선택하고 분할[Divide]을 실행합니다.

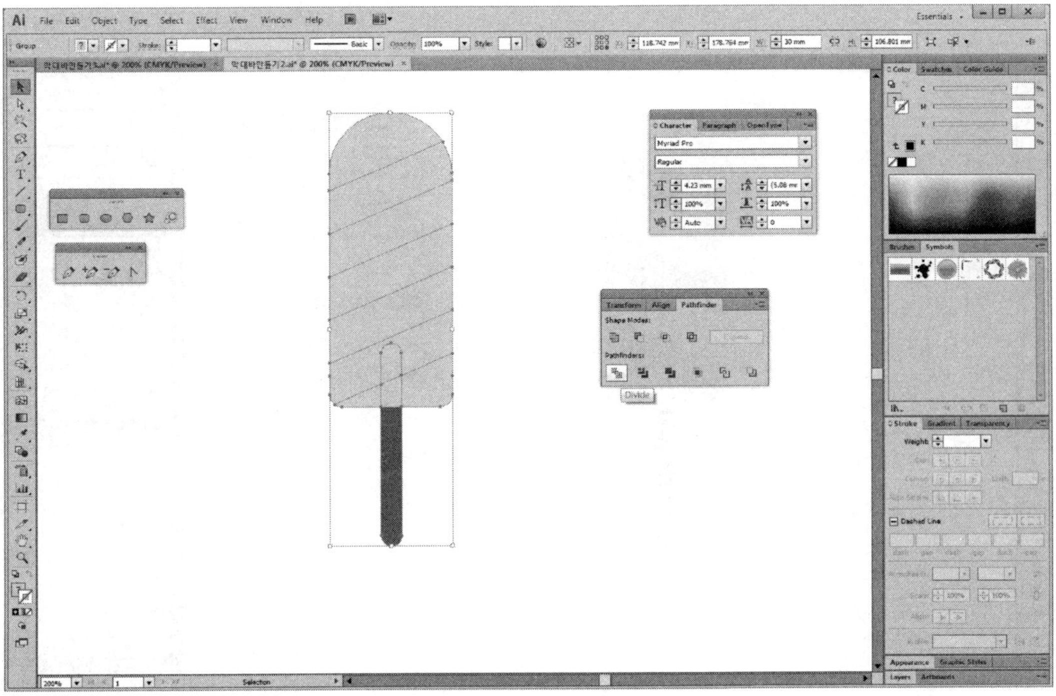

그룹화를 해제합니다.

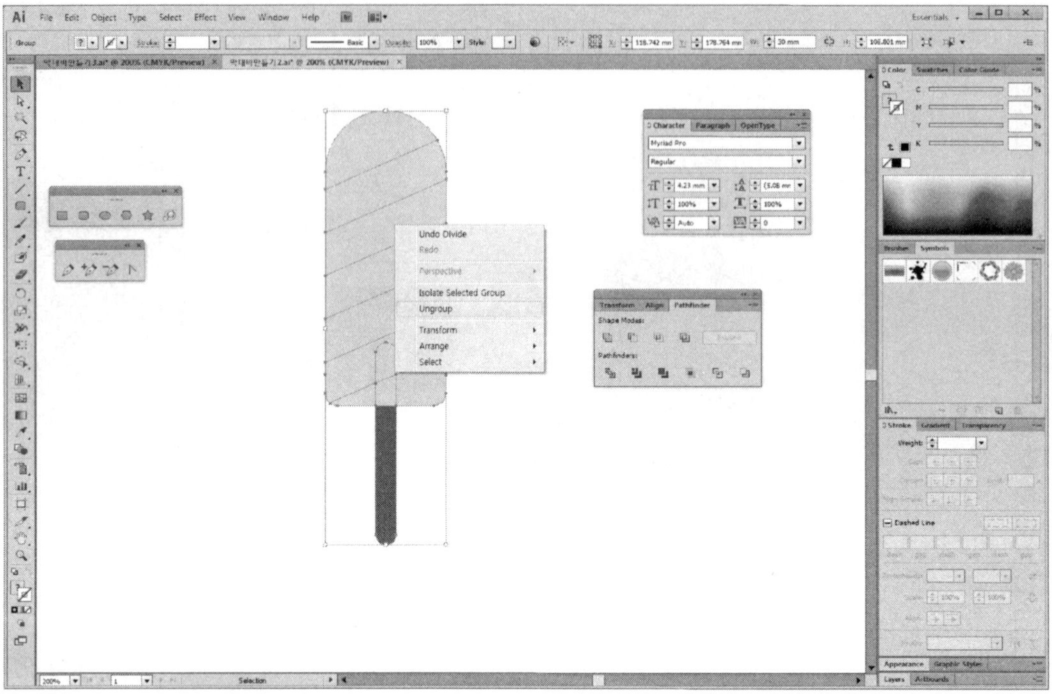

면[Fill]색을 활성화하여 색상을 변경합니다.

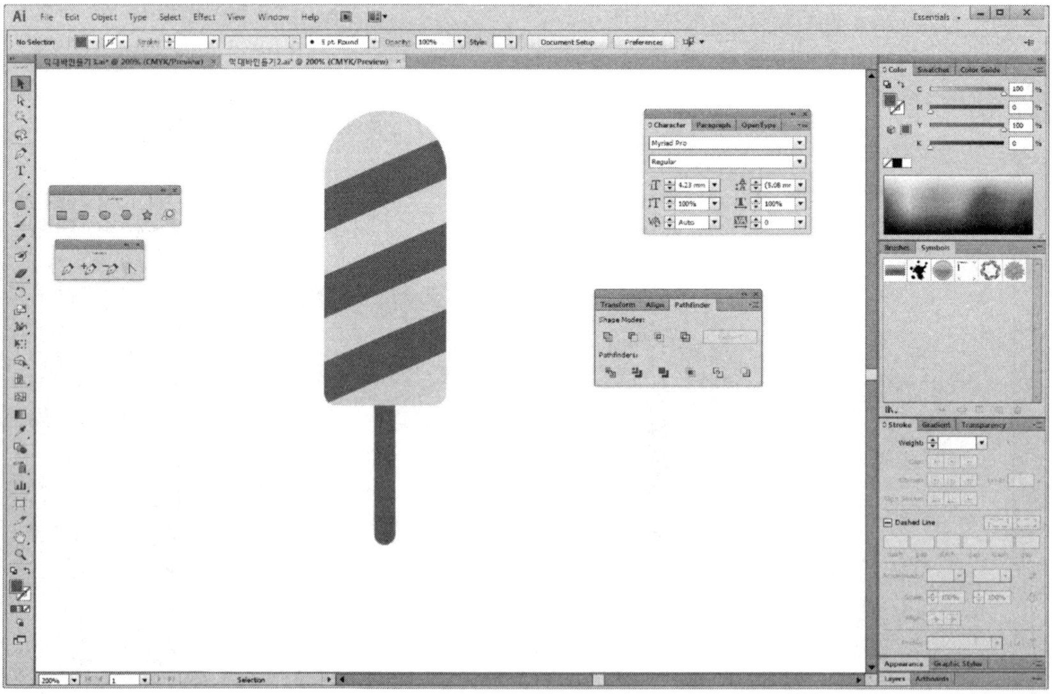

[Group]을 실행하여 개체[Object]를 그룹화합니다.

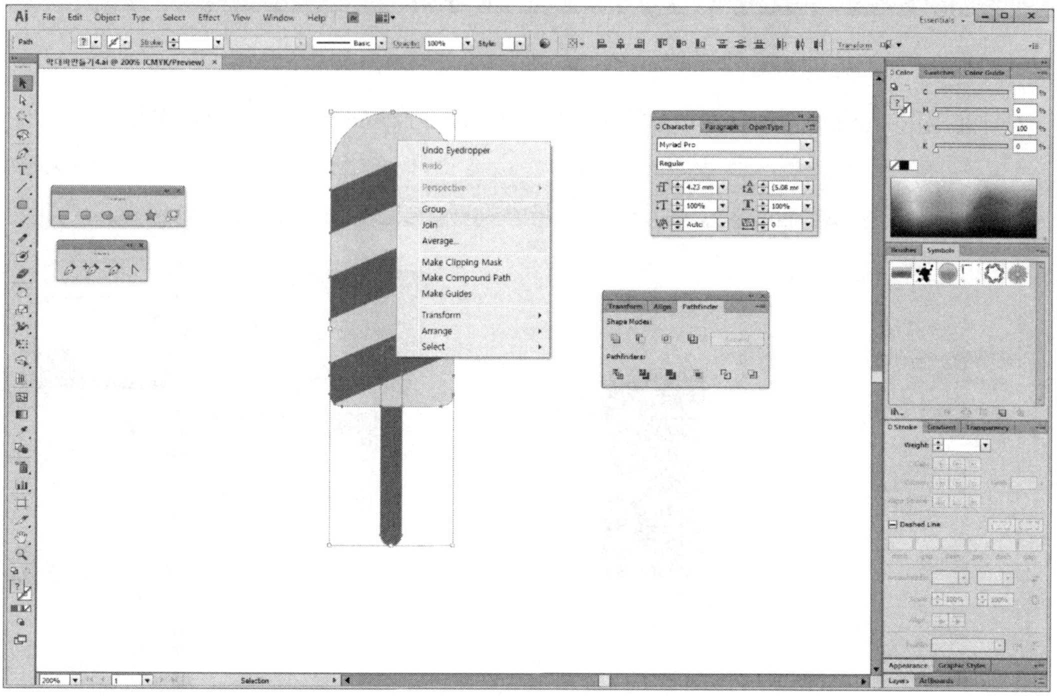

15 ▸ 캐릭터 만들기

사각형 툴[Rectangle Tool]을 사용하여 테두리가 없는 개체[Object]를 생성합니다.

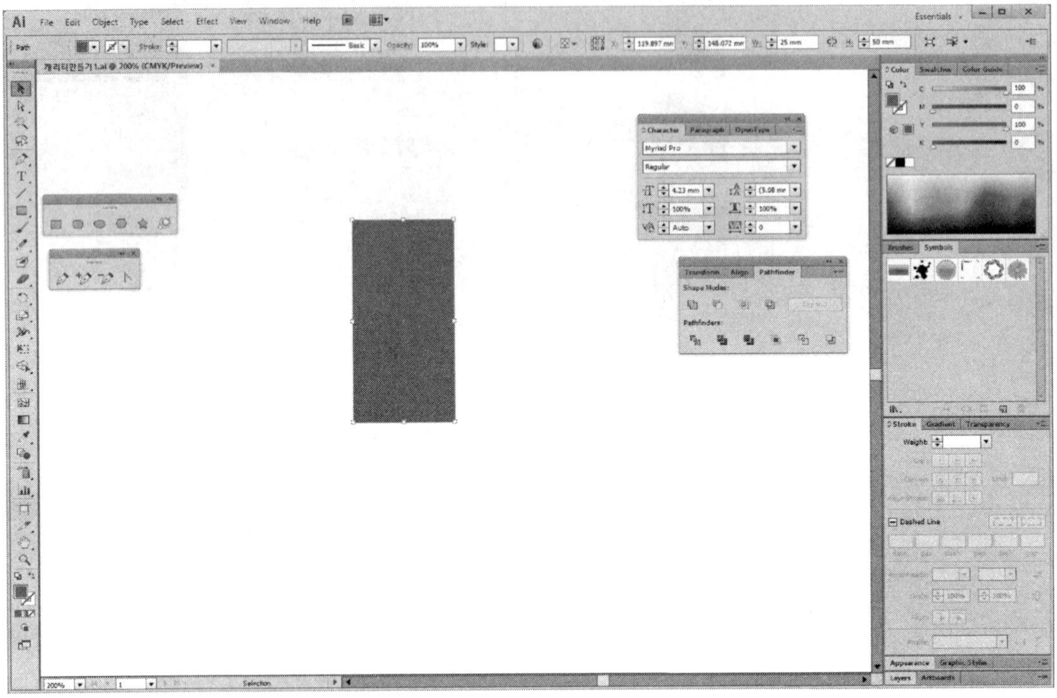

[Ellipse Tool]을 사용하여 개체[Object]를 그리고 원 개체[Object]를 그룹화합니다. 왜냐하면 각각의 개체[Object]가 하나의 개체[Object]로 인식되어 중앙정렬이 됩니다.

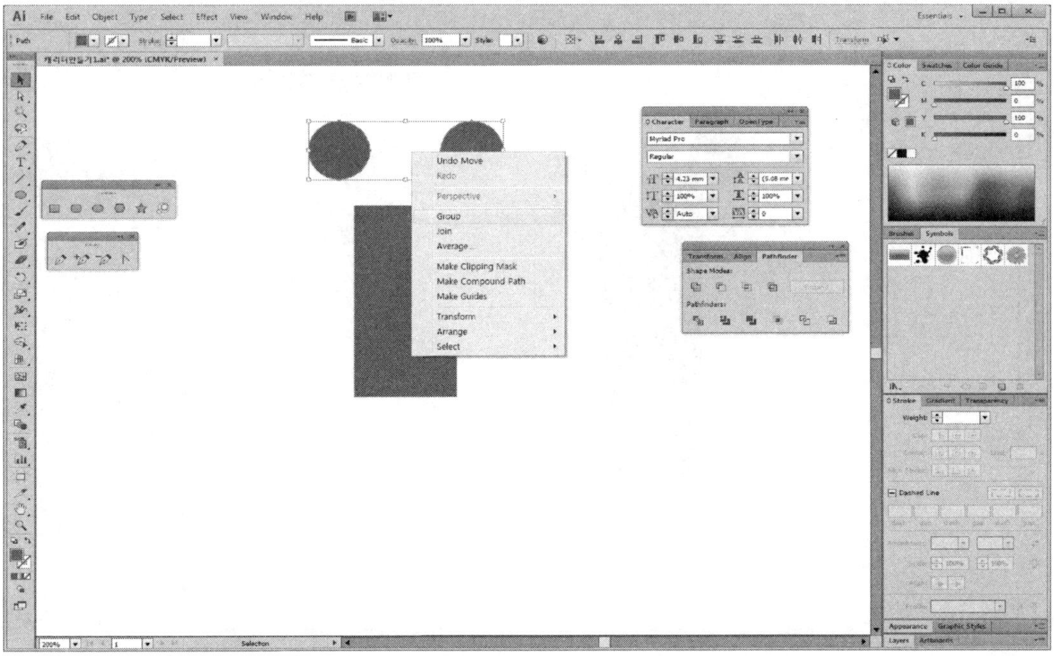

하단에 둥근 사각형 툴[Rounded Rectangle Tool]을 사용하여 테두리가 없는 개체[Object]를 생성하고 그룹화합니다.

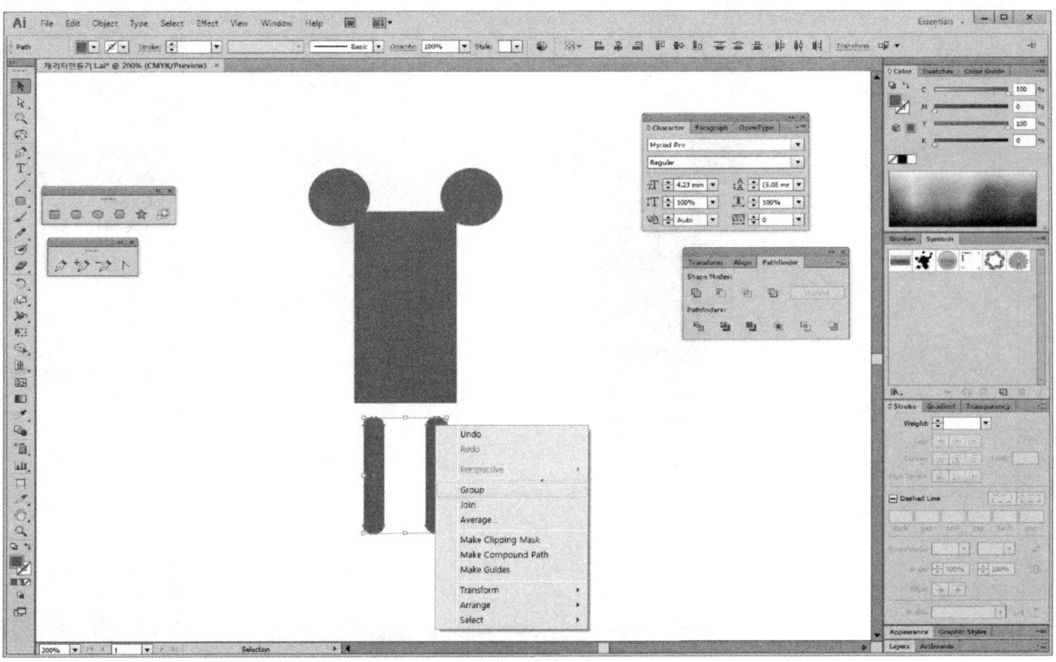

중앙정렬하고 테두리 사각형을 다음과 같이 배치합니다.

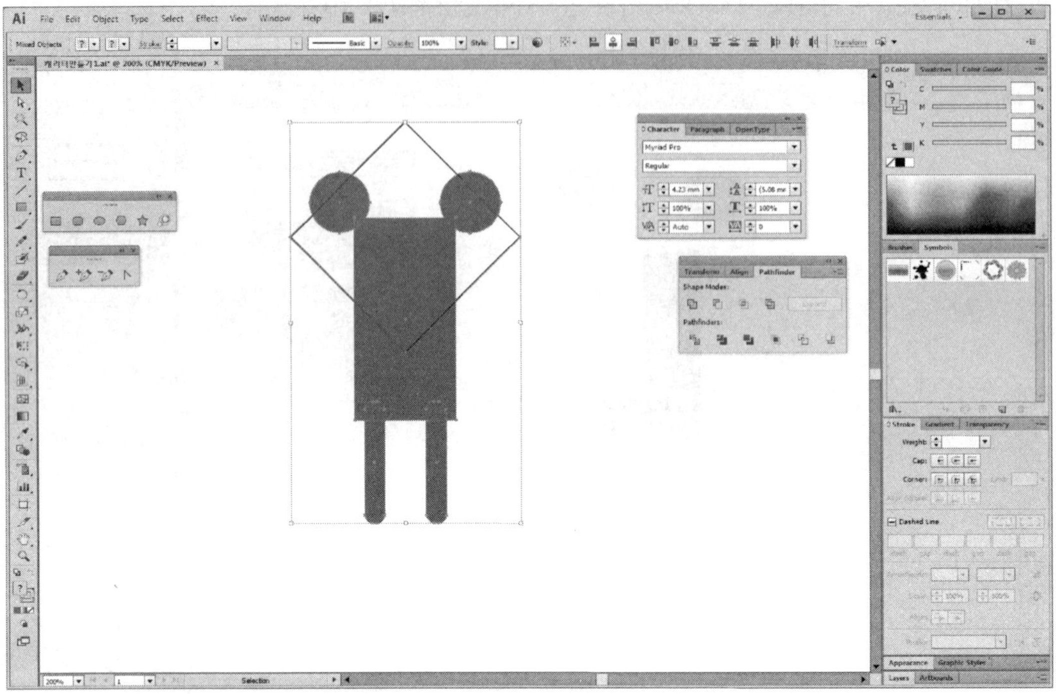

몸통과 사각형을 선택해서 분할[Divide]을 실행합니다.

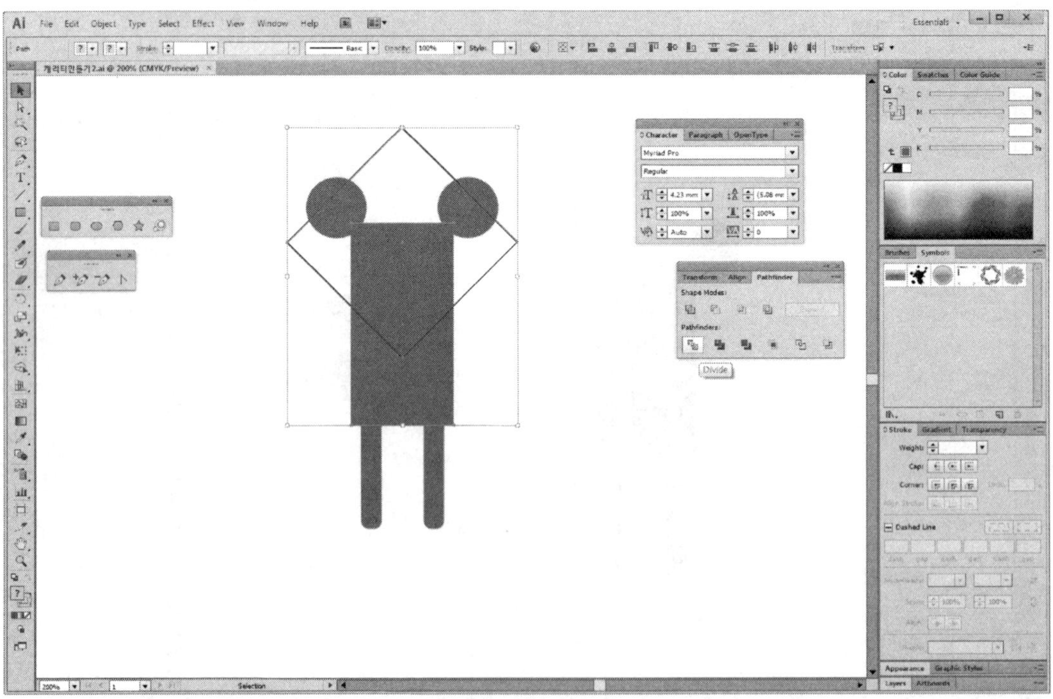

분할[Divide]한 화면입니다.

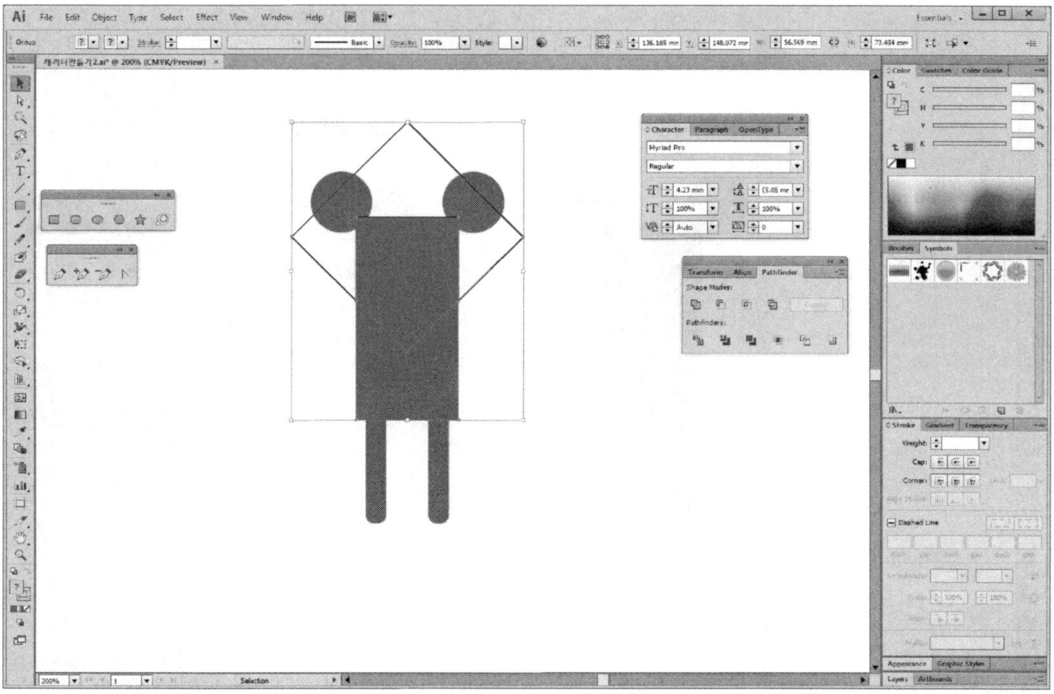

그룹화를 해제합니다.

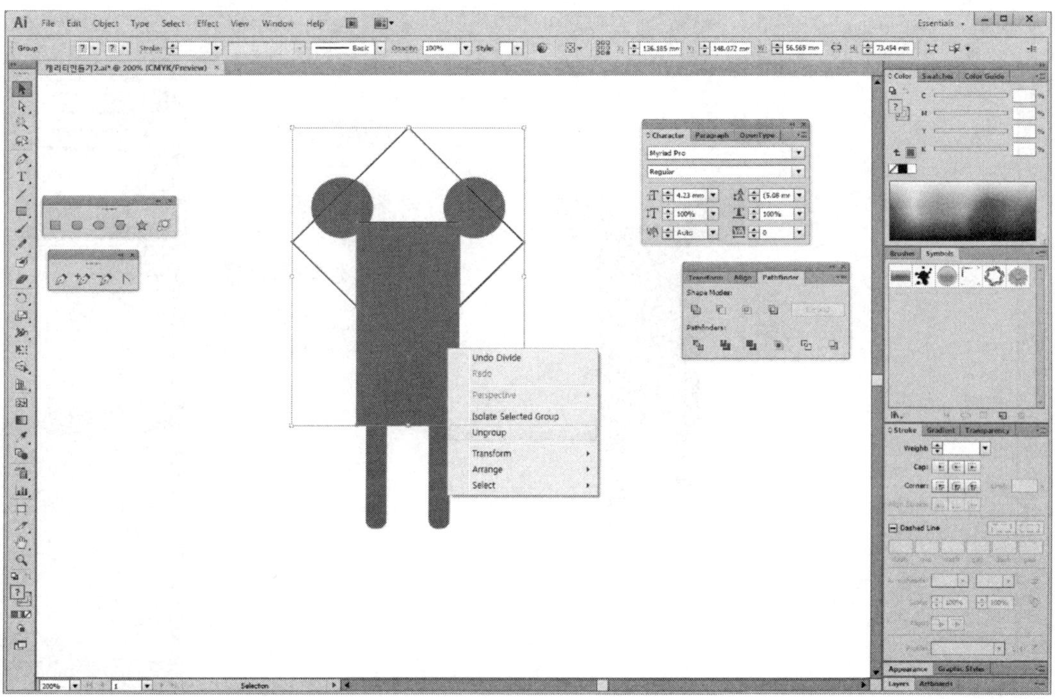

사각형 선[Stroke]을 삭제합니다.

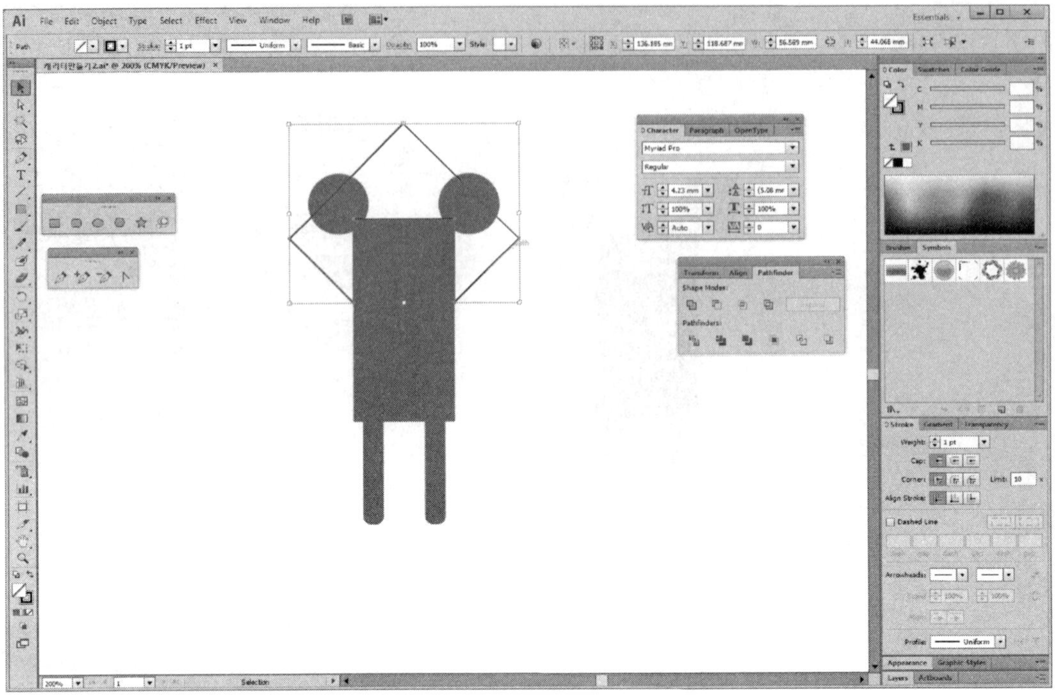

사각형 선[Stroke]을 삭제한 화면입니다.

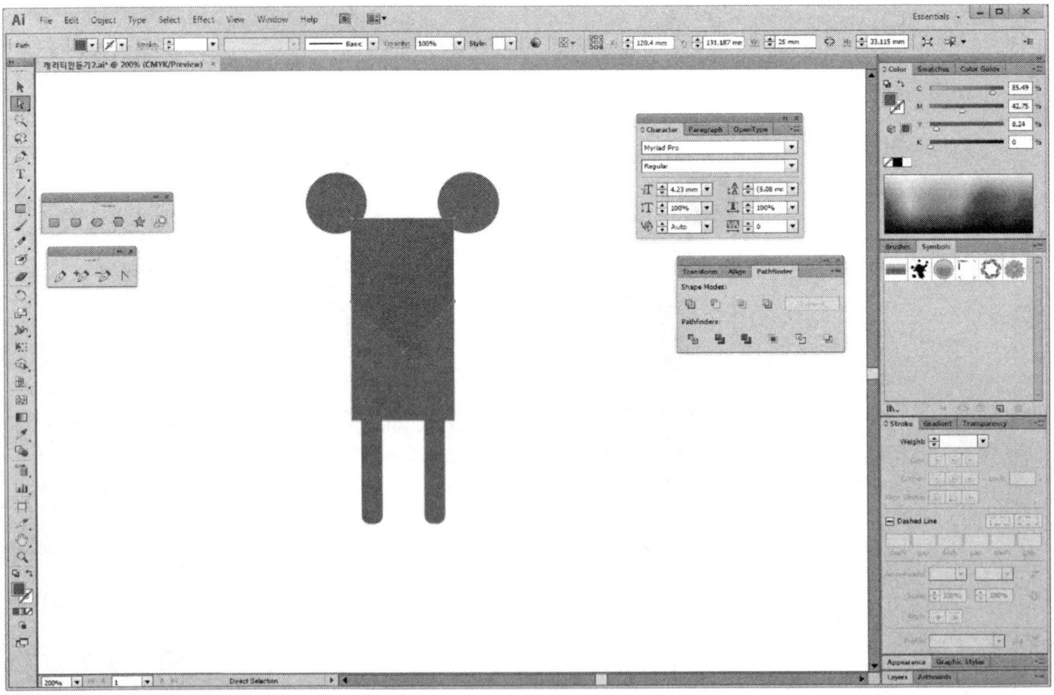

경사를 수정하기 위해 직접 선택 툴[Direct Selection Tool]로 수정할 부분을 선택하여 수정합니다.

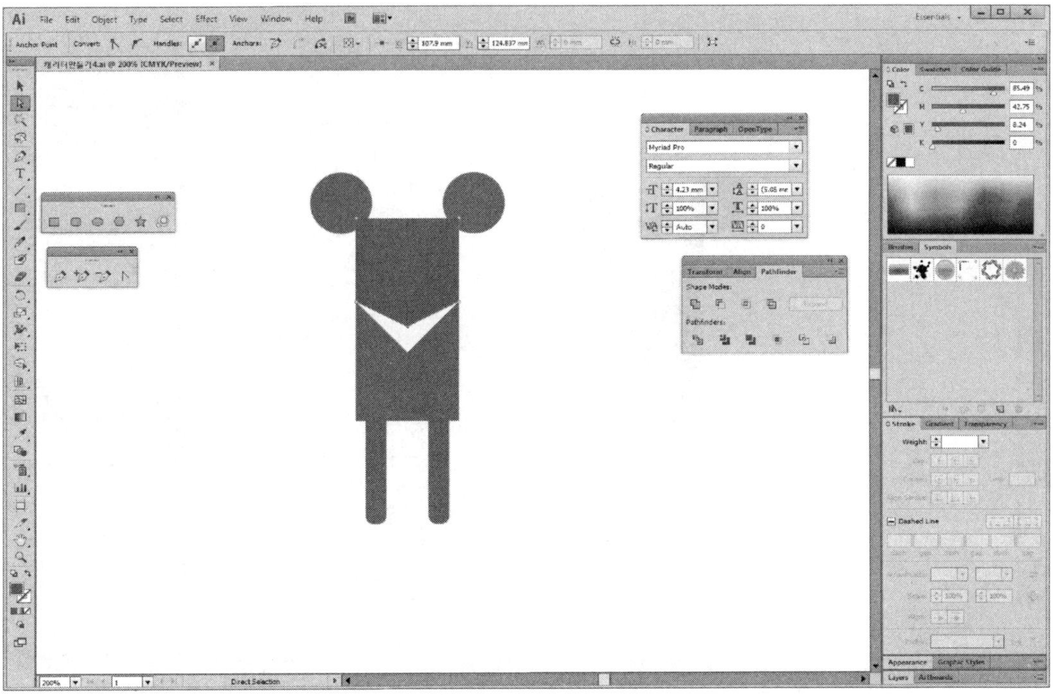

수정할 부분 하단 부분을 직접 선택 툴[Direct Selection Tool]을 사용하여 올려줍니다.

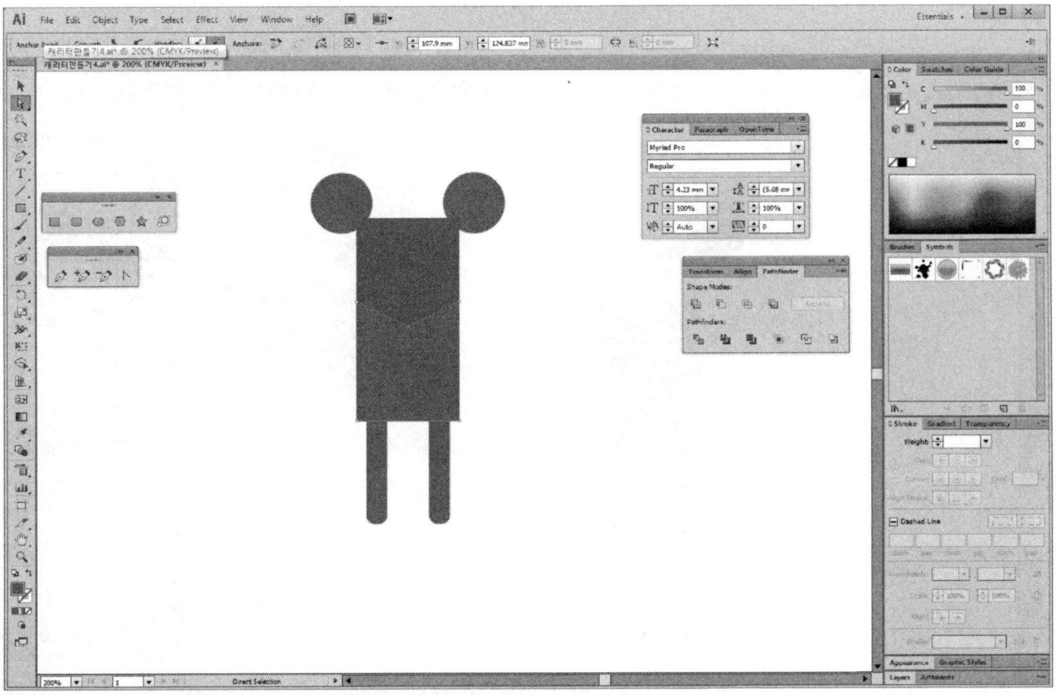

[Ellipse Tool]을 사용하여 개체[Object]를 그리고 2개의 원을 그룹화합니다.

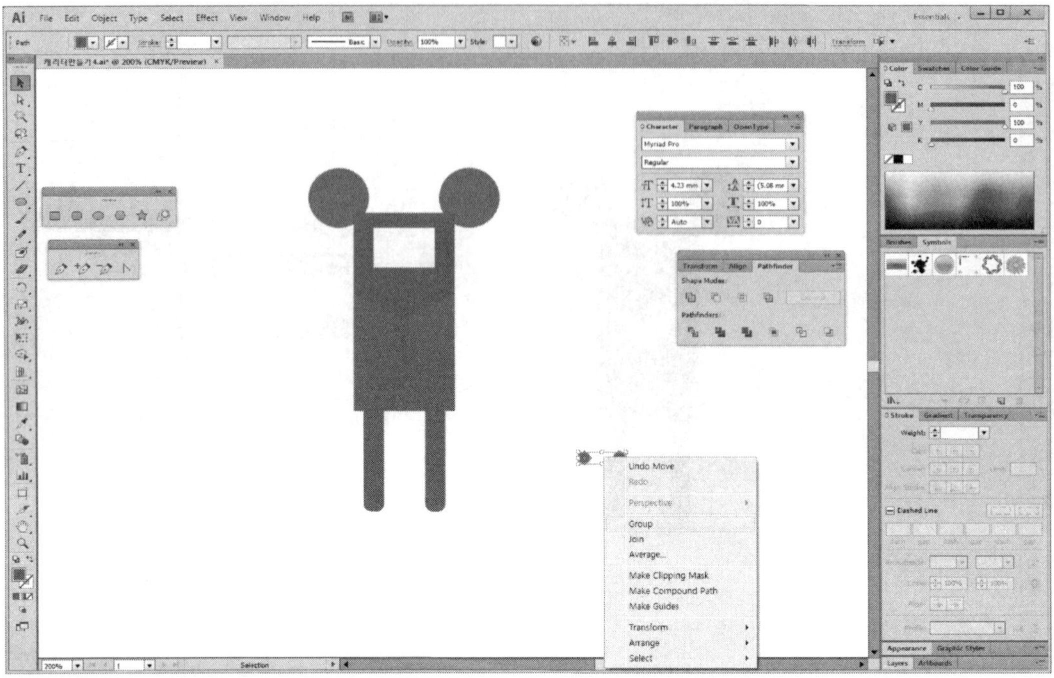

개체[Object]를 1개 더 생성하고 직접 선택 툴[Direct Selection Tool]로 원 윗부분을 선택하여 삭제합니다.

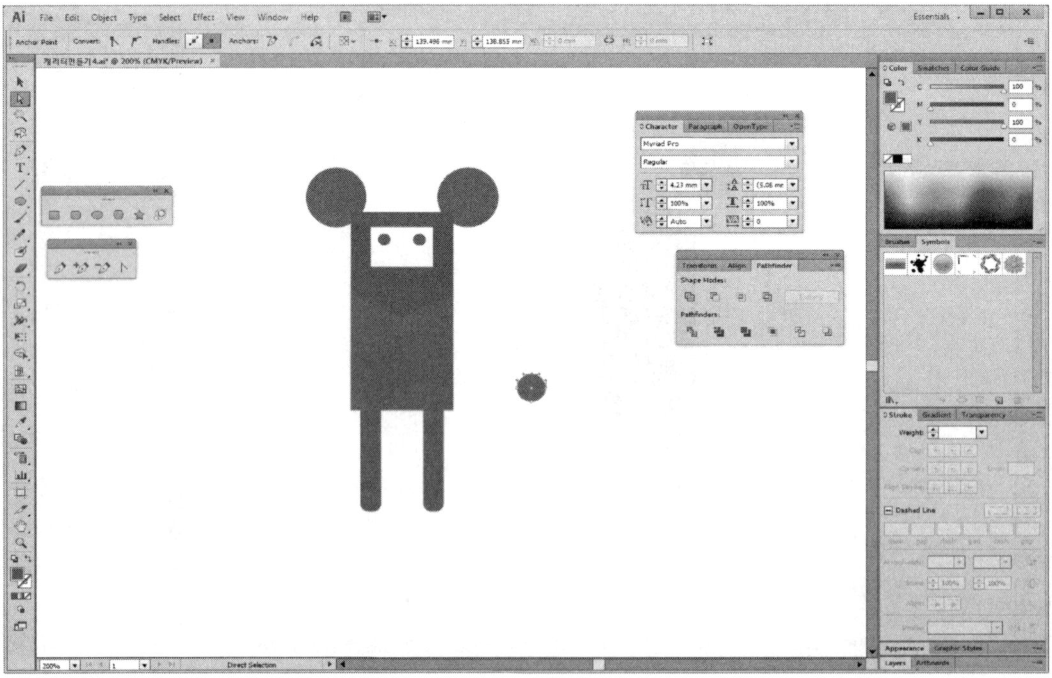

원 개체[Object] 윗부분이 삭제된 화면입니다.

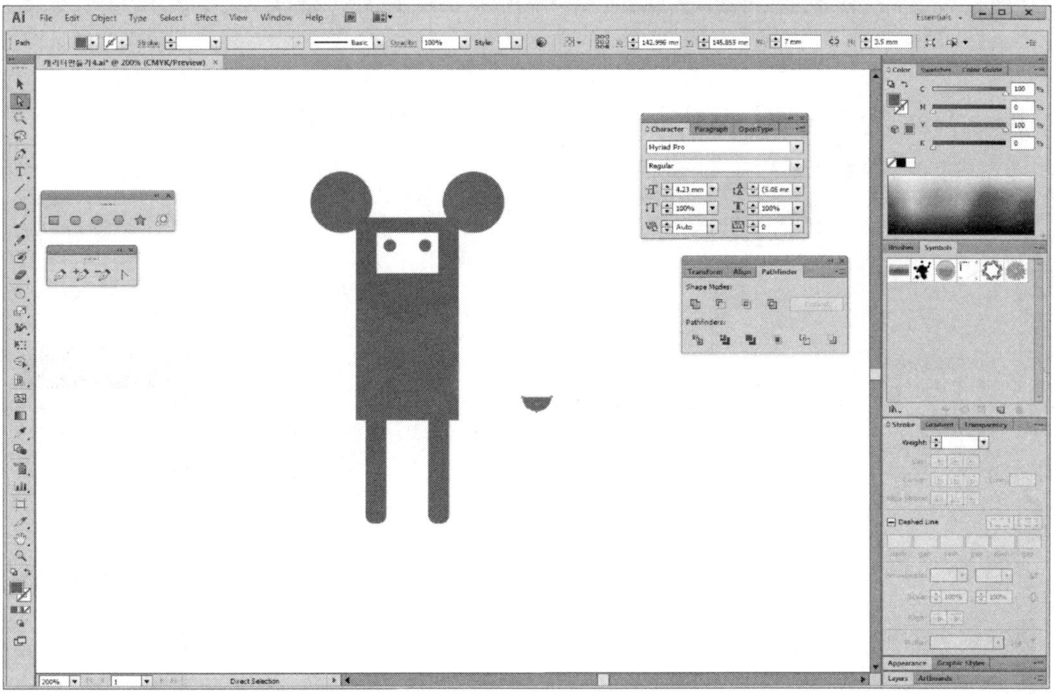

16 모양패턴 만들기

[Line Segment Tool]을 사용하여 선[Line Segment Tool]을 그립니다.

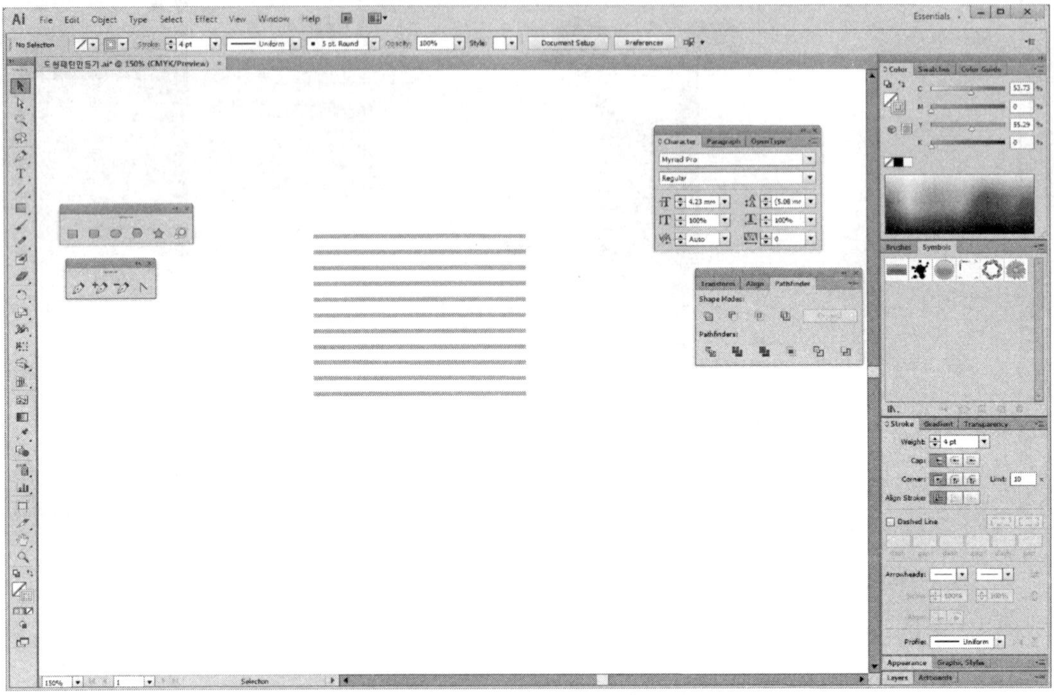

개체[Object]를 [45°] 회전합니다.

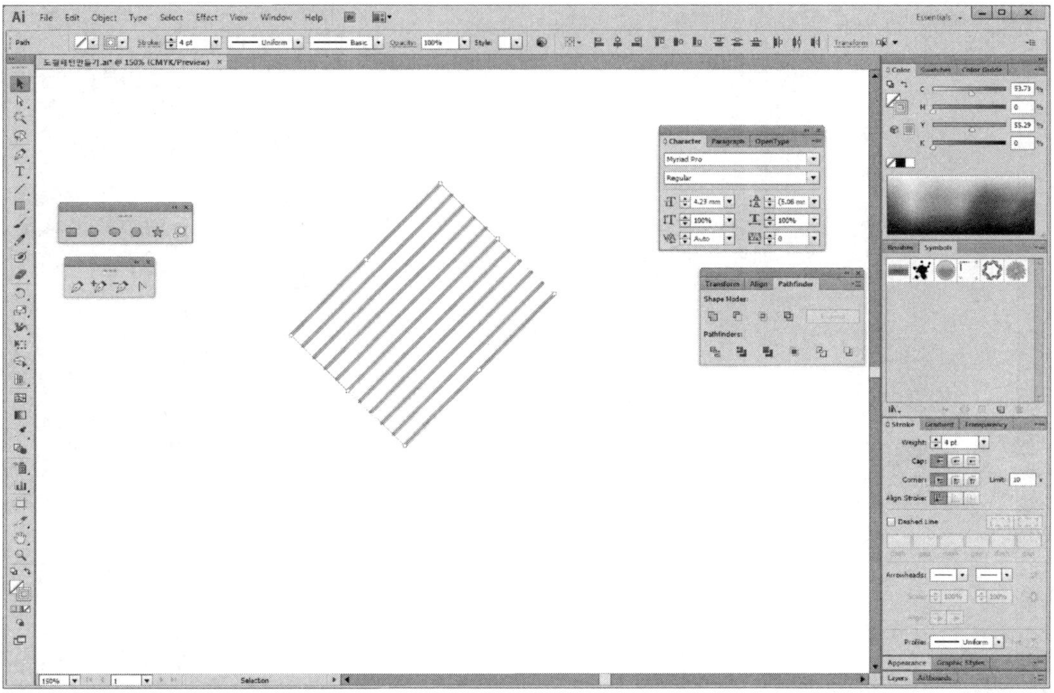

[Ellipse Tool]을 사용하여 개체[Object]를 생성합니다.

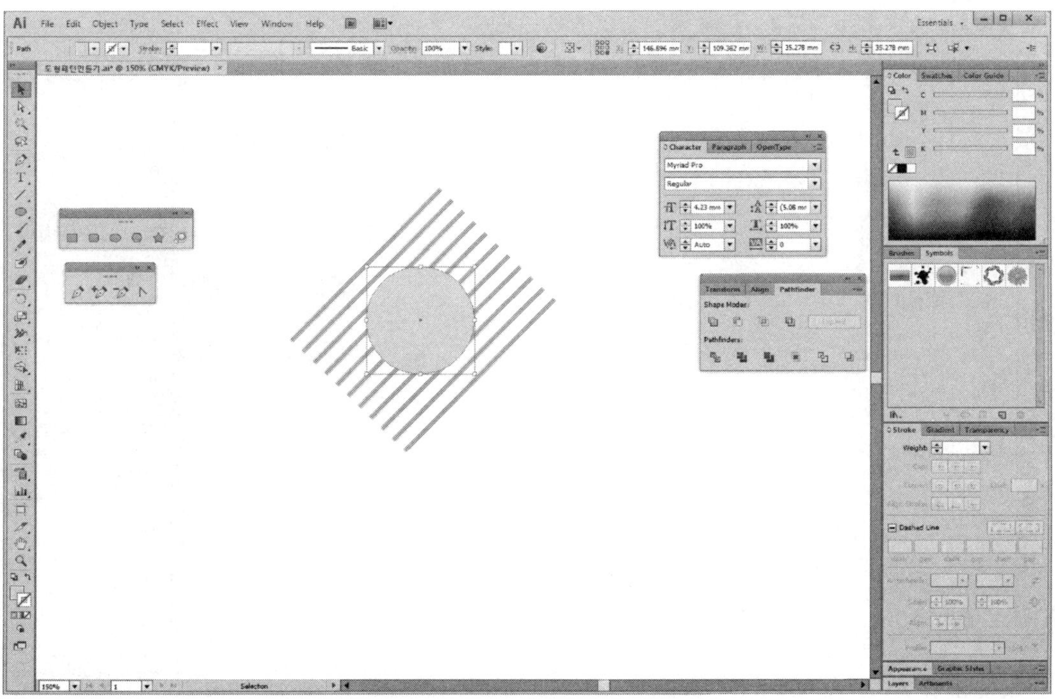

개체[Object]를 모두 선택한 후 메뉴 [Object] - [Clipping Mask] - [Make]를 실행합니다.

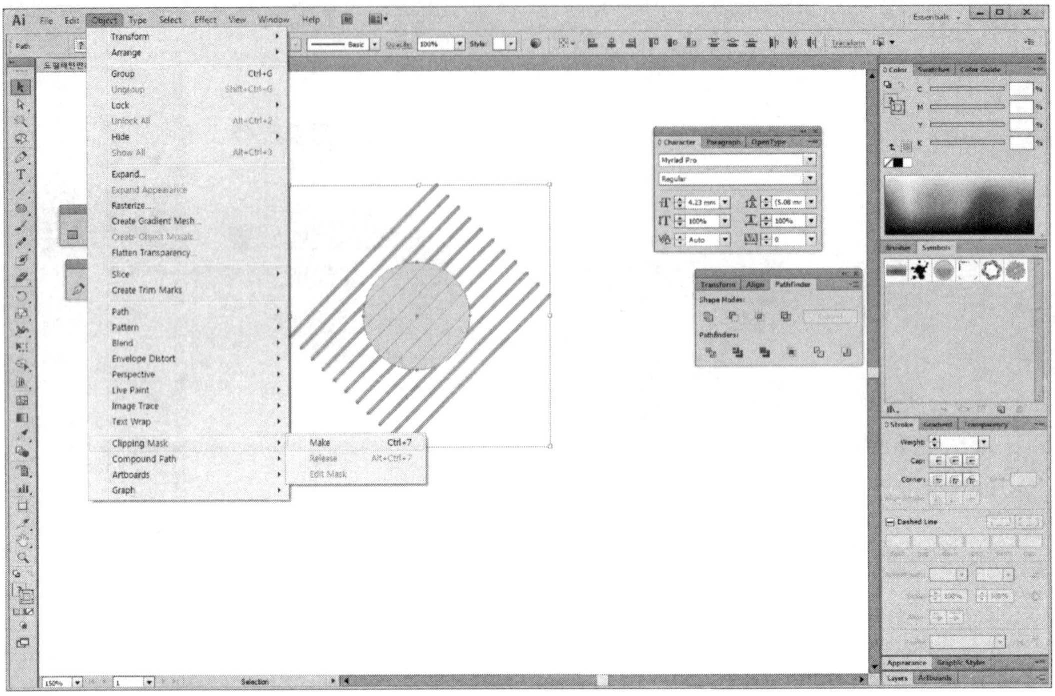

개체[Object]가 완성된 화면입니다.

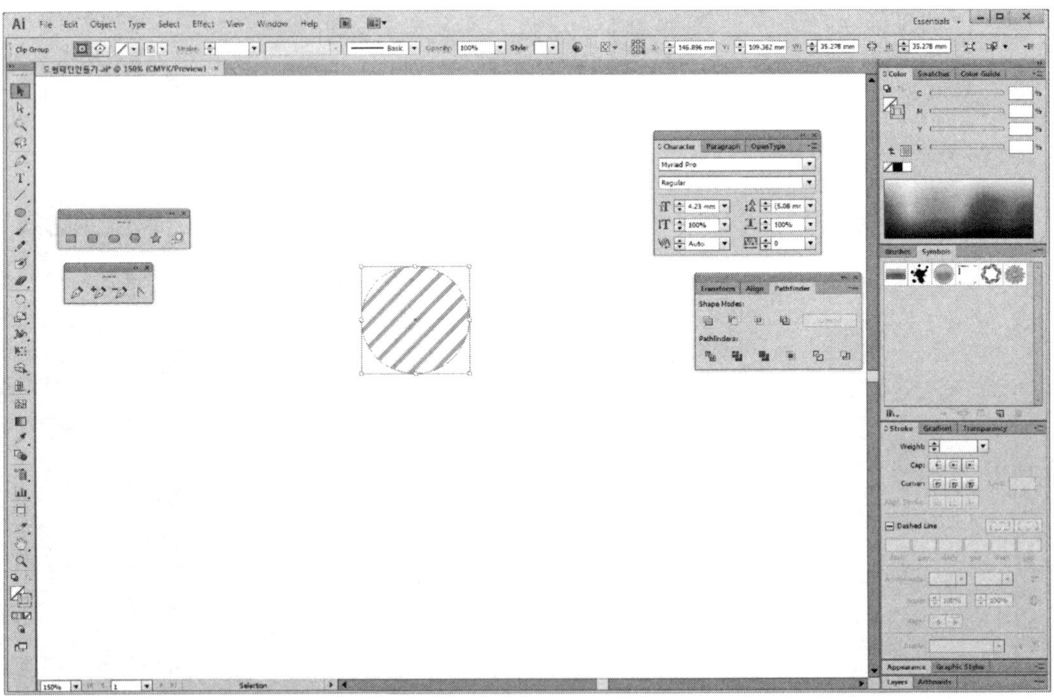

지그재그[ZigZag] 개체를 완성하기 위해 실선을 완성하고 개체[Object]를 선택한 후 메뉴에서 [Effect] - [Distort & Transform] - [ZigZag]를 실행합니다.

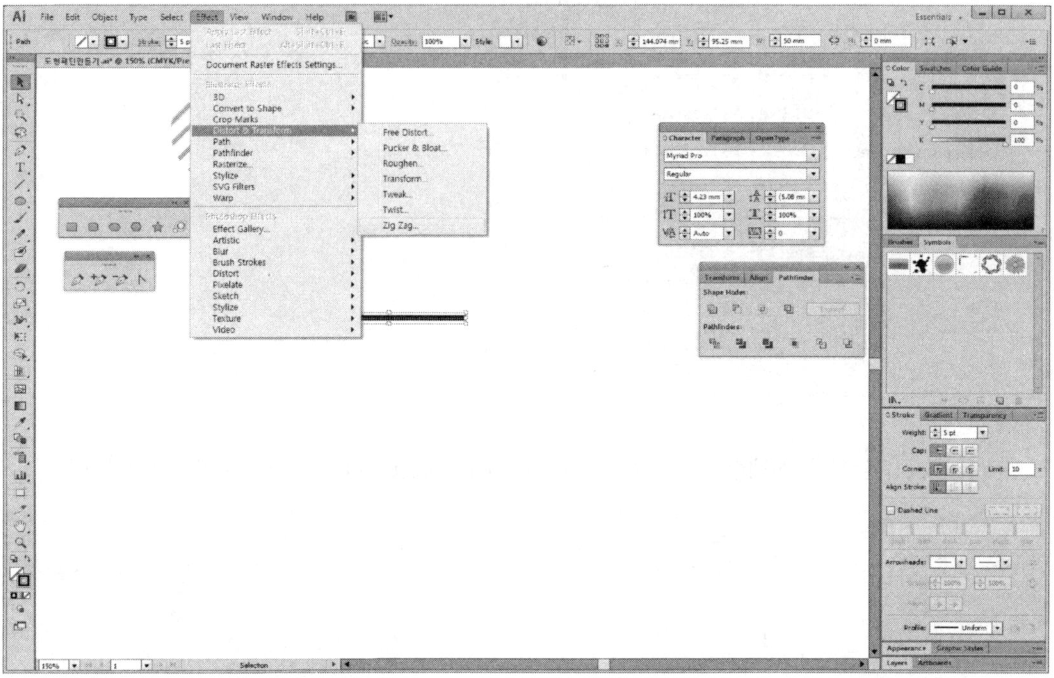

지그재그[ZigZag]을 실행한 화면입니다.

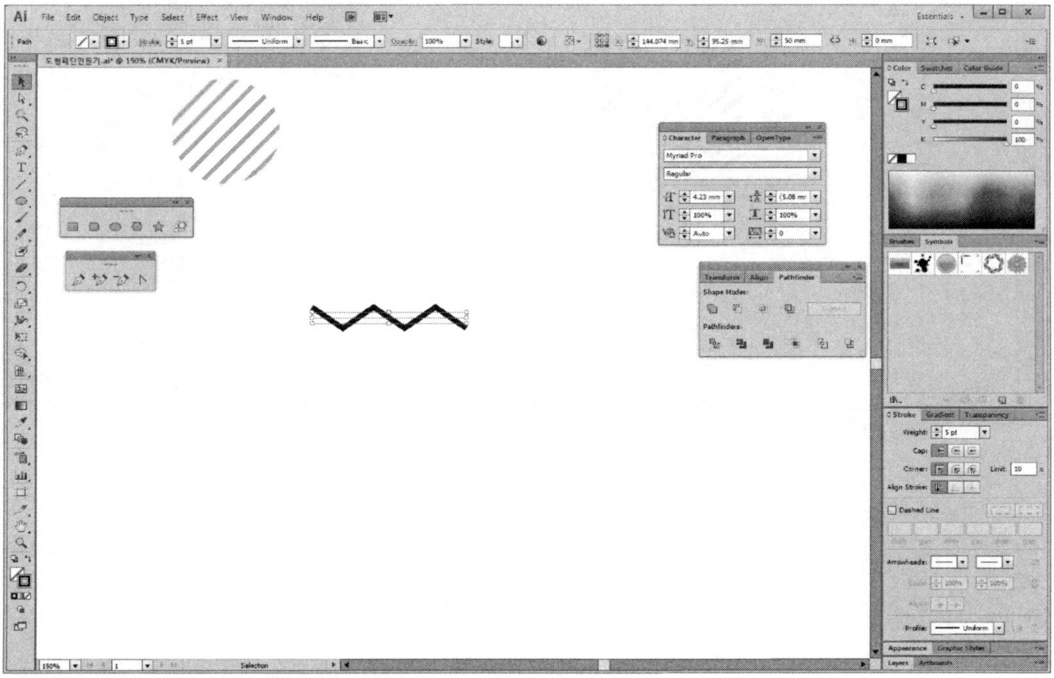

> [ZigZag]탭

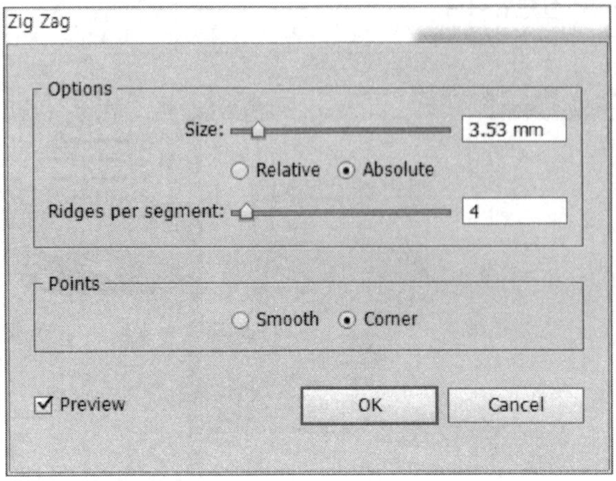

개체[Object]를 모두 선택한 후 메뉴 [Object] - [Clipping Mask] - [Make]를 실행합니다.

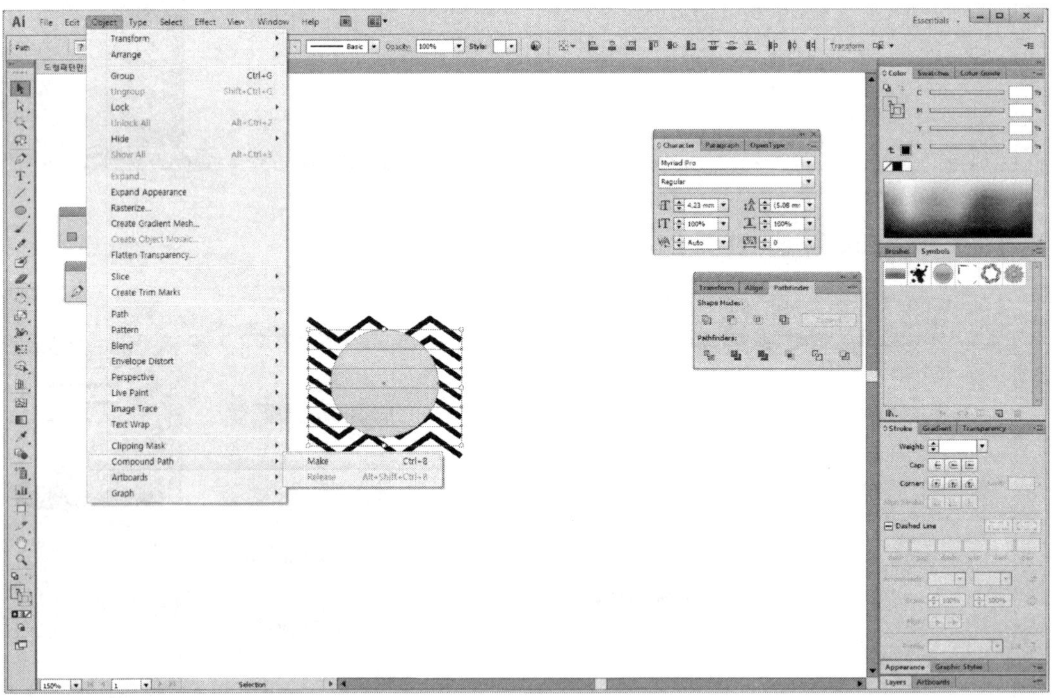

지그재그[ZigZag]를 완성한 화면입니다.

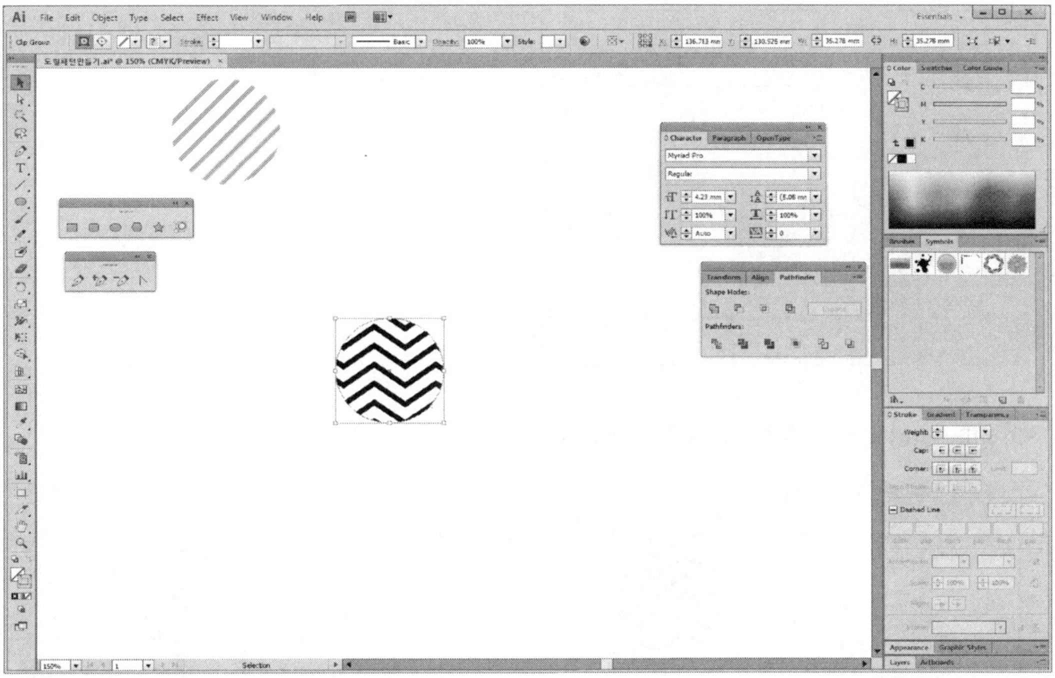

별모양과 원을 생성한 후 별을 선택한 상태에서 회전 툴[Rotate Tool]을 선택하여 원 중심에 [Alt] + [클릭]합니다.

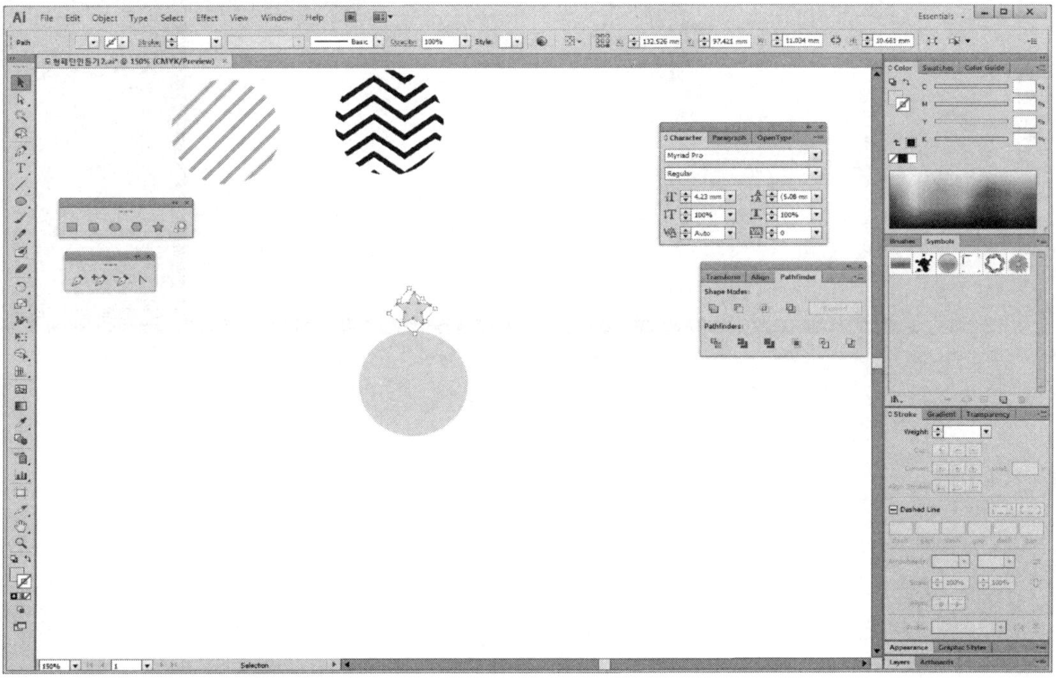

회전[Rotate]탭

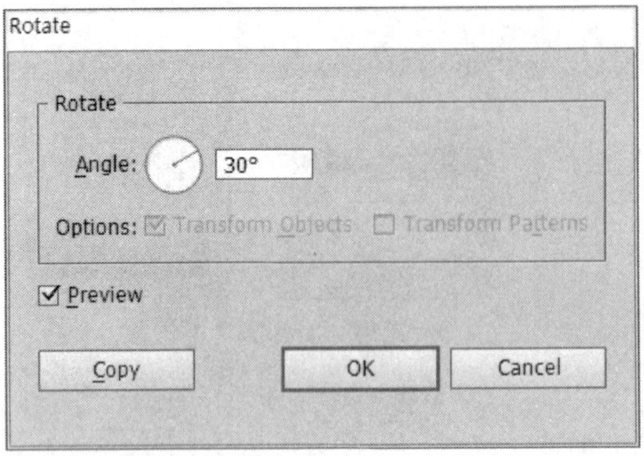

회전[Rotate]탭에서 복사[Copy]를 실행합니다.

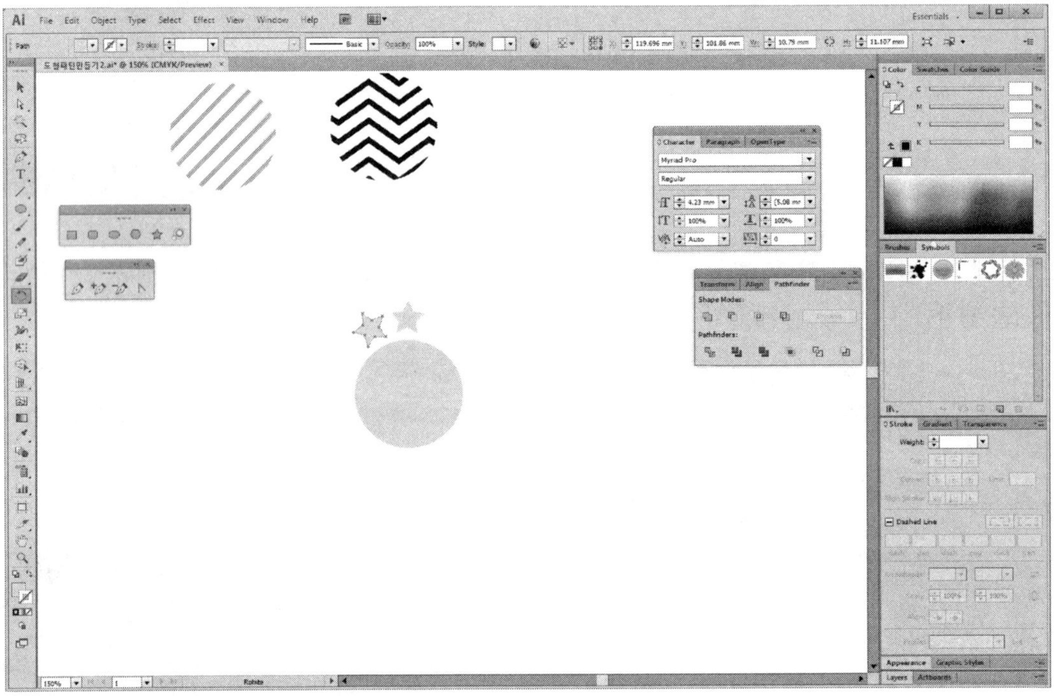

[Ctrl] + [D]를 반복 실행하여 완성합니다.

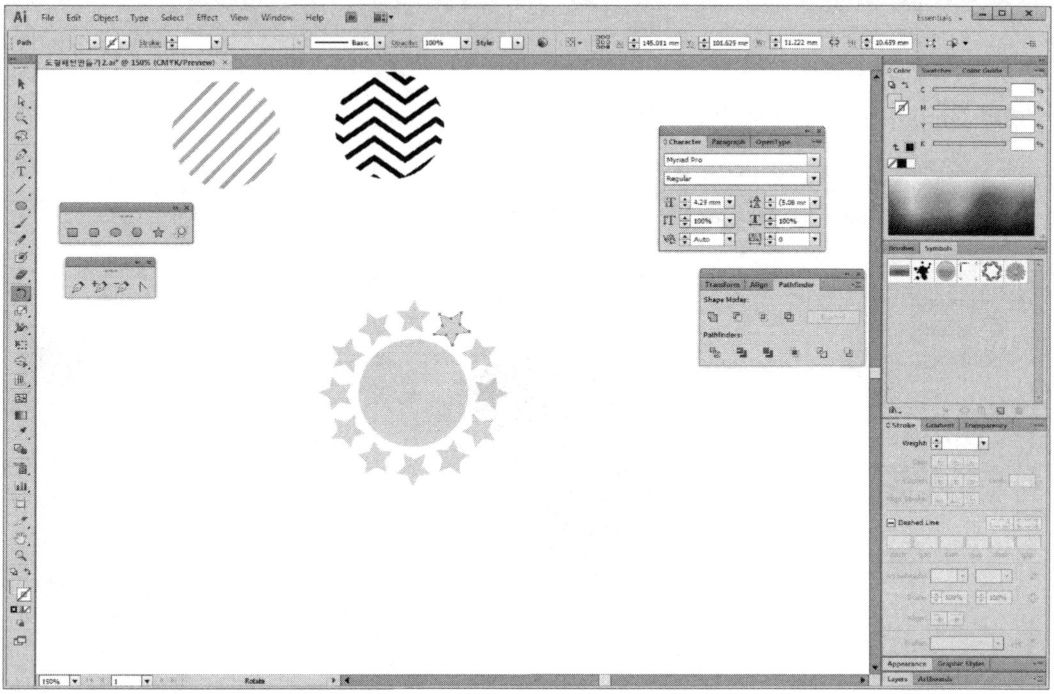

큰 원을 삭제하여 완성합니다.

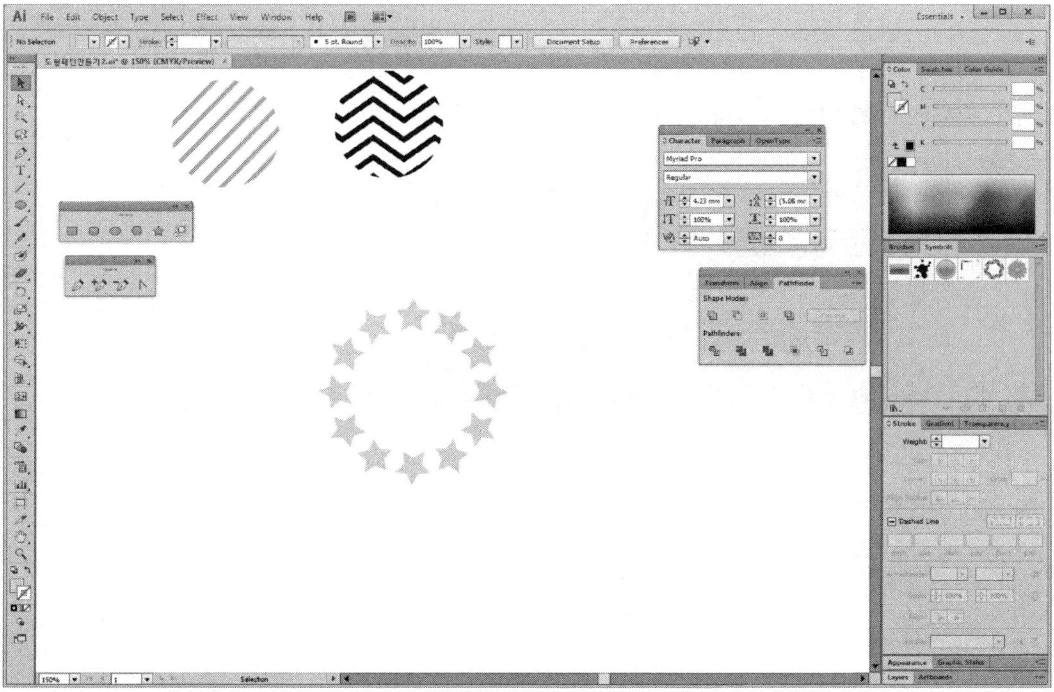

17 입체 그래프 만들기

[Pie Graph Tool]을 선택하여 실행합니다.

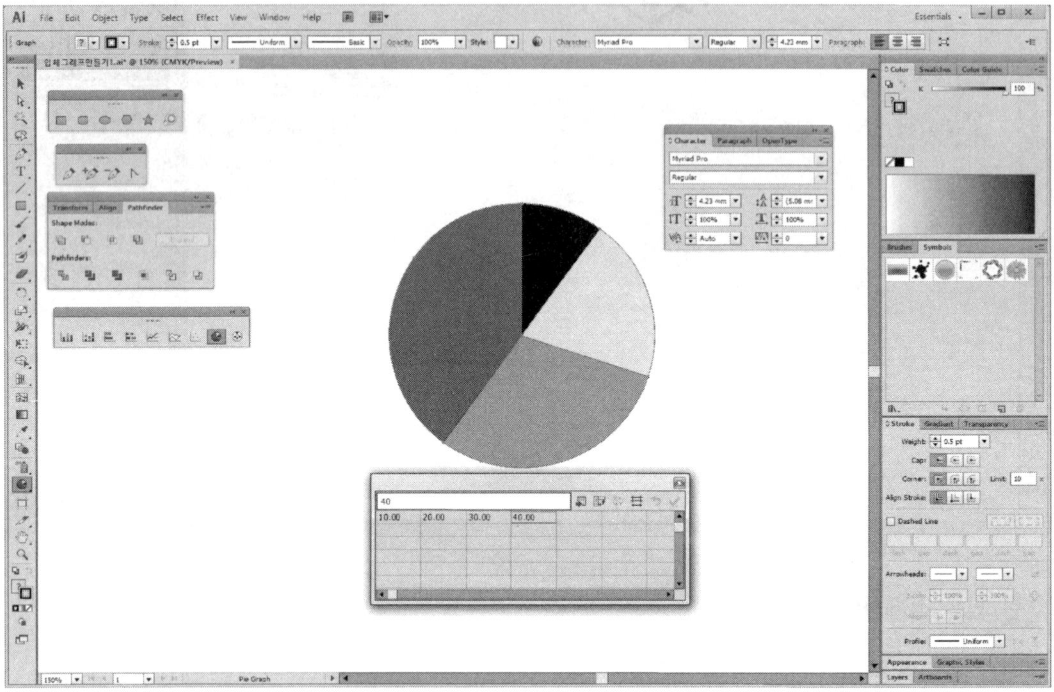

[100]분율에 해당하는 각각의 값을 입력합니다.

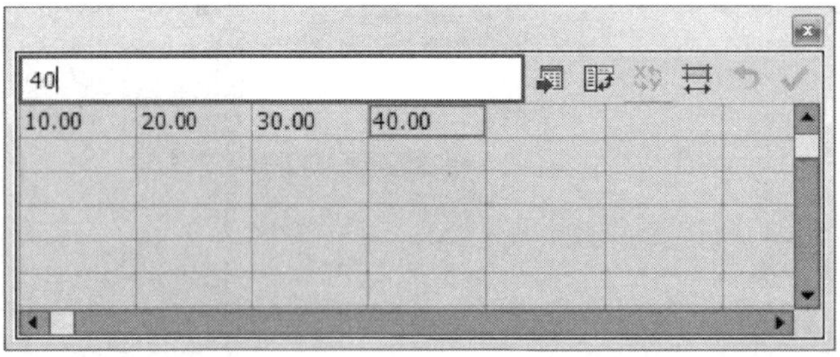

개체[Object] 그룹화를 해제하기 위해 [Object] - [Ungroup]를 실행합니다.

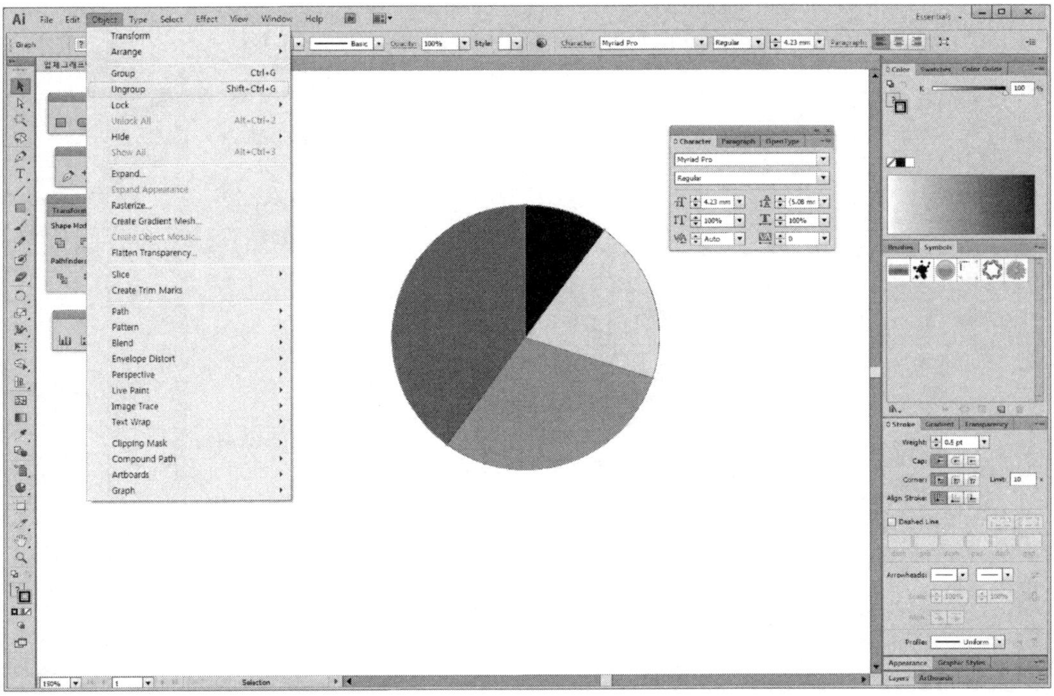

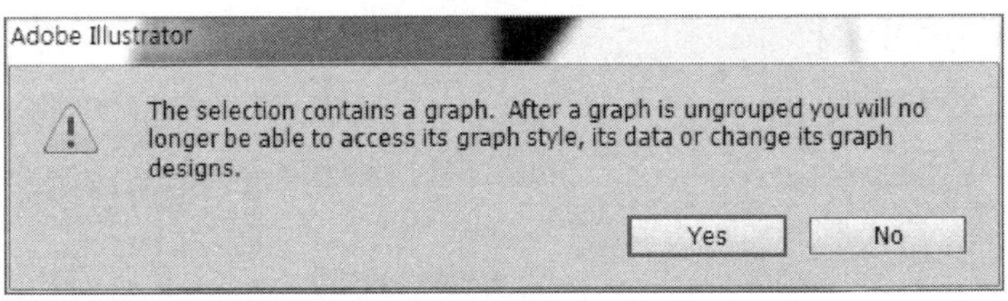

선택툴[Selection Tool]에 그래프가 포함되어 있습니다. 그래프가 그룹에서 해제되면 그래프 유형 및 데이터에 더 이상 접근할 수 없으며 그래프 디자인을 변경할 수 없습니다.

개체 수 만큼 언그룹화[Ungroup]를 반복 실행합니다.

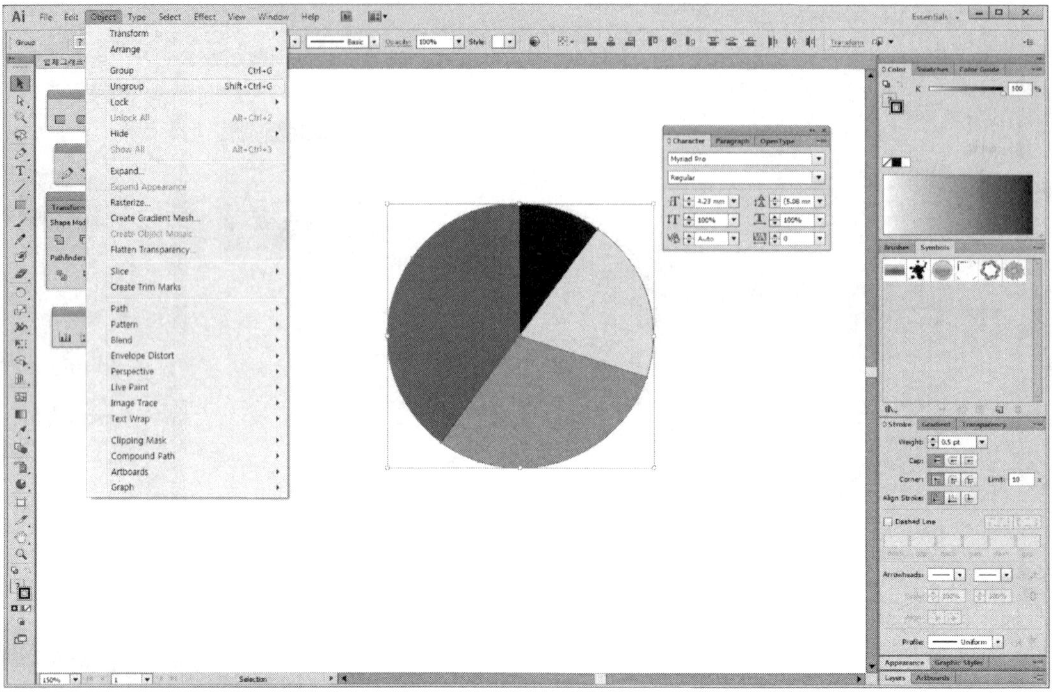

각각의 개체[Object]를 색상을 변경합니다.

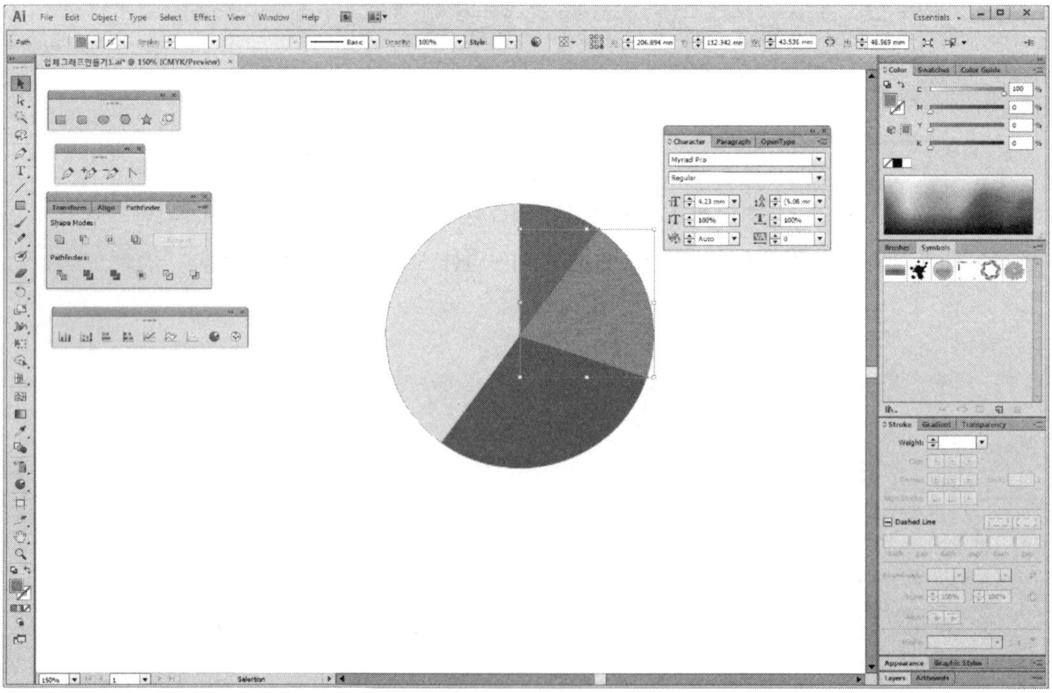

개체[Object]를 수정합니다.

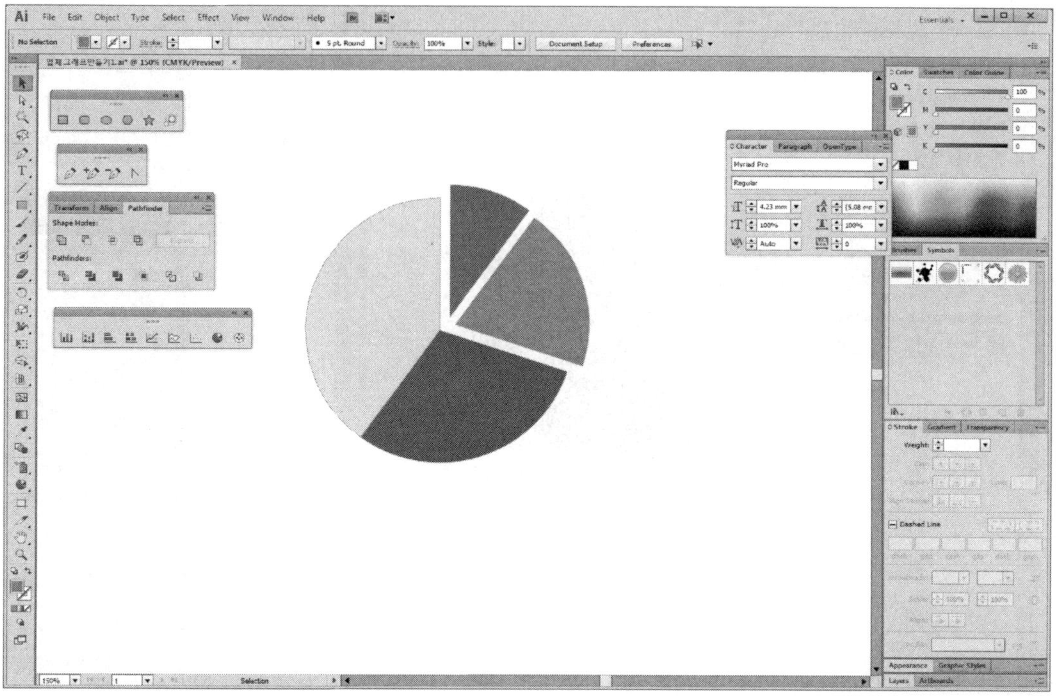

메뉴에서 [Object] - [Group]를 실행하여 그룹화합니다.

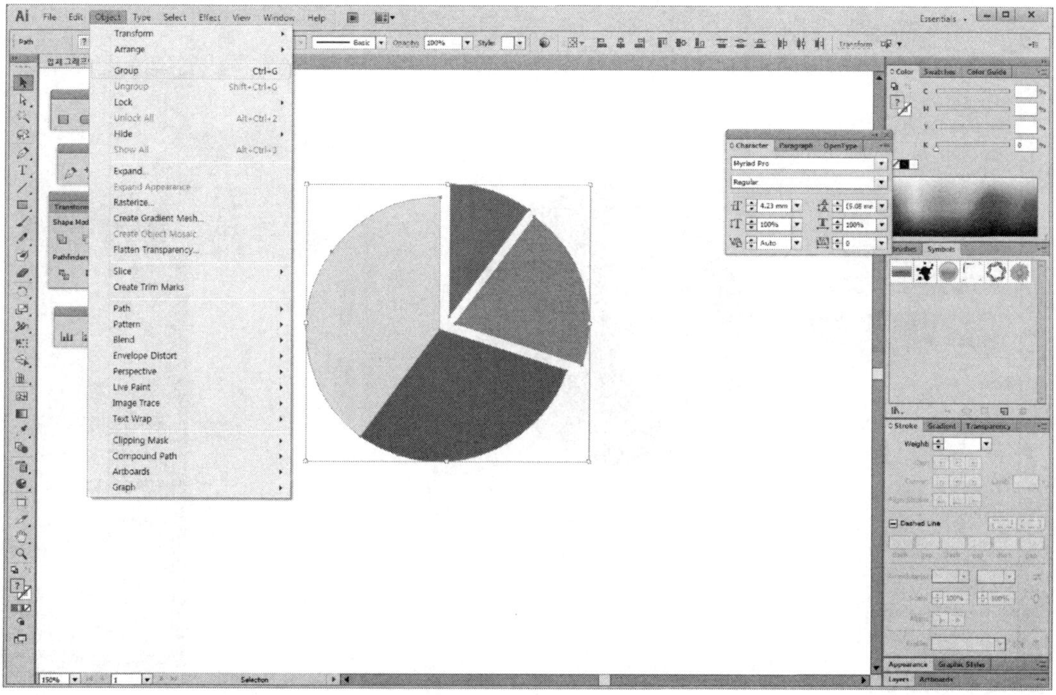

그룹화[Group]를 한 화면입니다.

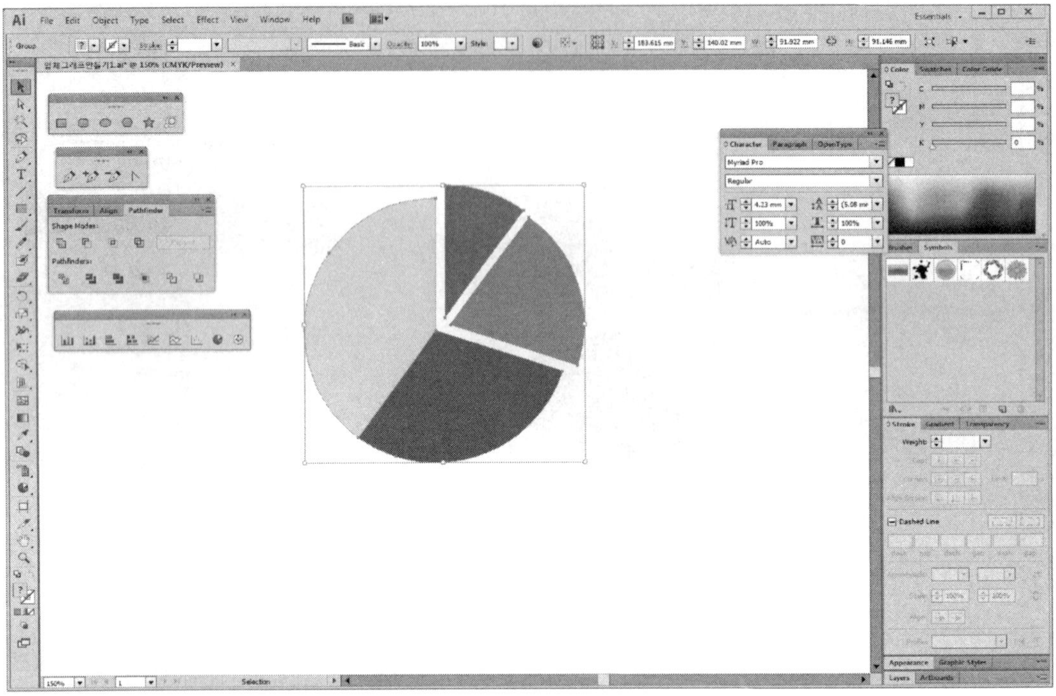

메뉴에서 [Effect] - [3D] - [Extrude & Bevel]을 실행합니다.

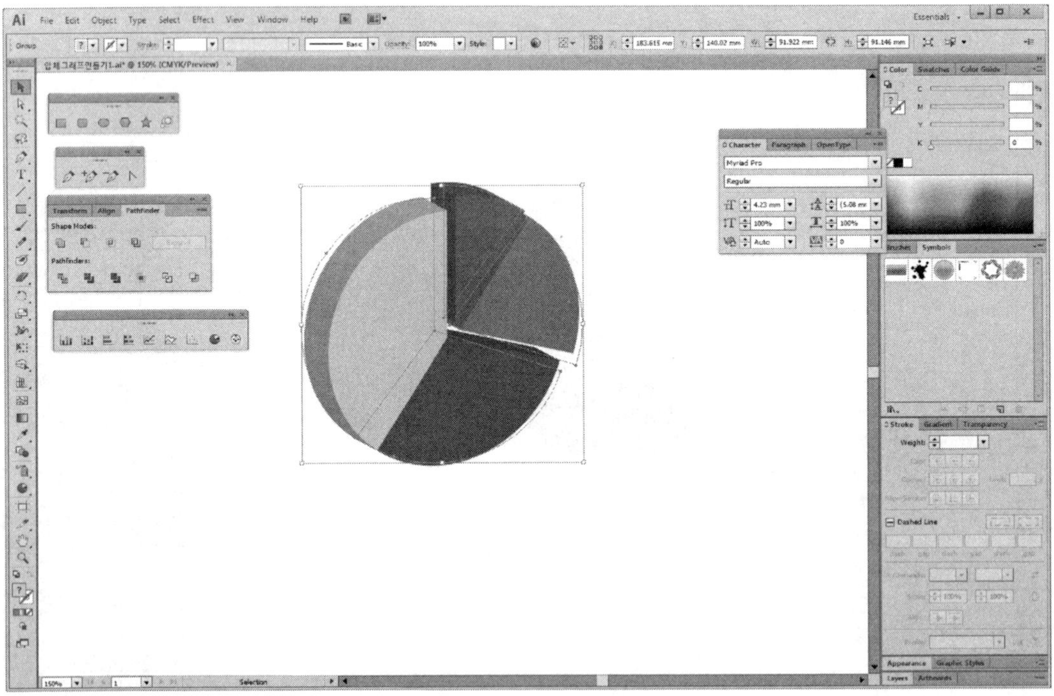

> [3D Extrude & Bevel Options] 탭

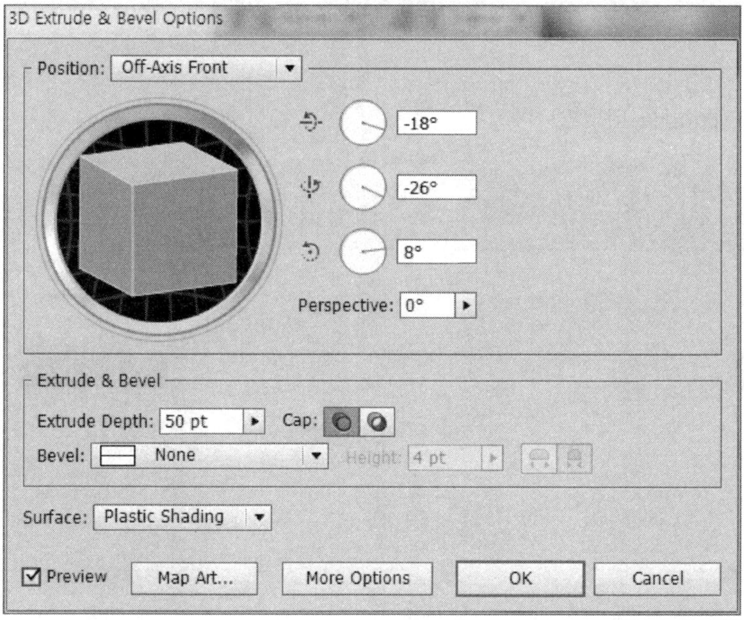

18 ▸ 막대 그래프 만들기

도구에서 [Column Graph Tool]을 선택합니다.

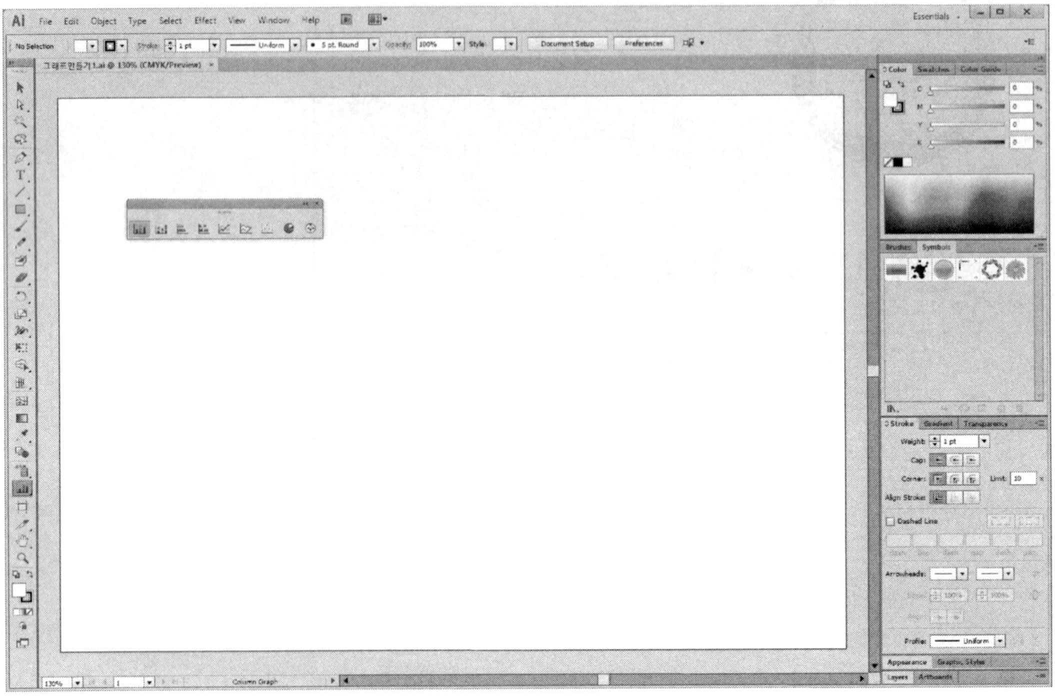

그래프 탭 [Width] = 80[mm], [Height] = 80[mm]을 입력합니다.

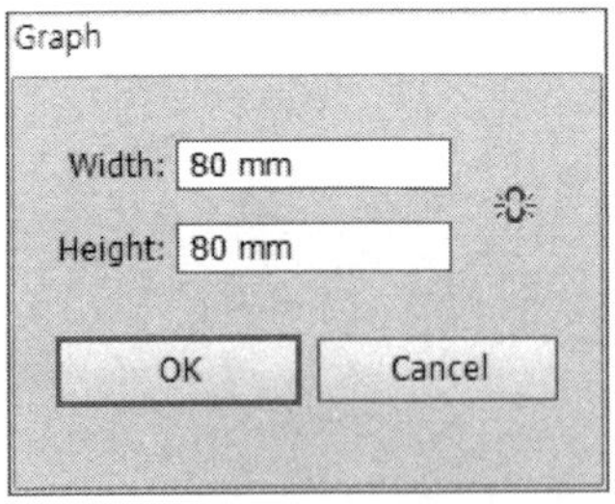

A = 10, B = 20, C = 30, D = 40을 입력합니다.

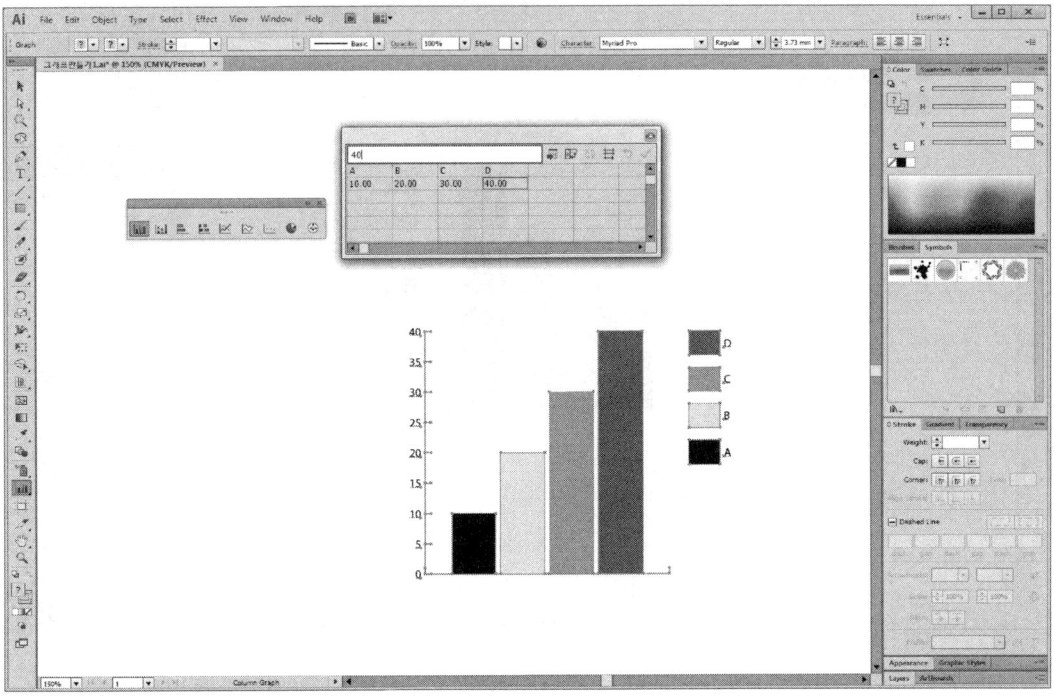

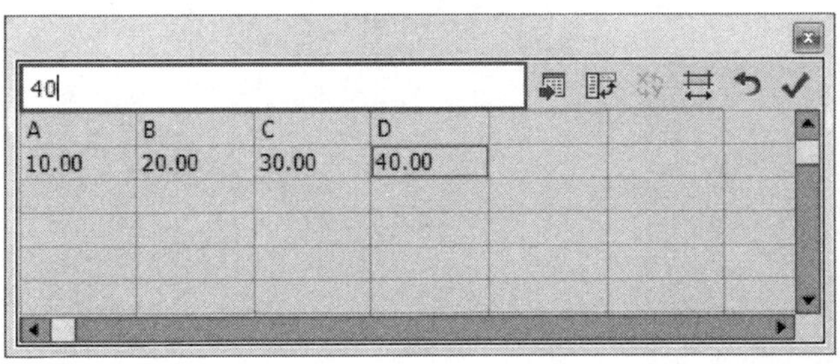

데이터를 입력하여 실행한 그래프[Graph]입니다.

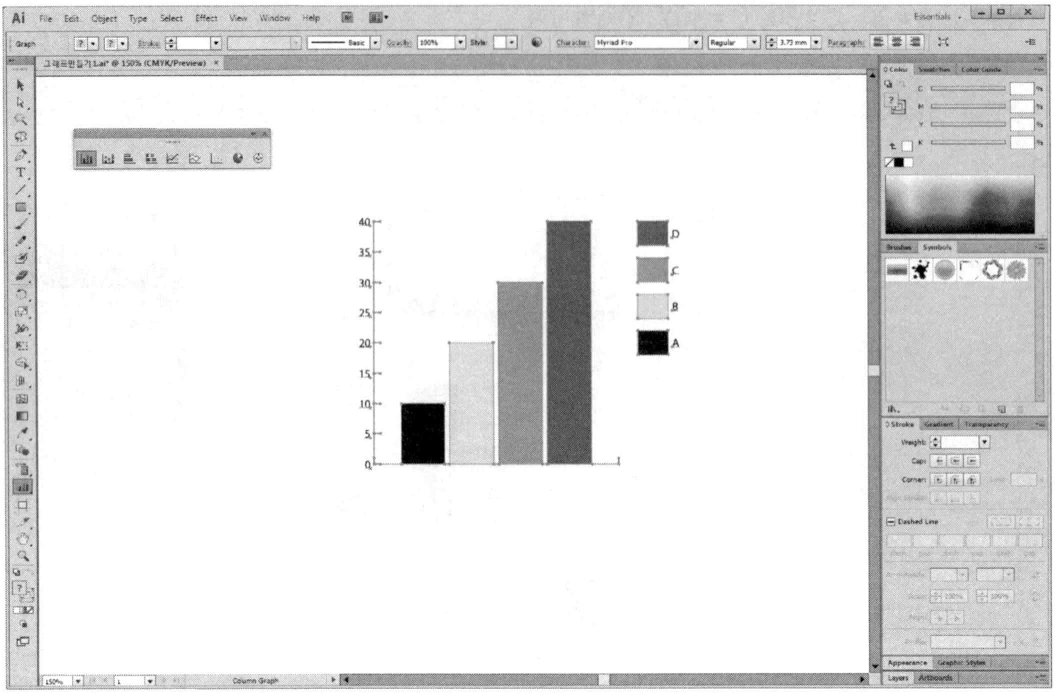

> 그래프 타입[Graph Type]탭

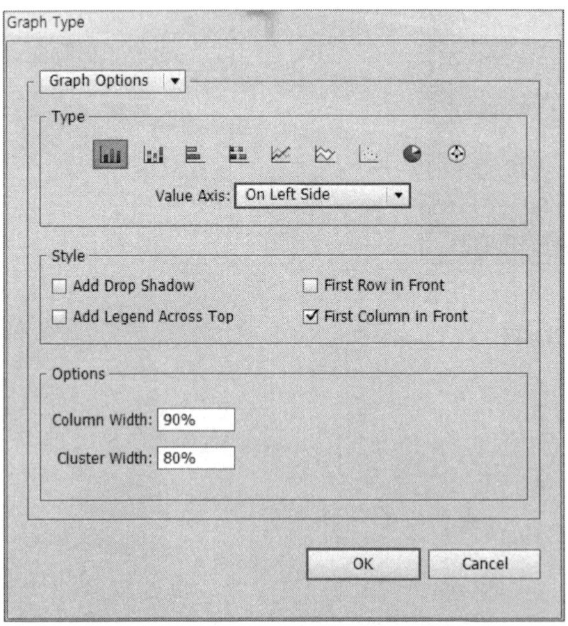

☐ 그림자추가　　　☐ 첫행을 전면에 표시

☐ 범례를 상단에 추가　☐ 첫열을 전면에 표시

그래프 타입[Graph Type]탭에서 [Pie]형태로 변경합니다.

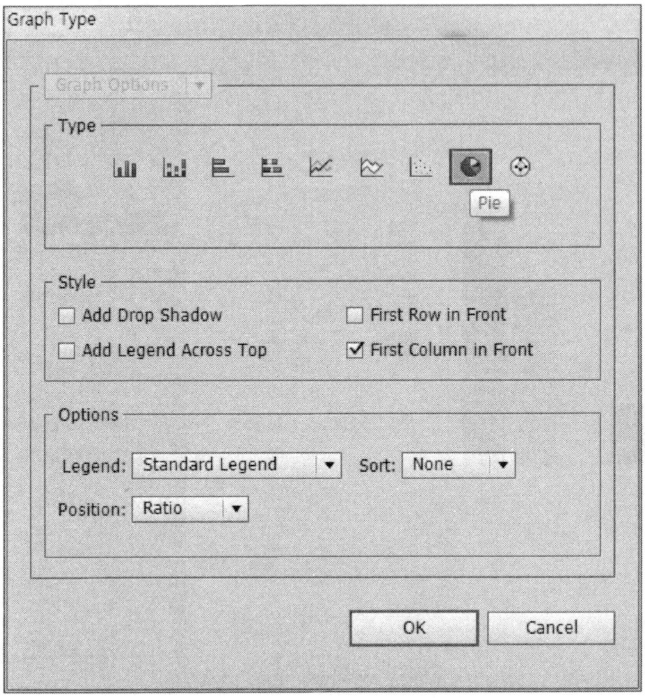

[Pie]형태로 그래프[Graph]가 생성됩니다.

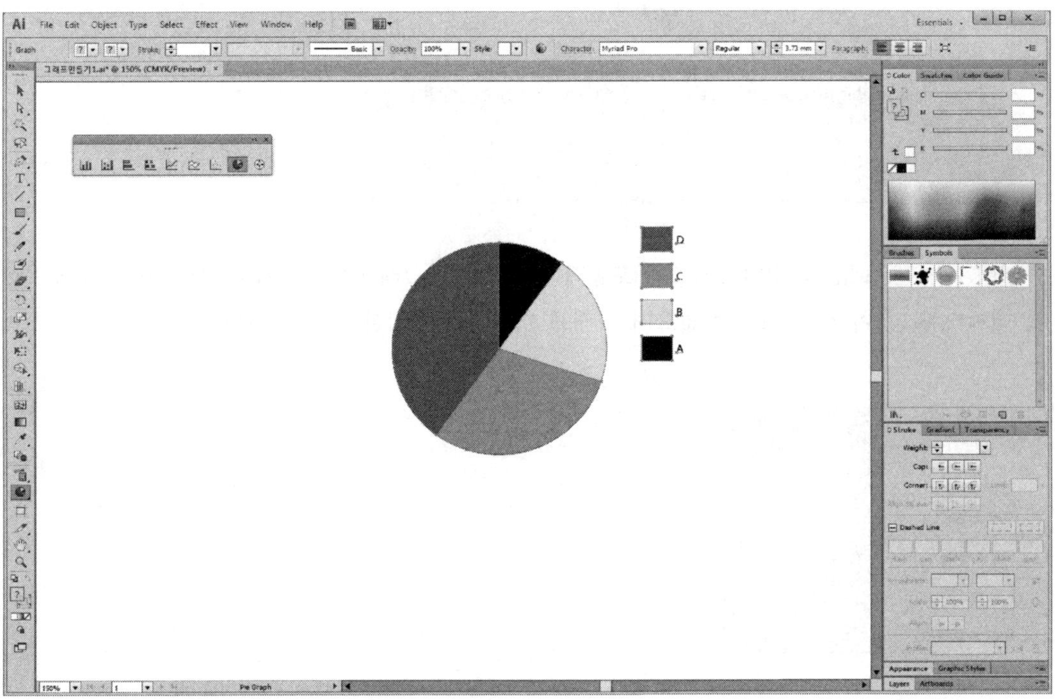

메뉴에서 [Object] - [Ungroup]을 반복 실행합니다.

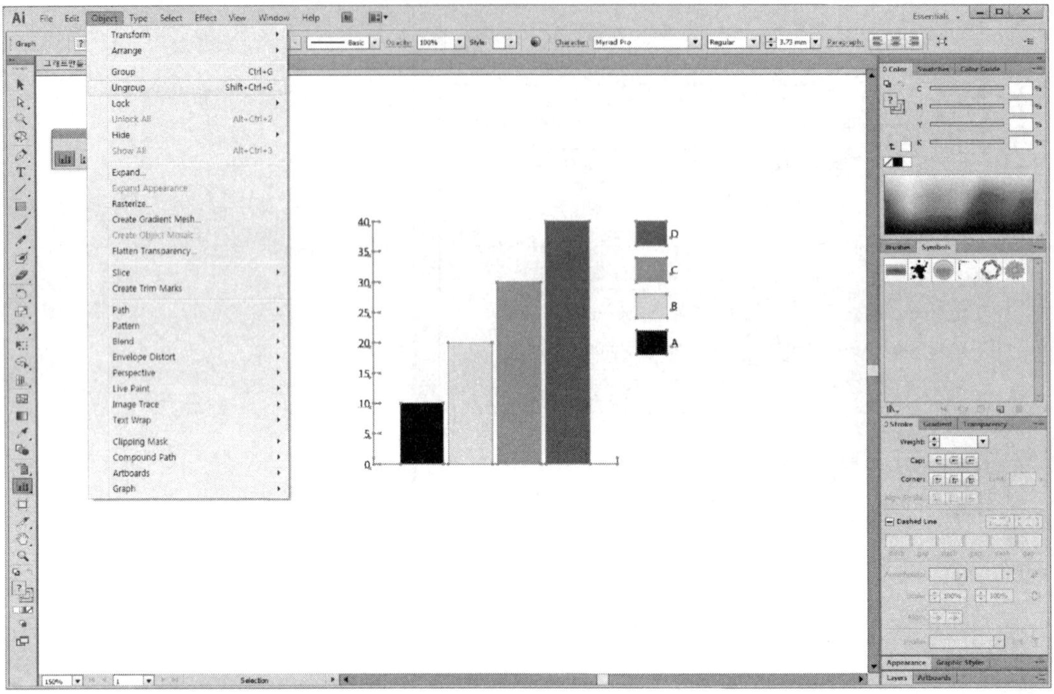

> [Adobe Illustrator] 메세지

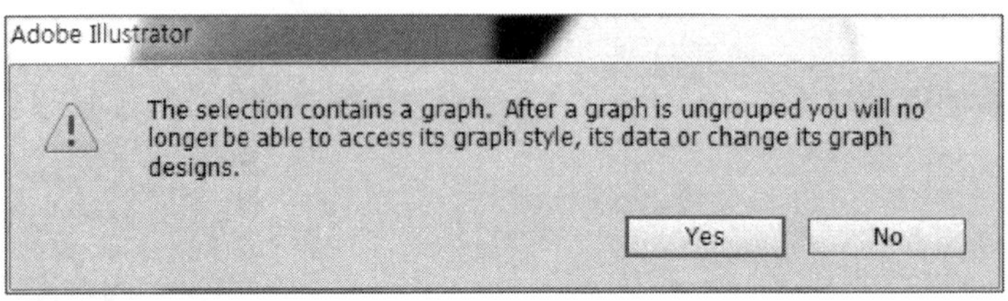

선택 툴[Selection Tool]에 그래프가 포함되어 있습니다. 그래프가 그룹에서 해제되면 그래프 유형 및 데이터에 더 이상 접근할 수 없으며 그래프 디자인을 변경할 수 없습니다.

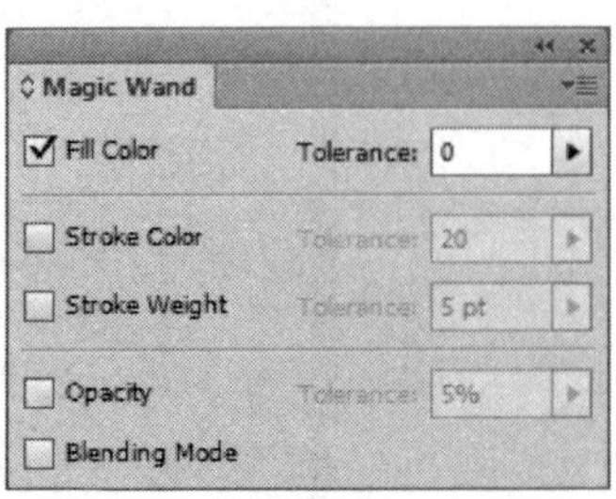

막대 그래프[Column Graph Tool] 색상을 변경합니다.

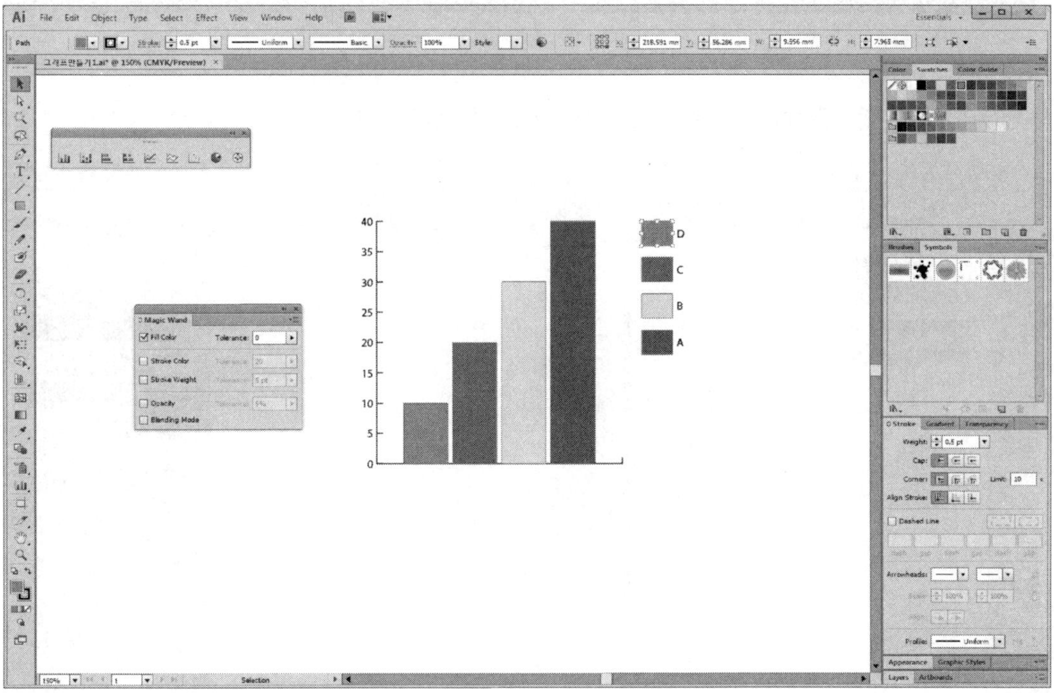

19 오렌지 만들기

테두리없는 원을 생성하고 두께가 있는 선[Stroke]을 생성합니다.

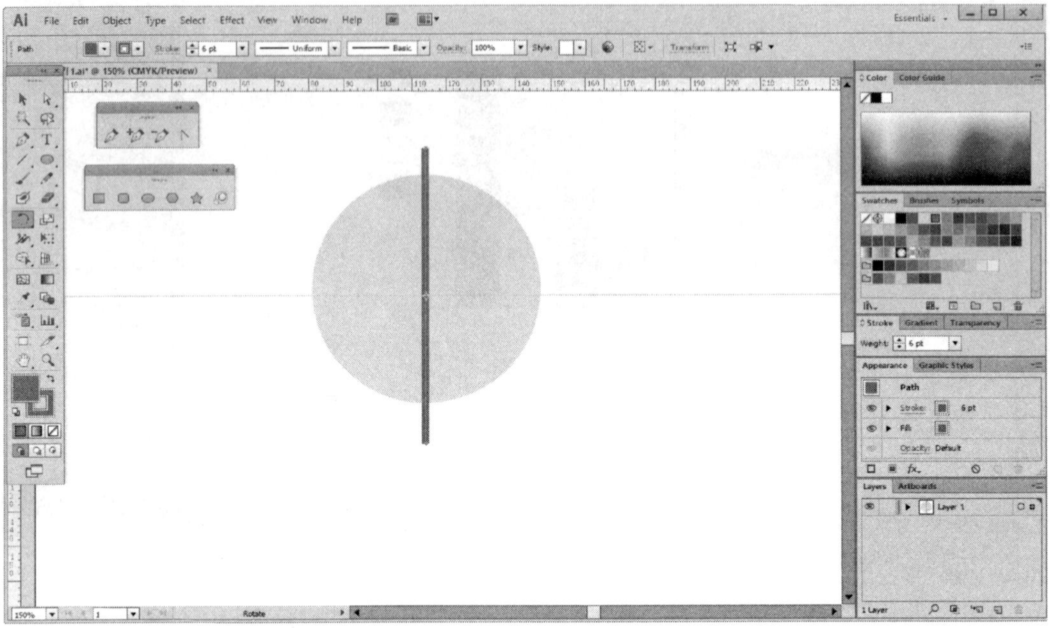

개체[Object]를 모두 선택 후 [Horizontal Align Center]를 실행합니다.

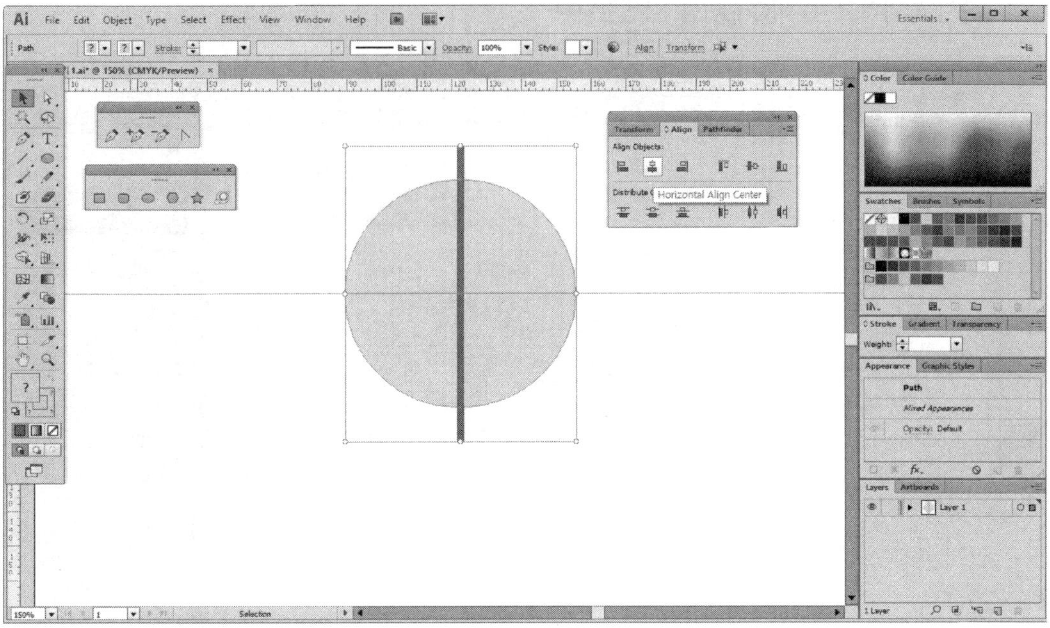

개체[Object]를 모두 선택 후 [Vertical Align Center]를 실행하면 두 개체[Object]가 정렬이 완성되었습니다.

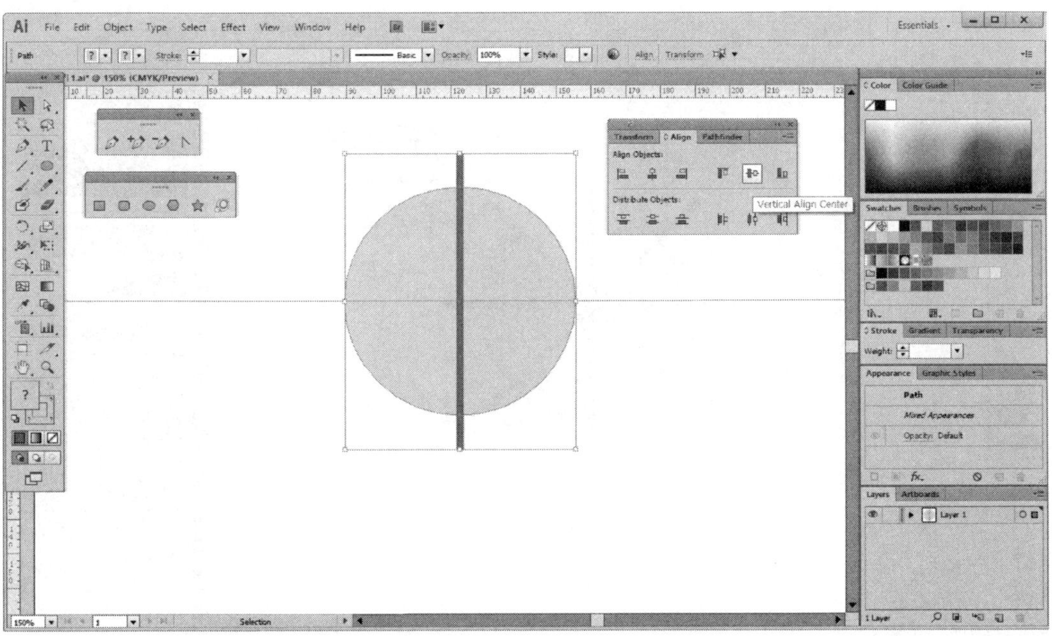

선[Line Segment Tool]만 선택 후 회전[Rotate]툴을 더블클릭합니다. 미리보기[Preview]를 체크하고 [45°] 입력하고 복사[Copy]를 실행합니다.

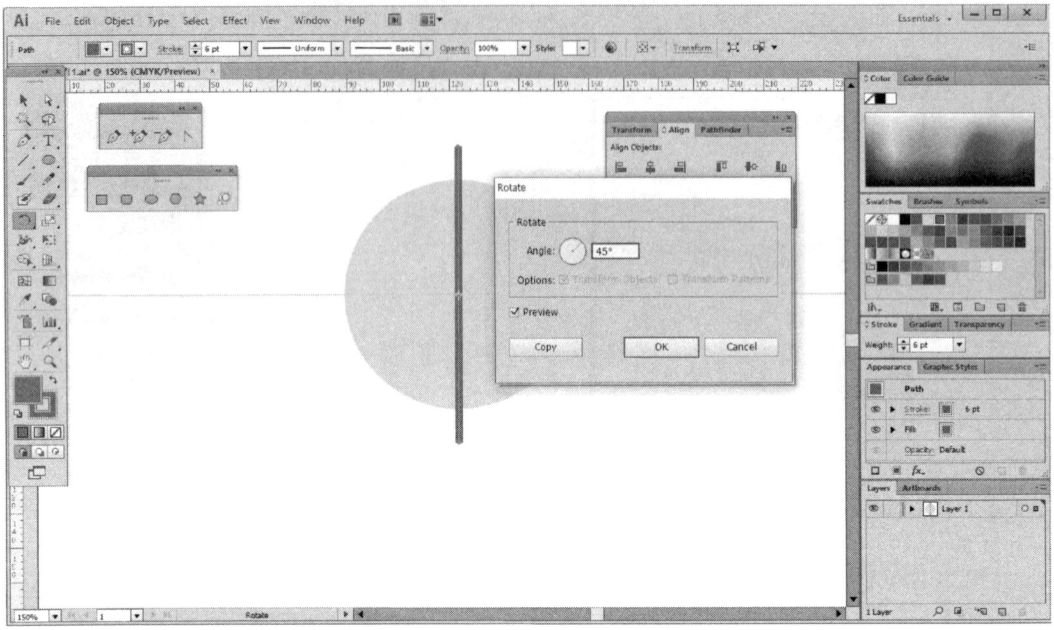

[Ctrl] + [D]를 반복 실행하여 다음과 같이 완성합니다.

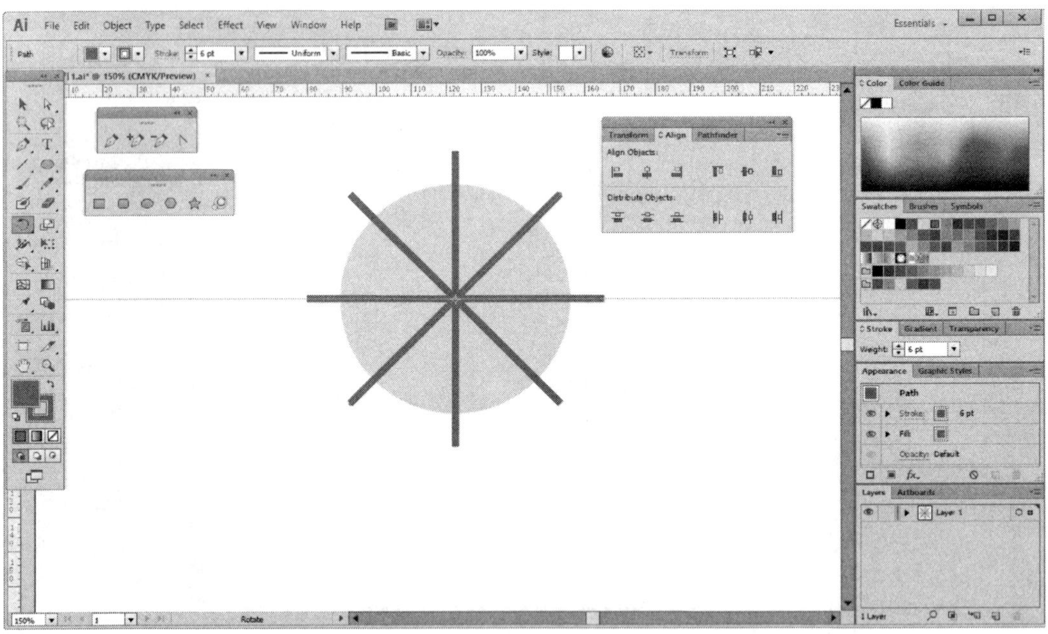

개체[Object]를 모두 선택하고 분할[Divide]을 실행합니다.

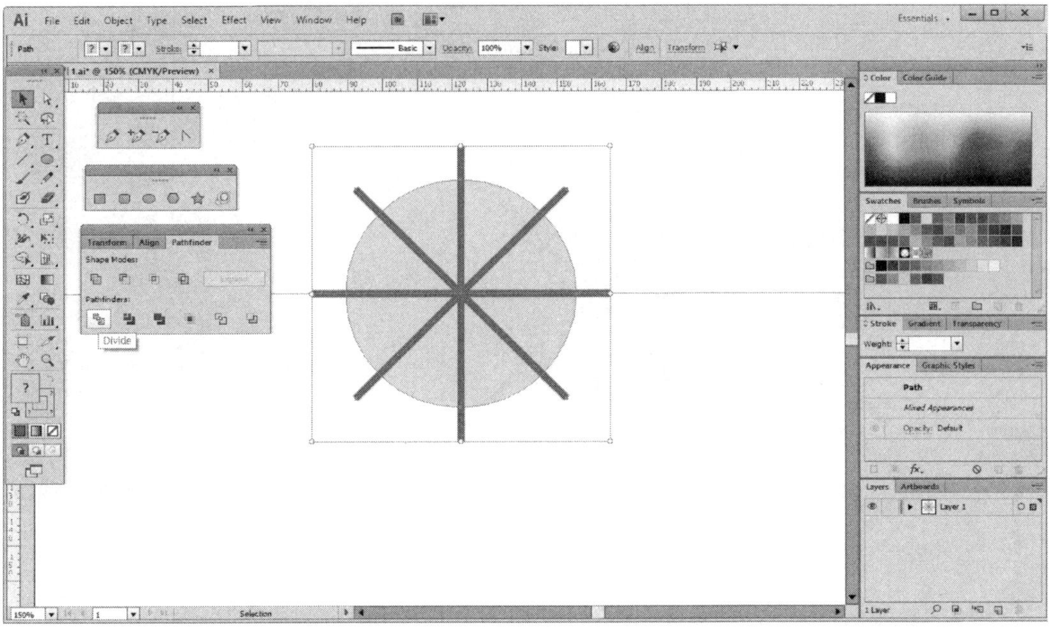

단축 메뉴 [Ungroup]을 실행합니다.

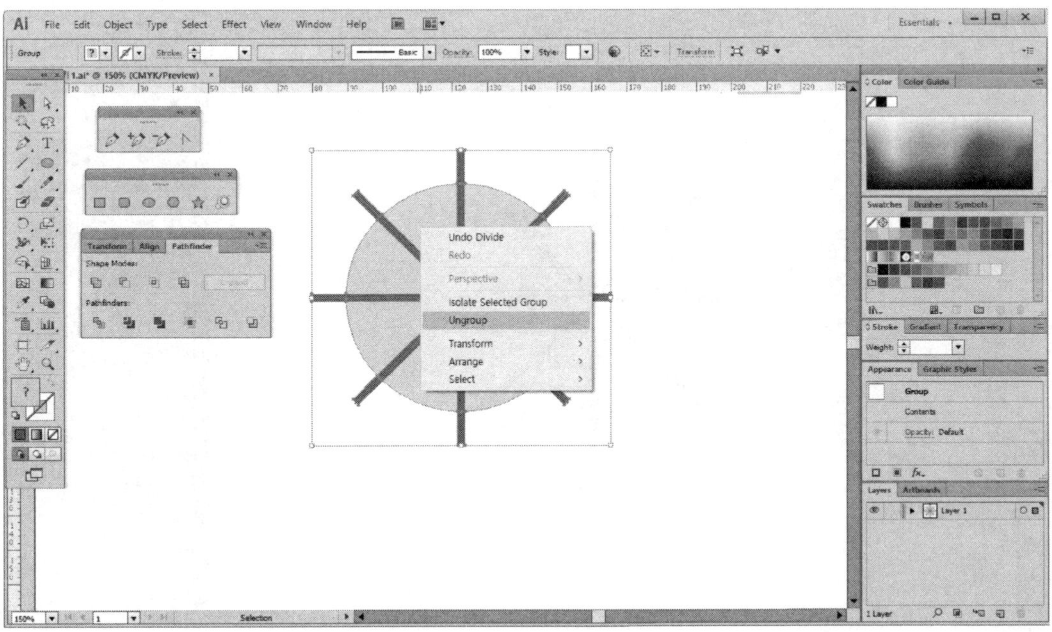

필요한 개체[Object] 하나만 선택하고 [Select Similar Objects]에서 [Fill Color]를 선택합니다.

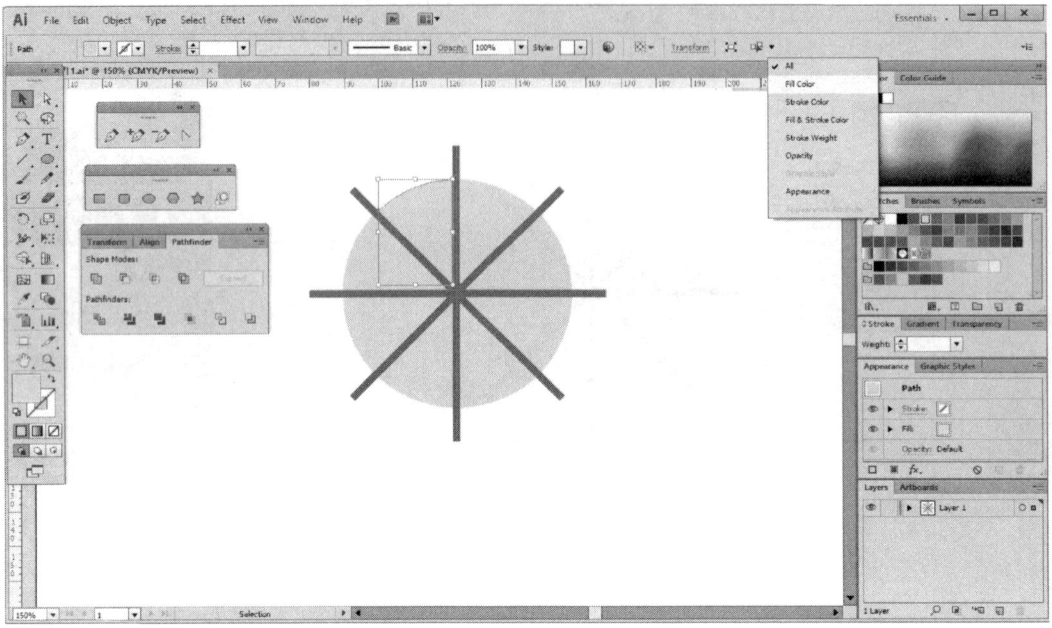

[Fill Color]를 선택하여 실행한 화면입니다.

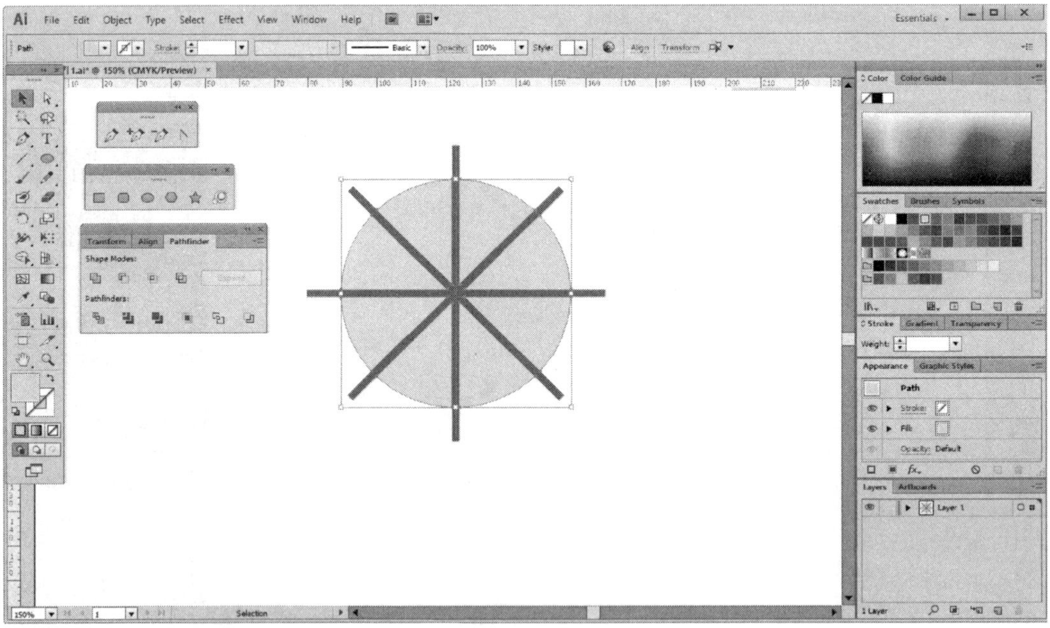

원 부분만 하단으로 이동합니다.

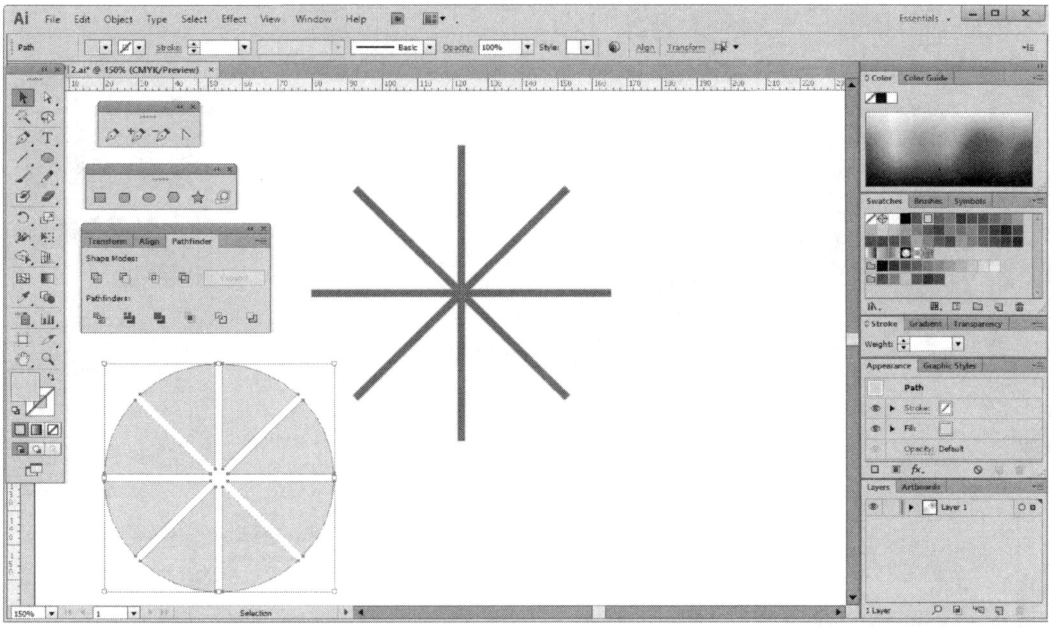

실선[Line Segment Tool]은 제거하고 원 부분만 재배치합니다.

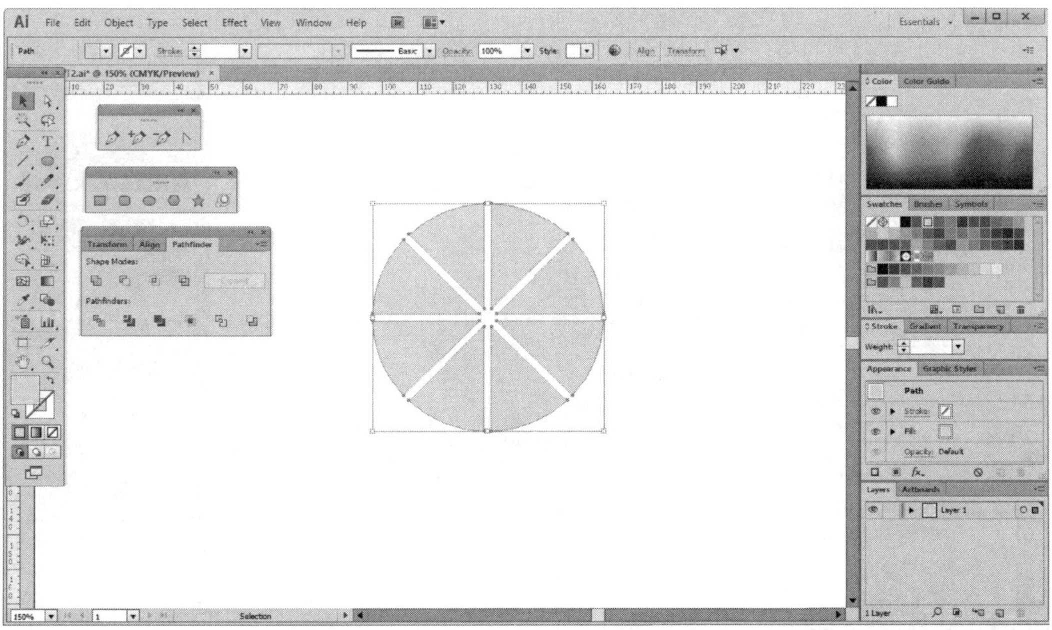

단축 메뉴 [Arrange] - [Send to Back]을 실행합니다.

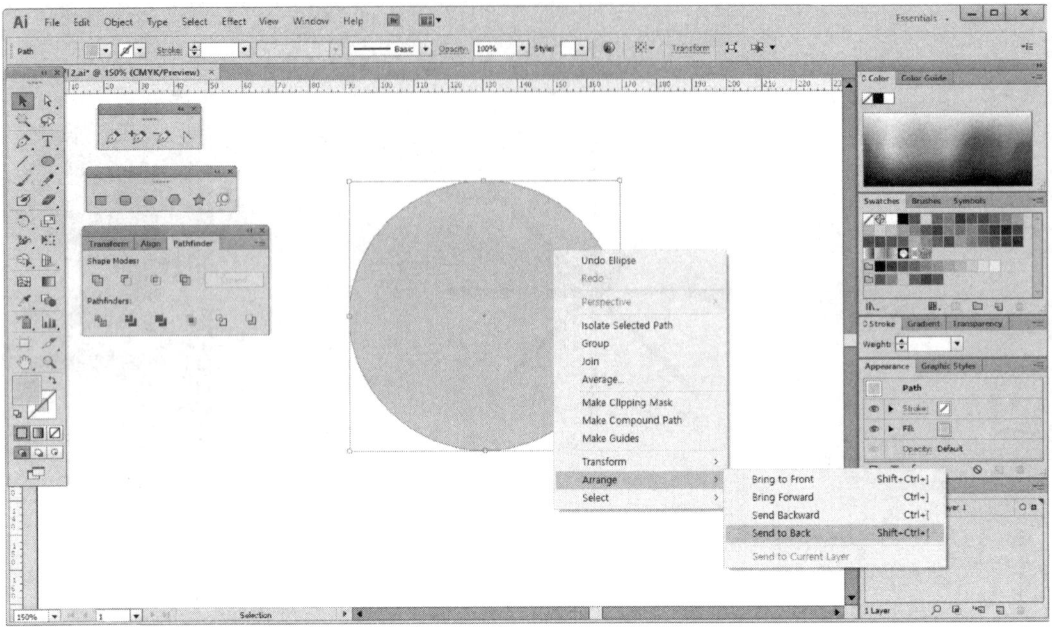

완성된 개체[Object]입니다.

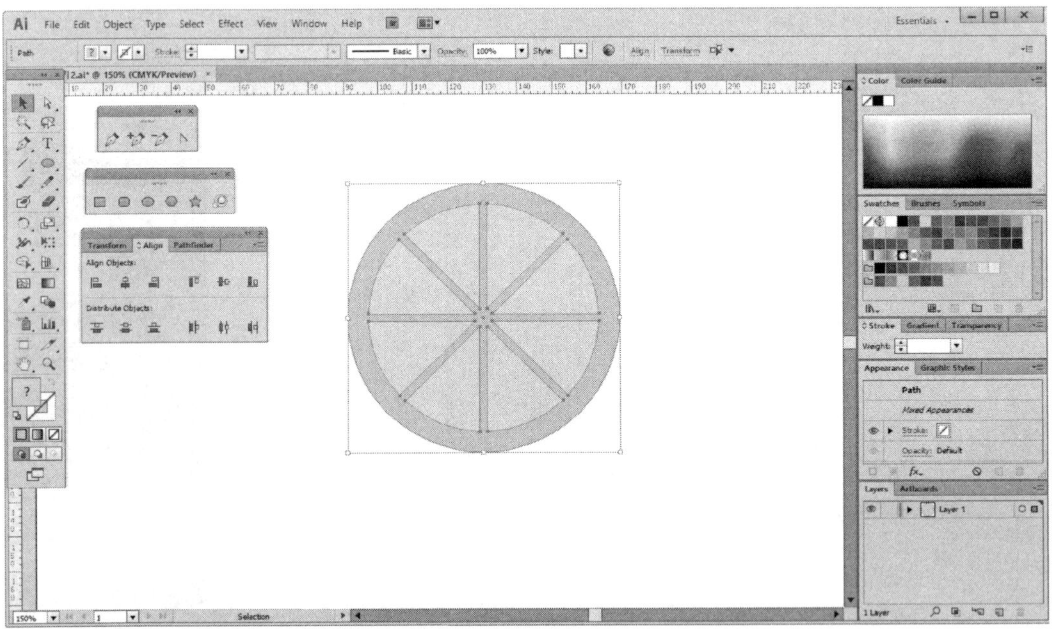

2개의 원 개체[Object]를 완성합니다.

원 개체[Object]를 선택 후 [Convert Anchor Point Tool]를 선택하여 원 상단과 하단을 클릭합니다.

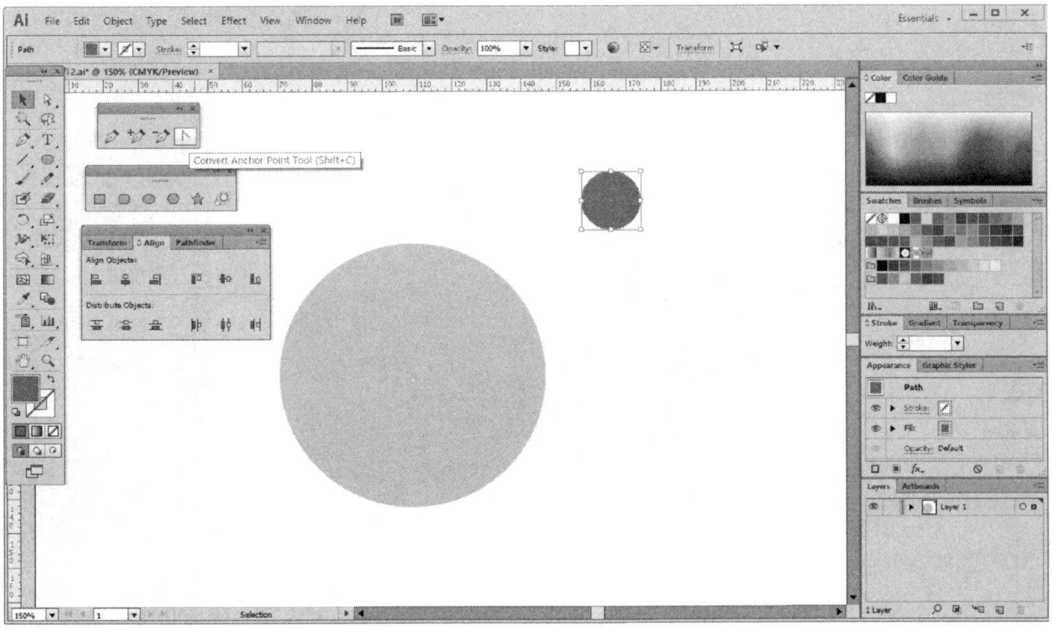

[Convert Anchor Point Tool]를 선택하여 원 상단과 하단을 클릭하여 실행한 화면입니다.

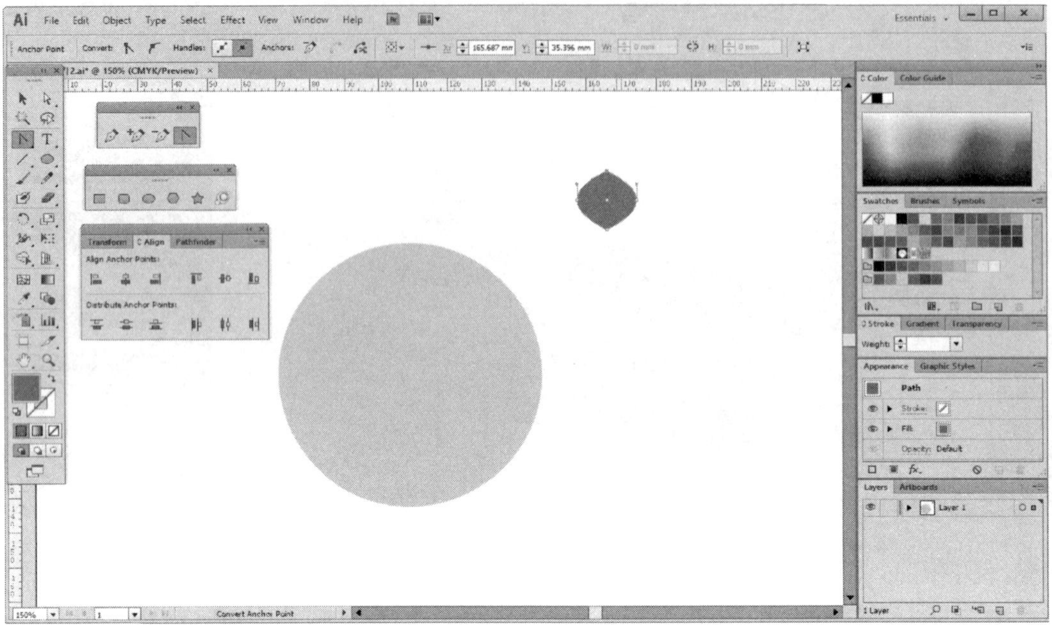

선택 툴[Selection Tool]을 사용하여 다음과 같이 좁혀줍니다.

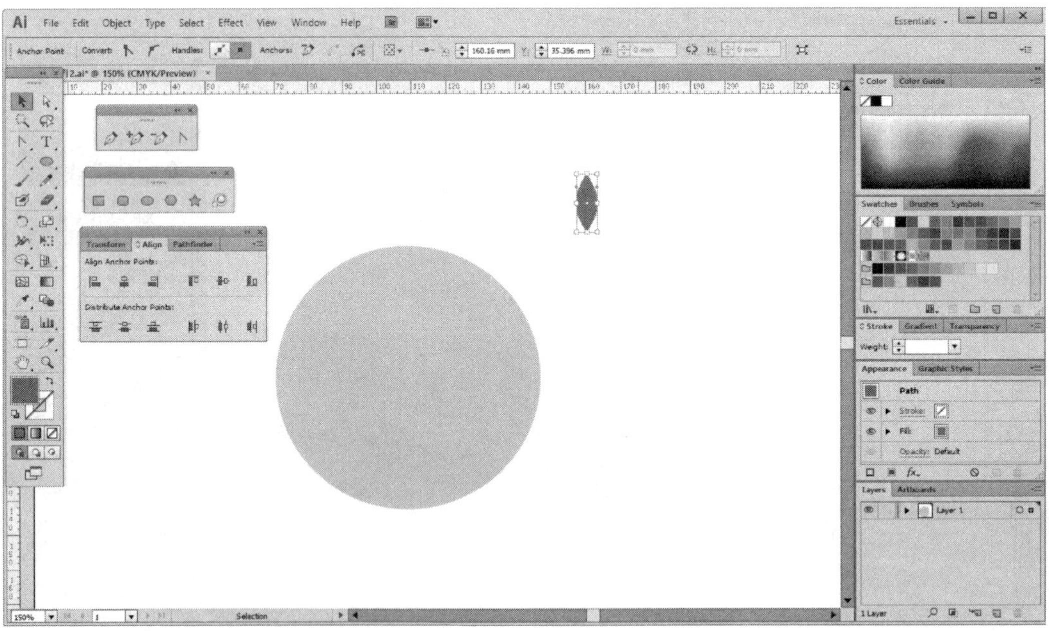

상단에 재배치합니다.

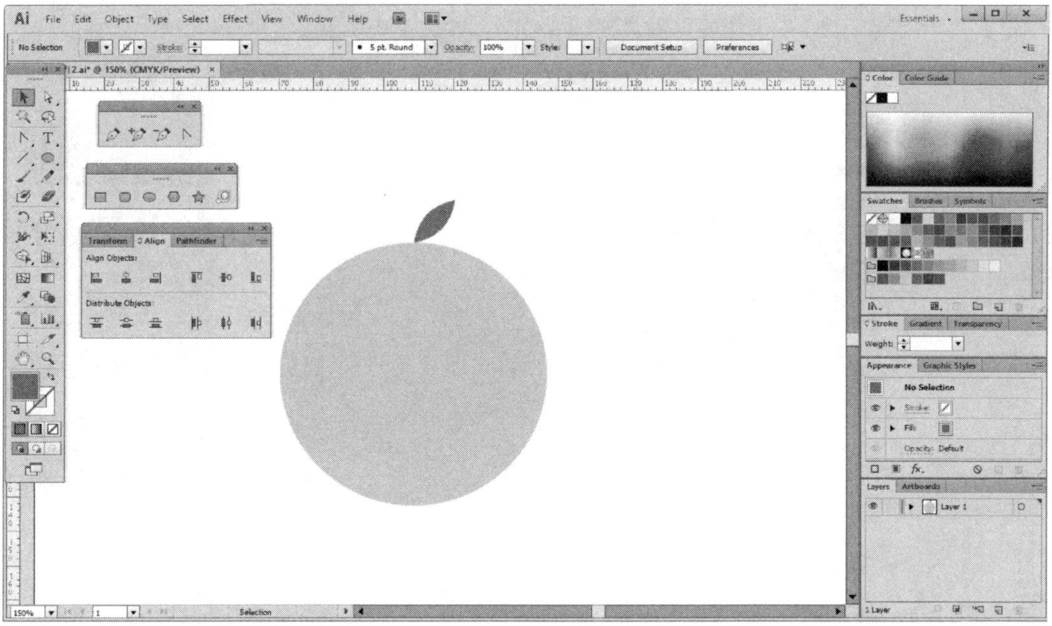

우측 하단에 명암을 주기 위해 2개를 복사합니다.

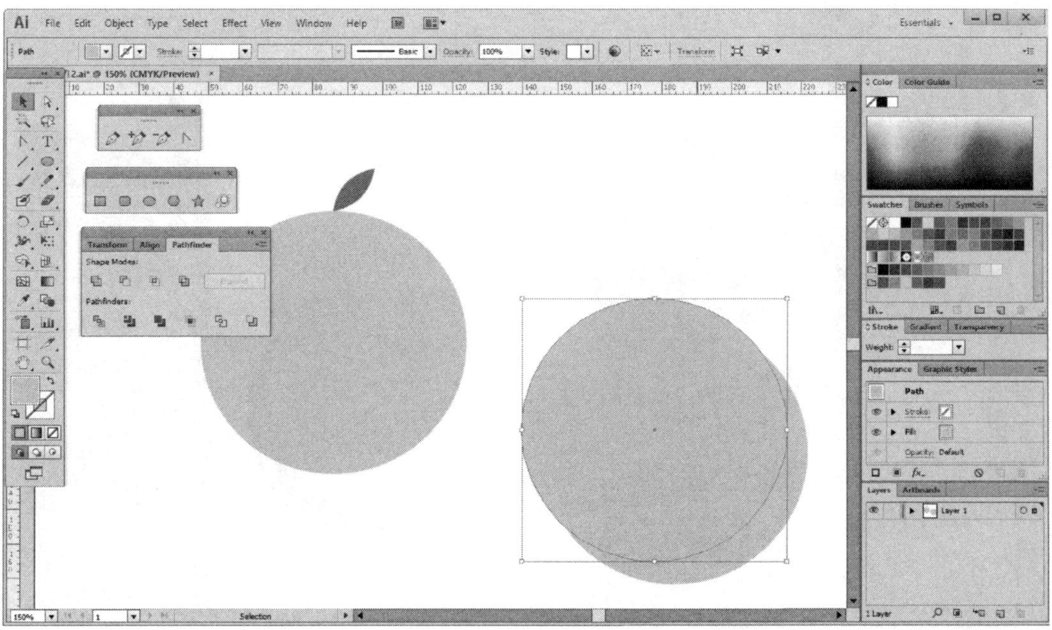

2개의 개체 원을 선택하고 패스파인더[Pathfinder]탭에서 [Minus Front]를 실행합니다.

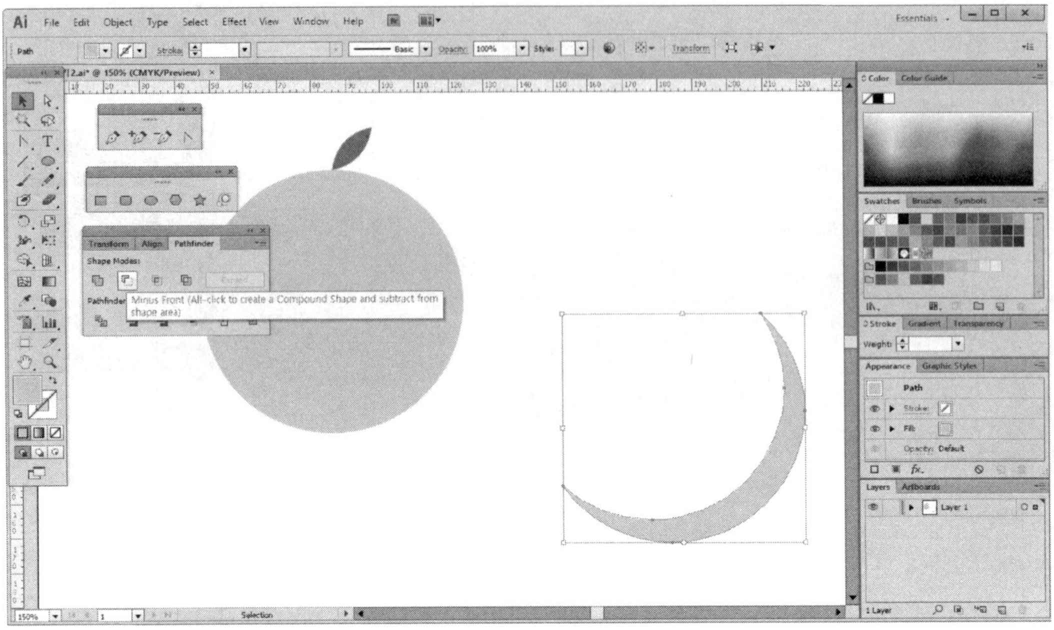

패스파인더[Pathfinder]탭에서 [Minus Front]를 실행한 화면입니다.

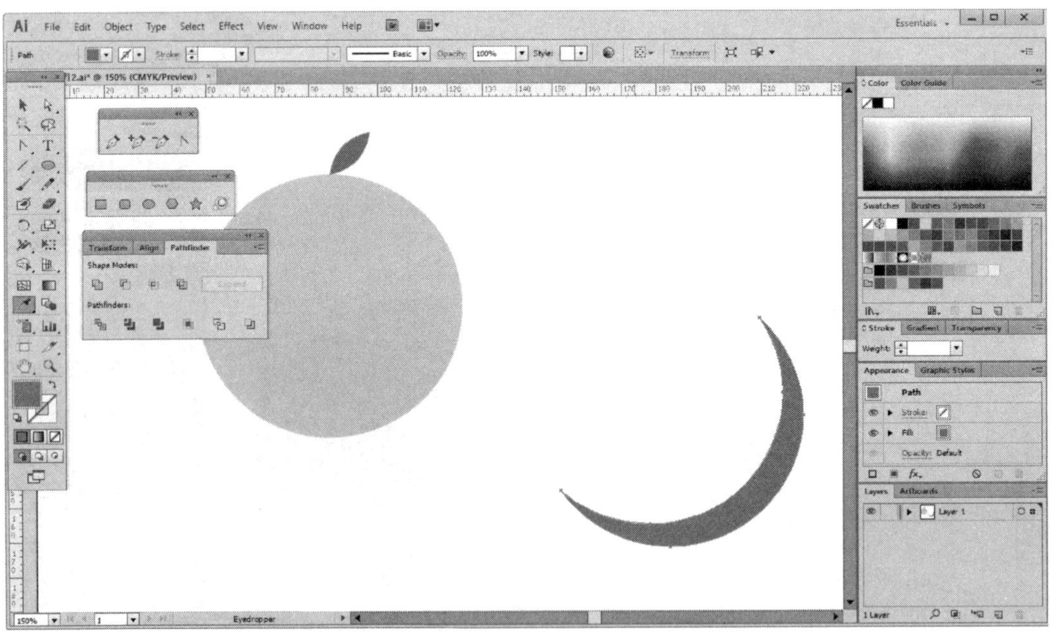

다음과 같이 재배치합니다.

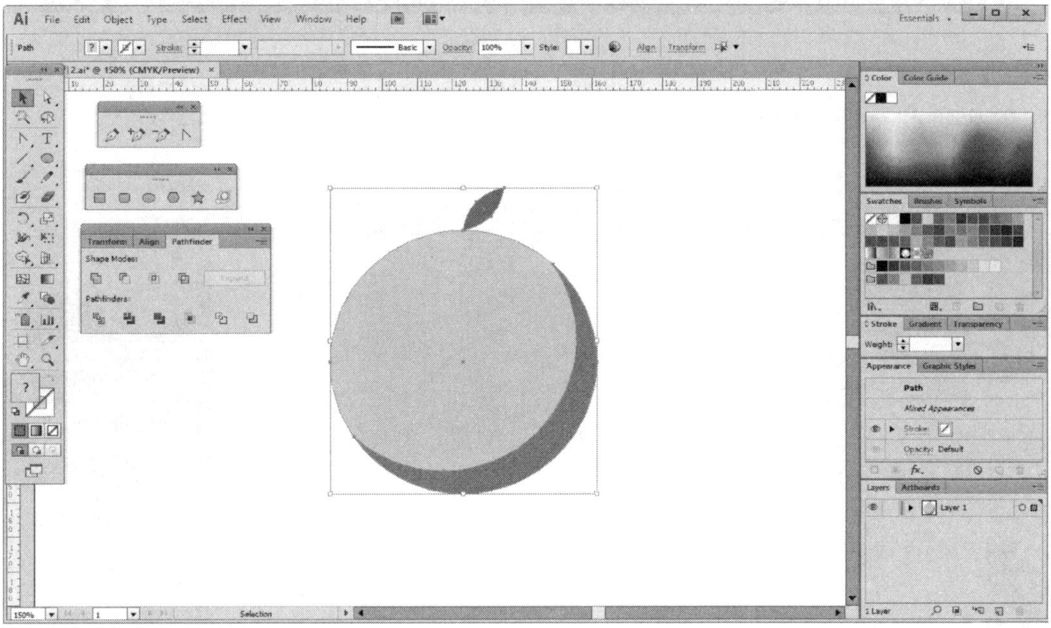

20 ▸ 우산 만들기

원 개체[Object]를 생성합니다.

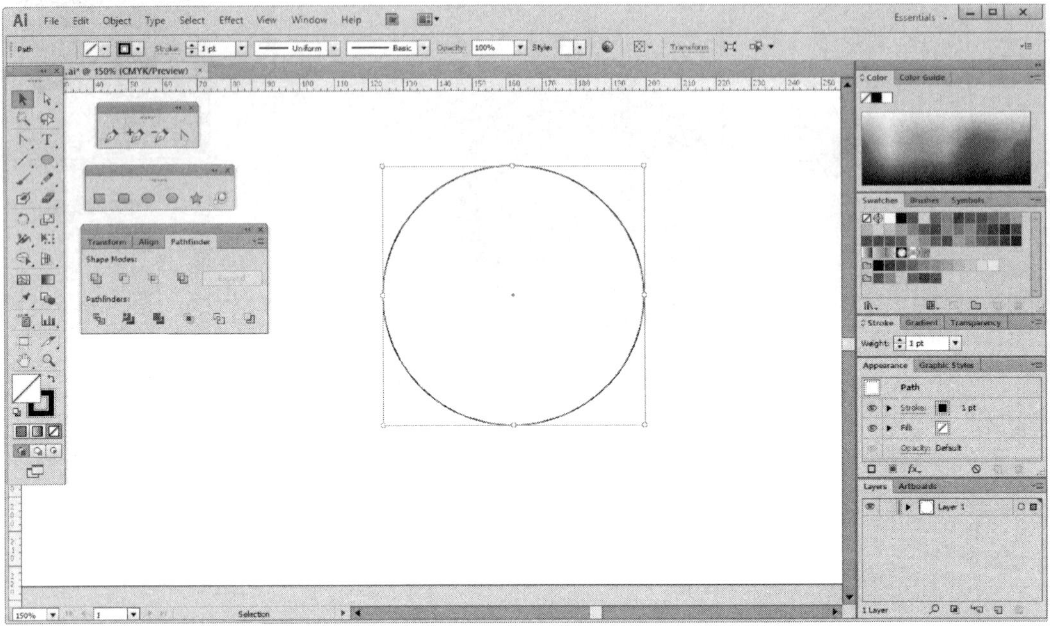

스케일[Scale]버튼을 더블클릭합니다. [33.3]%를 입력하고 복사[Copy]를 실행합니다.

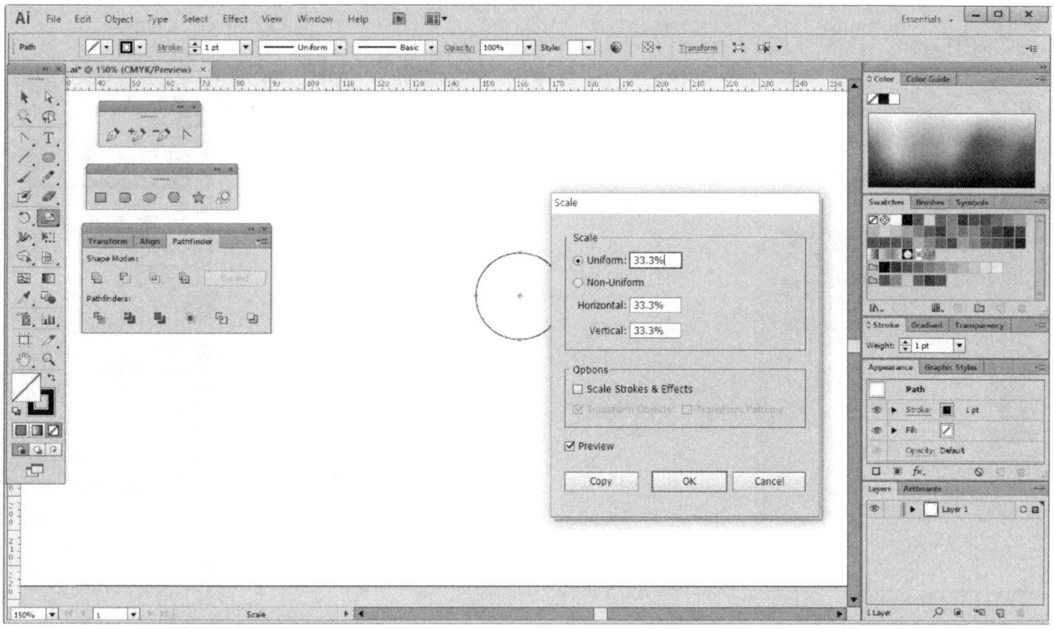

두 개체[Object]를 선택합니다.

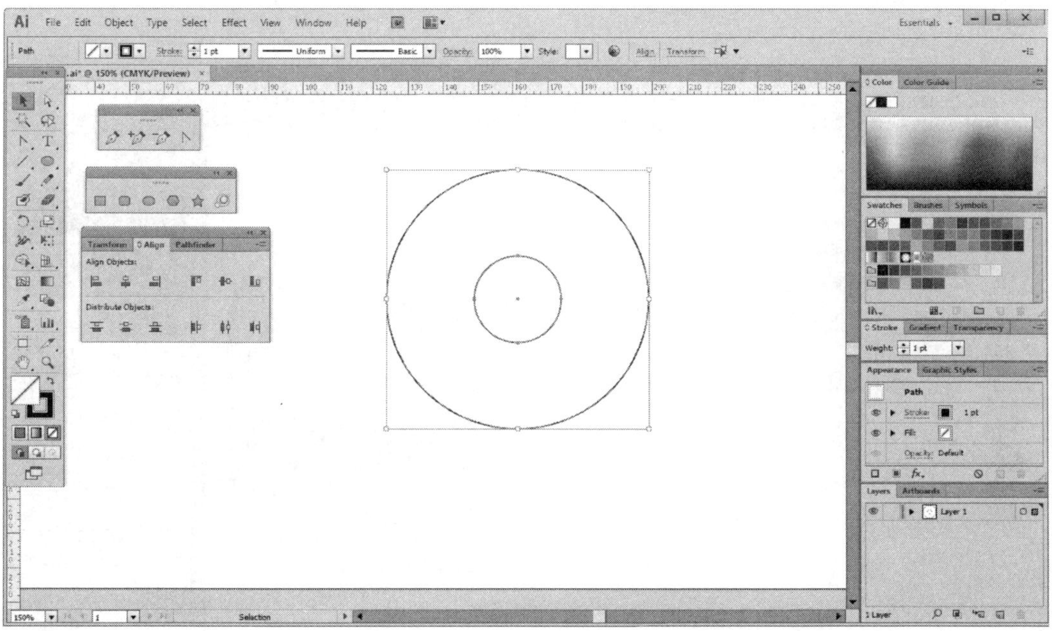

[Align]탭에서 [Horizontal Align Left]를 실행합니다.

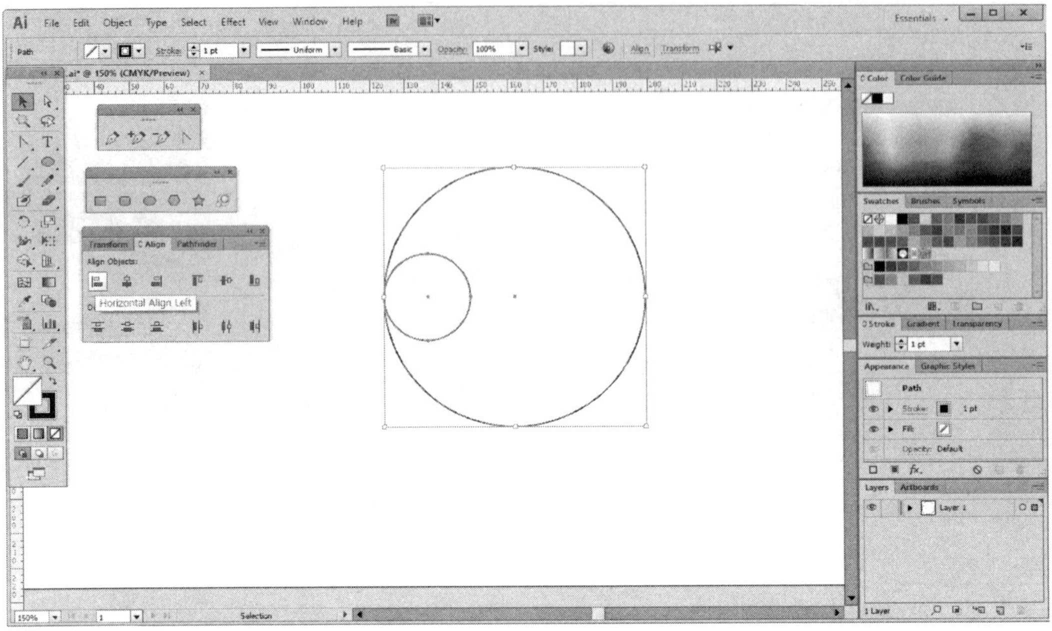

큰 원만 선택해서 스케일[Scale]버튼을 더블 클릭합니다. [33.3]%를 입력하고 복사[Copy]를 실행합니다.

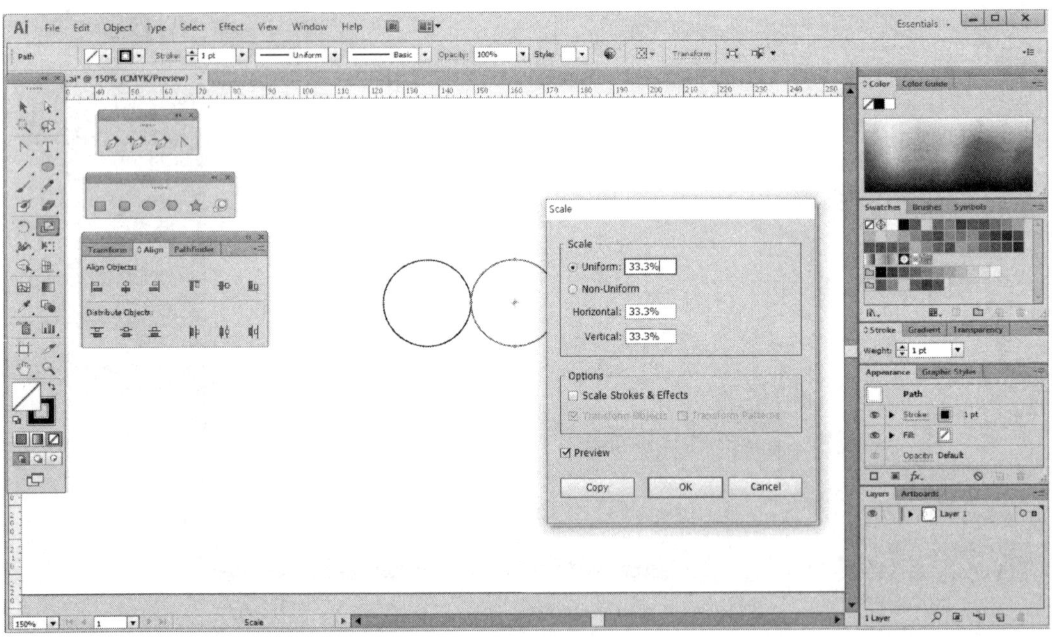

스케일[Scale]버튼을 더블 클릭하여 [33.3]%를 입력하고 복사[Copy]를 실행한 화면입니다.

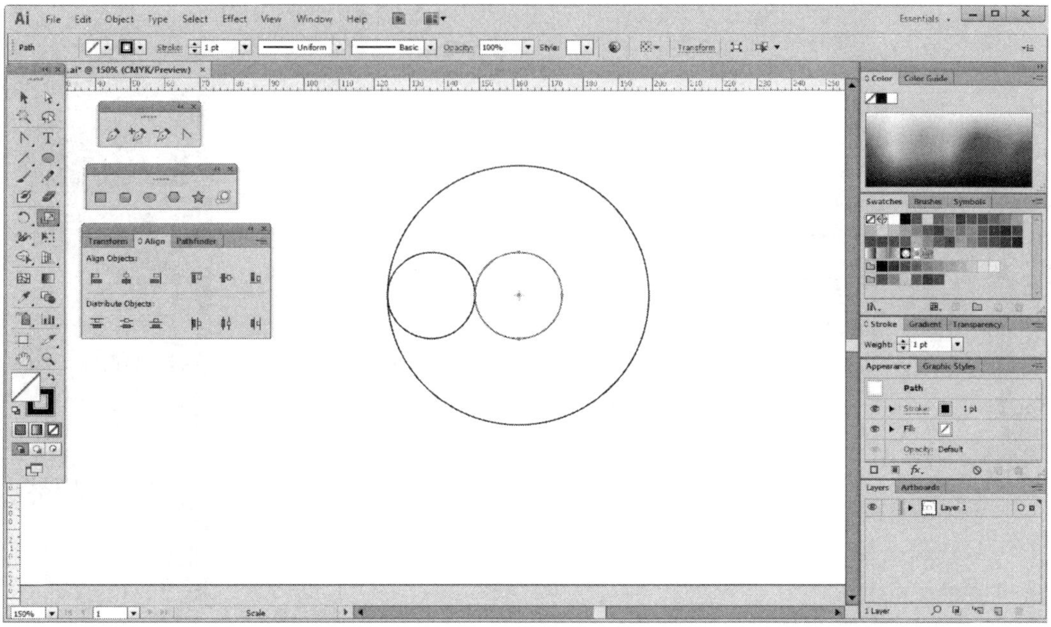

큰 원만 선택해서 스케일[Scale]버튼을 더블 클릭합니다. [33.3]%를 입력하고 복사[Copy]를 실행합니다.

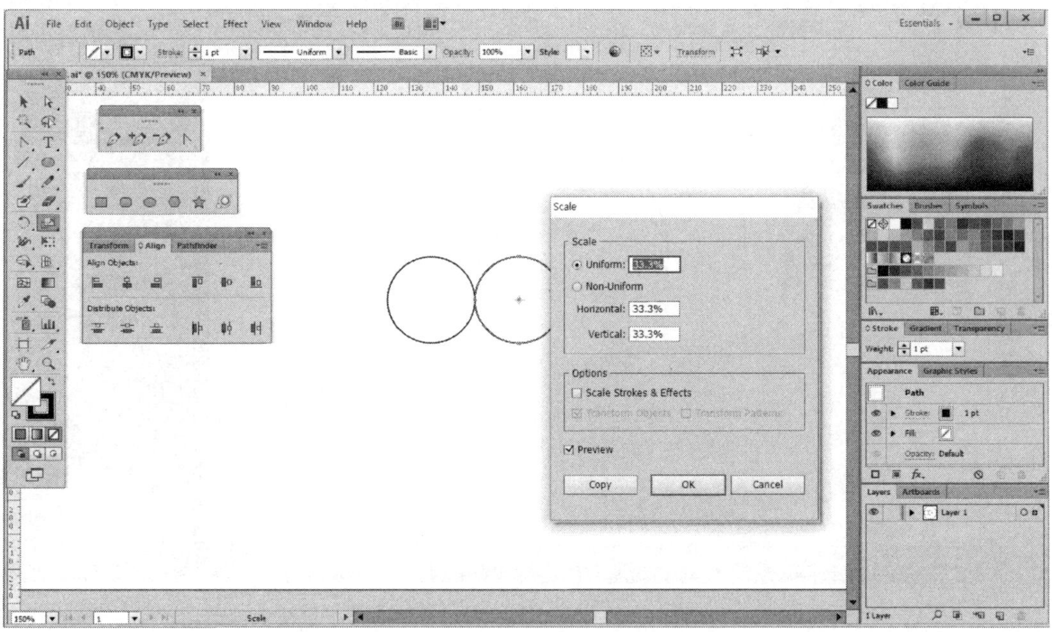

가운데 원과 큰 원을 선택해서 [Align]탭에서 [Horizontal Align Right]를 실행합니다.

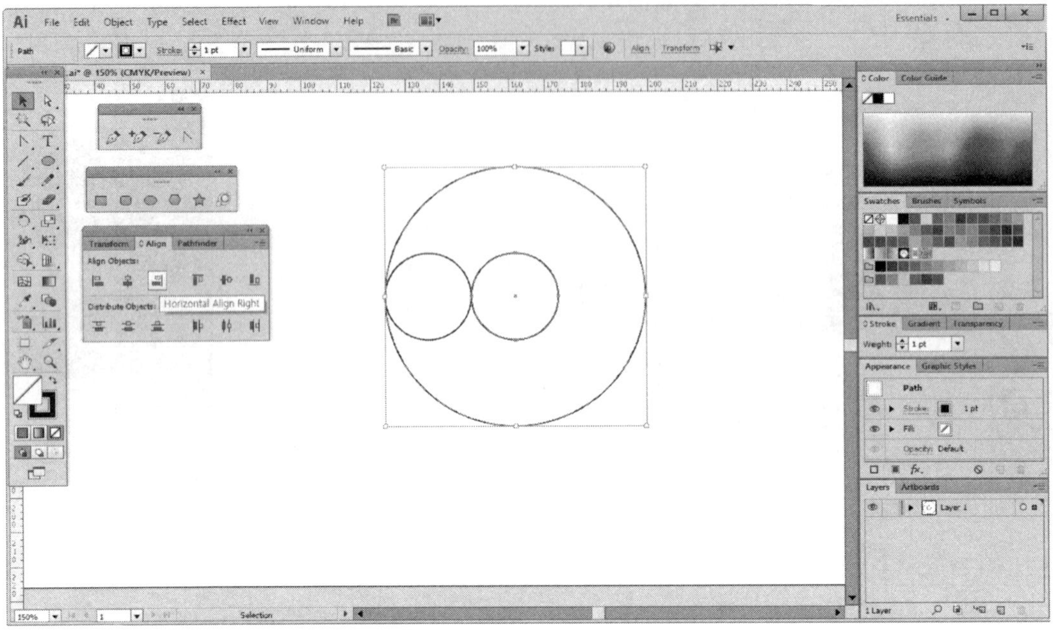

가운데 원과 큰 원을 선택해서 [Align]탭에서 [Horizontal Align Right]를 실행한 화면입니다.

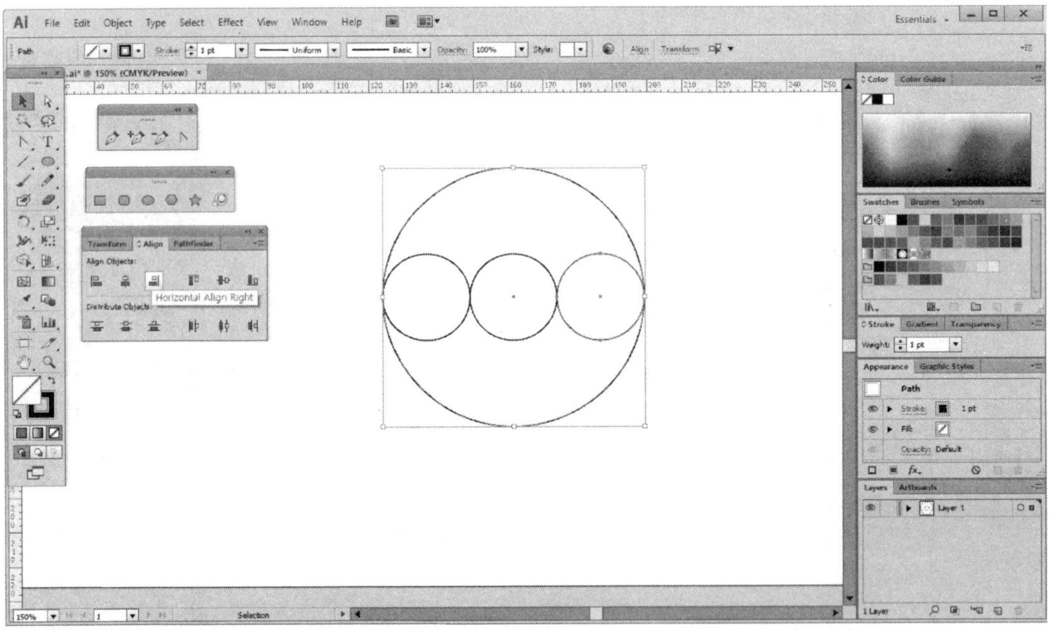

직접 선택 툴[Direct Selection Tool]로 큰 원 하단을 선택합니다.

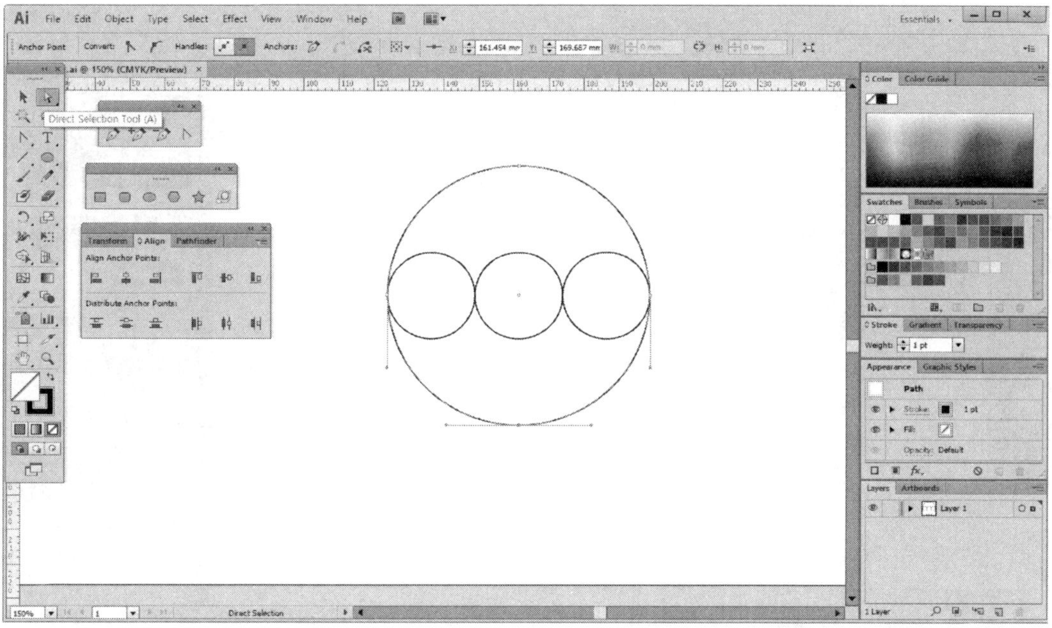

직접 선택 툴[Direct Selection Tool]로 큰 원 하단을 삭제한 화면입니다.

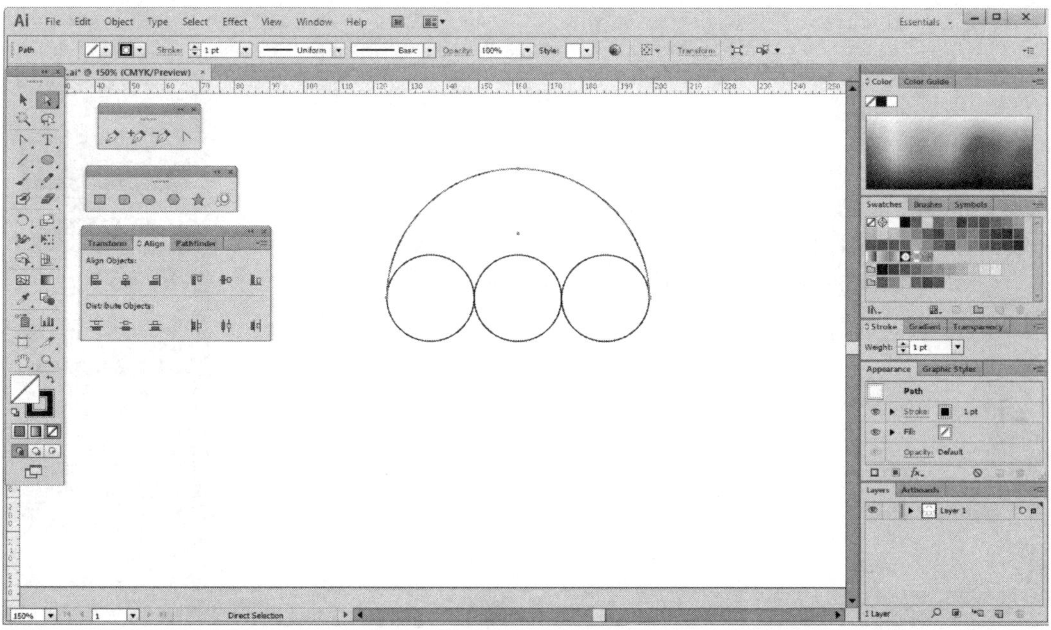

직접 선택 툴[Direct Selection Tool]로 3개의 작은 원 하단을 선택합니다.

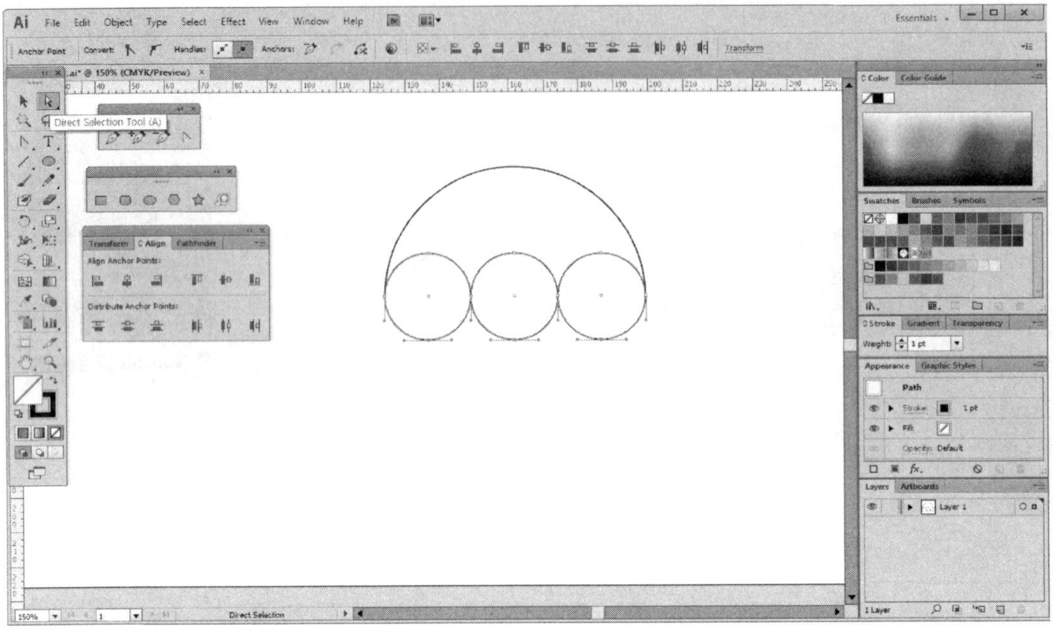

직접 선택 툴[Direct Selection Tool]로 작은 원 하단을 삭제한 화면입니다.

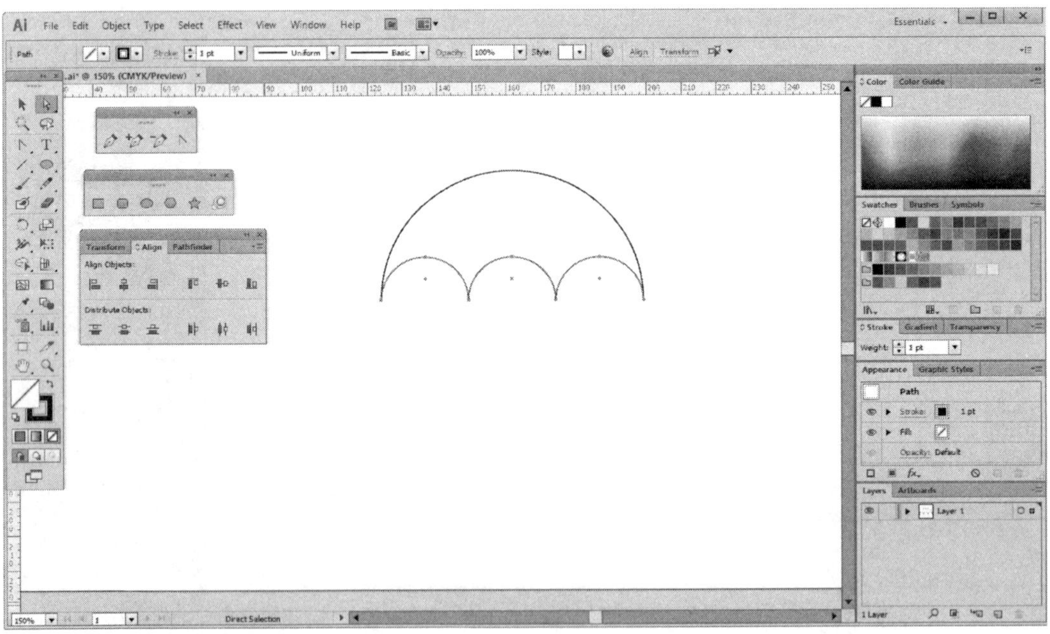

왼쪽 큰 원과 작은 원이 겹친 부분을 직접 선택 툴[Direct Selection Tool]로 선택한 다음 [Object] - [Path] - [Join]을 실행합니다.

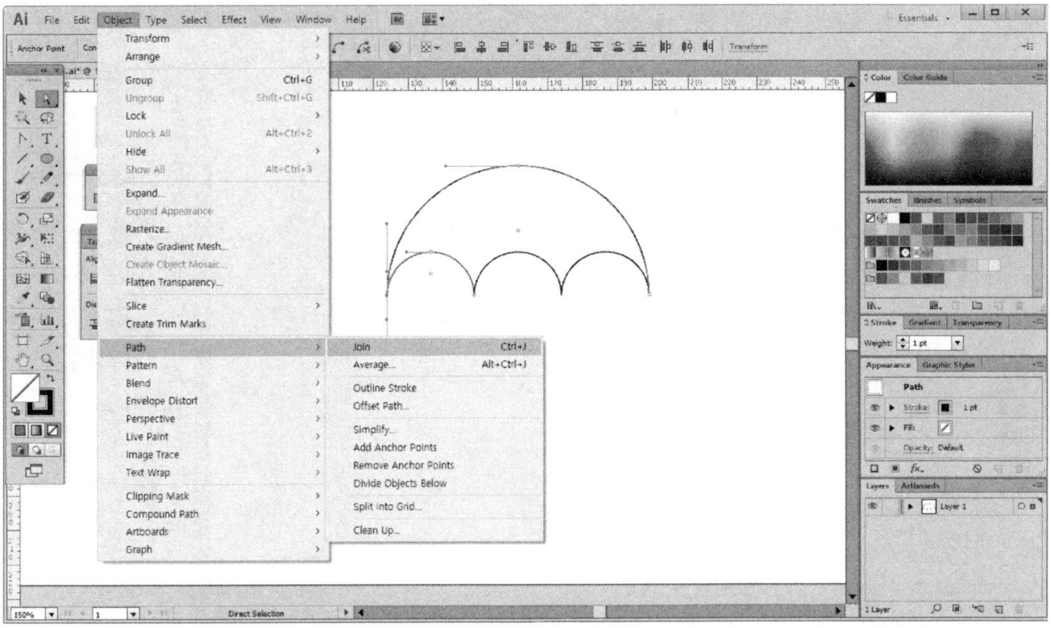

두 번째 작은 원과 작은 원이 겹친 부분을 직접 선택 툴[Direct Selection Tool]로 선택한 다음 [Object] - [Path] - [Join]을 실행합니다.

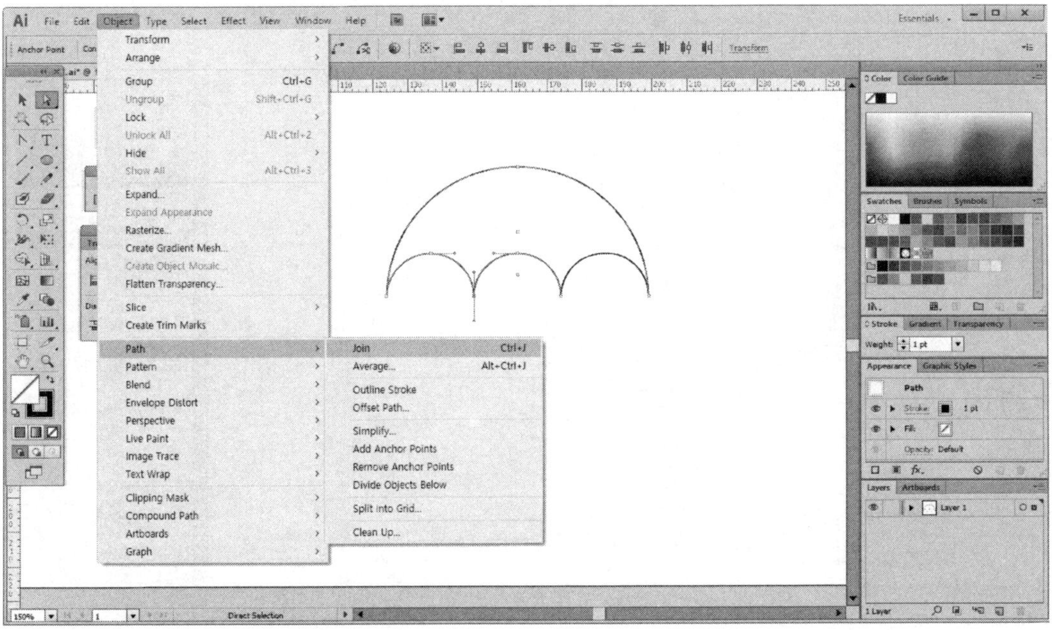

세 번째 작은 원과 작은 원이 겹친 부분을 직접 선택 툴[Direct Selection Tool]로 선택한 다음 [Object] - [Path] - [Join]을 실행합니다.

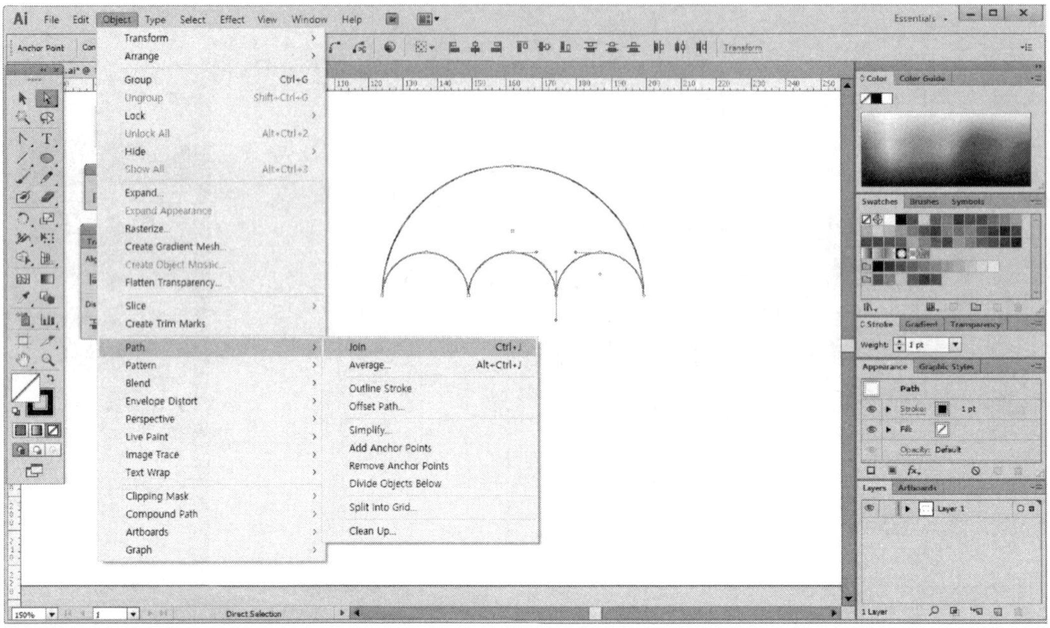

네 번째 작은 원과 작은 원이 겹친 부분을 직접 선택 툴[Direct Selection Tool]로 선택한 다음 [Object] - [Path] - [Join]을 실행합니다.

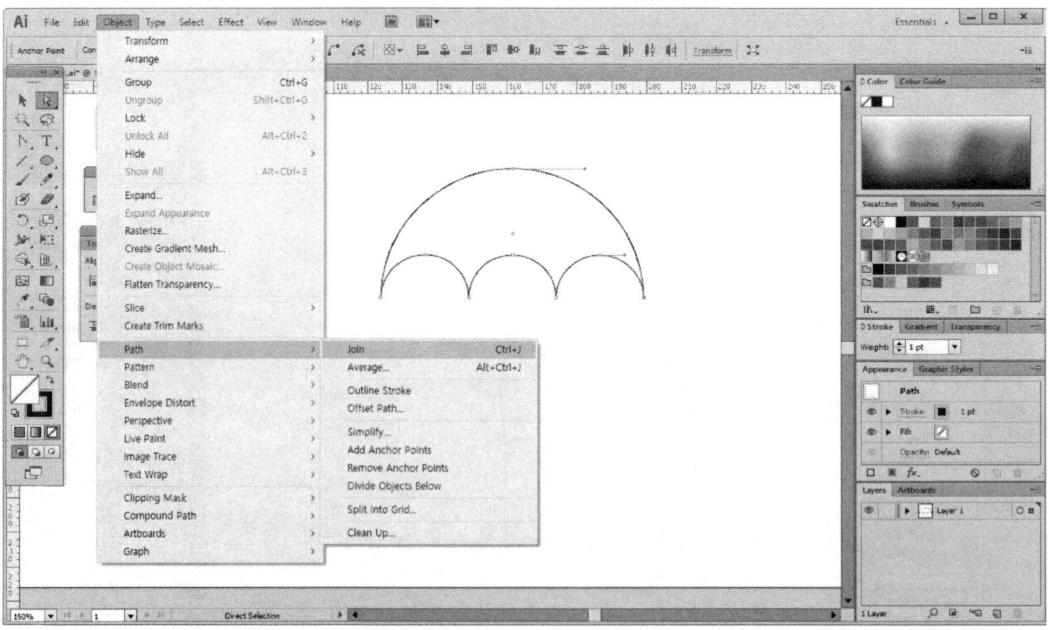

테두리 원을 그리고 직접 선택 툴[Direct Selection Tool]로 원 상단을 선택합니다.

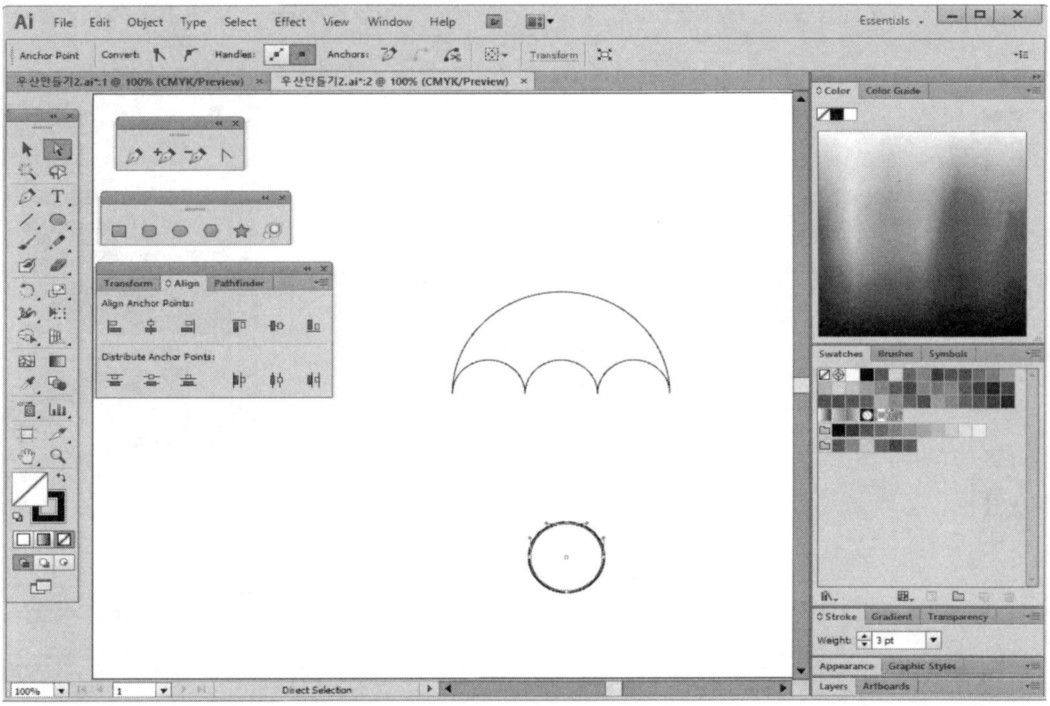

직접 선택 툴[Direct Selection Tool]로 작은 원 상단을 삭제한 화면입니다.

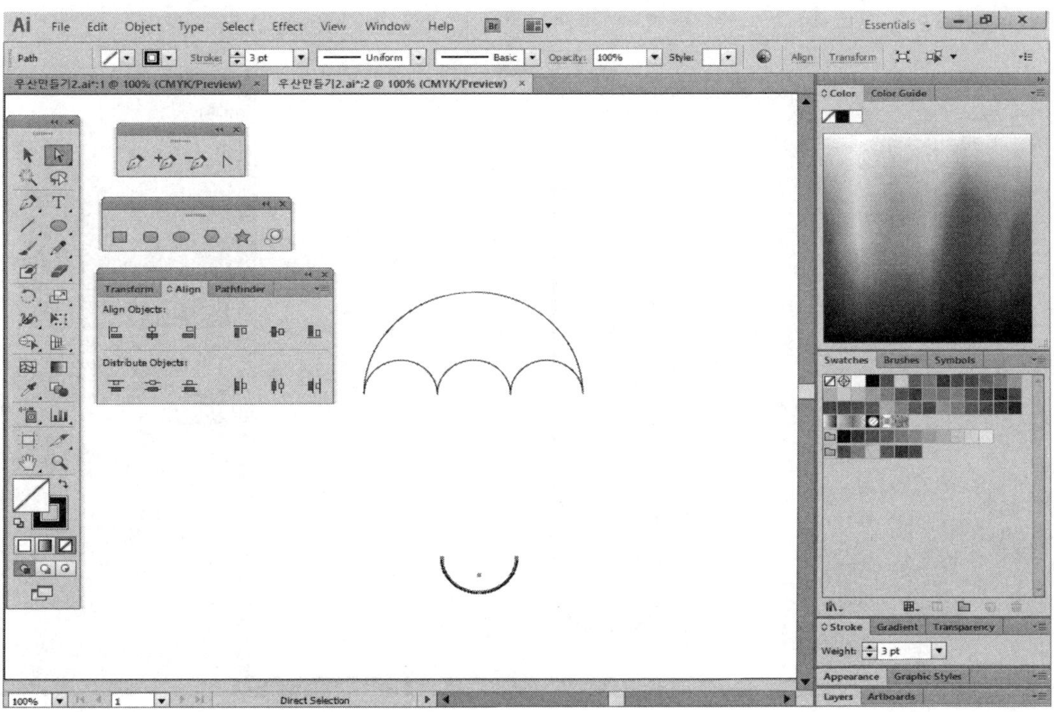

수직선을 생성합니다.

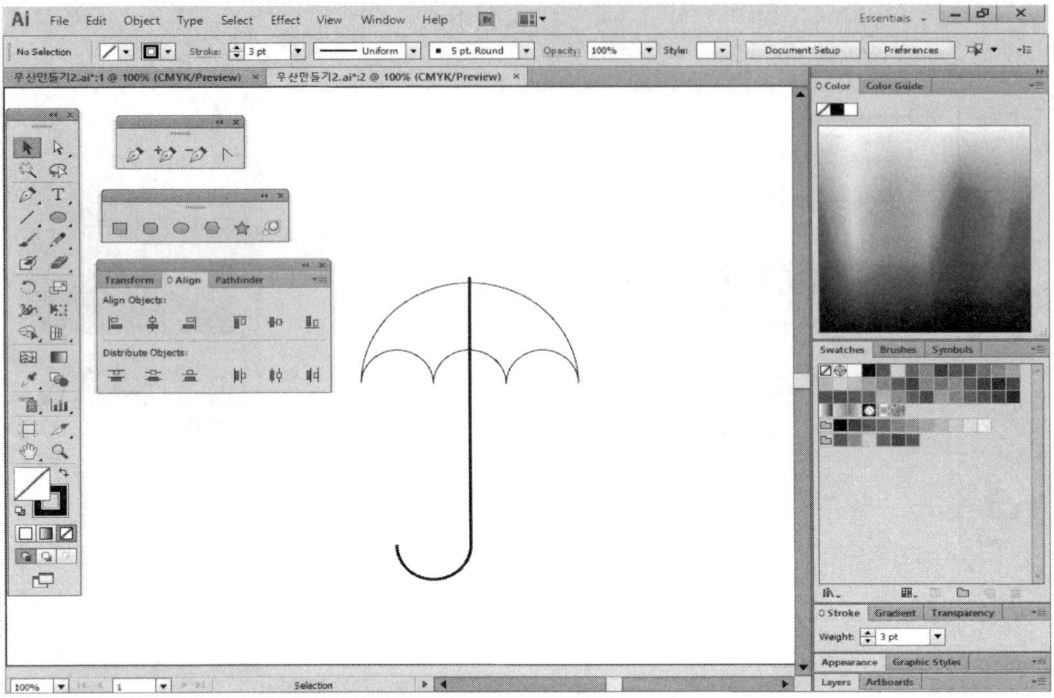

수직선을 선택한 후 [Edit] - [Cut]를 실행합니다.

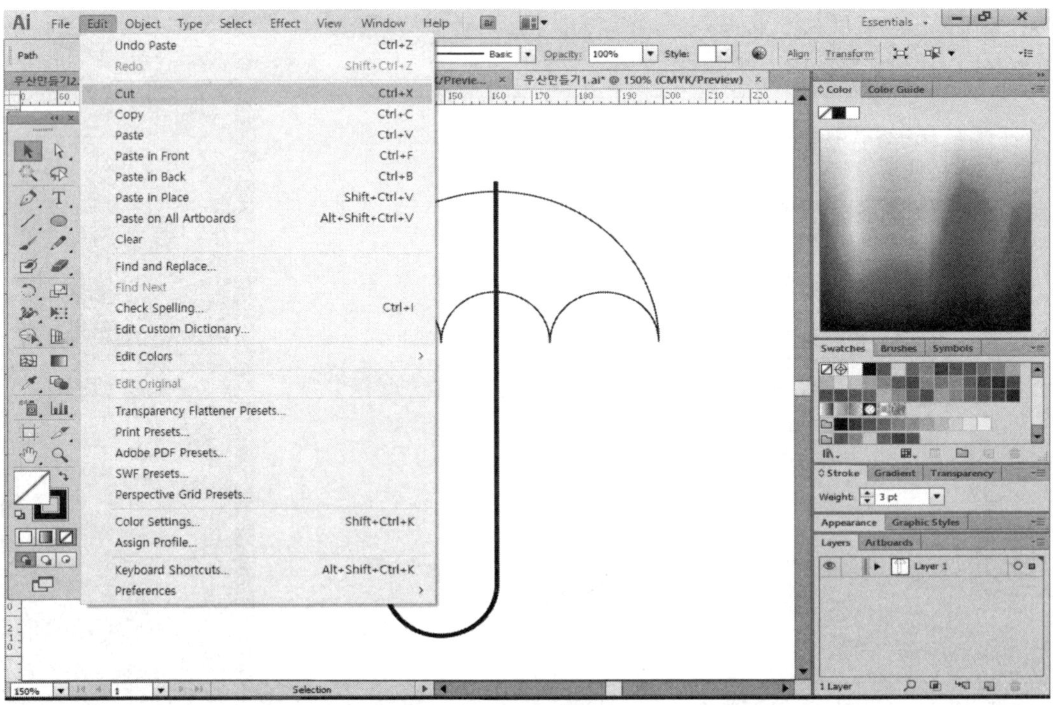

메뉴에서 [Edit] - [Paste in Back]를 실행합니다.

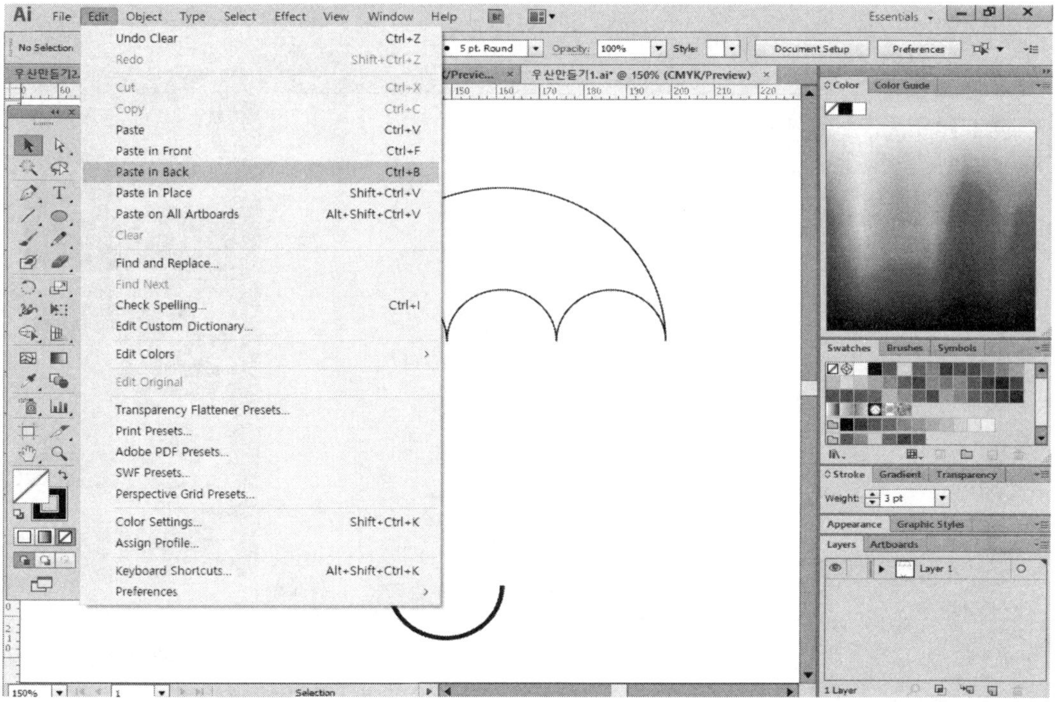

완성한 우산 화면입니다.

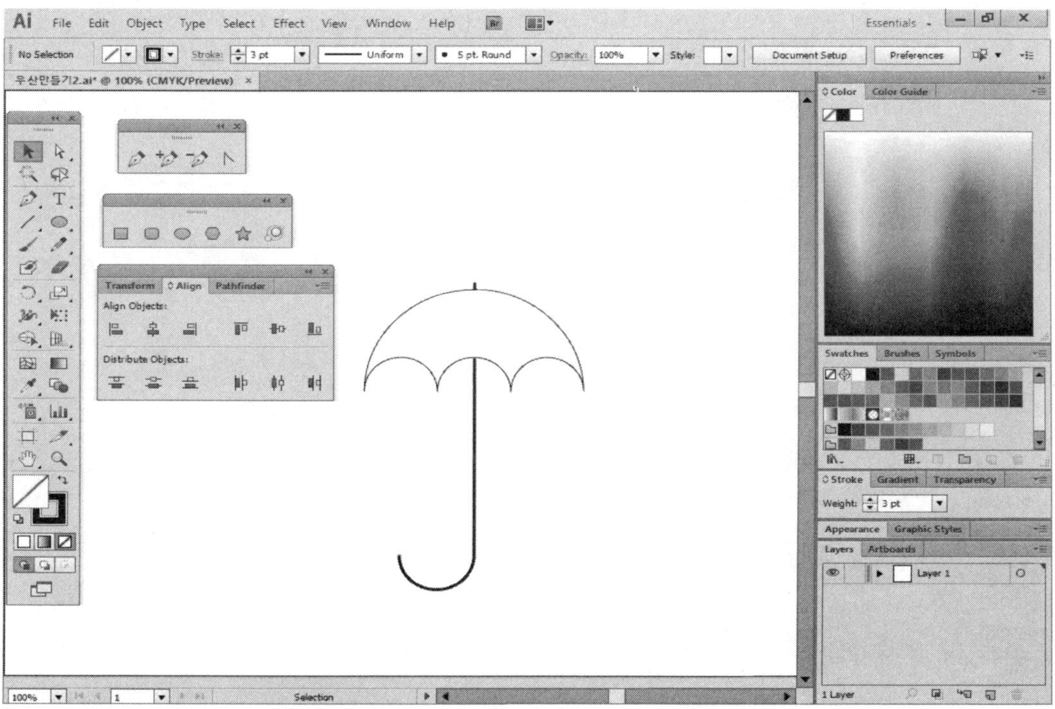

[Arrange] - [Send to Back]을 실행하여 색상을 넣어 뒤로 이동한 것을 확인합니다.

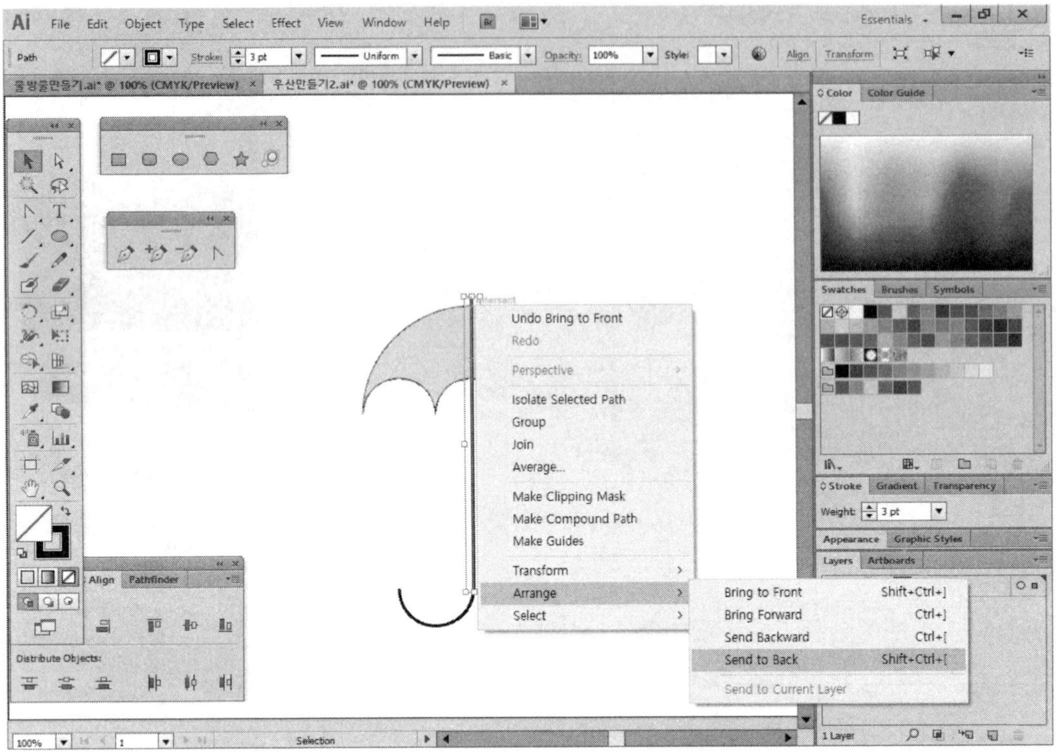

21 물방울 만들기

원을 생성합니다.

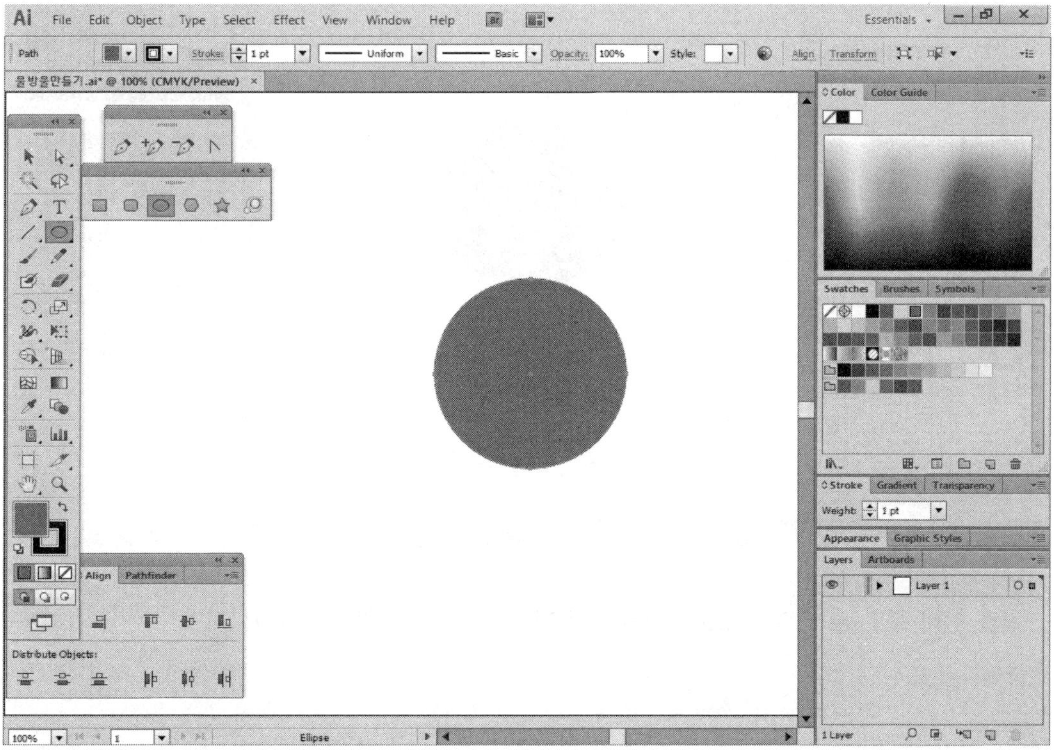

[Convert Anchor Point]로 상단을 클릭합니다.

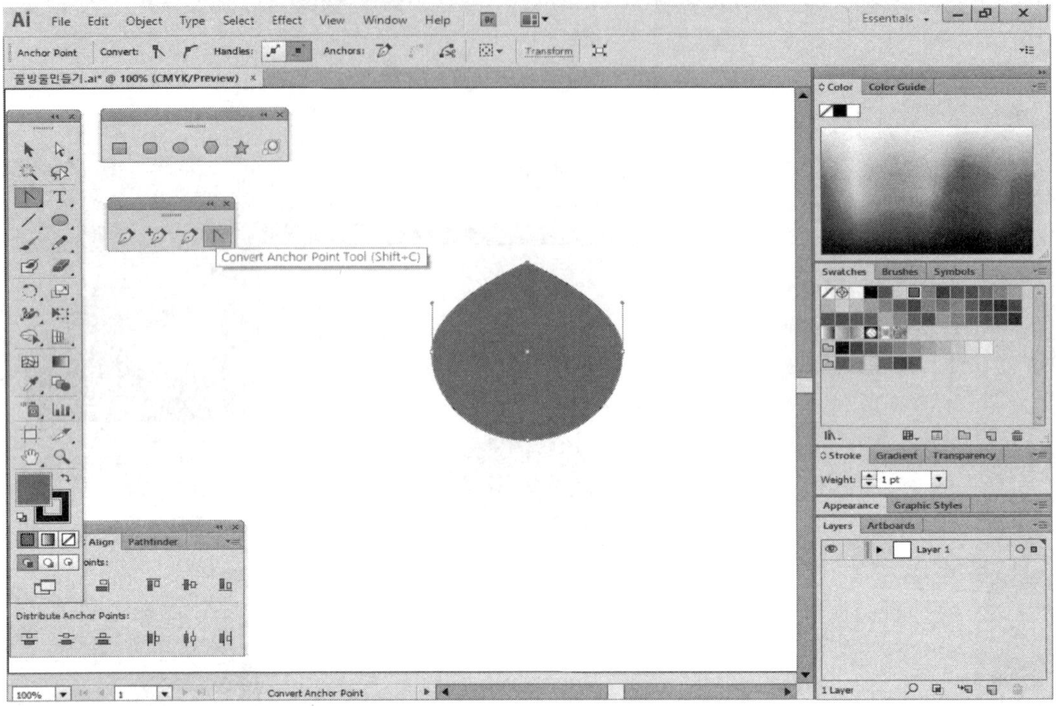

직접 선택 툴[Direct Selection Tool]로 상단을 선택한 후 위로 드래그합니다.

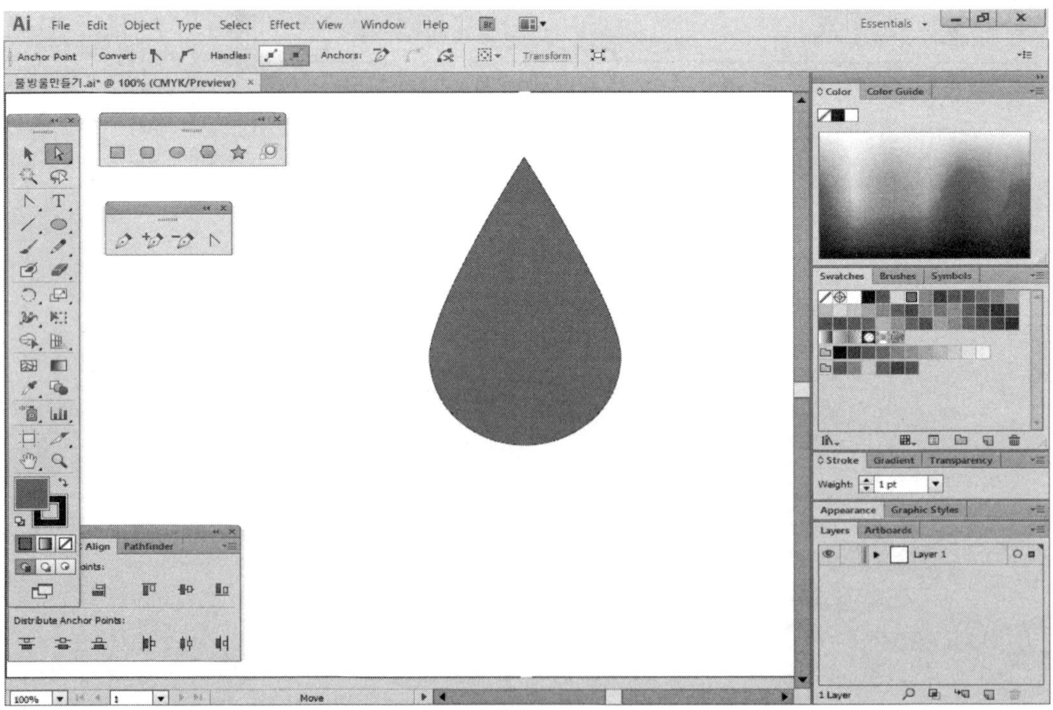

타원을 완성합니다.

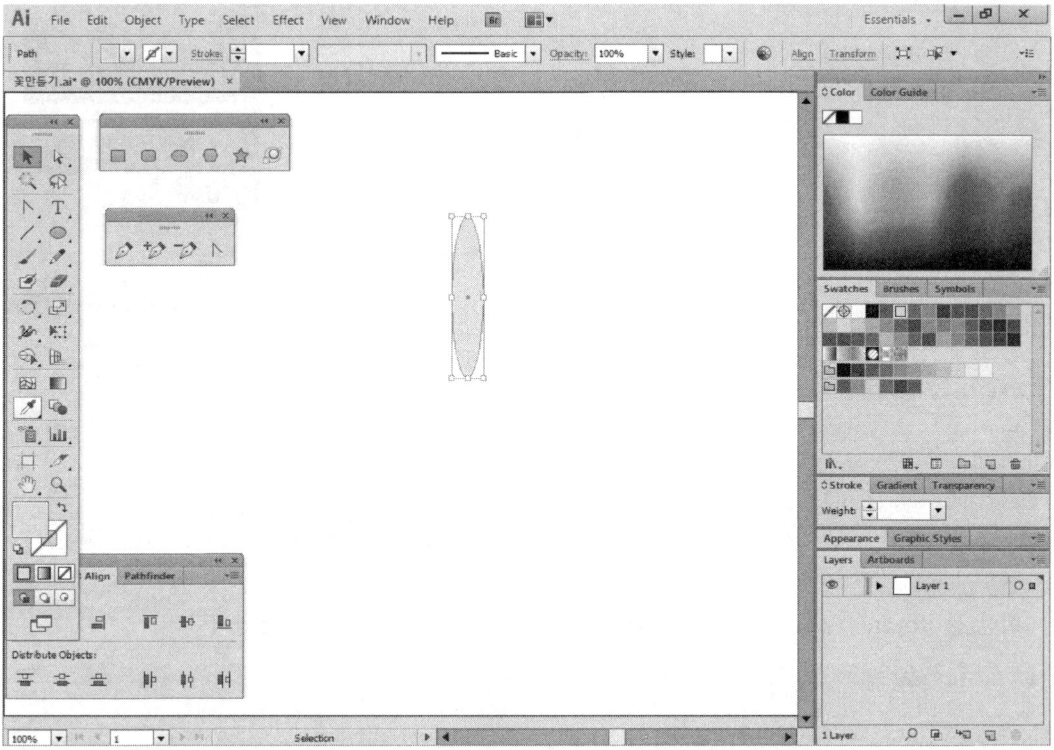

회전 툴[Rotate Tool]을 선택한 후 중심점을 하단으로 이동합니다.

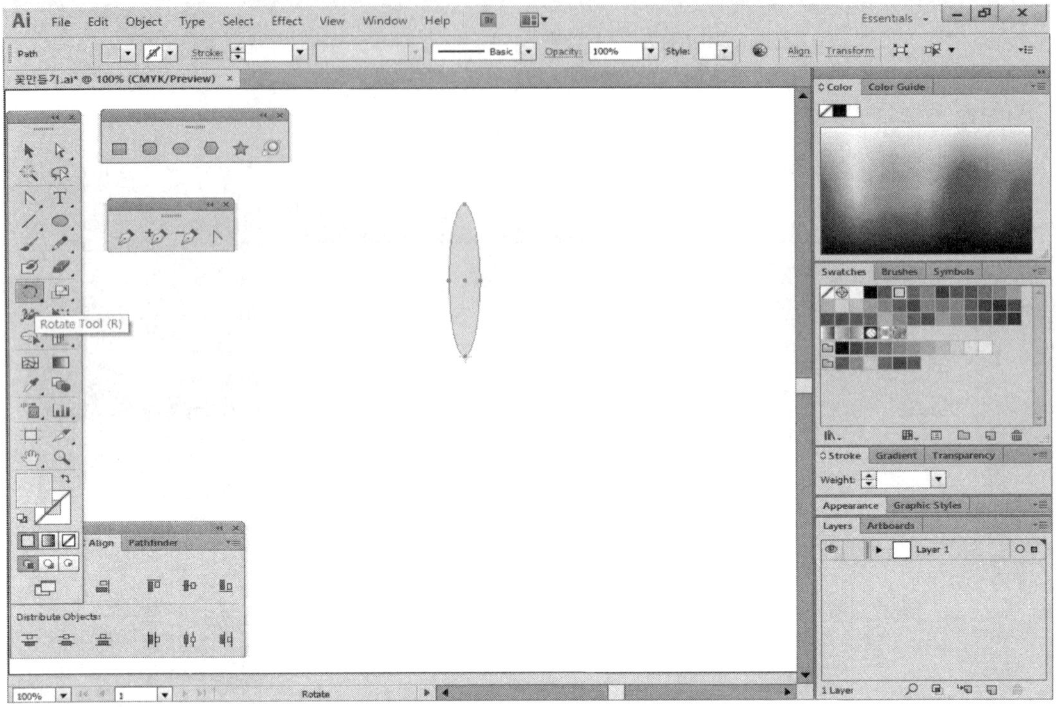

회전 툴[Rotate Tool]을 선택한 상태에서 [Alt]클릭하여 [Copy]를 실행합니다.

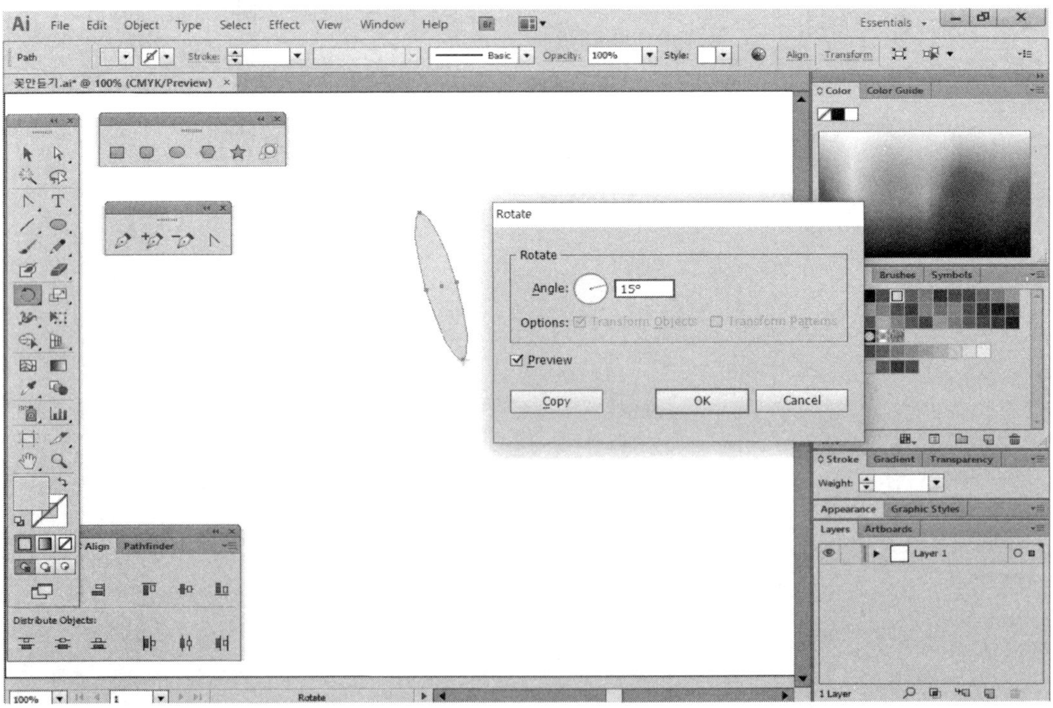

[Copy]를 실행한 화면입니다.

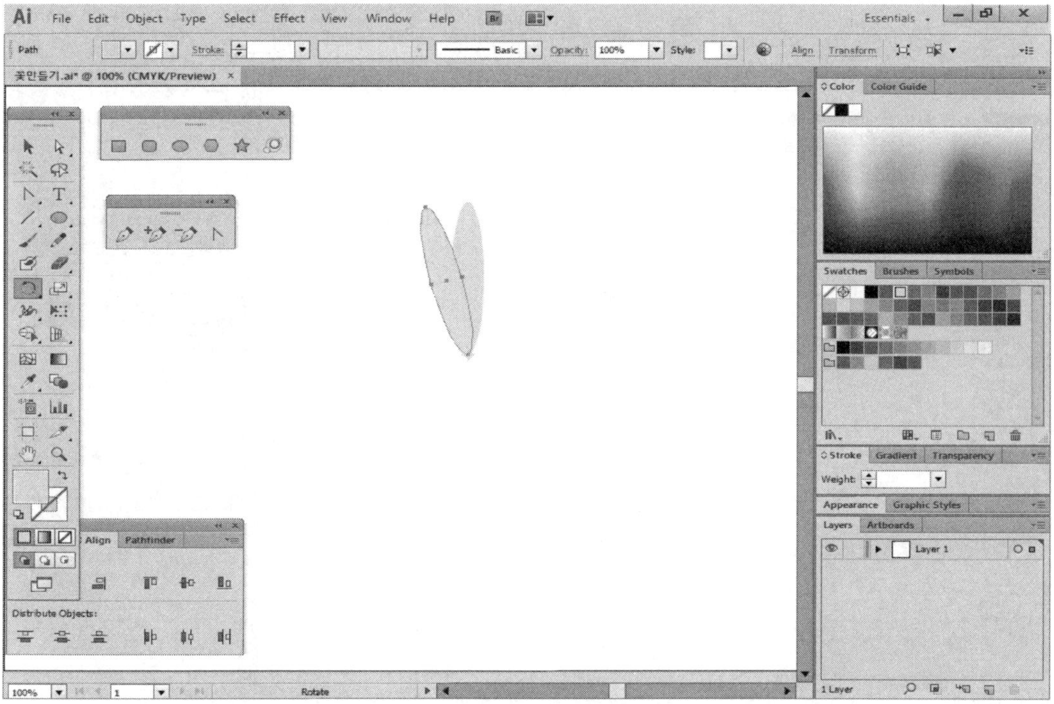

메뉴에서 [Object] - [Transform] - [Transform Again] [Ctrl] + [D]를 반복 실행합니다.

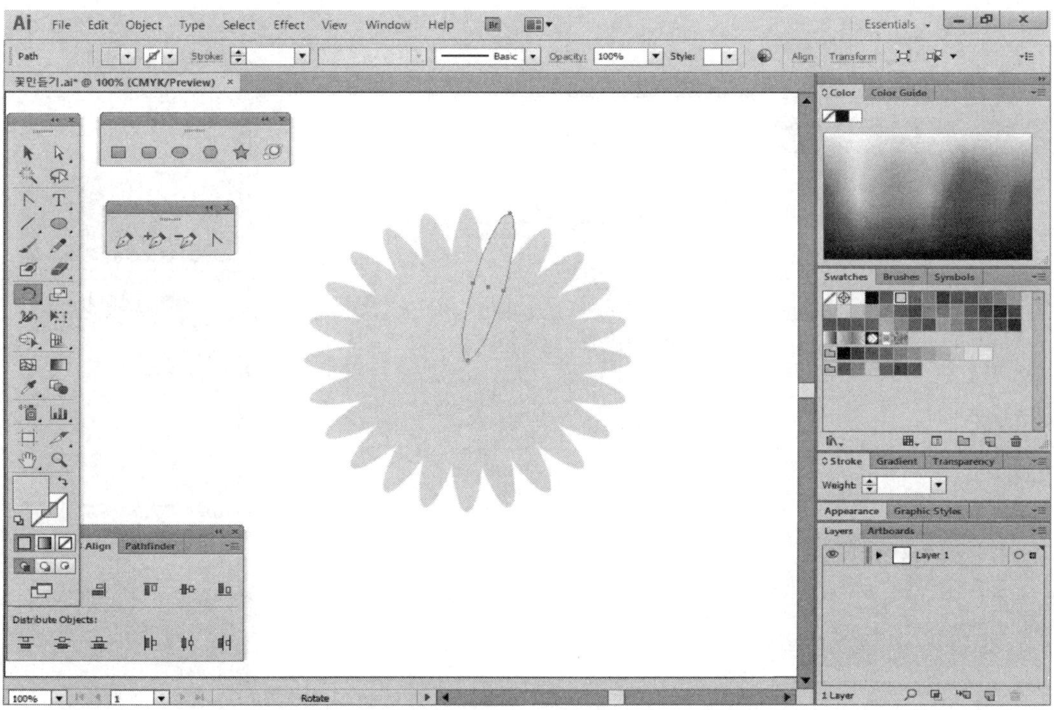

중앙에 원을 생성합니다.

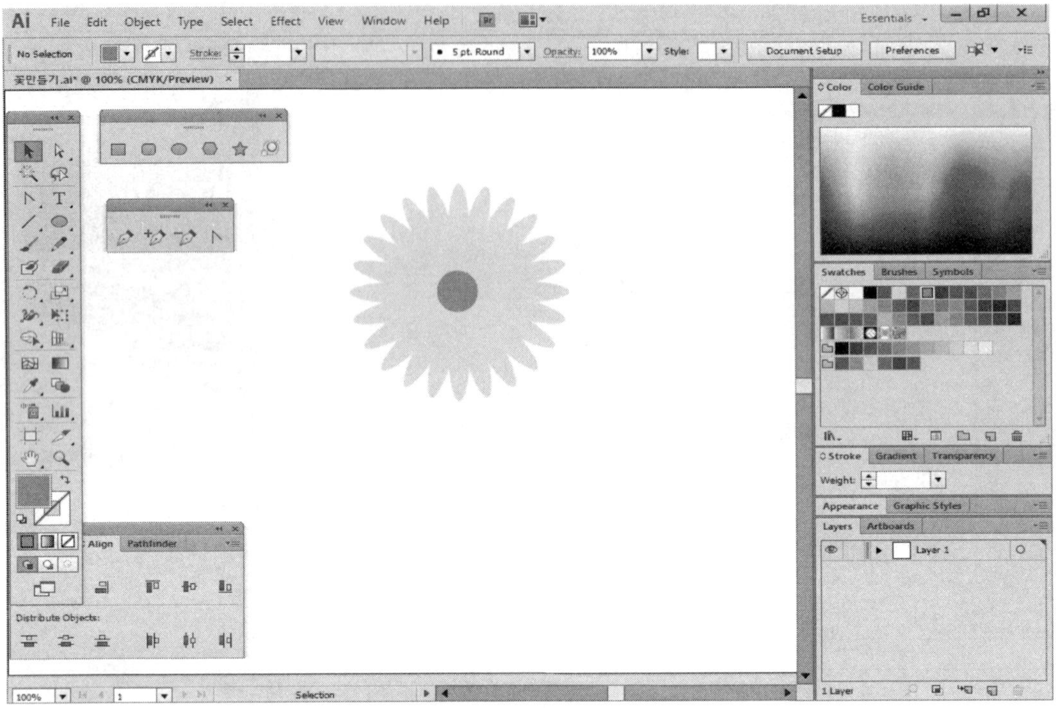

메뉴에서 [Object] - [Group]을 실행하여 그룹화합니다.

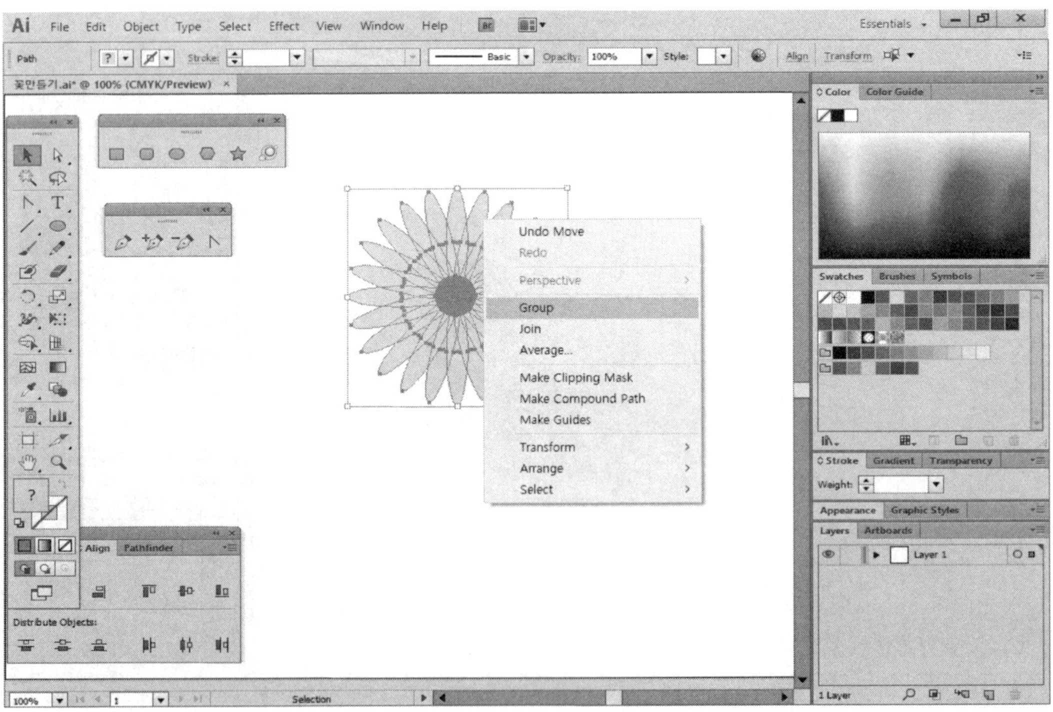

단축 메뉴 [Arrange] - [Send to Back]를 실행하여 실선 개체[Object]를 뒤로 배치합니다.

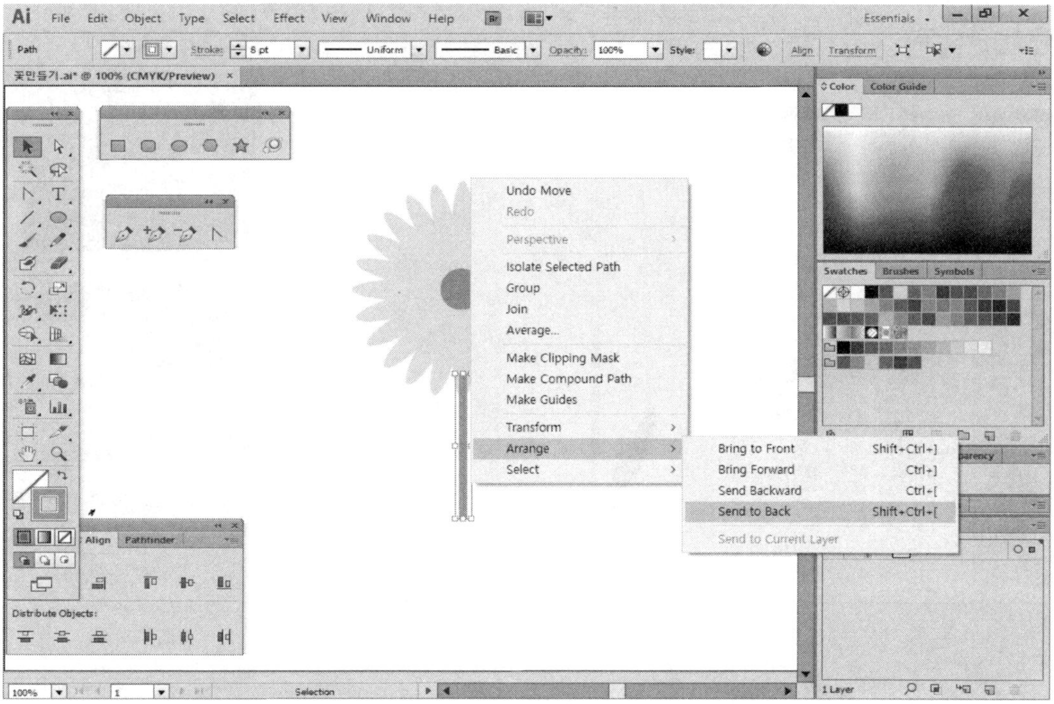

[Align] - [Horizontal Align Center]를 실행하여 실선과 원을 중앙정렬합니다.

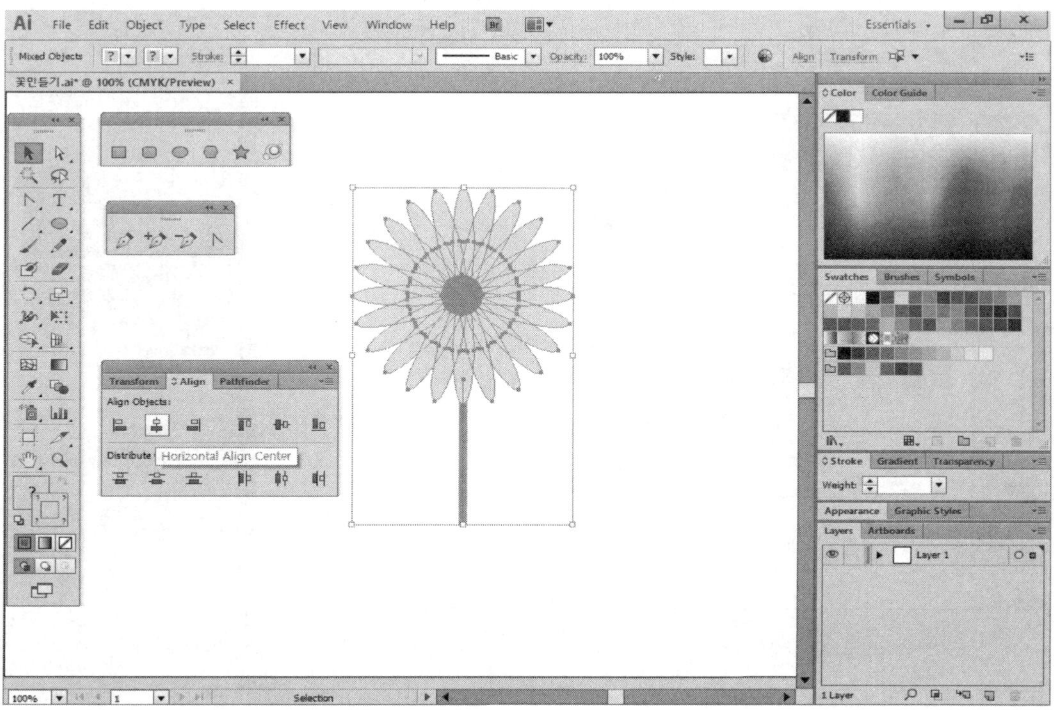

타원을 생성합니다.

[Reflect Tool]를 실행합니다.

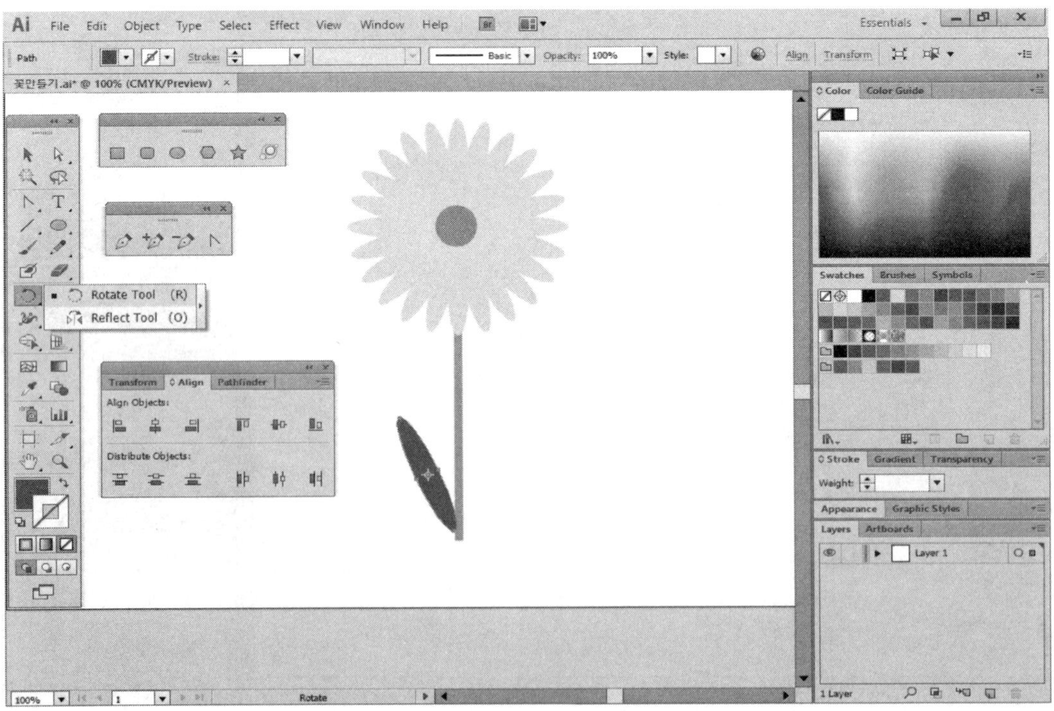

[Vertical]을 선택하여 [Copy]를 실행합니다.

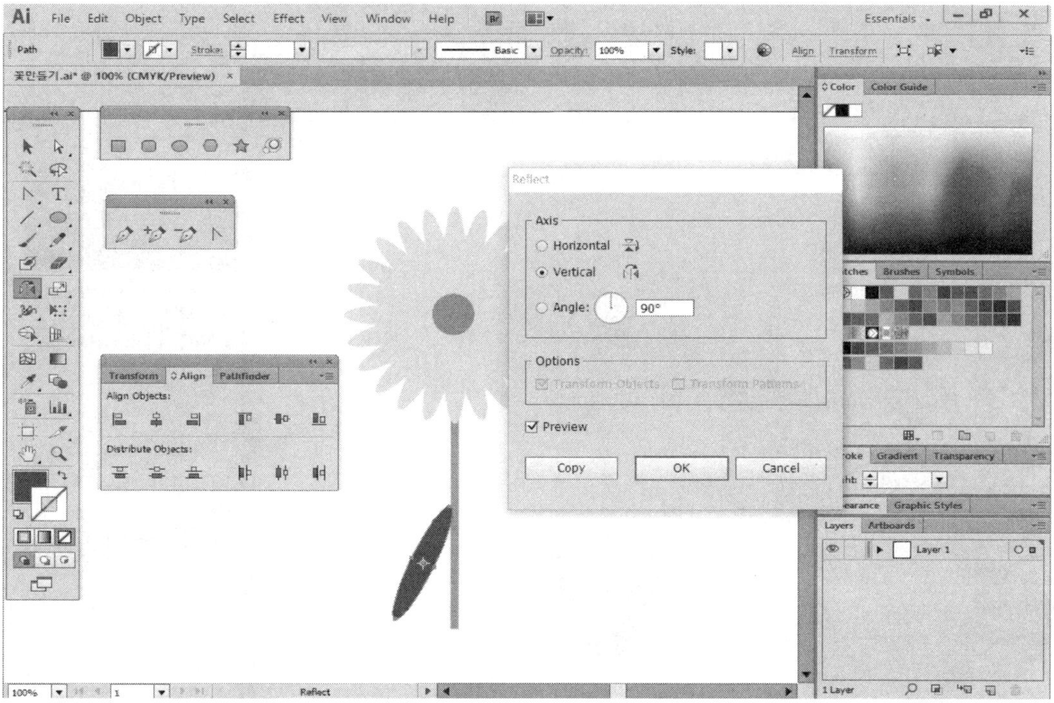

타원이 1개 더 생성되었습니다.

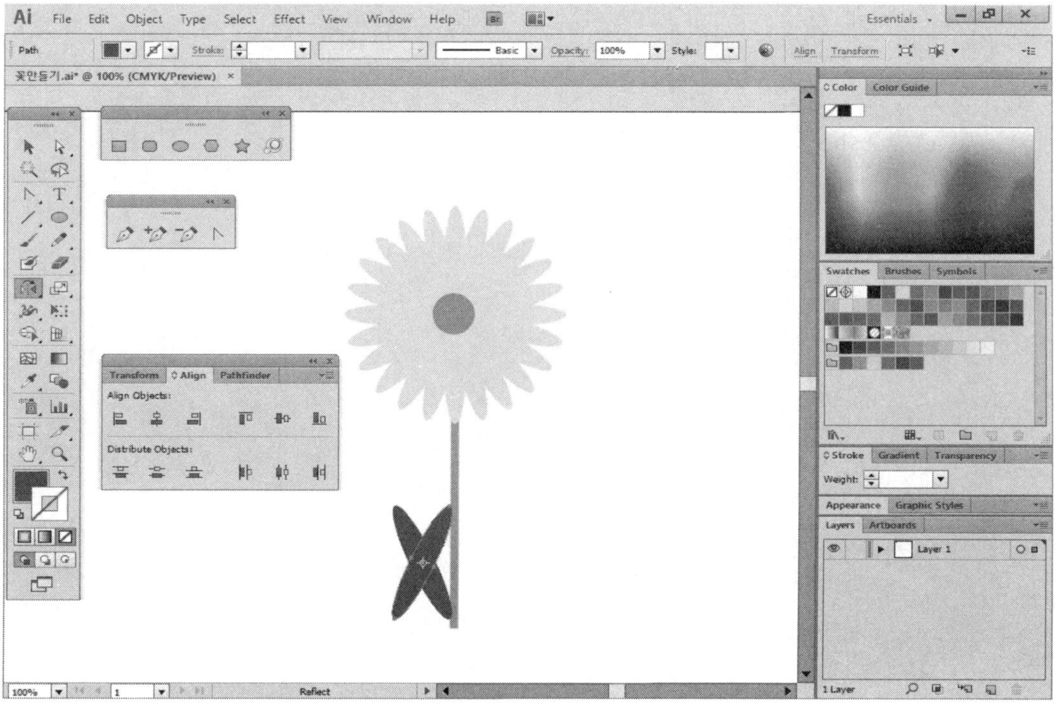

타원을 우측으로 이동합니다.

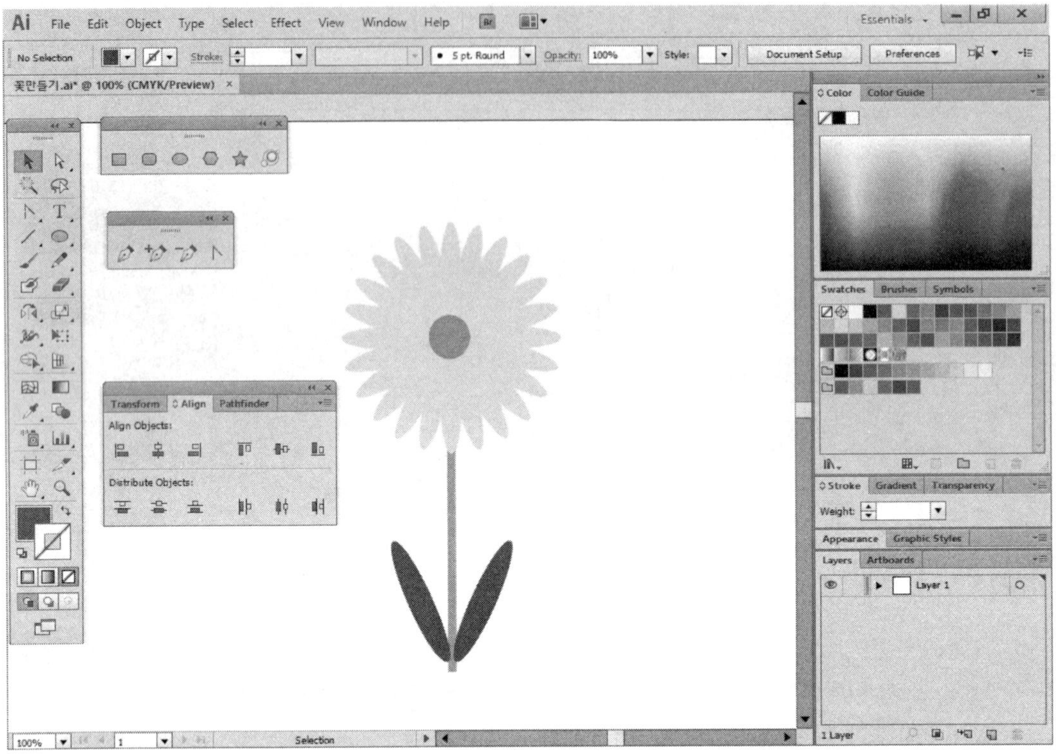

23 하트 만들기

2개의 원을 만들어 [Pathfinder] - [Unite]를 실행하여 1개의 개체[Object]로 생성합니다.

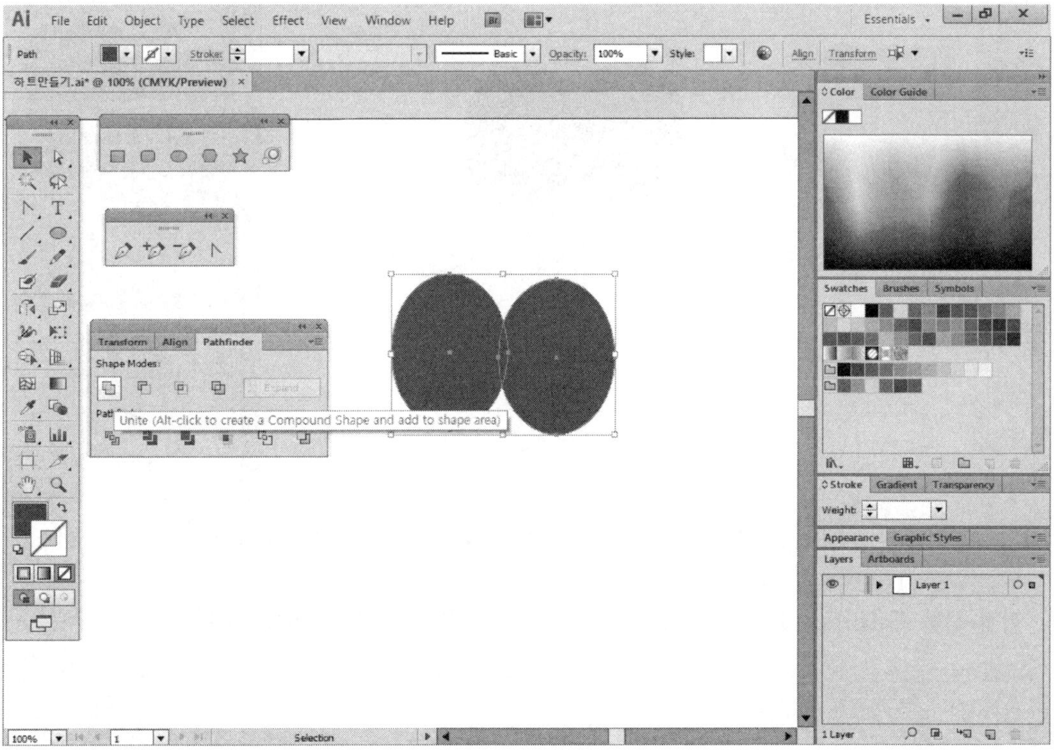

하단 두 원의 가운데 부분을 직접 선택툴[Direct Selection Tool]로 선택합니다.

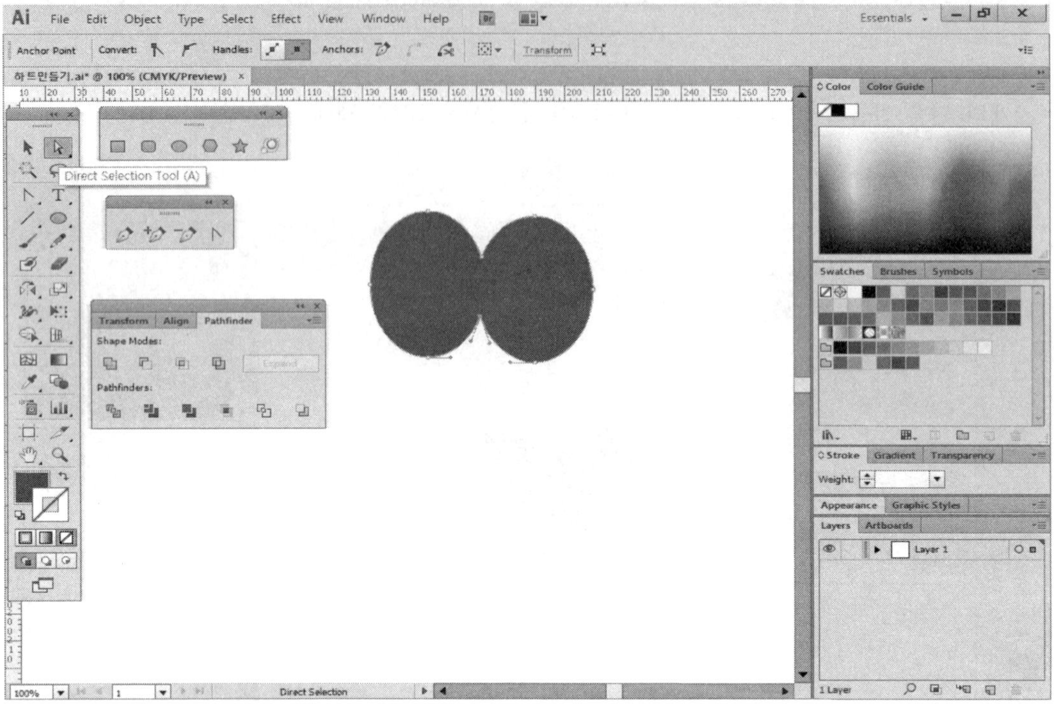

직접 선택 툴[Direct Selection Tool]을 클릭한 상태로 하단으로 이동합니다.

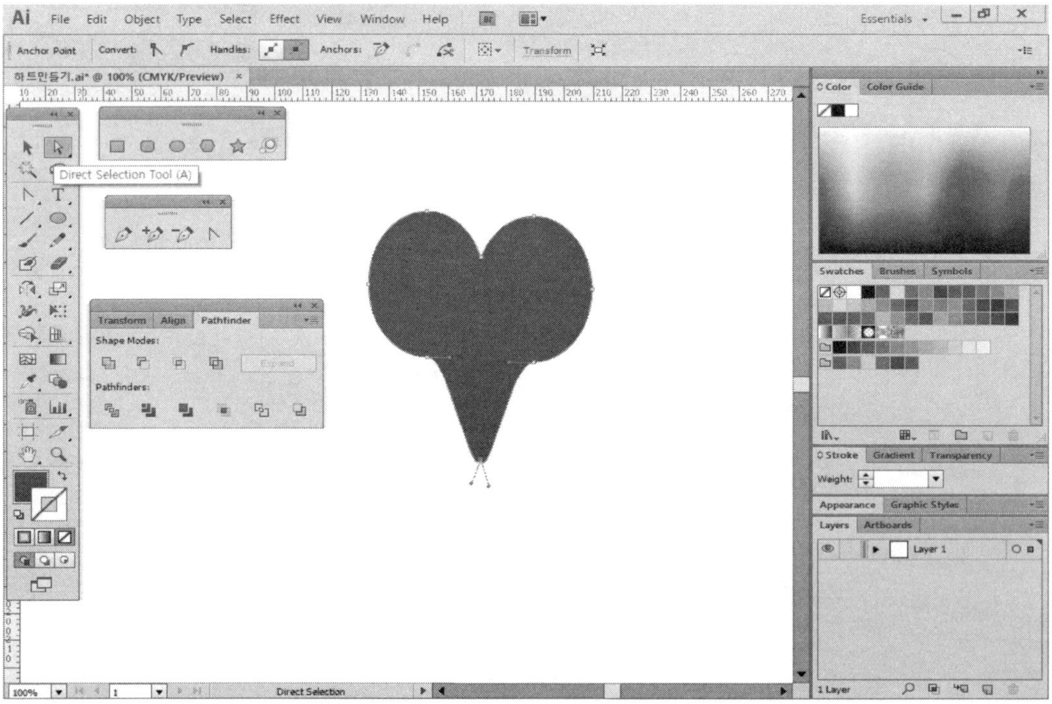

[Convert Anchor Point Tool]로 하단을 클릭하여 뾰족하게 만듭니다.

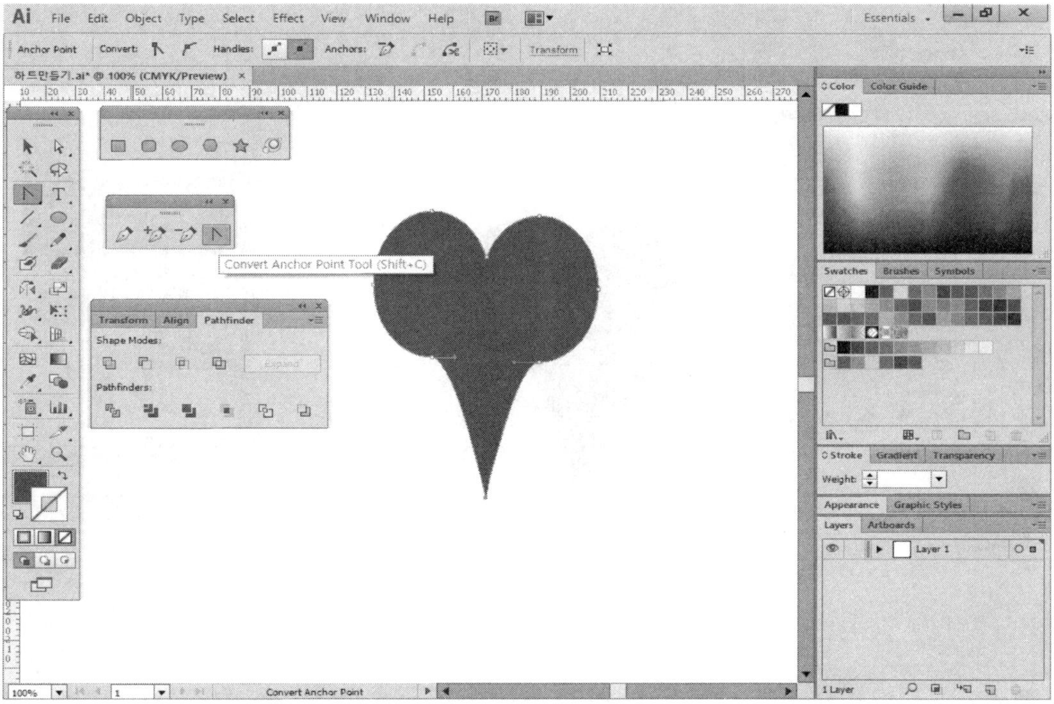

[Delete Anchor Point Tool]을 선택하여 왼쪽 앵커[Anchor] 부분을 클릭합니다.

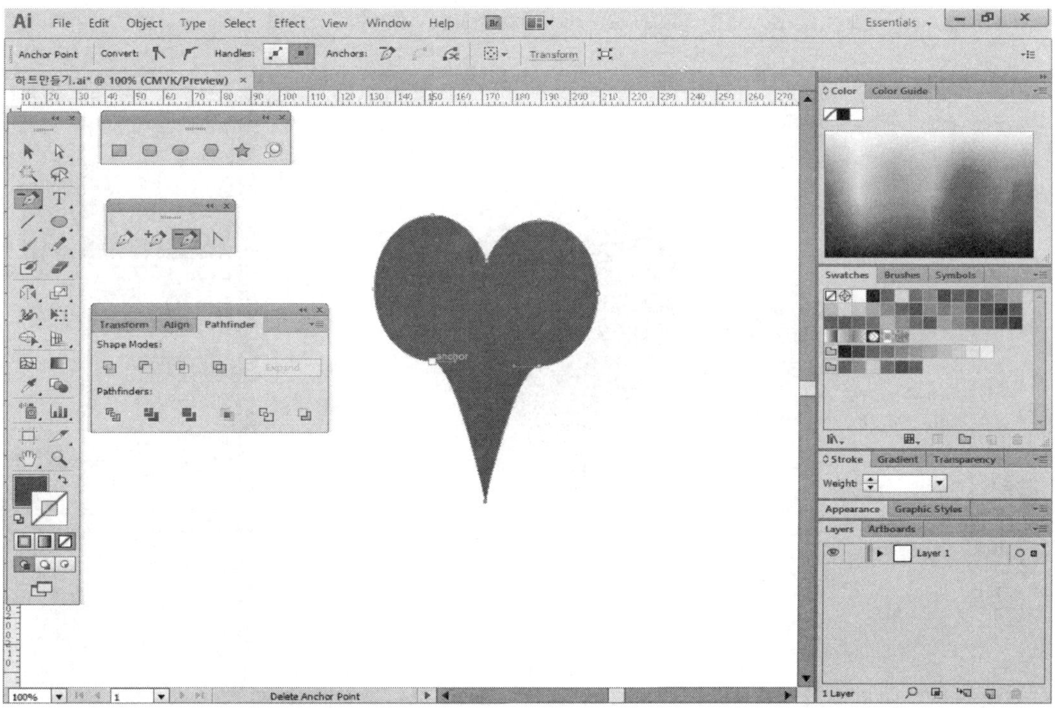

[Delete Anchor Point Tool]을 선택하여 오른쪽 앵커[Anchor] 부분을 클릭합니다.

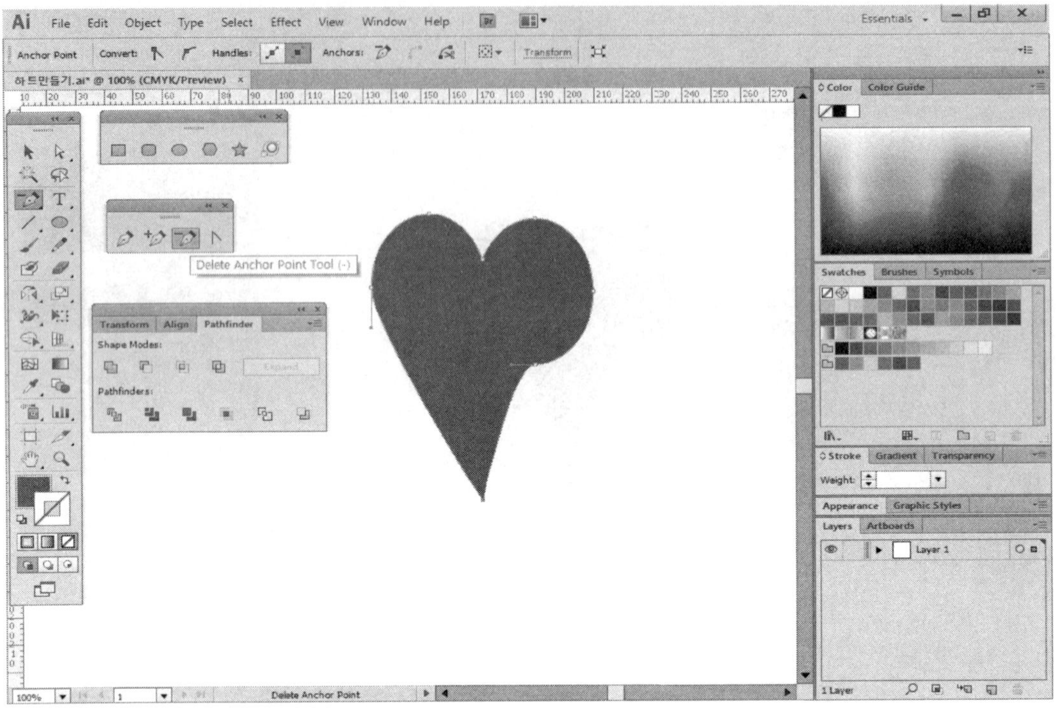

[Delete Anchor Point Tool]을 실행하여 완성한 화면입니다.

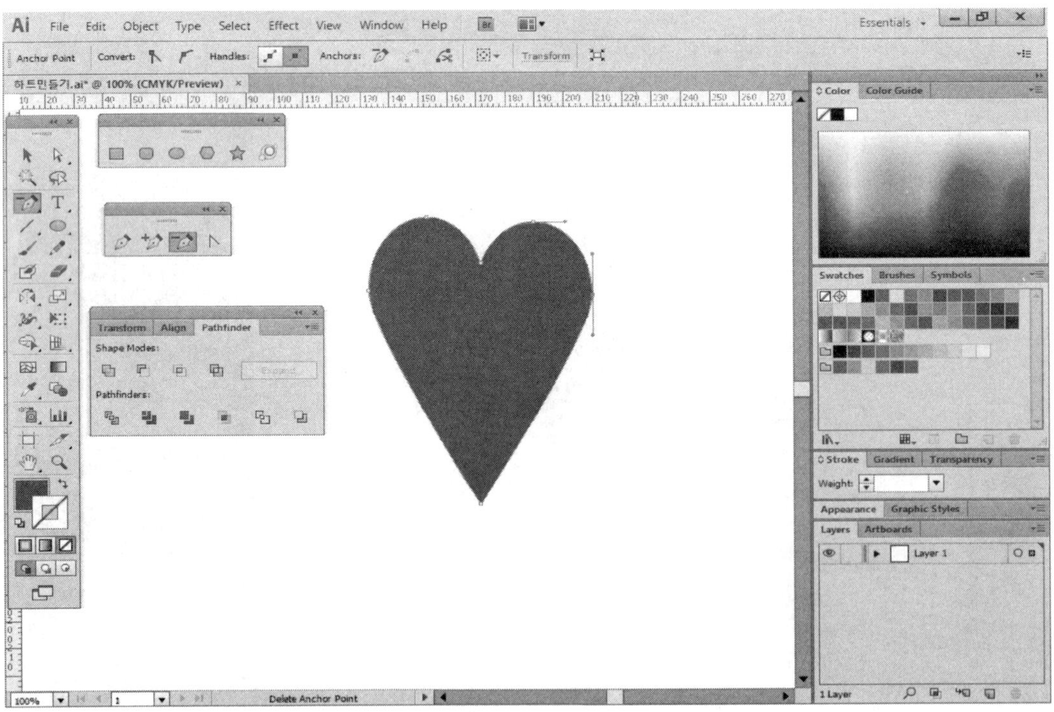

직접 선택 툴[Direct Selection Tool]로 우측 핸들을 선택합니다.

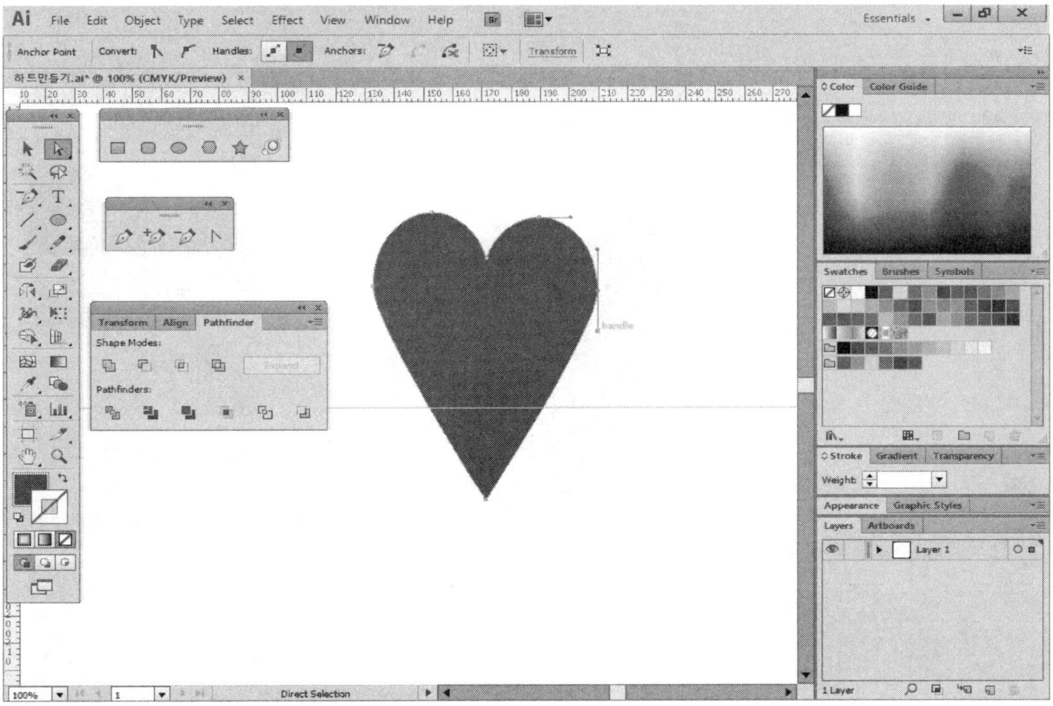

화면과 같이 직접 선택 툴[Direct Selection Tool]로 아래로 드래그합니다.

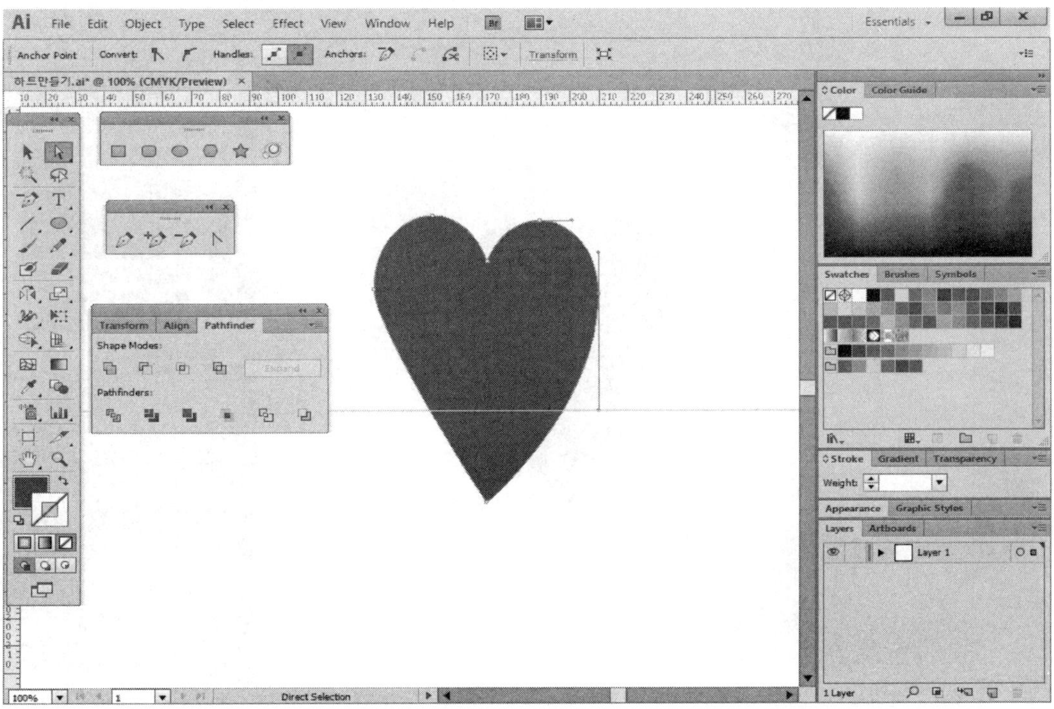

직접 선택 툴[Direct Selection Tool]로 좌측 핸들을 선택합니다.

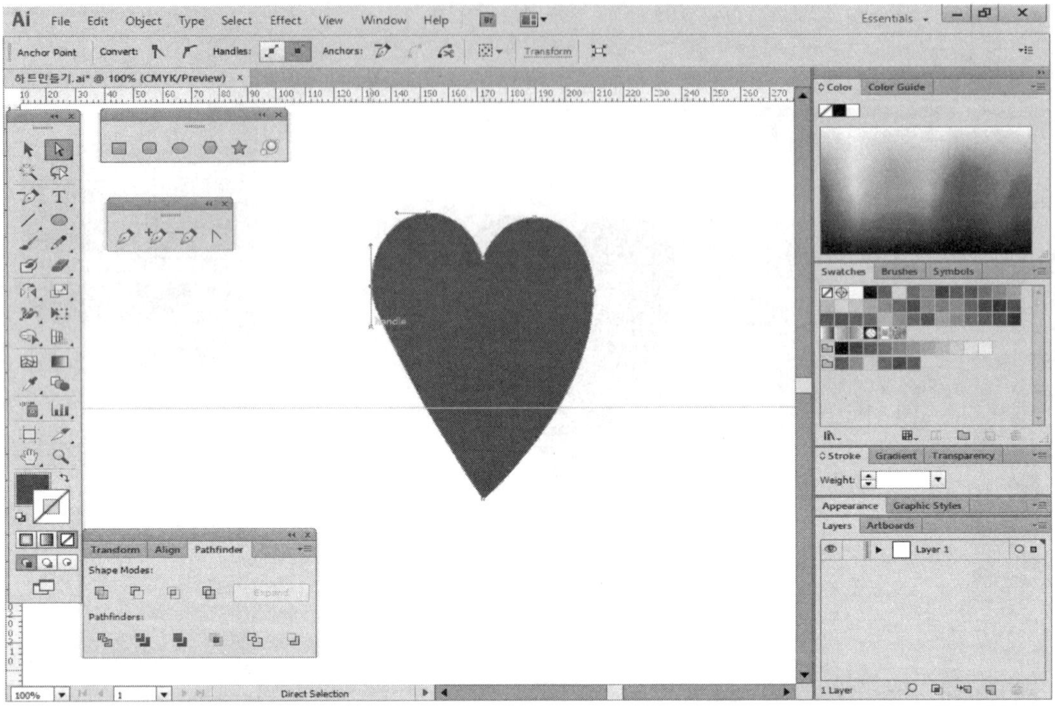

화면과 같이 직접 선택 툴[Direct Selection Tool]로 하단으로 드래그합니다.

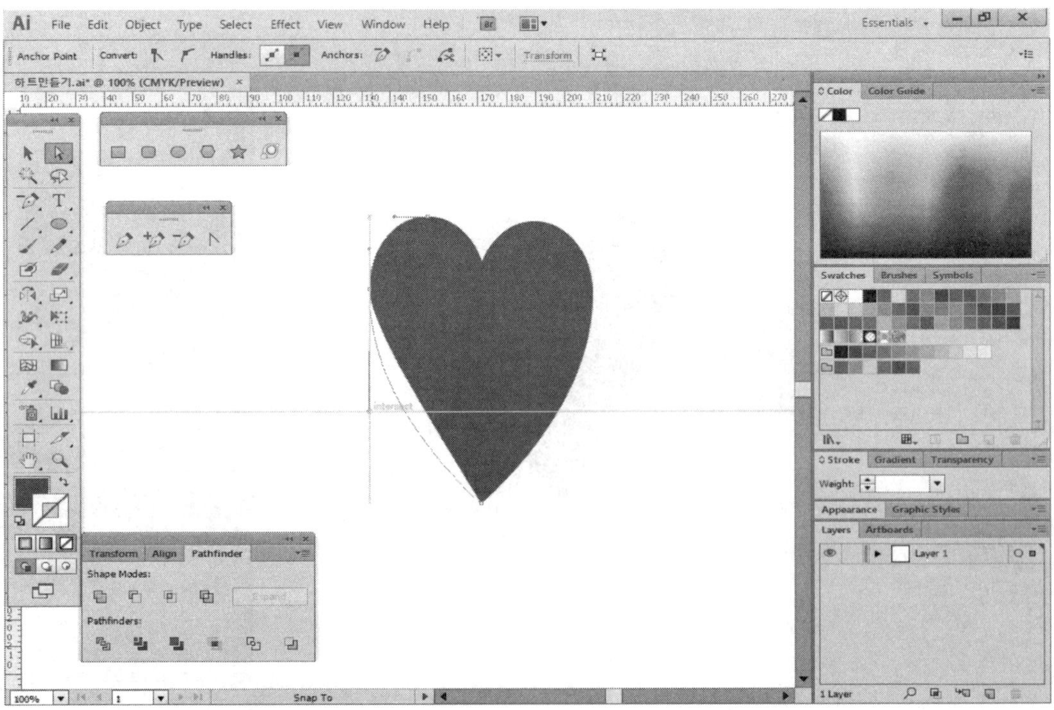

직접 선택 툴[Direct Selection Tool]로 하단으로 드래그하여 완성한 화면입니다.

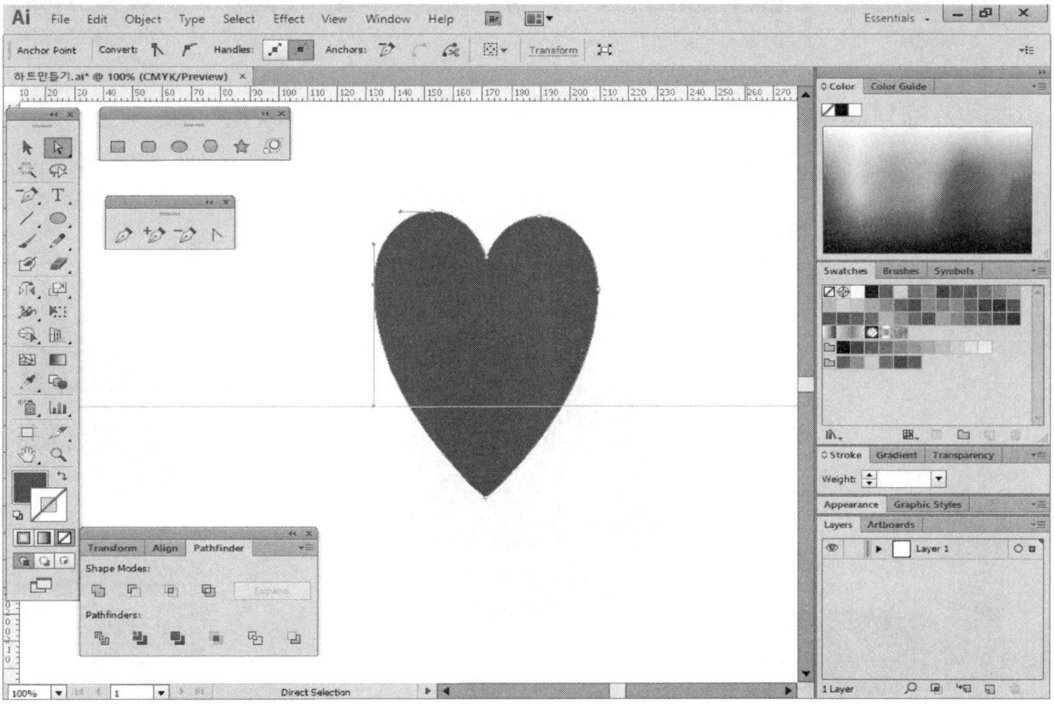

24 태극 문양 만들기

테두리가 없는 정원을 생성합니다.

스케일 툴[Scale Tool]을 선택합니다.

스케일 툴[Scale Tool]을 더블클릭하고 스케일 탭[Scale Tab]에서 [Uniform] 50% 입력하고 미리보기[Preview]를 체크하고 복사[Copy]를 실행합니다.

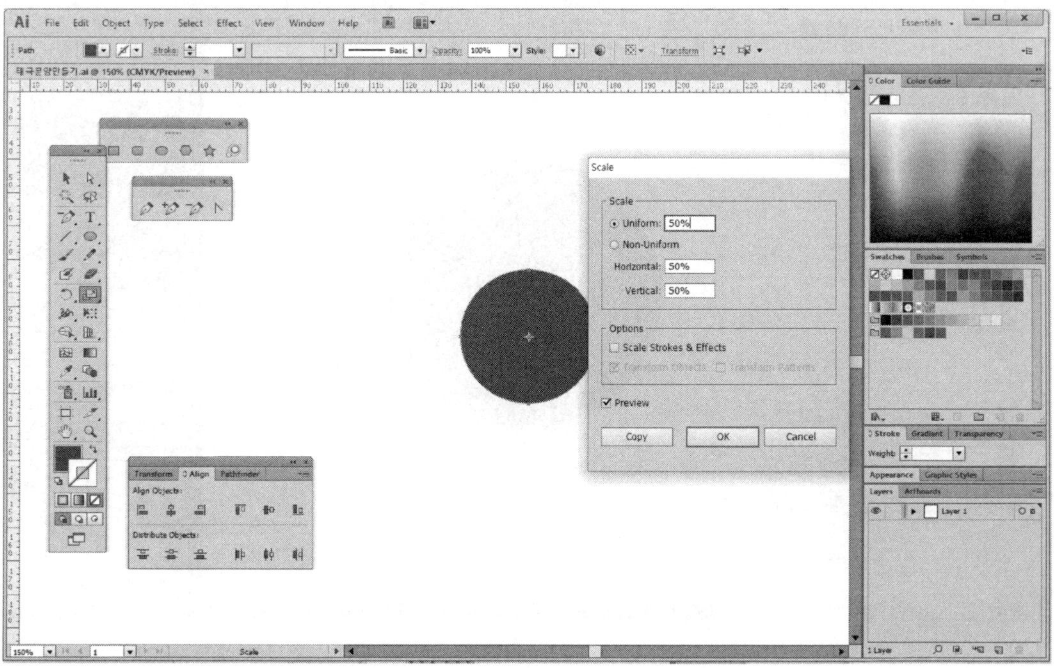

스케일[Scale] [50]%를 실행한 결과이며 색상을 변경합니다.

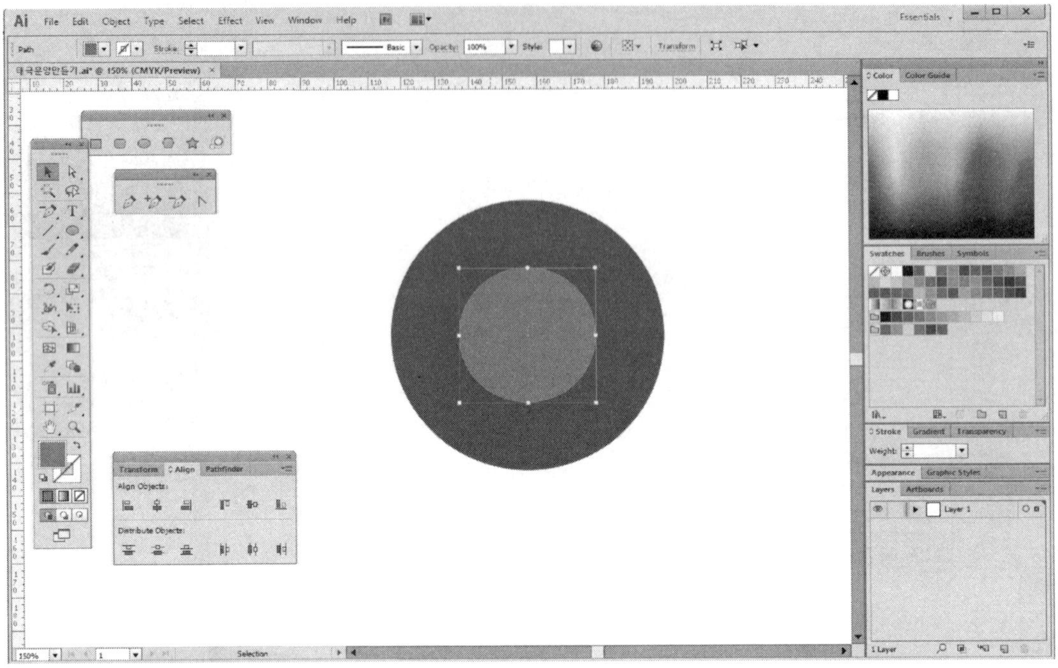

개체[Object]를 모두 선택합니다.

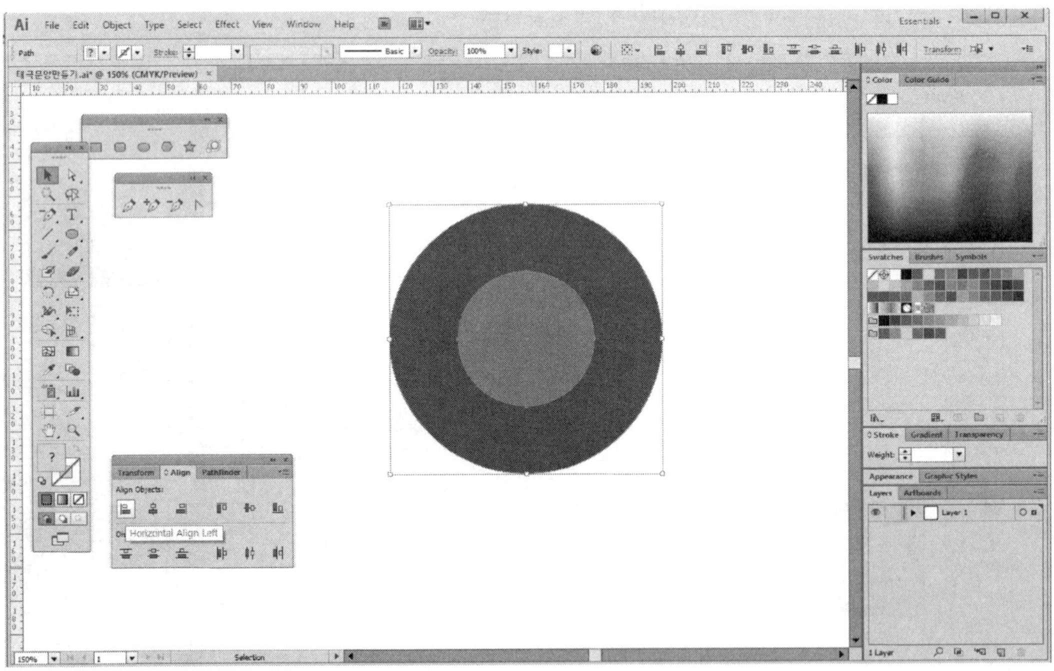

[Align]패널에서 왼쪽 정렬[Horizontal Align Left]을 실행합니다.

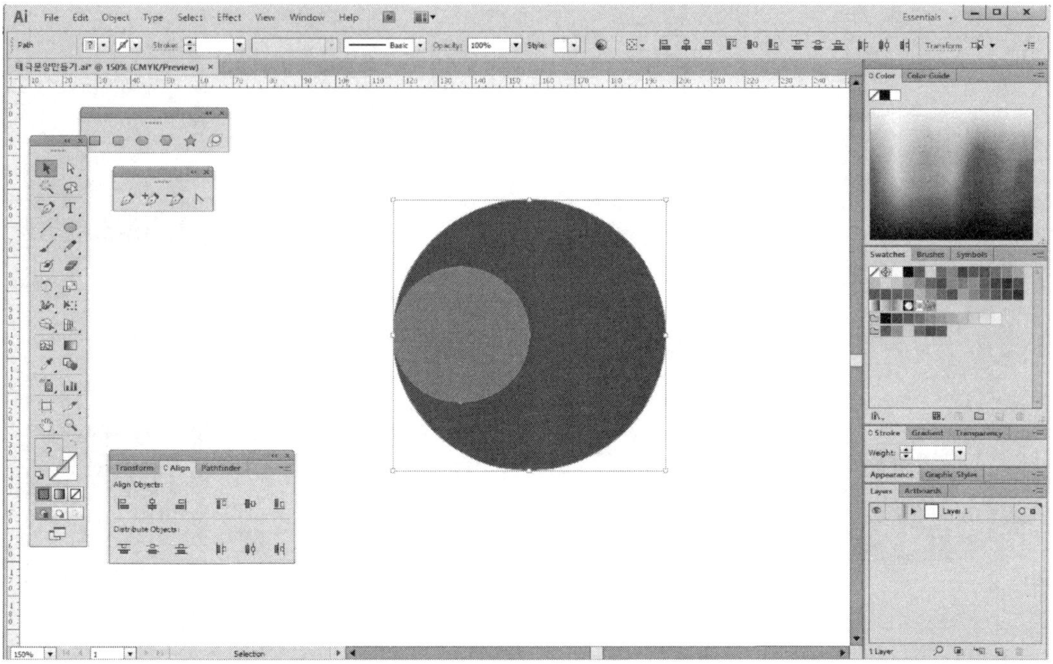

작은 원을 복사하여 오른쪽으로 이동하고 큰 원과 오른쪽 작은 원을 선택하여 오른쪽 정렬[Horizontal Align Right]을 실행합니다.

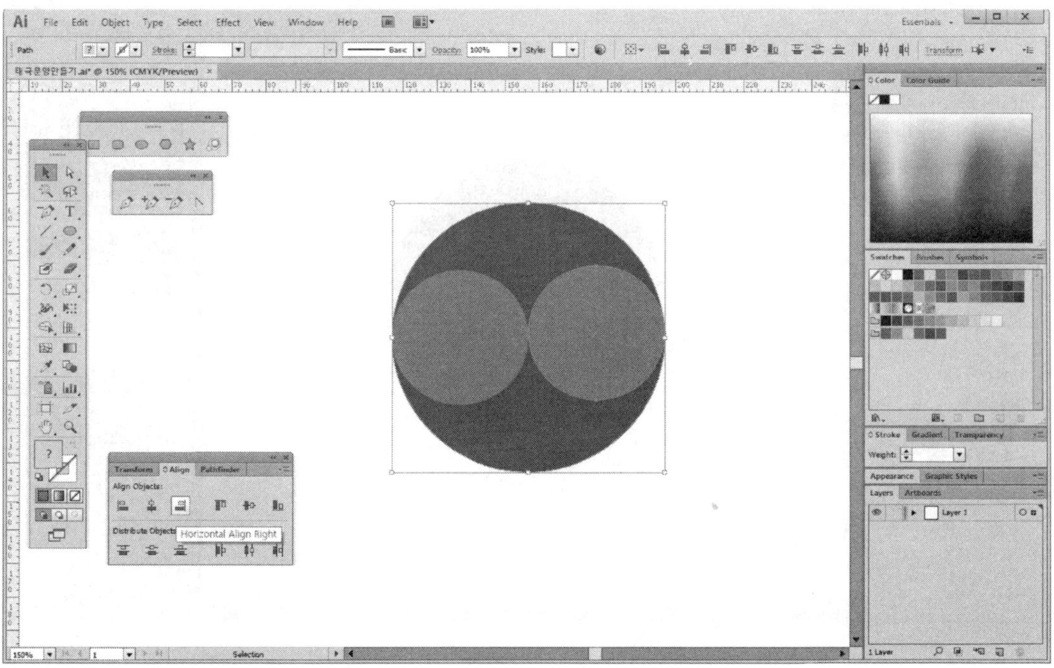

개체[Object]를 모두 선택하여 패스파인더 탭[Pathfinder Tab]에서 분할[Divide]을 실행합니다.

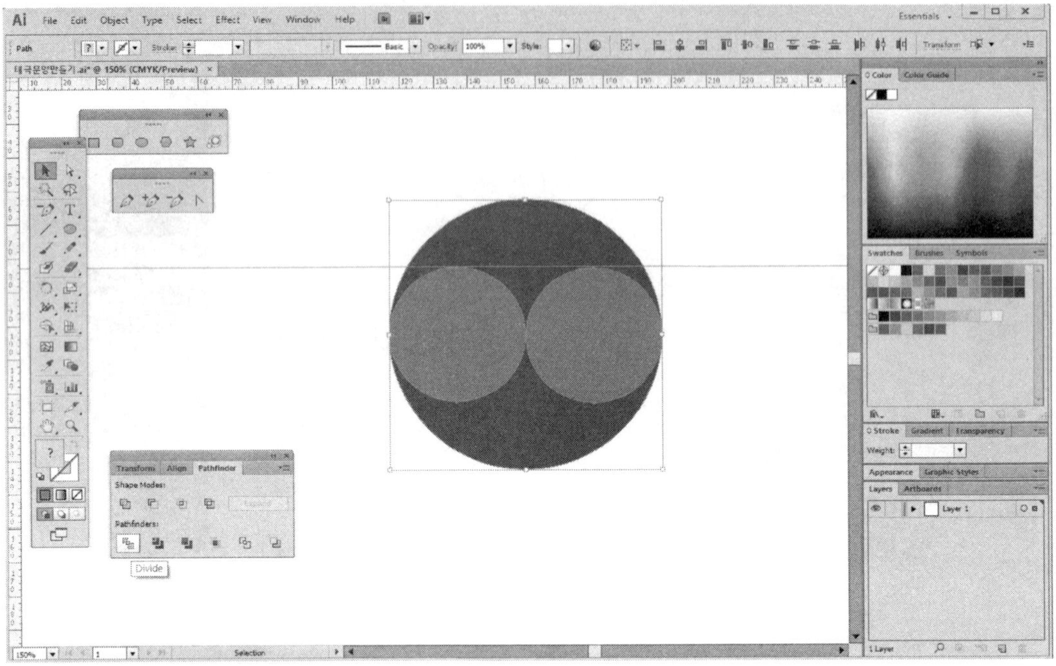

직접 선택 툴[Direct Selection Tool]로 원 3개 하단을 선택합니다.

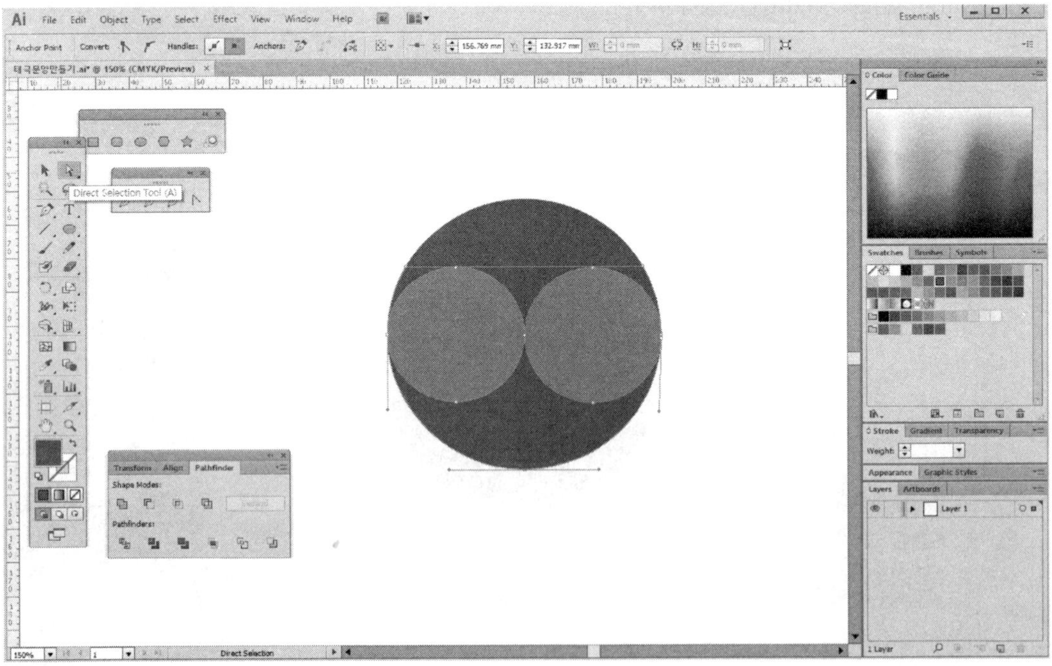

선택된 부분을 삭제합니다.

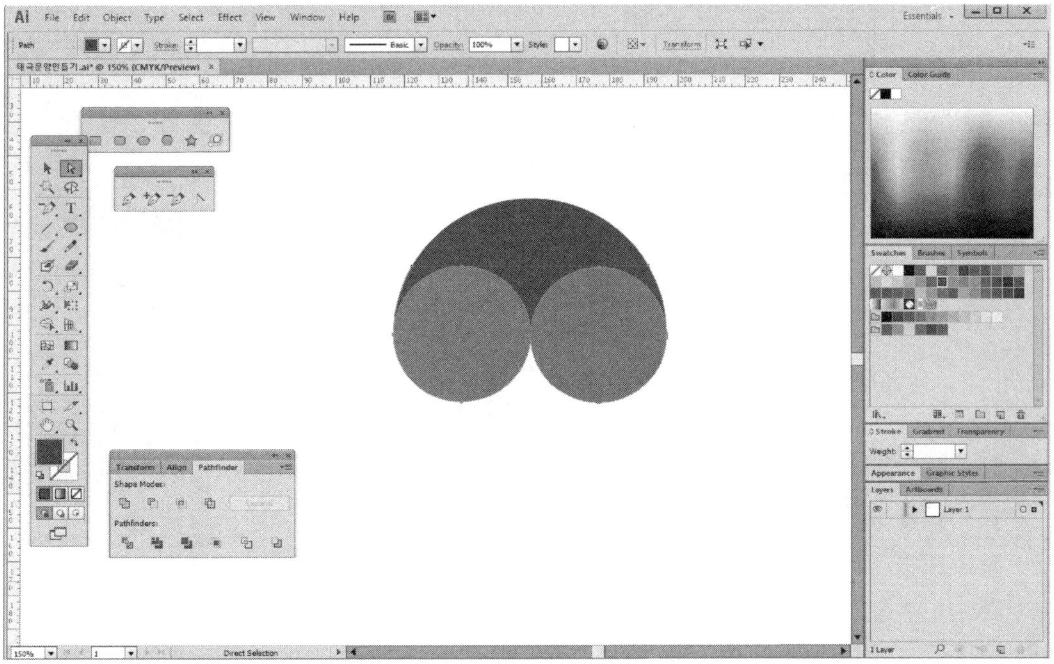

직접 선택 툴[Direct Selection Tool]로 오른쪽 작은 원 하단을 선택합니다.

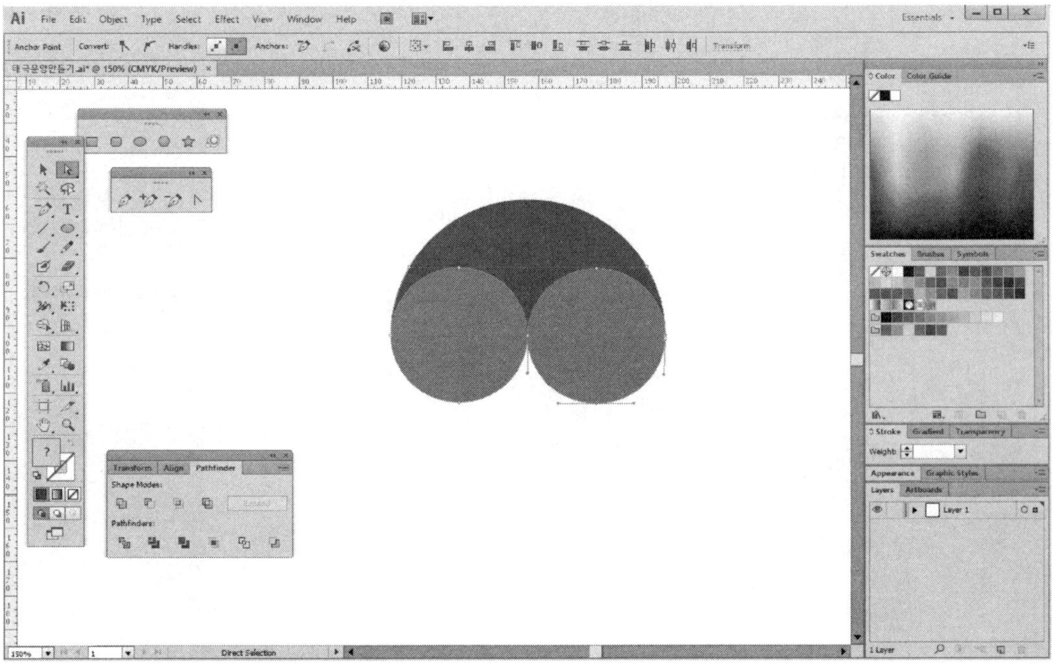

선택된 부분을 삭제합니다.

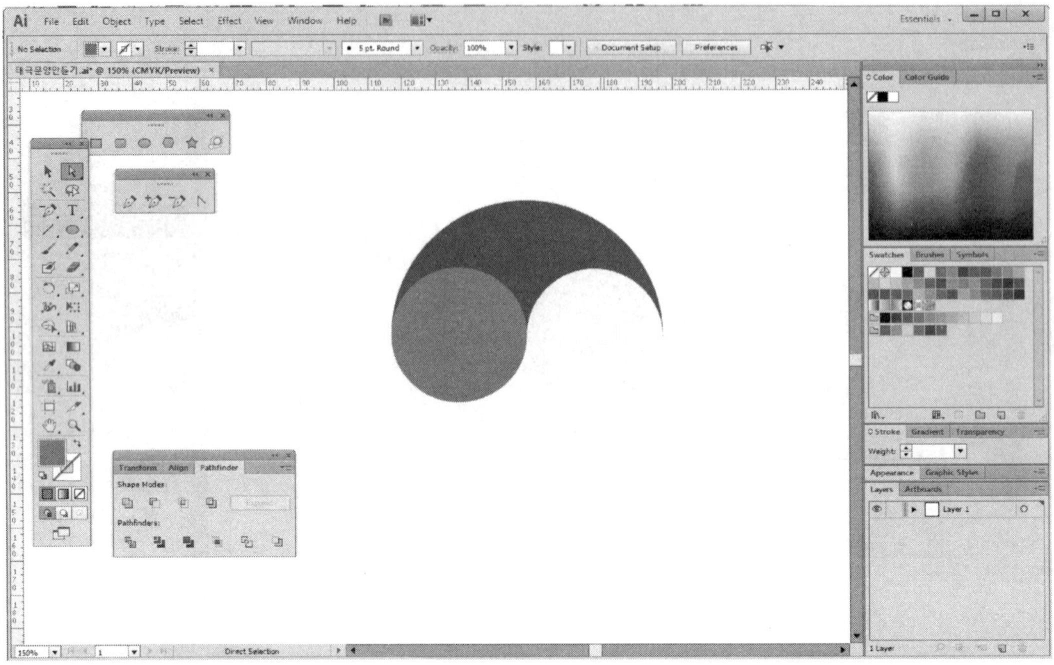

개체[Object]를 모두 선택하여 패스파인더 탭[Pathfinder Tab]에서 합치기[Unite]를 실행합니다.

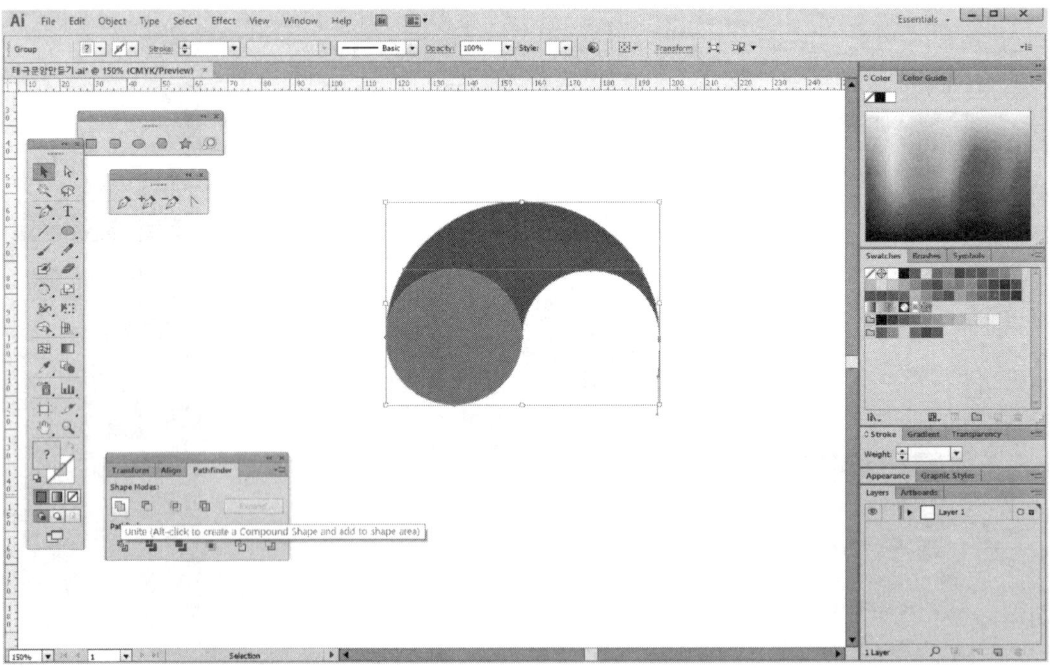

패스 파인더 탭[Pathfinder Tab]에서 합치기[Unite]를 실행한 화면입니다.

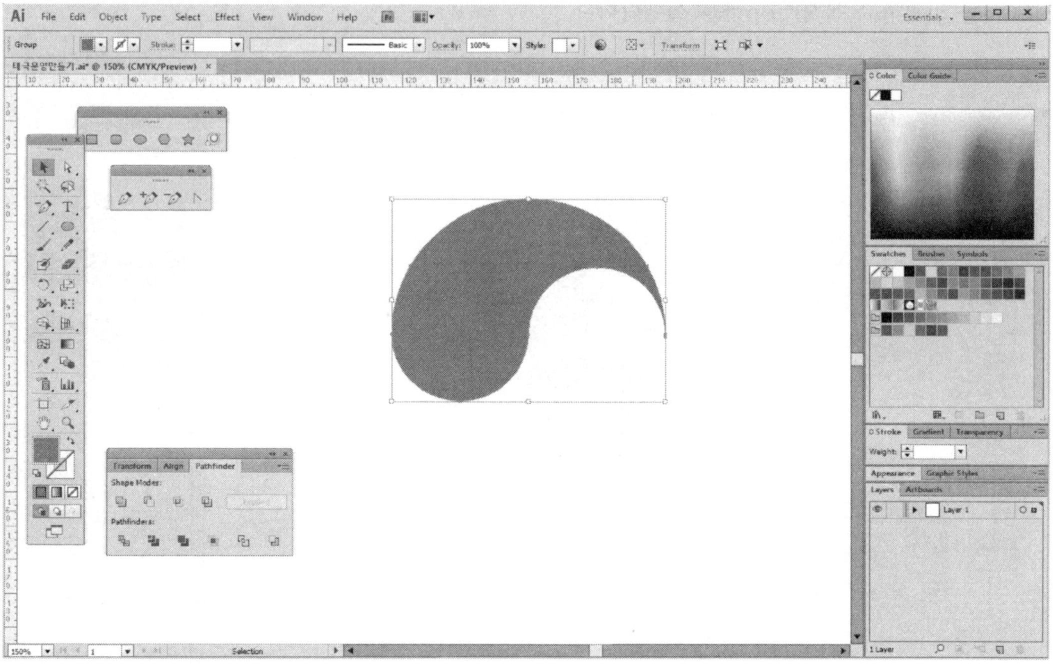

회전 툴[Rotate Tool]을 선택하여 센터 기준점[Anchor]을 그림과 같이 변경합니다.

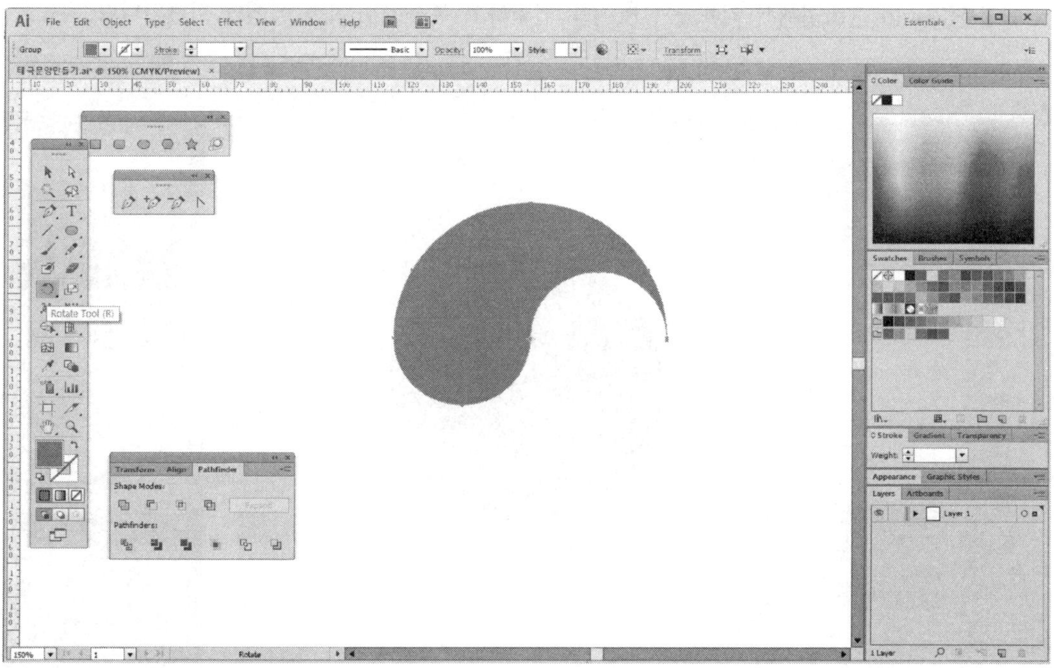

[Alt]키를 누른 상태에서 센터 기준점[Anchor]을 클릭합니다. 회전툴[Rotate Tool]에서 각도를 [180°]를 입력하고 복사[Copy]를 실행합니다.

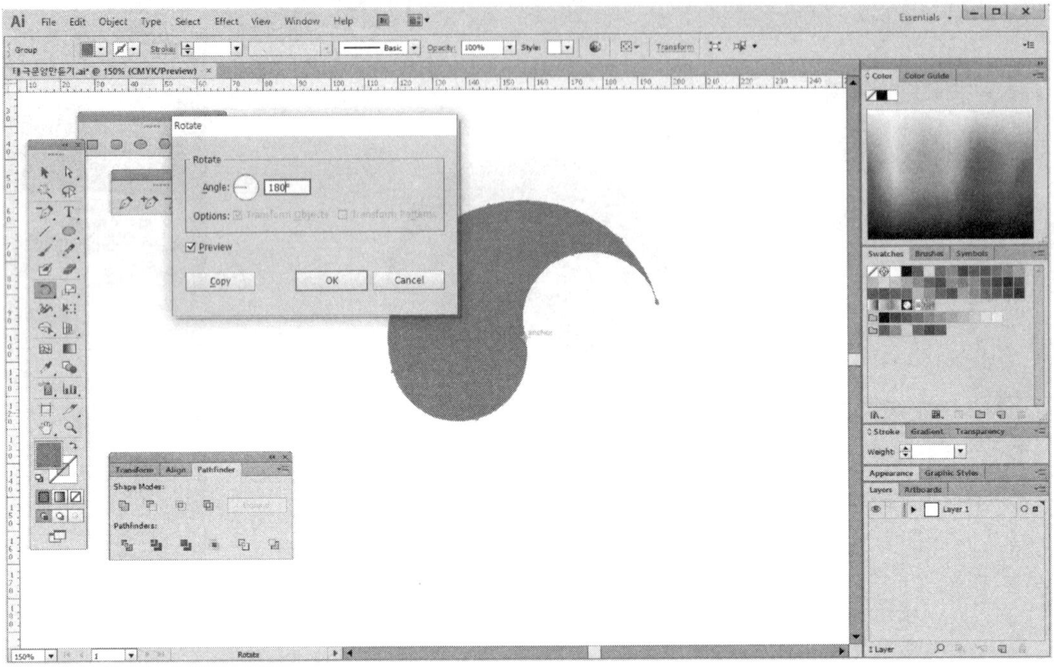

회전툴[Rotate Tool]에서 각도를 [180°]를 입력하고 복사[Copy]를 실행한 화면입니다.

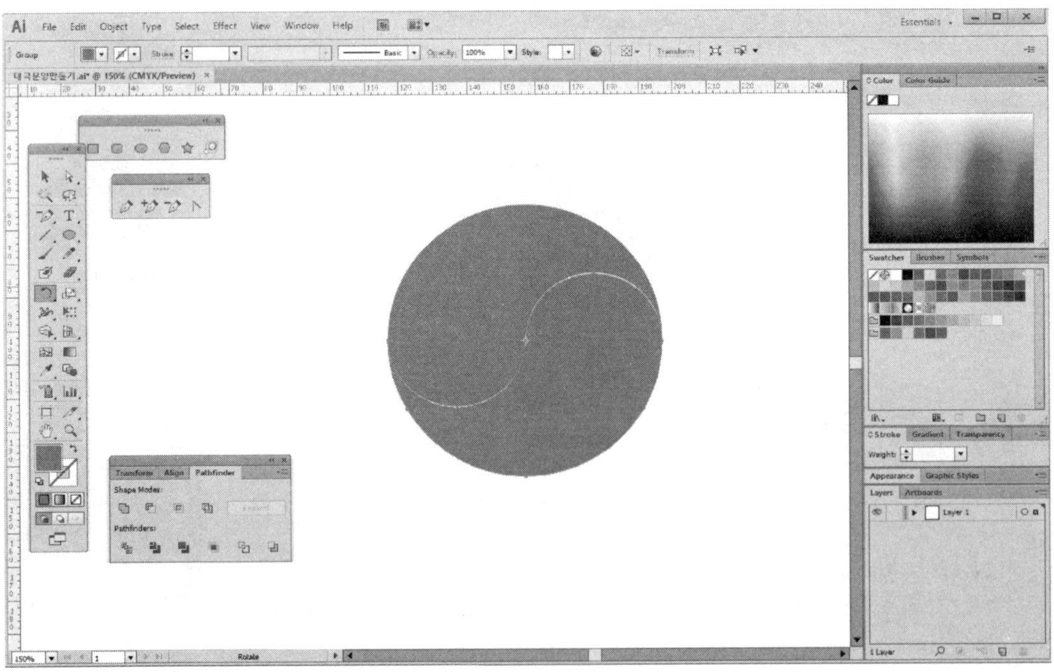

상단 오브젝트[Object]를 선택하여 색상을 변경합니다.

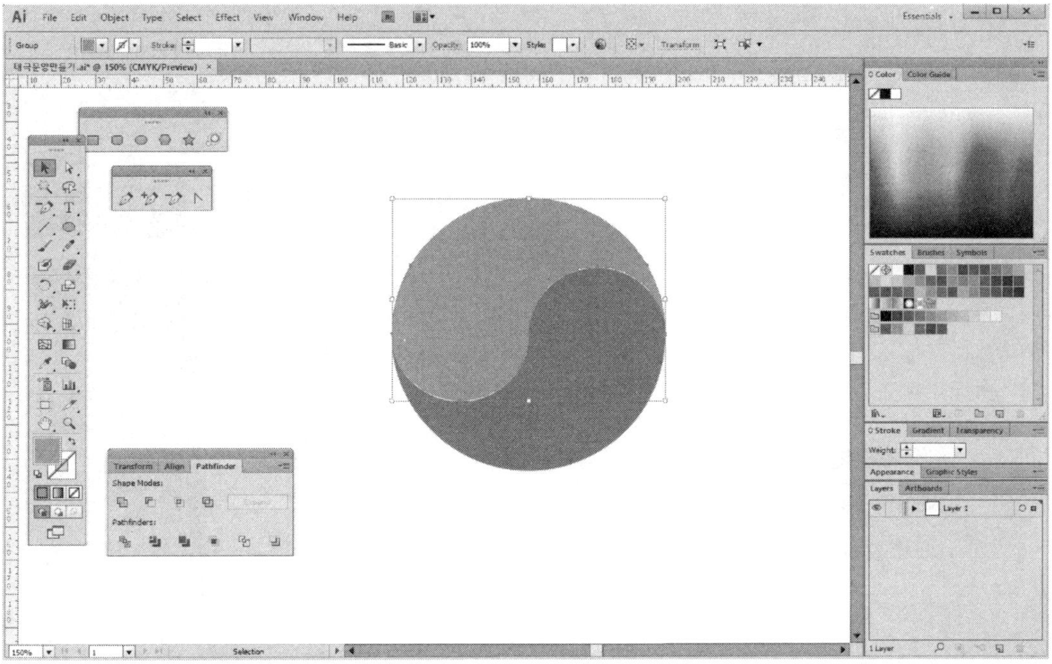

개체[Object]를 선택한 다음 회전 툴[Rotate Tool] 더블 클릭을 합니다.

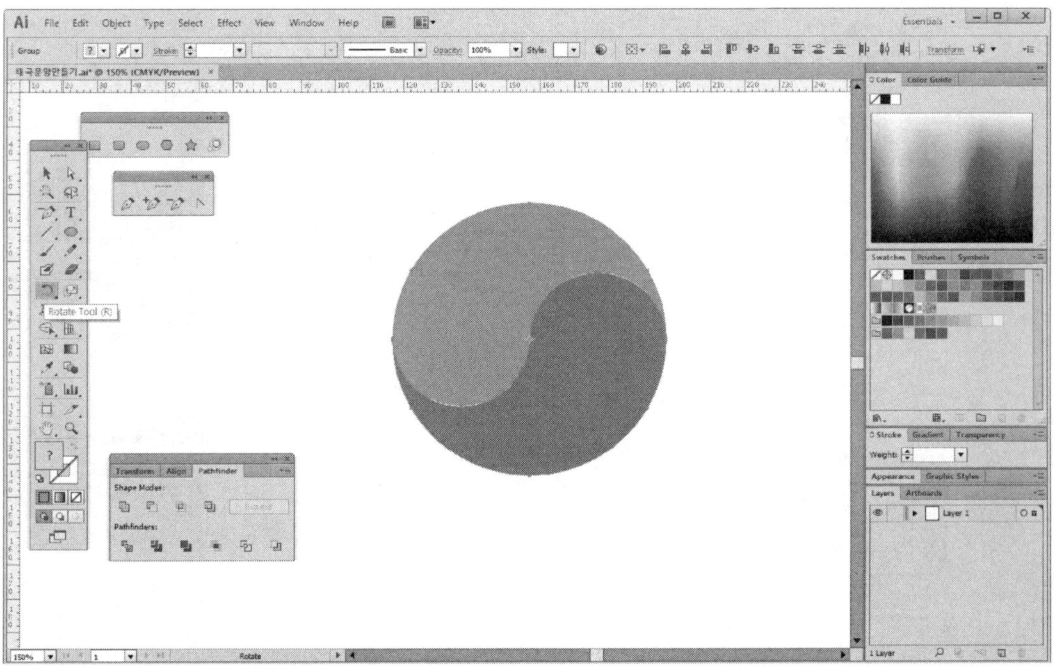

옵션창이 생성됩니다. 회전 탭[Rotate]에서 각도에 [-32°]를 입력하고 [OK]를 실행합니다.

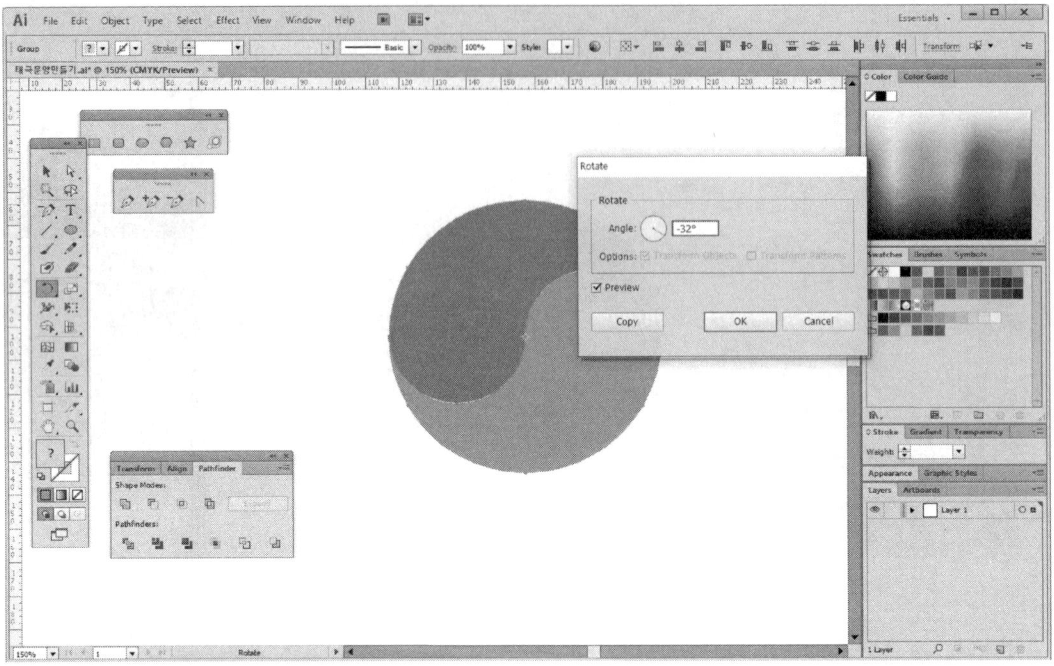

회전 탭[Rotate]에서 각도에 [- 32°]를 입력하고 [OK]를 실행한 화면입니다.

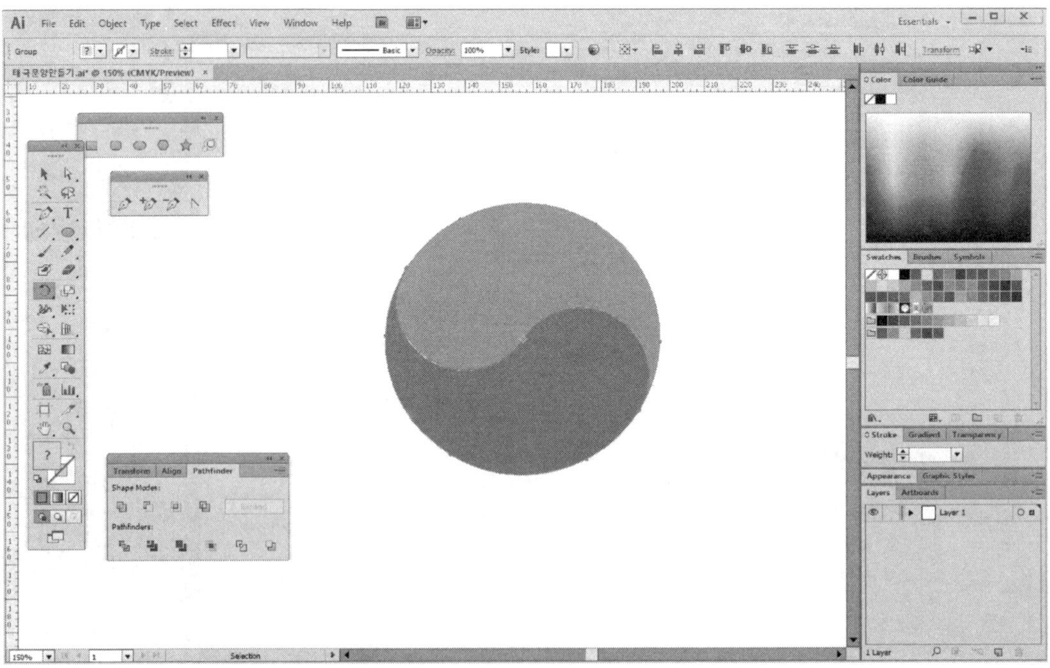

25 톱니바퀴 만들기

테두리가 없는 정원 개체[Object]를 생성합니다.

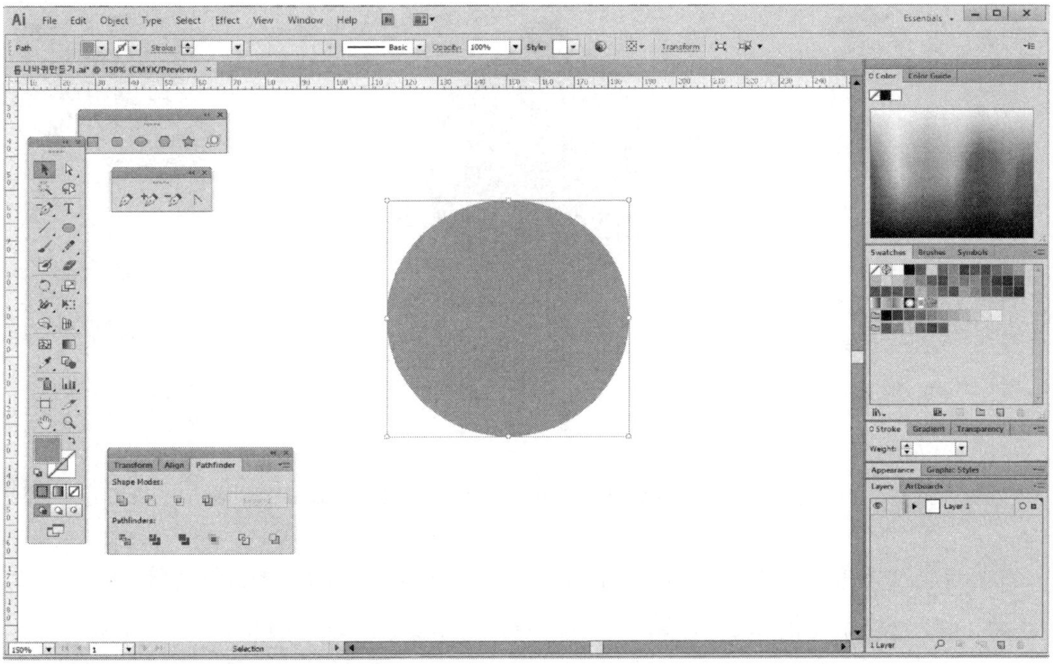

다각형 툴[Polygon Tool]을 사용하여 육각형을 그립니다.

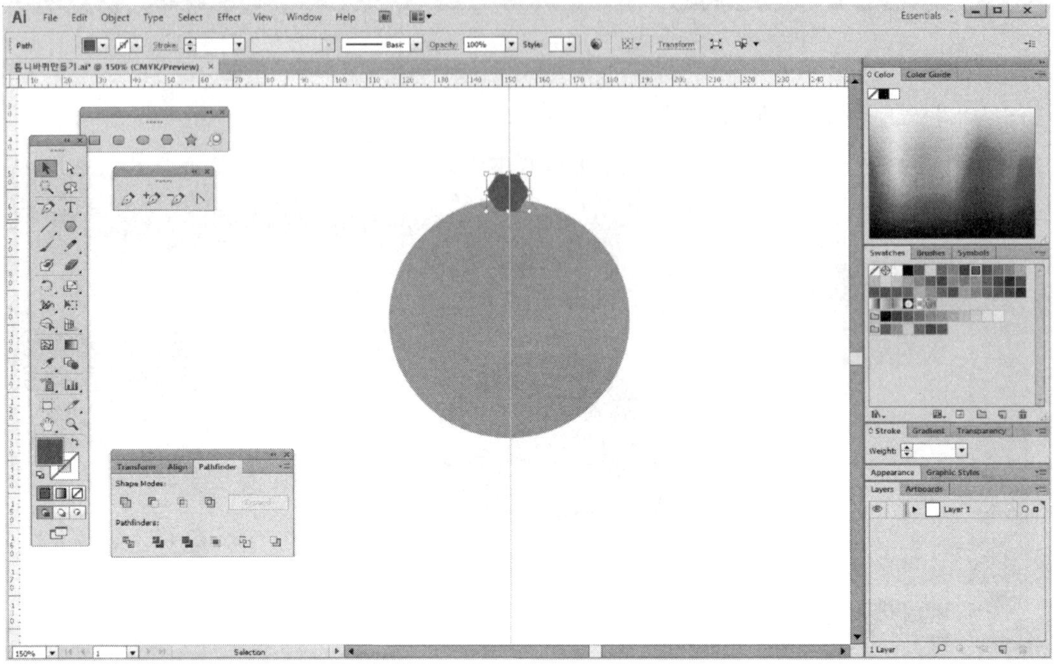

개체[Object]를 모두 선택하여 [Align]탭에서 [Horizonan Align Center]를 실행합니다.

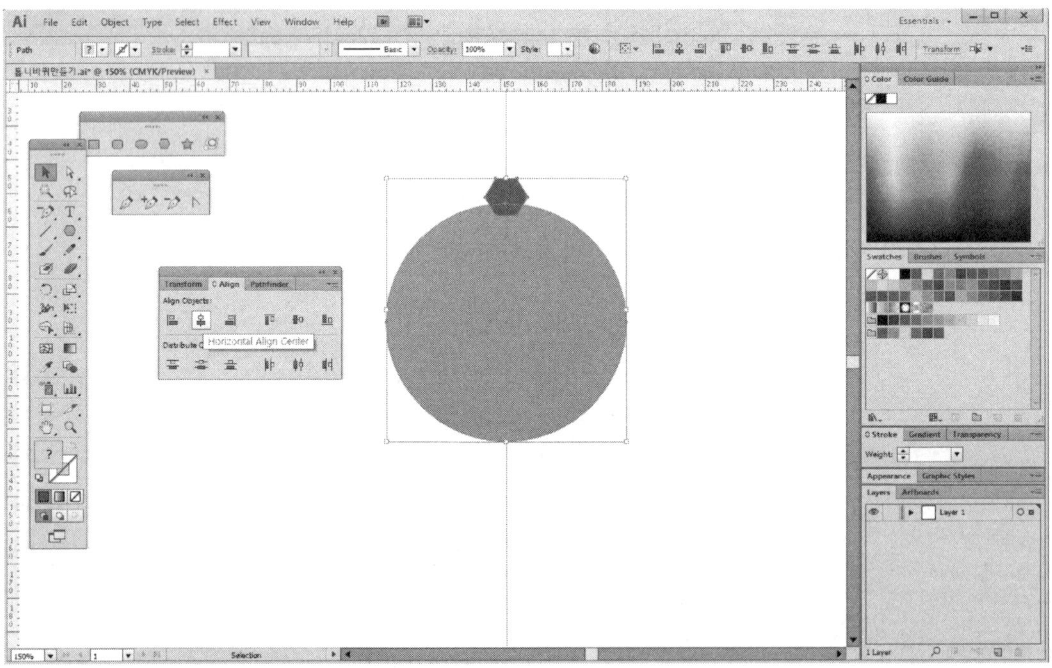

큰 원의 중심점을 확인하기 위해 [View] - [Outline]를 실행합니다.

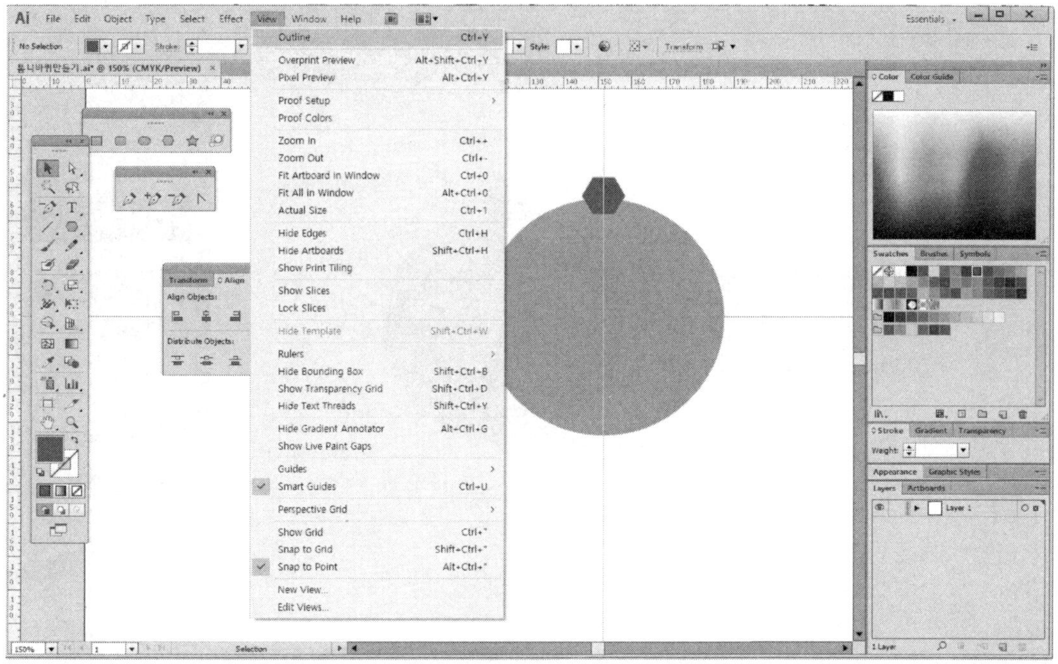

큰 원 중심점을 확인합니다.

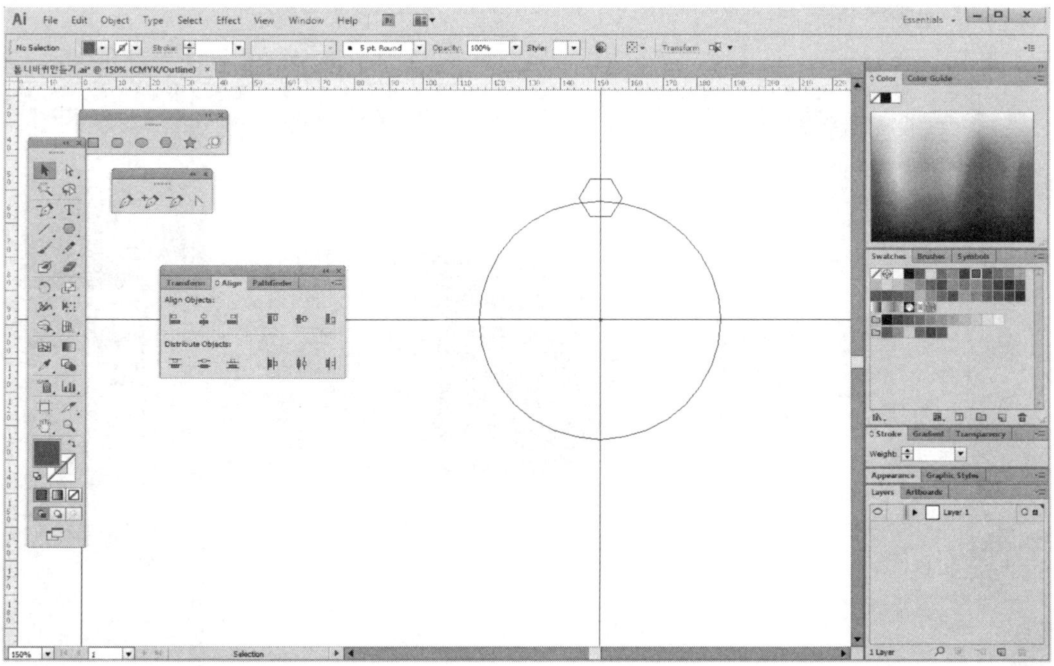

중심점을 확인한 다음 다시 [View] - [Preview]를 실행합니다.

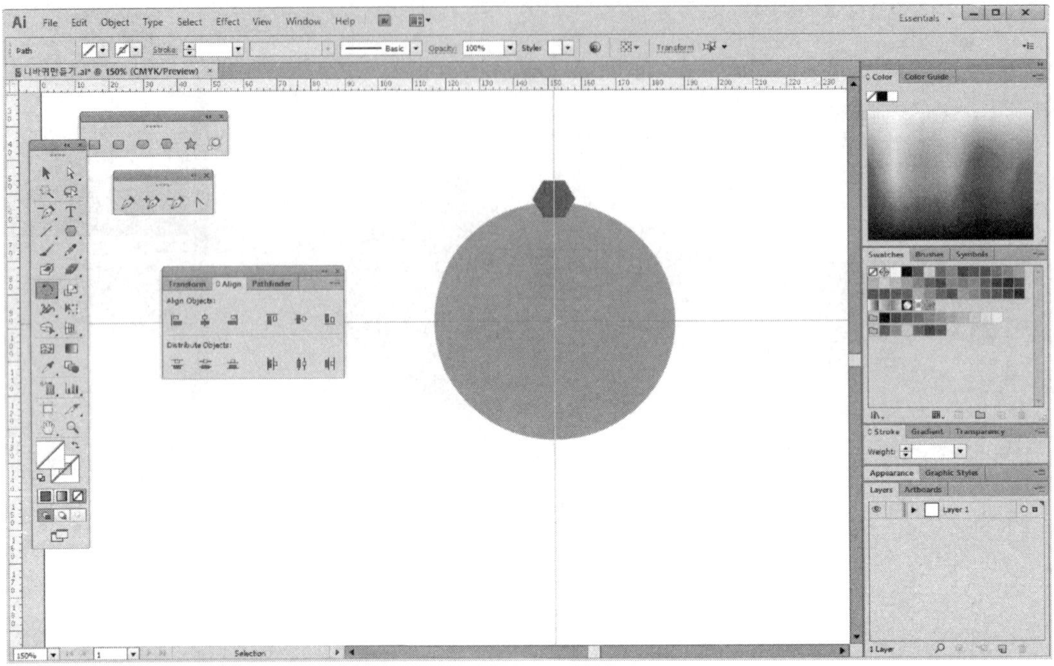

회전툴[Rotate Tool]을 선택한 상태에서 [Alt] + [클릭]하여 각도[Angle]에서 [30°]를 입력하고 [Copy]를 실행합니다.

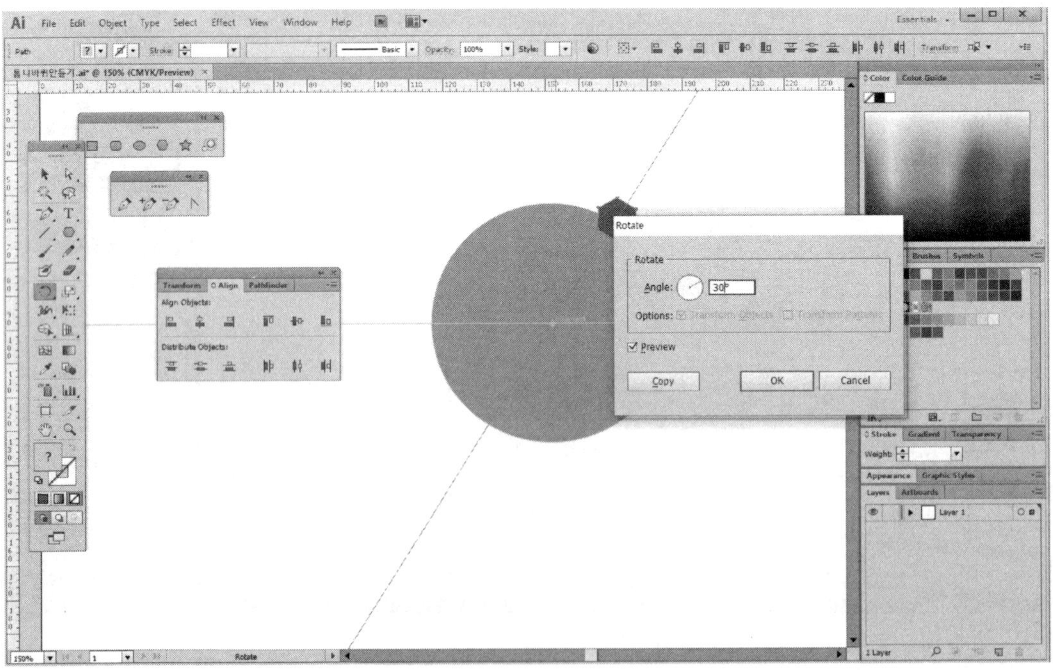

[Copy]를 실행한 화면입니다.

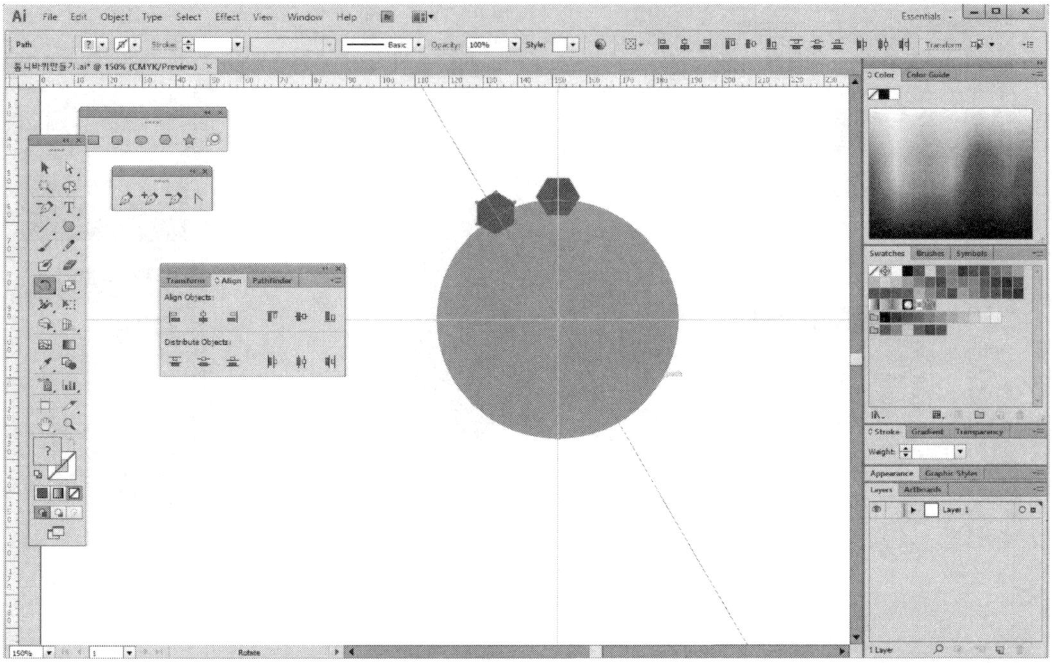

[Ctrl] + [D]를 반복 실행하여 완성하고 [Pathfinder]탭에서 [Minus Front]을 실행합니다.

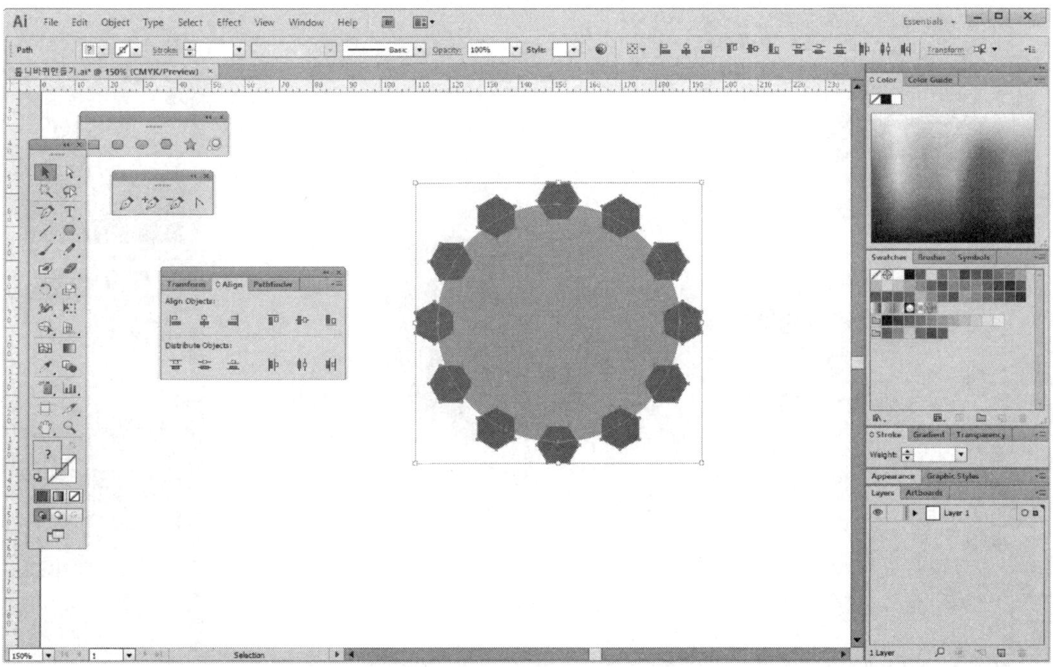

[Pathfinder]탭에서 [Minus Front]를 실행한 화면입니다.

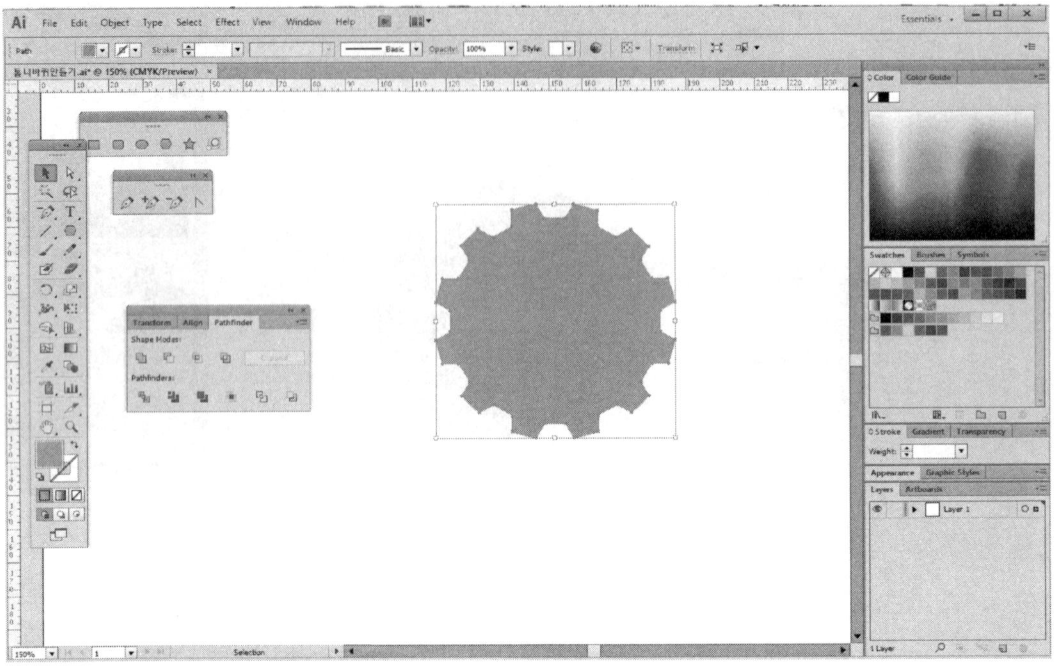

테두리가 없는 정원을 그립니다.

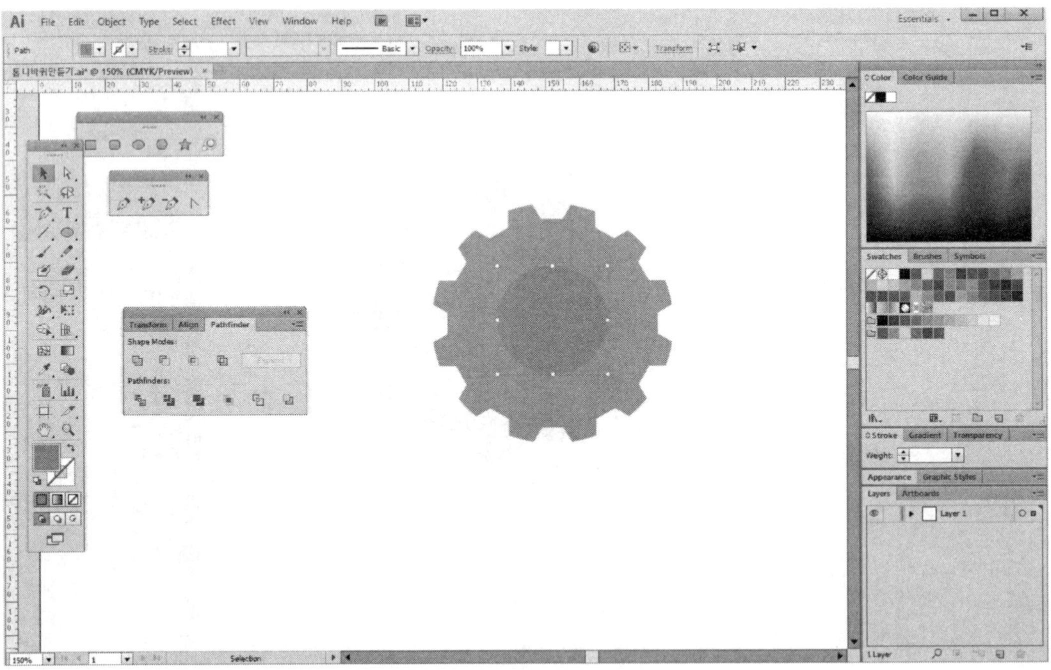

개체[Object]를 모두 선택하여 [Align]탭에서 [Horizontal Align Center]를 실행합니다.

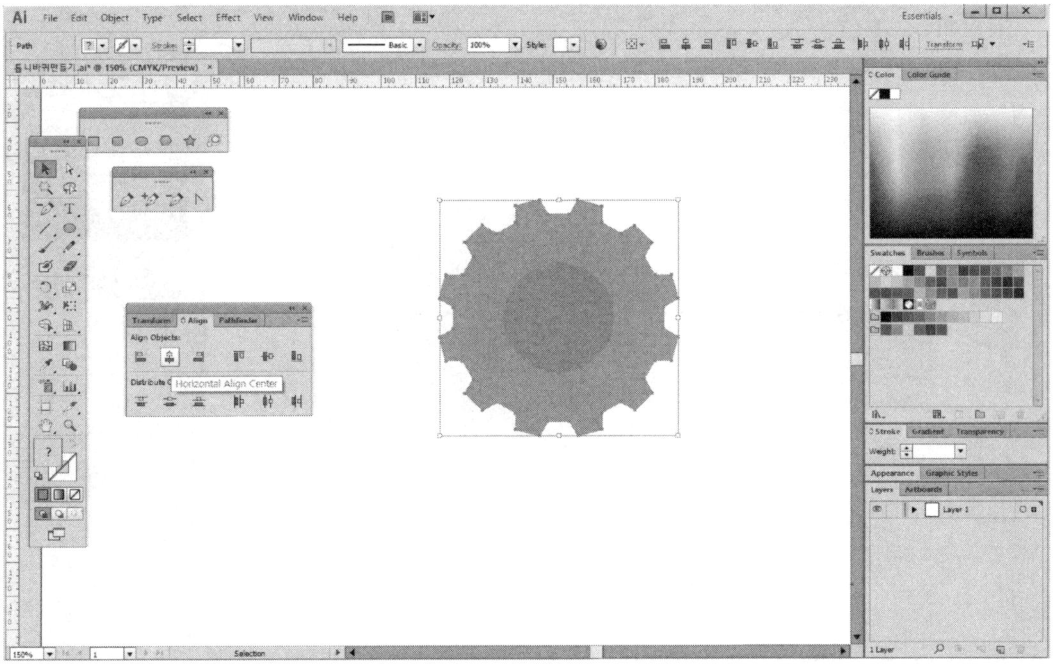

개체[Object]를 모두 선택하여 [Align]탭에서 [Vertical Align Center]를 실행합니다.

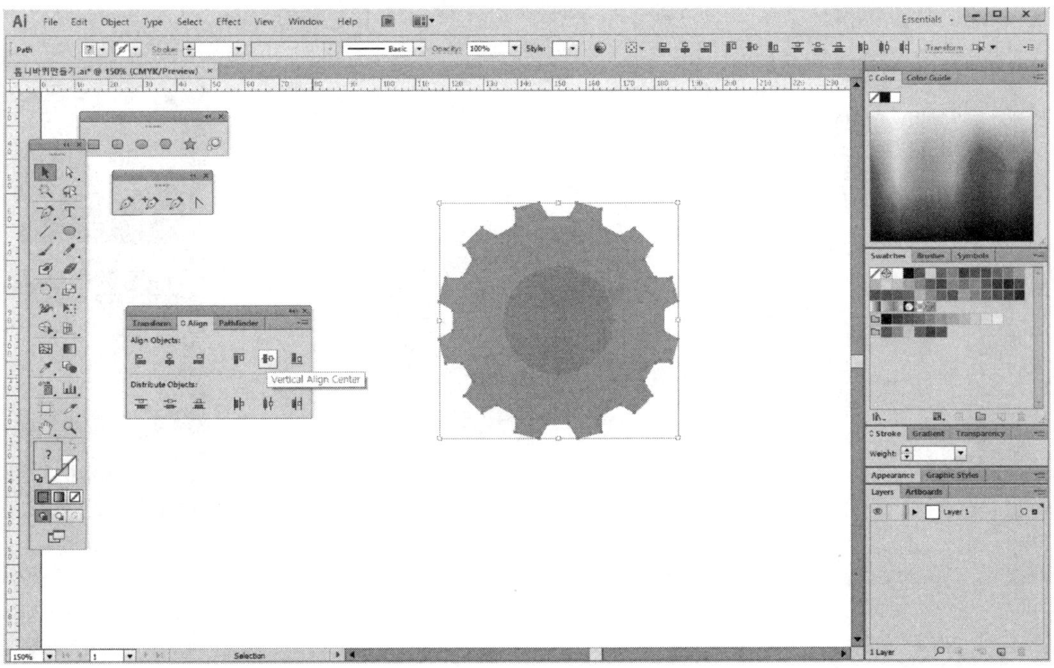

개체[Object]를 모두 선택하고 [Pathfinder]탭에서 [Minus Front]을 실행합니다.

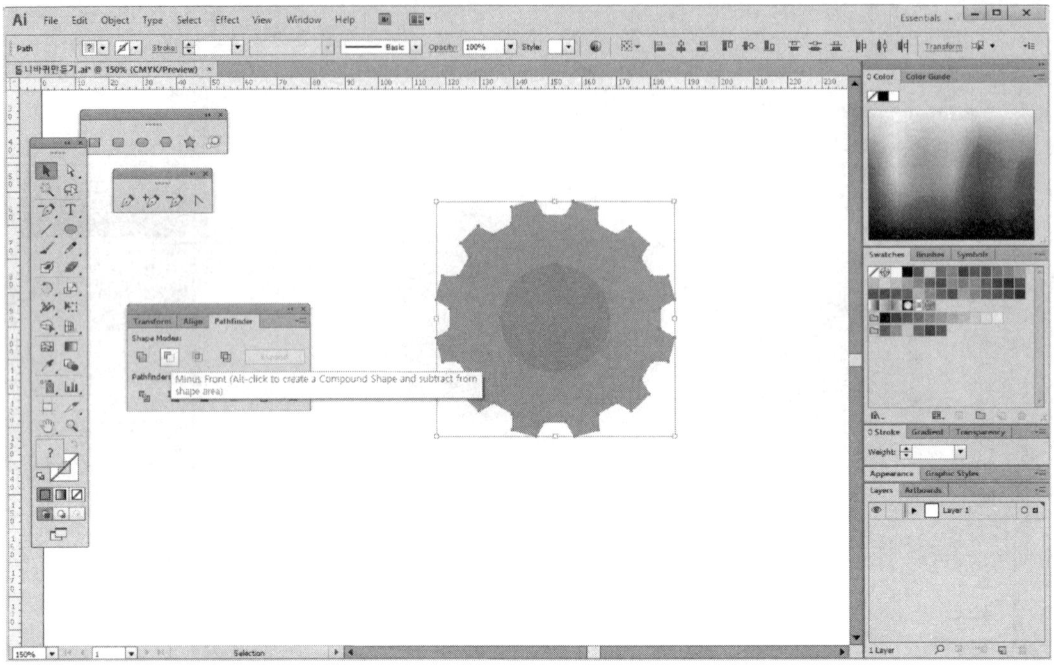

[Pathfinder]탭에서 [Minus Front]을 실행한 화면입니다.

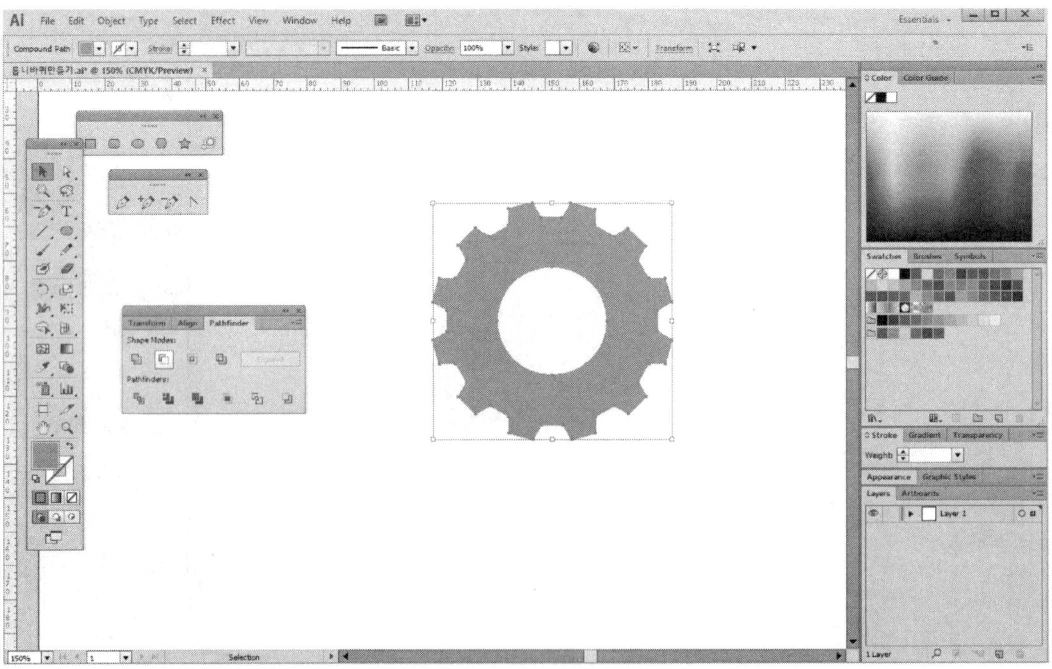

위 아래로 조금 변형하여 타원으로 변형합니다.

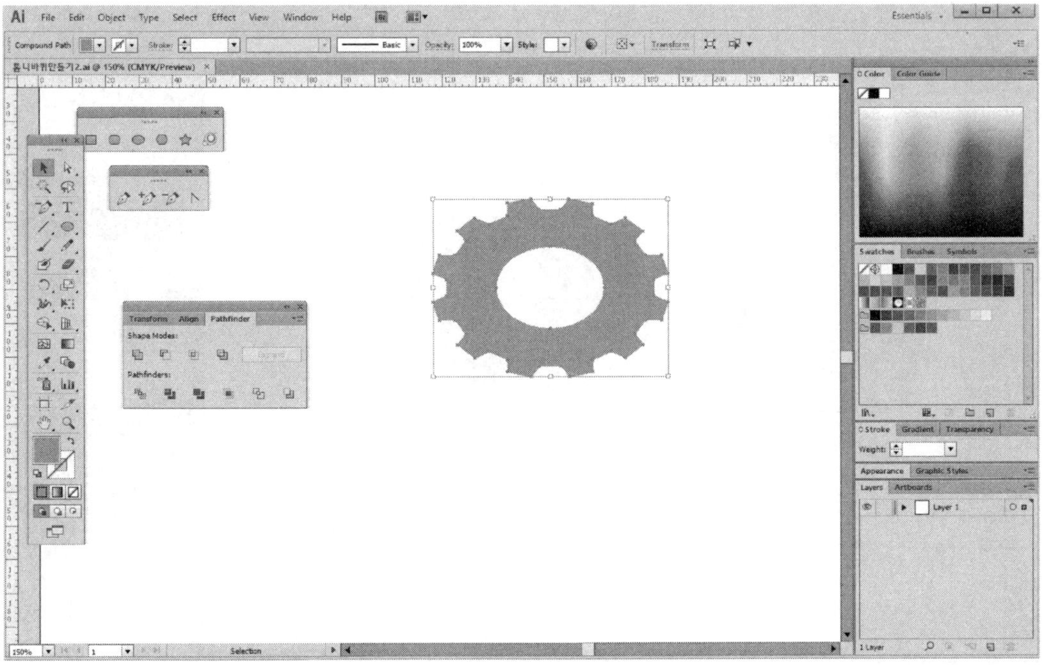

입체감을 주기 위해 회전합니다.

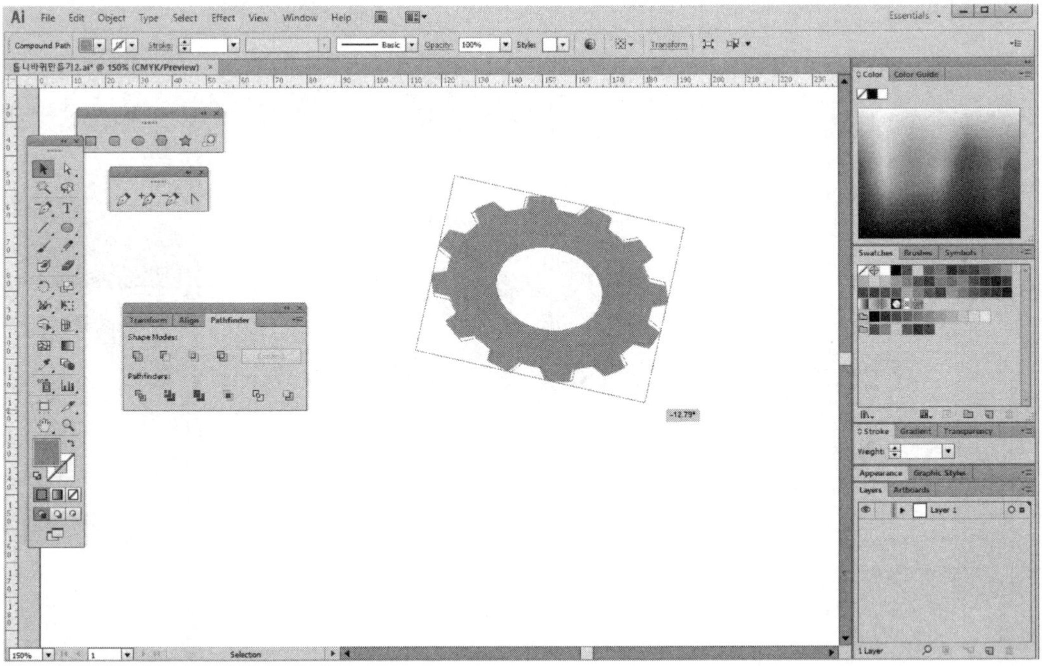

하나 더 복제합니다.

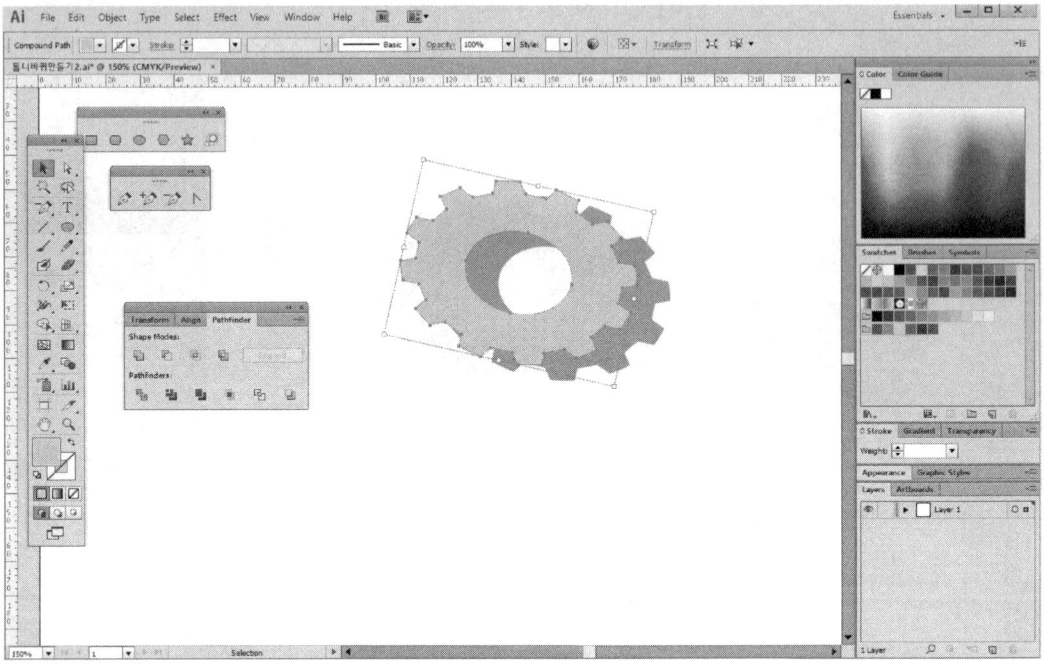

개체[Object]를 모두 선택하고 [Blend Tool]를 앞의 개체를 실행하고 뒤에 있는 개체[Object]도 실행합니다.

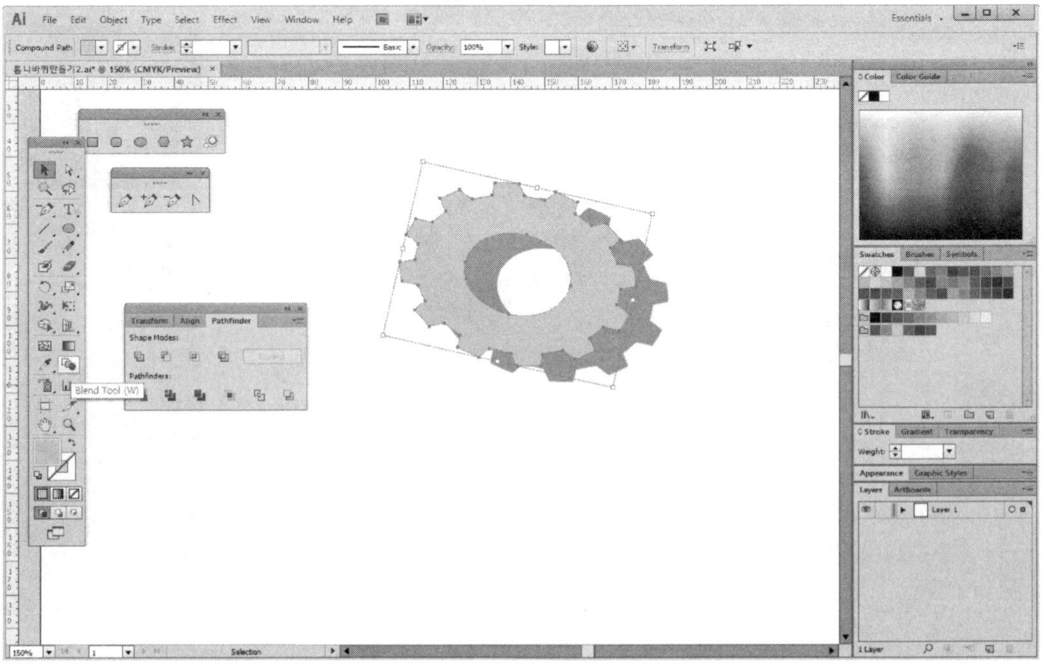

[Blend Tool]를 실행하여 입체가 완성되었습니다.

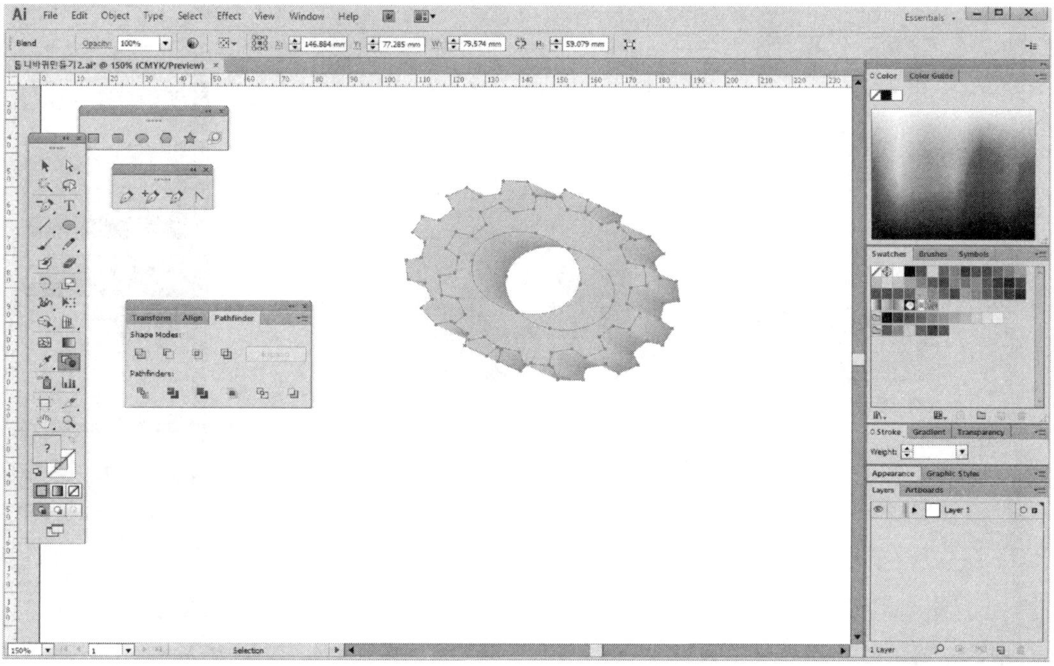

직접 선택 툴[Direct Selection Tool]을 사용하여 변형합니다.

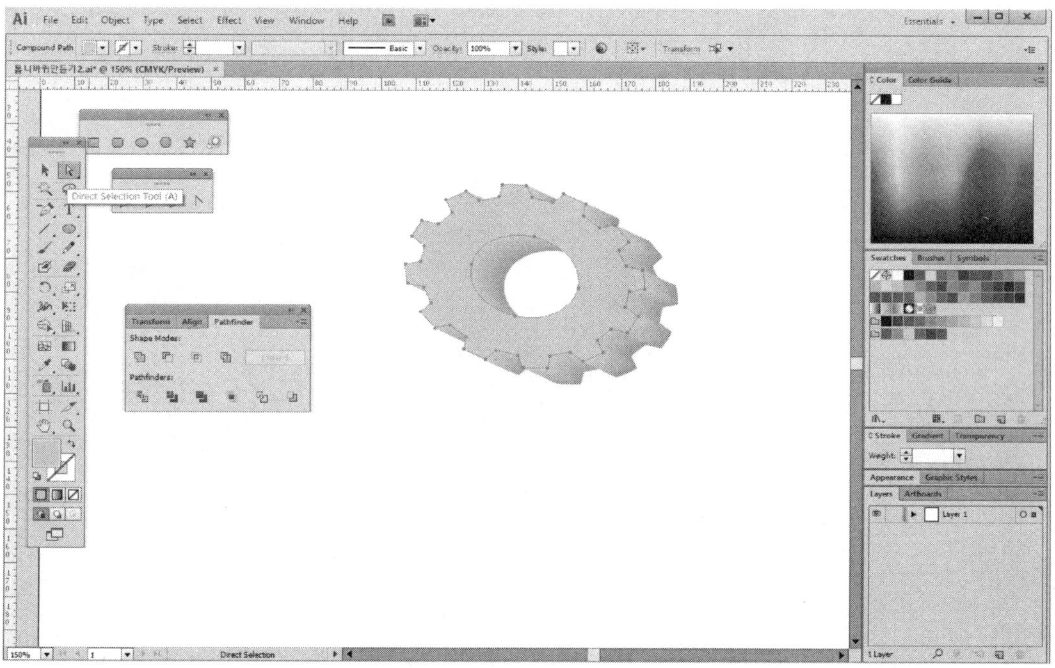

변형된 화면입니다.

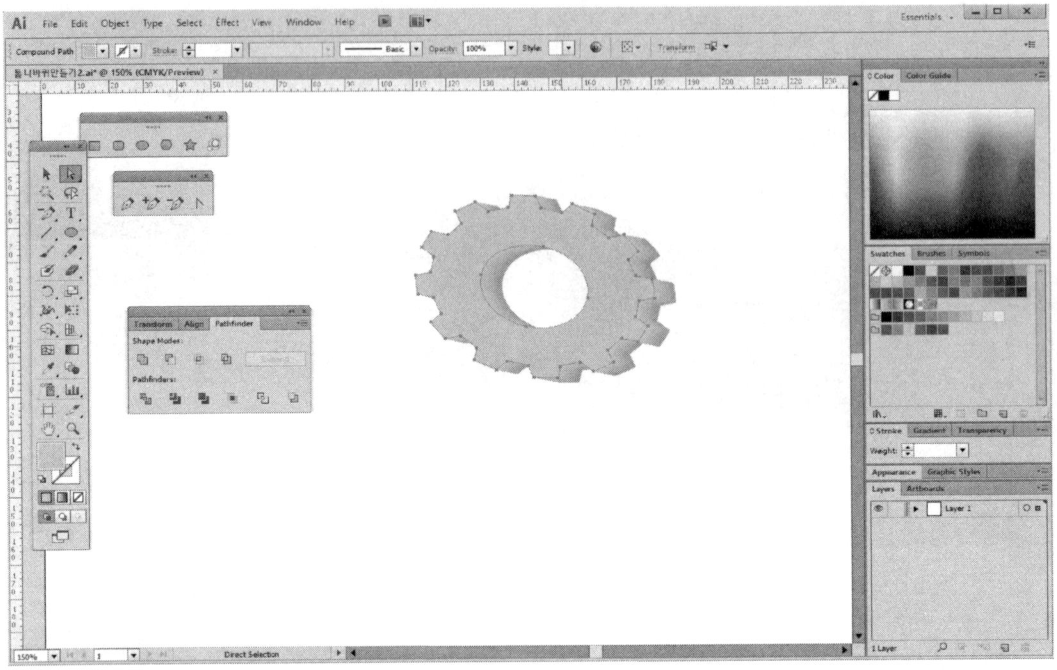

26 입체 글자 만들기

화면과 같이 텍스트[Text]를 생성합니다.

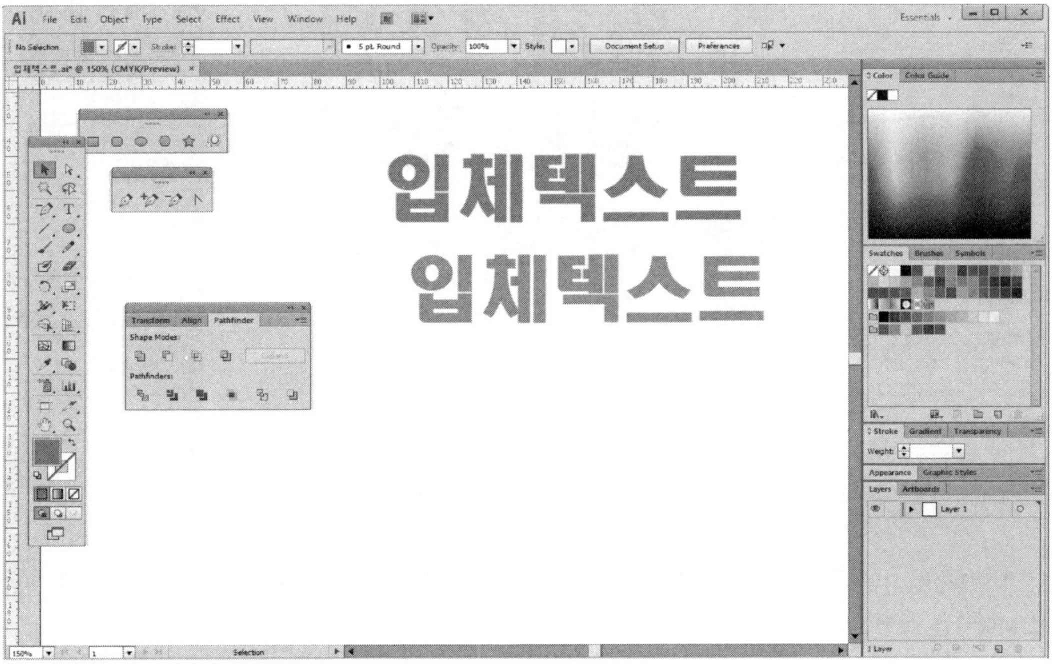

메뉴에서 [Object] - [Blend] - [Blend Options]를 실행하여 옵션을 확인합니다.

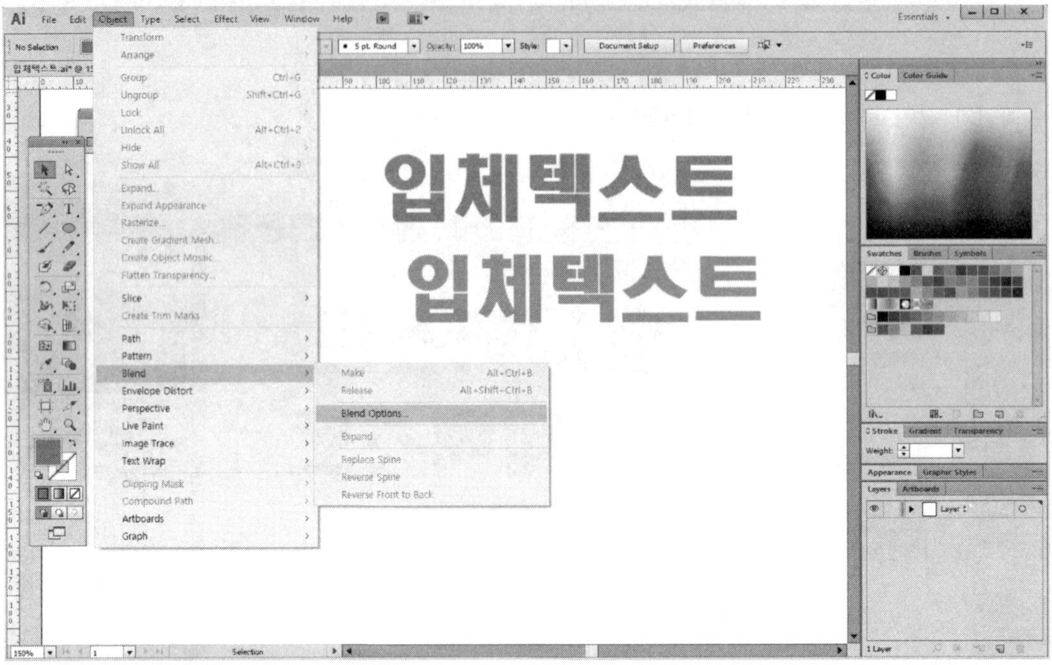

개체[Object]를 모두 선택하여 [Blend Tool]을 실행하고 첫 번째 텍스트 실행하고 두 번째 개체[Object]를 실행합니다.

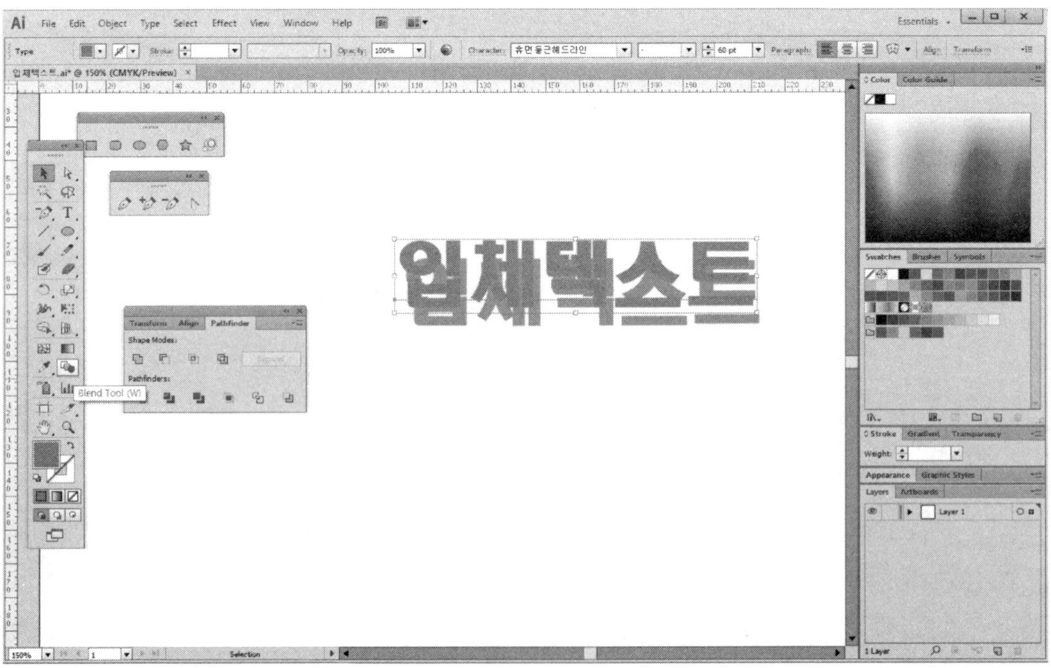

두 개체[Object]를 선택하여 두 번 실행한 화면입니다.

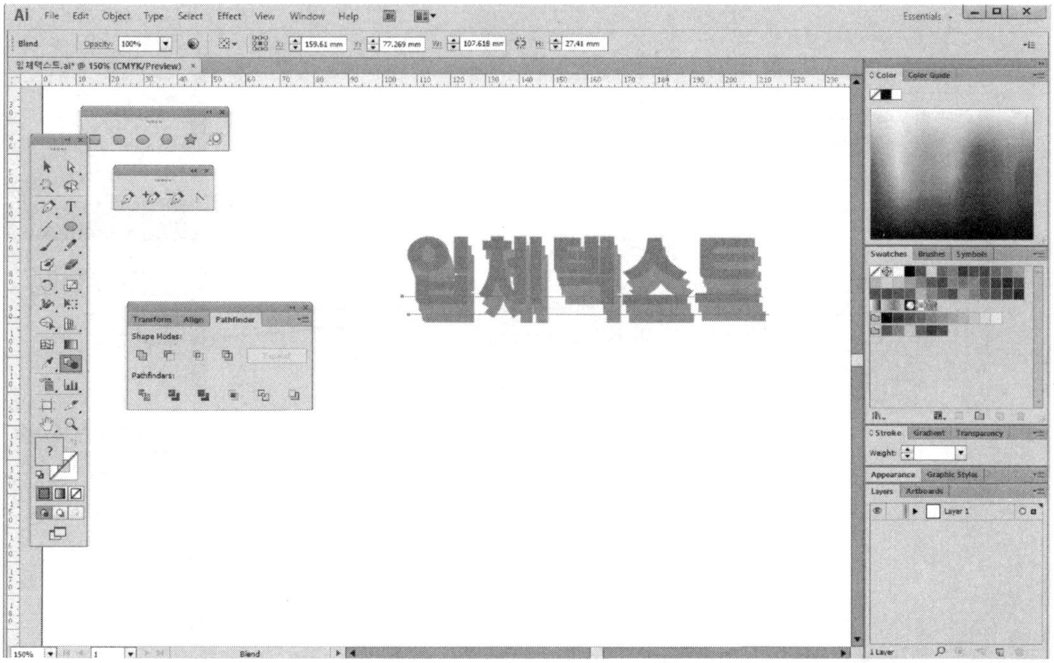

메뉴에서 [Object] - [Blend] - [Blend Options]를 실행하여 옵션을 실행합니다.

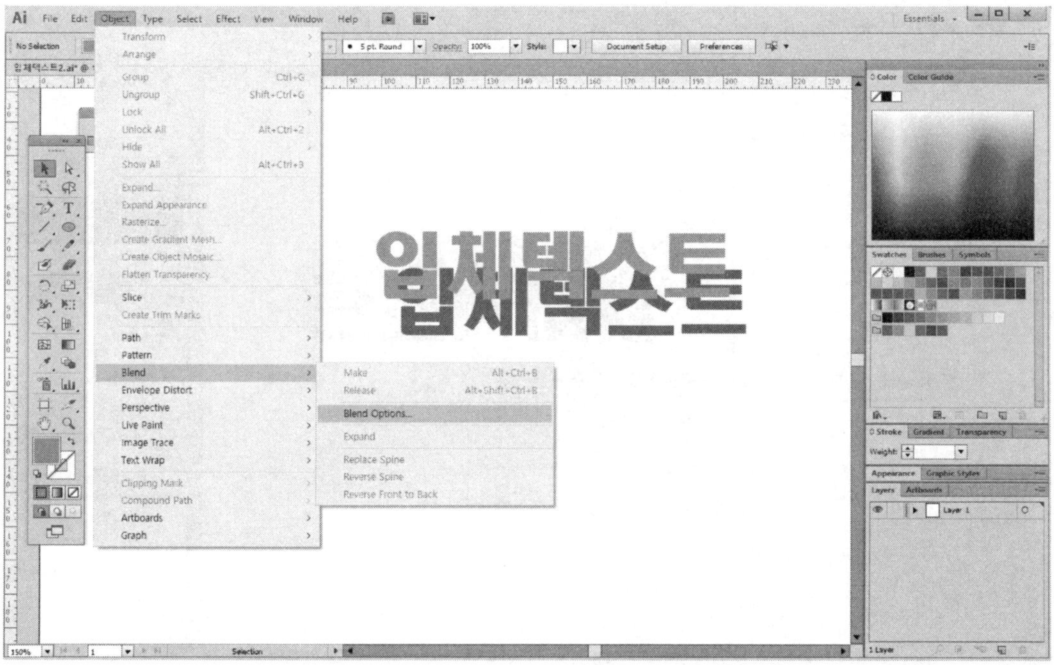

[Blend Options]탭에서 [Spacing] - [Specified Distance]를 선택합니다.

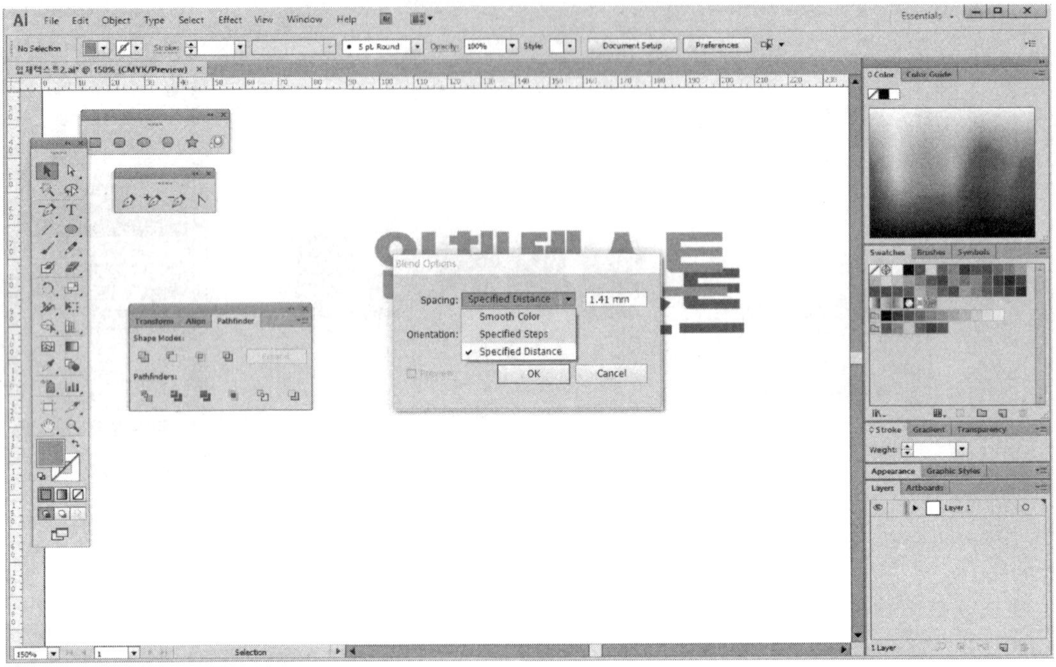

메뉴에서 [Object] - [Blend] - [Make]를 실행합니다.

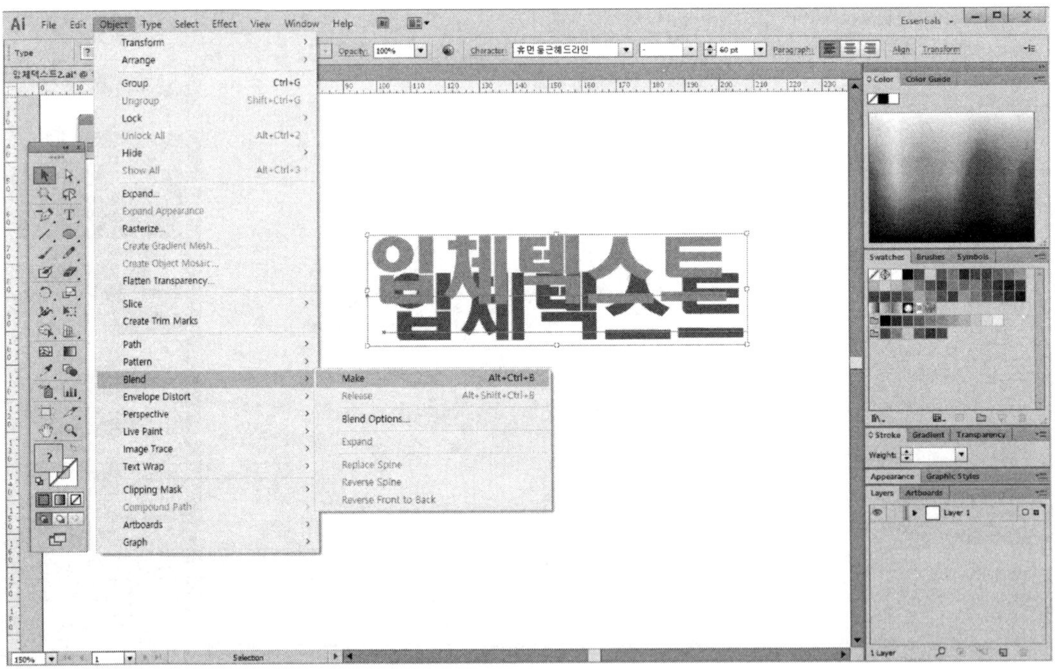

메뉴에서 [Object] - [Blend] - [Make]를 실행한 화면입니다.

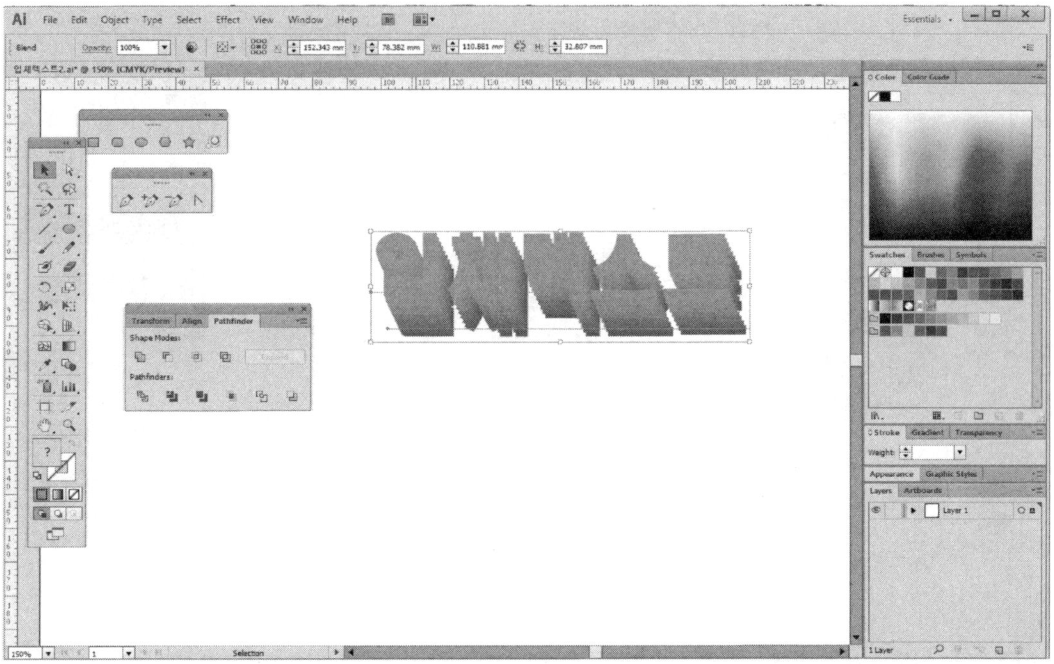

직접 선택 툴[Direct Selection Tool]을 사용하여 변형합니다.

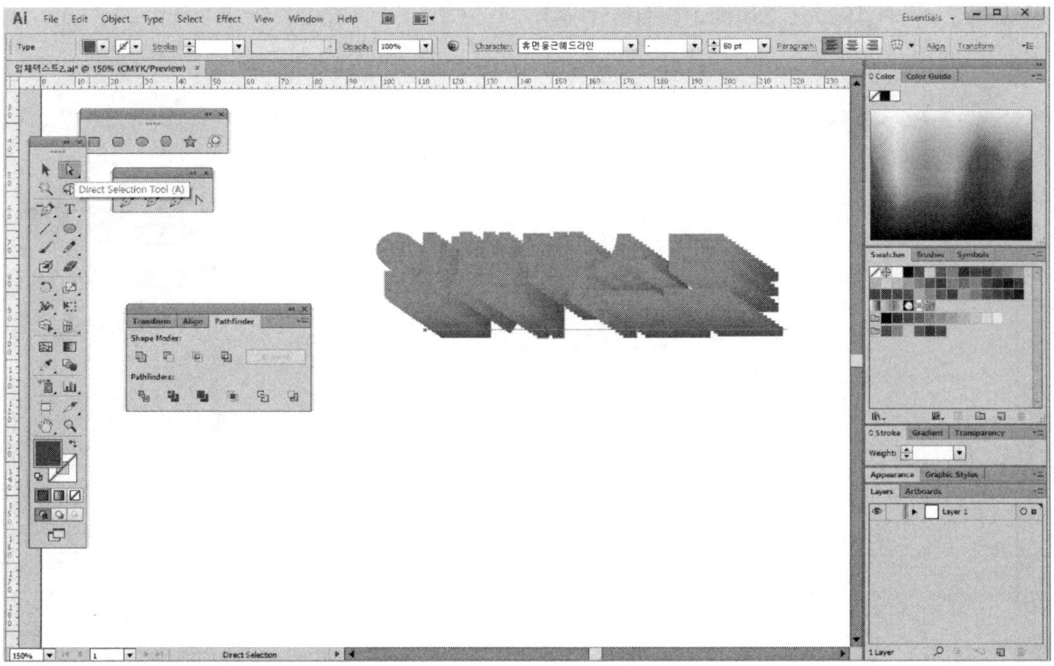

색상도 변경합니다.

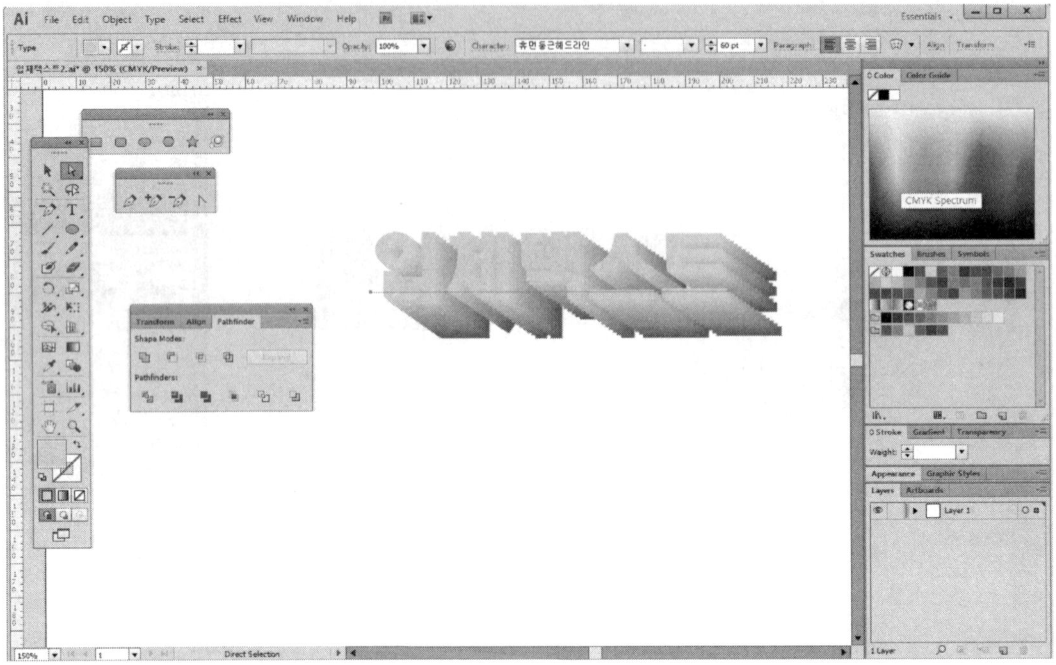

일러스트레이터[Illustrator]에서 포토샵으로 가져오기 위해 일러스트레이터에서 복사하여 포토샵에서 붙여넣기하여 [Smart Object]를 실행합니다.

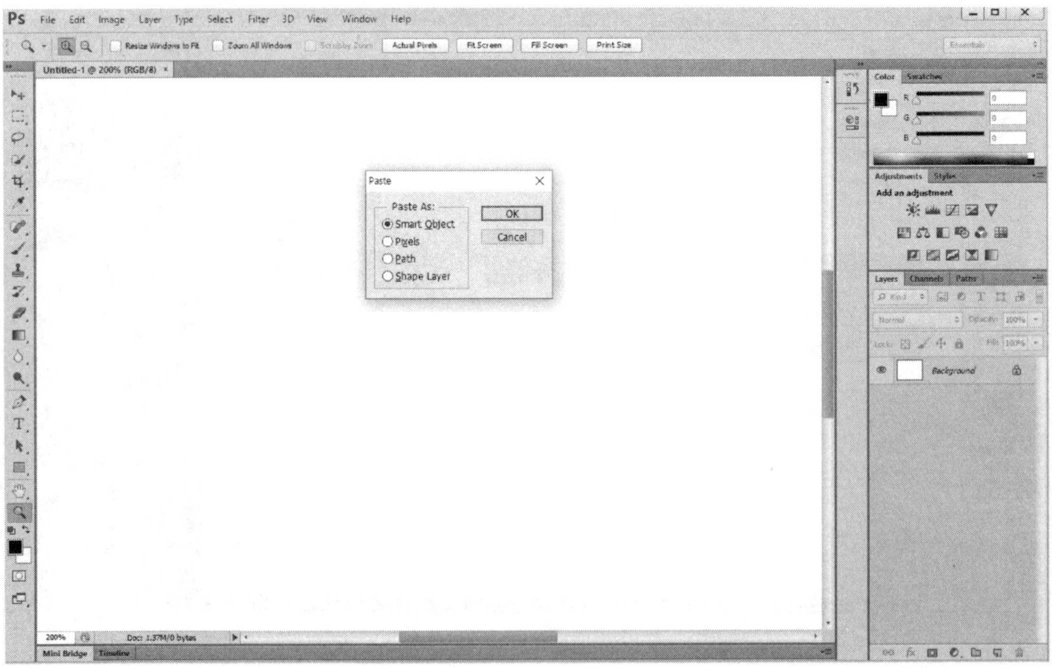

[Smart Object]를 실행한 화면입니다.

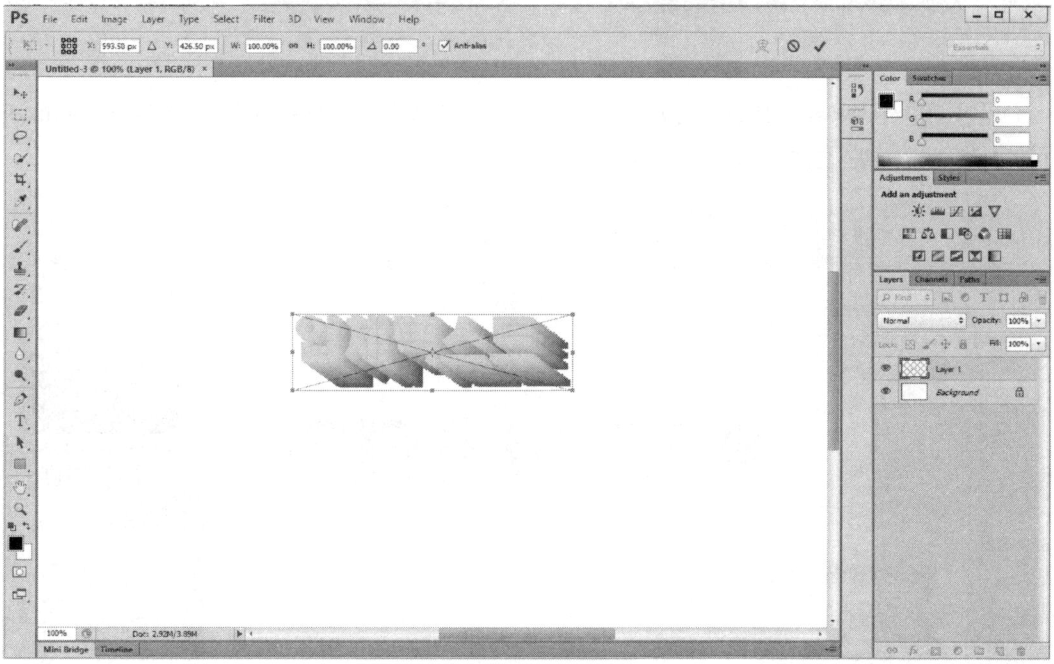

27 텍스트[Text] 아웃라인

디자인 하면서 사용한 폰트를 그림형식으로 바꾸어주는 작업을 해야 하는데 그걸 아웃라인[Outline]이라고 합니다. 텍스트[Text]를 입력합니다.

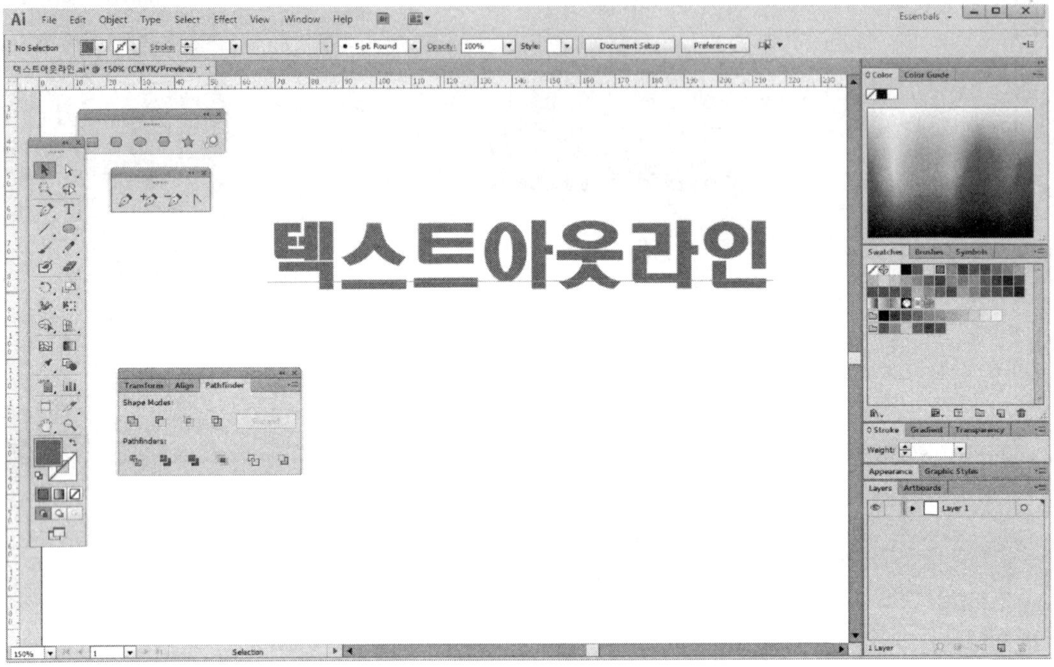

텍스트[Text]를 선택한 후 메뉴에서 [Type] - [Create Outlines]를 실행합니다.

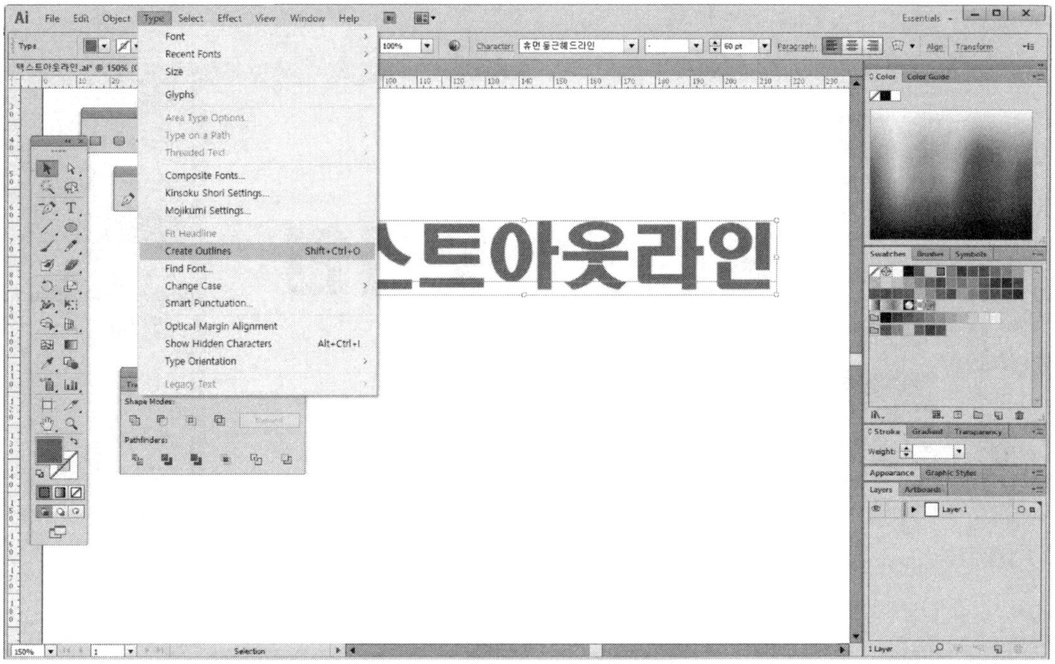

단축 메뉴에서 윤곽선 만들기[Create Outlines]를 실행하여도 됩니다.

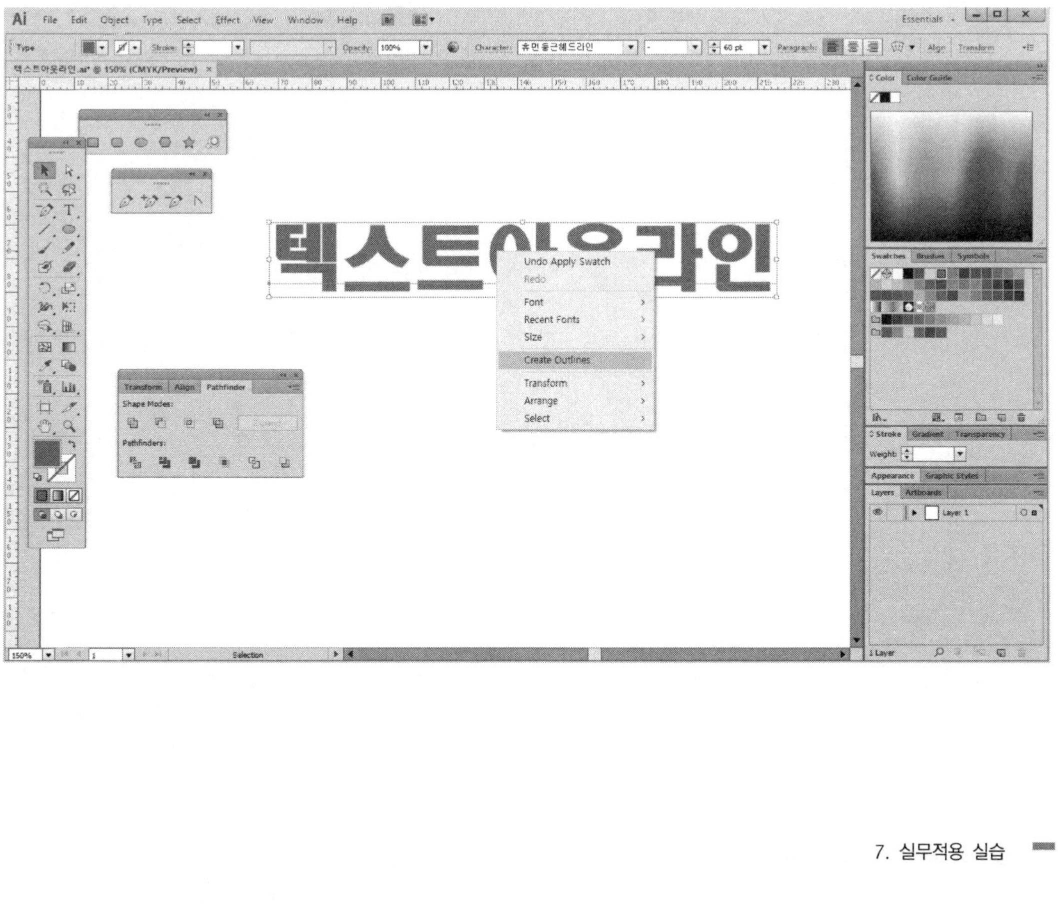

[Create Outlines]를 실행하여 폰트가 이미지화되었습니다.

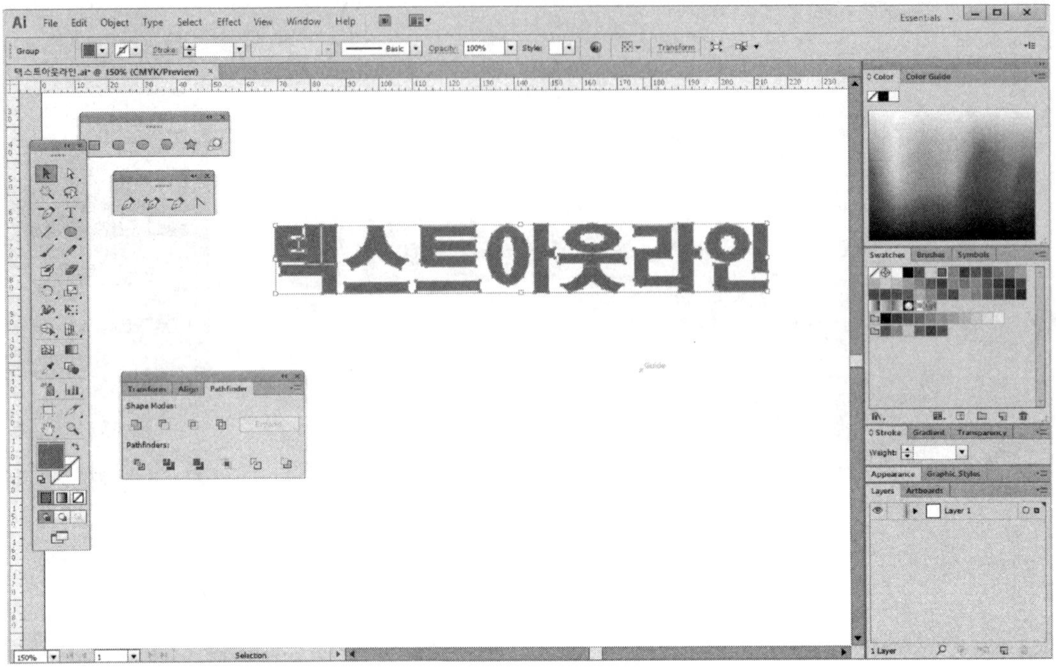

28 텍스트[Text] 테두리

텍스트에서 바로 스트로크화하여 테두리를 주면 텍스트가 불균형화하므로 텍스트를 이미지로 변형하여 테두리를 생성합니다. [Type] - [Create Outlines]를 실행합니다.

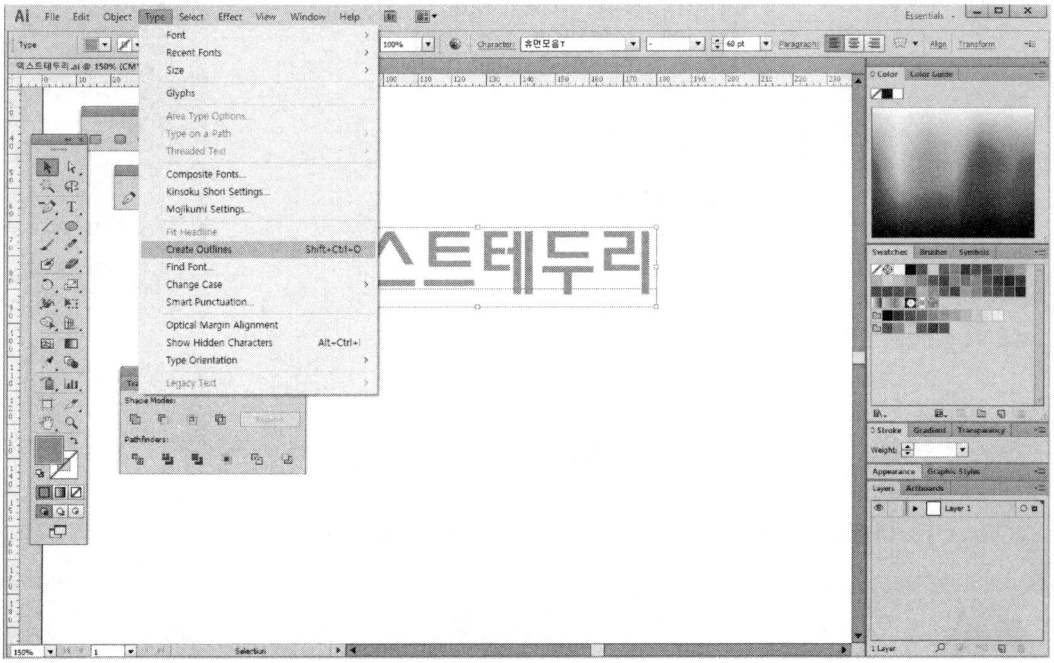

메뉴에서 [Object] - [Path] - [Offset Path]를 실행하여 같은 크기로 늘어나게 합니다.

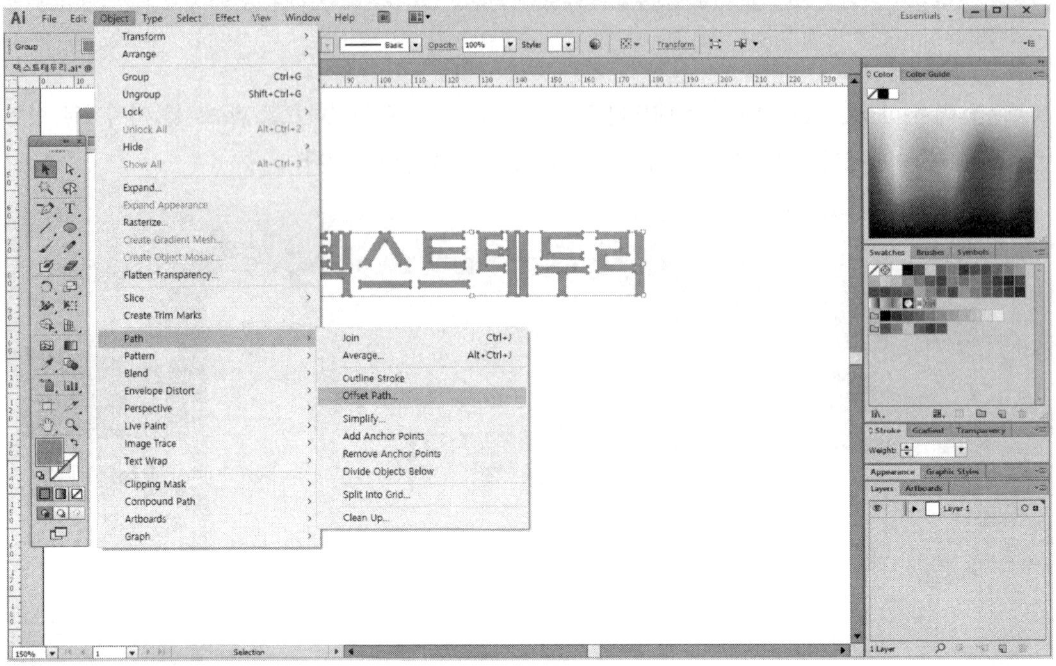

[Offset Path]탭에서 [Offset] = 1mm [Joins] [Miter]를 실행합니다.

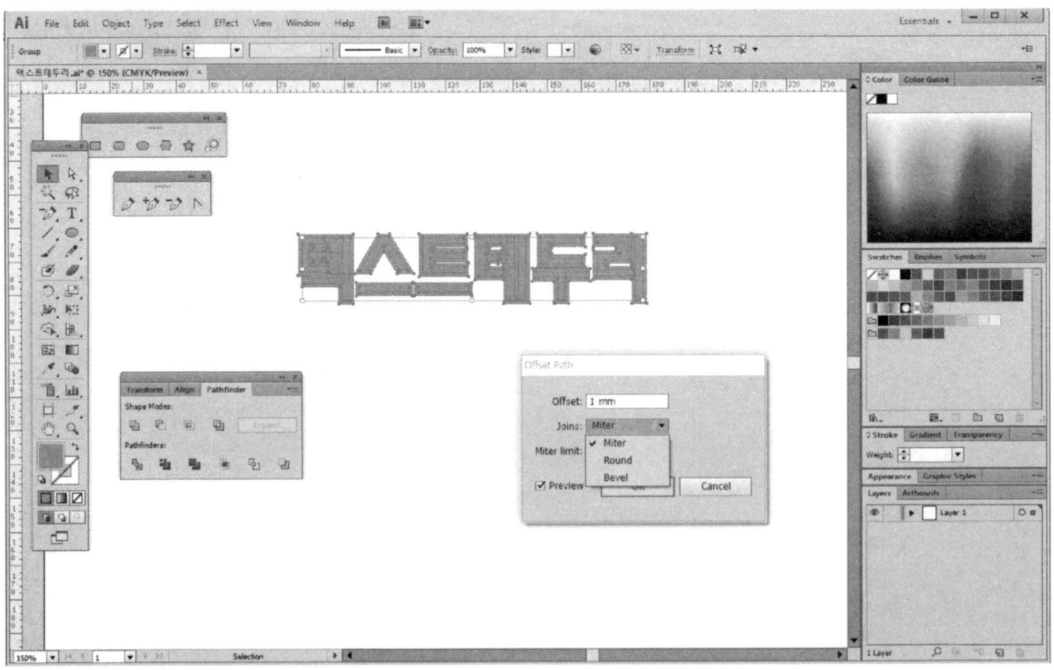

면[Fill] 선택 후 테두리 색상을 적용합니다.

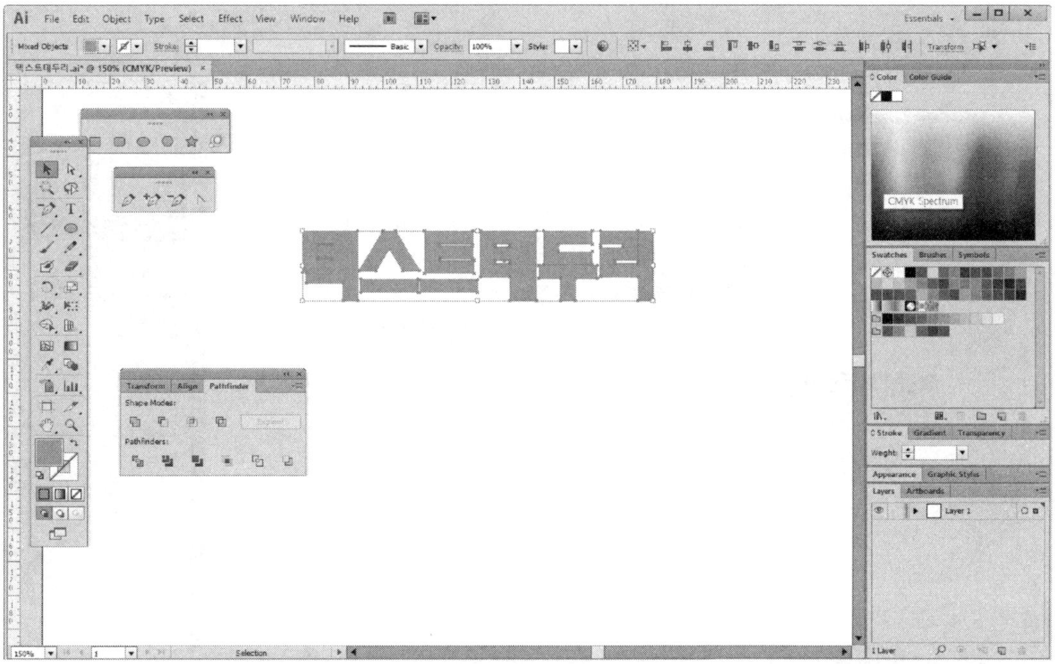

테두리 색상이 적용되었으며 그룹화되어 있습니다.

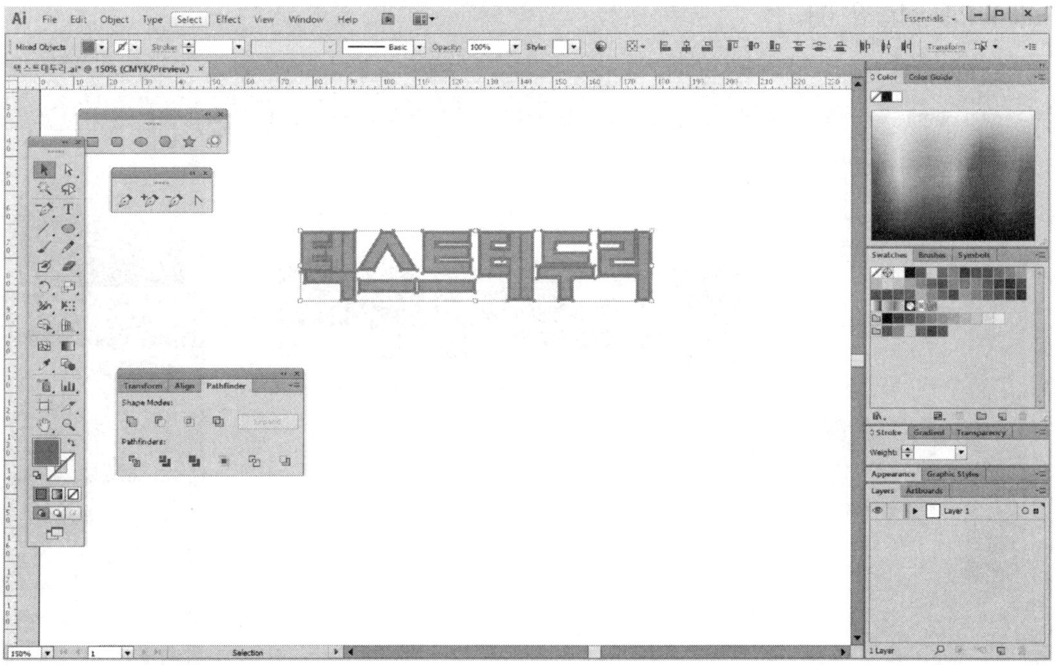

그룹화를 해제합니다.

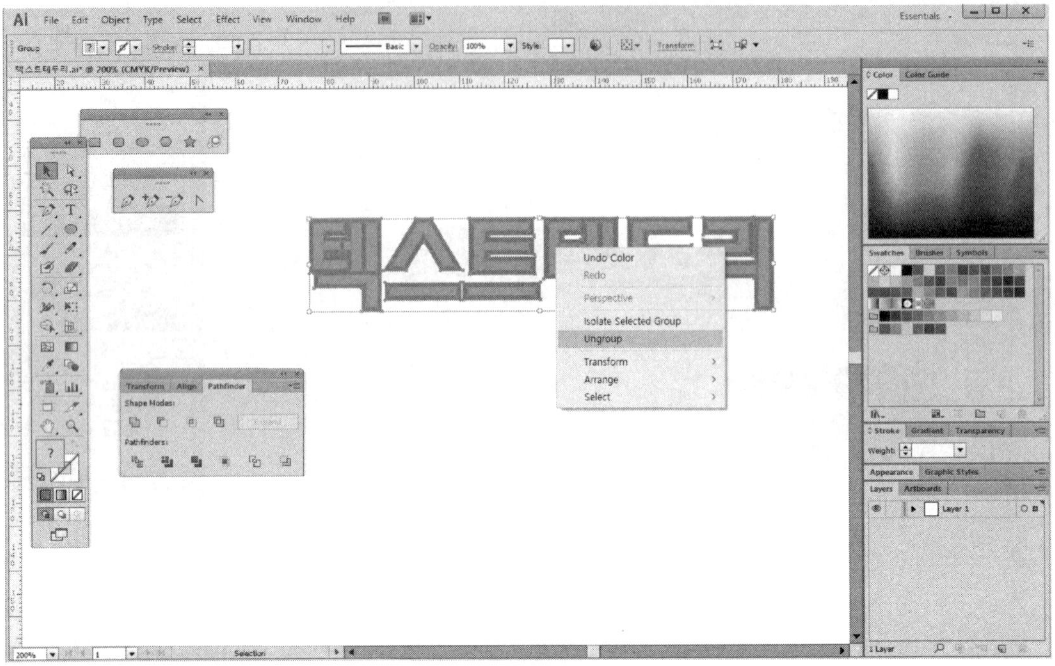

텍스트[Text]를 이동하면 텍스트 후면에 이미지가 보여집니다. 즉 테두리[Stroke]가 아니고 뒷면에 면[Fill]으로 보여집니다.

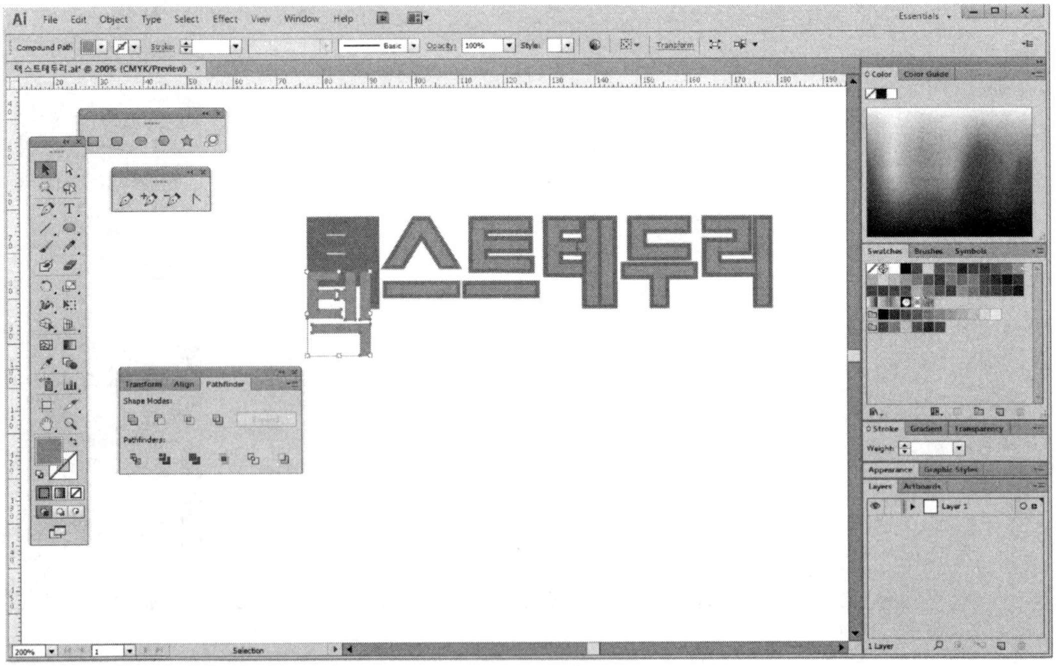

29 오브젝트[Object] 채색 작업하기

테두리만 있는 개체[Object]를 생성합니다.

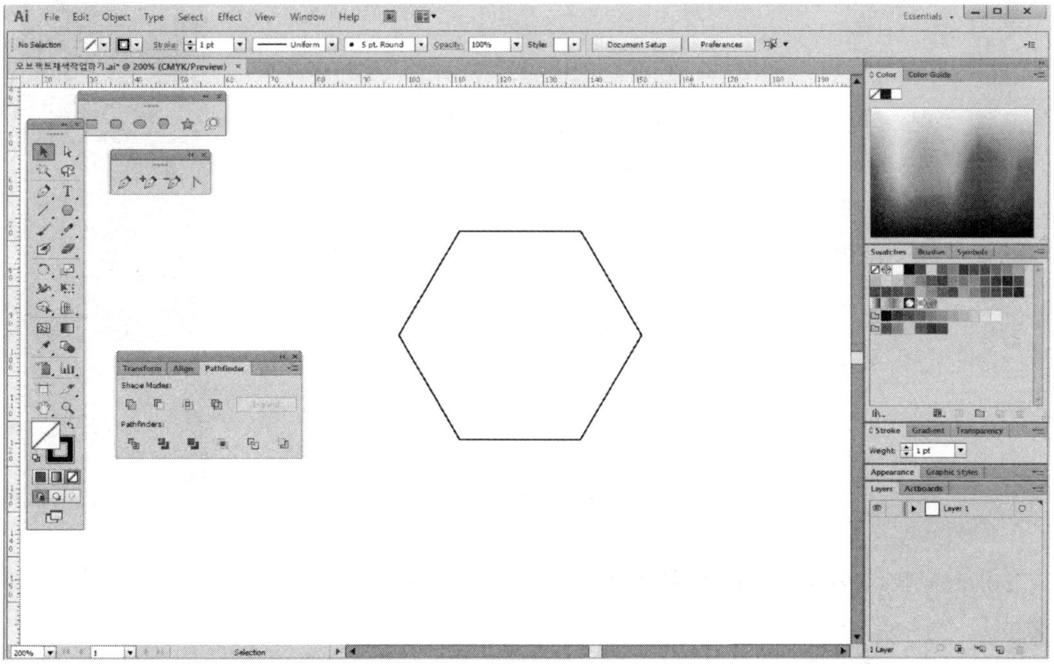

한번에 그려진 개체[Object]는 개체를 선택하고 면[Fill]색을 지정하면 색상을 지정할 수 있습니다.

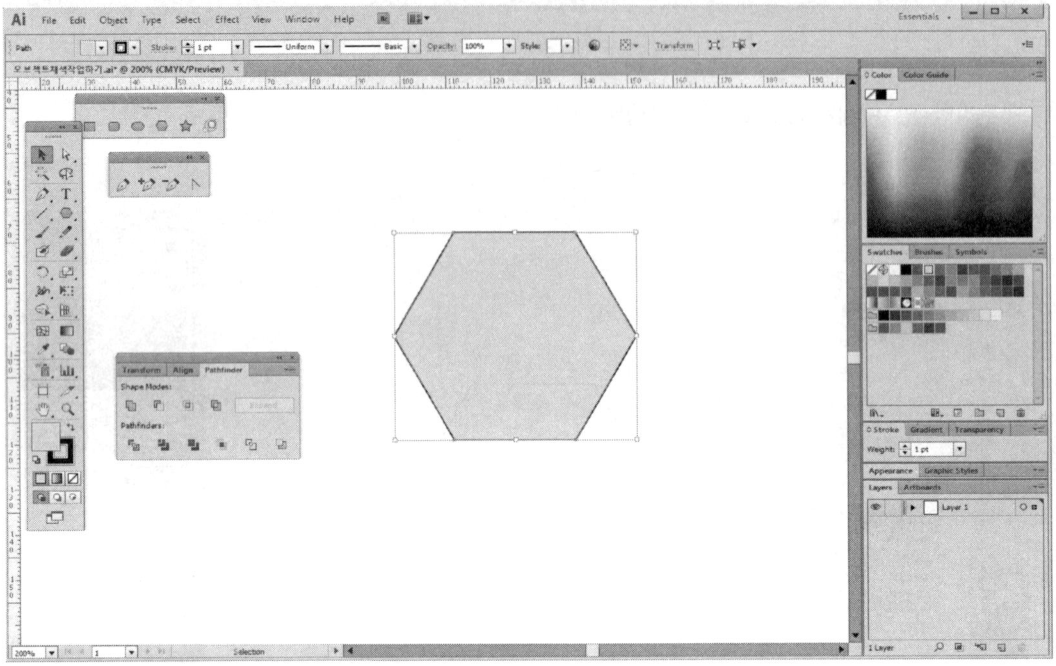

[Polygon Tool] 개체[Object]를 완성 후 상단 직접 선택툴[Direct Selection Tool]로 상단을 삭제합니다.

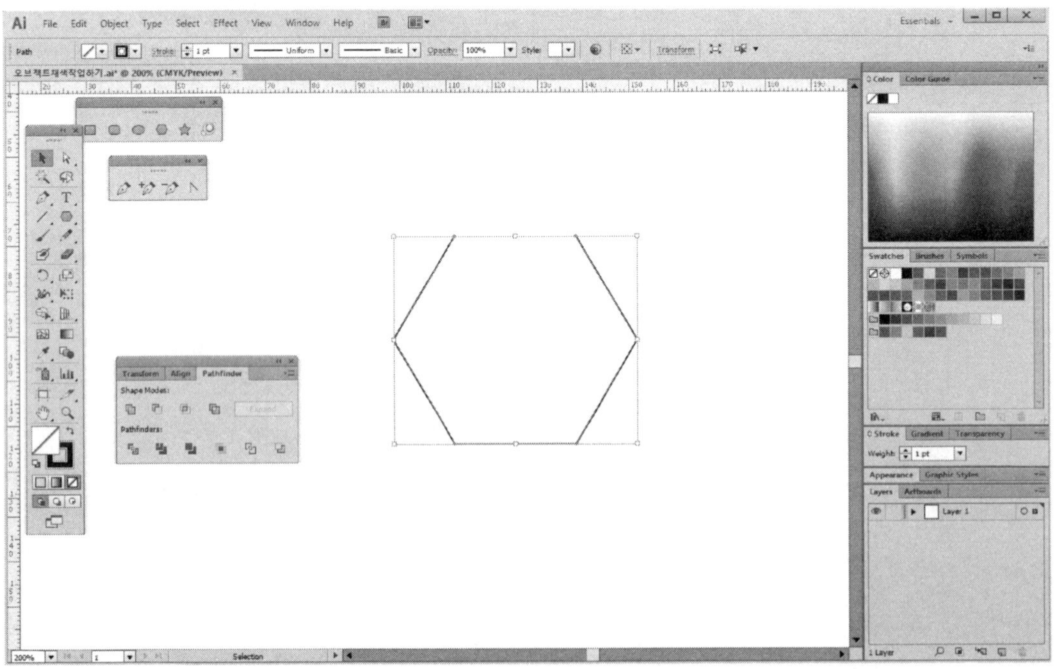

상단이 비워져 있지만 한번에 그려진 개체[Object]는 색상을 채울 수 있습니다.

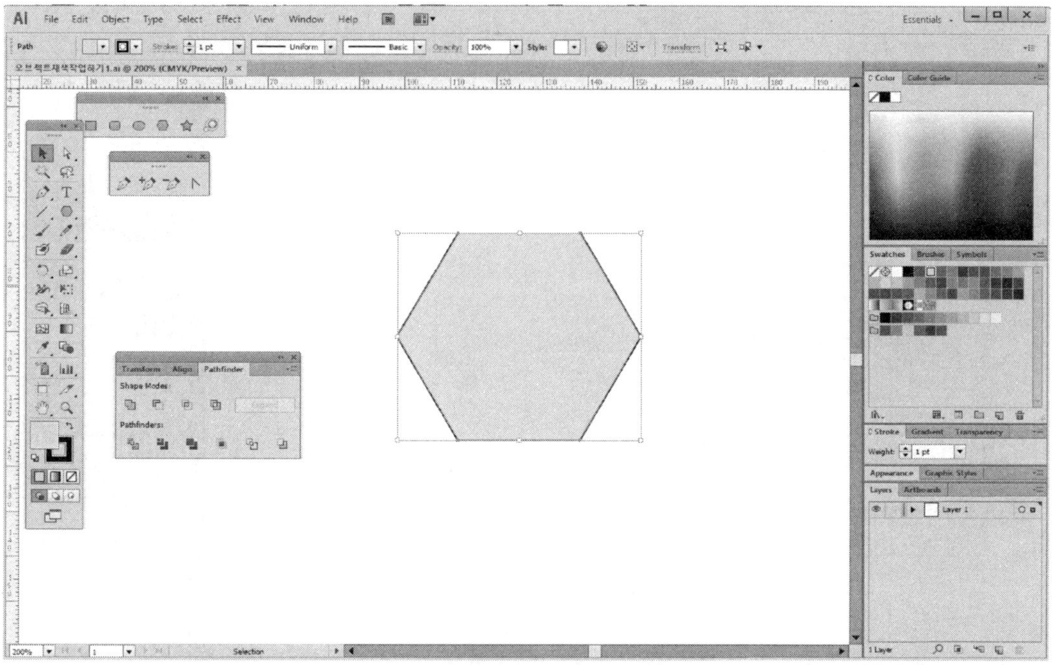

실선을 하나하나 그려서 개체[Object]를 완성한 경우에는 색상을 채울 수 없습니다.

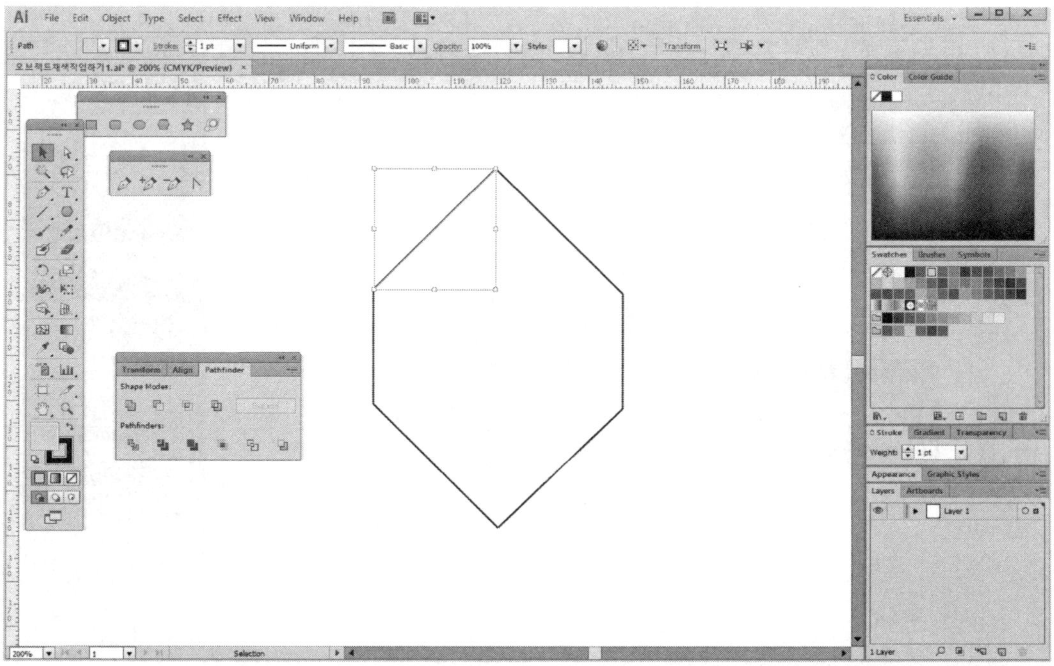

색상을 채우기 위해 메뉴에서 [Object] - [Path] - [Join]을 실행하여 선을 이어줍니다.

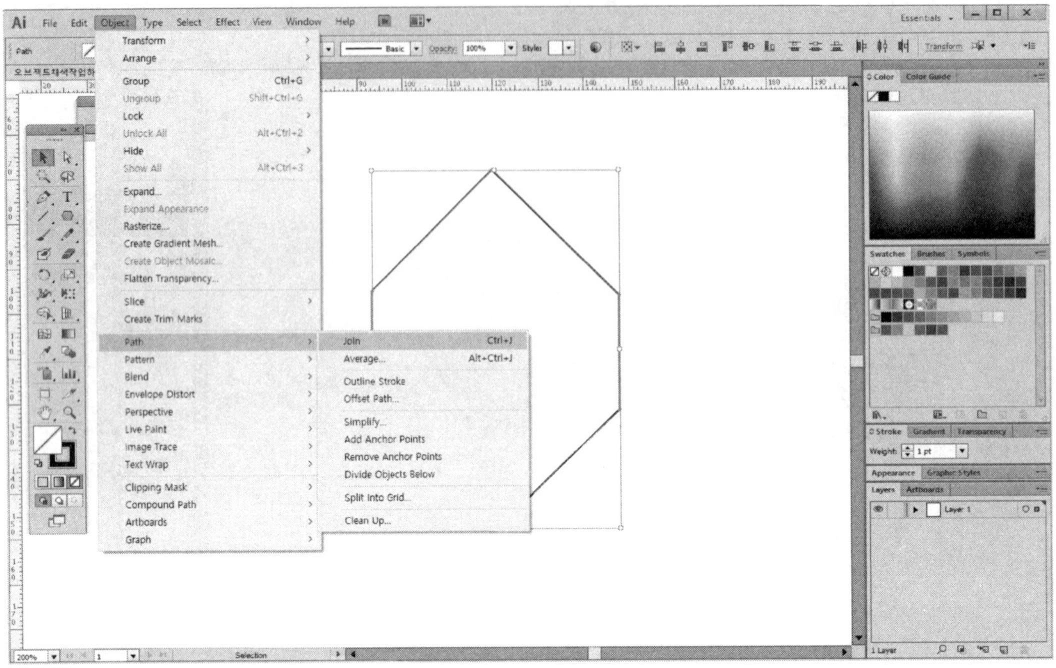

개체[Object]를 선택하여 색상을 채웁니다.

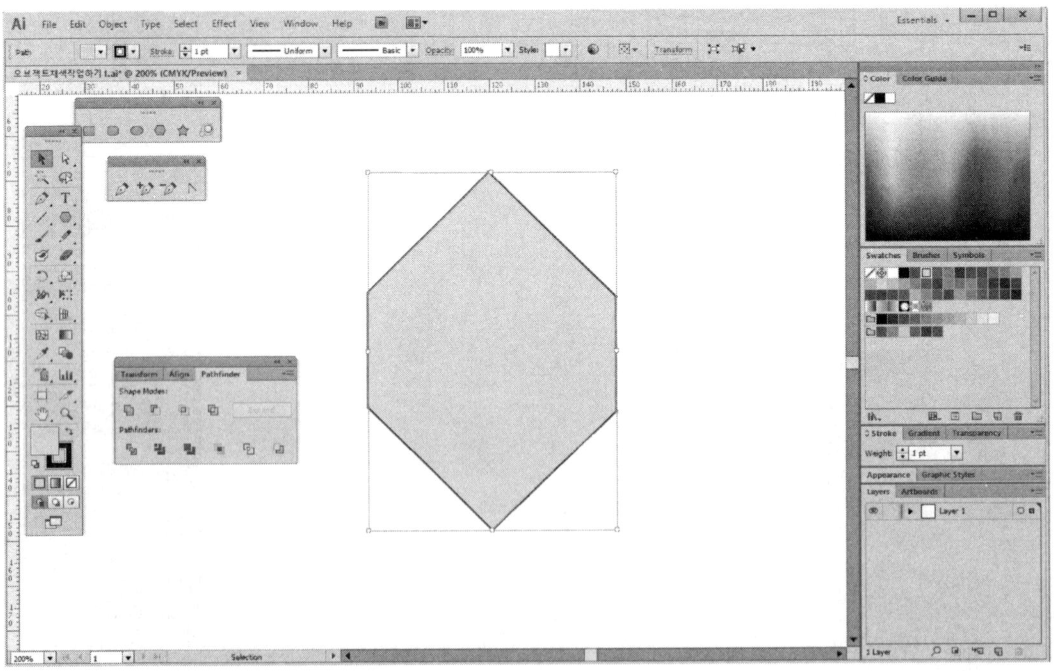

선[Line Segment Tool]이 2개만 있는 경우에는 선을 이어서 색상을 채웁니다.

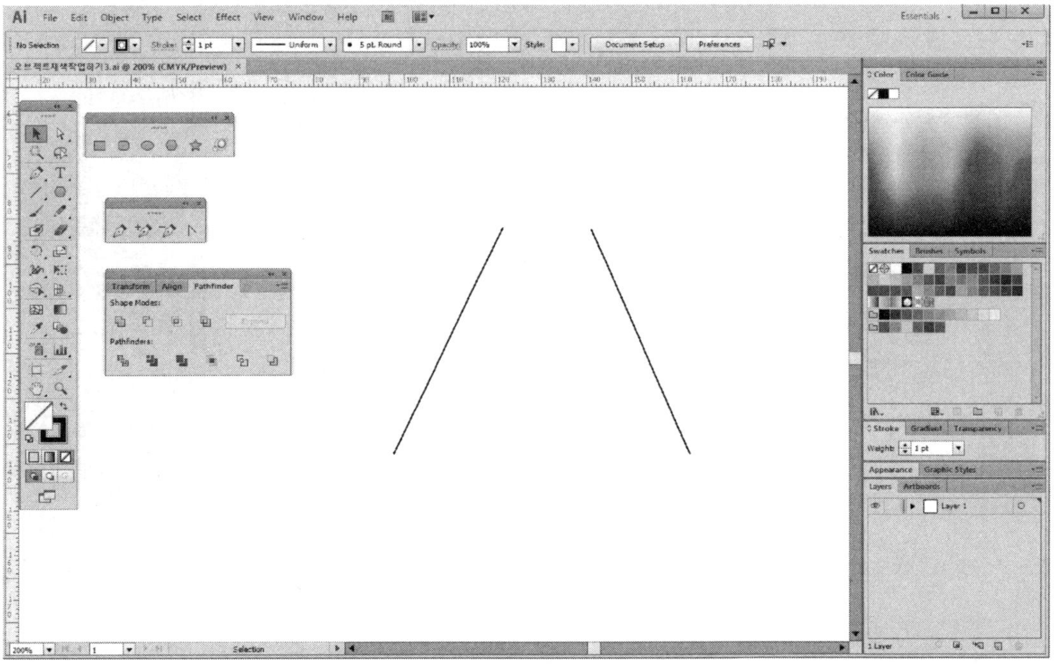

색상을 채우기 위해 개체[Object]를 선택하여 메뉴에서 [Object] - [Path] - [Join]을 실행하여 선을 이어줍니다.

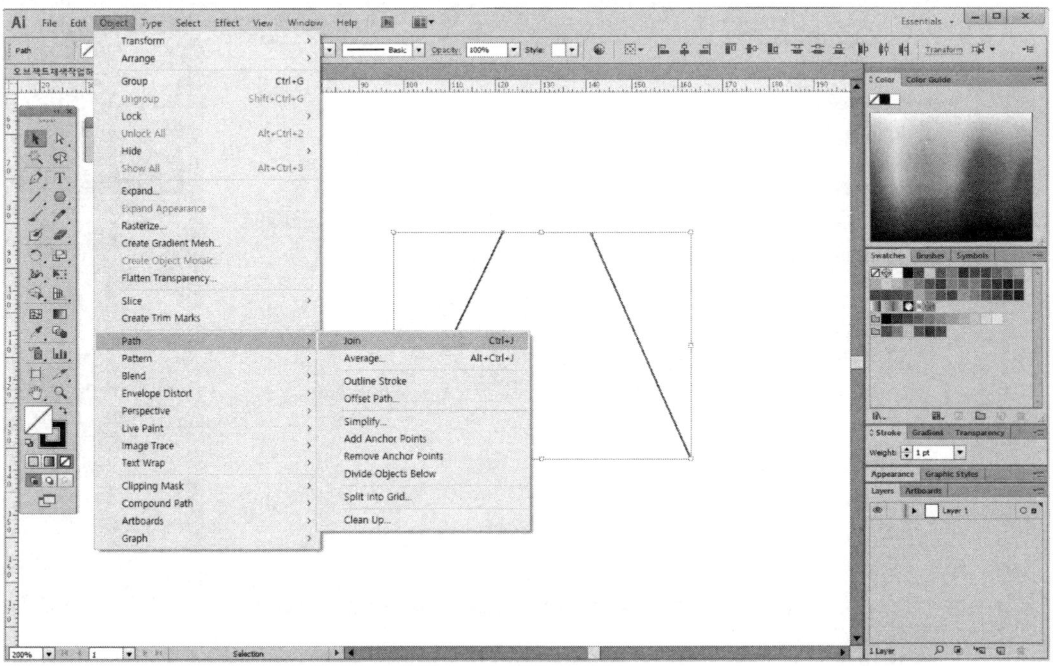

[Object] - [Path] - [Join]을 실행하여 선[Line Segment Tool]을 이어준 화면입니다.

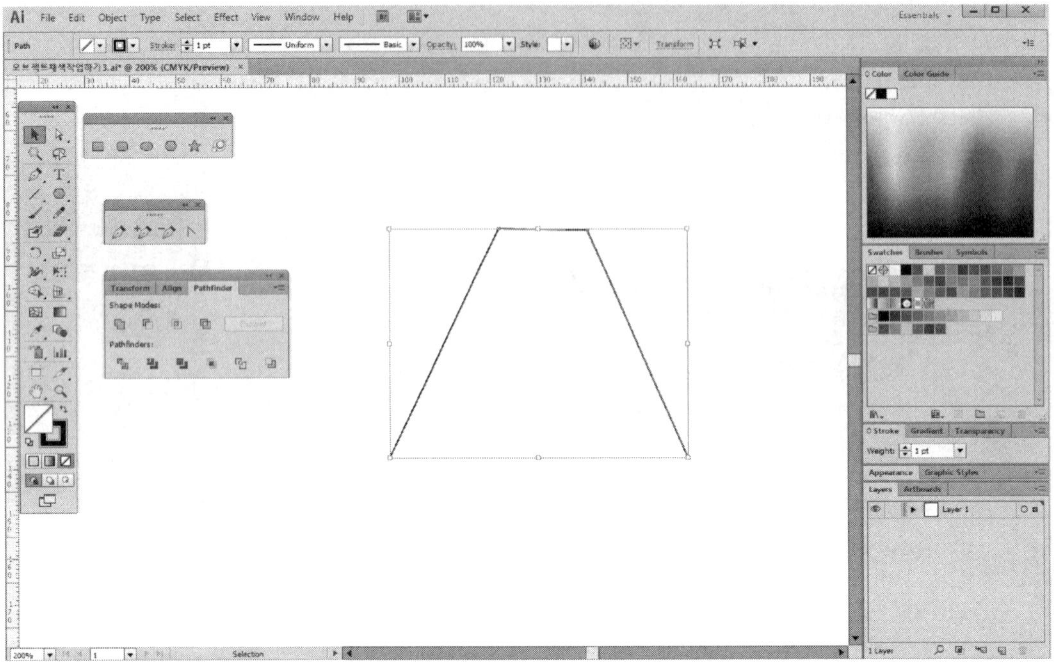

개체[Object]를 선택하여 색상을 채웁니다.

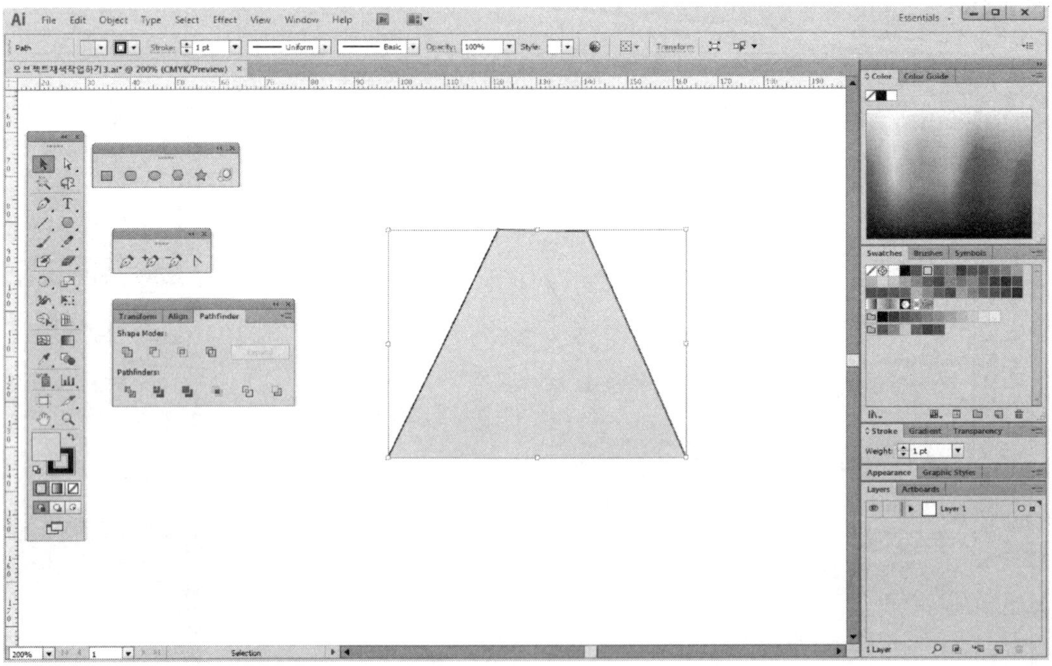

하단 부분을 이어주기 위해 직접 선택툴[Direct Selection Tool]로 하단 부분 3곳을 선택합니다.

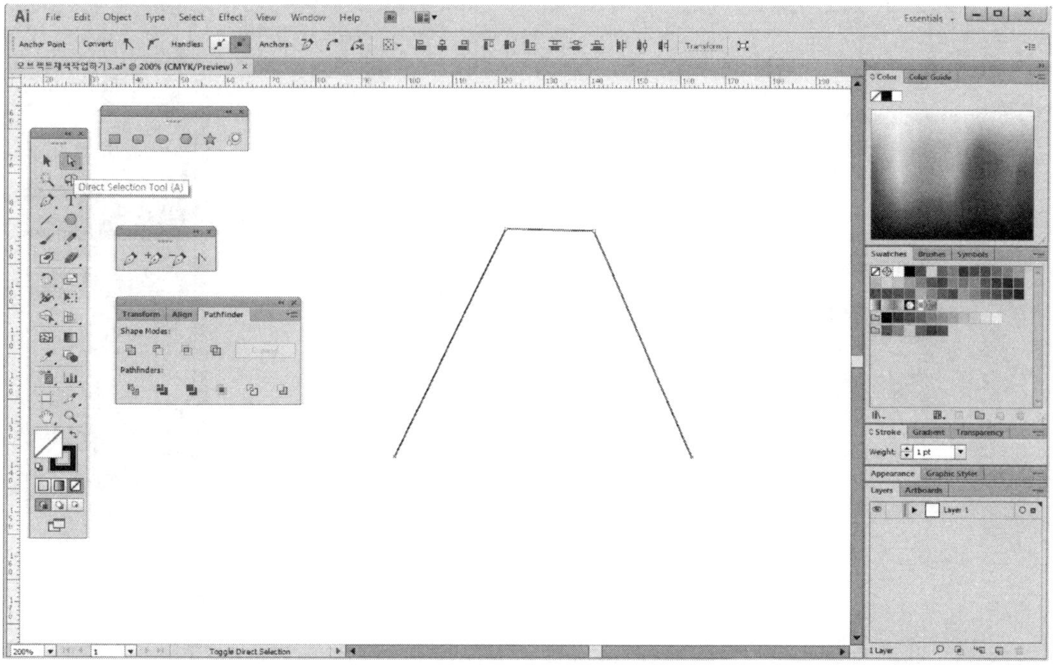

메뉴에서 [Object] - [Path] - [Join]을 실행하여 선을 이어줍니다.

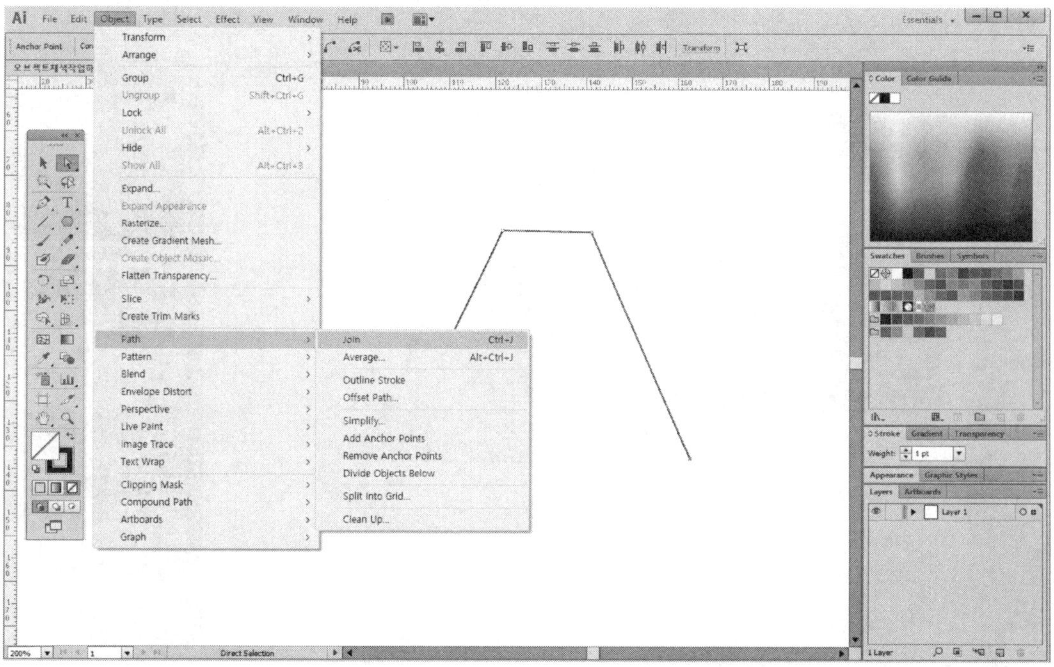

선[Line Segment Tool]이 이어진 화면입니다.

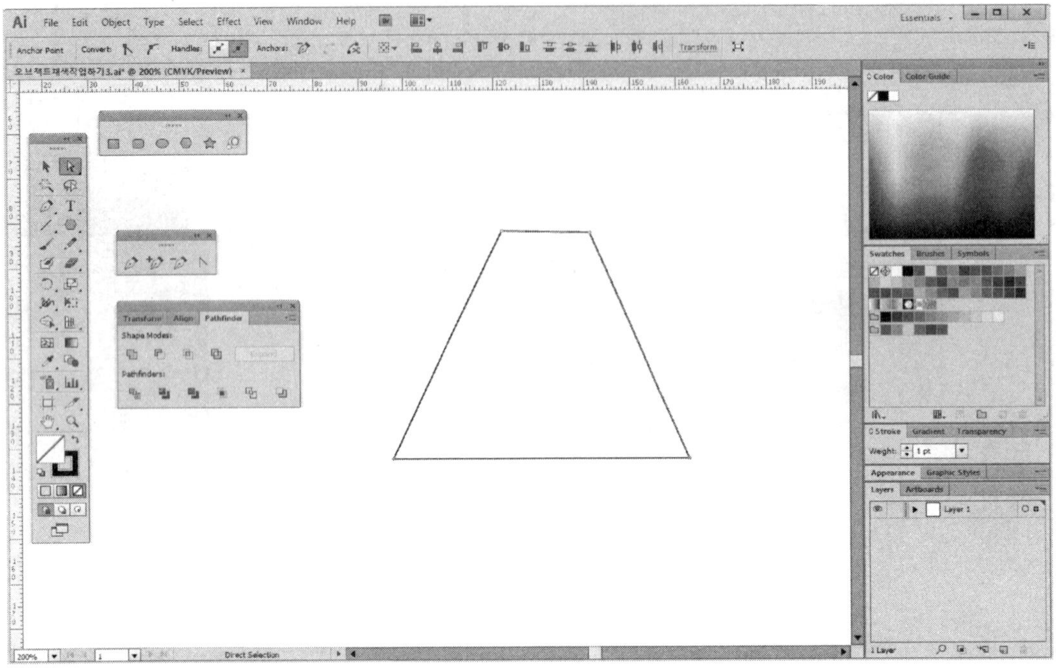

개체[Object]를 선택하여 색상을 채웁니다.

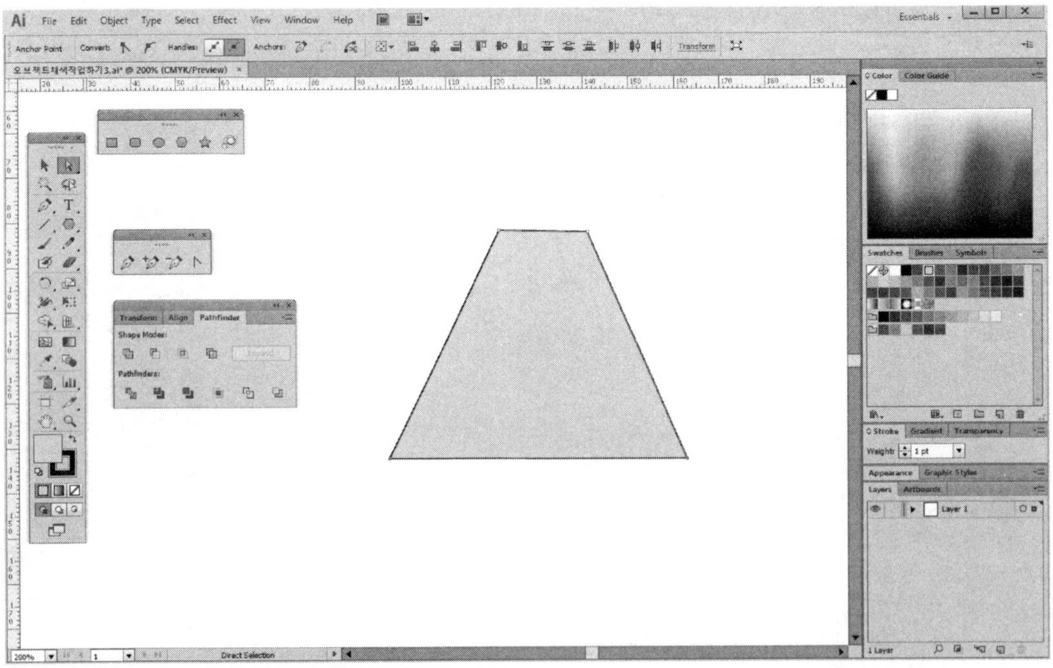

30 ▸ 텍스트[Text] 입력하기

텍스트[Text]를 [Enter]를 사용하여 입력합니다.

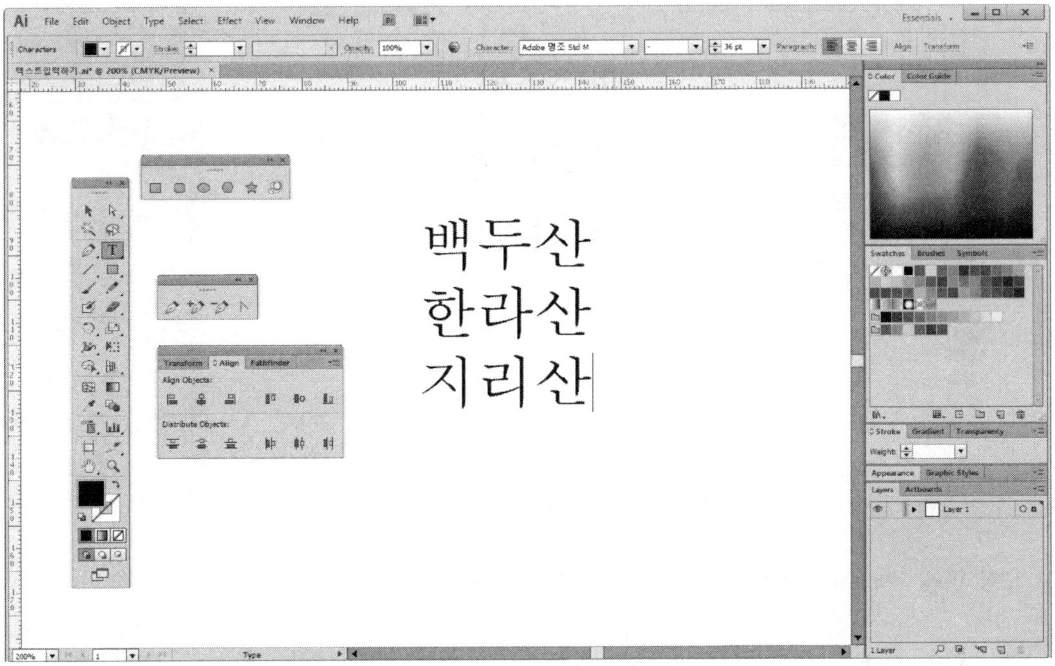

편집 상태를 벗어나기 위해서 [Ctrl] + [Enter]를 사용하여 완성합니다.

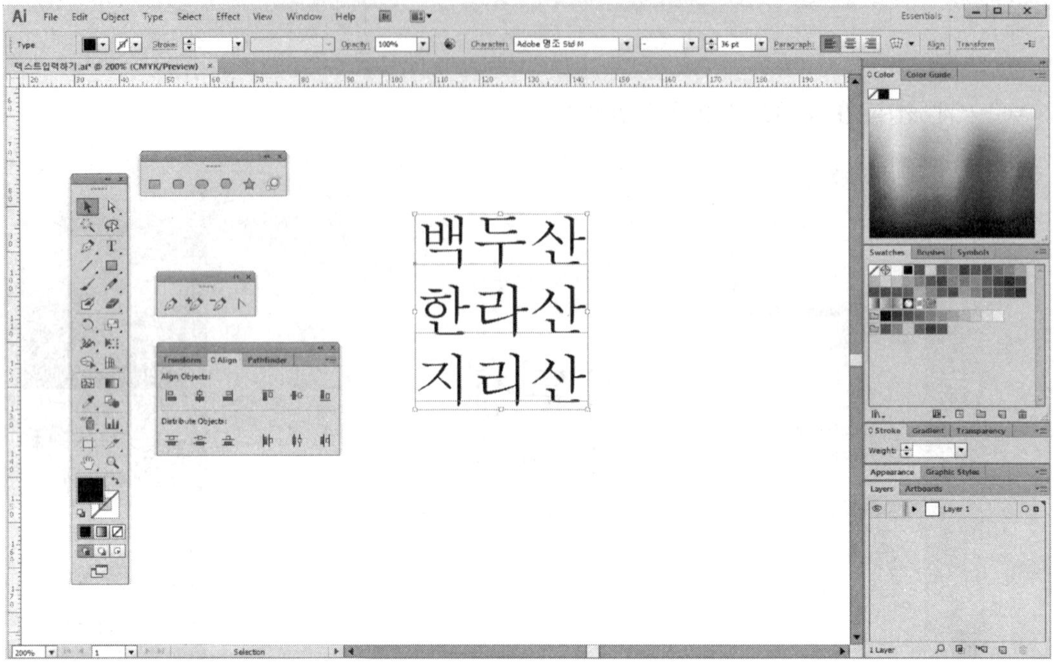

도형 안에 텍스트[Text]를 입력하기 위해 원을 생성합니다.

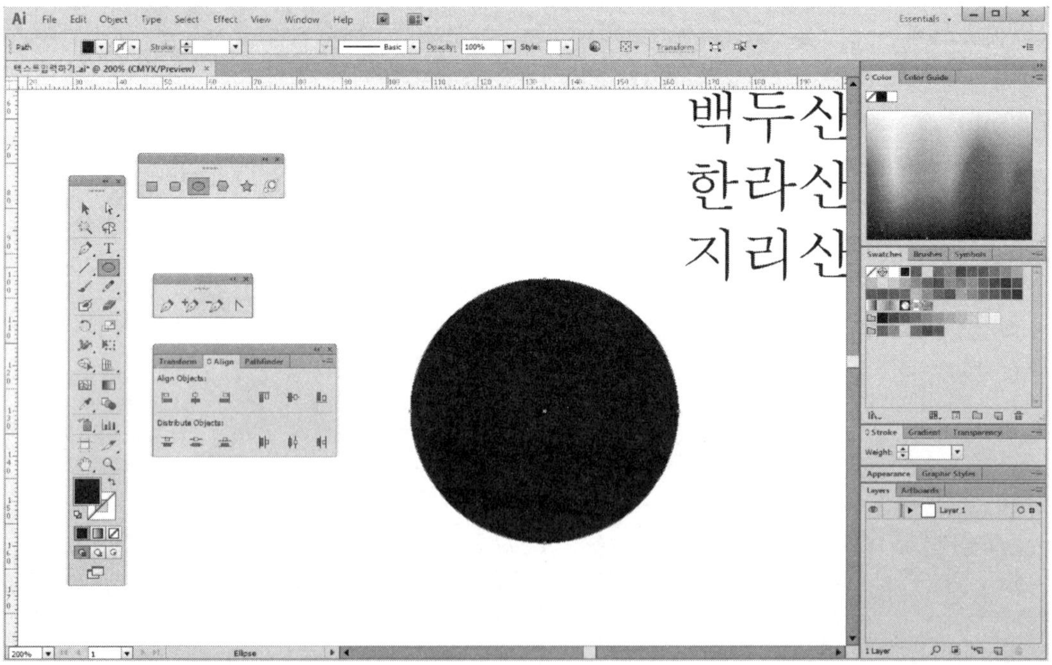

[Text Tool]를 사용하여 상단 부분을 클릭합니다.

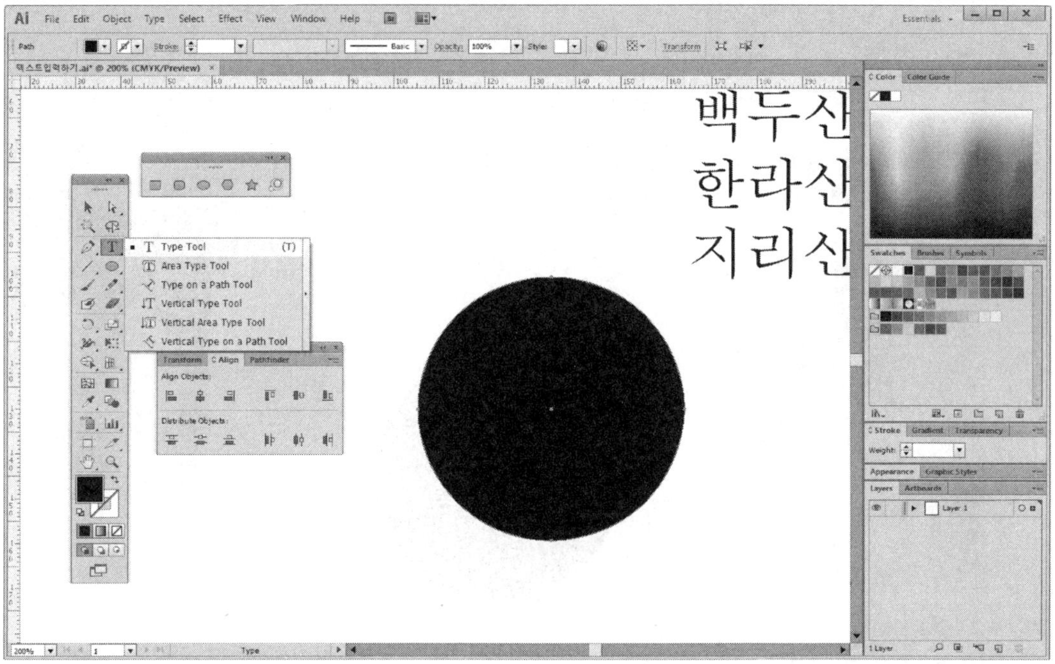

텍스트[Text]를 입력합니다.

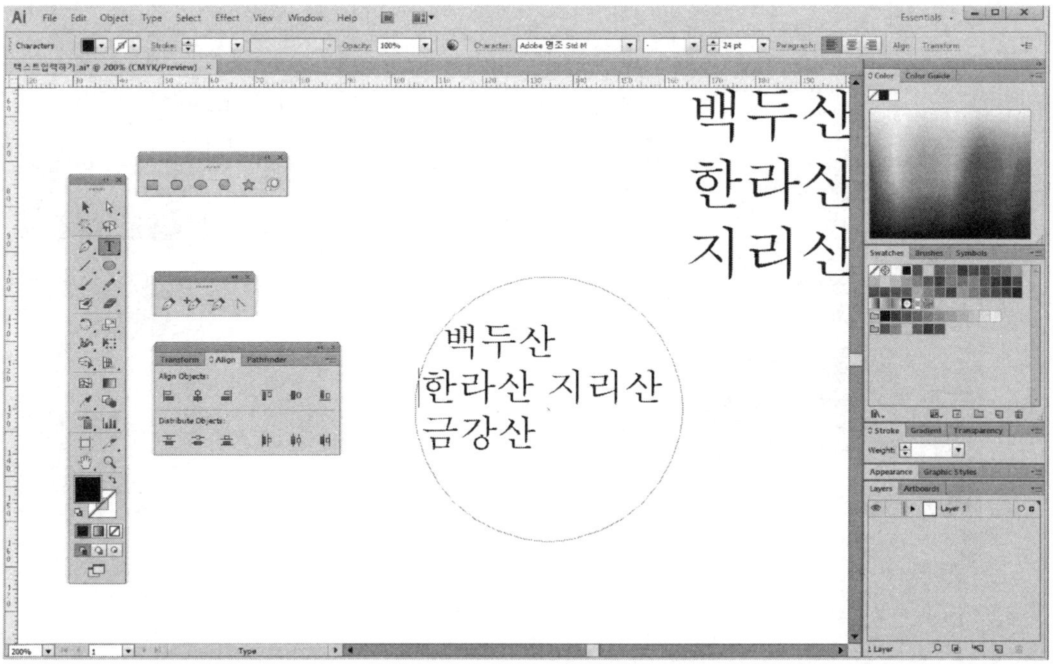

라인[Line]따라 텍스트[Text]를 입력하기 위해 원을 생성합니다.

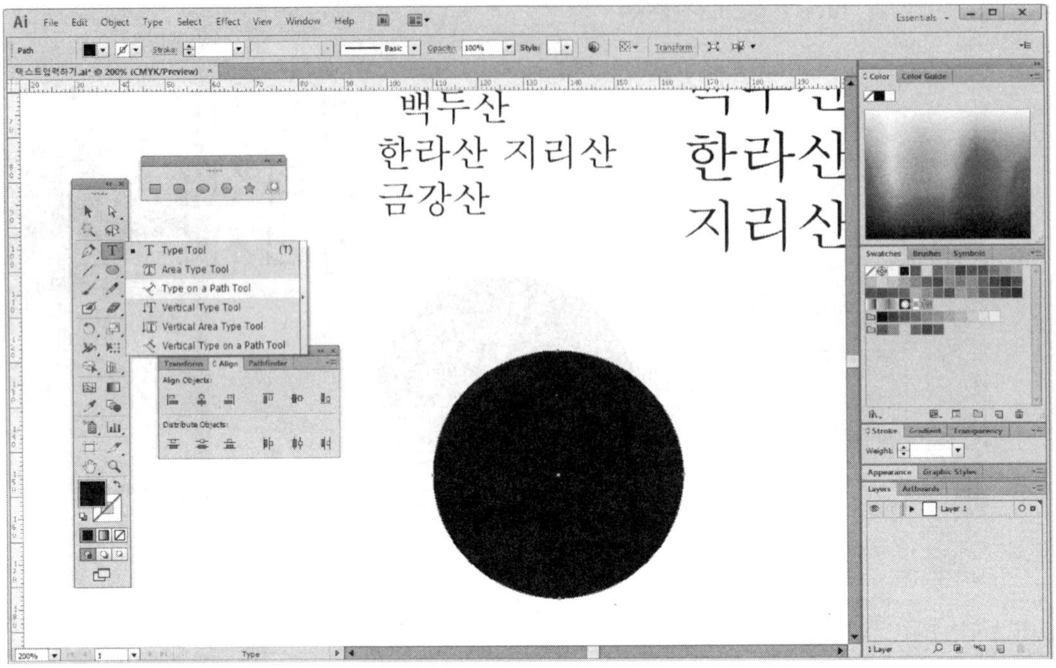

[Type on a Path Tool]를 사용하여 원 상단 부분을 클릭합니다.

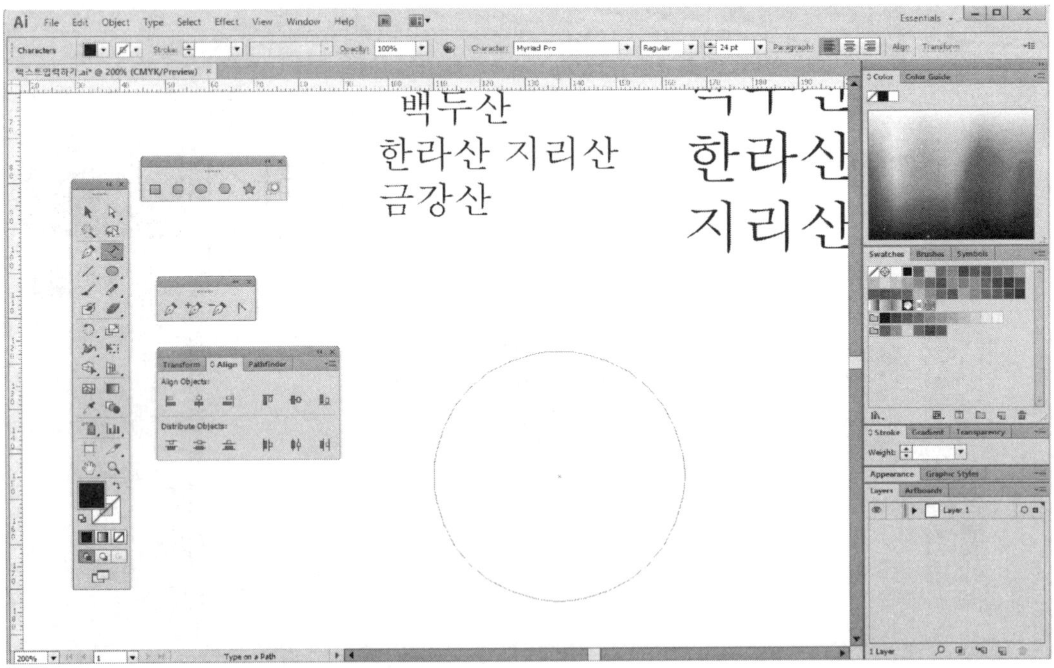

텍스트[Text]를 입력합니다.

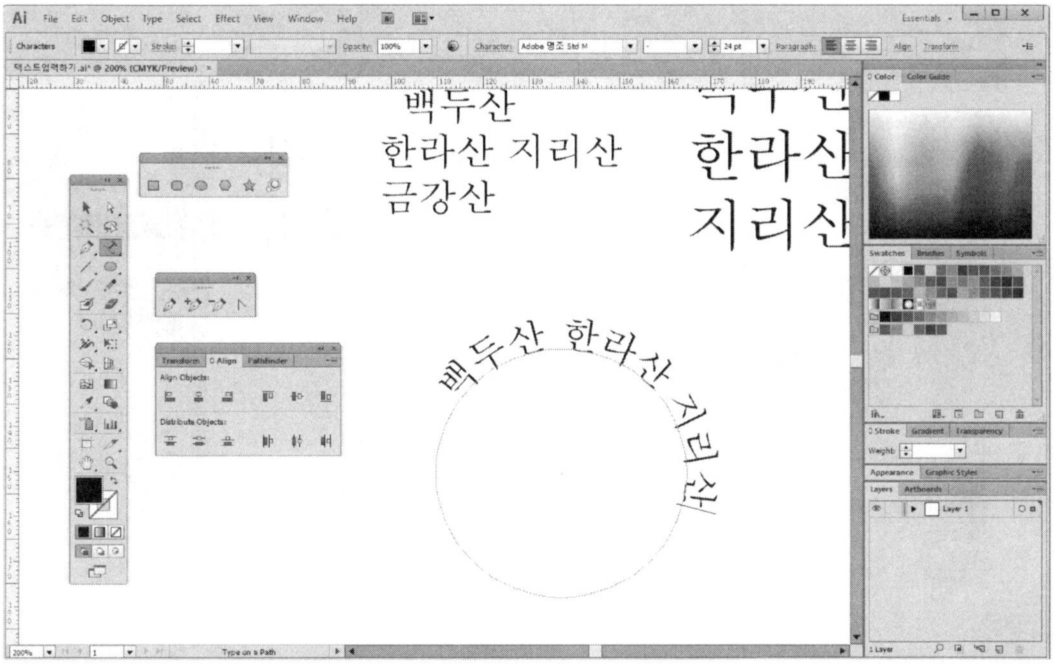

편집 상태를 벗어나기 위해서 [Ctrl] + [Enter]를 사용하여 완성합니다.

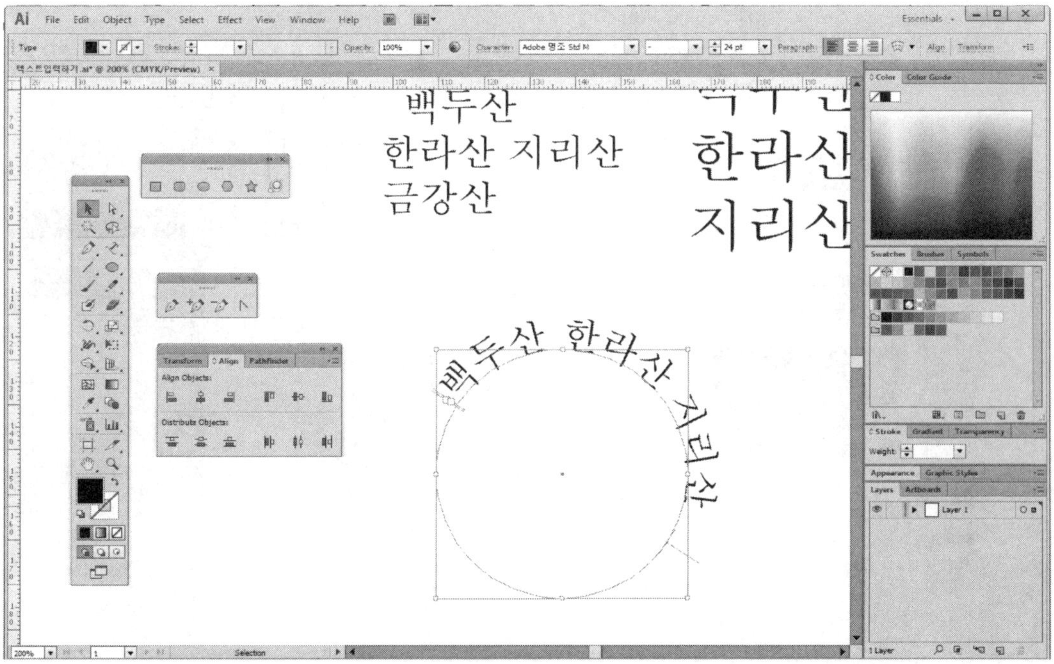

텍스트[Text] 시작 부분을 선택해서 이동합니다.

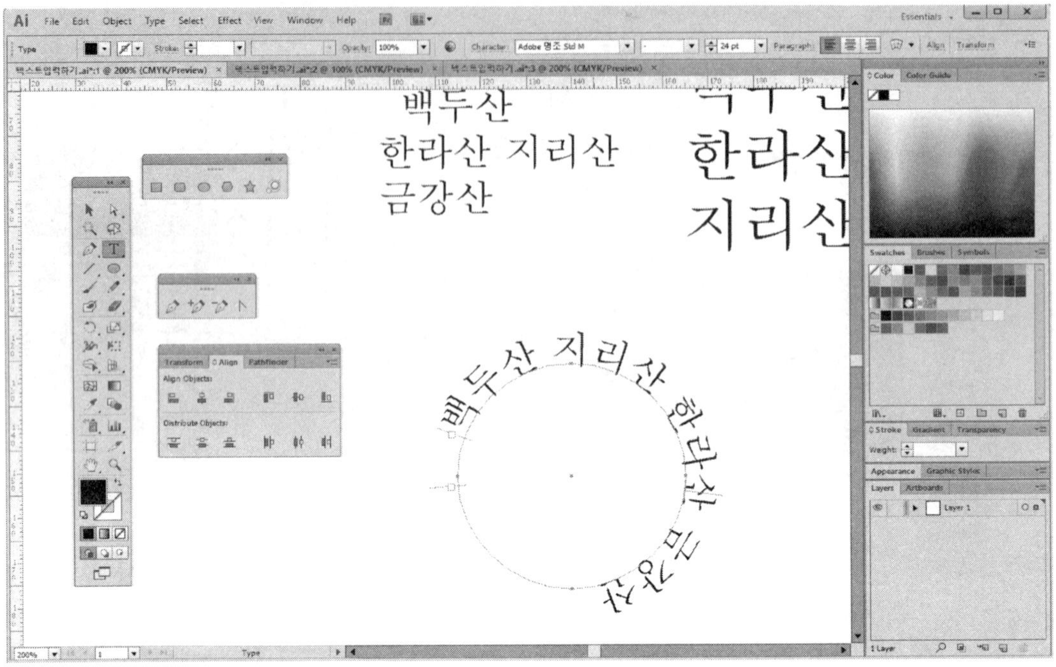

한라산 끝나는 부분을 선택해서 텍스트[Text] 위치를 바꾸어줍니다.

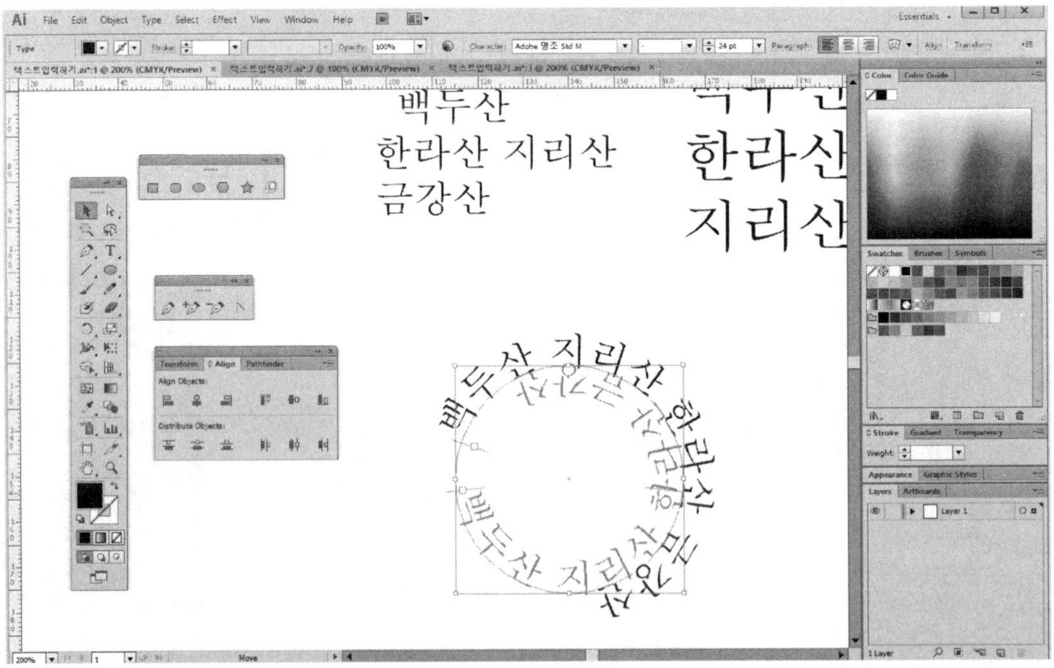

텍스트[Text] 위치 변경합니다.

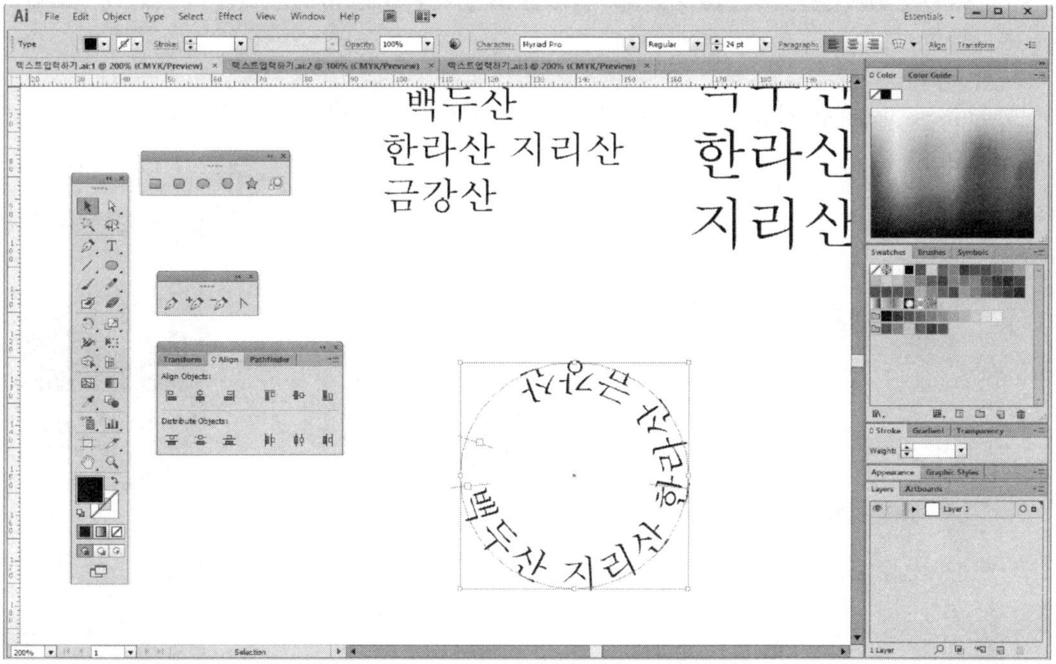

31 ▸ [JPEG] [PNG]저장하기

[Rectangle Tool]을 사용하여 가로[200]mm, 세로[150]mm 사각형을 그립니다.

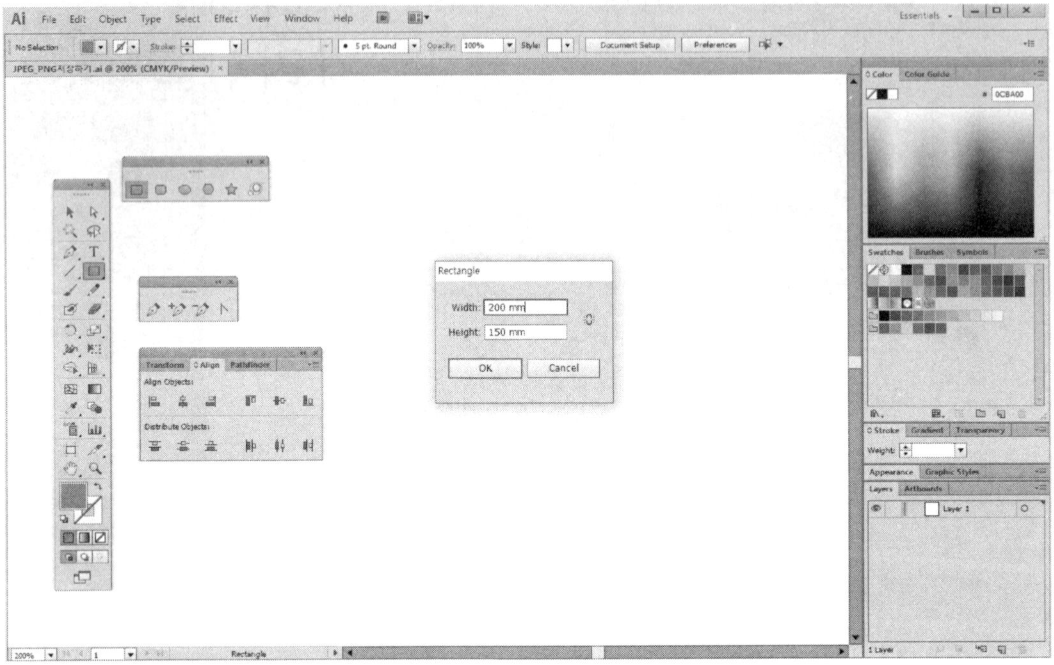

가로 = 200[mm], 세로 = 150[mm] 사각형을 생성합니다.

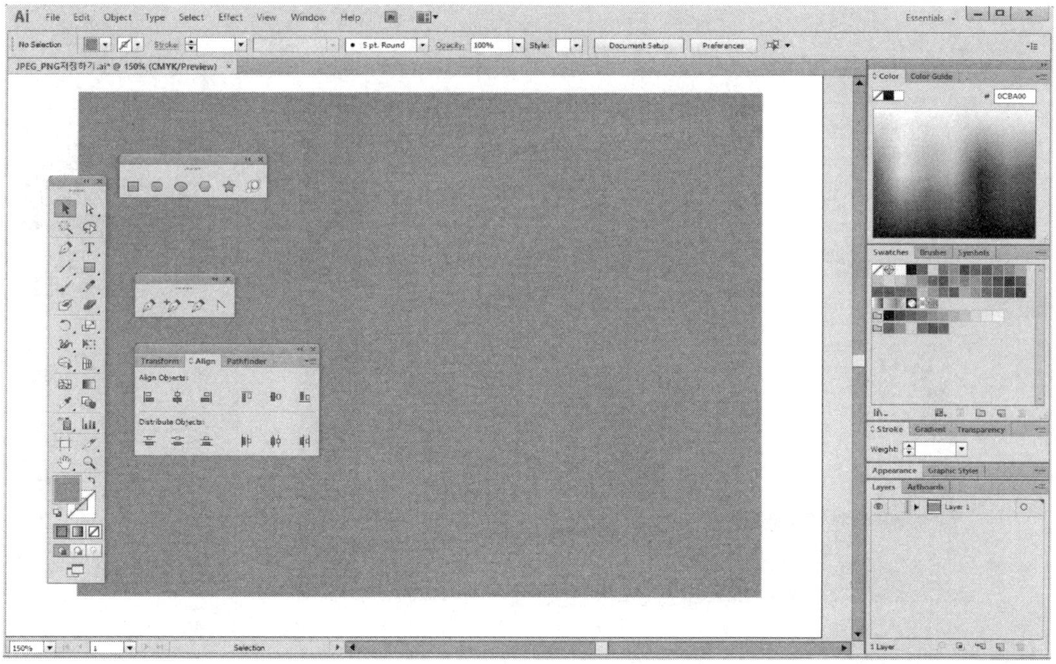

메뉴에서 [File] - [Export]를 실행합니다.

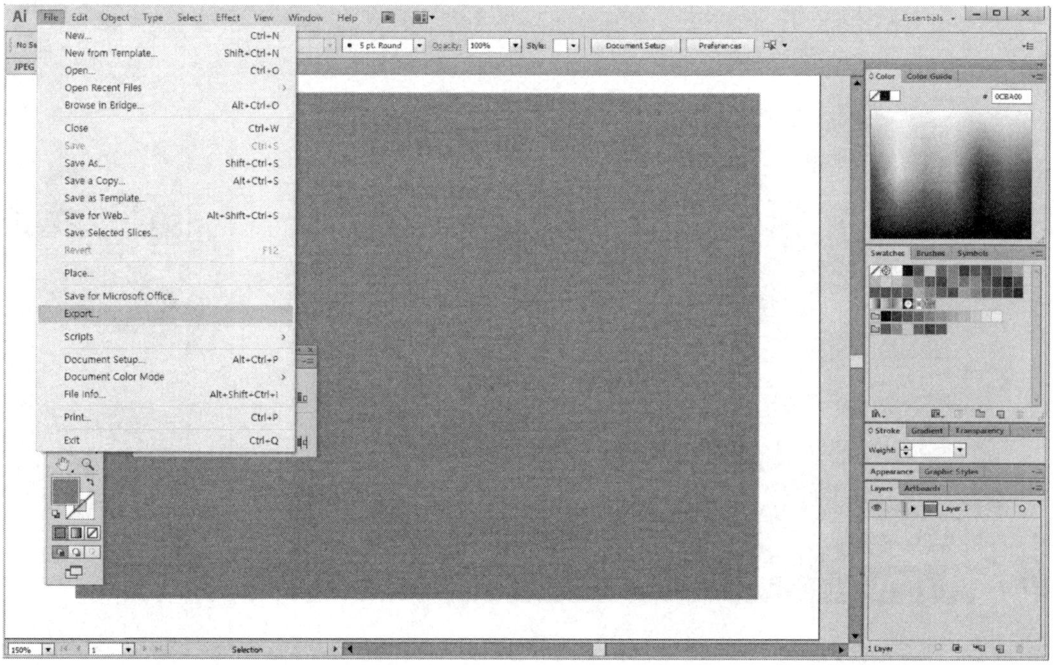

파일 형식에서 [JPEG]를 선택합니다.

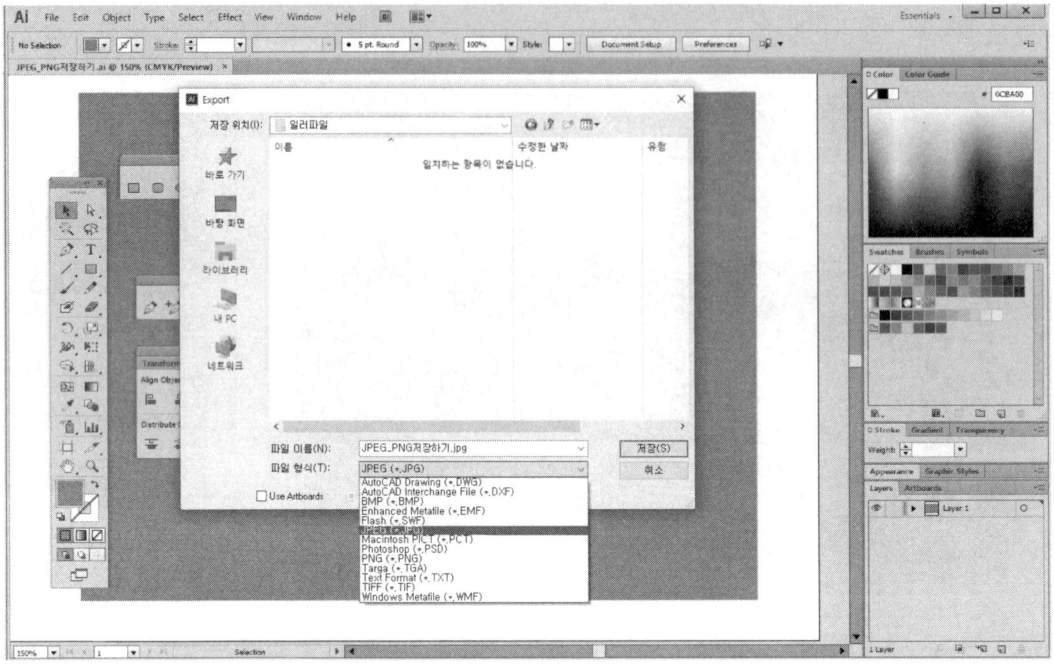

[Color Mode]에서 [JPEG]를 선택합니다.

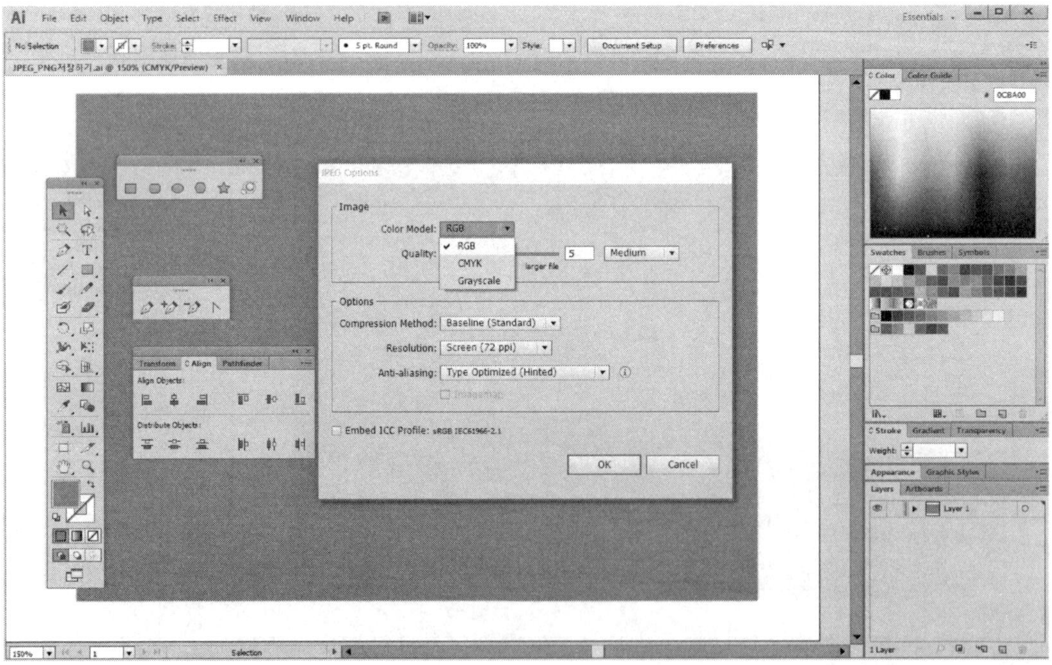

> [JPEG Options]탭

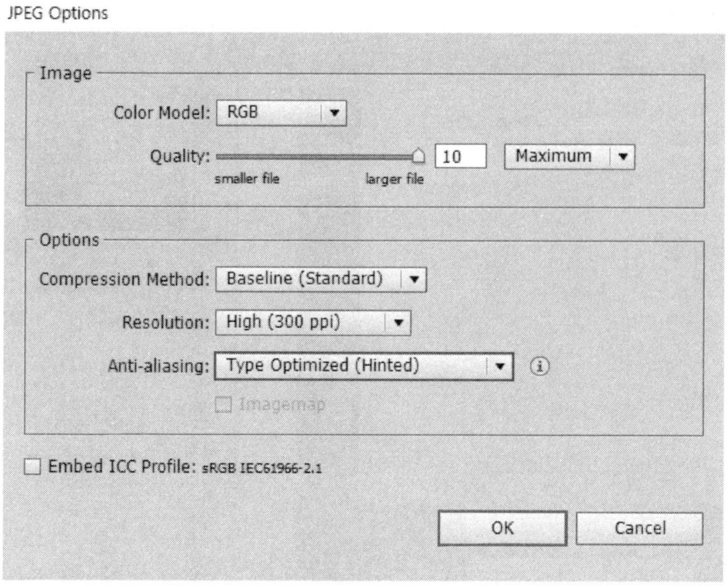

[Quality] [Resolution]을 최댓값을 선택하여 실행합니다.

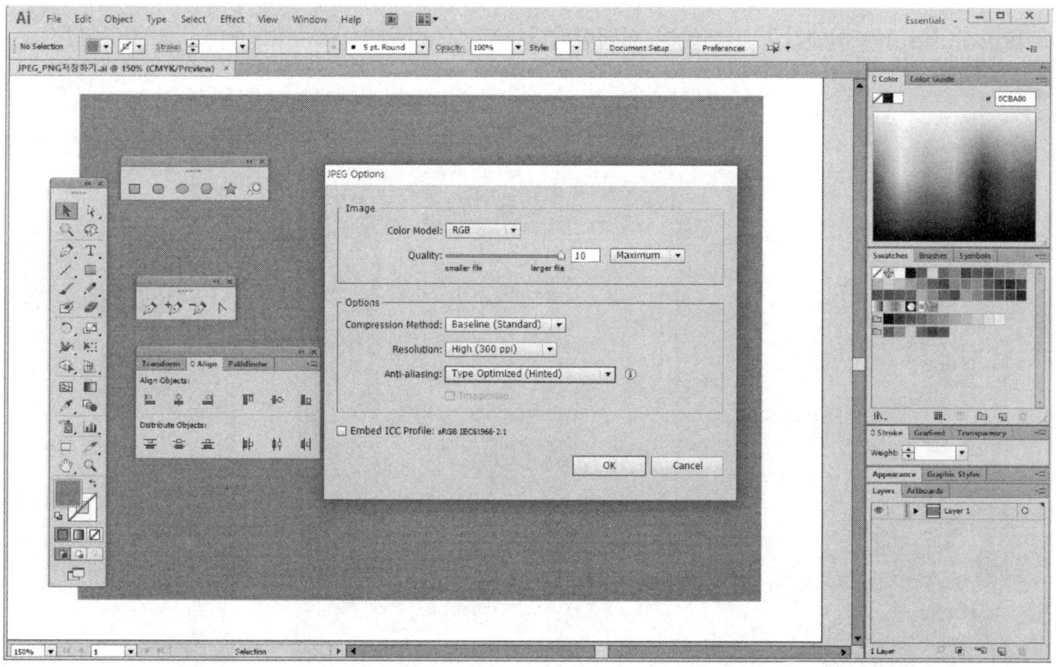

파일 형식을 [PNG]를 선택합니다.

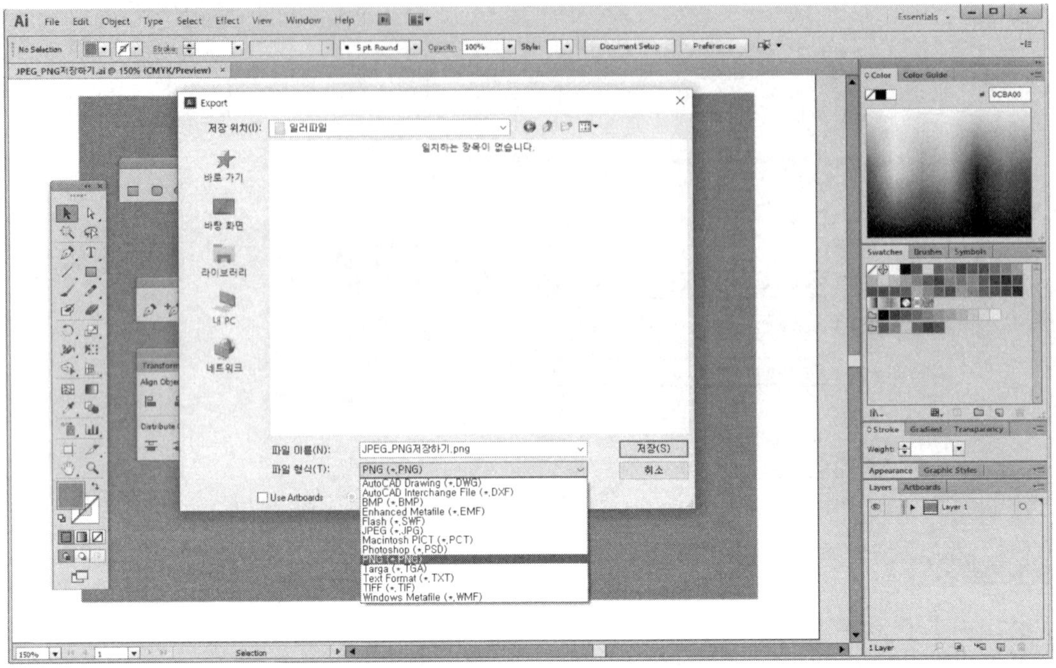

[Resolution]을 최댓값을 선택하여 실행합니다.

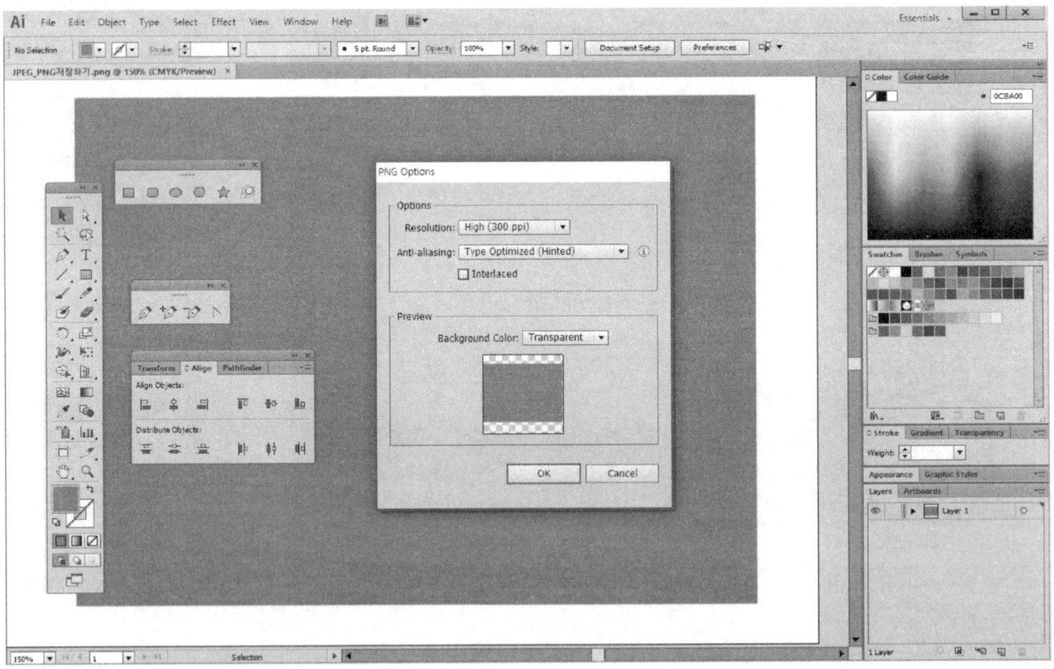

[PNG Options]탭입니다. 화면과 같이 선택하여 실행합니다.

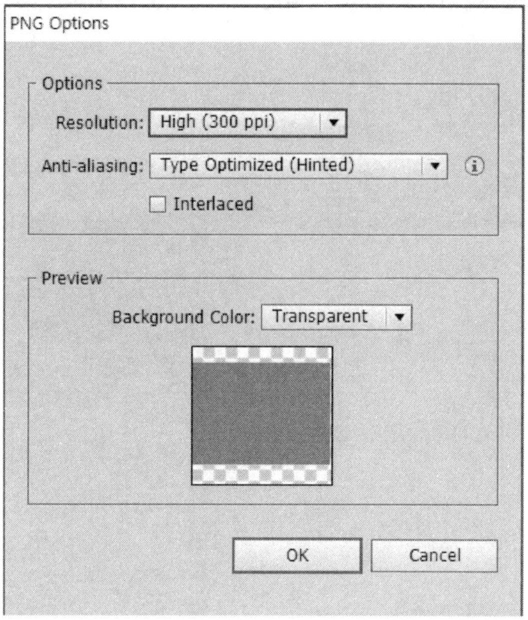

32 인쇄물 만들기

[File] - [New]를 실행하여 새 파일을 생성합니다.

파일 이름을 인쇄물 만들기로 저장합니다.

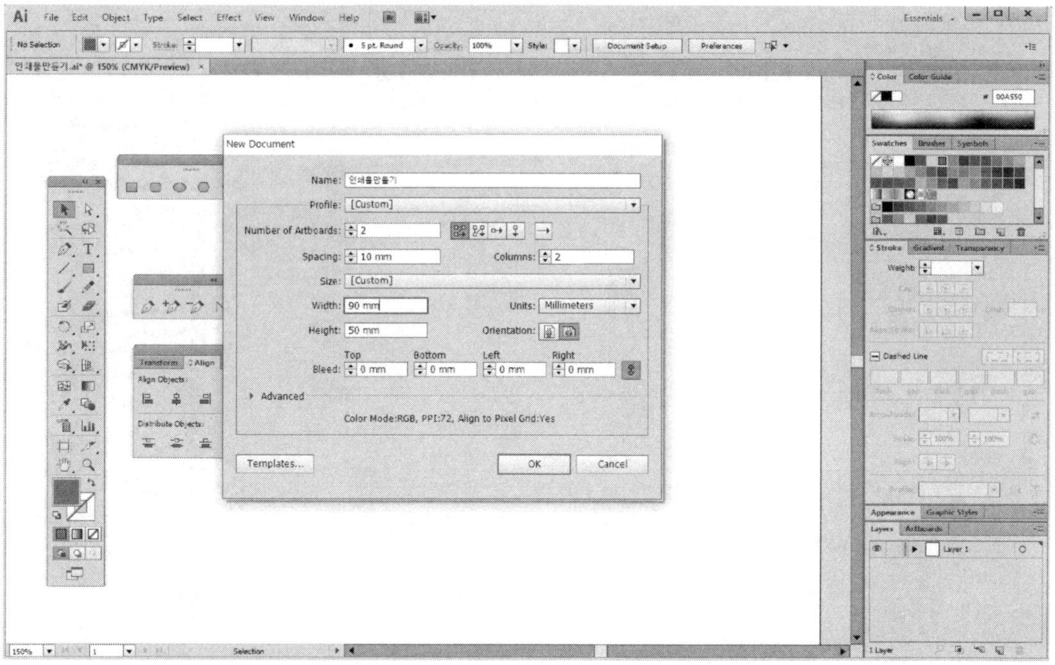

일반적으로 명함크기는 90[mm]×50[mm], 86[mm]×50[mm], 85[mm]×55[mm] = [신용카드] 크기로 제작합니다.

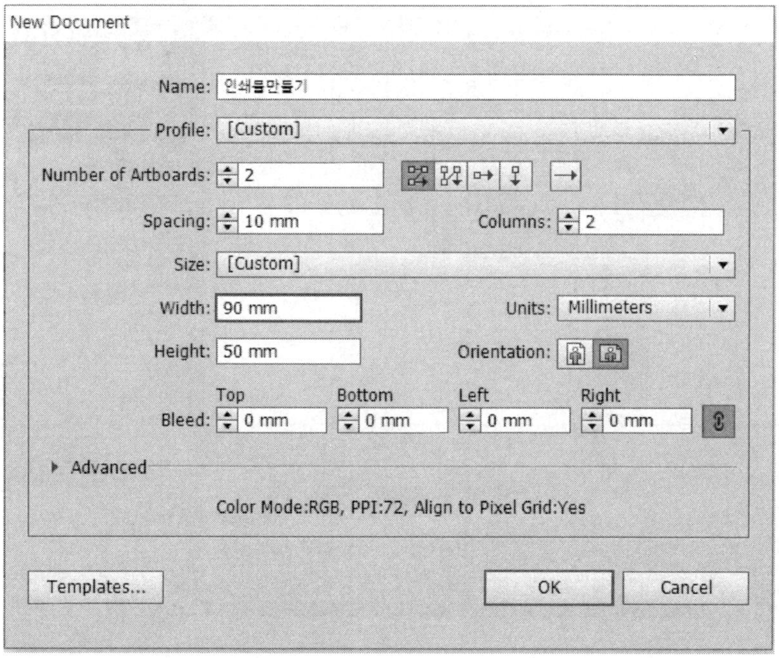

가로 세로 90[mm]×50[mm]크기로 생성합니다.

재단 여유를 감안하여 사각형 94[mm]×54[mm]크기로 생성합니다.

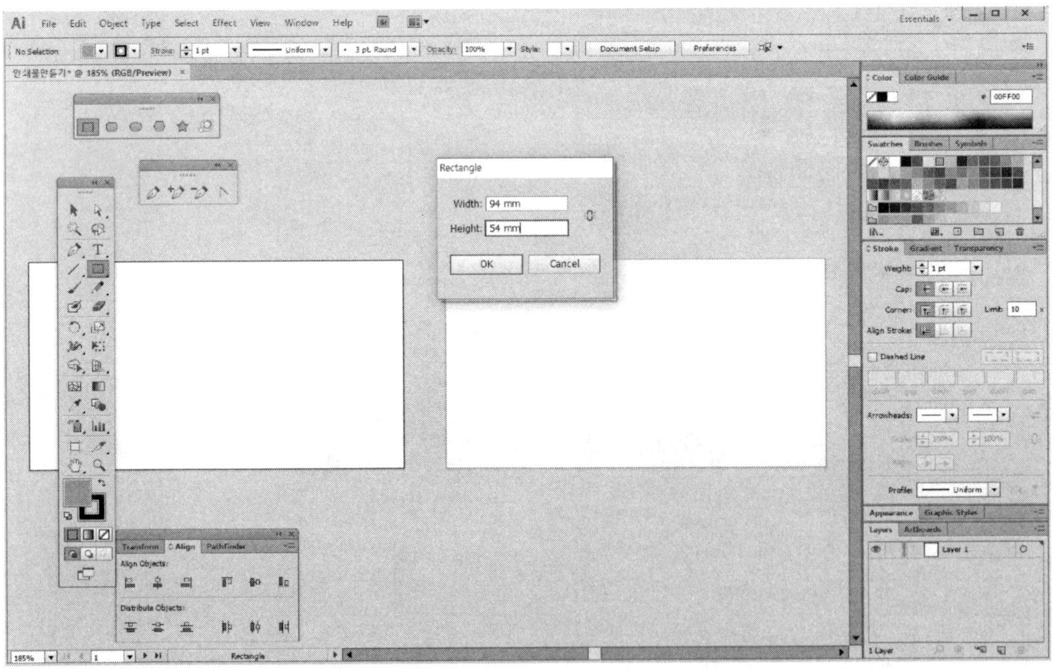

> [Rectangle]탭

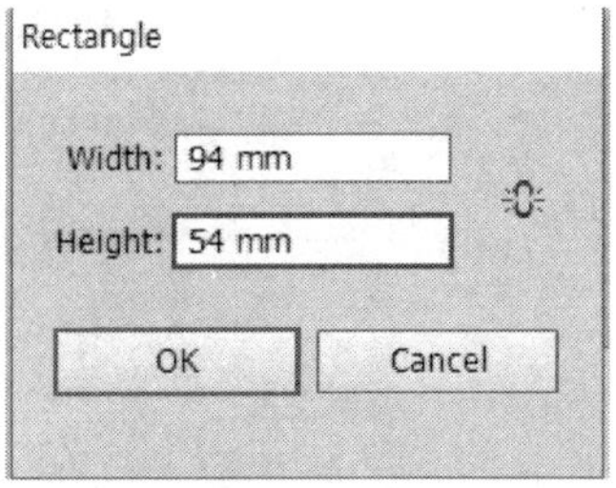

[Align]탭에서 확장 메뉴[Show Options]를 실행합니다.

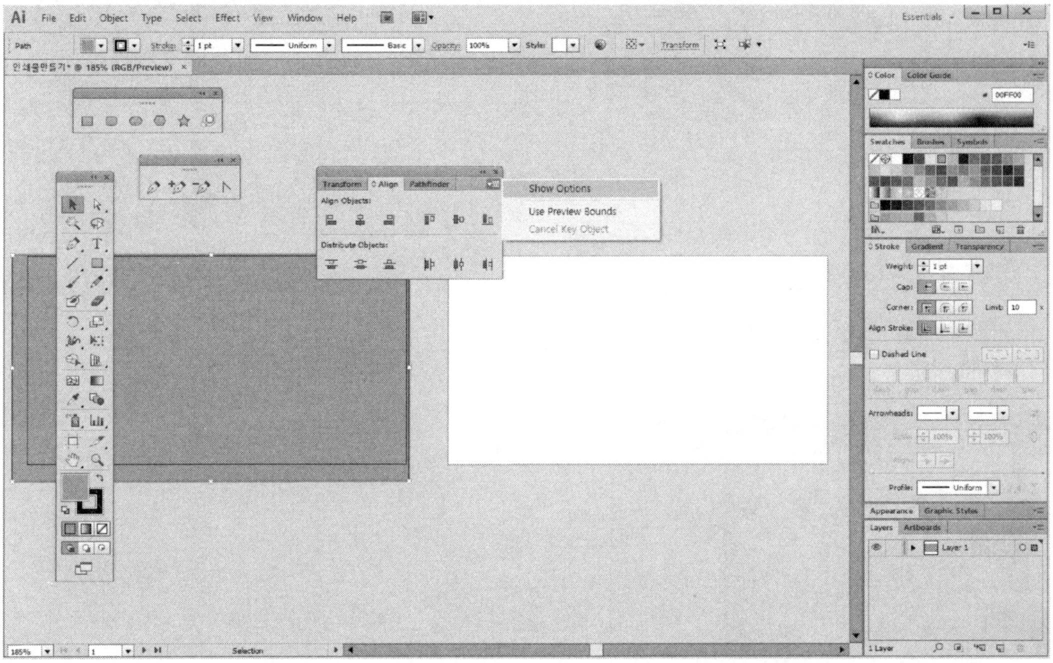

[Align to Artboard]를 선택합니다.

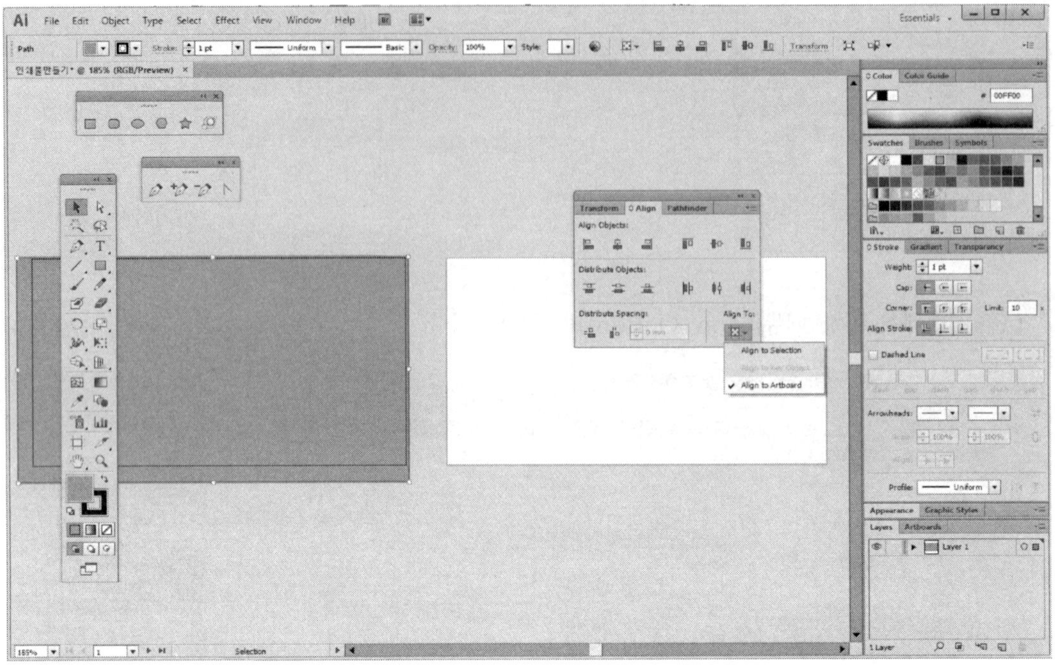

> [Align]탭

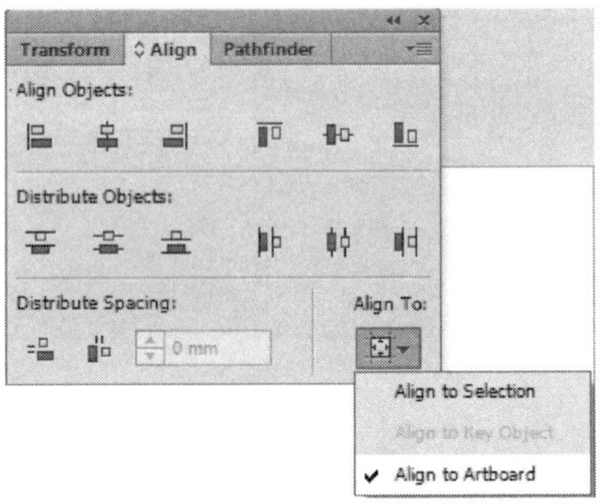

[Align]탭에서 [Horizontal Align Center]를 실행합니다.

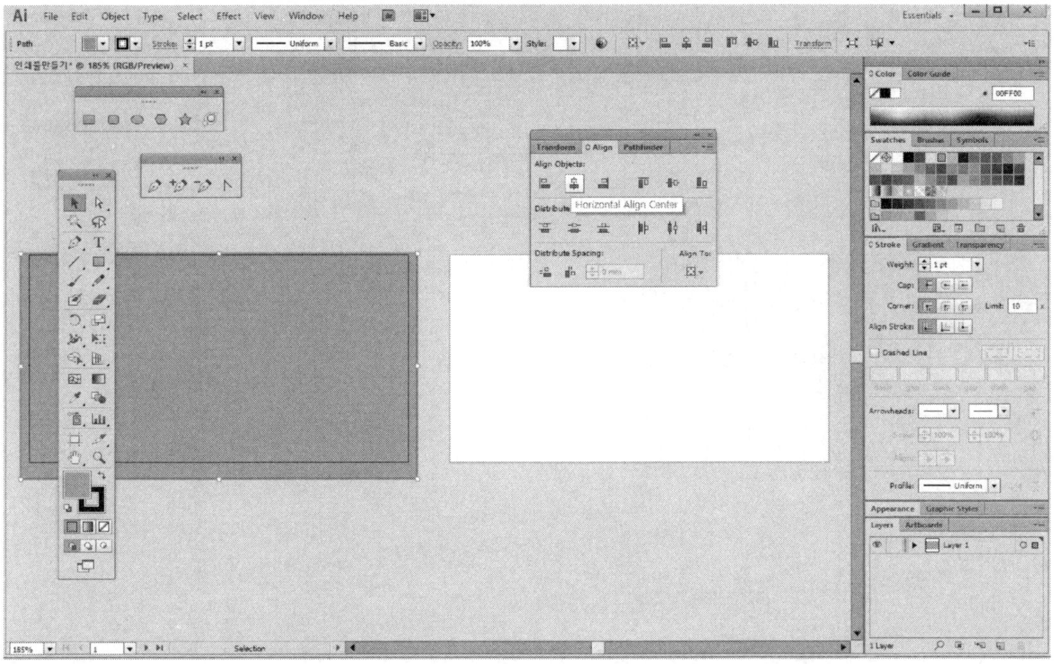

[Align]탭에서 [Vertical Align Center]를 실행합니다.

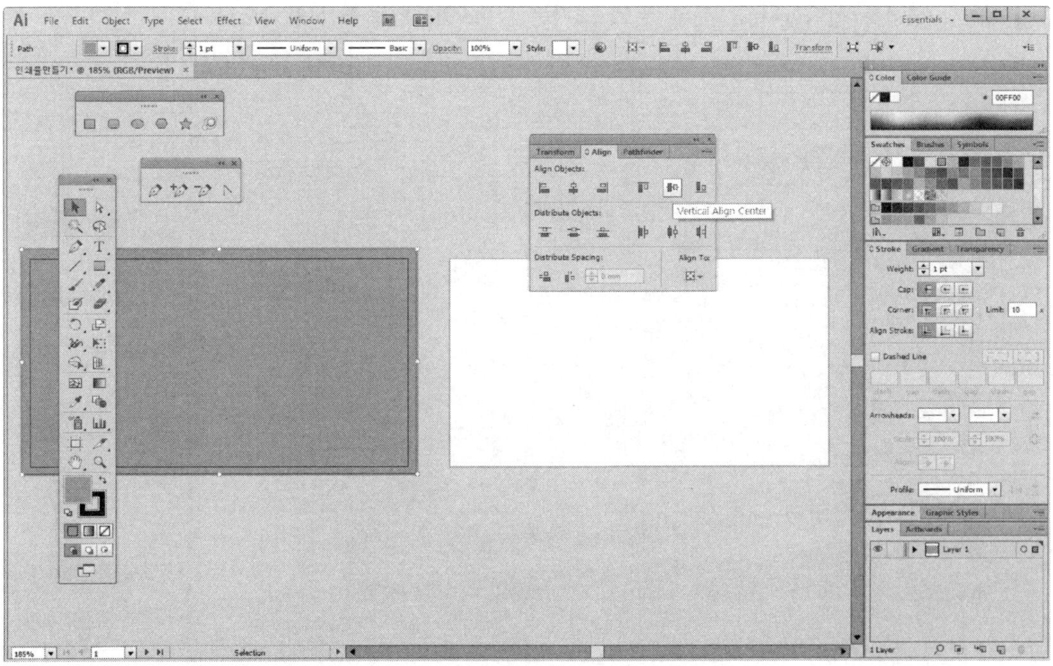

정렬을 완료한 화면입니다.

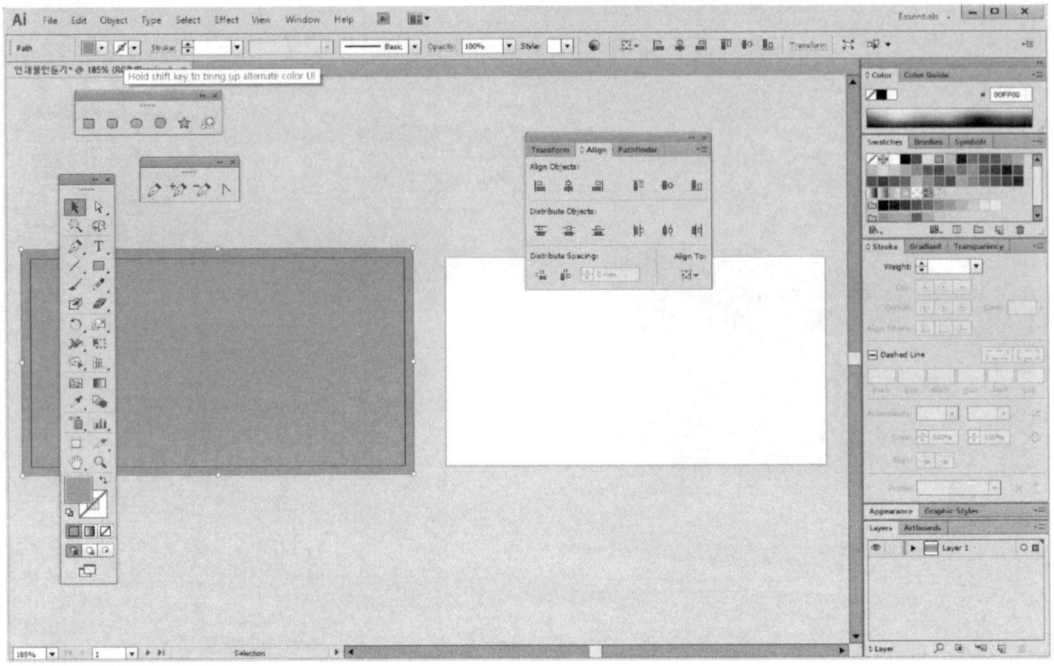

텍스트[Text]가 너무 밖으로 나가지 않기 위해 가이드선을 생성합니다.
[Milimeters]를 선택합니다. 세부 폰트 크기는 [7.5~9]포인트를 사용합니다.

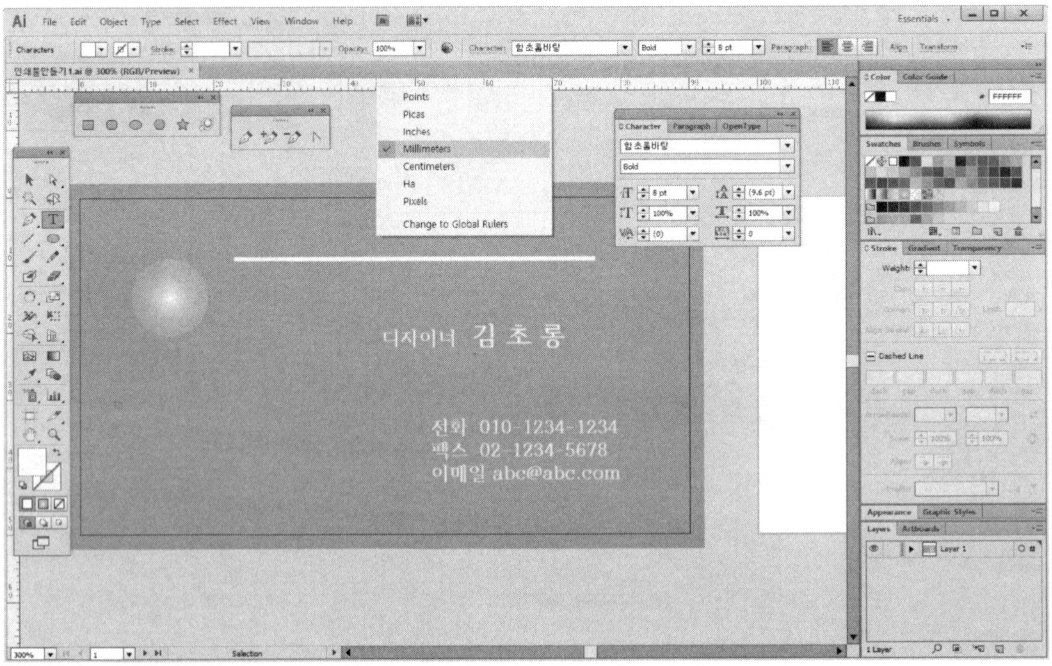

개체[Object]를 이미지화 하기 전에 일러스트레이터[Illustrator] 파일을 저장합니다.

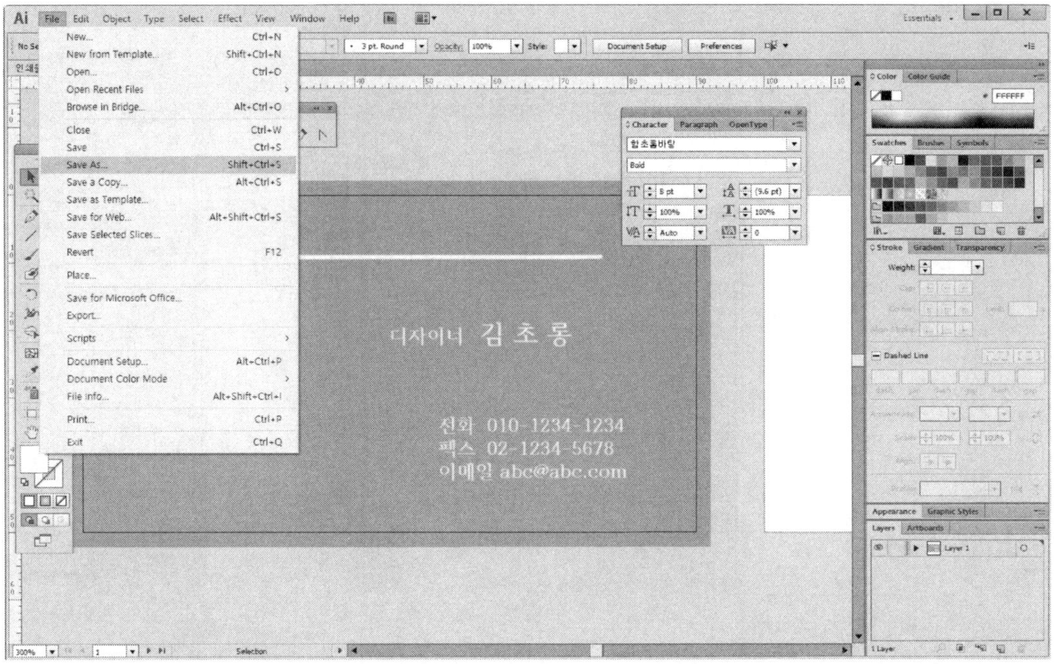

저장합니다.

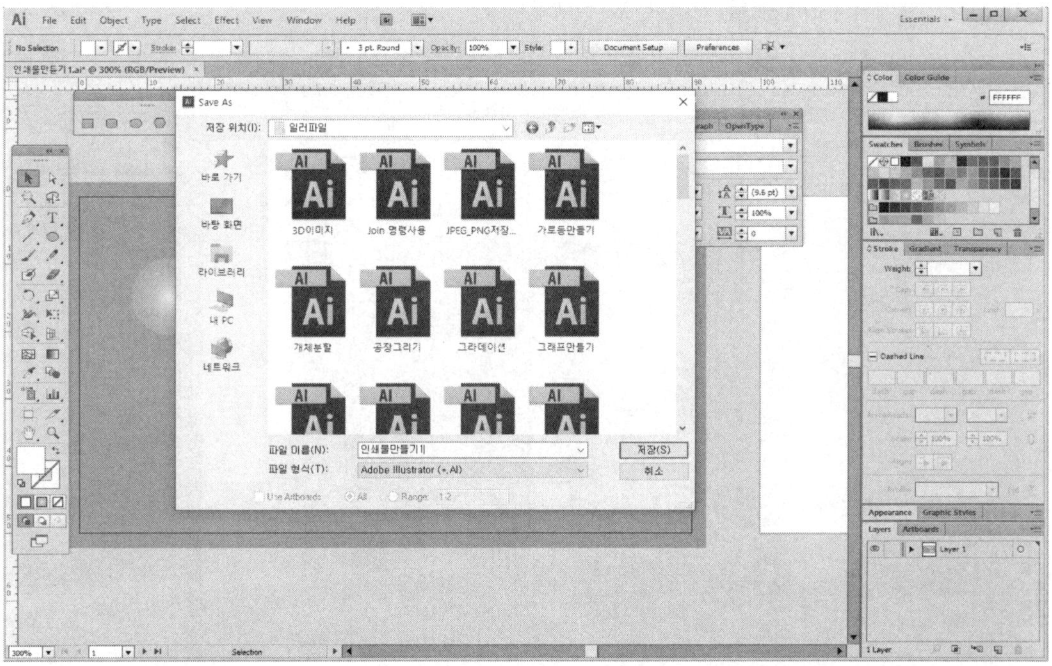

인쇄 파일을 만들기 위해 실선을 면개체로 하기 위해 실선을 선택한 후 [Object] - [Expand]를 실행합니다.

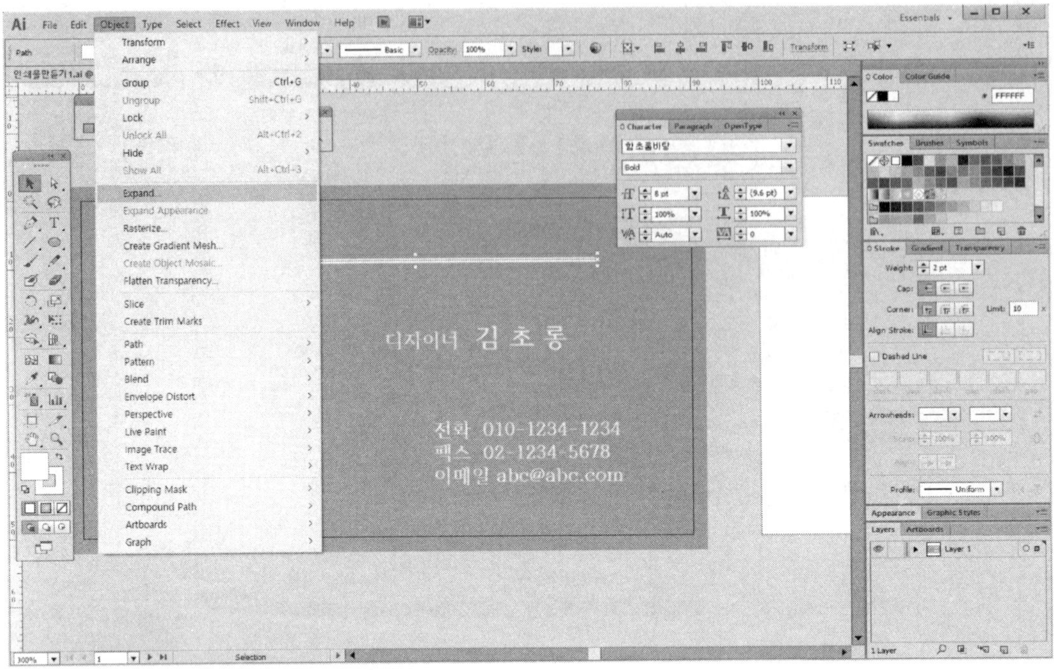

[Expand]탭에서 [Stroke]를 선택한 후 실행합니다.

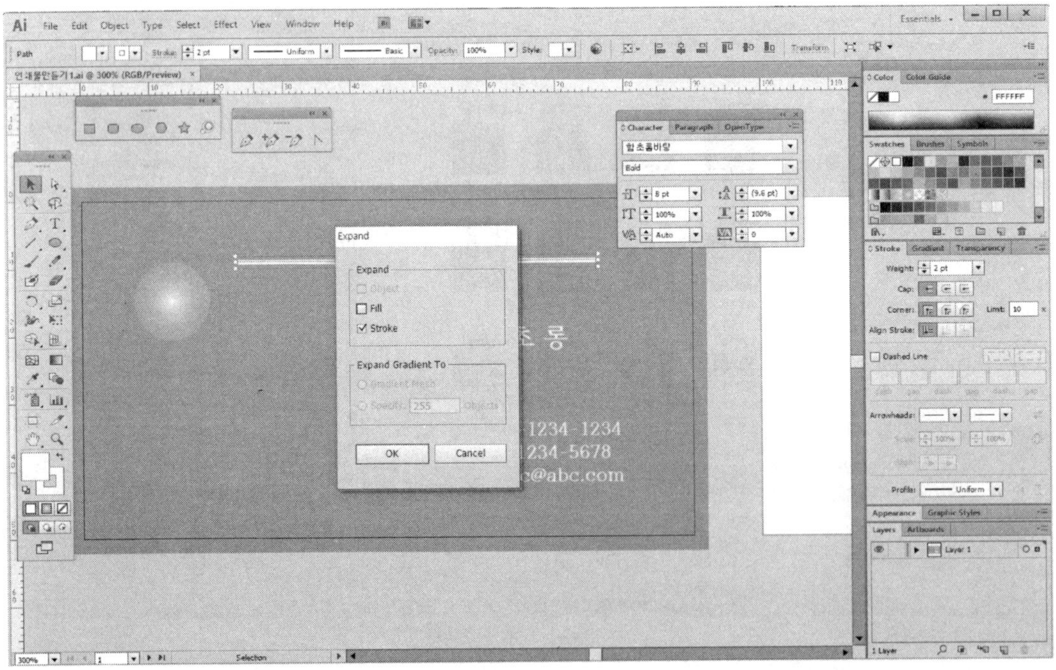

▶ [Expand]탭

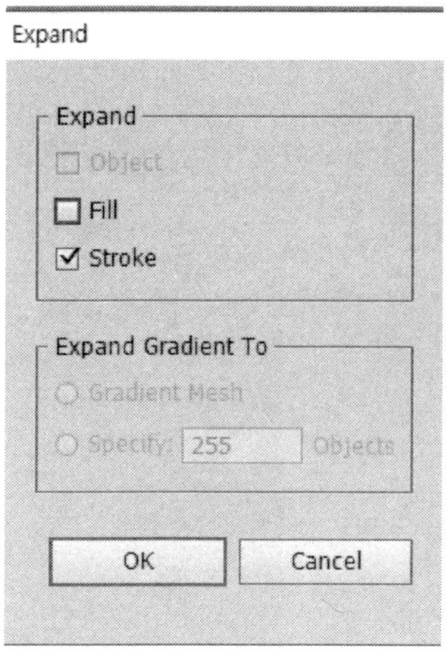

원을 선택합니다.

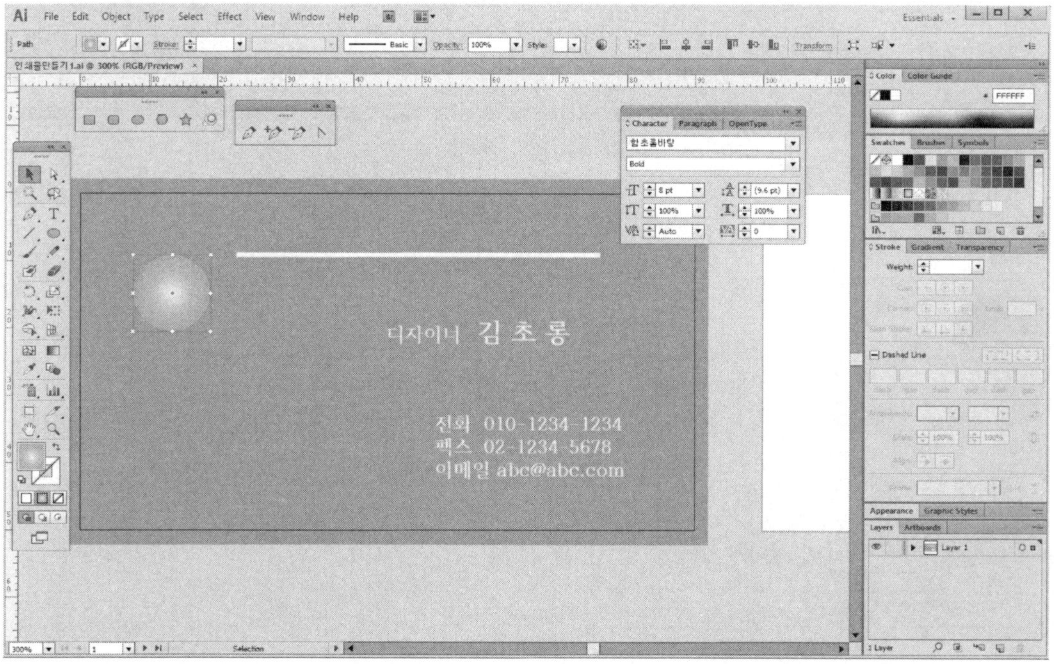

원을 이미지화 만들기 위해 원을 선택한 후 [Object] - [Expand]를 실행하고 [Fill]를 체크하고 실행합니다.

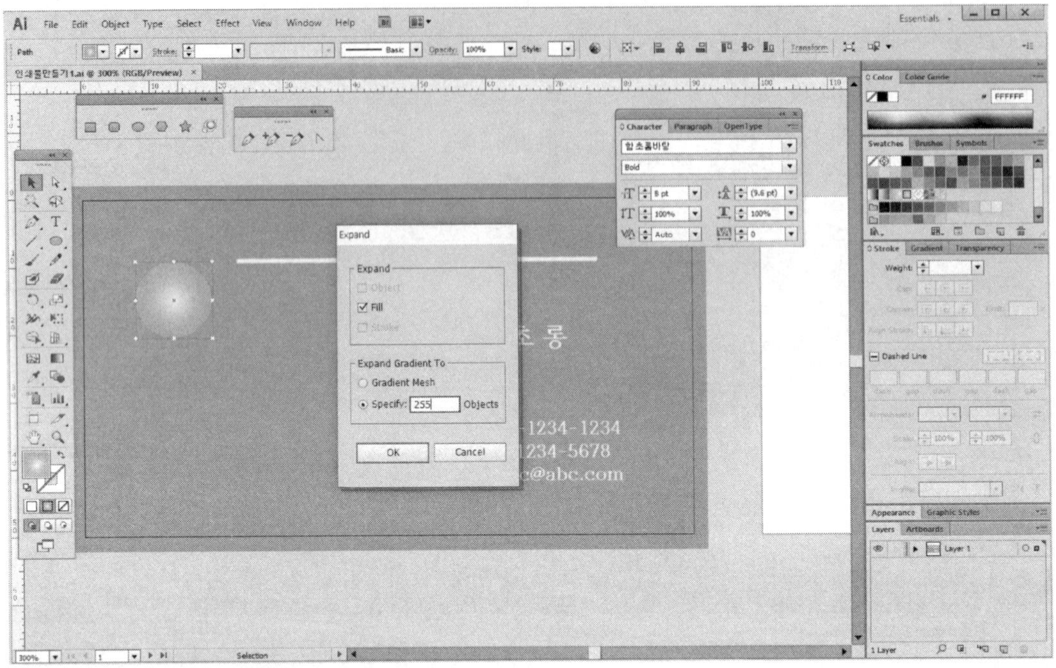

> [Expand]탭

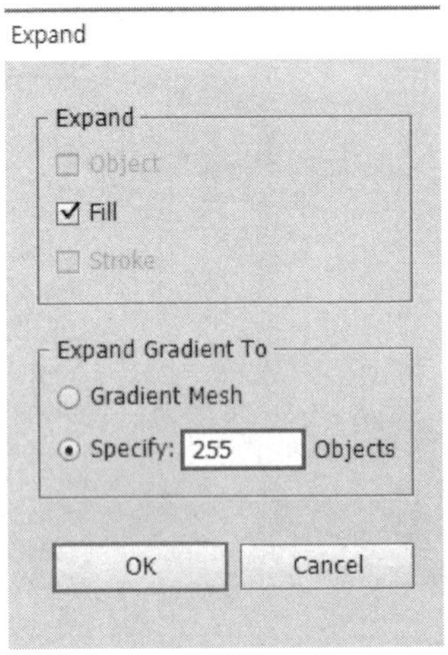

인쇄 시 폰트가 깨지기 때문에 텍스트[Text]를 이미지화하기 위해 [Type] - [Create Outlines]를 실행합니다.

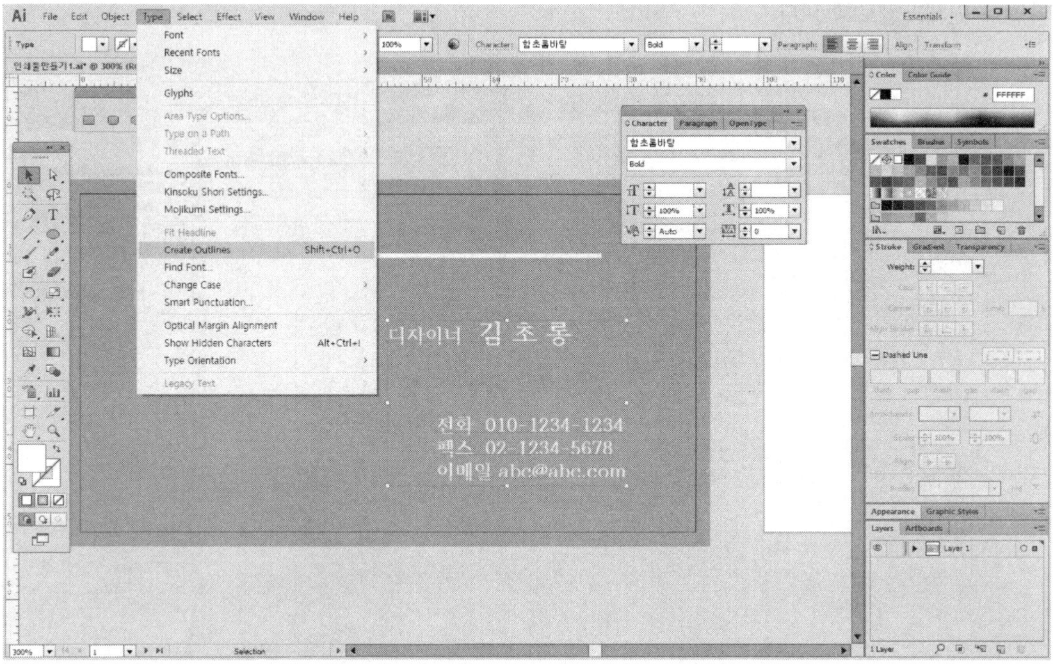

또는 단축키 [Create Outlines]를 실행합니다.

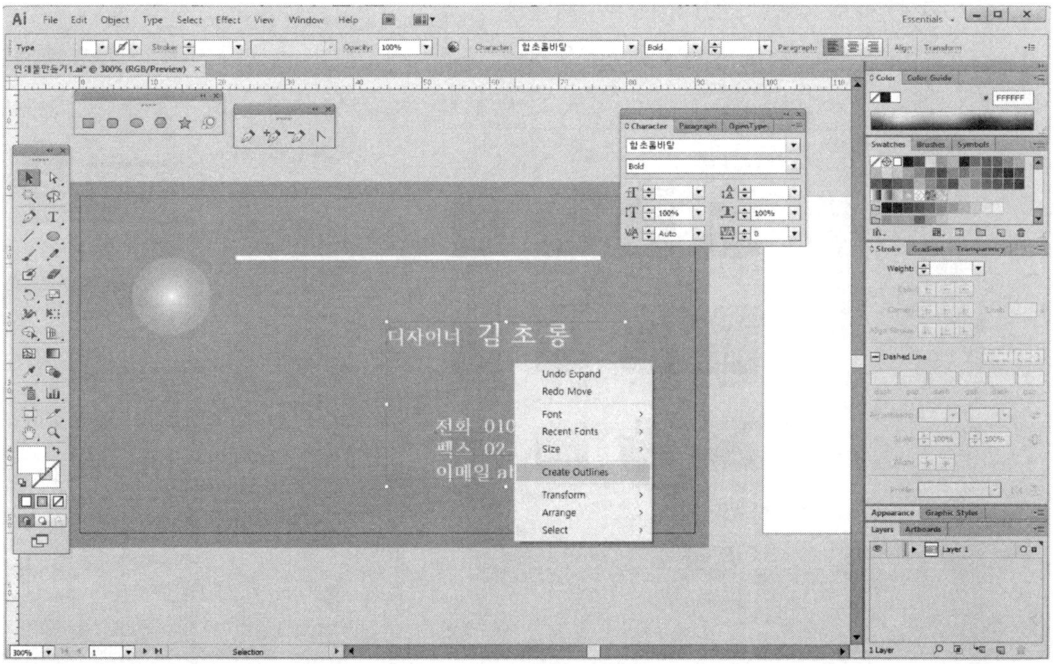

재단되었을 때 텍스트를 보호하기 위해 재단선에서 최소 5[mm] 정도는 되어야합니다. [EPS]파일은 인쇄파일 포맷입니다. [AI]파일도 인쇄파일로 사용합니다. 그러나 텍스트[Text]가 많을 경우에는 [EPS]파일로 인쇄파일로 합니다.

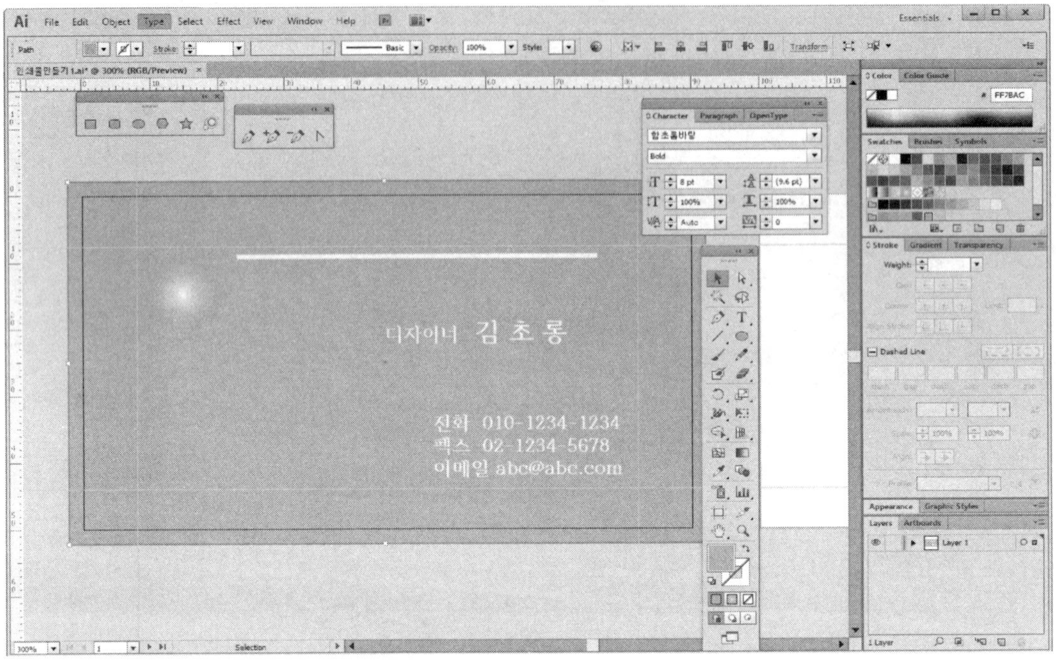

파일 이름 [인쇄물 만들기_인쇄물]로 저장합니다.

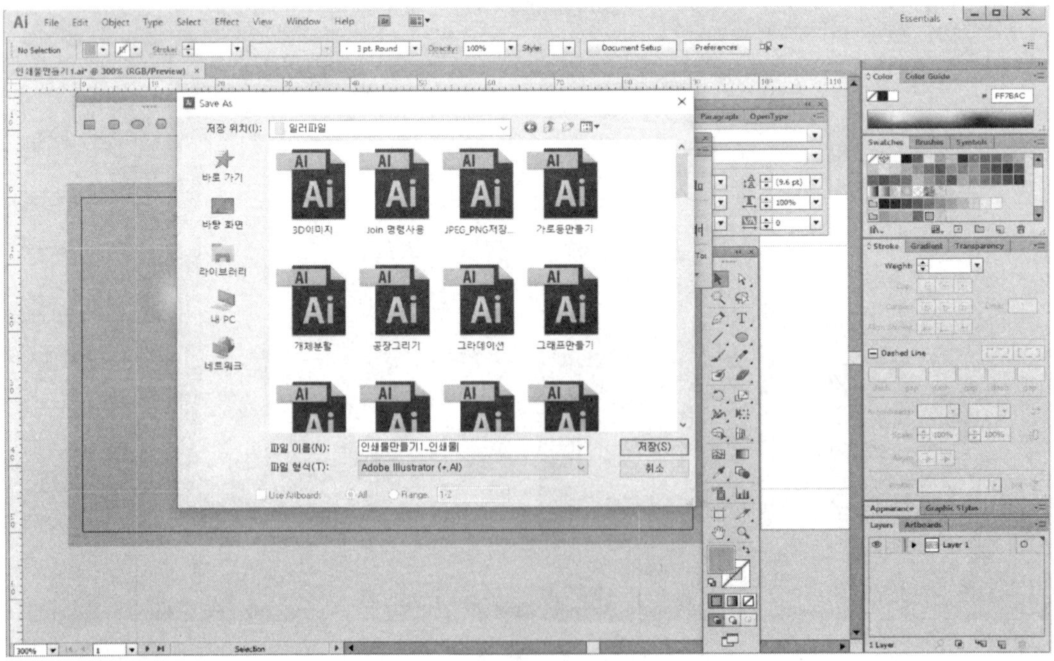